청교도 신앙

그 기원과 계승자들

The Puritans :
Their Origins and Successors

마틴 로이드 존스 지음
서문 강 옮김

THE PURITANS: Their Origins and Successors

Copyright ⓒ 1987 by D. Martyn Lloyd-Jones
Originally published in English under the title
Puritans by D. Martyn Lloyd-Jones
by THE BANNER OF TRUTH TRUST, 3 Murrayfield Road, Edinburgh EH12 6EL, UK
P.O. Box 621, Carlistle, PA 17103, USA
All rights reserved.
Translated and used by permission of The Banner of Truth Trust
through arrangement of rMaeng2, Seoul, Republic of Korea.
This Korean Edition ⓒ 1990, 2002, 2019 by Word of Life Press Korea, Seoul, Republic of Korea

이 한국어판의 저작권은 알맹2 에이전시를 통하여
BANNER OF TRUTH TRUST사와 독점 계약한 생명의말씀사에 있습니다.
신저작권법에 의하여 한국 내에서 보호 받는 저작물이므로
무단 전재와 무단 복제를 금합니다.

청교도 신앙 그 기원과 계승자들

ⓒ 생명의말씀사 1990, 2002, 2019

1990년 12월 25일 1판 1쇄 발행
2001년 3월 25일   11쇄 발행
2002년 8월 15일 2판 1쇄 발행
2017년 3월 30일   7쇄 발행
2019년 12월 5일 3판 1쇄 발행

펴낸이 | 김재권
펴낸곳 | 생명의말씀사

등록 | 1962. 1. 10. No.300-1962-1
주소 | 서울시 종로구 경희궁1길 5-9(03176)
전화 | 02)738-6555(본사) · 02)3159-7979(영업)
팩스 | 02)739-3824(본사) · 080-022-8585(영업)

기획편집 | 구자섭, 서희연
디자인 | 조현진, 윤보람
인쇄 | 영진문원
제본 | 정문바인텍

ISBN 978-89-04-03172-6 (03230)

저작권자의 허락없이 이 책의 일부 또는 전체를
무단 복제, 전재, 발췌하면 저작권법에 의해 처벌을 받습니다.

청교도 신앙
그 기원과 계승자들

The Puritans :
Their Origins and Successors

마틴 로이드 존스 지음
서문 강 옮김

목차

※ 본서는 1959년부터 1978년까지 매년 로이드 존스 박사가 런던 웨스트민스터 채플에서 발표했던 19회분의 강연을 묶은 최초의 책이다. 1950년대 영국 청교도에 대한 관심이 크게 증대하면서 청교도 연구회(Puritan Conference)가 시작되었으나 에큐메니컬 운동에 대한 논쟁이 심화되자 1970년 로이드 존스 박사는 이 연구회를 탈퇴했다. 그리고 1년 뒤 웨스트민스터 연구회(Westminster Conference)를 열어 청교도 연구와 강연을 이어갔다. 1971년과 1972년 두 차례의 강연에서 우리는 로이드 존스 박사가 에큐메니컬적인 접근 방식이 청교도의 확신, 더 나아가 복음적인 기독교와 차이가 난다고 생각하는 이유를 보게 될 것이다.

서론 진정한 개혁 신앙과 참된 그리스도인의 삶을 말하다 　　　10

1부
청교도 연구회(Puritan Conference)에서 행한 강연
(1959–1969년)

첫 번째 강연 1959년 | 역사적 및 신학적 관점에서 본 부흥 　　　22

1. 부흥의 정의 | 2. 부흥의 역사와 쇠퇴 이유 | 3. 부흥에 관심이 부족한 이유 | 4. 부흥의 문제점과 반대 | 5. 개혁 전에 부흥은 없다고 보는 입장에 대한 평가 | 6. 개혁파가 그 누구보다 부흥에 관심을 기울여야 하는 이유 | 7. 성령의 부으심을 위해 기도하라

두 번째 강연　1960년 | 참 지식과 거짓 지식　　52

1. 지성과 지식 자랑의 위험 ｜ 2. 지식의 중요성 ｜ 3. 그릇된 지식관의 원인_ 일반적 원인 ｜ 4. 그릇된 지식관의 원인_ 특별한 원인 ｜ 5. 그릇된 지식관을 드러내는 표시 ｜ 6. 가상적 지식의 무용성과 참 지식

세 번째 강연　1961년 | 아는 것과 행하는 것　　82

네 번째 강연
1962년 | 청교도의 난제들_ 1640-1662년이 주는 교훈들　　92

1. 이 주제에 관심을 갖는 이유 ｜ 2. 영국 교회사의 전환점, 1662년 ｜ 3. 1640-1662 기간을 검토하는 이유 ｜ 4. 청교도들의 실패 원인 ｜ 5. 이 기간을 통해 배워야 할 교훈 ｜ 6. 이 기간을 통해 배워야 할 실제적인 교훈

다섯 번째 강연　1963년 | 교회 연합과 분열에 관한 존 오웬의 관점　118

1. 이 주제에 관심을 갖는 이유 ｜ 2. 오웬의 접근 방법 ｜ 3. 분열과 분리 ｜ 4. 교회 연합에 대한 오웬의 관점

여섯 번째 강연   **1964년 | 존 칼빈과 조지 휘트필드**   **154**

1. 두 사람의 공통점 | 2. 휘트필드가 주목받지 못한 이유 | 3. 18세기 신앙 부흥의 선구자 휘트필드 | 4. 설교의 대가 휘트필드 | 5. 웅변가이자 경건한 사람 휘트필드 | 6. 휘트필드 설교의 주요 메시지 | 7. 휘트필드의 설교 | 8. 휘트필드를 통해 얻는 교훈

일곱 번째 강연   **1965년 | 교회 안의 작은 교회들**   **194**

1. 교회 안의 작은 교회들의 일반적 특징 | 2. 역사적인 실례 | 3. 이 외의 역사적인 실례 | 4. 이 개념이 실패한 요인 | 5. 이 개념에는 정당한 근거가 있는가? | 6. 이 개념이 야기하는 긴박한 문제들

여덟 번째 강연   **1966년 | 헨리 제이콥과 제일 회중교회**   **222**

1. 청교도의 정의 | 2. 제이콥의 책을 통해 본 그의 견해 | 3. 제이콥의 항변서 요약 | 4. 제이콥과 제일 회중교회로부터 얻을 수 있는 교훈

아홉 번째 강연   1967년 | 샌디먼파   **254**

1. 이 주제를 택한 이유 | 2. 샌디먼파의 탈선 배경 | 3. 샌디먼파의 신앙관 |
4. 샌디먼파 신앙관의 문제점에 대한 답변 | 5. 샌디먼파 신앙관이 미치는 결과

열 번째 강연

1968년 | 윌리엄 윌리엄스와 웨일즈 칼빈주의 메소디즘   **286**

1. 윌리엄스에 대해 | 2. 메소디즘의 기원 | 3. 메소디즘이란 무엇인가? | 4. 웨일즈 칼빈주의 메소디즘의 특징 | 5. 메소디즘에서 얻을 수 있는 교훈

열한 번째 강연

1969년 | 우리는 역사로부터 무엇을 배울 수 있는가?   **322**

1. 역사로부터 배워야 하는 이유 | 2. 16-17세기의 교회 역사 | 3. 16-17세기 교회 역사로부터 얻는 교훈과 결론

2부
웨스트민스터 연구회(Westminster Conference)에서 행한 강연(1971-1978년)

열두 번째 강연 **1971년 | 청교도주의와 그 기원**   **354**

1. 청교도주의를 정의하는 데 겪는 어려움 | 2. 청교도주의의 기원 | 3. 청교도와 국교도의 차이점 | 4. 청교도와 국교도의 핵심적인 차이

열세 번째 강연 **1972년 | 청교도의 창시자, 존 녹스**   **386**

1. 존 녹스의 생애 | 2. 존 녹스의 특징 | 3. 청교도주의의 창시자, 존 녹스

열네 번째 강연 **1973년 | 하웰 해리스와 부흥**   **418**

1. 해리스에 대한 일반적인 사실 | 2. 해리스에 대한 특별한 사실 | 3. 해리스의 사역의 특징 | 4. 해리스의 마지막 생애

열다섯 번째 강연

1974년 | 그리스도인의 삶_ 18-19세기 교리의 새로운 동향   **452**

1. 복음적 완전주의_ 웨슬리의 사상 | 2. 윤리적 완전주의_ 찰스 피니의 사상 | 3. 심리학적 완전주의

열여섯 번째 강연

1975년 | 혁명 시대의 그리스도인과 국가_ 프랑스 혁명과 그 이후   486

1. 프랑스 혁명을 낳은 사상 ｜ 2. 프랑스 혁명의 영향 ｜ 3. 프랑스 혁명에 대한 반응 ｜ 4. 프랑스 혁명의 영향을 받은 20세기의 사건들 ｜ 5. 혁명적 상황에서 우리가 직면하는 위험들 ｜ 6. 혁명적 상황을 대처하는 우리의 입장

열일곱 번째 강연   1976년 | 조나단 에드워즈와 부흥의 중요성   516

1. 조나단 에드워즈에 대한 재조명 ｜ 2. 여러 측면에서 본 조나단 에드워즈 ｜ 3. 부흥의 중요성

열여덟 번째 강연   1977년 | 설교   552

1. 설교에 대한 국교도와 청교도의 관점 차이 ｜ 2. 청교도들이 설교를 강조한 방법과 이유 ｜ 3. 국교도와 청교도의 설교 방법과 스타일 차이

열아홉 번째 강연   1978년 | 존 번연의 교회 연합   576

1. 존 번연이 교회 연합에 관심을 갖게 된 배경 ｜ 2. 교회 연합을 추구한 존 번연의 입장 ｜ 3. 물세례에 대한 존 번연의 견해 ｜ 4. 화평과 연합을 위한 존 번연의 권면

서론

진정한 개혁 신앙과
참된 그리스도인의 삶을 말하다

본서는 로이드 존스 박사가 1959년부터 1978년까지 웨스트민스터 청교도 연구회(Puritan and Westminster Conferences)에서 강연한 내용을 묶어놓은 최초의 책이다. 60회 생일을 맞기 직전인 1959년 12월 16일 처음으로 했던 강연부터 79세에 마지막으로 했던 강연까지 총 19회분을 모아놓았다.

이 청교도 연구회는 매년 성탄 전주 화요일과 수요일에 런던 웨스트민스터 채플에서 열렸으며, 처음 시작된 날은 1950년 12월 19일이었다. 이런 모임이 시작된 것은 1940년대 후반 옥스퍼드 국제 기독 학생 연맹(Oxford Inter-Collegiate Christian Union, 국제 기독 학생회의 지회) 회원이었던 몇몇 학생들 사이에서 영국 청교도 문서에 대한 관심이 증대되었기 때문이다. 이러한 관심이 일어났다는 것은 놀라운 일이었다. 왜냐하면 그 당시에는 청교도 서적이 출판되지 않았고, 청교도 문서를 관장하는 복음주의들은 대부분 다른 문제에 관심을 기울이고 있었기 때문이다.

이 학부생들은 존 오웬(John Owen, 1616-1683)이나 리처드 백스터(R. Baxter,

1615-1691) 같은 드문 저자들을 연구하면서, 잊힌 엘 도라도(El Dorado, 상상해낸 황금의 나라 또는 보물선을 뜻함-역주) 속에 들어가 방황하는 것 같은 느낌을 갖게 되었다.

이 연구회를 구성하자는 의견은 이 대학생들과 런던의 웨스트민스터 채플의 사역자가 만남으로써 나오기 시작했다. 이 대학생들은 로이드 존스가 국제 기독 학생 모임이나 연구 모임에서 설교할 때 처음으로 그를 접할 수 있었다.

또한 로이드 존스의 딸 엘리자베스는 그 당시 옥스퍼드 대학생이었고 기독 학생회 회원이었다. 그들은 로이드 존스의 설교를 통해서 로이드 존스야말로 자신들이 읽고 발견한 것과 정확히 일치하는 가르침을 가진 하나님의 일꾼이라고 생각하게 되었던 것이다.

그는 죄와 하나님의 은혜에 관한 성경적인 관점을 옹호하고 촉구했다. 그는 복음을 제시할 때 제일 먼저 하나님을 언급했고, 축복의 약속보다 거룩의 필요성을 먼저 강조했다. 그는 특별한 노력과 현대적인 방식을 강조하는 복음 전도 대신, 하나님 중심의 생활 방식을 가지라고 사람들에게 촉구했다. 그 생활 방식은 복음 증거가 자연스럽게 일상생활의 일부가 되는 것이었다. 이러한 우선순위 때문에, 학생들은 그가 19세기 후반의 복음주의보다 훨씬 오래된 전통에 속한 영적 성향을 가진 현대적 설교자임을 분명히 인식하게 되었다.

청교도 연구를 위한 모임이 시작되다

옥스퍼드 출신인 제임스 패커(James I. Packer)가 1948년 오크 힐 대학에서 1년간 학생들을 가르치기 위해 런던에 오게 되었다. 그는 주일 저녁마다 규칙적으로 웨스트민스터 채플에 참석했다. '로이드 존스 박사'에게 국제 기독 학생 신학 분과(the Tyndale Fellowship)의 후원을 받고 있는 다른 성경 공부 모임을 지도해달라고 처음 간청한 사람은, 엘리자베스 로이드 존스의 지원을 받은 제임스 패커의 친구 레이먼드 존스턴(Raymond Johnston)이었을 것이다.

국제 기독 학생 신학 분과에는 다양한 성경 연구 모임이 이미 존재하고 있었다. 그러나 청교도들을 중점적으로 연구한다는 이 아이디어는 특이해서 사람들에게 많은 환영을 받을 것 같지 않았다. 그럼에도 로이드 존스 박사는 그 청을 기꺼이 받아들였고 〈더 크리스천 그레듀에이트〉(The Christian Graduate)지는 1950년 6월호에서 그에 대해 다음과 같이 간단하게 논평했다.

"웨스트민스터 채플에서 열리는 국제 기독 학생 신학 분과 연구 모임이 12월 19일부터 20일까지 열린다. 주제는 '영국 청교도들의 독특한 신학적 공헌'이다. 강사 중에는 마틴 로이드 존스 목사가 포함되어 있다."

그 집회에서 수고할 다른 강사들의 이름은 언급되지 않았다. 사실 이틀간 열리는 그 집회를 위해 청교도 저자들에 대한 새로운 열심에 찬동하는 강사들을 찾아내기란 쉽지 않았다.

첫 모임은 미미했다. 불과 20명 정도가 웨스트민스터 채플 별실에서 모임을 가졌다. 패커 박사는 그때 세 번 강연했고, 로이드 존스 박사는 청교도들과 구원의 확신에 관해서 말했다. 로이드 존스의 강연은 이 모임의 다른 어떤 강의보다 훨씬 큰 공헌을 했다. 그는 여러 모임과 여섯 번의 강의 후 토론회를 주재했는데, 토론회는 그 자체가 논문일 정도로 대단히 가치가 있었다.

처음부터 그 모임은 청교도들에 대한 단순한 지적인 관심 이상의 것을 표현했다. 모든 연구 모임은 기도로 시작하고 기도로 끝났다(본서의 내용 중 1961년에 행한 강연에서 그 예를 발견할 수 있다). 강연이 끝난 다음에는 대개 열띤 논쟁이 벌어졌는데 그 기풍은 강의실의 분위기라기보다 예배 분위기와 같았다. 패커는 이렇게 쓰고 있다.

그 모임의 관심은 단순히 학문적인 것만이 아니라 실제적이고 건설적이었습니다. 우리는 청교도들을 동료 그리스도인들로, 또한 3세기 전에 하나님께서 그들에게 주셨던 좋은 것들을 우리와 함께 나눌 수 있는 자들로 보았습니다. 우리는 그들의 사상과 저서들의 핵심을 연구합니다. 우리는 그들의 확신에 대한 설명으로서 그들이 행한 역사를 연구합니다. 우리가 던지는 질문은 단순히 역사적인 것만은 아닙니다. 그들이 무엇을 행하고 가르쳤는가?(물론 우리가 바로 이 점에서 시작합니다만) 하는 문제만을 던지지 않습니다. 우리가 던지는 질문은 오히려 다음과 같습니다. 그들의 성경 해석은 어디까지 옳은가? 그 성경 해석이 남긴 성경적 원리는 오늘날 우리의 믿음과 삶에 어떤 지침을 주는가? 하는 것입니다. 특강 시간의 후반은 항상 이러한 두 가지 관점에서 읽은 문서의 내용들을 토론하는 데 사용되었습니다.[1]

종교계는 거의 주목하지 않았지만, 그 후 중요한 영향을 미칠 일이 1950년의 이 연구회에서 시작되었다. 패커는 이 처음 모임에서 자기가 맡은 역할에 대해 언젠가 이렇게 말한 적이 있었다.

나는 단순히 내가 읽은 것을 통해서 배운 바를 나누고 싶었고, 그 모임에 나온 20여 명만으로도 매우 만족했습니다. 이 모임을 조직한 나는 처음으로 로이드 존스 박사와 대화를 나눴는데, 그는 우리가 하고 있는 일이 교회에 매우 큰 가치가 있는 것이라고 자신의 신념을 분명히 밝혔습니다. 그 신념이 나를 감동시켰습니다. 왜냐하면 사실상 나는 그것을 그렇게 생각해 본 적이 없었기 때문입니다.

현대 이슈와 접목한 실제적 연구

1950년대에는 청교도에 대한 관심이 크게 증가했다. 그리하여 마침내 제

---

[1] Forward to *A Godly Heritage*, papers read at the Puritan Studies Conference, 1958.

임스 패커와 레이먼드 존스턴 및 옥스퍼드에서 전에 함께했던 사람들은 〈인터 버시티〉(Inter-Varsity)지와 〈크리스천 그레듀에이트〉(The Christian Gradutate)지에 논문들을 게재했다. 에반제리컬 라이브러리(the Evangelical Library)에서는 가장 희귀한 책들을 참고할 수 있도록 배려해주었다.

런던 바이블 칼리지(the London Bible College)의 학장인 케반(Ernest F. Kevan)은 옛 저자들의 가치에 대해 증거했다. 그리고 〈배너 오브 트루스〉(the Banner of Truth)지가 1955년에 창간되었다. 이러한 모든 노력에는 로이드 존스 박사의 지도와 매주 계속된 그의 사역이 깊이 관련되어 있었다. 그는 1955년 에반젤리컬 라이브러리의 연례 모임에서 연설하며 이렇게 말했다.

"제가 꼭 언급하고 싶은, 또 다른 주목할 만한 것이 있습니다. 저는 우리가 지금 청교도에 대한 관심이 진정으로 재현되고 있음을 목격하고 있다고 봅니다. 일단의 젊은 사람들이 청교도들의 문서를 부단히 연구하고 있습니다. 매년 청교도 연구 모임이 열리는데 그때마다 60여 명이 참석합니다. 도서관은 이 일에서 매우 중심적인 역할을 감당했습니다."2)

1950년대 말에는 이 모임에 참석하는 사람이 100명을 넘어섰고, 점점 틀이 잡혀가면서 1969년까지 지속되었다. 그리하여 이 연구 모임은 웨스트민스터 채플보다 훨씬 더 큰 회관에서 열리게 되었다. 이 회관에서 집회가 열릴 때는, 통상적으로 사용되는 강단을 치우고 회중석과 동등하게 만들어 연사와 의장이 중심에 앉게 되어 있었다. 이같이 좌석을 배열한 것은 연사에게 질문을 던질 때나 필연적으로 이어지는 토론회를 더욱 친밀하게 이끌어가기 위함이었다.

이 연구 모임은 오전 10시 45분에 시작되었고 하루는 3교시로 나누어 열렸다. 첫 번째 강연이 끝난 다음 토론에 들어갔는데, 그 토론은 점심시간에 맞춰 끝나지 못할 때가 많았다. 점심은 웨스트민스터 채플에 속한 부인들이

---

2) *The Annual Meeting of the Evangelical Library*, 1955, p.14.

자원하여 마련했다. 오후 2시 두 번째 강연이 시작되기 전에 성 제임스 공원을 잠깐 산책할 여유가 있었다. 이 강연 후 잠깐 티타임을 가지고 5시에는 마지막 모임이 있었다.

1959년부터 모임 둘째 날의 마지막 강연은 로이드 존스 박사가 하는 것이 상례가 되었다. 이 시간만이 강의 후 토론이 없었다. 이것은 로이드 존스가 자신의 관점이 논박당하는 것을 원치 않아서 그런 게 아니었다. 이 모임 전체 분위기는 어떤 사람의 신념도 비평의 대상에서 제외되어서는 안 된다는 사실을 입증하고 있었다. 청교도들 자신도 여러 가지 점에서, 어떤 때는 중요한 점에서조차도 의견을 달리했다. 이와 유사하게 이 연구 모임에서도 견해 차이들이 나타나곤 했다. 연사들이나 토론회 시간은 그 모임이 어떤 고식적인 현대적 '청교도'를 산출해낼 목적으로 계획되었다는 가정을 조금도 용납하지 않았다. 로이드 존스는 이 책에서 존 녹스(John Knox)에 대해 이렇게 말한다.

"그는 여러 가지를 스스로 생각했습니다. 제가 이것을 강조하는 것은 이것은 매우 중요한 문제이기 때문입니다. 우리는 책에서 읽은 모든 것을 자동적으로 받아들여서는 안 됩니다. 심지어 가장 위대한 사람들의 말이라도 말입니다. 우리는 모든 것을 검토해봐야 합니다."

이와 유사하게 이 모임의 청교도 연구 목적은 이론적이라기보다 실제적이라는 생각이 지배적이었다. 이 책의 두 번째 강연록은 이 점에 대해서 매우 강력하게 경고하고 있다. 로이드 존스는 1978년 존 번연(John Bunyan)에 대해 강연하면서 자신이 '17세기의 사람들'에 대해 관심을 갖는 주된 이유는 "우리가 직면하고 있는 것과 동일한 문제와 역경을 그들이 어떻게 대처했는지를 볼 수 있고 또 그들로부터 배울 수 있기 때문"이라고 주장했다. 이러한 까닭에 그는 보편적으로 현대와 특히 관련된 주제를 택했고, 그의 강연 대부분은 교회가 대처해야 할 필요가 있다고 생각되는 문제들에 관한 것이었다.

그의 강연 중에서 교리적인 것은 비교적 적었다. 그렇다고 해서 청교도와 관련된 교리 연구를 그가 탐탁하게 여기지 않았기 때문은 아니다. 오히려 로이드 존스는 이 연구 모임의 주관자인 패커 박사와 함께 늘 그러한 교리적인 문제를 말할 수 있는 유능한 강사를 물색했고, 여러 해가 경과되면서 그러한 교리적인 문제들에 대해 가치 있는 강연들이 많이 나오게 되었다. 그러나 이 연구 모임에서 로이드 존스는 늘 해오던 성경 강해와 교리 강의보다 인물이나 역사적인 테마에서 나온 교훈들을 중점적으로 다루었다.

이 강연록을 읽는 사람들은 다음 사항을 염두에 두어야 한다. 로이드 존스 박사는 책으로 낼 목적으로 강좌를 개설한다면 모임에 참석하는 사람들에게 별로 이롭지 못한 경우가 많다고 믿었다. 왜냐하면 이러한 목적으로 강연을 하면 연사가 참석한 사람들의 필요에 집중하지 못하게 될 가능성이 많기 때문이다. 집회에서는 집회 참석자의 필요를 가장 먼저 생각해야 한다. 로이드 존스가 이 책에 수록된 강연을 준비할 때도 틀림없이 이러한 원리에 입각했을 것이다.

자기의 말을 듣는 사람들은 청교도들의 작품을 열심히 읽는, 어떤 때는 매우 열광적으로 탐독하는 사람들이라고 알고 있었다. 이러한 상황에서는 다른 곳에서처럼 청교도 문헌의 가치를 강조할 필요가 전혀 없었다. 청교도들에 대한 비평을 논박할 필요도 전혀 없었다.

오히려 그는 자기 말을 듣는 사람들이 청교도에 대해 비평적인 사람들이 아니라는 사실을 알 필요가 있었다. 만일 로이드 존스 박사가 기독교 전체를 위해서 청교도들과 그 후계자들에 대한 책을 준비했다면, 다양한 책이 나왔을 것이다. 그럼에도 불구하고 이 책에 수록된 내용이 광범위한 유용성을 가지고 있음은 틀림없다.

이 모임에서 강연한 것들을 기록하여 유인물로 유포한 것은 1950년대 중반부터였는데 처음에는 등사하여 나왔다. 그러나 이에 대한 관심이 증가되면서 1958년부터는 인쇄되어 나왔다. 로이드 존스 박사는 결코 원고를 사용하지 않았고 몇 가지 요지와 인용할 책들의 이름만 적어 강연했다. 따라서 매년 발행되는 그 연구회지에 수록된 그의 강연 내용은 녹음테이프를 듣고 받아쓴 것이며, 이 원고를 그가 약간 수정하였을 따름이다. 그는 결코 출판을 위해서 원고를 다시 쓴 적이 없다. 이 책을 내기 위해서 다른 어떤 편집을 시도한 적도 없다. 만일 편집을 시도했다면 어떤 상세한 요점에 있어서는 훨씬 더 정확성을 기할 수 있었을 것이다. 그러나 로이드 존스 박사는 또 다른 편집의 책 출간을 허락하지 않았을 것이다.

로이드 존스 박사가 설교하는 것만 듣고 청교도 연구회에 참석하여 강연을 들어본 적이 없는 수천의 사람들은, 이 책에 드러나 있는 교회사에 대한 그의 해박하고 다양한 지식을 보고 깜짝 놀랄 것이다. 이 특정 분야에 대한 그의 연구 업적 때문에 동역자들은 자주 놀라곤 했다.

그는 여가를 보내기 위해서나 아니면 개인적인 이익을 위해서 꾸준히 교회사와 기독교 위인전기들을 읽었다. 그러나 메모를 하지는 않았다. 그럼에도 불구하고 영특하고 이상하리만큼 놀라운 기억력으로 먼 훗날에도 중요한 사실들을 모두 다 기억할 수 있었다. 그가 강연을 위해서 메모한 요지가 간단하다는 것은, 그가 보기 드문 재능을 가지고 있었음을 충분히 보여준다.

독자들은 더 많은 연구를 위해 로이드 존스 박사가 참고했던 자료들을 더 알았으면 하거나, 또는 그가 어느 한 관점만을 택한 이유를 더 알고 싶어 할지도 모른다. 그러나 이 강연은 어떤 다듬어진 진술을 목적으로 한 것이 아님을 기억해야 한다. 이 강연은 일차적으로 로이드 존스 자신의 분명한 확신을 따라서 더 많은 생각을 하도록 자극하려는 데 목적이 있었다.

교리적이고 개혁된 기독교

청교도 연구회가 현대 교회에 쏟았던 초기의 관심은 결국 1970년에 이 모임이 끝나게 만들었다. 로이드 존스 박사는, 영국 교회 내의 혼돈과 눈에 보이는 연합을 위한 에큐메니컬 운동은, 복음주의자들이 함께 뭉쳐 교단적인 동맹보다는 복음 진리에 최우선적인 충성을 드릴 수 있는 좋은 기회라고 믿었다. 따라서 1966년에 모인 복음주의 연맹 회의(Conference of the Evangelical Alliance)에서 그는 주요 대교단들이 교리적으로 타협하고 있는 상황에 대해 자신의 입장을 밝혔고, 그러한 교단들에 속한 목사들에게 그들의 입장을 재평가하라고 호소했다.

패커 박사가 자신의 입장을 재평가하고 나서 영국 교회(이것은 영국 국교를 말하는데 영국 교회, 성공회, 앵글리칸 등의 말이 별 수식 없이 사용되면 영국 국교회를 가리키는 것임-역주)에 머물러 있겠다고 결론을 내렸지만, 청교도 연구회는 1966년 이후에도 계속되었다. 1970년, 그러니까『연합을 위한 발돋움』3)이란 에큐메니컬적인 책이 출판되던 그해에 청교도 연구회의 비국교도 회원들(존 사이거, 데이비드 파운틴, 로이드 존스)은 더 이상 그 연구회를 계속하면 심각한 논쟁을 불러 일으킬 수밖에 없다는 생각을 하게 되었다.

로이드 존스 박사가 청교도 연구회를 탈퇴함으로써 1970년에는 그 모임이 열리지 않았다. 공적인 논란을 피하기 위해서 그는 어떤 공식적인 발언도 하지 않았다. 그리고 그 연구회는 조용히 끝나버렸다. 사실 1969년 그 연구회 회지의 제목인 '무산된 종파주의'(Revivals By Schisms Rent Asunder, 1970년대까지 이 책은 선을 보이지 않았음)는 주제와 별 상관이 없었다.

1970년 11월에 웨스트민스터 목회 동역자 모임이 있었는데 이 모임에서 청교도 연구회의 일을 계속할 또 다른 연구회가 발족되어야 한다는 여론에 의하여 1971년 12월에 명칭 변경과 함께 그 연구회의 일이 계속되게 되었다(웨스트민스터 연구회, The Westminster Conference). 패커 박사가 매년 발행했던 회지를 빼고는 옛 청교도 연구회의 의도와 목적을 온전히 되살린 연구회였다.

이 웨스트민스터 연구회는 국교도들을 배제시키지는 않았다(제안대로). 그러나 1971년과 1972년에 강연한 그의 강연에서, 우리는 로이드 존스 박사가

---

3) *Lectures on Revivals*, Republished by the Banner of Truth Trust.

교회 연합을 위한 에큐메니컬적인 접근 방식이 청교도의 확신과 근본적으로 차이가 난다고 생각하는 이유를 발견할 수 있다. 그는 다른 곳에서, 그 접근 방식은 복음적인 기독교와도 차이가 있다고 믿는다고 밝힌 바 있다.

광범위한 의미에서 해석한다면, 본서는 청교도들에 대한 한 권의 책에 불과하다는 소리를 들을지 모른다. 본서의 첫 번째 강연에서 분명히 드러나듯이, 로이드 존스 박사는 자신을 17세기의 사람으로 국한시키려 한 적이 결코 없었다. 그의 여러 강연은 청교도 시대 밖의 주제들도 다루었다. 그러나 '교리적이고 개혁된 기독교'라는 주제는 그가 살아오고 설교하며 기도해오던 믿음이었다.

이 강연을 했던 시대는 용기를 가지게 했으면서도 어려움을 주던 시대였다. 여러 가지 어려운 난제들과 그가 한 지도자로서 담당해야 했던 무거운 책임감에도 불구하고 로이드 존스 박사는 걱정하거나 낙심하는 말을 한 적이 전혀 없다. "기독 교회의 장래를 걱정하는 데 여러분의 시간을 너무 많이 소비하지 마십시오"라고 그는 한 강연에서 특징 있게 말했다.

1950년대 초에 일어난 이른바 청교도 및 개혁 신학에 대한 새로운 관심은 이제 세계 땅끝까지 이르게 되었다. 이것이 앞으로 올 세대에서 어떻게 평가될 것인지를 가늠하기에는 너무 이른 감이 있다. 그러나 확신하는 한 가지는, 이 강연을 한 로이드 존스 박사는 잊힌 진리를 위해 굳건히 섰으며 다가오는 세대들을 향해서 하나님과 그분의 전능하신 일을 믿으라고 격려했던 사람으로 기억되리라는 것이다.

1부

청교도 연구회
(Puritan Conference)
에서 행한

강연
(1959-1969년)

첫 번째 강연

1959년
역사적 및 신학적 관점에서 본 부흥

　우리가 지금 이 주제를 다루는 것은, 여러분도 알다시피 올해는 여러 나라에서 일어났던 1859년의 부흥 100주년을 맞는 해이기 때문입니다. 그러나 보다 더 중요한 이유는 오늘날 우리가 살고 있는 세계의 상황 때문입니다. 웨스트민스터 청교도 연구회의 목적상 이와 같은 주제를 살펴보는 것은 좋은 일입니다.

　왜냐하면 이 연구회의 궁극적인 목적은, 단순히 지적인 자극을 주는 것이 아니라 교회의 상태에 진실하고도 깊은 관심을 기울이는 것이기 때문입니다. 만일 우리가 이것을 주목적으로 삼지 않는다면 우리의 연구는 일종의 청교도적인 스콜라주의에 불과하게 될 것이고, 흥미롭고 재미있기는 하지만 결국 아무 가치 없는 단순한 주지주의에 빠지게 될 것입니다.

　더 나아가기 전에 분명히 해두고 싶은 것이 있습니다. 저는 틀에 얽매인 채 '부흥'에 대해 강연하지 않겠습니다. 저는 1959년 들어 24주 동안 주일마다 부흥에 대해 설교해왔습니다. 그러나 오늘 저녁에는 그렇게 하지 않겠습니다. 제 목적은 '부흥'에 대해 연설하는 것이 아니라, 이 주제를 둘러싸고 있는 난제들과 문제들을 직면해보는 것입니다.

1. 부흥의 정의

부흥을 정의하는 데 시간을 쓸 필요는 없습니다. 성령께서 비상하게 역사하실 때 교회의 생활 속에서 체험되는 것이 바로 부흥입니다. 일차적으로 성령께서는 교회에 속한 지체들을 통해 그러한 역사를 하십니다. 그러므로 부흥은 신자들의 부흥입니다. 생명이 없던 것을 부흥시키는 것은 불가능합니다. 따라서 부흥이란 일차적으로 나른해지고 잠들어 거의 죽어가는 교회의 지체들을 깨워 활기 있게 하고 소생하게 하는 것입니다. 갑자기 성령의 능력이 그들에게 임합니다.

그들은 이전에 그저 머리로만 믿던 진리를 새롭고 더 깊이 있게 깨닫게 됩니다. 아마 그 깨달음의 차원도 더 깊게 될 것입니다. 그들은 겸손해지고 죄를 깨달으며 자신들의 상태를 보고 무서워하게 됩니다. 그들 중 많은 사람들은 이제까지 자신들은 그리스도인이 아니었다고 느끼게 됩니다.

그리고 영광이 충만한 하나님의 위대한 구원을 알게 되고 그 구원의 능력을 느끼게 됩니다. 나아가 그렇게 소생하고 새로운 생명의 힘을 얻게 된 결과 기도하기 시작합니다. 새로운 능력이 목사들의 설교 속에 들어갑니다. 그 결과 전에는 교회 밖에 있던 사람들 중 많은 수가 회심하고 교회 안으로 들어옵니다.

따라서 부흥의 주된 두 가지 특징은 첫째, 교회 지체들이 이처럼 특이하게 새로운 생명의 힘을 얻게 된다는 것과 둘째, 이제까지 교회 밖에 있던 많은 사람들이 회심한다는 것입니다(이 외에 제가 언급하지 않은 다른 결과들도 많습니다. 가령 더 큰 교회당 건축, 새로운 사업 착수, 많은 사람들의 목회 헌신과 훈련 시작 등이 있습니다). 우리가 부흥이라는 말을 쓸 때 뜻하는 것은 본질상 이러한 것을 의미합니다.

2. 부흥의 역사와 쇠퇴 이유

정의를 말했으니, 이제는 실제 역사를 고찰해봅시다. 제가 언급하고 싶은 첫 번째 요점은 이러합니다. 로마 가톨릭교회에는 부흥이 일어났던 적이 한 번도 없다는 점입니다. 이것은 출발점으로서 의미심장한 사실입니다. 로마 가톨릭교회에 속한 '개인들'은 부흥이라고 할 수 있는 것들을 알고 체험하기도 했습니다. 그러나 가톨릭교회가 부흥을 경험한 적은 전혀 없었습니다.

왜 그럴까요? 다음과 같이 말씀드리는 것이 정곡을 찌르는 설명이라고 봅니다. 그것은 성령에 대한 그들의 전체 교리가 낳은 직접적인 결과입니다. 그들은 성령을 교회와 사제, 특히 성례들에, 보다 특별하게는 영세에 국한시킵니다.

성령과 성령의 역사를 이렇게 다룸으로써 그들은 부흥의 여지를 전혀 남겨두지 않습니다. 그 결과 그들은 결코 부흥을 경험하지 못합니다. 유니테리언(일신론자, 삼위일체를 부정하는 이들 – 역주) 교회에도 마찬가지로 부흥이 없습니다. 저는 사실을 있는 그대로 진술하고 있을 뿐입니다.

제가 다음으로 관찰할 사항(저는 어떠한 의미로든지 비평하려는 생각이 조금도 없고 다만 사실을 다루려고 애쓰고 있을 따름입니다)은 대체로 영국 국교회(성공회)도 부흥에 대해서 많은 것을 알지 못한다는 사실입니다. 이는 과언이 아닙니다. 영국 국교회에 속한 사람들이 부흥을 일으키기도 하고 또 부흥에 참여한 적은 분명히 있었지만, 그 교회의 역사를 살펴보면 영국 국교회에 보편적인 부흥이 일어난 일은 한 번도 없었습니다. 이 사실도 매우 중요한 사실임에 틀림없습니다. 100여 년 전 아일랜드의 성공회에서 약간의 부흥을 체험한 적이 있었습니다. 그러나 다른 지역의 성공회를 살펴보면 부흥의 사례는 대단히 적습니다.

그러면 왜 그럴까요? 성공회의 예배 형식에 성령께서 자유롭게 역사하지 못하도록 막는 무엇이 있는 것은 아닙니까? 국가와의 관련성이 성령의 자유로운 역사를 막는 작용을 하며, 교회의 전체적인 성격과 자기 교회 자체와 교구 제도에 대한 그들의 관점이 성공회 내의 부흥 현상을 꺾어버리는 쪽으로 작용하는 것은 아닙니까? 어쨌든 영국 국교회의 역사에서 눈에 띄는 큰 사실이 있습니다. 여러 세기에 걸친 역사 차원에서 이 문제를 좀 더 봅시다. 종교개혁은 뒤에서 다시 다룰 것이므로 잠깐 보류하겠습니다.

17세기의 북아일랜드에는 주목할 만한 부흥, 아니 일련의 부흥이 있었습니다. 그 일은 1620년대에 일어났습니다. 웰시(Welsh), 브루스(Bruce), 리빙스턴(Livingstone), 데이비드 딕슨(David Dickson), 러더퍼드(Rutherford), 블레어(Blair) 같은 사람들의 사역을 통해서 스코틀랜드의 다른 교회들 가운데도 그와 유사한 부흥이 산발적으로 일어났습니다. 잉글랜드에서는 데드험의 로저스(Rogers)와 키더민스터의 백스터(Baxter) 경우가 부흥에 해당한다고 해도 틀리지 않을 것입니다.

18세기에 이르게 되면, 1727년 독일 헤른후트의 모라비아 공동체에서 일어났던 주목할 만한 부흥을 만나게 됩니다. 이때 일어난 놀라운 성령의 역사는 존 웨슬리(John Wesley)의 일기 처음 부분에 생생하게 묘사되어 있습니다. 물론 모라비아 형제단의 역사에 대한 많은 책들에도 이 일이 잘 그려져 있습니다.

이 부흥의 물결은 미국으로 건너가 조나단 에드워즈(Jonathan Edwards)와 '대각성'을 만나게 됩니다. 이때 조지 휘트필드(George Whitefield)도 대단한 역할을 했습니다. 다시 휘트필드와 웨슬리와 그 밖에 다른 여러 사람들의 사역을 통해 영국에서는 1790년에 이르기까지 부흥이 일어납니다. 넓은 안목으로 보면 이 기간 전체를 어떤 의미에서 부흥의 시대라고 묘사할 수 있습니다.

1735년 이후의 웨일즈에서도 부흥이 있었습니다. 하웰 해리스(Howell Harris)와 다니엘 로랜드(Daniel Rowland)가 다 같이 그들의 말대로 '능력의 세례'를 받았고 큰 부흥이 일어났습니다. 이러한 일은 여러 해 동안 계속되었습니다. 중간에 약해지기는 했으나 예전의 위치로 다시 돌아왔습니다. 연이어 계속 부흥이 일어나게 되었고, 로랜드가 생을 마치기까지 부흥의 파장은 계속되었으며, 심지어 그가 죽은 뒤에도 그 여파는 남아 있었습니다. 18세기말까지 간헐적인 부흥이 계속 나타났습니다. 물론 스코틀랜드도 마찬가지였습니다. 18세기의 역사를 아는 사람들은 누구나 캠버스랑(Cambuslang)과 그 유명한 성찬식 예배 때 있었던 일 그리고 그 뒤 킬시스와 다른 여러 곳에서 있었던 일에 대해 들었을 것입니다.

그리고 19세기에 이르게 되면 1858년 북아일랜드에서 주목할 만한 부흥 사례를 만나게 됩니다(일반적으로 이것을 '1859년의 부흥'이라고 부릅니다). 이 부흥은 이후에 스코틀랜드까지 확산되었습니다. 웨일즈에도 이와 유사한 부흥 파동이 있어 1858년 동안 줄곧 지속되었습니다. 여러분도 알다시피 1857년을 기점으로 미국 내에서도 이와 똑같은 일이 일어났습니다.

이러한 부흥의 사례들을 설명하는 것은 매우 흥미로울 것입니다. 그러나 그렇게 할 필요가 없는 것은 그러한 부흥에 대한 훌륭한 해설서들이 최근에 나오고 있기 때문입니다. 예를 들면, 아일랜드의 부흥에 관한 두 권의 책이 출판되었고, 1859년 웨일즈에서 일어난 부흥에 관한 책이 막 인쇄를 마쳤습니다.[1]

이와 같은 분야를 다룬 더 오래 된 책들이 여러 권 있습니다. 그러나 이 모든 책들은 일어난 일들과 사건들만 기록하고 있습니다. 그러므로 그 책들은 우리가 관심을 가지고 있는 문제를 다루지는 못했습니다. 심지어 스프레이그(Sprague)의 『참된 영적 부흥』[2] 조차도 이 문제를 다루는 데는 너무 평범한 감이 있습니다.

어쨌든 그 역사를 1860년까지로 일단락하여 생각해봅시다. 이 한 세기 간의 역사는 거듭 일어나는 부흥의 이야기라 할 수 있습니다. 저는 이 사실에

---

1) Ian R. K. Paisley, *The 'Fifty Nine' Revival*; John T. Carson, *God's River in Spate*; Eifion Evans, *When He is Come*.

2) *Lectures on Revivals*, Republished by the Banner of Truth Trust.

관심을 기울이지 않을 수 없습니다. 1760년부터 1860년까지 웨일즈에서만 해도 주요한 부흥이 적어도 15번이나 있었기 때문입니다.

이제 우리는 1860년이나 1870년쯤에는 이 문제를 보는 사람들의 시각에 커다란 변화가 생겼음을 알게 됩니다. 이 역사적인 시기를 기점으로 한 획이 그어진 것 같습니다. 이 구획선 이전에는 사람들이 부흥의 차원에서 생각했음을 알 수 있고 교회 역사에 부흥이 자주 있었음을 알 수 있습니다. 그러나 그 후에는 부흥이 오히려 예외적인 현상이 되어 버렸습니다. 제가 믿기로는 지금은 교회에 속한 지체들 대다수가 부흥의 차원에서 생각하기를 거의 중단해버린 시대인 것 같습니다.

1860년까지는 부흥의 차원에서 생각하는 것이 본능적인 일과 같았습니다. 영적으로 메마른 시기가 닥쳤거나, 교회의 상황이 좋지 않게 돌아갈 때, 그들은 가장 먼저 다음과 같이 생각했습니다. "죄를 고백하고 겸손한 마음으로 하나님께 우리를 다시 찾아주시라고 기도해야 마땅하지 않은가?" 그들은 이러한 일을 거의 본능적으로 행했습니다.

그러나 우리는 그렇게 하지 않습니다. 그 이유는 무엇입니까? 교회의 사고방식의 이러한 변화를 어떻게 설명해야 합니까? 여러 요인들 가운데 몇 가지를 제시해볼 수 있습니다.

의심할 여지없이 첫 번째 요인은 개혁 신학의 퇴조입니다. 지난 19세기 초기 40년대에 시작된 모든 현대주의 운동은 60년대에 대단한 동력을 얻었습니다. 현대주의 운동은 놀랄 만한 속도로 번져나갔고, 개혁 신학은 특히 뒷전으로 물러났습니다. 그때까지(어쨌든 비국교도들에게 있어서) 주류를 이루던 신학은 메소디스트 단체들은 제외하고 거의 철저한 칼빈주의였습니다. 그러나 매우 서글픈 쇠퇴가 급속하게 일어나기 시작했습니다. 스펄전(Spurgeon)의 생애에 대해서 잘 알고 있는 사람들은, 스펄전이 이 사실을 알았을 뿐만 아니라 이것을 깊이 탄식하며 안타까워했다는 것을 알 것입니다.

둘째로, 찰스 피니(Charles G. Finney)가 쓴 글들의 영향을 들 수 있습니다. 피니의 캠페인과 집회가 수적으로 성공했기 때문에 그의 사역은 큰 관심을 끌게 되었고, 그의 책 『종교의 부흥』(Revivals of Religion)은 인기 폭발로 거의 베스트셀러가 되었습니다. 피니의 모든 사고방식과 가르침이 교회의 시각을 지배하는 요인이 된 것 같았습니다. 그것은 우리가 '전도 집회'라고 부르는 것의 개념과 연관 있습니다. 피니는 이 문제에 관한 최근의 혼동에 대해서 가장 책임 있는 사람입니다.

우리 미국 형제들은 심지어 그 용어 자체에 대해서도 혼동을 겪고 있습니다. 그들은 전도 집회를 '부흥 집회를 여는 것'으로 말합니다. 이것이 바로 피니가 끼친 영향의 열매입니다. 이것은 실로 전체 상황을 흐려놓고 말았습니다. 피니의 가르침이 교회의 시각에 끼친 영향은 매우 컸습니다. 사람들은 이제 교회가 곤고하다는 생각이 들면 하나님께로 돌아가 부흥을 위해서 기도해야겠다고 즉각적으로 생각하는 대신, 회의를 소집하여 복음전도 집회를 조직하고 광고 프로그램을 계획합니다. 전체 시각과 사고 구조가 완전히 바뀐 것입니다.

셋째로, 우리는 약간 논란의 대상이 되는 문제를 생각해보려고 합니다. 저 자신도 이 점에 대해 확신하지 못합니다. 그러나 갈수록 제가 느끼는 것은 이것이야말로 매우 중요한 요인이라는 것입니다. 제가 지금 1860년을 전후하여 일어난 변화를 다루고 있음을 기억해야 합니다. 그 변화에서 신학교는 중요한 요인이었다고 생각하지 않을 수 없습니다. 왜 그런지 설명해보겠습니다.

1830년대까지의 입장은 다음과 같았습니다. 처음에는 교구 목사나 혹은 영적 소생을 체험했다고 스스로 여기는 사역자들이 설교를 했습니다. 그 당시 회심한 많은 사람들은 설교에 대한 소명을 느끼기 시작했습니다. 아니면 지도자 위치에 있는 사람이 그러한 회심자들의 설교적 은사를 발견해주면서 기도 모임이나 토론회 등에서 그 은사를 발휘하도록 독려했습니다.

이 사람들은 손으로 일하는 농부나 노동자들이 대부분으로, 신학교에서 공부한 적이 없는 사람들이었습니다. 그들은 하나님에 대해 살아 있는 체험을 한 사람들이었고, 성경을 읽고 연구하고 성경에 대한 책을 연구한 사람들이었습니다. 그들은 천부적인 재능을 갖고 있었고 대부분 스스로 공부한 사람들이었습니다. 그러한 유의 사람들은 위대한 지도자들이 죽은 다음 그 뒤를 이어 설교자가 되었습니다.

그러나 교육이 대중에게 보편화되어 회중이 더욱 현학적이 되고 학식이 더해지자 이처럼 단순한 보통 사람들이 설교 사역을 감당하기 어렵다고 생각되기 시작했습니다(저는 이러한 태도를 비평하는 것이 아닙니다. 다만 실상을 제시하는 것뿐입니다). 훈련에 대한 필요성을 느끼게 되었고, 또한 사람들은 학식 있는 사람들이 목회 사역을 감당해야 한다고 생각하게 되었습니다. 이러한 생각이 처음에는 선하고 바른 동기에서 나왔음에 틀림없습니다. 또한 영성과 학식이 양립해야 한다는 선입견적인 어떤 이유도 없었습니다.

그러나 그럼에도 불구하고 실제로는 사람들이 학식을 더 많이 갖게 되자 영적인 일에는 관심을 덜 기울이게 된 것 같습니다. 물론 이것은 거의 피할 수 없는 일입니다. 왜냐하면 우리는 아직 육체 가운데 있기 때문이며, 여전히 불완전하기 때문입니다. 사람은 원하든 원하지 않든 점차 지적인 방식으로 사물들에 관심을 갖게 됩니다. 제 삶 속에도 이러한 것이 있음을 압니다. 사람은 의식하지 못하는 사이에 기독교의 지적인 면과 학식과 이해와 지식에 관심을 갖게 되어 결국 성령을 잊게 됩니다.

신학교의 증가가 사람들로 하여금 부흥에 대해 생각하지 못하게 한 요인으로 작용했을 수도 있다는 생각에서 말하는 것입니다. 우리는 학식을 더 많이 가질수록 더욱 정중하게 되는 경향이 있습니다. 우리는 '무게 있는 중요한 사람'이 되면, 우리가 행하는 일이나 우리에게 일어나는 일에 대해 매우 조심해야 된다고 생각하게 됩니다. 이러한 사람들이 '그리스도 예수 안에 있는 단순성'을 주장한다는 것은 극히 어렵습니다. 제가 앞서 소개했던 유의 사람들보다 더 어렵습니다. 저는 이것을 과장하고 싶지 않습니다. 단지 이것이 심각한 하나의 요인이 될 수 있음을 암시하고 있는 것입니다.

어떻게 설명하든 오늘날에는 많은 이들이 부흥의 문제에 별 관심이 없는 특이한 상황 가운데 있습니다. 저는 알기 때문에 이렇게 말하는 것입니다. 저는 토론에 관심이 있어 토론을 위해 모이는 어떤 서클들을 가끔 찾아가곤 합니다. 이러한 체험에 기초하여 요즘에는 부흥에 대한 관심이 결핍되어 있을 뿐만 아니라, 부흥 자체도 반대하는 경향이 있다고 규정합니다. 제가 추천했던 스프레이그의 『참된 영적 부흥』(Lectures on Revivals)이 잘 팔리지 않는다는 말을 출판인들을 통해 들었습니다. 그 말을 듣고 깜짝 놀랐습니다만 이것이 사실이었습니다.

왜 부흥에 대해 관심이 없을까요? 왜 부흥이 사람들의 마음에서 사라졌을까요? 또한 흥미로운 것은 제가 드리는 이 말이 알미니안 형제들은 물론 칼빈주의 형제들에게도 해당된다는 사실입니다. 이 점을 분명히 합시다. 지난 50년간 모든 학자들이 성령에 대해 쓴 책을 살펴보면 그들이 부흥에 대해 한 마디도 언급하지 않았음을 발견할 것입니다.

그러나 어떤 경우에는 이 점에 대해 놀라지 않을 것입니다. 왜냐하면 책을 쓴 저자들의 특별한 관점이 입으로는 성령의 역사를 언급하지만 실질적으로는 사람 자신이 행하는 일과 사람이 조직한 일에 믿음을 두기 때문입니다. 전도 집회와 그 추진자들을 통해서 그 전체 사고방식이 드러납니다. 먼저 사람들을 전도 집회로 불러와서 구원을 받도록 합니다. 이렇게 한 다음 더 좋은 복을 얻을 곳으로 그들을 이끌어줍니다.

이것이 바로 그들의 관점입니다. 이것을 조롱하는 것이 아니라, 주류를 이루고 있는 사고방식을 그대로 설명하고 있을 뿐입니다. 즉 바른 장소에 사람들을 이끌어 오면 결과는 뒤따라올 것이라고 기대합니다. 이러한 사람들은 이렇게 말합니다.

"더 이상 무엇이 필요합니까? 무엇 때문에 부흥을 이야기합니까? 모든 일은 잘되고 있습니다. 수많은 군중을 보십시오. 저 몰려오는 사람들을 보십시오, 이것이면 충분하지 않습니까? 어째서 그 이상을 바랍니까?"

그들이 주장하는 전제를 인정한다면 그들의 태도는 완벽하게 논리적입니다. 그러나 개혁파 사람들에게도 이 점은 역시 마찬가지입니다. 제게는 이러한 사실이 놀라울 뿐만 아니라 비극적인 일입니다. 부흥에 대한 언급은 알미니안들이 쓴 책뿐 아니라 칼빈주의자들이 쓴 책에서도 생략되곤 합니다.

예를 들어 체이퍼(Lewis Chafer) 박사는 성령론에 대한 그의 저서에서 부흥을 전혀 거론하지 않았습니다. 이 사람은 팽배해 있는 시각에 영향을 받은 칼빈주의자의 한 실례입니다. 그러나 이보다 훨씬 비극적인 사실이 있습니다. 제가 이 강의를 준비하면서 찰스 핫지(Charles Hodge)의 책을 살펴봤지만 그는 부흥에 관심을 갖지 않은 것 같았습니다.

어째서 그렇습니까? 제가 이미 제시한 이유들 때문이라고 생각합니다. 찰스 핫지 같은 사람은 신학자가 되었으므로 국부적인 구체적 상황을 고려하면서 교회를 생각해야 하는데, 크고 추상적인 진리 체계로 교회를 생각하는 경향이 있습니다. 그는 비교와 논증과 대조 그리고 체계, 특히 철학의 세계 속에서 사는 사람입니다. 그래서 거의 필연적으로 부흥이나 성령의 즉각적인 역사에 대해서 마땅히 생각하기를 그친 것입니다.

또 하나 흥미로운 것은 미국 칼빈주의자들의 관점이 변하기 시작한 시점은 아키발드 알렉산더(Archibald Alexander)로부터 찰스 핫지 사이의 어느 시점이라는 것입니다. 찰스 핫지는 프린스턴신학교 교수인 아키발드 알렉산더의 후계자였습니다. 그런데 알렉산더는 그의 생애 초기에 부흥을 체험했습니다. 찰스 핫지도 그것에 관해 무엇인가를 알기는 했지만, 알렉산더만큼은 알지 못했습니다. 알렉산더는 나이가 많았고 부분적으로는 핫지 이전 세기의 사람이었습니다. 제가 볼 때 바로 이것 때문에 변화가 일어난 것 같습니다.

또 하나 주목할 만한 것은 부흥에 대해서 조금이라도 도움을 얻고자 한다면, 1860년 이전에 성령과 그 사역에 관해 쓰인 책들로 돌아가야 한다는 것입니다. 예를 들면 조지 스미턴(George Smeaton)의 『성령에 관한 교리』(The Doctrine of the Holy Spirit)나 제임스 뷰캐넌(James Buchanan)의『성령의 지위와 사역』(The Office and Work of the Holy Spirit)과 같은 책을 들 수 있습니다. 이 책들은 부흥에 대해 모든 지면을 할애하고 있습니다. 그러나 이 두 책은 제가 언급한 시기 이전에 속해 있습니다. 흥미로운 일이 아닙니까? 여러분도 알다시피 그들은 제가 묘사한 대로 교회가 직관적으로 생각했던 시기에 속했던 것입니다.

3. 부흥에 관심이 부족한 이유

이제 분석을 해봅시다. 개혁파에 속한 사람들이 모든 전통들 중 특히 부흥에 대한 관심을 잃은 이유가 무엇입니까? 저는 이미 한 가지 이유, 즉 이론적이고 지적인 접근의 위험을 말씀드린 바 있습니다. 복음 사역자들은 언제나 이중 전선에서 싸우는 사람입니다.

첫째, 사람들이 교리와 신학에 관심을 갖도록 촉구해야 합니다. 그러나 그 즉시 두 번째 전선에 서서 교리와 신학에만 관심을 갖는 것으로는 충분치 못함을 알려주어야 합니다. 또 무미한 정통 이지주의에 빠져 자신의 영적 삶과 교회의 삶에 대해 갈수록 태만해질 위험이 있음을 경고해주어야 합니다. 개혁파적인 입장을 취하는 사람들이 항상 빠지기 쉬운 위험이 바로 이것입니다. 그들은 진실로 신학에 관심이 있는 사람들입니다. 그래서 마귀는 그들의 관심을 멀리까지 끌고 가 그들이 순수한 신학자들이 되게 하고 지적으로만 진리에 관심을 기울이게 합니다.

둘째, 제가 확신하기로 부흥에 대한 관심이 줄어든 이유는 지난 19세기에 현대주의를 대적하는 데 너무 많은 에너지를 쏟았기 때문입니다. 원수는 바로 그 노선을 따라 공격했고, 정통은 모든 힘을 원수와 싸워 격퇴시키는 데 사용한 것입니다. 그렇습니다. 그러나 무의식중에 그들은 이 갈등이 자기들의 생각 전체를 주도하게 내버려두었고, 적극적인 메시지보다 변증이 중요한 것이 되어버렸습니다. 18세기 초엽에도 같은 일이 있었습니다.

합리주의(Rationalism)와 이신론(Deism)이 대두되어 교회는 그것에 관심을 갖게 되었습니다. 그런데 복음주의자들은 무엇을 했습니까? 그들은 보일 강좌(Boyle Lectures)를 개설하였고, 버틀러(Butler) 감독은 유추(Analogy)를 쓰는 등의 일을 했습니다. 그들은 반론에 맞서 답하고 지적인 입장을 다루어 그 조류를 막아보려고 애를 썼습니다.

제 말을 오해하지 않기 바랍니다. 변증학의 가치를 완전히 매도하는 게 아닙니다. 제가 말씀드리는 것은 변증학적 관심에 지배받는 교회는 적극적인 기능을 발휘하지 못한다는 것입니다. 마귀가 교회를 장악하고, 교회는 소극적으로 되어 성령의 적극적인 역사를 인식하지 못했습니다. 역사는 휘트필드나 웨슬리 같은 사람들에게 그분의 영을 부어주심으로써, 보일 강좌나 버틀러 감독이나 다른 이들이 하지 못했던 일을 이루셨음을 보여줍니다.

셋째 이유는, 지나친 감정을 천성적으로 좋아하지 않는다는 것입니다. 신학적 사고를 하는 사람은 감정을 믿지 않는 경향이 있습니다. 이러한 사람들은, 다른 이들은 감정을 나타낼 수도 있지만 자기는 다르다고 주장합니다. 이러한 사람들은 이상한 방법으로 감정에 대한 혐오감을 발전시켜 불건전하고 그릇되게 됩니다. 또한 이러한 사람은 균형을 잃고 성령을 소멸하는 죄를 범하기도 합니다.

이렇게 된 또 다른 이유는 오순절주의(Pentecostalism)와 그 현상에 대한 지나친 반응 때문인데, 제가 볼 때 오늘날 특히 이것이 문제가 되고 있습니다. 오순절주의와 그 과도함 및 탈선을 너무 두려워한 나머지 성령을 소멸하는 사람들이 많습니다. 이러한 극단, 즉 어떤 것에 대해 지나친 반응을 보임으로써 성경이 제시하는 평형을 잃는 위험은 언제나 있습니다.

신중하게 생각해봐야 할 또 다른 요인이 있습니다. 제가 알고 있는 이들 중에는 개혁파 노선에 속해 있으면서도 다음과 같은 생각에 빠져 있는 사람들이 있습니다. 그들은 존 웨슬리 같은 이가 18세기 부흥에 탁월한 역할을 했다고 생각하면서 다음과 같은 이유로 부흥에 어떤 그릇되고 바람직하지 못한 것이 있는 것처럼 생각합니다.

"그러한 데서 어떻게 선한 것이 나올 수 있겠습니까? 만일 웨슬리나 피니나 다른 알미니안들과 같은 이들이 부흥에 사용되었다면 우리는 부흥을 의심해봐야 합니다."

이러한 생각은 파당적이라는 점에서 잘못된 것입니다. 이는 비록 웨슬리처럼 몇 가지 사항을 혼동하는 사람일지라도 하나님이 그분의 주권으로 축복하고 사용하신다는 사실을 깨닫지 못하는 것입니다. 만일 하나님이 이러한 일을 하실 수 없다면 하나님의 주권이나 전능 같은 것은 없는 것입니다.

이러한 파당심 때문에 그릇된 생각에 빠질 수도 있고 하나님의 성령을 소멸하는 죄를 범할 수도 있습니다. 그러나 가장 중요하고 심각한 문제는, 청교도들 자신이 부흥에 관해서 아무것도 가르치지 않은 것 같다는 것입니다. 청교도들의 글을 많이, 그리고 광범위하게 인용할 수 있으면 좋겠습니다. 그러나 그렇게 할 수 없습니다. 제가 찾아본 결과로는 그들은 부흥에 대해 책을 쓰지 않았습니다. 그들은 이러한 사실을 인식했을까요?

존 오웬(John Owen)의 책들도 성령의 역사에 관해 다루지 않았습니다. 요한복음 7장 37-39절이나 사도행전 2장의 베드로의 설교("곧 선지자 요엘로 말씀하신 것이니") 그리고 사도행전 3장 19절의 '유쾌하게 되는 날' 등에 대해 오웬이 설명한 것을 조사해보십시오. 오웬은 이 구절들의 주제를 다루지 않고 있으며, 그 밖의 다른 청교도들도 다루지 않았습니다.

이 점은 분명히 많은 사람들에게 매우 실제적인 문제를 야기합니다. "청교도들은 부흥을 다루지 않았습니다. 부흥에 대해 말한 적도 없습니다. 그렇다면 그것이 옳다고 할 수 있습니까? 이 모든 문제에 대해 근본적으로 의심스러운 것이 없습니까?"라고 그들은 말합니다.

우리는 이 문제를 직접 다루어야 합니다. 어째서 청교도들은 부흥을 다루지 않았습니까? 여러분의 생각을 돕기 위해서 몇 가지 이유들을 제시하겠습니다. 그들은 특별한 시대에 살았고 특별한 필요를 채워야 했다는 것이 부분적인 이유가 되지 않을까요? 당시 청교도들은 현대적이었습니다. 그들은 현대인들이었습니다. 그들은 그들의 시대의 실제 상황을 실제적으로 대처했습니다. 그들은 여러 가지 문제와 싸워야 했습니다. 그들은 로마 교회의 가르침과 로드(Laud)와 그 친구들의 고교회파(High Church) 교훈과 싸워야 했을 뿐 아니라, 자신들 속에 있는 '과격한 사람들'이나 다른 여러 종파들과 싸워야 했습니다(저는 이 '과격한 사람들'이란 별칭을 좋아하지 않습니다).

그러나 청교도들 가운데는 존 오웬이나 토머스 굿윈(Thomas goodwin)과 같은 사람들과 근본적으로 다른, 월터 크래덕(Walter Craddock)과 몰간 뤼드(Morgan Llwyd) 같은 사람들이 있었습니다. 그들은 영적인 의미보다는 직접적인 체험을 강조했고 신비주의로 기울었습니다. 몰간 뤼드나 퀘이커 교도들은 틀림없이 그러한 사람들입니다.

지금까지 저작이 전수되어 내려온 청교도 지도자들은 그러한 사람들과 싸웠습니다. 청교도 지도자들은 이러한 지나침에 대해 심히 근심하고 또 두려워했습니다. 그 결과 성령에 대한 그들의 저작 중 대부분은 논쟁적 관심을 위한 것이었고 접근 방식도 지나칠 정도로 소극적이었습니다. 청교도들이 부흥을 다루지 않은 부분적인 이유가 여기 있다고 저는 믿습니다.

또한 이 지도급 청교도들 일부는 특정 분위기에서 양육되어 이에 속한 특정 사상과 전통을 가졌다는 사실이 그들에게 부정적인 영향을 미쳤다고 조심스럽게 말할 수 있을 것 같습니다. 어쨌든 그들은 질서에 대단한 관심을 기울였습니다. 그것도 매우 지나칠 정도로 말입니다. 그들은 모든 일을 '적당하게 질서대로' 해야 한다는 데 지대한 관심을 기울인 나머지 성령을 소멸한 잘못을 면하기 어려운 상황이 여러 번 있었음을 저는 발견했습니다.

한 가지 더 지적하고 싶습니다. 심지어 기질이 이 문제에 내포되어 있지 않나 하는 의문이 생깁니다. 저는 역사적 및 신학적 관점에서 부흥을 말하겠다고 말했습니다. 저는 '지리적'이라는 말과 더 나아가 '인종학적'이란 말을 덧붙이고자 합니다. 이러한 요소가 영향을 끼친다고 확인할 수는 없어도 그렇게 생각합니다. 누구나 싸워야 할 싸움이 있습니다. 우리 모두는 기질이 다릅니다. 누구나 맞서 싸워야 할 기질상의 약점을 지니고 있습니다.

잉글랜드 사람은 바로 이 점에서 특별히 싸워야 할 것을 가지고 있으며 이것을 인식할 필요가 있습니다. 교회사에 나타난 이러한 부흥들이 일반적으로 잉글랜드 밖에서 일어났다는 것은 단지 우연입니까? 물론 우연이 아닙니다. 18세기는 제가 지적한 대로 걸출한 세기였습니다. 17세기에도 산발적으로 그러한 사건들이 발생했습니다. 그러나 모르는 사이에 기질과 품성 때문에, 다른 기질의 사람에 비해 성령을 소멸하는 일을 하기 쉽다는 것은 실제적인 위험이 아니겠습니까?

어떤 설명이 옳은지 모르지만 청교도들의 일차적인 관심은 목회적이고 인격적인 의미에서는 체험적이었다고 하는 사실은 분명히 동의할 수 있습니다. 이것은 그들의 뛰어난 점이었고 또 부름받은 특별한 일(양심의 문제를 분석하는 일, 의심을 해소하는 일, 고통 중에 있는 사람을 돕는 일)에 그들이 적합한 이유이기도 했습니다. 그들은 이러한 일에 탁월했습니다. 또한 그들의 시대와 세대에는 이러한 일이 특히 더 필요했다는 것은 의심의 여지가 없습니다. 어쨌든 개혁 전통에 속한 사람들이 부흥에 관심이 부족한 이유 몇 가지를 나름대로 살펴보았습니다.

4. 부흥의 문제점과 반대

이제 주제를 바꾸어 부흥의 문제점과 반대들을 살펴봅시다. 보편적으로 부흥을 반대하는 이유는 부흥 현상을 싫어하기 때문입니다(안타깝게도 이 문제를 길게 다룰 시간이 없습니다). 어떤 사람들은 부흥과 함께 가끔 나타나는 현상들에 대해 놀라고 두려워한 나머지 부흥이라는 문제 전체를 부정해버립니다. 물론 이러한 현상이 전혀 나타나지 않는 부흥이 있을 수 있고, 또 있기도 했습니다. 부흥은 때와 시대와 장소에 따라 크게 다르게 나타납니다. 이 문제는 이 정도로 해두겠습니다.

또 하나 특별한 난제가 있습니다. 저는 오늘날의 플리머드 형제단(Plymouth Brethren)이 무엇을 믿는지 모릅니다만 초기의 플리머드 형제단이 가르친 것과 강조한 것은 알고 있습니다. 즉 그들은 오순절에 성령을 단번에 받았으므로 부흥을 위해 기도하는 것은 잘못이라고 합니다. 이 입장에서 보면 여러분이 성령께 지금 임해달라고 기도할 권리가 없는 것입니다.

이것이 그들의 가르침입니다. 제가 보기에는 그 효과가 대단하여 그 교단에 속하지 않은 사람들에게도 영향을 끼쳤습니다. 그들의 주장은 "어째서 '성령이여 임하소서, 성령이여 임하소서, 성령을 부어주소서'라고 기도해야 합니까? 성령은 오순절에 부어진 바 되셨습니다. 어떻게 다시 부어질 수 있겠습니까?"라는 것입니다. 이러한 가르침은 부흥을 위한 기도를 실제적으로 좌절시킵니다.

때때로 제기되는 또 다른 반대 주장은 신약성경 어디서도 부흥을 위해서 기도하라는 가르침이 없다는 것입니다. 이것은 우리 시대 전체에 해당되는 주제입니다. 이 주장에 대해서는 풍족한 답변이 있습니다. 그 답변의 요점은, 신약 교회는 부흥 중에 있었기 때문에 부흥을 위해 기도하라는 권면을 받지 않았다는 것입니다. 신약성경에 나오는 교회에 관한 기사들은 부흥의 기사입니다.

신약 교회는 성령의 능력이 충만했습니다. 부흥의 역사를 읽을 때 즉시 사도행전을 연상하게 되지 않습니까? 그러한 교회는 언제나 부흥 가운데 있던 신약성경의 교회와 비슷한 모습을 띠기 마련입니다. 신약성경 시기는 부흥의 시기였습니다. 오순절의 위대한 부어주심은 계속되었습니다. 신약 교회는 영적인 교회였고 성령이 충만했습니다. 저는 가끔 다음과 같은 논증을 펴곤 합니다.

예를 들어 고린도전서 14장에서 바울은 방언에 대해 말하면서 한 번에 한 사람씩 말해야 하며, 어떤 사람이 예언하고 있는데 다른 사람이 말하고 싶으면 먼저 사람은 예언을 멈춰야 한다고 했습니다. 오늘날의 교회를 향해서 고린도전서 14장을 쓸 필요가 있습니까? 물론 없습니다. 어째서입니까? 오늘날의 교회는 이러한 영적 상태에 있지 않기 때문입니다. 신약 교회는 성령 충만과 성령 세례를 받은 교회였습니다.

논란이 될 말을 하나 첨가하겠습니다. 잉글랜드나 웨일즈에서 18세기의 양대 사상학파에 속한 메소디스트 선조들이 시작했던 공회들은, 17세기의 청교도 교회들보다 신약성경에 훨씬 더 가깝다고 생각합니다. 성령께서 자유롭게 역사하시는 일이 더 많았고, 자원하는 심정도 더 많았으며, 수많은 사람들이 함께 참여하는 면에서도 더 나았습니다. 이것은 우리가 숙고해볼 만한 가치가 있다고 생각합니다.

이것은 신약성경에 부흥을 위해 기도하라는 말이 없다는 주장에 대한 반론의 일부를 제공해줍니다. 그러나 이러한 사실을 뒷받침해주는 말씀은 많이 있습니다. 사도행전 3장 19절의 해석은 약간 의심스럽다는 것을 압니다. 어쨌든 뷰캐넌이나 스미턴은 그 해석을 조금도 의심하지 않았던 것 같습니다. 그들은 이 말씀이 부흥을 말한다고 했고 저 역시 그들의 의견에 동의하고 싶습니다.

그들은 "유쾌하게 되는 날이 주 앞으로부터 이를 것이요"에서 '유쾌하게 되는 날'이 곧 부흥의 때라고 합니다. 그리하여 이 대목은 베드로가 "여러분이 보는 것은 성령의 능력과 복의 위대한 첫 번째 실례입니다. 이런 일은 만물이 회복될 때까지 계속 일어날 것입니다"라고 말하는 것이라 해석합니다.

신약 교회가 부흥 중에 있었음을 입증하기 위해 또 다른 증거를 살펴봅시다. 데살로니가전서 1장 5절에서 바울은 "이는 우리 복음이 너희에게 말로만 이른 것이 아니라 또한 능력과 성령과 큰 확신으로 된 것임이라"고 말합니다. 무엇이 고대 세계를 뒤바꿔놓았습니까? 단순한 신학적 가르침이었습니까? 단순히 올바른 교리를 선포하는 것이었습니까? 이러한 것 위에 '성령의 나타나심과 능력'이 있었습니다. 그 사람들이 어떻게 이 세상을 뒤바꿔놓았습니까?

사도행전에는 성령을 부으시는 위대한 부흥이 기록되어 있습니다. 이것이 해답입니다. 그렇지 않고서 무슨 일이 일어날 수 있었겠습니까? 이 교회들이 어떻게 생겨났습니까? 사도들이 바른 교리를 가르치는 것을 통해서였습니까? 물론 아닙니다. 바른 교리와 함께 성령의 나타나심과 능력이 있었습니다.

바른 교리를 전한다 해도 교회가 죽은 상태에 있을 수 있습니다. 정통이면서도 죽어 있을 수 있고, 완전히 정통이면서도 아무 쓸모없는 교회일 수도 있습니다. 이러한 것들 위에 성령의 나타나심과 기름 부으심과 권위가 있었습니다. 그때 일어난 놀라운 일들을 설명하는 길은 이 길밖에 없습니다.

이렇게 되면 또 다른 문제가 생깁니다. 이 문제에 대해서는 오늘날 많은 의견이 있습니다. 먼저 개혁이 필요하므로 부흥에 대해서 말하지 말라고 합니다. 개혁 없이는 부흥이 있을 수 없다고 합니다. 부흥을 위해 기도할 자격을 갖추려면 먼저 바른 교리를 갖고서 개혁에만 집중해야 한다고 말합니다. 개혁과 부흥의 관계는 극히 어려운 문제임을 저도 인정합니다. 그러나 일부 사람들이 생각하는 것처럼 그 선은 그렇게 선명하지 않습니다.

16세기의 종교개혁기에 어떤 일이 일어났습니까? 물론 처음부터 독특한 요인이 있었습니다. 즉 로마 교회의 가르침이 그릇되었을 뿐 아니라 로마 교회 체제 전체가 역시 잘못되어 있었습니다. '종교개혁'이 일어난 것은 주로 교회 본질에 대한 사람들의 생각과 그에 따른 교회 체제상의 혁명 때문이라고 합니다. 이것은 교리상의 변화만은 아니었습니다.

종교개혁기에도 큰 부흥이 있었음을 잊지 마십시오. 래티머(Latimer)와 같은 사람의 이야기를 읽어보면 그가 분명히 부흥 설교자로 사용되고 있었음을 확실히 알 수 있습니다. 잉글랜드의 보통 사람들은 단순히 교리 교육의 변화로 영향을 받았다는 것이 그럴 듯한 주장입니까? 교리 교육의 변화가 그러한 결과를 가져올 수 있습니까? 그러한 실례가 있습니까? 물론 없습니다. 참된 부흥이 있었고 성령의 나타나심과 능력이 분명히 있었습니다. 16세기에 일어난 일을 설명하는 적당한 방법은 이것뿐입니다.

이것을 다른 측면에서 생각해봅시다. 1859년의 부흥 이전, 북아일랜드에는 심한 교리적 논쟁기가 있었다는 것은 역사적 사실입니다. 장로교회들은 대부분 아리우스주의(Arian)가 되었고, 위대하고 유명한 헨리 쿠크(Henry Cooke)는 부흥이 임하기 전 아리우스주의와 대논쟁을 벌여 승리했습니다. 부흥이 임하기 전 거의 30여 년 동안 그러한 일이 있었습니다. 그 시간적인 간격은 의미가 있습니다. 그러나 공정하게 이러한 사실들을 회상해야 합니다.

이제 저는 한 가지 사실을 다른 측면에서 다시 살펴보고 싶습니다. "사람들의 교리가 개혁되기 전에는 부흥에 대해서 말할 권리나 부흥을 기대할 권리가 없다"고 말하는 사람들이 있습니다. 그러나 이러한 주장에 대해, 조지 휘트필드는 1737년에 능력의 세례를 받았으나 미국에 있었던 1739년까지 그의 신학은 칼빈주의가 아니었다고 간단하게 답할 수 있습니다. 그의 교리가 바르게 되기 전에도 부흥이 그에게 임했고 그를 통해서 다른 많은 사람들에게도 임했습니다.

웨일즈의 하웰 해리스도 마찬가지입니다. 그는 1735년에 대단한 능력의 세례를 받았습니다. 그러나 그가 교리적으로 진리를 알게 된 것은 그로부터 2-3년 후입니다. 그러므로 다시 한번 이 논증을 사용하겠습니다.

만일 개혁이 있기 전에는 부흥이 일어날 수 없다고 말한다면 알미니안주의처럼 말하는 것이며, 우리 자신이 먼저 어떤 일을 하기까지는 하나님께서 이 일을 하실 수 없다고 말하는 것과 같습니다. 이것은 하나님을 제한하는 일입니다.

또한 알미니안주의의 생각 속으로 빠져드는 것이고, 개혁파의 근본적 교리를 부정하는 것입니다. 하나님의 주권을 진실로 믿는다면 교회의 상태가 어떠하든지 하나님께서 부흥을 보내실 수 있다고 믿어야 합니다.

엄밀하게 볼 때, 이것은 18세기에 하나님께서 행하신 일입니다. 당시 교회는 이신론과 합리주의의 분위기에 싸여 있었고 교회의 생명력은 거의 황폐되어 있었습니다. 목사들과 지도자들도 마찬가지였습니다. 비국교도들 사이에도 아리우스주의로부터 나온 죽음의 그림자가 드리워 있었고, 심지어 그것은 아이작 왓츠(Isaac Watts) 같은 사람에게도 영향을 미쳤습니다. 이러한 상황에서 하나님께서는 깜짝 놀랄 만한 일을 행하셨습니다. 하나님께서 사용하신 사람들 가운데는 아직도 교리적인 혼동을 겪고 있었는데도 말입니다.

개혁파의 입장을 고수하는 사람 중에, 먼저 개혁이 있기 전에는 부흥을 맞을 수 없다고 말하는 모순을 범할 수 있다는 것은 놀라운 일입니다. 우리는 부흥에 조건을 늘어놓을 권리가 없습니다. 부흥은 흔히 사람들과는 무관하게 이루어지는, 주권적인 자유를 가지신 하나님의 역사입니다.

5. 개혁 전에 부흥은 없다고 보는 입장에 대한 평가

이제 이러한 입장을 요약하고 평가해보겠습니다. 이 모든 혼동의 결과로 교회는 오늘날 크게 양분되어 있는 것 같습니다. 항상 부흥에 대해서만 말하는 사람들이 있습니다. 그들은 예외적이고 비상한 것에만 관심을 가집니다. '작은 일이 일어나는 날들은 멸시하는' 경향이 있고, 교회의 정규적인 일이나 교회 안에서 역사하시는 성령의 정규적인 사역을 멸시하려 합니다.

또 어떤 부류는 교회의 일상적이고 정규적인 일이나 교회 내에서 역사하시는 성령의 일반적이고 정규적인 사역을 너무 강조한 나머지 비상하고 예외적인 것에 대한 생각 자체를 불신합니다. 물론 두 가지 입장 모두 잘못되어 있습니다.

뷰캐넌의 『성령의 지위와 사역』(*The Office and Work of the Holy Spirit*)을 인용해보겠습니다. 뷰캐넌은 에든버러의 자유 교회 대학의 교수였으며 다음 글은 1856년에 쓴 것입니다.

성령께서는 영광스러운 사역을 수행하시는 데 있어서 어느 한 양식에 구애받지 않습니다. 이러한 주제를 숙고할 때는 성령의 주권을 반드시 기억해야 합니다. 우리가 생각하듯이 어떤 사람들은 부당한 편벽성과 확신을 가지고 보편적이고 획기적인 부흥은 성령의 은혜가 가장 잘 나타난 것이며 모든 경우 믿음의 기도에 대한 약속이라고 주장하는 한편, 적지 않은 사람들은 보다 갑작스럽고 획기적인 은혜의 역사를 배제시키거나 거부할 정도로 복음 사역의 조용하고 점진적인 성공만을 기대합니다. 그러나 불행하게도 성령의 주권을 지나치게 간과해버립니다. 전자는 특이하고 두드러진 것만을 지나치게 선호하고, 후자는 정반대의 오류에 빠져 보다 통상적이고 조용한 것을 선호합니다.

우리는 회심의 두 양식을 모두 인정하고 성령의 주권적인 지혜와 은혜에 그 양식을 맡기는 것이 좋습니다. 성령께서는 영혼들을 점진적으로, 혹은 갑작스럽게 회심시키는 일이 똑같이 가능하십니다. 성령께서 두 경우 중 어느 경우를 택하시든 그분은 지혜로운 의도를 갖고 계십니다. 일정한 사역을 통해 꾸준히 진행되는 위대한 회심의 역사를 간과한 채, 커다란 신앙 부흥이라는 외적인 모습이 수반되지 않았다는 단순한 이유로 살아 계신 하나님의 교회로 한 명 한 명 들어오는 무리를 무시하는 사람들을 우리는 인정하지 않습니다.

또한 모든 경우마다 성령이 특별한 방법으로 부여될 것을 기대할 만한 보증을 교회가 가지고 있다고 생각하는 사람들의 의견에도 동조할 수 없습니다. 그러나 모든 부흥을 비성경적인 기만이라고 거부하고, 하나님의 진리와 점진적 진행이나 일정한 목회 사역 아래서 한 사람씩 점진적으로 회심하는 것만을 절대적으로 기대하는 사람들에 대해서도 조금도 동감할 수 없습니다. 두 방식(점진적 회심과 돌발적 회심)은 모두 하나님의 성령의 능력 안에 있습니다. 어떤 경우에는 전자를 취하시고, 또 어떤 경우에는 후자를 취하시는 뚜렷한 이유들이 있을 수 있습니다.

이 진술은 17세기와 18세기의 특징적인 체험들을 종합한 것이라고 봅니다. 하나님께서 역사하시는 방법을 우리가 한 방법은 택하고 다른 방법은 버리는 일을 하나님께서는 허락하지 않으십니다. 두 가지 모두 하나님의 섭리와 지혜 가운데 이루어지기 때문입니다.

그러면 이 모든 것에 대해 최종적으로 어떻게 답변해야겠습니까? 뷰캐넌의 말을 인용하는 것이 최선의 방법인 것 같습니다.

우리는 그리스도의 나라를 유지하고 확장하는 일에 있어서 보다 느리고 고요하고 점진적인 방법을 찾는 데 매우 익숙해진 나머지 하나님의 성령께서 갑작스럽고 전반적으로 역사하신 일을 들을 때 놀라며, 심지어는 어느 정도 회의적인 마음으로 듣는 경향이 있습니다. 아니, 우리는 정규적인 사역에서 흔히 관찰되는 것보다 획기적이고 급속한 변화가 교회와 세계에 이루어지는 것을 기대하거나 그것을 위해 기도하지 않습니다(오늘날에도 이러한 죄를 범하는 사람이 얼마나 많습니까?). 하나님의 길은 우리의 길과 다르고 하나님의 생각은 우리의 생각과 다릅니다. 교회 역사를 보면 하나님께서는 종종 현명한 이유를 가지고 그분의 은혜와 능력을 매우 특이하고 괄목할 만한 방법으로 나타내기를 기뻐하십니다. 그리하여 무기력에 빠진 교회를 깨워 일으키기도 하시고, 그러한 일들을 부정하는 사람들을 깨우치고 확신시키십니다. 하지만 무엇보다도 중요한 것은, 사람들이 무시하기 쉬운 은혜의 주권과 능력을 단번에 가르치기 위해서 그렇게 하십니다.

다음으로 스미턴의 책에 나오는 조나단 에드워즈의 말을 들어보십시오. 같은 내용이 다시 주목할 만한 방법으로 진술되어 있습니다.

인간이 타락한 때부터 오늘까지 효과적인 구속 사역은 하나님의 성령의 특이한 교통을 통해서 수행되어왔음을 관찰할 수 있습니다. … 비록 하나님의 성령께서 늘 교회의 의식에 어느 정도 영향을 끼치시지만, 가장 위대한 일을 이루시는 방법은 항상 특별한 긍휼의 때에 특이한 폭발을 통해서였습니다.

교회사를 바르게 읽으면 틀림없이 조나단 에드워즈의 이 명언이 옳음을 알고 찬동하게 될 것입니다. 분명히 교회의 진행과 발전 역사는 주로 부흥의 역사였고, 성령의 강력하고 예외적인 부으심의 역사였습니다. 하나님께서 자신의 영광과 능력을 이러한 비범하고 예외적이며 이적적인 방법으로 나타내심으로써, 자신의 일을 지키고 발전시키셨다는 것은 의심의 여지가 없습니다. 역사만으로도 이 사실을 의심할 여지없이 입증할 수 있음을 저는 역설합니다.

6. 개혁파가 그 누구보다 부흥에 관심을 기울여야 하는 이유

저는 한 가지 질문으로 마무리하려고 합니다. 어째서 개혁파 사람들이 그 누구보다도 부흥에 관심을 기울여야 합니까? 그것은 분명 다음과 같은 이유들 때문입니다.

첫째로, 교회가 하나님의 교회임을 부흥처럼 잘 입증하는 것이 없기 때문입니다. 교회 역사의 도표는 포물선을 그리며 지나가는 도표와 같습니다. 이것은 교회가 인간의 제도가 아님을 입증합니다. 만일 교회가 인간의 제도라면 오래지 않아 망하여 사라졌을 것입니다. 교회는 살아계신 하나님의 교회입니다. 교회가 살아 있는 것은, 교회가 하나님의 것이며 따라서 하나님께서 때때로 은혜롭게 그것을 보존하기 위해 개입하시기 때문입니다.

둘째로, 이 역사는 인간 혼자로는 무능함을 잘 보여줍니다. 인간이 아무리 놀라운 신앙의 변증가요, 아무리 굳센 정통의 명수라 할지라도 그는 여전히 어쩔 수 없는 무능력한 존재입니다. 우리는 상황을 바르게 할 수 있다고 생각하고 고집합니다. 그래서 새로운 단체를 조직하고 책을 쓰고 캠페인을 벌이며 조류를 막을 수 있다고 확신합니다. 그러나 그럴 수는 없습니다. 원수가 홍수처럼 밀려올 때 일어나 깃발을 세울 분은 주님이십니다. 부흥은 인간 홀로는 얼마나 무능하고 보잘것없는가를 거듭거듭 분명하게 입증해줍니다.

또 하나 중요한 것이 있습니다. 구원의 역사는 성령의 역사이지 단순한 도덕적인 설득이나 논증이 아님을 부흥보다 잘 입증하는 것이 어디 있습니까? 어떤 방법으로 그것을 입증할 수 있습니까? 부흥이 갑자기 일어나는 것을 통해서 입증할 수 있습니다.

구원이 논증과 도덕적인 설득의 결과라면 한동안 그 일을 계속해야 할 필요가 있습니다. 찰스 피니 같은 사람의 생각 속에 그러한 오류가 깔려 있습니다. 그는 성령을 말하기는 하지만 사실상 성령을 배제하고 있습니다. 피니는 회심의 역사를 합리적 논증에 의해 성취되는 것으로 봅니다. 궁극적으로 알미니안주의의 입장이 언제나 그러했습니다. 그러나 개혁파 사람들은 이렇게 말합니다.

"아닙니다. 그것은 성령의 역사요, 인간의 마음과 생각과 의지에 성령께서 직접 역사하셔서 조명하고 새롭게 하시는 역사입니다."

부흥이 일어나는 때나 장소보다 이 점을 분명히 보여주는 것이 어디 있습니까? 회심의 돌발성을 살펴보십시오. 그렇습니다. 특히 부흥의 역사 속에서 풍성하게 발견되는 사실, 곧 많은 사람들이 집회 장소에 도착하거나 설교자의 말을 듣기도 전에 회심했다는 사실을 주목하십시오. 그들은 길에서 회심했습니다. 갑자기 죄를 깨달았습니다. 이것은 도덕적인 설득에 따른 것이라고 말할 수 없습니다. 그들은 설교를 듣지도 않았고 그전에 어떤 예비적인 논증을 들어본 적도 없었습니다.

그렇다면 부흥은 도르트 교회회의에서 주장된 중요한 요점, 즉 성령께서 회심의 때에 개입하신다는 사실을 세워주고 입증해줍니까? 알미니안주의의 논증이나 여기에서 파생된 모든 주장의 궁극적인 결함과 오류는, 참된 결신에서 성령을 배제시키고 사람이 스스로 회개할 수 있다고 주장하는 데 있습니다. 그러나 부흥은, 회심은 언제나 반드시 성령의 역사라는 정반대의 입장을 증거합니다. 부흥이 일어날 때 우리는 사람들이 매우 강렬하고 극적으로 진리에 대해 관심을 기울이는 것을 보게 됩니다.

넷째로, 저는 이렇게 묻겠습니다. 부흥처럼 하나님의 주권을 나타내는 것이 어디 있습니까? 부흥을 시간 차원에서 생각해봅시다. 언제 부흥이 옵니까? 피니가 가르친 대로 어떤 전제 조건들을 이루었을 때 부흥이 오는 게 아닙니다. 오히려 하나님은 전혀 생각지 않을 때 부흥을 일으키십니다. 우리는 그 부흥의 때를 알지 못합니다. 부흥에는 돌발성과 의외성이 항상 있습니다. "우리가 이러저러한 어떤 일을 행하면 …하게 될 것입니다"라고 가르치는 것은 알미니안주의적 사고방식입니다.

부흥의 역사는 이와 정반대임을 입증합니다. 부흥의 시작과 끝 모두가 그러합니다. 이것은 가장 영광스러운 것입니다. 인간은 부흥을 일으킬 수도 멈추게 할 수도 없습니다. 또 부흥이 멈췄을 때 계속되게 할 수도 없습니다. 사람들은 이 모든 일들을 다 해보았지만 결코 성공하지 못했습니다. 하나님의 주권이 때의 문제에도 나타나는 것입니다. 부흥이 시작되는 장소에 있어서도 하나님의 주권이 나타납니다.

부흥에 대해 생각하면서 아무런 감격을 느끼지 않는 그리스도인들을 저는 이해할 수 없습니다. 하나님께서 어느 분야보다도 지혜로운 자의 지혜를 혼동시키는 분야가 있다면, 그것은 부흥입니다. 하나님께서 부흥이 시작되게 하신 장소들을 살펴보십시오. 그곳은 작은 마을들, 교회 없는 작은 부락들, 들어보지도 못한 지역들입니다. 사람들은 런던이나 성바울 대성당이나 큰 호텔에서 운동을 시작합니다.

그러나 하나님께서는 그렇게 하시지 않습니다. 하나님께서는 때와 장소, 그리고 사용된 사람 등의 문제에 있어서 사람의 지혜와 명석함과 중요성을 조소하십니다. 하나님께서 사용하신 사람들을 살펴보십시오.

고린도전서 1장 25-31절의 완벽한 주석을 원한다면 부흥에 관한 책들을 읽어보십시오. "육체를 따라 지혜로운 자가 많지 아니하며 능한 자가 많지 아니하며 문벌 좋은 자가 많지 아니하도다 그러나 하나님께서 세상의 미련한 것들을 택하사 지혜 있는 자들을 부끄럽게 하려 하시고." 하나님의 주권은 그 무엇보다도 부흥에서 드러납니다.

마지막으로 부흥처럼 은혜의 불가항력적인 성격을 드러내는 것은 없습니다. 물론 모든 참된 회심을 통해 그것이 드러납니다. 그러나 대단히 큰 규모로 확실히 인식할 수 있도록 그 성격이 드러나는 것은 부흥의 때입니다. 집회를 뒤집어엎고 무산시키기 위해 갔던 사람들이 갑자기 거꾸러지고 엎드려져 눈이 열리고 생명을 얻게 됩니다.

이러한 하나님의 은혜의 불가항력적 성격이 부흥에서처럼 명백한 것은 없습니다. '조롱하러 왔던 어리석은 사람들'뿐만 아니라 심지어 원수들과 과격분자들까지 낮아지고 제압당하여 회심하고 거듭나게 됩니다. 이처럼 부흥은 특이한 방법으로 특별한 성경의 교리를 강조합니다.

결론은 이렇습니다. 이 순간에 우리에게 요청되는 것은 무엇보다도 부흥을 위해서 기도하는 것입니다. 우리는 행동주의를 비난하고 아무것도 하지 않는 집단이 되어서는 결코 안 됩니다. 우리에게 그렇게 말하는 사람들이 있습니다.

결코 그래서는 안 됩니다. 우리는 소극적이 되거나 단순히 다른 사람들의 약점을 지적하거나 체계의 허점을 꼬집어내어 언제나 그들을 부정적으로 비난하거나 조롱하려는 사람입니까? 물론 아닙니다. 그러면 우리는 무슨 일을 하라고 부르심을 받았습니까? 청교도의 설교의 본을 따라 충만하고 온전한 복음을 설교하는 정규적인 일을 계속하라는 부르심을 받았습니다.

우리의 믿음을 선전하고 변호하기 위해 성경적이고 합법적인 모든 수단을 강구합시다. 우리의 변증학을 바르게 사용합시다. 모든 것을 합시다. 우리가 관여하는 개혁의 일을 계속 추진해나갑시다. 그러나 동시에 뷰캐넌의 말과 같이 균형을 유지합시다. 다른 어느 것으로도 우리가 싸우는 싸움에서 승리할 수 없으므로 부흥을 위해서 기도합시다. 우리의 노력이 열매를 맺고 있음을 하나님께 감사합시다. 우리 중 어느 누구도 그러한 노력들을 무시하거나 과소평가하지 않도록 합시다.

그러나 이것만으로는 충분치 못합니다. 세상은 그만두고라도 우리가 살고 있는 시대와 교회의 상태는 하나님의 주권에 대한 강력한 확신을 요청하고 있으며, 성령의 역사 그리고 제가 강조하려고 애썼던 다른 여러 점들에 대한 절대적 필요성을 드러내고 있습니다.

7. 성령의 부으심을 위해 기도하라

좋습니다. 우리는 성령의 부어주심을 위해서 기도하기로 서약합시다. 스미턴의 말을 인용하여 여러분에게 호소합니다.

특별한 기도 형식에 대해 말하자면, 보편적인 각성이 있을 때는 언제나 신자들의 공동체가 마치 예수님의 승천과 오순절 성령 강림 사이의 기간 중 초대 교회 신자들이 한마음으로 간구하며 성령의 부으심을 기다리듯이 기다렸다고 이야기할 수 있습니다. 다른 방법은 없었습니다. 현재의 교회는 기다리고 기대하며 기도해야 한다는 모든 증거를 가지고 있습니다.
초대 교회 제자들은 단순히 소망 가운데 기다렸습니다. 그들은 모시지 않은 영을 기다린 것이 아니라 그들이 모시고 있는 영을 더 간구했습니다.
기독교는 스스로 살아가지 못했습니다. 그들은 열흘 동안 마음을 같이하여 기도하며 기다렸습니다. 그때 갑자기 성령께서 그들에게 임하여 전에는 전혀 알지 못했던 신령한 것들을 이해할 수 있는 영안을 주셨고, 누구도 빼앗을 수 없는 기쁨을 주셨습니다. 그것은 성령 안에서의 기도(엡 6:18 참조)였고 '아버지의 위대한 약속'인 성령을 위한 기도였습니다. … 그러나 성령의 임재를 위한 그 기도는 즉시 응답이 없거나 마음이 바뀌면 멈춰버리는 그러한 간구와는 다른 것이었습니다. 성령을 주시는 하나님을 움직이는 기도는 축복하지 않으면 가시지 못하게 하는 기도입니다.

특별한 간구의 영이 위로부터 부어질 때(성령을 향한 간절한 열망이 끓어오를 때, 교회가 하나님의 영광의 풍성함을 따라 간구하며, 하나님의 약속이 보증하고 그리스도의 공로로 얻을 수 있는 그러한 위대한 일들을 기대할 때) 시온에 은총을 베푸시는 정한 때가 임하게 됩니다(시 102:16-18 참조). 성경 속에 있는 기도를 살펴보면 하나님의 영광, 교회의 성장과 복락, 교회의 거룩과 진보 등이 성도들의 삶과 생각 속에서 언제나 그들 개인적인 문제보다도 더 높은 가치를 지니고 있었음을 알 수 있습니다.

만일 우리가 어떤 다른 생각으로 자극을 받는다면 그것은 성령이 가르친 기도도, 그리스도의 이름으로 드려지는 기도도 아닙니다. 예수님이 승천하신 뒤 제자들이 성령을 기다리며 기도하던 그 처음 며칠 동안의 기도 자세를 교회는 언제나 견지해야 합니다. '성령으로 기도하고', '성령을 바라며' 기도해야 한다는 긴박한 의무에 대한 사도들의 말을 많이 언급할 필요조차 없습니다.

또한 기도가 사역의 주요한 일이라는 위대한 진리를 입증하기 위해서 루터나 웰시나 휘트필드나 이 외의 참된 일꾼들의 습관을 길게 언급하지도 않겠습니다. 플리머드 형제단이 취한 원리, 곧 성령은 오순절에 부어졌으므로 교회는 하나님의 성령 부으심을 위하여 더 이상 기도할 필요성이나 정당한 근거가 없다는 주장보다 더욱 오도되고 왜곡된 이론은 없으며, 또한 이보다 성령을 모독하는 것은 없습니다.

반대로, 교회가 성령을 구하고 그의 교통하심을 기다리면 기다릴수록 교회는 더 많은 것을 받습니다. 끊임없이 부르짖는 믿음의 기도는, 멸망할 사람들의 회심을 위해 드려진 노력의 지원을 받아 땅에서 위로 올라갑니다. 기도가 앞서고 결국 그 다음에는 회개가 뒤따르게 됩니다.

그러므로 이것에 비춰볼 때 이 순간 우리에게 긴박하게 요구되는 것은, 두려운 시대를 살던 이사야가 드렸던 기도를 끊임없이 드리는 것이라고 제안하는 것이 가장 합당하다고 봅니다. 들어보십시오.

주여 하늘에서 굽어 살피시며 주의 거룩하고 영화로운 처소에서 보옵소서 주의 열성과 주의 능하신 행동이 이제 어디 있나이까 주께서 베푸시던 간곡한 자비와 사랑이 내게 그쳤나이다 주는 우리 아버지시라 아브라함은 우리를 모르고 이스라엘은 우리를 인정하지 아니할지라도 여호와여, 주는 우리의 아버지시라 옛날부터 주의 이름을 우리의 구속자라 하셨거늘 여호와여 어찌하여 우리로 주의 길에서 떠나게 하시며 우리의 마음을 완고하게 하사 주를 경외하지 않게 하시나이까 원하건대 주의 종들 곧 주의 기업인 지파들을 위하사 돌아오시옵소서 주의 거룩한 백성이 땅을 차지한 지 오래지 아니하여서 우리의 원수가 주의 성소를 유린하였사오니 우리는 주의 다스림을 받지 못하는 자 같으며 주의 이름으로 일컬음을 받지 못하는 자 같이 되었나이다(사 63:15-19).

하나님께 굽어 살펴주시기를 간구한 후, 그는 계속 이렇게 기도합니다.

원하건대 주는 하늘을 가르고 강림하시고 주 앞에서 산들이 진동하기를 불이 섶을 사르며 불이 물을 끓임 같게 하사 주의 원수들이 주의 이름을 알게 하시며 이방 나라들로 주 앞에서 떨게 하옵소서 주께서 강림하사 우리가 생각하지 못한 두려운 일을 행하시던 그때에 산들이 주 앞에서 진동하였사오니 주 외에는 자기를 앙망하는 자를 위하여 이런 일을 행한 신을 옛부터 들은 자도 없고 귀로 들은 자도 없고 눈으로 본 자도 없었나이다 주께서 기쁘게 공의를 행하는 자와 주의 길에서 주를 기억하는 자를 선대하시거늘 우리가 범죄하므로 주께서 진노하셨사오며 이 현상이 이미 오래 되었사오니 우리가 어찌 구원을 얻을 수 있으리이까 무릇 우리는 다 부정한 자 같아서 우리의 의는 다 더러운 옷 같으며 우리는 다 잎사귀 같이 시들므로 우리의 죄악이 바람 같이 우리를 몰아가나이다 주의 이름을 부르는 자가 없으며 스스로 분발하여 주를 붙잡는 자가 없사오니 이는 주께서 우리에게 얼굴을 숨기시며 우리의 죄악으로 말미암아 우리가 소멸되게 하셨음이니이다 그러나 여호와여, 이제 주는 우리 아버지시니이다 우리는 진흙이요 주는 토기장이시니 우리는 다 주의 손으로 지으신 것이니이다(사 64:1-8).

우리 중 얼마나 많은 사람들이 하나님을 붙잡으려고 스스로 분발합니까? 이것은 성경의 전형적인 교훈이요 우리 선조들의 가르침입니다. 그들은 하나님을 기다리며 부르짖기를 하나님께서 하늘을 가르시고 강림하실 때까지 했습니다. 이제 주를 굳게 붙들고 그토록 고귀한 하나님의 진리와 교훈을 우리에게 증거해달라고 간구합시다. 그리하여 교회의 부흥을 통해 많은 사람들이 구원받게 합시다.

두 번째 강연

1960년
참 지식과 거짓 지식

이번 연구 모임을 끝마치면서 우리는 함께 숙고했던 것을 적용하고, 아울러 우리가 해온 일을 전반적으로 살피고, 그것에 대해 논평해야 할 것입니다. 이러한 일을 변명할 필요는 없습니다. 청교도들이 늘 했던 일이기 때문입니다.

그들은 무엇보다도 목회적이었습니다. 그러므로 우리도 반드시 목회적이어야 합니다. 만일 청교도 연구 모임이 목회적 논평, 즉 우리가 함께 생각해 온 것을 적용하지 않고 끝난다면 이 모임의 목적은 실패한 것입니다. 우리 모임의 이름과 명칭 자체가 그러한 일을 요구하고 있습니다.

그러나 이것만이 이유가 되는 것은 아닙니다. 설명하겠지만 이러한 이유만으로는 위험할 수도 있습니다. 저는 청교도들이 그들의 시대에 했던 것을 영속시키려는 단순한 바람보다도 훨씬 더 강력한 이유들을 가지고 있습니다. 그 강력한 이유들이란 무엇일까요?

첫째, 우리가 목회적인 적용을 하지 않는 것은 지극히 위험하기 때문입니다. 이것은 우리의 방법과 전략에 있어서 청교도의 본을 따르고 싶어 하는 단순한 열심보다 더 중요한 이유입니다. 이렇게 하지 않는 것은 무서울 정도로 위험하기 때문에 그렇게 할 수밖에 없는 것입니다.

또 다른 이유는, 청교도들이나 모든 사람들의 가르침을 일종의 새로운 스콜라주의로 변화시켜 단순히 그들의 글을 인용하거나 그들이 썼던 어구들을 반복하고 우리의 이론적인 지식을 과시하는 데 시간을 쓰는 것처럼 우스꽝스러운 일은 없기 때문입니다. 이것은 청교도들의 대적이나 한 일입니다. 제가 말하는 대적이란 설교 시 고전을 많이 인용했던 가톨릭 신학자들과 같은 사람들입니다.

1. 지성과 지식 자랑의 위험

그리스도인들에게 닥치는 위험들은 획일적이거나 항상 같은 것이 아닙니다. 개성도 다르고 교회 생활과 복음의 강조점들도 다양합니다. 예를 들면, 여기에 모인 우리는 행동주의자들이 직면하는 특별한 위험들을 잘 알고 있습니다.

이러한 유형의 사람들은 복음적인 부류들 속에 많이 있습니다. 이러한 사람들은 자기의 힘과 자기가 행하는 일을 의지하며 살고, 모임들을 조직하고 거기 참석하느라 분주하며, 항상 무엇인가를 '해야 한다'고 말합니다. 우리는 이러한 행동주의에 내재하는 무서운 위험을 아주 분명하게 깨달았습니다.

우리는 끊임없이 이 행동주의에 대항하며 그들의 삶에 대한 절대적 강조, 즉 교리와 지식의 이해와 성장을 희생하는 생활과 활동의 위험을 증거합니다. 이것을 우리는 잘 안다고 하지만 이와 전혀 다른 종류의 위험이 우리 앞에 있다는 사실은 모를 수 있습니다. 그러므로 언제나 우리가 해야 하는 첫 번째 일은 우리 자신을 알고 우리가 속해 있는 집단을 관찰하며 모든 집단에는 나름대로 고유한 위험들이 있다는 것을 깨닫는 일입니다. 가까운 예를 들어 매년 이 연구 모임에 참석하는 우리에게는 어떤 위험이 있을까요? 아마도 지성과 지식의 자랑이라는 특별한 위험일 수 있습니다.

저는 이것을 매우 냉정하게 말씀드렸습니다. 그렇다고 우리가 실제로 그러한 죄를 짓고 있다는 말은 아닙니다. 제 말의 요지는 그러한 위험이 실제로 존재한다는 것입니다. 이러한 저의 분별력과 분석력이 이 질병의 유무를 실제로 간파해낼 수 있다는 것은 아닙니다. 다만 의학의 예를 든다면, 질병 이전의 증상(전구 증상)을 제가 발견한 것이 아닌지 모르겠습니다.

좀 더 설명하겠습니다. 의학과 질병 분야에서 전염성 열로 알려진 것이 있습니다. 예를 들어 홍역을 생각해봅시다. 아마 여러분이 홍역을 생각하면 기침을 하고 열이 나며 온몸에 발진이 나 있는 어린아이를 생각할 것입니다.

분명 이러한 것들은 홍역의 외적 증상들입니다. 그러나 제 기억이 옳다면 발진은 홍역에 감염된 후 나흘 만에 나타납니다. 발진이 나타나기 전에 그 병에 걸린 어린아이는 열이 나고 머리가 아프다고 하며 밥을 잘 먹지 않고 구토 증세를 보이기도 합니다. 그리고 입안에 하얀 반점이 나타날 수도 있습니다.

이러한 것들이 무엇입니까? 그것은 분명한 증상들입니다. 그렇습니다. 그러나 이러한 증상들이 반드시 홍역의 증상은 아닙니다. 그것은 '전구 증상'이라고 불리는 것들입니다. 정말 훌륭한 의사라면 그러한 증상들을 보면서 반점이 나타나기까지 기다리지 않을 것입니다. 그러한 의사는 경험이 많고 의학에 해박하기 때문에 일단의 전구 증상을 보면 "이 아이가 홍역을 앓고 있는 것 같다"고 말하게 됩니다.

전구 증상이란 바로 이러한 것입니다. 제가 지성과 지식의 자랑이라는 두려운 상태를 바르고 완전하게 진단할 수는 없지만, 때때로 그러한 전구 증상들을 발견했다고 말씀드리는 것입니다. 그러므로 이 주제를 여러분과 함께 상고하자고 제안하는 바입니다. 고린도전서 8장 1-3절에 나오는 용어를 통해 이 주제를 다루어봅시다.

> 우상의 제물에 대하여는 우리가 다 지식이 있는 줄을 아나 지식은 교만하게 하며 사랑은 덕을 세우나니 만일 누구든지 무엇을 아는 줄로 생각하면 아직도 마땅히 알 것을 알지 못하는 것이요 또 누구든지 하나님을 사랑하면 그 사람은 하나님도 알아 주시느니라.

이 말씀을 함께 상고하고 우리 자신에게 적용하기 원합니다. 고린도 교회의 특별한 상황과 상태를 다루는 데 시간을 들일 필요는 없습니다. 바울 사도는 여기서 교회의 분쟁 원인이 되었던 우상에게 드린 고기의 문제를 다루고 있습니다.

그 교회에는 깨달음이 많고 믿음이 강한 형제들도 있었고, 약한 형제들도 있었습니다. 그들은 이 문제를 똑같이 보지 않았습니다. 강한 형제들에게 다른 하나님은 없었습니다. 그들은 하나님이 오직 한 분뿐이며 누구나 다 그렇게 알아야 한다고 생각했습니다.

그러므로 우상에게 드린 고기를 먹지 않아야 한다는 생각은 전혀 터무니없는 것입니다. 그것은 사실상 우상숭배로 되돌아가는 격입니다. 그리스도인은 원하는 고기는 무엇이든지 먹을 수 있는 자유가 있습니다. 그들 가운데 일부는 만일 필요하다면 이교도의 축제에 갈 수 있다고 할 정도였습니다. "이 신들은 존재하지도 않는데 그렇게 못할 이유가 무엇입니까?"라는 것이 그들의 말이었습니다. 그래서 그들은 갔습니다.

그리하여 그들은 약한 형제들에게 거침돌이 되었습니다. 물론 그 강한 형제들은 약한 형제들의 지성과 이해력과 지식이 연약하다는 이유로 그들을 멸시했습니다. 이렇게 지식 있는 사람들과 약하고 지식이 없는 사람들 사이의 갈등 때문에 고린도 교회는 심각한 고통을 겪고 있었습니다.

이 문맥은 매우 흥미롭습니다. 그러나 우리는 사도가 문제를 다루는 그 흥미로운 방법에 관심이 있습니다. 그는 늘 그렇듯이 문제를 그 자체로 직접 다루지 않습니다. 그는 문제를 확대합니다. 그는 위대한 원리를 발견합니다.

그가 발견한 원리는 지식의 문제였습니다. 어떤 의미에서 고린도 교회의 진정한 문제는, 우상에게 드린 고기의 문제가 아니라 사람들 자신의 지식에 대한 관점의 문제였습니다. 그래서 그는 그 문제를 주로 지식에 대한 그들의 태도의 차원에서 거론합니다. 그러므로 우리의 주제, 즉 본문에서 우리가 도출해낸 원리는 그릇된 지식관의 위험입니다.

해석에 정확을 기하기 위해서 우리는 바울이 여기에서 사용한 '지식'이란 말이 디모데전서 6장 20절에 언급된 지식과는 다른 것임을 알아야겠습니다. 여기서 사도 바울은 '거짓된 지식' 때문에 믿음에서 벗어난 사람이 있다고 말합니다(개역개정 성경에는 '지식'이라고 번역되었지만 영어 성경에는 '학문'이라고 번역되어 있음 - 역주). '학문'이라고 번역된 말은 지식, 즉 '거짓되이 일컫는 지식'을 뜻합니다.

그러나 이것은 고린도전서 8장에 나오는 '지식'과 같은 것이 아닙니다. 이것은 일종의 신비로운 지식을 가리키는 것으로 영감을 통해서 직접 지식을 받고 있는 사람들에 관한 것입니다. 이것은 거짓된 신비주의의 위험이었습니다. 그러나 고린도전서의 '지식'은 우리가 흔히 사용하는 '지식'으로, 이 연구 모임의 회원들인 우리에게 해당되는 것입니다.

2. 지식의 중요성

물론 지식이 중요하다는 사실은 강조할 필요조차 없습니다. 지식이 아무리 많다 해도 지나치다 할 수 없습니다. 지식은 필수적인 것이며 교리는 생명이 걸린 것입니다. 성경은 교리로 가득 차 있습니다. 신약성경은 특히 그렇습니다. 서신서들은 교리와 진리에 대한 능하고 영광스러운 해석서입니다. 사도들은 진리를 설교했을 뿐만 아니라 진리를 아는 지식의 절대 중요성을 강조했습니다. 서신서들의 가르침에 따르면 교회에서 일어나는 문제의 대부분은 궁극적으로 지식이나 이해 부족에서 비롯됩니다. 그러므로 지식은 절대적으로 필요한 것입니다. 실로 우리는 지식의 우선권을 인정해야 합니다. 또한 지식이 언제나 첫째 자리에 오도록 해야 합니다. 우리는 배도(背道)의 문제에 대한 존 오웬의 가르침을 해석한 글에서 이 점을 상기한 바 있습니다.

기억하십시오. 진리가 먼저이고 그 다음은 경건, 그 다음은 예배입니다. 우리는 모두 이 점에 동의합니다. 이것은 우리 모두에게 하등의 문제가 되지 않습니다. 그러나 우리는 지식에 대해 거짓된 관념을 발전시킬 가능성이 있습니다(우리가 다루려는 주제가 바로 이것입니다). 지식과 이해의 은사는, 여러 방면에서 하나님의 아들과 구원의 은사 다음으로 고귀한 하나님의 은사입니다.

그런데 그것이 우리에게 덫이 되어 영적 생활에 실질적인 위험이 될 수 있습니다. 고린도 교회가 그러한 상태였습니다. 그러므로 지식과 이해를 추구하는 데 많은 시간을 할애했던 이 연구 모임을 마치면서 우리가 직면할 가능성이 있는 위험을 대면하는 것이 좋습니다. 저는 이것을 다음과 같이 다룰 것을 제안합니다.

3. 그릇된 지식관의 원인_ 일반적 원인

첫째, 우리는 그릇된 지식관의 원인을 생각해야 합니다. 이 문제를 상세하게 다룰 수는 없습니다. 그러나 일반적인 원인들과 특별한 원인들로 나눌 수는 있습니다. 분명히 모든 것의 배후에는 원수가 도사리고 있습니다. 마귀는 우리가 믿음을 갖지 못하고 무지와 마음의 어둠 속에 머물러 있게 하는 데 실패했습니다. 또한 마귀는 혼자 노력하는 사람으로 만드는 분주한 행동의 위험을 우리가 깨달았음을 알았습니다.

그래서 자신의 전략을 갑자기 바꾸었습니다. 그는 광명의 천사로 가장하여 우리로 이러한 지식의 문제의 극단에 빠지도록 합니다. 그리하여 마귀는 결국 우리를 행동주의자라는 덫에 치이게 하는 데 성공합니다. 달리 말하면,

우리는 우리가 그렇게 잘 아는 현상, 즉 극단에서 극단으로 달려가는 위험, 과잉 수정의 위험을 돌아봐야 한다는 것입니다. 균형 유지처럼 어려운 것이 없다는 것은 인류를 항상 괴롭히는 죄요, 타락의 가장 무서운 결과 중 하나인 것 같습니다. 우리는 어느 하나를 바로잡기 위해 그와 똑같이 위험한 극단까지 갑니다. 우리는 가장 선한 것들을 불의의 도구로 사용하여 우리의 영혼을 파멸시키려고 항상 노리는 마귀와 대치하고 있습니다.

일반적인 원인의 두 번째는 유명한 격언이 상기시키듯 '어설프게 배우는 것'입니다. 어설프게 배우는 것은 참으로 위험한 일입니다. 물론 많은 지식에 전혀 위험이 없다는 뜻은 아닙니다. 위험은 있습니다. 그러나 어설프게 배우는 것이야말로 더 위험할 것입니다. 왜냐하면 조금 알고도 모든 것을 다 안다고 생각하는 초심자의 특징을 보이기 때문입니다.

그러나 우리는 좀 더 논란의 여지가 많은 세 번째 원인에 대해서 더 많은 주의를 기울여야 합니다. 제가 볼 때에는 설교를 방해하는 독서에 매우 특별한 위험이 있습니다. 아마 우리 시대에는 이것이 가장 위험한 위험 중 하나일 것입니다. 저는 독서가 설교를 듣는 것보다 훨씬 더 위험하다고 생각합니다. 만일 어떤 사람이 독서하는 데만 시간을 들이고 설교의 능력을 맛보지 않는다면 매우 실제적인 위험이 야기될 것입니다. 제 말을 이해하겠습니까?

제 말은 이러한 뜻입니다. 사람이 책을 읽고 있는 동안에는 어떤 의미에서 완전한 조종을 받고 있는 셈입니다. 가령 독자는 책을 읽다가 마음이 불편해지면 언제든 도중에 책을 덮어버리고 산책을 나가거나 그 밖의 일들을 할 수 있습니다. 그러나 설교를 듣는 동안에는 이 모든 것을 할 수 없습니다. 물론 벌떡 일어나 밖으로 나가는 무례함을 범할 수도 있습니다. 어떤 사람들은 그렇게 하기도 합니다만 대체로 그렇게 하지 않습니다.

그러므로 어떤 의미에서 설교란, 책을 읽음으로 야기되는 이러한 특별한 위험들로부터 우리를 지켜줍니다. 물론 그 설교가 참된 설교라는 조건이 붙습니다. 왜냐하면 참된 설교를 듣고 있을 때는, 책을 읽을 때에 맛보는 것과는 다른 진리의 '권세' 아래 들어오기 때문입니다. 필립스 브룩스(Phillips Brooks)는 설교를 '인격을 매개로 하는 진리'라고 정의했는데, 이 정의를 여러분이 좋아할지는 모르겠습니다. 그러나 이 정의의 옳음을 대변하는 것들이 대단히 많습니다. 성경은 실례를 많이 제시합니다. 하나님께서는 인간의 인격을 사용하십니다. 그뿐 아니라 설교자는 성경을 해석하고 적용하기도 합니다.

그러나 책을 읽고 있을 때는 적용을 하지 않습니다. 그는 마음 내키는 대로 책을 덮어버릴 수 있습니다. 적용에 대한 강제성이 없습니다. 이 시대의 사람들은 갈수록 설교를 듣지 않으려 하며 그래서 설교는 더욱 짧아지고 이에 상응하여 독서를 의뢰하는 경향이 증대되고 있습니다. 따라서 우리는 선조들보다 더욱 큰 위험에 노출되어 있습니다. 물론 독서를 만류하는 것도 아니고 출판을 금하자는 것도 아닙니다. 다만 야기되고 있는 위험스러운 경향을 보여주고 설교의 우위성과 탁월성을 역설하고 있을 뿐입니다.

우리는 진리의 권세 아래 들어올 필요가 있습니다. 우리는 이것을 좋아하지 않지만, 설교자는 이렇게 해야만 합니다. 만일 이렇게 하지 못하면 그는 매우 영향력 없는 설교자입니다. 우리는 언제나 이러한 결론과 적용을 피하려고 애씁니다. 그러나 설교자는 이것을 잘 납득시켜야 합니다. 설교자는 우리로 하여금 이러한 사실을 잘 받아들여 어떠한 위험에도 빠지지 않도록 지켜줘야 합니다. 말씀 설교보다 독서에 더 중요성을 부여하는 시대는 이미 위험한 상태에 있습니다.

4. 그릇된 지식관의 원인_ 특별한 원인

이제 특별한 원인을 생각해보겠습니다.

첫 번째 특별한 원인은 진리와 지식에 대해 순전히 이론적이고 학문적인 관심을 갖는 것, 즉 지식 자체를 목적으로 삼는 것입니다. 이것은 분명하고 또 잘 알려진 위험입니다. 그러므로 저는 일반적인 원리는 당연한 것으로 생략하고 특별한 예만 몇 가지 설명하겠습니다.

제가 언제나 느끼는 것이지만 성경 지식을 가늠하기 위해 시험을 보는 것은 그릇된 것입니다. 이론적인 관심만을 발전시키는 경향이 있기 때문입니다. 시험에 합격하려고 배우는 것이 주가 되기 쉽기 때문입니다. 이런 일이 있어서는 안 됩니다. 시험을 보는 순간 성경 지식 자체를 일종의 한 과목으로 여기는 경향이 시작될 것입니다.

1932년 미국의 어떤 집회에서 특강을 한 일이 있었습니다. 그 집회는 1874년에 경건한 사람들을 위해서 어떤 진실한 감독이 시작한 것인데, 모임의 참석자 수가 아니라 그 신학과 진리에 대한 접근 방식이 변질되어 있었습니다. 그 연구 집회가 표방하는 것은 관심을 가지고 있는 문제가 무엇이든 가르치겠다는 것이었습니다(이렇게 광고를 하고 있었음).

저는 광고된 목록 가운데 열여섯 번째 항목에서 '종교'라는 말이 쓰여 있는 것을 발견했습니다. 진리에 대해 순전히 학문적이고 이론적인 관심만을 기울이는 하나의 실례라고 할 수 있습니다. 여러분은 '종교'를 화학, 역사, 미술, 신학 등과 같은 하나의 과목으로 부르며 그 분야의 지식쯤으로 생각합니다. 만일 여기에 시험을 보게 된다면 상황은 더욱 악화될 것입니다.

또한 제가 매우 후회하면서 말씀드리고 싶은 것은 종교사(宗敎史) 연구에 내재하는 위험입니다. 저는 기독교 역사와 교회사 그리고 교회의 위대한 인물들과 운동들의 역사에 능통한 세 사람을 알고 있습니다. 그들은 이 분야에 자기들의 온 삶을 바쳤습니다. 세 사람 모두 18세기에 특별히 관심이 있었습니다.

그러나 언제나 저를 놀라게 하는 것은, 그들이 영광스러운 신앙 부흥과 능력 있는 하나님의 사람들에 대한 책을 읽는 데 자신들의 삶을 바쳤음에도 불구하고 그 책들로부터 전혀 영향을 받지 못했다는 점입니다. 그들에게 있어 그것은 하나의 과목, 학문의 소재, 역사적 관심거리에 불과했던 것입니다.

그들은 자세한 것까지 알고 있었습니다. 그러나 그 일의 숨은 영에 대해서는 하나도 읽어보지 않은 사람과 같았습니다. 이것이 바로 역사적 접근법에 늘 따라다니는 위험이며, 이론적인 접근법에 대한 하나의 예입니다.

신학을 연구하는 과정에서도 똑같은 일이 일어날 수 있습니다. 신학이 하나의 시험 과목이 될 수도 있고, 학위나 수료증을 얻기 위한 필수 과목이 될 수도 있습니다. 학위를 얻는 체계가 그렇게 되어 있다는 사실 그 자체가 하나님을 아는 지식을 순전히 그러한 방식으로 보게 만드는 결과를 가져올 수 있습니다.

그러나 시험이 없다 해도 이러한 가능성은 있습니다. 신학에 대해 순전히 학문적이고 이론적인 관심만을 가질 수 있습니다. 이러한 사람들을 저는 많이 알고 있습니다. 그들은 다른 사람들이 낱말 맞추기 퍼즐을 즐기듯이 그것을 자신들의 취미로 여깁니다. 이것은 본질적으로 똑같은 자세입니다. 이 점에 대해서 하등의 의문이 없습니다. 이것은 순전히 이론적이므로 그릇된 '지식'이 됩니다. 우리에게는 이러한 위험이 전혀 없습니까?

두 번째 특별한 원인은, 지적 차원에서만 진리에 접근한다는 것입니다. 지성만을 따로 떼어놓는 것처럼 위험천만한 것은 없습니다. 지성의 우선성은 누구나 인정합니다. 그러나 지성의 우월성을 주장하는 것과, 지성에 대해서만 말하고 마치 사람이 지성 외에는 아무것도 아닌 것처럼 생각하는 것과는 엄청난 차이가 있습니다.

사도가 말한 바와 같이, 마음은 전혀 개입되지 않고 순전히 지적인 차원에서만 진리에 관심을 가진다면 진리의 능력은 전혀 느끼지 못하고 또 감정이 전혀 포함되지 않은 상태에서 '그릇된 지식'으로 이끌려가게 됩니다. 이러한 사람은 단순히 자신의 머리로 지식을 섭렵하는 데만 관심이 있습니다. 의지가 전혀 개입되지 않는 경우도 똑같습니다. 만일 관심이 어떠한 행동이나 의지로 연결되지 않는다면 이것 역시 똑같이 나쁩니다 우리는 이 문제에서 너무 지체할 필요가 없습니다.

물론 이 모든 것을 말하는 본문은 로마서 6장 17절 말씀인 "하나님께 감사하리로다 너희가 본래 죄의 종이더니 너희에게 전하여 준 바 교훈의 본을 마음으로 순종하여"입니다. 여기서 "순종하여"는 의지(意)를, "마음으로"는 마음(情)을, "너희에게 전하여 준"은 머리(知)에 전해주는 것을 말합니다. 따라서 모든 것이 포함됩니다. 만일 지(知)만 택하고 정(情)과 의(意)를 버린다면, 결국 그릇된 지식관에 이르고 그릇된 '지식'을 갖게 될 것입니다.

달리 말하면 이것은 어떤 주제를 아는 것의 위험이라기보다 그것에 '대해서' 아는 것의 위험입니다. 복음을 설교하는 것과 복음에 대해 설교하는 것은 얼마나 다릅니까? 얼마나 중대한 차이입니까? 복음에 대해 말하면서도 복음을 전혀 제시하지 않을 수 있습니다. 이것은 전혀 쓸모가 없을 뿐 아니라 실로 매우 위험합니다. 우리가 이러한 것들에 '대해서'는 알지만 실제로는 전혀 모를 수가 있습니다.

신학의 목적과 의도가 하나님을 아는 데 있음을 인식할 때 이 점은 정말 중요합니다. 한 분을 아는 것입니다. 추상적인 진리들을 수집하거나 철학적인 전제들을 모으는 것이 아니라 하나님을 아는 것입니다. "오직 유일하신 참 하나님과 그 보내신 자 예수 그리스도를 아는 것입니다."

여기서 우리는 문제의 주요 원인들로 보이는 것들을 만나게 됩니다. 설교자에게 특히 해당되는 실제적인 문제를 하나 더 말씀드리겠습니다. 이것은 이러한 연구 모임에서 숙고되는 문제와 매우 밀접한 관계가 있는 것입니다. 제가 볼 때 청교도들과 그들의 저작들을 사고의 대체물로 사용하는 것처럼 보이는 사람들이 있습니다.

이 말을 설명해드리겠습니다. 한번은 제가 지금 하는 것처럼 어떤 상황을 상세하게 분석하고 그에 대한 여러 명제들을 제시하는 식으로 저의 설교 방식을 이야기했습니다. 그랬더니 한 목사가 그것을 들은 후 찾아와 물었습니다. "그러한 질문과 대답 목록을 청교도들의 것에서 찾으셨습니까?" 이 말은 그 자신이 그렇게 한다는 뜻입니다. 저는 이 일에 대해 상당히 놀랐습니다.

그러나 사실 이러할 가능성은 있습니다. 만일 여러분이 이렇게 한다면 청교도들을 사고의 대체물로 사용하고 있는 것입니다. 여러분 스스로 연구하고 사고를 훈련함으로써 스스로 문제를 정립하는 것이 아니라, 이미 만들어진 분석과 사상들을 그저 취하고 있는 것뿐입니다. 이렇게 하게 되면 의심할 여지없이 '그릇된 지식'을 갖게 되는 잘못을 범하게 됩니다. 이것은 순전히 지식만을 생각하는 것입니다. 하나님께서 정직한 생각과 영혼의 고뇌 대신 '청교도들을 설교하고' 그 사람들의 저작들을 사용하는 위험에서 우리를 건져주시기를 바랍니다. 물론 이것은 다른 저자들의 책을 오용하는 데도 똑같이 적용됩니다.

5. 그릇된 지식관을 드러내는 표시

이제 이러한 상태에 대한 표시와 증거를 생각해봅시다. 이러한 그릇된 지식과 그릇된 지식관을 가졌음을 보여주는 일반적인 표들이 있습니다. 예를 들면, 그러한 경우에는 항상 균형이 깨져 있습니다.

이러한 사람들이 관심을 갖는 것은 그저 그러한 종류의 지식일 뿐 다른 것은 알지 못한다는 것입니다. 그래서 균형이 깨지는 것입니다. 그러한 사람들은 갑자기 어떤 유형의 지식이나 어떤 부분의 지식에 이끌려 그것을 따라갑니다. 그는 그것에 능통하게 됩니다. 그러나 다른 것은 알지 못하고 지엽적인 것만 붙들고 있으므로 균형을 잃게 됩니다.

이러한 상태는 언제나 특징적인 슬로건이나 상투적인 문구나 짧은 문구 등으로 정체를 드러냅니다. 이러한 어구들이 혀에서 유창하게 나오고 언제나 같은 캐치프레이즈나 슬로건들을 되뇌입니다. 틀림없이 이것은 참된 지식의 부족을 드러내는 증거요, 무엇보다도 지식의 균형이 깨져 있음을 표시하는 것입니다. 사도는 '교만하게 하다'는 어휘를 사용합니다. '지식은 교만하게 하며…' 이 얼마나 놀라운 표현입니까! 무엇을 뜻하고 있습니까? 교만한 사람을 묘사하고 있지 않습니까? 자기야말로 "모든 것을 알고 있다"고 생각하는 사람을 묘사하고 있는 것입니다.

'나는 다른 사람들과 같지 않습니다. 나는 알고 있습니다. 나는 지식의 사람이요, 총명의 사람입니다. 나는 모든 것을 알고 있습니다. 나는 결코 책을 읽지 않는 사람들과 같지 않습니다. 나는 대단한 독서가입니다!'

이렇게 자기 지식을 자랑하는 사람을 어떻게 알 수 있습니까? 그런 사람은 언제나 자신의 지식을 뽐냅니다. 무게를 잡고 오만한 청교도 특유의 걸음걸이로 걷습니다. 말도 그러한 식으로 합니다. 이것이 바로 '교만함'의 표시입니다. 이처럼 큰 무게를 지닌 지식을 갖고 똑바로 선다는 것이 얼마나 어렵겠습니까?

이러한 상태는 어떠한 제약과 교정을 참아내지 못하는 데서도 나타납니다. 특히 반대 입장을 용납하지 못하는 데서 더욱 잘 드러납니다. 다른 것을 용납하지 못하는 것입니다. 자신이 '알기' 때문에 다른 것은 어떤 것도 제시되어서는 안 됩니다. 반대 입장은 존재할 권리도 없고, 심지어 고려되어서도 안 되는 것입니다. 즉 이것은 '교만하게 하는' 것의 일부입니다. 이것은 '오만'입니다. 야고보 사도는 이러한 유의 사람들을 알고서 "많이 선생이 되지 말라"(약 3:1)고 말합니다.

선생들만 있는 교회는 얼마나 무섭습니까! 모든 사람들이 권위자들입니다. 모든 사람들이 모든 것을 알고 있다는 식입니다. "내 형제들아 … 많이 선생이 되지 말라." 그러나 이들은 항상 자기는 알고 있고 이해하고 있으므로 그 아는 것을 알려야 한다고 생각하는 경향이 있습니다. 그래서 거만한 사람들은 스스로 이러한 입장에 서게 됩니다.

그러나 더욱더 심각한 것은 그 거만한 자세가 다른 사람들에게 모습을 드러내는 방법입니다. 고린도 교회의 문제가 바로 이것이었습니다. 깨우침을 받은 고린도 교인들은 "우리는 지식을 갖고 있고 그것을 안다"고 말했던 것입니다. 사도의 답변은 "우리가 다 지식이 있는 줄을 아나"였습니다. 어떤 주석가들에 의하면 지금 사도는 사람들이 "우리는 지식이 있습니다"라고 늘 말하던 것을 되풀이하여 표현하고 있는 것입니다.

그들은 우월감을 갖고 다른 사람들을 멸시하며 바리새인들과 같이 행동했습니다. 그들은 자기들의 선한 행실보다 지식과 이해력을 떠벌리고 자랑했습니다. 이해하지 못하는 사람들, 특히 우상에 대해 분명한 이해를 갖지 못한 사람들을 경멸하면서 그들을 생각할 만한 가치도 없는 사람들이라는 식으로 이야기했습니다. 지식은 이런 식으로 모습을 드러낼 수 있습니다.

또는 다른 사람들을 전적으로 무시함으로써 그 정체를 드러낼 수도 있습니다. 어떤 의미에서는 현장에 없기 때문에 그들에 대해 경멸감조차 느끼지 못할 정도로 무시합니다. 공중의 높은 곳과 구름 위에 있기 때문에 그러한 연약한 사람들은 보지도 않습니다. 마치 그들이 존재하지 않는 것처럼 말입니다.

그러한 지식이 모습을 드러내는 또 다른 방법은 배움에 더딘 사람들을 장애처럼 느낀다는 것입니다. 많은 것을 알고 있는 사람들은 보다 큰 것을 배우고 싶어 할 것입니다. 그러나 그들 눈에 설교자는 언제나 기초적인 수준에 머물러 있는 듯 보입니다. 매주일 아침과 저녁에 복음을 설교하는 목사는 많은 것을 상세하게 설명해줘야 할 회중을 앞에 두고 있기 때문입니다.

지식이 있다고 스스로 생각하는 사람들은 더 높은 곳으로 계속 올라갈 수 없다고 느낍니다. '알프스산에 올라왔는데 어째서 설교자는 에베레스트산으로 데리고 올라가지 않을까'라고 생각합니다. 그들에게 있어서 평범한 일반 청중은 배움이 더딘 성가신 존재들입니다. 이것이 바로 고린도 사람들의 상태였습니다. 그리고 오늘날 많은 교회들도 이러한 상태입니다. 이처럼 거만한 지식은 다른 사람들에 대한 태도를 통해 그 모습을 드러냅니다.

마지막으로 그릇되고 거짓된 지식관은 '아무것도 하지 않는 것'을 통해 그 모습을 드러냅니다. 그는 단순히 자기 '지식'만을 즐깁니다. 세상 어느 곳에든 잃어버린 영혼이 있다는 사실을 눈치 채지 못하는 것 같습니다. 그는 계속해서 책을 읽는 데만 온 시간을 쏟습니다. 사람들을 만나면 자기가 읽었던 것을 알리려 하고, 진리에 대한 토론에 온 시간을 보냅니다.

오늘날 어떤 교파의 교회는 세상과 전혀 접촉을 하지 않습니다. 저는 그들이 단 한 사람의 회심자라도 얻었다는 얘기를 들어보지 못했습니다. 그들은 인류의 난제와 죄의 파괴적 성격을 의식하지 못하는 것 같습니다. 어째서 그렇습니까?

그들은 온 시간을 자기들끼리만 보내며, 일점일획을 논하고 자기들의 위대한 지식을 논증하여 그것을 서로에게 과시하는 일에 몰두하기 때문입니다. 따라서 그들은 전혀 쓸모가 없고 어떤 행동도 하지 않습니다. 이것이 극단적인 형태를 취할 때 어떻게 될지 우리는 알지 못합니다. 저는 누구든지 자기 자신을 시험해보기를 요청합니다.

책을 읽으며 지식을 더하는 데 모든 시간을 할애하면서 자신이 살고 있는 죄악된 세상은 망각하기란 매우 쉬운 일입니다. 여러분은 이를 알지 못합니까? 이것은 지식의 중요성을 인식한 이지적이고 능력 있는 사람들에게 오기 쉬운 특별한 유혹입니다. 여러분은 지식을 더하거나 다른 사람들과 논쟁하는 일에 여러분의 삶 전체를 쏟을 수도 있습니다.

6. 가상적 지식의 무용성과 참 지식

이제는 이러한 가상적 지식의 무용성을 살펴봅시다. 사도는 고린도전서 8장 2절에서 "만일 누구든지 무엇을 아는 줄로 생각하면"이라고 말합니다. 그리고 이런 사람에 대해서 할 말은 오직 하나, "아직도 마땅히 알 것을 알지 못하는 것이요"라고 말합니다.

이 말은 부분적으로, 지식을 가지고 있다고 자랑하는 사람이야말로 사실은 어떤 지식도 진정 가지고 있지 않다는 뜻입니다. 이것이 명백하지 않습니까? 만일 하나님에 대한 참된 지식을 가지고 있다면 그럴 수 없다는 주장입니다.

그래서 사도는, 자기가 안다고 생각하는 사람이야말로 사실은 "마땅히 알 것을 알지 못하는 것이다"고 말합니다. 왜냐하면 그가 마땅히 알 바를 알고 있다면 결코 그런 식으로 행동하지 않을 것이기 때문입니다. 그러한 사람은 참된 지식을 갖고 있지 못합니다.

그는 하나님을 아는 지식을 갖고 있다고 생각하지만 사실은 하나님에 '관한' 지식만 있을 뿐입니다. 그것은 하나님을 아는 지식이 아닙니다. 만일 사람이 하나님을 아는 지식을 가지고 있다면 그러한 모습을 보이지 않습니다. 위대한 조지 휘트필드의 말을 빌려 지적해보겠습니다. 그는 성경에 관해서 이렇게 말합니다.

이는 내 반석이요, 터전입니다. 내가 성경을 읽기 시작한 지 35년이 지났습니다. 나는 이 책 읽기를 좋아합니다. 이 책은 약속의 기록 바로 그것입니다. 이 책에 나오는 말 한마디 한마디는 처음부터 끝까지 영적인 섭리와, 우리의 영혼을 하나님께 연합시키고 신자로 하여금 '나의 주 나의 하나님' 이라고 고백하게 하는 성령님에 대한 것입니다. 만일 이것으로만 스스로 만족한다면(휘트필드는 성경 자체만으로 만족하는 것을 지적하고 있는 것입니다) 마귀는 교리만 말하도록 유도할 것입니다. 알미니안주의에서 칼빈주의로 넘어가고, 충분히 정통적이면서도 여러분 속에 그리스도가 없는 삶을 만족하게 여길 것입니다.[1]

휘트필드가 말하고 있는 것을 주목하십시오. 만일 여러분이 그러한 지적 지식에 빠져 있다면 마귀는 교리만 강조하도록 할 것입니다. 그리고 여러분은 알미니안주의에서 칼빈주의로 넘어갈 것이고 충분히 정통적이 될 것입니

---

1) 이사야 60장 19절, "*God a Believer's Glory*"에 관한 설교

다. 더 나아가 여러분 속에 그리스도가 살아 계시지 않고도 만족스럽게 살아갈 것입니다. 마귀는 여러분이 알미니안주의에서 칼빈주의가 되더라도 그리스도를 모르고 하나님을 모른다면 전혀 개의치 않습니다. 이렇게 된다면 알미니안주의나 칼빈주의나 모두 나쁩니다.

이론적인 칼빈주의나 이론적인 알미니안주의는 똑같습니다. 조금도 다름이 없습니다. 휘트필드는 바로 이러한 사실을 말하고 있는 것입니다. 그는 성령을 모시는 것에 대해 관심을 쏟고 있기 때문에 그러한 잘못을 경고하고 있습니다. 그는 계속해서 말합니다.

"성령을 모시게 되면 '하나님은 나의 하나님이다'고 말할 수 있습니다."

그의 말은 이렇게 되지 못하는 지식은 결코 마귀의 관심 대상이 되지 않는다는 것입니다. 왜냐하면 그것은 사람을 변화시키는 참된 지식이 아니기 때문입니다. 칼빈주의자요, 가장 위대한 전도자로 알려진 휘트필드가 바로 이렇게 지적하고 있습니다.

그러나 또 다른 이유를 생각해보겠습니다. 지식이 있다고 하면서도 자신을 자랑하고, 신학이나 교리를 모르는 사람들을 경멸하며, 그들을 거부하기도 하는데, 왜 이같이 어처구니없는 일을 하는 것입니까? 이 어처구니없는 짓의 이유는 무엇입니까? 참된 지식이 아닌 이유는 무엇입니까? 그것은 지식의 광대함 때문입니다. 무슨 말인지 아십니까?

제가 말하는 지식은 하나님을 아는 지식입니다. 모든 교리들은 하나님에 관한 것입니다. 이것을 깨닫는 순간 사람은 그 순간 자기의 지식을 자랑하는 것이 얼마나 잘못된 일인지를 알게 됩니다. 그 지식의 광대함과 끝없음을 깨닫는 순간 자기는 난쟁이요 초심자에 불과하며, 큰 대양의 해변에서 물놀이하는 어린아이에 불과함을 깨닫지 않을 수 없습니다. 그는 스스로 깊은 곳에서 나왔다고 생각하지만 그 깊이에 대해서 아무것도 알지 못합니다. 그는 순전히 이론적인 차원에서만 생각합니다.

그러나 이러한 모든 지식, 성경에 나오는 모든 것이 우리로 하여금 하나님을 알게 하고, 그분의 영광과 위엄과 거룩이 영원무궁함을 알게 하려는 것임을 인식하게 되면, 바로 이것이 우리가 말하는 지식임을 깨닫게 되면 자기 지식을 어떻게 자랑할 수 있겠습니까? 사도 바울이 에베소서에서 어떻게 말하고 있는지를 주목하십시오. 그는 에베소 사람들을 위해 기도하면서 "하나님 아버지께 무릎을 꿇었습니다."

무엇을 위함입니까? 말씀은 이렇게 말합니다. "능히 모든 성도와 함께 지식에 넘치는 그리스도의 사랑을 알고 그 너비와 길이와 높이와 깊이가 어떠함을 깨달아 하나님의 모든 충만하신 것으로 너희에게 충만하게 하시기를 구하노라"(엡 3:18-19).

많은 것을 알고 있고 또 청교도들의 책을 비롯한 많은 신학 서적을 읽었으므로 무식한 다른 이들과는 자신이 다르다고 뽐내는 한 작은 사람을 생각해 보십시오. 그는 교만하여 자신의 무지를 알지 못하는 불쌍하고 어리석은 사람, '아직도 마땅히 알 것을 알지 못하는' 자입니다.

만일 하나님을 아는 진정한 지식을 가지고 있다면 이렇게 행동하지 않을 것입니다. 아니, 아예 불가능합니다. 하나님을 아는 지식의 끝없음과 광대함이여! 이 위대한 진리를 강조하기 위해 이러한 지식을 조금 알았던 사람들의 체험을 여러분에게 상기시켜드리는 게 좋겠습니다. 먼저 스펄전의 이야기부터 들어봅시다.

진리를 알고 그 지식을 가지고 있다고 생각하는 여러분이여, 우리 자신의 경험에 의해 확실하게 입증되지 않은 것은 한마디도 하지 않도록 성령께서 지켜주시기를 원합니다. 그러나 우리가 하나님과 대화했다고 말할 수 있기를 원합니다. 우리는 하나님을 뵌 적도, 그분의 형상을 목격한 적도 없습니다. 모세처럼 바위틈에 숨어 하나님의 등과 자취를 보도록 허락되지도 않았습니다. 그럼에도 우리는 그분에게 '아바, 아버지, 하늘에 계신 우리 아버지'라고 말합니다.

우리는 기만당할 수 없는 방법으로 하나님께 나아감을 얻었습니다. 우리는 그분을 발견하였고 그리스도의 보혈로 그분의 발 앞에까지 나아갔습니다. 우리는 그분 앞에 우리의 사정을 아뢰고 여러 논증으로 우리의 입장을 이야기합니다. 우리 편에서만 말한 것이 아닙니다. 하나님께서는 성령을 통해 우리 마음에 그분의 사랑을 부어주시기를 기뻐하십니다. 우리가 양자의 영을 느낄 때 그분은 우리에게 자애로우신 아버지의 인애를 보여주셨습니다. 아무 소리도 들리지 않았고 천사가 나타나 증거하지도 않았지만, 우리는 성령이 친히 우리 영으로 더불어 우리가 하나님의 자녀임을 증거하시는 것을 알았고 느꼈습니다. 하나님께서는 우리를 안아주셨습니다. 이제는 멀리 있지 않습니다. 그리스도의 피로 인해 가까워진 것입니다.[2]

이것이 바로 하나님을 아는 참된 지식입니다. 또 다른 예를 생각해봅시다. 아이작 왓츠는 청교도였던 존 하우(John Howe)가 죽었을 때 그의 성경 여백에 다음과 같은 말이 써 있었다고 우리에게 일러줍니다.

1704년 10월 22일, 하나님의 풍부하심 그리고 우리에게 기쁨과 위로를 주시는 성령님의 역사는 나의 어떤 말로도 표현할 길이 없습니다. 그때 하나님은 그분의 사랑을 흘러넘치도록 부어주셨고 나는 말로 표현할 수 없는 유쾌한 기쁨에 녹아들었습니다. 그리고 눈에서는 눈물이 흘러내렸습니다. 또한 그 복되신 성령을 내 마음에 또렷이 모시게 되었습니다. 성령에 사로잡혔다는 기쁨과 감격이 나를 휘감았습니다.[3]

왓츠는 또한 존 플라벨(John Flavel)의 경우를 인용합니다. 플라벨은 여행을 하던 중 자신에게 친밀하게 다가오시는 하나님을 갑작스럽게 느꼈습니다.

---

2) 요한일서 1장 3절에 관한 설교, 1861. 9. 15.
3) Issac Watts, *Evangelical Discourses*, 1746.

길을 가는데 그의 생각이 에스겔의 환상에 나오는 물처럼 자꾸만 불어났습니다. 그리고 드디어는 넘치는 홍수가 되었습니다. 그의 마음이 그러했고 천국의 기쁨이 그러했으며 천국의 분깃이 있다는 확신이 그러했으므로 더 이상 세상은 보이지도, 의식되지도 않았습니다. 그의 관심 밖으로 사라졌습니다. 그는 자신이 몇 시간 동안 잠이 들었는지, 어디에 있었는지 알 수 없었습니다. 그는 심히 지친 상태로 어느 샘가에 앉아 세수를 하면서 이곳에서 세상을 떠날 수 있기를 하나님께서 쾌히 허락해주셨으면 하고 바랐습니다.

그 순간 죽음이야말로 그에게 가장 간절한 것이었습니다. 그리스도 예수를 빼놓고 말입니다. 그는 자신이 죽어가는 중이라 믿었고, 사랑하는 아내나 자녀들이나 그 밖의 세상일들은 기억나지 않았습니다. 여인숙에 도착했을 때도 그 감격이 계속되었기에 결국 잠이 완전히 달아났습니다.

여전히 주님에게서 오는 기쁨이 흘러넘쳤으며 자신이 다른 세상 사람인 것처럼 느껴졌습니다. 몇 년이 지나 그는 당시의 일을 회상하면서 그날을 '하늘의 날들에 속한 날'이라 불렀고, 그간 경험한 모든 책과 강론들보다 그 일을 통해 하늘의 삶을 더 많이 이해하게 되었다고 고백했습니다.[4]

이것이 바로 저 위대한 존 플라벨의 간증입니다. 조나단 에드워즈도 하나님을 아는 참된 지식에 대해서 말하고 있습니다.

1737년, 나는 건강을 위해 말을 타고 숲속으로 가서 늘 하던 대로 한적한 곳에 내려 하나님을 묵상하고 기도하며 걸었습니다. 그때 나는 중보자이신 하나님의 아들의 영광과 그의 놀랍고 위대하며 충만하고 순결하고 달콤한 은혜와 사랑과 온유와 자비와 겸손을 보았습니다. 그때 나타난 은혜는 너

---

4) John Flavel, *Treatise of the Soul of Man*.

무 고요하고 달콤해서 하늘보다도 위대하게 보였습니다.

그리스도께서는 모든 사상과 사고를 사로잡을 만큼 엄청난 탁월함으로 나타나셔서 내 생각에 약 1시간 동안 계속 계셨습니다. 그동안 나는 통곡하고 눈물을 쏟으며 보냈습니다. 나의 영혼은 달리 뭐라고 표현할 수 없는 열정에 사로잡혀 비워지고 죽어져 오직 그리스도로 충만해졌습니다. 그리하여 거룩하고 순결한 사랑으로 그분을 사랑하고 신뢰하고 의지하며 하늘의 신성한 순결로 거룩해지고 싶었습니다.[5]

한 사례를 더 말씀드리겠습니다. 그것은 청교도였던 로버트 볼턴이 1635년에 발간한 책으로, 존 홀랜드(John Holland)라는 사람의 체험을 술회한 것입니다.

이것은 또 다른 하나님의 성도가 그의 생을 마감하는 모습이다. 그는 죽기 전날 로마서 8장을 묵상하고 강해하기 위해 2시간 이상을 소요했다. 갑자기 그는 이렇게 말했다.

"읽는 것을 멈추시오! 내가 보는 광채는 무엇입니까? 내 촛불을 밝게 했습니까?"

나는 그 질문에 "아니오. 그것은 햇빛입니다"라고 대답했다. 왜냐하면 그때는 청명한 여름날 오후 5시였기 때문이다.

그는 말했다.

"햇빛이라니요? 아니, 내 구주의 광채십니다. 세상이여, 안녕! 하늘이여, 어서 오라! 하늘에서 낮의 별이 내 마음을 찾아왔습니다. 내가 죽고 난 뒤 장례식에서 이것을 말해주십시오. 하나님께서는 사람들을 친밀하게 대하십니다(그는 자기가 죽은 후 '하나님께서는 사람들을 친밀하게 대하신다'는 것을 설교해주

---

5) Jonathan Edwards, *Personal Narrative*.

기 원했다). 나는 그분의 자비를 느끼며 그분의 위엄을 봅니다. 내가 몸 안에 있는지 밖에 있는지 알 수 없습니다. 그러나 하나님은 아십니다."

그는 황홀해진 영혼과 소망에 찬 눈으로 부드럽고 달콤한 목소리로 하늘을 향해 말했다. 그러나 그가 무엇을 말했는지 나는 생각해낼 수 없었다. 다음 날 아침 해가 뜰 때 그는 야곱이 지팡이를 의지하여 일어섰던 것처럼 일어서서 "오, 내가 맞이할 행복한 변화여! 밤에서 낮으로, 어둠에서 빛으로, 죽음에서 생명으로, 슬픔에서 위안으로, 분열의 세상에서 하늘 존재로 변화되는구나. 사랑하는 내 형제자매 친구들이여, 여러분을 뒤에 두고 가는 것이 애석하지만 나의 죽음과 지금 내가 느끼는 것을 기억하십시오. 저는 여러분도 죽기 전에 '하나님께서 사람을 친절하게 대하신다'는 사실을 깨달으면 좋겠습니다. 자, 불병거여, 엘리야를 태우러 왔던 불병거여, 나를 행복한 본향으로 데려다주오. 나사로의 영혼을 받들어 하늘로 데려간 너희 모든 복된 천사들아, 나를 데려가라. 내가 가장 사랑하는 이의 품에 안기게 하라. 아멘! 주 예수여, 어서 속히 오시옵소서"라고 말했다. 그러고서 그는 잠들었다.[6]

이것이 바로 참된 지식입니다. 우리는 지식을 이렇게 이해해야 합니다. 제가 말씀드리는 논지는, 성경이 우리에게 주고자 하는 지식이 이것임을 알고 신학의 목적과 이러한 것들에 관한 모든 가르침의 의도를 알게 될 때, 과연 지식을 가졌다고 교만하게 뽐내고 우리의 학식을 자랑하는 것이 가능할 수 있겠는가 하는 것입니다. 도저히 불가능합니다. 그러면 우리가 이 참된 지식을 가졌는지를 보여주는 몇 가지 시금석을 살펴봅시다.

무엇보다도 첫째는 하나님의 사랑입니다. 사도가 고린도전서 8장 3절에서 "또 누구든지 하나님을 사랑하면"이라고 말한 바와 같습니다. 사실 이것

---

[6] Robert Bolton, *Comforting Afflicted Consciences*.

이 바로 요지입니다. 하나님을 아는 것은 하나님을 사랑하는 것입니다. 하나님을 사랑하지 않고는 하나님을 알 수 없습니다. 그것은 불가능합니다. 어째서입니까? 하나님은 사랑이시기 때문입니다. 또한 하나님의 영광과 하나님의 신분과 성품 때문입니다. 만일 어떤 사람이 진실로 하나님을 알게 된다면 '놀라움과 사랑과 찬양 가운데 빠지게' 될 것입니다. 그는 하나님을 사랑할 것입니다.

참된 지식은 언제나 하나님을 사랑하게 됩니다. 그러므로 만일 우리가 하나님을 사랑한다고 말할 수 없다면, 하나님을 아는 지식을 갖고 있다고 말할 자격이 없습니다. 우리는 하나님에 관해서, 그와 관련된 지식을 많이 가질 수도 있고, 우리의 머리로 구원의 계획 전체를 이해할 수도 있습니다. 그러면서도 '하나님을 아는 지식'에 대하여는 전혀 무지할 수 있습니다.

"영생은 곧 유일하신 참 하나님과 그가 보내신 자 예수 그리스도를 아는 것이니이다"(요 17:3). 앞에서 인용했던 경건한 사람들의 글 가운데 바로 이 지식이 설명되어 있습니다.

둘째로, 지식을 시험하는 또 다른 길은 그 지식이 낳는 성품을 보는 것입니다. 사도는 "지식은 교만하게 하며 사랑은 덕을 세우나니"라고 말했습니다. 지식이 세우는 성품은 어떤 것입니까? 고린도전서 13장에 그것이 완벽하게 묘사되어 있습니다.

"사랑은 오래 참고 사랑은 온유하며 시기하지 아니하며 사랑은 자랑하지 아니하며 교만하지 아니하며 무례히 행하지 아니하며 자기의 유익을 구하지 아니하며 성내지 아니하며 악한 것을 생각하지 아니하며 불의를 기뻐하지 아니하며 진리와 함께 기뻐하고 모든 것을 참으며 모든 것을 믿으며 모든 것을 바라며 모든 것을 견디느니라 사랑은 언제까지나 떨어지지 아니하되 예언도 폐하고 방언도 그치고 지식도 폐하리라 우리는 부분적으로 알고 부분적으로 예언하니 온전한 것이 올 때에는 부분적으로 하던 것이 폐하리라"(고전 13:4-10).

바로 이러한 성품을 세웁니다. 이 사랑의 특성은 무엇입니까? 무엇보다 먼저 겸손입니다. 하나님을 만난 성경의 인물들을 보십시오. 그들은 '죽은 자'처럼 엎드러졌습니다. 그들은 이사야처럼 "화로다 나여 망하게 되었도다"라고 했습니다. 그들이 지식과 학식과 우월성을 자랑했습니까? 결코 그렇지 않았습니다. 그들은 자신들이 그곳에 있을 수 없는 부정한 자라고 느끼면서 결코 타인을 비판하는 위치에 서지 않았습니다. 자신의 무가치함을 철저하게 깨달았기 때문입니다. 참 지식은 반드시 겸손과 거룩과 경건으로 이어집니다.

이웃에 대한 태도는 어떠합니까? 고린도전서 13장에 완벽하게 진술되어 있는 것처럼 우리는 이웃을 사랑할 것입니다. 우리 주님께서 주신 두 번째 큰 계명은 "네 이웃을 네 몸과 같이 사랑하라"입니다. 물론 약하고 무지하다면 특히 더욱 그러합니다.

만일 이웃이 알미니안주의라면 어떻게 해야 합니까? 은혜의 교리를 이해하지 못했다면 어떻게 해야 합니까? 어떻게 대해야 합니까? 그를 멸시하고 어리석은 사람, 하잘것없는 사람, 아무것도 모르는 사람으로 취급해야 합니까? 다시 휘트필드의 말을 인용해보겠습니다.

신자들은 자신들을 그리스도의 소유라고 생각합니다. 그리스도께서는 신자들을 '나의 양'이라고 말씀합니다. 짧지만 사랑스럽고 위대한 '나의'라는 말로 인해 하나님을 찬양합시다. 우리는 영원히 선택된 그분의 백성입니다. '아버지께서 내게 주신 양'이라고 그리스도께서 말씀하십니다. 그 양들은 영원 전부터 아버지와 아들 사이에 맺어진 언약으로 말미암아 하나님 아버지께서 그리스도 예수께 주신 자들입니다.

은혜의 교리 중 하나인 위대한 선택의 교리에 대한 얼마나 고상하고 놀라운 설명입니까? 그러나 휘트필드는 계속해서 이렇게 말합니다.

이것을 아직 알지 못하는 사람들도 더 나은 머리를 가졌으면 좋겠습니다. 비록 이것을 반대하는 사람들도 더 나은 마음을 가지고 있다고 믿지만 말입니다. 주여, 우리를 도우셔서 정직한 마음이 있는 곳에서 서로를 세울 수 있게 하소서!

덧붙일 것이 없습니다. 이것이 올바른 자세입니다. 휘트필드는 "사람들이 더 나은 머리를 가졌으면 좋겠습니다"라고 말합니다. 우리도 이와 같이 말해야 합니다. 우리는 이 사람들이 그릇되었고 실수를 범하고 있다고 믿습니다. 그러나 문제는 그들의 머리에 있습니다.

그들은 이것을 알지 못했습니다. 그들을 멸시하거나 조롱하거나 무시하지 마십시오. 그들을 회피하거나 대화를 나누기에 합당치 않은 자들로 생각지 말고, 그들과 논의하는 것을 시간 낭비라고 생각지도 마십시오. 결코 그래서는 안 됩니다. 오히려 휘트필드처럼 그들의 마음이 그들의 머리보다 더 낫다고 말합시다.

사람의 마음이 바르면 머리, 즉 사고가 잘못되어 있다 해도 참고 그를 도와주도록 애를 씁시다. 우리는 우리가 옳고 다른 사람이 그르다는 것을 입증하는 데 시간을 써서는 안 됩니다. 만일 우리 자신이 옳고 다른 사람이 그르다면, 그리고 그렇게 믿고 있다면, 그를 사랑하고 용납하며 이해함으로써 그 사람을 바로잡아주는 것이 여러분의 의무입니다. 그러한 사람을 위협하거나 넘어뜨리거나 무시해서는 더더욱 안 됩니다.

그를 이해하고 그와 소통하기 위해 애를 써야 합니다. 그러한 사람의 마음을 상하게 하는 말을 해서도 안 됩니다. 할 수 있는 한 사랑의 자세로 성경을 해석하여 그 사람이 머리로 더 잘 이해할 수 있도록 해주어야 합니다. 정말 그렇습니다. 사람이 이러한 참된 지식을 가질 때, 그는 "자기 이웃을 자기처럼 사랑해야" 합니다. 요약하면 참된 지식의 결과는 무엇입니까?

첫째로, 주를 즐거워하는 것입니다. 형제들이여, 주님을 알면 주님을 믿기도 하지만 기뻐하기도 합니다.

"주 안에서 항상 기뻐하라 내가 다시 말하노니 기뻐하라"(빌 4:4).

교회에서 가장 행복한 사람들은 은혜의 교리를 아는 사람들입니다. 우리는 우리의 적은 지식을 가지고 '교만하게' 굴어서는 안 됩니다. 하나님과 하나님의 사랑에 대해 알기 때문에 기쁨으로 충만해야 합니다.

마찬가지로 우리는 하나님의 이름을 위한 거룩한 열심을 가져야 하고, 그 결과 구원받지 못한 사람들을 불쌍히 여기는 마음으로 가득 차야 합니다. 세상에 알려진 가장 위대한 전도자들은 은혜의 교리를 고수했던 사람들이었습니다. 어째서입니까? 그들은 하나님을 아는 가장 위대한 지식을 가졌기 때문입니다.

1790년대의 위대한 선교 사업에 관계한 사람들은 모두 칼빈주의자로 불리는 사람들이었습니다. 저는 이러한 명칭을 붙이거나 성경 이외의 용어를 사용하는 것을 별로 달갑게 생각하지 않습니다. 그러나 이것은 순전히 역사적인 사실입니다. 오늘날 이러한 은혜의 교리를 고수하는 사람은 아무것도 하지 않고 복음 전도도 믿지 않는다는 관념이 퍼져 있습니다.

어째서 이러한 관념이 퍼져 있습니까? 사람들이 어째서 이러한 관념을 가지게 되었습니까? 이것은 무슨 뜻입니까? 이것은 우리가 그저 이론적이고 쓸모없는 지식을 갖고 있는 것입니다. 이것은 하나님을 아는 참 지식이 아닙니다.

만일 하나님을 안다면 다른 누구보다도 하나님의 영광과 이름을 위해서 열심을 가질 것입니다. 그는 온 세계가 하나님께 나오기를 바랄 것이고, 모든 사람들 중에서 가장 활동적인 설교자와 복음 전도자가 될 것입니다. 하나님을 아는 지식이 크고, 구원받지 못한 사람을 불쌍히 여기는 마음이 큰 사람은 그럴 수밖에 없습니다. 우리가 알기로 제가 방금 인용한 조지 휘트필드만큼 온 힘을 다해 수고하고 활동했던 사람이 18세기에는 없었습니다.

참된 지식을 가진 사람은 구원받지 못한 사람들을 위한 긍휼과 하나님의 영광을 위한 열심으로 충만할 것입니다. 이것은 입증할 필요조차 없습니다. 그 일 자체가 그것을 증거합니다. 만일 우리가 하나님을 알기만 한다면 말입니다. 성자께서 하늘로부터 오신 것도 바로 이 때문입니다. 세상으로 하여금 아버지의 영광에 관해 알게 하려고 오신 것입니다. 그는 세상에 오셔서 그 일을 위해 죽으셨습니다.

우리는 성부 성자 성령을 알아야 합니다. 그래야만 우리 주님의 삶을 살 것이고 주님께서 인내하셨던 것처럼 인내할 수 있을 것입니다.

"상한 갈대를 꺾지 아니하며 꺼져가는 등불을 끄지 아니하고"(사 42:3).

하나님께서는 우리의 거짓된 지식에서 흔히 나오는 관용 없음과 거만함에 대해 긍휼을 베푸십니다.

"너희 안에 이 마음을 품으라 곧 그리스도 예수의 마음이니"(빌 2:5).

겸손하신 예수님! 하나님을 사랑할 뿐 아니라 이웃을 사랑함으로써 우리가 하나님을 알고 있음을 보이게 하소서. 특히 구원받지 못한 사람들과 유약한 자들, 실족한 사람들, 믿음의 어린아이들, 초심자들, 배우기에 더딘 사람들을 특별히 사랑함으로써 말입니다. 주님께서 우리에게 인내하셨듯이 우리도 그들을 향하여 인내합시다. 제가 드릴 마지막 말씀은 이러한 지식을 얻는 방법입니다. 줄거리만 몇 가지 말씀드리겠습니다.

성경을 공부하십시오! 반드시 여기서 출발해야 합니다. 그리고 덧붙여서 자신을 시험해야 합니다. 이것은 얼마나 중요한 문제인지 모릅니다. 성경을 읽는 것만으로는 충분하지 못합니다. 자신을 시험해야 합니다. 어떻게 자신을 시험해야 합니까? 성경을 바르게 읽는다면 곧 발견하게 될 것입니다. 여러분 자신에게 질문을 던져보십시오. 성경에서 읽은 것을 여러분 자신에게 적용하십시오. 그리고 이렇게 말하십시오.

"이것은 바리새인에게 한 말이다. 내게는 해당되지 않는가?" 그러나 만일 여러분이 자기 검증에 대해 더 좋은 도움을 얻기 원한다면, 하나님을 진실로 알았던 사람들의 일기를 읽어보십시오. 조나단 에드워즈는 사람들이 자신에게 물어봐야 할 일련의 질문 목록을 뽑아놓았습니다. 메들리의 존 플레처(John Fletcher)도 이와 똑같은 일을 했습니다. 만일 원한다면 이러한 것들을 사용할 수 있습니다. 그러나 어떻게 하든지 꼭 여러분이 하도록 하십시오. 여러분 자신을 시험하십시오!

그 다음으로 제가 강조하고 싶은 것은 균형 있는 독서입니다. 저는 이것에 대해서 관심이 있습니다. 균형이 깨진 독서처럼 거짓된 지식을 낳는 것도 없을 것입니다. 이는 또한 우리로 하여금 거짓된 지식의 희생물이 되게도 합니다. 만일 신학 서적만 읽는다면 이러한 위험에 자신을 노출시키고 있는 것입니다.

그러므로 언제나 균형 있는 식사를 해야 하듯이 독서도 균형 있게 해야 합니다. 한 가지 음식만을 먹어서는 안 됩니다. 균형 잡힌 식생활의 원리는 영적 삶에서도 본질적으로 동일합니다.

제 경험을 조심스럽게 나누자면 제게 가장 큰 도움을 주었던 것은 신학 서적과 전기를 균형 있게 읽는 것이었습니다. 제가 드릴 수 있는 가장 좋은 충고는 이것입니다. 저는 언제나 그렇게 했습니다. 특히 휴일 아침에는 신학책을 읽고 밤에는 전기를 읽으려고 노력합니다. 그래서 다음과 같이 합니다.

아침에 서너 시간 동안 읽고 나면 점심시간에는 아주 생각이 깊은 사람이 되었다는 느낌을 가지게 됩니다. 그리하여 다른 사람들에게 뽐낼 수 있을 만한 대단한 지식을 가졌다는 느낌을 가지게 됩니다. 정말 그렇습니다.

그러나 그렇게 높아진 마음이 처음 꺾였던 때가 기억납니다. 조나단 에드워즈를 우연히 알게 된 1928년이었습니다. 이전에는 그에 대해서 들어본 적이 없었습니다. 그러나 그의 책을 읽기 시작하자 저는 곧 제가 매우 작은 존재임을 깨닫게 되었습니다. 아침 독서로 높아지곤 했던 마음의 태도가 그 일로 완전히 고쳐졌습니다. 거짓된 지식의 독소를 제거하는 가장 좋은 길은 조나단 에드워즈나 휘트필드나 메들리의 플레처 같은 사람의 전기를 읽는 것입니다.

저는 주일 밤에도 이같이 하려고 애써왔습니다. 주일은 설교자에게 매우 위험한 날입니다. 만일 자신을 규모 있게 지키고 싶으면, 주일 밤 집에 돌아와 차나 가벼운 음식을 들면서 이러한 사람들(휘트필드, 에드워즈 등)의 전기나 위대한 청교도들의 삶에 관한 책을 읽으십시오. 이것들 중 어느 것이든 좋습니다.

만일 여러분이 어리석게도 '오늘 참 그럴싸한 설교를 했군. 나는 위대한 설교자야. 감동과 능력 있는 설교를 하면서 멋진 날을 보냈어'라고 생각하며 집으로 돌아왔다면, 그러한 사람들의 책을 읽는 순간 금방 땅에 엎드러질 것입니다. 일생 동안 설교를 한 적이 전혀 없었다고 금방 느끼기 시작할 것입니다.

저는 우리가 진정으로 설교한 적이 있는지 묻고 싶습니다. 얼마나 많이 했습니까? 우리는 얼마나 자주 휘트필드의 체험을 했습니까? 한 번은 그가 설교하다가 갑자기 멈추고는 회중에게 "오, 제가 느끼고 있는 것을 여러분도 느꼈으면 합니다"라고 말했습니다. 설교자들이여, 이것은 무슨 뜻입니까?

어떤 이지적이고 이론적이며 학문적인 정보를 많이 알고 있다는 단순한 이유로, 자신이 하나님을 아는 지식을 가지고 있다고 생각하는 것은 얼마나 우스꽝스럽고 어리석습니까!

주님의 은혜와 주를 아는 지식에서 자라가십시오. 스펄전처럼 주님께 '안기는 것'이 무엇인지 안다고 말할 수 있습니까? '의식할 수 있을' 정도로 하나님의 임재를 체험해보셨습니까? '의식할 수 있을' 정도란 청교도들이 이 말을 사용했던 의미와 같은 정도를 뜻합니다. 하나님이 가까이 계시다는 것을 알고 느낍니까? 만일 우리가 이것을 모르고 있다면 우리가 가지고 있는 그 모든 지식들이 무슨 가치가 있겠습니까?

"내가 예언하는 능력이 있어 모든 비밀과 모든 지식을 알고 또 산을 옮길 만한 모든 믿음이 있을지라도 사랑이 없으면 내가 아무 것도 아니요"(고전 13:2).

아무런 소용도 없는 거짓된 지식과 자기 기만에 빠지지 않도록 하나님께서 우리를 지켜주시기를 바랍니다.

세 번째 강연

1961년
아는 것과 행하는 것

이 시간 저는 강연을 한다기보다는 잠시 몇 마디 하고 하나님께 기도하는 시간을 가지려 합니다. 여러 친구들이 기도 시간을 가져야 한다고 제안해왔고 또 제가 맡은 시간은 유일하게 미리 정해진 주제가 없으며, 어느 때나 마지막 시간에 기도하는 것이 상례이기 때문입니다.

매년 모임마다 기도 시간을 정규적으로 가져야 한다는 결정은 없었지만, 하여튼 기도를 해야 한다는 것만은 옳고 합당한 일입니다. 물론 우리 모두는 기도하는 사람들이고 또 우리가 속한 교회에서도 기도하고 있으며, 이렇게 이틀 동안 연구회로 모이기는 매우 어려운 처지이므로 기도는 돌아가서 충분히 하도록 하고 큰 문제를 의논하는 데 주안점을 두어야 한다는 사람들도 있습니다. 저는 이 말에 일리가 있다고 확신합니다.

마지막 시간은 언제나 기도회의 성격을 취해야 한다고 단정 지어서는 안 됩니다. 오히려 우리는 이러한 문제에 유연성을 가져야 하며 완고해서는 안 됩니다. 그러므로 만일 우리가 이 시간을 기도하는 시간으로 삼아야 한다고 생각한다면, 그 이유를 이해해야 할 것이고 이 땅에서 행하는 모든 일에 '끝'이 있음을 이러한 기회에 스스로 상기하는 것이 좋습니다. 그 '끝'에 직접 관심을 기울이게 하기 위해 우리 주님의 말씀을 간단히 숙고해보고 싶습니다.

"너희가 이것을 알고 행하면 복이 있으리라"(요 13:17).

많은 면에서 우리가 만나는 가장 큰 위험은 영적인 일에 대한 이지적 지식과 이해만으로 만족하는 것입니다. 이러한 지식은 매우 귀중합니다. 그러나 여기서 멈추어버린다면 전혀 소용도 없고 궁극적으로는 해가 됩니다. 이러한 지식은 우리로 하여금 더 이상 아무것도 필요 없다는 생각을 가지게 하기 때문입니다.

청교도들의 설교 방식 중 가장 특징적인 것은 그들의 설교에는 반드시 '적용'이 따른다는 것이었습니다. 그들은 항상 이것을 고집했습니다. 때로 저는 우리 대부분의 문제가 적용을 잊어버리는 경향 아닌가 하는 생각을 합니다. 이렇게 되는 이유는 많이 있습니다.

제가 믿기로 가장 큰 이유는 반작용의 위험, 어떤 다른 것에 대한 과격한 반작용의 위험입니다. 이것은 매우 미묘한 것입니다. 그러나 우리는 전혀 알지 못하는 사이에 다른 사람들이나 다른 입장, 다른 사상, 다른 운동으로부터 영향을 받아 우리의 입장, 사상, 운동 등이 결정되게 내버려둡니다.

분명히 말해서 이것은 언제나 그릇된 것입니다. 우리는 결코 통제력을 잃어서는 안 됩니다. 언제나 적극적이어야 하지 어떤 것에 대한 '반작용'에 머물기만 해서는 안 됩니다. 이 원리는 여러 가지로 적용될 수 있음을 여러분도 인정할 것입니다. 반대자나 분명히 그릇된 어떤 사람이 논증의 근거와 자료를 정하도록 내버려두는 위험은 언제나 있습니다. 핵심적인 일에 있어서도 이러한 일은 피할 수 없습니다. 그러나 이것은 우리 일의 소극적인 부분에 지나지 않습니다.

우리는 반드시 적극적이어야 합니다. 우리가 여러 가지 일들에 대해 '반작용'만 취하게 되면 그것은 잘못된 상태에 있는 것입니다. 왜냐하면 반작용만

하고 멈춰버린다면 우리의 증거는 무력해지고 효과를 상실해버리기 때문입니다. 이번 연구 모임에서 한두 번 제시한 바와 같이, 영혼들에 대한 능동적이고 긴박한 관심이나 행동이 부족하다면 이것은 매우 심각한 문제입니다.

저는 잠시도 이러한 비난을 용납하지 않습니다. 그러나 여기에 대해 의심이 있다면 이 연구 모임에서 우리 자신을 매우 진지하게 시험해봐야 합니다. 사실 올해의 연구 모임을 요약할 수 있는 방법이 이것이라고 저는 생각합니다. 이것이야말로 우리에게 도전을 주는 것 같습니다. 우리는 조금이라도 아는 것에 만족해버리는 성격을 갖고 있지 않습니까? 무언가를 아는 데 그쳐버리고 더 이상 행동하지 않을 때가 많지 않습니까?

첫 번째로 우리에게 도전을 주는 영역은 선교 활동입니다. 이 점에 대해서 우리는 매우 진지하게 자신을 살펴야 합니다. 우리 모두는 하나님의 영광과 영혼 구원에 관심을 가져야 합니다. 우리는 마땅히 해야 할 바를 했습니까? 성경 교리를 이해하는 데 그치지 않고 구원받지 못한 사람들을 긍휼하게 여기는 지점까지 갔습니까? 하나님의 영광을 향해 진정한 열심을 품고 나아갑니까? 이론이나 말만이 아니라 실제적인 행실에 열정을 품고 있느냐는 말입니다.

이제는 하나님의 교제라는 중대한 문제를 다루었던 이번 모임의 두 번째 시간을 생각해봅시다. 하나님과 우리의 교제가 어느 정도까지 진실입니까? 우리는 무엇이 나쁘고 무엇이 거짓되고 무엇이 그릇된지에 대해 분명히 알고 있습니다. 그러나 이 문제의 적극적인 면은 어떠합니까? 우리의 기도 상태와 우리의 기도 생활은 어떠합니까? 하나님과의 진정한 교제의 진수인 '성령으로 기도하는 것'에 대해서 진실로 알고 있습니까?

"너희가 이것을 알고 행하면 복이 있으리라"(요 13:17).

만일 우리가 자책감이나 정죄감을 느낀 채 여기에 멈춰버린다면 우리는 정말 비참하게 될 것입니다. 우리 자신과 우리의 상태를 보다 분석할수록 더 음울하고 좌절감에 빠진다면 우리 자신과 실패에 대해서만 생각하는 데 시간을 보낼 것입니다. 물론 이것은 전혀 소망이 없고 소용이 없습니다.

분명히 말해서 이렇게 하는 것의 진정한 효과는, 우리로 하여금 무엇이 가능한지를 깨닫고 그 가능한 것에 도달하도록 관심을 갖게 하는 것입니다. 하나님과의 교제 문제에 있어서 우리에게 어떠한 일이 가능한지를 진실로 이해했다면 계속 나아가야 합니다. 그리고 이러한 일이 체험을 통해 살아 있는 현실이 되기까지 안이하게 생활하거나 쉬어서는 안 됩니다. 우리 앞에 있는 다른 모든 주제들에 대해서도 그러합니다.

우리는 지난 시간에 주님 안에서 항상 기뻐해야 하는 의무를 다루었습니다. 분명히 말해서 우리는 누구보다도 주 안에서 가장 기뻐해야 합니다. 왜냐하면 주님을 알면 알수록 더 기쁘고 즐거울 수밖에 없기 때문입니다. 그런데 무엇인가 잘못된 것이 있습니다. 사람들이 흔히 청교도들을 비참한 사람으로 생각하는 것입니다. 물론 잘못된 생각입니다만 어째서 청교도들은 그러한 인상을 주게 되었을까요? 왜 이른바 청교도풍(Puritanism)이라는 비참한 오해가 생겨났을까요?

거짓된 기쁨을 너무 두려워한 나머지 다소간 불행할 때에만 진실로 행복한 사람들이 있습니다. 이 점에 대해서 의심할 여지가 없습니다. 저는 어떤 사람이 '구름 속의 무지개'라는 제목으로 설교하는 것을 들은 적 있습니다. 안타깝게도 그 설교 전체는 거짓된 기쁨에 대한 경계로만 가득 찼습니다. 그래서 예배를 끝마치고 나오는 사람들은 무지개에 대한 생각으로 가득 차기보다는 구름에 대한 생각으로 가득 찼습니다. 그 착한 사람은 거짓을 두려워하는 마음에 사로잡혔던 것입니다.

청교도들은 언제나 거짓을 경계하였으나 거기에 머물지 않았습니다. 우리는 거기에 머물러서는 안 됩니다. 제가 이미 말씀드린 바와 같이 그렇지 않으면 우리는 반작용적인 사람들이 되고 단순히 거짓을 반대하는 사람이 됩니다. 그러나 그것은 가치가 없습니다. 어느 곳으로도 인도하지 못합니다. 이제 이 사실을 확실하게 알았다면 하나님을 아는 지식을 얻은 사람으로서,

또한 주 예수 그리스도로 인해 한 성령을 통해서 하나님께 나아감을 얻은 사람으로서 우리는 누가 봐도 하나님의 존전에 있는 사람처럼 되어야 할 것입니다.

오늘날 교회가 무엇보다도 필요로 하는 것은, 로버트 맥셰인(Robert Murray M'Cheyne) 같은 사람에게서 발견되는 것과 같은 하나님을 아는 지식입니다. 이 성자 같은 사람이 주일 아침 강단에 올라서면 그가 말을 꺼내기도 전에 사람들은 그의 얼굴을 보는 것만으로도 흐느끼기 시작했습니다. 산에서 하나님과 시간을 보냈던 모세처럼, 그가 오면 사람들은 그가 하나님과 시간을 보낸 것을 분명히 알아차렸습니다. 그에게는 광채가 났습니다.

우리는 이 점에 대해 알고 있습니까? 이틀간의 연구 모임을 마치고 나면, 우리의 가족들이나 친구들이나 교회 식구들이 우리가 진정 하나님과 같이 있었음을 분명히 알게 되겠습니까? 이것이 바로 우리 모임의 목적입니다. 그렇지 않으면 이 모임은 일종의 스콜라주의가 되어 사교나 문학 연구를 위해 모이는 동인회에 불과할 것입니다. 우리는 이렇게 타락해서는 안 됩니다.

우리가 행한 이 모든 것의 목적과 의도는 하나님을 아는 지식을 갖기 위한 것입니다. 만일 이러한 목적에 이르지 못하면 공연히 법석만 떤 것이 되고 육체에 큰 만족을 주는 것 외에는 아무것도 아닌 것입니다. 그러면 우리는 자신의 지식과 이해력을 떠벌리고 다닐 것이고, 어느 누구에게도 도움을 주지 못할 것입니다.

언제나 목적과 의도를 염두에 두어야 합니다. 신약의 서신서들, 위대한 교리를 담고 있는 바울의 서신서들을 생각해보십시오. 그 한마디 한마디에 목회적인 의도가 들어 있습니다. 우리는 이것을 망각하는 경향이 있습니다. 그 서신서들은 목회적인 의도와 목적을 갖고 있습니다. 우리의 모든 지식은 적용되어야 합니다. 이렇게 하지 않는 것은 죄입니다.

"너희가 이것을 알고 행하면 복이 있으리라"(요 13:17).

한 가지 더 말씀드리겠습니다. 우리는 우리 자신의 체험 차원에서 교리의 여러 면을 평가하고 판단하여 '이스라엘의 거룩한 분을 제한하는' 위험에 직면해 있습니다. 단언컨대 현재 우리의 이 연구 모임에도 이러한 위험의 조짐들이 있습니다.

예를 들면, 조지 휘트필드의 『일기』(Journals)에 대해 사람들이 나타낸 여러 반응을 말씀드린 바 있습니다. 그 일기에 대하여 '지나친 젊음이여'라고 말하는 경향이 있음을 주목하셨습니까? 우리 중 얼마나 많은 사람들이 이러한 비난을 받을 위험에 처해 있습니까? 저는 그러한 비난을 감내하고 있는 사람들로 인해 하나님께 감사드립니다.

오늘날에는 고린도전서의 권면을 받아야 할 교회가 과연 얼마나 있을까요? 영적 삶에 너무 감격한 나머지 '자제하여 지나치지 않도록 하라'는 당부를 들어야 할 교회가 과연 얼마나 있을까요? 저는 그러한 교회를 하나도 보지 못했습니다. 생명이 없기 때문에 그렇습니다. 여러분이 생명과 활력을 가졌다면 언제나 지나칠 위험성이 있기 마련입니다.

저는 휘트필드를 완벽한 사람이라고는 하지 않겠습니다. 그러나 휘트필드의 일기를 읽고 이 사람은 동물적 흥분에 사로잡힌 사람이라고만 느끼는 사람들을 도무지 이해할 수가 없습니다. 휘트필드는 단순히 그러한 사람이 아니었음을 입증하는 한 인용구를 우리는 실제로 보았습니다.

휘트필드가 자기 목회 사역에 나타나는 뚜렷한 성공에도 불구하고, 자신의 생각을 가누지 못하거나 어떤 면에서든지 자기를 잃어버리지 않도록 성령께 사로잡힌 바 되었던 것에 대해서 우리는 하나님께 감사드립니다. 이 사람만큼 겸손한 사람도 없었고 이 사람만큼 위험을 잘 의식한 사람도 없었습니다.

그러나 제가 두려워하는 한 가지 일이 현재 일어나고 있는데, 그것은 휘트필드 같은 사람이 열광적으로 설교하는 중에 애석하게도 육신적인 쉼이 필요하여 침대에 누웠는데도 하나님께서 그에게 사랑을 쏟아 부어주시기 때문에 거의 잠들 수 없는 모습을 읽고는 "아, 이것은 환각이다. 이것은 지나치며 광신주의다"고 말하는 것입니다.

왜 이러한 말을 하게 됩니까? 이렇게 말하는 데는 한 가지 이유밖에 없지 않나 하는 생각이 들어 두렵습니다. 이러한 체험에 대해 아무것도 알지 못하기 때문인 것입니다. 이것을 알지 못하기 때문에 휘트필드를 비난하는 것입니다. 다른 말로 하면 신약성경에 제시되고 약속된 것을 우리 체험의 차원으로 낮추고 있는 것입니다.

오늘날에는 주님을 '진실로' 기뻐하는 것이나 하나님의 아들이 '직접' 나타나는 것, 성령을 부어 주시는 불가항력적인 체험들을 아는 그리스도인이 너무나 적기 때문에, 오늘날에는 이러한 체험이 너무 드물기 때문에 우리는 그러한 영적 인물을 비난하고 의심하는 경향이 있습니다.

우리는 체험이나 이해의 차원에서 교리를 정의합니다. 우리는 신약 자체로 돌아가 하나님의 사람들이 성령으로 기도하는 것을 무엇으로 알고 있었는지 알아봐야 합니다. 사도행전에 기록된 하나님의 사람들을 살펴보십시오. 그리고 서신서에 주어진 교훈을 살펴봅시다.

성령의 임하심에 대해 우리는 무엇을 알고 있습니까? 우리는 경이와 놀라움에 빠져 정신을 잃는다는 게 무엇인지 알고 있습니까? 시간 가는 줄 모르고 기도 모임을 한다는 게 무엇인지 알고 있습니까? 초대 교회에 이러한 일이 일어났었습니다. 그 뒤의 교회 역사 속에서도 그러한 일이 일어났습니다. 우리에게 과연 이를 비평하면서 "이것은 단순한 젊음의 흥분이요, 사람의 과도함이다"고 말할 권리가 있습니까?

사실 그러한 사람들은 정신이 나가서 그 같은 체험을 한 것이 절대 아닙니다. 휘트필드나 다른 사람들은 이러한 경이로운 경험들이 일어날 수 있음을 인정했고 자기들의 설교나 저작에 기꺼이 기술했습니다. 그리고 이러한 영적 체험은 오랫동안, 특히 18세기 전반에 걸쳐 지속되었습니다.

우리는 이 사람들의 죽음에 대해서도 잘 알고 있습니다. 환희에 찬 영적 체험은 그들이 젊었을 때에만 나타난 것이 아닙니다. 그들 중 일부는 삶을 끝마치는 마지막 며칠 동안 가장 위대한 체험을 했습니다.

하나님께 감사한 것은 이러한 일들이 심리학적으로나 또는 다른 어떤 차원에서도 설명되지 않는다는 것입니다. '성령을 소멸하는' 죄를 짓지 않도록 조심합시다. 우리는 쉽게 이러한 죄를 지을 수 있습니다. 어떤 일을 두려워한 나머지 너무나 조심하고 주의하며 염려함으로 인해 결국은 아무런 일도 일어나지 않게 할 수가 있습니다. 그러므로 이 같은 입장을 계속 고수하면 좌절감이 더욱더 악화될 수 있습니다.

우리는 신약성경으로 다시 돌아가 지상에 있는 하나님의 자녀들인 그리스도인들에게 어떠한 일이 일어날 수 있는지 열린 마음으로 살펴야 합니다. 이러한 유의 '영적' 요소가 우리 가운데 마땅히 있어야 할 만큼 현저하게 있습니까? 제가 볼 때 이것이야말로 큰 문제입니다. 교리는 결국 기초에 지나지 않습니다. 그것은 끝이 아니고 시작에 불과하며 수단입니다.

우리는 교리에서 멈추어서는 안 됩니다. 교리는 항상 믿음을 통하여 실제로 하나님을 만나고 하나님의 살아 계심과 우리 가운데 계시는 성령님의 힘을 의식하는 그러한 지식, 그러한 친밀감, 그러한 깊은 체험을 얻게 하려는 것입니다.

그러므로 이러한 문제들을 매우 진지하게 살펴봅시다. 같은 입장에 있다는 생각을 가지고 교제를 나누는 것은 매우 놀랍고 즐거운 일입니다. 이러한 일들에 관해서 논하고 대화를 하는 것은 얼마나 기쁩니까! 이보다 더 즐거운 일이 어디 있겠습니까? 그러나 이것은 우리로 하여금 하나님을 아는 지식을 갖게 하기 위해서 하나님께서 제공하신 수단에 불과합니다. 이 사실을 항상 염두에 두지 않는다면 우리는 아무 유익을 얻을 수 없습니다.

이 말을 생각하면서 함께 하나님께로 돌아갑시다. 함께 하나님을 예배하고 찬양하며 감사합시다. 무엇보다 우리에게 긍휼을 베푸시고 찾아와달라고 간청합시다. 이사야의 말을 붙들고 '하나님을 굳게' 붙잡읍시다. 하나님을 굳게 붙잡기 위해 분발한 사람들이 얼마나 많습니까? 제가 볼 때 지금 이 시간

이야말로 우리에게 그러한 부르심이 주어진 때입니다.

진리가 있습니다. 그렇습니다. 그런데 어째서 진리가 그처럼 효과가 없습니까? 이 진리에는 성령과 말씀, 말씀 위의 성령, 말씀을 사용하시는 성령, 말씀을 통해 역사하시는 성령이라는 능력이 필요합니다. 이제 하나님께 이 '성령의 임재와 능력'을 간구합시다. 생명력 없는 단순한 문자처럼 보였던 말씀이 사람들의 마음과 생각 속에서 변화와 구원을 일으키는 살아 있는 불꽃이 되게 해달라고 하나님께 구합시다.

기도합시다.

오, 주 우리 하나님! 우리가 주의 거룩한 존전에 나와 주께 경배를 드리려 합니다. 주의 이름을 찬미합니다. 경이롭고 위대한 하나님, 주님의 모든 길은 어느 것과도 비교할 수 없을 만큼 신성합니다. 우리가 함께 모여 이 점을 상기할 수 있게 하시니 감사합니다. 이 시간 우리를 도우셔서 주는 살아 계신 하나님이요, 지금 이 방에서도 우리를 지켜보고 계시는 주님임을 깨닫게 하소서.

오, 주여! 주의 사랑하는 아들의 이름으로 우리가 나아갑니다. 하나님 앞에서 우리가 주장하거나 내놓을 수 있는 건 아무것도 없습니다. 우리는 다른 사람들과 같이 본질상 진노의 자녀들이었습니다. 고의적으로 아버지께 죄를 범하고 하나님의 음성을 거부했으며 우리의 고집대로 자신을 자랑하고 우리의 됨됨이를 뽐냈습니다. 우리의 우리 됨은 하나님의 은혜로운 선물에서 비롯되었음을 인식하지도 못했습니다.

오, 하나님! 우리는 불순종의 죄와 타락과 범법, 비행의 결과로 참으로 가련하고도 악하며 비열한 존재가 되었습니다. 그러하기에 우리는 주 예수 그리스도의 이름과 피로 아버지 앞에 나올 수 있음을 감사드립니다. 주여, 우리 모두 이것을 확신하게 하소서. 확신이 부족하더라도 그리스도의 이름으로 하나님 앞에 나아가면 언제나 용서를 베풀어주소서. 우리의 믿음을 도우셔서 우리가 하나님께 열납되었음을 알고 주 앞에서 즐거워하며 그 이름을 찬미하게 하소서.

우리는 하나님의 복되신 성령의 힘으로 하나님께 감사드립니다. 우리 속에 선한 뜻을 두고 행하시는 하나님께 감사드립니다. 그 은혜가 아니었더라면 오늘 오후의 이러한 모임도 없었을 것임을 저희는 압니다. 우리에게 찾아오셔서 우리를 하나님에게로 인도하신 성령님, 하나님의 말씀을 읽고 기도하게 하시니 감사합니다.

오, 주님! 처음부터 끝까지 하나님의 구원이 아니었다면 우리는 여전히 멸망 중에 있었을 것입니다. 이 구원의 역사는 하나님의 역사요, 하나님께서 우리 안에서 계속 이루어가고 계심을 압니다. 우리를 깨닫게 하시고 이끄시며 우리 속에서 모든 역사를 하시는 하나님께 겸손히 감사드립니다.

오, 하나님! 앞으로도 더 많이, 더 능력 있게 알게 해주시기를 기도합니다. 우리로 하여금 성령으로 기도하게 하소서. 주여, 우리의 소원은 하나님의 위대한 이름이 광대해지고 하나님 앞에서 사람들이 겸손해지는 것입니다. 그 소원을 주께서 아십니다. 모든 나라들이 하나님 앞에서 겸비하게 되기를 우리가 바라고 있음을 주께서 아십니다.

오, 하나님! 주님의 말씀을 증명해주시고 그 말씀을 진실하고 진지하게 전하는 사람들에게 성령의 능력을 허락하소서. 이 악한 날에 주님의 일을 부흥시키소서. 우리의 기도를 들으사 성령으로 인도하시고 진정으로 하나님께 기도할 수 있게 하소서. 예수 그리스도의 이름으로 간구합니다. 아멘.

네 번째 강연

1962년
청교도의 난제들_ 1640-1662년이 주는 교훈들

1. 이 주제에 관심을 갖는 이유

제가 말씀드리려는 주제는 '1640년부터 1662년이 주는 교훈들'입니다. 제가 이 문제에 관심을 기울이는 데는 네 가지 주요한 이유가 있습니다. 물론 첫째는 올해가 1962년이고, 다른 연구회는 몰라도 이 연구 모임이 1662년의 그 유명한 사건들에 대해 시간을 들여 생각하지 않는다면 비참한 일이기 때문입니다.

저는 이미 에반제리컬 라이브러리[1]의 후원으로 열린 한 강좌에서, 보다 순전한 역사적 입장에서 그것에 대해 말하려고 노력했었습니다. 그러므로 이번에는 그 큰 사건의 특징들을 거의 알고 있다는 전제에서 시작하겠습니다. 저는 1662년뿐만 아니라 1640년부터 1662년에 걸친 기간 동안 일어났

---

[1] *1662-1962, From Puritanism to Non-Conformity*, The Annual Lecture of the Evangelical Library, 1962.

던 일들이 주는 교훈들을 관심 있게 추적해보고 싶습니다.

제가 이 주제를 다루는 두 번째 주요한 이유는, 올해의 모임2)에서 이미 여러 번 상기한 바와 같이 청교도들에게 있어서 '양심에 대한 강조'보다 더 주목할 만한 일이 없기 때문입니다. '청교도의 양심!' 이보다 더 청교도들을 특징짓는 것은 없습니다. 그들은 진리에 대해 정확히 알기 위해 면밀한 주의를 기울였지만, 단순히 이론적인 지식을 얻기 위한 것이 아니라 어떠한 희생을 치르더라도 그 진리를 이행하고 실천하기 위해서였습니다. 물론 이 연구 모임에서 이 점을 강조한 바 있습니다.

그러므로 어쨌든 이 연구 모임의 일정 시간을 할애해서 우리가 생각해왔던 것을 적용하는 것은 필수적인 일입니다. 마지막 시간이 이 일을 위해서 가장 좋을 듯합니다. 이 일은 특히 올해의 연구 모임에 적합한 것 같습니다. 왜냐하면 1662년의 메시지는 양심의 중요성을 말할 뿐 아니라 이론적 이해를 실천으로 옮기는 것의 중요성을 말하기 때문입니다.

세 번째 이유는, 제가 방금 말씀드린 것을 통해서 이미 암시되었습니다. 청교도 설교자들에 대해서 조금이라도 아는 사람이라면 그들이 '적용'을 하지 않고 설교를 끝맺은 적이 없음을 알 것입니다. 그러므로 반드시 매년 모일 때마다 적용의 시간을 가져야 합니다.

이 사람들은 주로 목회적이고 체험적인 유익을 위해서 적용에 관심을 기울였습니다. 진리에 대해 단순히 학문적이고 지적이고 이론적인 관심을 갖는 것보다 더 통탄스러운 일은 없다고 생각했습니다.

청교도들이 찰스 1세와 2세 시대의 설교자들에 대해 비판한 한 가지는, 그들이 지적 이해에만 만족하여 자기들의 고전 지식을 과시하는 학문적 논문을 내놓고 사람들의 삶 속에 실제로 적용시키는 일에는 거의 무관심했다는 점이었습니다. 청교도들은 항상 적용을 크게 강조했습니다. 그러므로 기독

---

2) 이 모임에서 강연한 연설집이 '믿음과 선한 양심'(Faith and a Good Conscience)이라는 제목으로 출간되었다.

교 신앙, 교회, 그리스도인의 실생활, 양심 등에 대한 청교도들의 태도를 배운 우리는 그것을 우리의 현재 상황에 적용하려고 노력해야 합니다.

이제 마지막 이유를 말씀드리겠습니다. 우리 모두는 참된 신앙의 부흥과 우리 가운데 나타나는 하나님의 전능하심 그리고 '마른 뼈'가 움직여 연결되는 일, 하나님의 거룩한 말씀이 진리로 드러나는 일에 관심을 가지고 있으며 마땅히 그러해야 하기 때문입니다.

또한 우리는 이 점에 대해 관심을 갖는 한, 우리 자신을 시험해보는 것보다 더 긴박하고 중요한 것이 없음을 인식해야 합니다. 일반적으로 부흥보다 어떤 유의 개혁이 앞섭니다. 부흥에는 어떤 조건들이 있습니다. 역사가 우리에게 분명히 보여주듯이, 하나님께서는 어떤 사람들에게 성령을 부어주시기 전 먼저 그 사람들을 준비시키십니다.

이것은 하나님께서 정하신 것입니다. 라오디게아 사람들과 같이 타락하거나 배도한 교회가 회개라는 선결 조건의 수행 없이 큰 축복을 받는다는 것은 있을 수 없습니다. 그러므로 교회의 조건과 상태에 관심을 기울이는 것이 중대한 문제입니다. 이렇게 될 때만이 인도하고 깨우치시는 하나님의 성령께 순종하여, 넘치도록 부어주시는 성령을 갈망하고 고대하도록 우리 자신을 준비시킬 수 있습니다.

이 네 가지가 이 주제를 택하게 된 이유입니다. 1662년의 크고 주목할 만한 사건으로부터 교훈을 얻으려고 애쓰지 않고 금년을 그냥 보낸다면 우리에게 불행한 일이라고 말씀드리는 바입니다. 저는 1662년의 이 큰 사건이 영국 종교사에 있어서 중차대한 사건이라는 데 모든 사람들이 찬동할 것이라 생각합니다. 이 사건은 300여 년간 영국의 종교사와 신앙의 패턴을 거의 결정했다고도 볼 수 있는 전환점이었습니다.

어떤 의미에서 1640년부터 1662년의 기간은 종교개혁과 거의 동등한 중요성을 가집니다. 왜냐하면 바로 이 시점에서 영국 국교회(영국 성공회)의 본질에 관한 최종적인 결정이 내려졌기 때문입니다.

2. 영국 교회사의 전환점, 1662년

영국의 종교개혁이 시작된 초기부터 영국 교회에는 완전한 만족이 없었습니다. 청교도로 알려진 부류는 처음부터 불만을 가졌습니다. 그들은 종교개혁이 불완전하다고 생각했습니다. 만일 우리가 이 점을 파악하지 못하면 이 역사를 이해하는 것이 불가능합니다. 이 부류에 속한 사람들이 만족하게 여겼던 기간은 없었습니다.

최근에 어떤 사람들은 카트라이트(Cartwright)와 마프릴레이트(Marprelate) 축출 때부터 로드(Laud)의 출현 시까지는 청교도들과 영국 국교도들 간에 "별로 큰 차이가 없었다"고 말하려고 애써왔습니다. 그러나 이러한 진술들은 사실에 비춰볼 때 형평을 잃어버린 것입니다.

이 점을 '입증'하고 있다는 평을 받고 있는 미국 교수 조지 부부의 책은, 제가 볼 때 잘못된 자료를 근거하고 있습니다. 다시 말하면 그들은 그 시기의 설교들에만 의존했지 실제 역사적 사실들은 감안하지 않았다는 말입니다. 게다가 그 시기 동안 논쟁과 관련한 설교는 조지 부부가 언급한 만큼 있지도 않았습니다.

우리는 청교도들이 1604년의 햄프턴 궁정 의회와 제임스 1세와 밴크로프트 대주교가 들어온 방법에 실망한 사실을 조명하며 그것을 설명해야 합니다. 그 결과 청교도들은 조용하고 긍정적인 차원에서 설교해나갔고, 그 전이나 후에 했던 것처럼 능동적인 저항의 자세를 보이지 않았습니다. 그러나 역사적 사실들을 간과해서는 안 됩니다.

저는 에반젤리컬 라이브러리 강좌에서 지속적인 불만감이 있었음을 명백하게 보여주는 몇 가지 사실들을 진술하려고 시도했었습니다. 영국의 종교개혁 시기부터 1662년까지 청교도들은 영국 교회의 상태에 만족했던 적이 전혀 없었습니다. 제임스 1세의 통치 초기에 대해서는 바턴 배비지(S. Barton Babbage) 박사가 그의 책 『청교도주의와 리처드 밴크로프트』(*Puritanism and*

Richard Bancroft, S.P.C.K. 1962)에서 내린 결론이 의심할 여지도 없이 옳습니다.

"제임스 1세의 업적은 확실하고 구체적이었습니다. 그러나 청교도의 도전과 관련해서 볼 때, 그렇게 말하는 것은 불공정합니다. 재임 시 평화로웠던 상황은 유지되는 듯 보였지만 사실 갈등이 연기되었을 뿐이지 끝난 것은 아니었습니다."

그러나 지금 우리가 가장 관심을 갖는 문제는 이 갈등이 머리를 들기 시작하여 1662년에 절정에 이르렀다는 점입니다. 왜냐하면 1662년에 사실상 최종적인 결정이 내려졌기 때문입니다. 이것은 매우 주목할 만한 현상입니다. 우리는 이 사실, 거의 한 해에 모두 일어난 이 특이한 변화를 얼마나 자주 생각해봤습니까? 제가 뜻하는 바는 이러합니다.

찰스 1세와 의회 사이에 있었던 내란(the Civil Wars)과 왕의 폐위 기간과 크롬웰이 집권했던 공화정 기간을 생각해보십시오. 1644년경 감독직과 여러 다른 성직들이 폐지되고 기도서가 금지되었습니다. 그리고 웨스트민스터 예배 모범이 나왔습니다. 영국 국교회는 거의 죽은 것 같았습니다. 교회의 많은 사람들이나 또한 교회를 지지하는 위대한 지지자들도 그렇다고 생각했습니다. 영국 국교회는 영원히 없어진 것 같았고, 여러 파의 청교도들이 장악하고 있었습니다.

그런데 1662년에 상황이 완전히 바뀌었습니다. 이미 1660년에 변화의 조짐이 나타났습니다. 찰스 1세의 목을 자르고 기독교회에 대한 영국 국교회의 모든 개념을 과감하게 폐지했던 이 나라에서, 런던의 수많은 사람들이 1660년 5월 29일에 찰스 2세의 귀환을 외쳤습니다. 그리고 장로교도들은 런던과 웨스트민스터로 향하여 가는 왕의 행렬에서 눈에 띄는 위치에 서게 되었습니다. 이것은 하나의 두드러진 현상이었습니다. 그 변화는 실로 특이했습니다. 따라서 우리는 이 변화를 검토해봐야 합니다.

1662년에 일어났던 일은 영국 교회사의 분명한 전환점이 되었음을 거듭 역설하는 바입니다. 저는 이 점을 로버트 보셔(Robert S. Bosher) 박사의 『왕정복고』(The Making of the Restoration Settlement, 1952년 초판, 1958년 재판)에서 한 구절 인용하여 말하겠습니다.

"1662년은 대륙의 종교개혁과 타협하기를 거절한 최종적인 해였습니다."

보셔의 이 말이 흥미로운 것은, 그가 국교회 교도의 입장에서 썼기 때문이고, 또한 역사가요 한때 케임브리지의 교회사 교수이자 훗날 영국 교회의 윈체스터 대주교가 된 노먼 사이크스(Norman Sykes) 박사가 추천사를 썼기 때문입니다. 노먼 사이크스는 보셔 박사가 그의 논제를 잘 입증했다고 말합니다. 그의 논제는, 1662년이야말로 영국 국교회 내에서 로드파가 완벽한 승리를 거둔 해라는 것이었습니다. 이것을 이유로 영국 국교회가 대륙의 종교개혁과 타협을 최종적으로 거부한 것으로 볼 수 있습니다.

청교도들은 한 세기 동안 줄곧 영국 국교회(성공회와 영국 국교회는 같은 것임-역주)가 대륙에서 일어난 것과 같은 양상으로 종교개혁에 부응하기를 소망했습니다. 이 소망을 배경으로 그러한 일이 가능할 수 있기를 바랐습니다. 그러나 1662년 이후에는 그러한 소망을 더 이상 가지지 않았습니다. 보셔에 의하면 로드파의 교회관이 궁극적으로 확립되었고, 그 관점 때문에 완벽한 승리를 거두었다는 것입니다. 그러므로 우리는 이것을 숙고하되, 매우 진지하게 숙고해야 합니다. 보셔 박사는 다시 이렇게 말합니다.

"이렇게 달성된 교회의 평정은 영국 교회사에 있어서 주요한 이정표로 여겨지는 것이 당연한 일이며, 이것은 로드파의 영구한 업적으로 남아 있습니다. 영국 교회는 계속해서 여러 전통이 함께 모이는 곳이 되었겠지만, 광범위하게 말해서 교회의 본질적 입장이나 교회가 포용할 수 있는 한계선은 결국 1662년에 내려진 결정에 의해서 정해졌습니다. 만일 한 세기 전에 영국 국교도들이 로마 교회는 잘못되었다고 엄숙하게 확언했다 할지라도 로드파의 승리는 영국 국교회가 제네바와는 다른 정신을 갖고 있었다는 결론을 가져왔습니다."

그는 계속해서 이렇게 말합니다.

"엘리자베스의 결정으로 종교개혁은 고유한 영국풍을 띠고 있었습니다. 그리고 1662년의 결정은 반동적 종교개혁의 특징을 띠고 있는 것으로 해석할 수 있습니다."

그러므로 1662년에 일어난 일은 매우 중요한 사건이며 실로 굉장한 전환점이었습니다. 청교도들의 소망은 끝내 땅에 떨어지고 말았습니다. 이 사건은 그들의 완전한 패배였고 모든 소망이 무산된 사건이었습니다.

3. 1640-1662 기간을 검토하는 이유

우리가 이 문제를 살펴보고 검토해보는 것이 어째서 중요합니까? 저는 다음과 같은 이유에서라고 말씀드립니다(만일 제가 시대의 표적을 전적으로 잘못 읽거나 오해하고 있지 않다면). 지금 이 시대의 상황은 그간 300여 년 사이에 있었던 그 어떤 상황보다 1640년부터 1662년까지의 상황과 가장 흡사합니다.

제가 뜻하는 바는 이러합니다. 우리가 검토하고 있는 기간(1640-1662년)은 말하자면 쇠를 녹이는 도가니 속에 모든 것이 들어 있는 기간이었습니다. 가능성들이 너무 많아 어떻게 전개될지 예측하기 어려웠습니다. 많은 청교도들은 한두 가지 점에 대해서는 자신들이 성공한 것이라고 믿기도 했습니다. 또한 자신들이 원하는 모든 것을 얻었다고 믿기도 했습니다. 그러나 결국 그러한 모든 생각은 허망한 것으로 판명되었습니다. 다시 모든 것이 도가니 속에 들어 있었습니다.

분명히 오늘날도 모든 것이 다시 도가니 속에 들어 있는 상황입니다. 교회의 본질에 대한 모든 문제가 날카롭게 대두되어 있습니다. 사람들은 지난 300여 년 동안 해왔던 것보다 더 관대하고 객관적인 방법으로 교파 집착 문제를 생각할 채비가 되어 있습니다. 비교적 최근까지 사람들은 자신들의 교단을 위해서 싸워왔습니다. 특히 자신들이 속한 교단을 위해서 대단한 끈기를 가지고 싸웠습니다. 그래서 종종 반감도 많이 생겼습니다. 그러나 이제는 사실상 그 모든 일을 찾아볼 수 없게 되었습니다. 사람들은 전체 상황을 또다시 용광로 속에 집어넣을 채비가 되어 있으며, 새로운 것의 출현에 대해서 말하고 있습니다.

여기서 질문 하나 하고자 합니다. 우리도 그럴 준비가 되어 있습니까? 이 시점에서 우리는 어디에 서야 합니까? 이러한 가능성들에 대한 우리의 태도는 어떠합니까? 이러한 가능성들은 매우 현실적이라고 믿습니다. 또 제 생각으로는 우리 중 거의 모든 사람들이 살아 있는 동안 아주 새로운 어떤 것을 목격하게 될 것입니다. 이와 같이 우리는 1662년 사건의 300주년을 통해, 아니 섭리에 의해 우리가 필요로 하는 지침을 제공해줄 바로 이 사건을 접하게 되었습니다.

제가 볼 때, 정말 안타깝고 불행한 일은 이 기간에 대한 교훈은 주로 경고적인 성격을 띠고 있었다는 것입니다. 하나님께서 우리가 그 교훈을 복과 격려의 원천과 수단으로 사용할 수 있도록 은혜 베푸시기 원합니다. 우리는 모두 자신을 반성해야 하는 상황에 처해 있습니다. 그것도 매우 정직하게 말입니다.

예고하건대, 아마 여기 있는 우리 각자는 1662년의 사람들이 했던 것과 같이 가장 중요하고 무섭기 짝이 없는 결심을 해야 할 시기를 겪을 것입니다. 우리는 이 길 아니면 저 길을 가야 할 기로에 서게 될 것입니다. 실로 이것은 이미 우리에게 당면해 있습니다. 그러므로 이 가장 특이한 시기를 숙고해보자고 여러분에게 촉구하고 있는 것입니다.

4. 청교도들의 실패 원인

그래서 저는 질문부터 하나 하겠습니다. 무엇이 잘못되어 있었습니까? 로드의 분명한 패배가 승리로 바뀌어버린 이 엄청난 변화의 원인은 무엇입니까? 여러분도 기억하다시피 로드는 고소당하여 사형 판결을 받았고 그 편에 속한 모든 것들이 패배한 것처럼 보였습니다. 찰스 1세가 처형되었을 때는 특히 그랬습니다. 완전히 패퇴할 것 같은 상황이었습니다. 그럼에도 불구하고 1662년에 그 사람들이 승리했습니다. 거의 완전히 멸절당한 것같이 보이던 로드파가 다시 권력을 장악하였고 대단한 승리를 축하했습니다.

무엇이 잘못되었던 것입니까? 특히 이 기간 동안 내내 상승세를 타고 있었던 청교도들은 특별히 무엇이 잘못되어 있었습니까? 그들의 실패 원인은 무엇이었습니까? 이 시기에 대한 분석과 무엇이 잘못되었는가에 대한 제 나름의 생각을 여러분 앞에 간단히 진술하고자 합니다.

첫 번째 원인은, 종교와 정치의 혼합입니다. 제가 볼 때 이것이야말로 청교도 역사에서 가장 마귀적인 것입니다. 로드가 대주교가 되고 왕의 중요한 조언자로서 정치에 대단한 영향력을 끼치는 중요한 인물이 되었다는 것은 불행한 일이었습니다.

그 결과 정치적인 문제들과 종교적인 문제들을 서로 떼어 해결하는 것이 불가능하게 되었습니다. 별로 종교적이지 못하면서 정치적인 문제들을 갖고 있던 사람들이 많았습니다. 그들은 청교도들도 문제를 갖고 있음을 알아차리고 자연히 서로 끌리게 되었습니다.

그 결과 (제가 거의 거룩하지 못하게 말하고 있는지도 모릅니다만) 동기가 순전히 정치적인 사람들과, 본질적으로 종교적인 사람들이 서로 동맹하기에 이르렀습니다. 왜냐하면 그들이 같은 공동의 적을 맞아 싸우고 있는 것처럼 보였기 때문입니다. 물론 이것은 진정한 문제에 대해 혼란을 가져오는 경향을 띠게 되었고, 공동의 적을 이기기 위해 서로 타협하게 되는 것을 의미했습니다.

기록에 보면, 백스터(Baxter) 같이 엄숙 동맹과 서약(the Solemn League and Covenant, 장로회 제도를 확립하기 위해 스코틀랜드와 잉글랜드 사이에 맺은 맹약 – 역주)을 사실상 믿지 않았던 사람들이 청교도 편에 있었습니다만, 그들 중 많은 사람들은 스코틀랜드 사람들의 도움을 얻기 위해 서약에 서명한 것이 분명히 드러나 있습니다. 이렇게 동기가 서로 혼합되었습니다. 정치와 종교를 혼합할 때 혼란이 야기되듯이 말입니다.

1640년경에는 왕당파 중에도 로드와 그의 모든 행실을 진심으로 혐오하고 미워한 사람들이 있었다는 것은 사실입니다. 1660년과 1662년에는 왕당파이자 감독들을 지지했던 사람들이 20년 전에는 로드의 막강한 권력 행사로 인해 반감독파에 속했었습니다.

로드를 미워하는 그들의 혐오감은 끝내 청교도와 손을 잡자는 충동으로 이어졌는데, 사실 청교도의 관심은 순전히 종교적이었습니다. 그 결과 대단한 혼란이 야기되었습니다. 저는 이것으로 끝내고 싶지는 않습니다. 제가 먼저 이것을 제시하는 것은, 1662년에 일어났던 정치와 종교의 혼합이 언제나 위험하다는 것을 말하기 위함입니다.

오늘 현시점에서 우리는 이 문제와 대면할 필요가 있습니다. 이 청교도 연구 모임에 참석하고 있는 모든 비국교도나 자유 교회 사람들은 누구나 비국교도의 오늘날 상황에 대한 주요한 이유는, 지난 19세기 말엽과 20세기 초의 지도자들이 종교적인 지도자로서보다는 정치적인 지도자로서 행동한 데 있다는 제 말에 동의하리라고 확신합니다. 만일 여러분이 상원에 속한 감독들을 반대한다면, 빅토리아 여왕 통치 후반기부터 1914년까지의 비국교도 교회의 저주거리였던 정치인 설교자들도 동등하게 반대하길 바랍니다.

그들은 사회 개혁과 정치 활동을 위해서 열과 성과 모든 열심을 쏟아 바쳤습니다. 비국교도는 기도할 때-영국 국교회가 기도할 때 토리당을 지지하는 것처럼-자유당을 지지한다고 말하는 것이 정당해졌습니다. 교회 내의 종교를 정치와 혼합하는 것은 언제나 위험합니다. 1640년부터 1662년까지의 기간이 주는 교훈을 배워 그처럼 세상에 휘말리는 일에서 벗어나기 바랍니다. 우리는 영적 무기를 가지고 주님의 싸움을 싸워야 합니다. 이것이 바로 첫 번째 원인에 대한 제 설명입니다.

두 번째는 훨씬 더 비극적입니다. 그것은 청교도들 사이에 일어난 불행하고 후회스러운 분쟁입니다. 그 분쟁은 실로 비극적이었습니다. 근본적으로

이 사람들은 교리에 대해서는 의견을 같이했습니다. 그러면 사보이 선언과 웨스트민스터 신앙고백의 차이는 무엇입니까? 그 차이는 무시해도 좋을 만한 것입니다. 이 둘은 믿음의 대요들과 믿음에 대한 접근 방식 그리고 믿음이 함축하는 모든 것에 대해서 같은 입장입니다. 그럼에도 불구하고 청교도들 사이엔 끊임없는 분열이 일어났습니다. 물론 그들은 교회 정치 문제에 대해 의견을 달리하고 있었습니다.

그러나 분쟁을 일으킨 또 다른 문제들이 있었습니다. 올리버 크롬웰의 전기를 읽어본 사람이라면 그 의로운 사람의 영혼이 청교도들 사이의 끊임없는 분쟁 때문에 얼마나 골치를 앓았는지 알 수 있습니다. 그가 1645년 9월 14일에 브리스톨에서 쓴 편지에는 애처로운 사실이 드러나 있습니다.

장로교파들과 독립 교회파들은 믿음과 기도에 있어서 같은 생각을 갖고 있습니다. 또한 같은 자세와 같은 대답을 보이고 있습니다. 그들은 이러한 문제에 대해서는 의견이 모두 같습니다. 차이를 지적할 만한 것이 없습니다. 그렇다면 다른 문제에 차이점이 있을 수 없습니다. 믿는 모든 사람들은, 몸과 머리에 대해서 내면적이고 영적인 연합이라는 가장 영광스러운 참된 연합을 이룹니다(서간 26).

저는 어떠한 교파에 대해서도 불공정하거나 그들 가운데 어떤 그룹에 대해서 편벽되고 싶지 않습니다. 그러나 객관적인 역사관을 가지고 (특히 장로교도로 성장한 사람을 위해서) 이 모든 일에 가장 책임 있는 교파는 장로교파라고 말씀드리지 않을 수 없습니다. 어떤 근거로 그렇게 말하느냐고요? 그들이 가장 비타협적이었기 때문에 그렇게 말하는 것입니다.

그뿐 아니라 그들은 언제나 찰스 1세든 찰스 2세든 왕과 결탁할 채비를 갖추고 있었습니다. 이것은 정말 믿을 수 없는 일이었습니다. 그러나 1650년에 스코틀랜드의 장로교도들은 후에 찰스 2세가 된 찰스 왕자와 결탁하였고, 그를 프랑스에서 데려왔습니다. 짧은 기간 동안 전쟁이 있었는데, 그 전쟁은 왕당파와 장로교 지지자들이 우스터(Worcester) 전투에서 참패를 당함으로써 다행히 종식된 전쟁입니다. 그러나 장로교도들이 그러한 부류 속에 들고, 기독교 신앙의 본질에 있어서 자기들과 그처럼 완전한 조화를 이루는 사람들과 대항하여 싸웠으니 비극적인 일이 아닙니까?

왕이 공석 중이던 공화정 말기에, 그러니까 1660년 초반에 몽크(Monck) 장군이 나타납니다. 이 사람에 대해서 무엇이라고 말할 수 있습니까? 이 사람은 여러 방면에서 '자기파를 배반하고' 찰스 2세와 그의 로드파 측근들의 복귀를 가능하게 했던 사람입니다.

그가 이렇게 한 가장 큰 이유는 장로교회의 이익 때문이었습니다. 청교도들 사이에 분열이 생겼습니다. 이러한 분쟁은 끊임없이 일어났습니다. 장로교파, 독립교회파, 제5왕정파, 퀘이커파, 개간파, 평등주의파, 이 외의 여러 파당들이 생겨나게 되었습니다. 청교도당은 나뉘고 거의 분열되었습니다.

물론 영국 국교회에서는 이것을 알 뿐만 아니라 그러한 일을 조작했고 그것을 통해서 이점을 노렸습니다. 기존 질서를 대변하는 사람들의 정책이 언제나 그러하듯이, 그들의 정책은 '분열시켜 정복하는' 것이었습니다. 그것은 성공적이었습니다.

그 결과 1662년의 재난이 도래하게 되었습니다. 청교도들이 사분오열되어 싸우고 있는 동안, 거의 대부분이 대륙으로 도피했던 이른바 로드의 가르침을 믿었던 능란한 로드파 사람들은 자기편 사람들의 회복을 위해서 계획을 세우고 모의했습니다.

보셔는 이 점을 잘 지적하며 매우 분명하게 사실을 입증합니다. 제가 말씀드렸듯이, 노먼 사이크스 교수가 철저하게 입증해냈다고 역설했던 보셔의 위대한 논제는, 1662년 로드파의 대단한 승리를 가져왔던 것은 도망친 명석한 로드파가 만들어낸 것이라는 점입니다. 그들은 여러 방면에서 17세기의 가장 뛰어난 정치가였으며, 후에 클라렌든의 백작이 된 에드워드 하이드

(Edward Hyde)의 도움을 얻었습니다.

그들은 나중에 찰스 2세 왕이 된 왕자를 중심으로 즉각 모여 모의를 해나 갔고 한편으로는 영국에 남아 있던 자기파 사람들과 연락을 취하고 있었습니다. 다른 사람들은 계속 분쟁을 일삼아, 불쌍한 올리버 크롬웰이 "새 장로는 옛 사제만큼 나쁘다"고 말할 정도의 형편이 계속되는 동안, 로드파는 모든 것이 소망 없어 보이는데도 끈끈하게 서로 협력하여 힘을 모아 싸우고 있었던 것입니다. 이렇게 로드파는 청교도들 사이의 분쟁을 성공적으로 이용함으로써 1662년에 가장 주목할 만한 승리를 거두게 된 것입니다.

이 사실은 제가 입증하려는 세 번째 사항에 이르게 합니다. 분쟁의 주요 요인 말입니다. 그것은 다름 아닌 국가 교회(State-Church)라는 개념에 대한 문제입니다. 이 점에 대해 우리는 분명히 해야 합니다. 그들은 사실 이 개념을 모두 믿고 있었습니다. 장로교도들도 영국 국교회 교도들만큼 국가 교회를 신봉하고 있었습니다.

어떤 의미에서 올리버 크롬웰도 여기에 해당한다고 말할 수 있을 것입니다. 이에 대해 놀랄 필요가 없습니다. 사실 그들은 그러한 상황과 입장을 물려받았기 때문입니다. 그들은 다른 상황을 전혀 알지 못하고 그저 교회가 국가 교회로만 존재해왔던 상황 가운데 있었습니다. 그래서 그들은 항상 자신이 처한 입장에서 출발했던 것입니다. 그들의 입장은 모두 본질적으로 에라스투스주의였습니다(에라스투스[Erastus]는 스위스의 의사요 신학자로서 종교는 국가에 종속되어야 한다는 국가 만능주의를 설파한 사람이다–역주).

특히 제가 흥미롭게 생각하는 것은 이 문제에 대한 크롬웰의 입장입니다. 어떤 의미에서 그는 에라스투스의 입장을 따르는 사람이었으나, 보셔가 말한 대로 그 사람은 '무언가 다른 데가 있는 에라스투스주의자'였습니다. 다시 보셔의 말을 인용해보겠습니다. 그는 공화정 기간 동안 국가 교회 내의 무정부 상태에 대해서 이렇게 말했습니다.

그럼에도 불구하고 단순히 소극적인 관용의 원칙에 근거하고 있는 국가 교회의 무정부 상태 아래서는 이전과 동일한 정책이라도 옛날과는 근본적으로 다르게 지켜질 수 있습니다. 크롬웰식 교회의 실마리는 새 정부의 열렬한 종교성과, 국가의 종교적 성격에 대한 깊은 확신, 그리고 사적 및 공적인 도덕성의 문제들에 대한 국가의 끊임없는 입법 속에서 찾아야 합니다. 이전의 정부와는 달리 새로운 정부는 국가 교회에 대해 비교회적이고 비성직자적인 자세를 취했습니다. 성직 임명이나 성례, 예배, 예식서 등 교회 질서와 연합의 상징으로서 과거에는 논쟁의 중심이 되었던 것들이 이제는 무시되었습니다. '예수 그리스도로 말미암은 하나님께 대한 믿음'이라는 단순한 요청 이외에 교회를 위해 교리적 기초를 만들려는 그 어느 시도도 호민관에게 결코 용납되지 않았습니다.

호민관은 반항하는 의회에 대해 "이러한 신앙을 갖고 있는 사람은 누구든지 그 신앙에 마땅한 자세를 취해야 할 것이다. 그 사람은 화해하고 행해야 하며 다른 신앙을 가진 사람에 대해 선입관을 갖지 않아야 한다"고 선언했습니다. 그리고 이러한 사람은 예배의 완전한 자유를 보장받을 것입니다.

저는 에반젤리컬 라이브러리에서 강연할 때 한 말을 되풀이하고자 합니다. 이 크롬웰이야말로 영국에 있어서 관용과 종교의 자유의 아버지요 선구자라고 말입니다. 보셔의 말을 계속 인용해봅시다.

새로운 개념은 당당한 에라스투스주의입니다. 그러나 참신하게 교정된 에라스투스주의입니다. (이제 중요한 사항이 나옵니다.) 국가의 권위는 종교 교리나 실천을 규제하기 위해서 행사되기보다는 그러한 규제를 막아내기 위해서 행사되어야 합니다.

이것은 이전에 주장되었던 견해와 정반대가 되는 것입니다. 그 전에는 국가 권위가 '종교 교리와 실천을 규제하는 데' 사용되었습니다. 물론 지금도 그렇습니다. 그러나 크롬웰은 그것을 반대했습니다. 그가 원하는 국가는 그러한 규제에 종지부를 찍고 관용과 자유를 보장하는 일을 행하는 국가였습니다. 계속 그의 말을 인용하겠습니다.

체제를 도구로 삼아 의견에 대해 거의 무제한적인 관용을 베풀게 하고 경건을 위한 공동의 열심으로 서로 다투는 그룹들을 연합시키는 것이 크롬웰의 이상이었습니다.

올리버 크롬웰을 주신 하나님께 감사합니다! 보셔 박사는 계속해서 말합니다.

그는 공화정 교회의 정신없이 잡다한 일들을 교구적인 차원의 것으로 침착하게 생각할 수 있었습니다. 이 모습은 국교회 교도들과 장로교도들 모두에게 정말 용납할 수 없는 악몽같이 보였습니다.

우리는 올리버 크롬웰의 영광을 변호하고 드러내기 위해서 이제까지 말하고 인용했습니다. 어떤 의미에서 그는 에라스투스식의 국가 교회관을 갖고 그것을 주장하며 실행했지만, 그의 생각은 국가의 힘을 사용하여 관용과 다양성과 자유를 보장하자는 것이었지 어떤 특별한 견해를 강요하려는 것이 아니었습니다.

그러면 다른 사상은 어떻습니까? 저는 크롬웰식 사상을 말하고 있는 것이 아니라, 국교회와 장로교도들의 생각에 대해서 말하고 있는 것입니다. 그들의 생각은, "신약성경은 이것에 대해서 무엇이라고 말하는가?"라고 묻기보다 그 당시의 상황에 지나치게 지배당한 것이 아닙니까? 그 당시의 입장을 그대로 취하여 "우리가 이것에 대해 무엇을 할 수 있습니까?"라고 말하기보다는 "새로운 시작을 위한 기회가 여기 있습니다. 그러므로 우리는 신약성경에 묘사된 교회로 되돌아가 거기서부터 출발합시다"라고 말해야 했습니다.

그러나 그들은 실제로 이렇게 하지 않았습니다. 하지만 국교회나 장로교회는 다같이 자기들이 성경적이라고 주장했습니다. 마치 그들은 증명이나 입증이 전혀 필요 없다는 식으로 국가 교회라는 현실로부터 시작했던 것입니다. 그 다음 장로교식이어야 하느냐 국교회식이어야 하느냐 등의 모든 문제는 여기에 귀속됩니다.

둘째로, 그들은 구약성경과 이스라엘에 대한 유추에 너무 지나치게 영향을 받은 것 같습니다. 제가 볼 때 문제의 원인이 바로 여기 있다고 생각합니다. 그들은 구약시대의 이스라엘을 유추하여 그것을 영국에 적용시키려고 고집했습니다. 그것은 정말 큰 실수였습니다. 구약시대에는 국가(이스라엘 나라)가 교회였습니다(행 7:38). 그러나 17세기의 영국이라는 국가는 교회가 아니었습니다. 구약에서는 나라와 교회가 하나였고 동일한 것이었습니다.

그러나 신약에서는 정반대입니다. 교회는 '불러내신 바 된' 사람들로 이루어진 것이지 국가 전체로 이루어진 것이 아닙니다. 국가와 교회는 같은 연장선상에 있는 것이 아닙니다. 오히려 교회는 세상, 즉 국가로부터 '불러낸 바 되어' 이 특별하고 구별된 몸으로 들어온 사람들로 이루어진 것입니다. 신약의 어느 곳도 국가와 교회가 직접 관련 있다고 가르치는 곳은 없습니다. 신약의 교회를 어떤 다른 방법으로든지 이교 로마제국과의 관계 차원에서 생각하는 것은 전혀 불가능합니다.

더구나 그리스도인들은 "이 패역한 세대에서 구원을 받(은)" 사람들입니다. 이 그리스도인을 향하여 성경은 "너희는 믿지 않는 자와 멍에를 함께 메지 말라", "그들 중에서 나와서 따로 있(으라)"고 말합니다(고후 6:14, 17). 불러내심을 입은 사람들은 '유대인이든, 이방인이든, 야만인이든, 지혜자든, 종이든, 자유자든' 구별 없이 모든 민족으로부터 불러내심을 받은 자들입니다. 그러므로 제가 볼 때 이 궁극적인 비극의 근원에 대한 대부분의 설명이 바로 여기에 있습니다.

그러나 그들은 국가와 교회간의 관계에 대해서 그들이 취한 관점을 지지하기 위해 자연히 자기들의 특별한 관점을 '강요해야' 한다고 믿게 되었습니다. 1662년의 교식 통일령(기도 내용을 통일하는)에 대해 가장 큰 책임을 져야 할 국교회 사람들에 대해서 전적으로 형평을 유지하도록 합시다.

다른 사람들도 그들이 권세를 쥐고 1660년부터 1662년 사이에 하려 했던 것과 똑같은 일을 했습니다. 장로교도들도 국교회 사람들만큼 의회의 법령과 국가의 권세를 이용해 자기들의 특별한 교회관에 복종하도록 대중들을 억눌러야 한다고 믿었습니다. 그래서 1644년에 그들은 국가의 권력과 의회의 입법 조처를 통해 자기들의 관점을 강요했습니다.

그들이 가진 관점이란, 궁극적으로 이런 문제들이 변덕스러운 대중에 의해 결정된다는 것이었습니다. 그 결과 크롬웰을 내세웠던 런던의 대중은 1660년에는 찰스 2세가 돌아오는 것을 환영했습니다. 똑같은 사람들이 말입니다. 법을 제정하는 권세와 교리를 강요하는 권세를 국가에게 주면 언제나 이러한 결과가 따라옵니다.

궁극적으로 대중의 변덕스러움에 휘말리게 되고 대중, 특히 비종교적인 대중은 이러한 문제들에 대해 어떤 가치 있는 견해를 가질 능력이 본질적으로 전혀 없다는 말을 할 수밖에 없게 됩니다. 고린도전서 6장에 보면 기독교회의 교인들은 개인의 문제를 법정에 가져가지 않아야 한다고 합니다. 하물며 교회 문제는 오죽했겠습니까?

양편 모두 주어진 상황에서 출발하고, 신약의 가르침에 비추어 그것을 시험해보지 않은 것이 틀림없는 것 같습니다. 이미 살펴본 바와 같이, 이 모든 것 외에도 그들은 '엄격한 종교적 행동'을 의회의 법률 조항에 의해서 강요할 수 있다고 믿었던 것입니다. 그래서 여러 가지 스포츠나 오락 및 기타의 것들에 대해서 법 조항을 통과시켰던 것입니다.

제가 이 점을 드러내어 말하는 이유가 있습니다. 이제 얼마 있지 않으면 이 모든 것에 대한 싸움이 일어나기 십상이기 때문입니다. 이것에 대해 분명한 태도를 보여야 할 때를 맞게 될 것입니다.

다시 한번 우리는 그릇된 것, 즉 신약이 아니라 구약에 기초한 입장을 다루고 있음을 역설합니다. 이것은 언제나 우리를 문제에 빠지게 합니다. 공화정 기간 동안, 주어진 유형을 따라 주어진 방법대로 살도록 강요받았던 런던의 대중을 생각해봅시다. 그들은 자신들에게 강요되고 있는 것들을 믿은 적도 없고 또 이해하려고도 하지 않았습니다.

따라서 그들은 매우 지치고 진력이 나게 되었습니다. 이것이 주요 원인들 가운데 하나가 되어, 사람들의 마음은 왕정제로 다시 바뀌어 왕을 다시 데려와야 한다고 하며, 삶을 망치는 청교도들을 제거해야겠다고 말하게 되었습니다. 도덕적, 영적 설득을 통해서가 아니라 의회의 법률 조항을 통하는 식으로 도덕을 '강요하는' 것은 그 자체에 대한 반작용을 낳는 것 같습니다.

현재도 바로 이러한 것을 우리가 목격하고 있다고 저는 믿습니다. 우리는 현재 공화정 기간 동안에 강요되었던 것과 유사한, 이른바 빅토리아풍에 대한 반동을 목격하고 있습니다. 많은 책이 이것을 묘사했습니다.

빅토리아 여왕 시대에, 아니 그 전에도 윌버포스(Wilberforce)나 다른 사람들의 저작의 영향을 받아 '빅토리아풍'이라고 불리는 것이 생겨나게 되었고, 사람들은 의회 법을 통해서 어떤 유의 삶을 살도록 강요받게 되었습니다. 그러나 이것은 언제나 그 자체에 대한 반발을 불러일으킵니다. 공화정 말기와 1660년부터 1662년 사이에 그러한 일이 있었던 것처럼 말입니다.

만일 이 모든 분파와 파당이 놀라운 기회를 맞았을 때 보조를 같이하기만 했다면, 특히 찰스 2세의 복귀 때 그랬더라면(그들이 보편적인 종교적 관용에 대해 보조를 같이하기만 했다면) 상황이 완전히 달라졌을 것입니다. 그러나 장로교도들은 그 일에 동조하지 않았습니다. 반드시 장로교식이 되어야 한다는 것이었습니다. 그래서 세력이 나뉘게 되었습니다. 국교도들은 자기들의 능력과 기민함, 응집력 그리고 당시 런던의 감독이었고 후에는 대주교가 된 쉘돈

(Sheldon)의 뛰어난 '정치적 책략'으로 보통 묘사되는 것들을 통해 완전한 승리를 거두었습니다.

만일 청교도들이 어떤 한 체제보다는 보편적으로 종교적 관용을 위해서 함께 연합했다면, 그 당시와 그 후 300년 동안의 역사는 매우 달라졌을 것입니다. 이것이 독립파 교도들이 요구하는 모든 것이었습니다. 분파주의자들, 독립파들은 실제로 관용을 요구했습니다. 그들은 사보이나 다른 여러 지역에서 개최된 토론에 참여하지 않았습니다. 그들은 이것 아니면 저것, 즉 장로교회냐 영국 국교회냐 하는 문제에 관심이 없었습니다. 그들이 원하는 것은 다만 성경의 가르침대로, 자기들이 이해하는 방식대로 하나님께 예배하는 자유를 얻는 것이었습니다.

그러나 불행히도 그것은 모든 청교도들이 지지하는 견해가 아니었습니다. 이러한 부차적인 문제들에 대한 그들의 분쟁 때문에 전체를 그르쳤던 것입니다. 물론 이 사람들이 계속 설교를 하지 않았다는 의미에서 상황이 그르쳐진 것은 아닙니다.

안타깝게도 너무 늦게 그들 중 많은 사람들이 존 오웬이나 토머스 굿윈 등 다른 많은 사람들이 취했던 입장이 진리였음을 알게 되었습니다. 그래서 그들도 그러한 입장을 취하지 않으면 안 되었습니다. 그러나 그때는 이미 해를 많이 받았고 영광스러운 가능성과 기회가 지나가버린 때였습니다.

5. 이 기간을 통해 배워야 할 교훈

이것이 실패의 원인에 대한 일종의 분석입니다. 저는 이제 마지막으로 오늘날 우리 자신들을 위해서 몇 가지 교훈을 끌어내리고 합니다.

첫째, 우리의 개혁적이고 청교도적인 관점에 따르면 진정으로 중요한 것이 무엇입니까? 저는 이 핵심적이고 가장 중요한 사항이 제가 분석해온 그 여러 가지 이유 때문에 흐려지게 되었음을 보여주려고 애써왔습니다. 그 이

유란 정치적 혼합, 일차적인 중요성을 가지지 않은 부차적인 것들에 대한 관심 등입니다. 그러면 우리 자신에게 이러한 질문을 던져봐야 합니다. "우리는 무엇을 가장 중요하게 여기는가?", "우리는 무엇을 중심에 놓으려 하는가?", "우리는 무엇을 가장 우선으로 말하며 무엇을 반드시 주목해야 하는가?" 분명히 그 대답에 대해서는 우리 가운데 이견이 있을 수 없습니다.

그것은 '하나님의 영광의 복음'이기도 한 구원의 복음입니다. 그것은 모든 청교도들이 동의한 것, 즉 복음의 본질과 진수에 대한 것입니다. 이 연구회에서 여러 차례 살펴봤으므로 더 이상 제가 말씀드릴 필요가 없습니다. 그들은 이것과 함께 유능하고 선한 사역자들과 설교의 우위성과 중심성을 강조했습니다. 이러한 것들은 그들 모두가 의견을 같이하는 것이었고, 우리 모두도 그것을 첫째요, 제일이요, 가장 핵심적인 것으로 동의해야 합니다.

복음이 무엇입니까? 이것을 첫째에 두어야 하지 않겠습니까? 이 점에 대해서 의심이 있을 수 없습니다. 우리의 양심은 우리로 하여금 이렇게 말하도록 강요해야 마땅합니다. 이 점에 대해서 어떠한 모호함이나 불확실함이나 불분명함이 있도록 해서는 안 됩니다. 분명히 우리의 모든 입장은, 복음이 규정될 수 있고 진술될 수 있다는 것에 기초하고 있습니다.

우리는 '신앙고백'을 믿습니다. 또 신조들도 믿습니다. 현재 기독교회 내에 있는 대다수의 사람들과 우리가 다른 것이 바로 그것입니다. 분명히 우리가 어떤 대가를 지불하더라도 주장하고 선포하며 변증해야 하는 것은 이 순전한 복음, 이 순전한 복음의 말씀입니다. 우리는 이 점에 대해서 어떠한 타협도 용납하지 않을 것입니다.

둘째로, 이 모든 것은 우리의 교회관을 다시 한번 점검해볼 것을 요구하고 있습니다. 이것은 청교도들이 모두 중요한 문제로 생각했던 것입니다. 사실 이 문제에 관해서는 그때의 국교도들도 마찬가지 입장이었습니다. 우리는 이 점에 대해 그들 모두를 칭찬하고 칭송해야 합니다. 그들은 모두 교회에 관심을 갖고 있었습니다. 그들은 어떤 운동을 일으킴으로써 자신들의 문제를 해결하려고 하지 않았습니다. 그들은 모두 교회의 상태에 관심을 가졌습니다. 국교회는 자기들의 교회관을 위해 맞섰습니다. 장로교도들도 교회 내의 운동으로 머물러 있기를 만족하지 않았습니다. 그들은 모든 교회가 장로교가 되기를 원했습니다.

제가 강조하고 있는 것은, 그들은 입장을 조정하면서 "좋습니다. 우리는 국교도로 그냥 남아 있겠습니다. 그러나 우리는 교회 안에서 우리 자신의 운동을 일으키겠으며, 때때로 함께 모여 교제를 나누고 우리의 활동을 진행해 나갈 것입니다"라고 말하지 않았다는 것입니다. 그들은 결코 이러한 입장을 취하지 않았습니다.

독립파 사람들도 역시 마찬가지였습니다. 그들은 모두 교회관을 위해서 투쟁했습니다. 그들은 그들의 운동 속에서 함께 교제하며 모일 수 있는 한 교회의 상태가 혼란하게 되는 것을 용납하지 않았습니다. 그들 각자는 교회의 상태와 상황에 관심을 가졌습니다. 교회의 교리가 그들에게는 중심적인 것이었습니다.

우리는 이 점을 상기할 필요가 있습니다. 우리 복음주의자들이 나뉘고 나뉘어서 무력하게 된 것은 교회 차원에서 생각하지 않았기 때문이지 않습니까? 우리는 운동을 일으켰으나 믿는 바를 교회의 상황에 적용시키지 않았습니다. 그래서 우리의 삶과 활동의 거의 모든 부분에서 이 시대의 혼돈과 무질서를 보게 되는 것입니다.

그것은 다음과 같은 질문을 야기합니다. 우리의 교회관은 어떤 것인가? 신약의 교회관은 어떤 것인가? 국가 교회 문제에 대해서 신약은 뭐라고 말하고 있는가? 교리와 실천을 정하는 방법에 대해서는 뭐라고 말하고 있는가? 분명히 이 질문들은 우리가 가장 우선적으로 취급해야 하는 문제임에 틀림없습니다.

1662년의 사람들은 우리에게 이 문제를 직면하라고 촉구합니다. 오늘날 우리 주위의 운동들, 특히 에큐메니컬 운동들과 다른 요인들은 우리로 하여금 다음 질문을 던지게 합니다. 우리의 교회관은 어떤 것인가? 이 시점에서 우리는 분명히 청교도들에게서 이 위대한 교훈, 즉 교회의 순결의 중요성(특히 교리 문제에 있어서)을 배울 필요가 있습니다. 물론 여기에 함축되어 있는 것은 권징(훈육)의 필요성입니다.

믿음의 핵심에 대한 관점이 정반대되는 사람들이 같은 교회에 함께 있는 것을 관용해야 옳습니까? 우리가 고수하는 거의 모든 것을 부인하는 사람들, 다시 말해 우리 주님의 신성, 동정녀 탄생, 주님의 이적, 주님의 속죄적 죽음, 속죄의 형벌적이고 대속적인 요소들, 우리 주님의 육체적인 부활, 성령의 인격, 중생, 믿음으로만 의롭다 함을 얻음, 우리 주님의 재림에 대한 '복된 소망'을 부인하는 사람들을 교회로 불러 그들과 한 부류로 함께하는 것이 옳습니까? 이러한 사람들을 '형제'로 간주하는 것이 신약에 비춰볼 때 옳습니까?

또한 예배당에 한 번도 나오지 않는 사람들을 유아 세례를 받았다는 단순한 이유 때문에 '실수한 그리스도인들'로 여기는 것이 옳습니까? 교회와 교회의 순결과 권징, 교회의 삶에 대한 신약의 가르침과 이것이 서로 상합합니까? 이러한 질문들은 우리가 가장 우선적으로 생각해야 하는 문제들임에 틀림없습니다.

만일 우리가 이 청교도들에 대해 진지한 관심을 갖고 있다면 말입니다. 강직한 양심이 정말 필요하며, 결과가 어떠하든 진리라고 믿는 것을 정직하게 행하는 것이 매우 중요하다는 그들의 가르침을 진지하게 받아들이려 한다면 말입니다.

또 다른 긴박한 문제는 교회가 자신의 일을 결정하는 자유입니다. 교회를 제외한 국가나 왕국을 포함한 어느 체제가 그러한 방면에 어떠한 권리를 행사해도 된다는 암시가 신약에 나와 있습니까? 우리 스스로 '구속주의 최고권'을 다시 한번 상기해야 하지 않겠습니까?

실제적인 문제로 나아가보겠습니다. 중대하고 근본적이며 제일 되는 것들에 대해 의견을 같이하는 우리가 보다 덜 중요한 어떤 것 때문에 나뉘어야 되겠습니까? 이렇게 할 경우 일어날 일을 보여주는 1640년부터 1662년의 역사에서 우리는 위대한 교훈을 배울 수 있습니다. 우리 복음주의자들은 여러 교단들로 나뉘어 있습니다. 그래서 우리의 노력은 무산되고 무효화되었습니다. 결국 우리는 별로 중요하지 않은 사람들로 간주되고 있습니다.

그러나 저는 묻습니다. 우리가 언급한 그 크고 핵심적인 일들에 속하지 아니한 것들 때문에 우리가 나뉘고 분열되는 것이 옳습니까? 이러한 핵심적인 중요한 문제들에 대해서 의견을 같이하는 사람들보다는 그러한 문제들에 있어서 의견을 달리하는 사람들과 더 연합하고, 교회 안의 그리스도인들로서 우리의 전체 삶에서 그러한 사람들과 함께하는 것이 옳습니까?

1640년부터 1662년에서 얻는 또 하나의 교훈은, 영적인 방법으로 이러한 싸움을 싸우는 것이 중요하다는 사실입니다. 육신적인 무기를 통해 싸워서는 안 된다는 것입니다. 만일 1640년부터 1662년까지의 기간이 우리에게 가르치는 것이 있다면, 이러한 종류의 싸움에는 언제나 성직자가 이긴다는 것입니다. 그들은 이 점에 있어서 명수들입니다.

저와 여러분은 교리와 영혼을 배양하고 양육하는 것에 관심을 갖는 반면, 그들은 그 상황의 실제적인 면과 정치적인 면에 온 관심을 쏟았습니다. 그래서 우리가 반(半)정치적이고 반(半)교회적인 자세를 가지고 싸우는 순간 우리는 파당 정신을 발전시켜 파당 이익의 차원에서 생각하고, 핵심적인 것들에 대해서 우리와 진실로 일치하는 사람들을 원수처럼 취급하기 시작하며 반대로 대의는 이미 잃어버리게 됩니다.

제가 볼 때 우선적이고 핵심적인 문제들보다도 그렇지 못한 문제들에 대한 자기파의 특정 관점의 이익을 우선하는 파당 정신만큼 신약성경의 정신에 위배되고 해로운 것은 없습니다. 이것은 나쁠 뿐만 아니라 이러한 유의 일에 있어서는 항상 성직자가 성공합니다. 그들은 언제나 성공했습니다. 또 성공할 것입니다.

그들에 대해서 우리가 내리는 오직 유일한 논평은 "참으로 그들은 자기들의 상을 받았다"입니다. 그들은 조작과 막후교섭, 로비 활동 및 조직에 뛰어난 명수들입니다. 그들은 거의 어느 것에나 머리를 굽힐 것입니다.

우리가 분석하고 있는 이 기간 동안에 찰스 1세의 미망인 헨리에타 마리아와 실제로 함께 협력한 장로교도들을 생각해보십시오. 그들은 그녀와 협력했는데, 그녀는 자기들이 옹호하는 모든 것을 사실상 미워하는 로마 가톨릭 교도였습니다. 그들이 이렇게 한 것은 국교도들을 이겨 유리한 조건을 얻기 위한 것이었습니다. 부끄러운 줄 알아야 합니다!

"우리의 싸우는 무기는 육신에 속한 것이 아니요 오직 어떤 견고한 진도 무너뜨리는 하나님의 능력이라"(고후 10:4). 그러나 사람들이 파당 정신에 빠지는 순간 그들은 자기들의 목적을 이루고 자기파의 성공을 확보하기 위해서 어느 것에나 머리를 굽힙니다. 그래서 불경건한 맹약까지 하게 됩니다. 이러한 사람들은 이 기간 동안의 장로교도들의 행적에 있어서 하나의 오점입니다.

하나님께 감사한 것은, 이 연구회에서 가장 자주 언급되는 사람들(존 오웬과 토머스 굿윈)은 그러한 비난의 대상이 되지 않았다는 것입니다. 그들은 앞에서 언급한 교회 통치에 대해 다른 관점을 가지고 있었습니다. 즉 국가와 관련해서 보지 않았습니다. 그들은 하나님께서 신약을 통해 가르치신 바대로 하나님을 예배할 자유를 원했습니다.

그러므로 그들은 이러한 수치스러운 행실과 교활함을 의지하지 않았습니다. 우리가 그 좁은 파당 정신에 빠져 하나님의 영광과 교회의 순결 및 번영보다 자기편의 관점이 승리하는 것에 더 관심을 갖는 자세를 취하지 않게 지켜주소서!

만일 1660년부터 1662년 기간 속에서 이러한 교훈을 우리가 발견하지 못한다면, 하나님께서 우리를 도와주소서. 그렇지 못하면 우리의 일은 이미 그르친 셈입니다.

6. 이 기간을 통해 배워야 할 실제적인 교훈

제가 드릴 마지막 말씀은 이것입니다. 이것은 보다 더 실제적입니다. 이 기간을 통해 우리가 배워야 하는 또 다른 큰 교훈은, 사람들의 교활함과 간교함과 악의에 속아 덫에 걸리는 위험을 항상 경계해야 한다는 것입니다. 이 모든 일들이 1660년부터 1662년 사이에 청교도들(특히 장로교파들)에게 행해졌습니다. 로드파 사람들이 사용한 원리는 그러한 사람들이 언제나 사용하는 원리였습니다.

오늘날에도 그러한 사람들은 이 원리에 따라 행동합니다. 현재 에큐메니컬 운동을 하는 부류들 속에서 이것을 발견할 수 있습니다. 그 원리는 다음과 같습니다.

핵심적인 문제들에 대해서는 비타협적인 자세를 취하라.

그러나 그리 중요하지 않은 것들, 실제로 문제가 되지 않는 것들에 대해서는 서로 타협할 수 있도록 하라. 반대 그룹의 사람들을 친절하게 대하고 형제처럼 지내며 듣기 좋게 말을 하라.

일부 청교도들에게 뇌물을 주는 것이 로드파의 교묘한 정략의 일부였습니다. 리처드 백스터는 헤리포드의 감독직을, 캘러미(Calamy)는 리치필드의 감독직을, 레이놀즈(Reynolds)는 노리지의 감독직을, 토머스 맨턴(Thomas Manton)은 로체스터의 부감독직을, 베이츠(Bates)는 리치필드의 부감독직을, 볼스(Bowles)는 요크의 부감독직을 제안받았습니다. 이것을 수락한 사람은 레이놀즈 한 사람이었습니다. 레이놀즈는 결국 노리지의 감독이 되었습니다.

레이놀즈에 대해서는 말하고 싶지 않습니다. 그러나 다른 사람들에 대해서는 말씀드리겠습니다. 그들에게는 청교도의 행동하는 양심이 있었습니다. 그들은 꺾이지 않았으며 사람들의 미소 작전과 아첨에 '기만당하지' 않았습니다. 청교도의 행동하는 양심은 이처럼 모든 것을 꿰뚫어보고 그 너머까지 내다봅니다. 로드파는 청교도 지도자들에게 어떤 특혜를 부여함으로써 청교도들을 분열시키려는 수작들을 부렸지만 청교도의 행동하는 양심은 엄격하고 단호하게 이를 거부했습니다. 이러한 문제들에 대해서 타협하거나 그들의 양심을 팔 수 없었습니다.

그들은 차라리 광야로 나가 무섭게 따라오는 고난을 택했습니다. 이것이 바로 청교도의 행동하는 양심입니다. 면밀함, 주의 깊음, 특히 바른 관점을 가질 뿐만 아니라 결과가 어떻게 되든지 바른 견해에 따라서 행동하려는 면밀함, 이것이 바로 행동하는 청교도의 양심입니다.

그러므로 이 기간을 통해서 우리가 배워야 하는 궁극적인 교훈은 이것입니다. "육체의 병기는 여러분의 기대를 저버립니다. 여러분은 자신을 믿지 마십시오." 우리는 '주와 그 힘의 능력'을 믿어야 합니다. 우리는 '주 안에서 강하고 그 힘의 권능으로 강해져야' 합니다. "우리의 싸우는 무기는 육신에 속한 것이 아니요 오직 어떤 견고한 진도 무너뜨리는 하나님의 능력"(고후 10:4)이라는 말씀을 진실로 인식해야 합니다.

그것들이 무엇이냐, 그들이 누구냐가 문제가 아닙니다. 또한 우리가 얼마나 작은 존재인가도 문제가 아닙니다. 진리가 무엇인지 알게 되었다면 그것을 붙잡고 그것을 위해 싸우며 모든 타협을 거절해야 합니다. 그것이 우리에게 어떠한 대가를 요구한다 할지라도 말입니다. 우리는 모든 유혹, 모든 제안, 모든 아첨, 명예를 주겠다는 속임수를 모두 거절해야 합니다. 우리는 우리를 대적하여 사용되는 간계들을 간파하는 지혜를 가져야 합니다. 어떤 직책이나 명예로운 지위를 주겠다든지, 승진을 시켜주겠다든지, 우리 교단의 어떤 자리를 주겠다든지, 그 밖의 다른 어떤 것을 준다 할지라도 말입니다.

우리는 그 모든 것을 거절하되, 이 사람들이 거절한 것처럼 해야 합니다. 그래야 믿음과 교회의 순결성과 하나님과 그리스도의 영광을 위해서 싸울 수 있습니다. 그들의 입장을 분명히 알고, 어떤 대가를 치르더라도 그 입장에 입각하여 행동했던 이 사람들을 기념하게 하신 하나님께 감사합시다. 우리에게도 이들의 자취를 따라갈 수 있는 은혜를 허락하소서!

다섯 번째 강연

1963년
교회 연합과 분열에 관한 존 오웬의 관점

1. 이 주제에 관심을 갖는 이유

이미 예고한 바와 같이 이제 '교회 연합과 분열에 관한 존 오웬의 관점'을 말씀드리겠습니다. 제가 이 문제를 다루는 이유가 무엇이겠습니까? 여러 이유가 있습니다. 그중 하나는 작년 강연 제목이었던 '1640-1662년이 주는 교훈들'에 추신처럼 무언가를 좀 더 보태고 싶어서입니다.

제 마음에는 아직도 그 문제가 끝나지 않았습니다. 우리 중 어느 누구도 그 문제가 다 끝났다고 생각하는 사람은 없으리라 봅니다. 왜냐하면 제가 그 때에도 애써 이야기했던 그 문제는 오늘날 우리에게 대단히 많은 것을 말하고 있기 때문입니다. 우리는 전환기의 근본적인 문제들이 우리 앞에 다시 한 번 대두된 세대에 살고 있습니다. 제가 믿기로는, 우리와 비슷한 상황이었던 300여 년 전 사람들로부터 진정한 도움과 지침을 얻을 수 있을 것입니다.

'교회 분열'이란 말은 300년 전에 대단히 큰 논란거리가 된 말입니다. 이것은 놀라운 일이 아니며 모든 부류의 사람들이 이 말을 사용했습니다. 물론 로마 가톨릭교회도 영국 국교회를 포함한 모든 신교들에 대해서 이 말을 사용했습니다. 그 후 영국 국교회나 장로교도들도 독립교회파 사람들에게 이 말을 사용했습니다.

다른 말로 하면 어떤 집단이나 어떤 교회에서 일단의 사람들이 이탈하여 새로운 교회를 세우려 할 때, 그 사람들을 보고 이러한 말을 사용했던 것입니다. 그러므로 이 말은 제한 없이, 어떠한 분명한 정의 없이 마구 사용되었습니다. 존 오웬이 이 주제를 거론하게 된 것도 바로 그 때문입니다.

제가 이 문제에 대해서 관심을 기울이는 것도 이미 이 문제가 논란이 되었기 때문입니다. 에큐메니컬 운동이 발전하여 그들이 즐겨 말하는 '위대한 세계 교회'가 된다면, 이 거대한 조직의 일부가 되기를 거부하는 모든 사람들을 향하여 이 말이 던져질 것입니다.

그러므로 미리 우리 마음을 준비하는 것이 우리의 의무라는 생각이 듭니다. 지금의 진상이 어떠하든지 그때가 되면 우리는 틀림없이 분열주의자라는 비난을 받을 것입니다. 그러므로 우리는 이 용어에 대해서 분명히 알고 있어야 하며, 이 중차대한 시기에 우리에게 특별히 위탁된 사람들에게 가르쳐야 할 것입니다.

분열이란 매우 큰 죄악이며 매우 심각한 문제입니다. 그 누구도 분열의 죄를 지어서는 안 됩니다. 그러므로 교회 분열이 정확히 무엇을 의미하는지 분명히 이해하는 것이 매우 중요합니다. 존 오웬은 이 주제를 여러 차례 다루었습니다. 저는 이러한 문제를 다룬 오웬의 주요 논문들을 다루자고 제안하는 바입니다. 우선 〈교회 분열에 대해〉(*Of Schism*)라는 논문이 있습니다. 그리고 교회 분열을 옹호하기 위해 쓴 〈교회 분열의 진상 고찰〉(*A Review of the True Nature of Schism*)도 참고하면 좋겠습니다.

이후 오웬은 분열 문제에 대해 신랄하게 공격하는 사람들에게 답변하기 위해 〈비국교도들을 분열주의자라는 비난으로부터 옹호하기 위한 간단한 변증〉(*A Brief Vindication of the Nonconformists from the charge of Schism*)이라는 재미있는 글을 썼습니다. 이것은 당시 성바울 성당장(聖堂長)이자 훗날 우스터의 감독이 되었던 스틸링프리트(Stillingfleet) 박사의 설교에 대한 오웬의 답변서였습니다. 스틸링프리트는 빌립보서 3장 15-16절 설교에서 비국교도들이 교회 분열의 죄를 범했다고 비난했습니다. 만만치 않은 적수를 만난 오웬은 그저 자기를 욕하고 비웃기만 하던 장로교인 코드레이처럼 트집을 잡아 비난하는 대신 그 설교에 대해 이러한 멋진 논문을 썼던 것입니다.

그리고 이 외에도 『복음적인 사랑, 교회 평안과 연합에 관한 강론』(*A Discourse Concerning Evangelical Love, Church Peace and Unity*)이라는 책을 썼습니다. 또 다른 책이 있는데 그 제목은 『복음적인 교회들의 기원과 본질, 제도, 능력, 규범, 교제에 대한 탐구』(*An Inquiry into the Original, Nature, Institution, Power, Order, and Communion of Evangelical Churches*)였습니다. 또 『분열의 부당성을 논한 스틸링프리트 박사의 책에 대한 반박서』(*An Answer to Dr Stillingfleet's Book of the Unreasonableness of Separation*)가 있었고, 이 모든 것들보다도 더 위대한 책으로 『복음 또는 신약교회의 본질』(*The Nature of a Gospel or a New Testament Church*)이 있었습니다.

여러분도 알다시피 존 오웬은 교회 분열이라는 죄의 특성에 비춰볼 때 이것은 가장 심각한 비난이었으므로, 이 문제에 대해서 대단한 관심이 있었습니다. 그의 주요 목적은, 이러한 비난으로부터 자신과 독립교회파 사람들을 변호하는 것이었습니다. 이렇게 하는 과정에서 그는 부수적으로 장로교도들이 영국 국교회의 비난으로부터 벗어나도록 도움을 주었고, 다음에는 영국 국교회가 로마 가톨릭의 비난으로부터 벗어나게 하는 역할을 했습니다.

그러나 그의 동기는 이보다 더 깊은 것이었습니다. 그는 교회의 본질에 관한 진리에 관심이 있었던 것입니다. 궁극적으로 그의 가장 큰 관심은 바로 이것이었습니다. 따라서 현재에도 이것이 우리의 가장 큰 관심이 되어야 할 것입니다. 오웬 자신이 그러한 말을 해야 했음을 저는 간파했습니다. 만일 제가 존 오웬의 정신과 방법을 여러분에게 전달하는 데 성공을 거둔다면, 저는 더 이상 바랄 것이 없습니다. 자료가 매우 많아 선별하기 어려웠습니다. 그러나 저는 오웬의 교훈의 진수를 정제(精製)하여 제시하려고 애썼습니다.

2. 오웬의 접근 방법

먼저 오웬의 접근 방법을 생각해봅시다. 저는 그가 말한 어떤 특별한 것보다는 그의 방법에 더 많은 관심을 갖고 있습니다. 사실 오웬은 문제를 즉각적으로 또는 직접적으로 다룬 적이 없습니다. 그는 언제나 문제가 발생한 맥락 속에서 보았습니다.

그는 자기 앞에 주어진 어떤 문제나 비난으로 '돌진'하지 않습니다. 한 걸음 더 나아가 직접 '응분의 복수'를 하는 방법을 취하지 않습니다. 그는 이러한 논증법에는 흥미가 없었습니다. 그의 천성상 그것을 거부했습니다. 그는 어떠한 문제를 다루든지 가장 먼저 다음과 같은 질문을 던진 것 같습니다. "그러면 여기에 내포되어 있는 원리는 무엇인가? 성경의 전체 교리와 가르침에 비춰볼 때 이것은 어디에서 오는가? 먼저 그것부터 결정하자."

그래서 오웬은 자신이 분열주의자라는 비난 자체를 직접 대면하여 그것만 다루지 않았습니다. 그는 사람들이 이러한 비난을 서로 주고받으면서 헐뜯고 있는 것을 들을 수 있었습니다. 또한 각자 자기가 옳다고 생각하는 것도 보았습니다. 그러나 그들이 결코 옳지 않을 수 있음을 얼른 보아도 명백히 알 수 있습니다. 왜냐하면 그들은 서로 비난을 주고받고 있었기 때문입니다. 그러므로 거기에는 무엇인가 잘못된 것이 있었습니다.

오웬은 결론 내리기를, 그것은 그들 중 어느 사람도 "분열주의의 정의를 어떻게 결정하는가? 무엇이 우리의 권위이며 우리가 참고할 용어는 어떤 것인가?"라는 질문을 실제적으로 던진 적이 없었기 때문에 생긴 양상이라고 했습니다. 그래서 그는 성경으로 돌아가서, 어떤 큰 문제들이 거기에 있음을 발견합니다. 그러나 우리가 오웬의 특별한 방법을 검토하기 전에, 먼저 그가 그 문제를 접근하는 정신부터 살펴봅시다. 그의 정신에는 강한 파당성이나 편협한 종파성, 또는 냉랭한 학문적 신학성이 전혀 없었습니다. 그는 마음에서 우러나오는 대로 다음과 같이 썼습니다.

나는 솔직히 고백해서 한 시간을 들여 우리의 분열을 정당화하기보다는 그리스도인들 사이에 생긴 분열과 상처들을 싸매고 치료하는 데 온종일, 며칠을 보내는 편을 택하겠습니다. 심지어 어떤 면에서 그 분열이 정당한 것임을 변호할 수 있는 경우라도 말입니다. 그러나 누가 그러한 시도를 하기에 합당하겠습니까?
그리스도인들 사이의 차이들을 해결하는 것은 마치 요한계시록에 나오는 봉인된 책을 여는 것과 같은 것입니다. 하늘에서나 땅에서나 어린양 외에는 그러한 일을 하기에 합당한 사람이 한 명도 없습니다. 이 일을 하기 위해 어린양께서 큰 능력을 발하실 때 그러한 일이 성취되는 것입니다. 그 전에는 그러한 일이 있을 수 없습니다. 하지만 모든 신교도들 사이의 화해는 우리의 의무요, 매우 실제적인 문제입니다.
사람들이 하나님의 마음을 헤아려 그러한 화해가 어디서 이루어지는지를 바르게 알았다면, 이전에 그러한 화해가 어느 정도 이루어졌을 것입니다. 사람들이 자신의 의견을 다른 사람에게 설득하기 위해 노력한 만큼 인내의 원리를 개선하는 데 애썼다면, 세상에 드러난 신앙의 모습은 달랐을 것입니다.

"아멘!" 합시다.
이것이 바로 제가 여러분에게 전해드리고 싶은 것입니다. 많은 사람들은 이 사람이야말로 지나치게 학구적인 신학자라고 생각합니다. 이것은 그릇된 비방입니다. 오웬이 어떻게 해서 독립파가 되었는지를 보여주는 다음 인용문을 들어보십시오. 존 오웬은 독립파 교도로 태어난 것이 아니라 영국 국교회 교도로 태어났습니다. 그는 자기 아버지에 대해서 매우 흥미로운 것을 말합니다.

나는 일생 비국교도였던 아버지의 보살핌 아래 유년기부터 양육을 받아왔습니다. 하지만 아버지께서 독립교회파라는 말은 아닙니다. 그는 주님의 포도원에서 열심히 일하는 일꾼이었습니다. 그래서 나는 하나님께 예배하는 일에 속한 일을 아는 분명한 지식을 갖게 된 이래로 확고한 판단력을 갖게 되었는데, 사실 이것 때문에 내가 비방을 받는 것입니다.

오웬은 젊은 시절, 교회 본질에 관한 전반적인 문제에 대해 한 권의 책을 출판한 적이 있었는데, 그 책 속에서 그는 장로교회의 관점에 대해 호의적이었습니다. 그러므로 그가 이 분열에 대한 논문을 출판했을 때 노샘프턴 출신의 장로교도 코드레이는 그를 격렬하게 공격하면서, 오웬은 이전의 책에서 말한 것과 전적으로 상충되는 이야기를 하고 있다고 말했습니다.

오웬은 이 비난으로 매우 상심하게 되었습니다. 그러나 그는 복수심으로 답하지 않고, 코드레이에게 대답하는 과정에서 자신이 독립파 교도가 된 경위를 우리에게 말해주는 수고를 했습니다. 이것을 살펴보면 우리는 이 사람의 위대성을 알게 될 것입니다.

그가 거듭 지적하듯이 교회 분열 문제에서 가장 중요한 건 사람들이 각자 자신이 소속되어 있는 입장을 옹호한다는 점입니다. 사람들은 마음의 문을 걸어 잠근 채, 가르침을 듣고 받아들여 변화할 준비를 하지 않습니다. 그러나 오웬은 자기의 의견을 바꾸어 이 입장에서 저 입장으로 옮겨갈 만큼 뛰어난 인물이었습니다. 이렇게 될 수 있었던 경위를 그는 이렇게 기술합니다.

진정 나는 이 나라에서 뜨겁게 불붙던 논쟁에 대해 심사숙고했습니다. 나는 회중주의적인 방법에 대해서 어느 사람이나 어느 목사나 어느 누구와도 친숙하게 말해본 적이 없습니다. 또한 나는 삶에서 한 가지 입장 이상을 안 적이 없었습니다. 나는 오로지 장로교 방법을 선호하는 사역자들, 사람들과만 친했습니다. 그러나 양편에서 잡다한 책들이 출판되었기 때문에, 나는 그것들을 하나님께로부터 능력을 받은 대로 성경과 비교하고 서로 대조해보았습니다.

얼마나 훌륭한 방법입니까! 여러분은 주제를 폭넓게 읽고 성경과 비교해봐야 합니다. 오웬은 계속해서 이렇게 말합니다.

"나는 다른 논쟁들에서도 늘 그러하듯이, 그것들에 대한 일반적인 관점을 따라, 특별히 고려되고 검토되고 있는 것들 중 나의 현재 확신과 상반되는 것으로 여겨지는 것 하나에 집중했습니다."

그는 수많은 책들 가운데서 가장 좋은 책이라고 여겨지는 것 하나를 골라 그것이 자신에게 말하는 바를 살펴보았습니다. 코튼(Cotton)이 쓴 『열쇠들』(*the Keys*)이라는 책이 바로 그것이었다고 그는 말합니다. 이 책은 영국 국교회 성직자였고 경건한 사람이었던 저 유명한 존 코튼에 대한 참고서였습니다. 코튼은 여러 해 동안 링컨셔의 보스턴 교구 목사로 있다가 (제가 올바로 기억하고 있는지 모르지만) 1634년경에 매사추세츠의 보스턴으로 갔습니다. 그는 영국에서 생각하고 묵상하며 읽은 결과로 (그리고 뉴잉글랜드에 도착한 훨씬 후에도 여전히) 확고한 독립파 사람이 되었습니다. 그래서 그는 『열쇠들』이라는 책을 썼던 것입니다. 존 오웬은 이 책을 읽고 받은 영향을 이렇게 묘사하고 있습니다.

나는 할 수 있는 한 진지하고 부지런하게 그 문제를 검토하고 논박했습니다. 나는 그 주제에 대해 강론하고 그 책을 비평하면서 내가 얻은 진보를 어느 누구에게나 명백히 나타낼 수 있습니다. 물론 나는 그 책을 지지합니다. 이러한 일을 추구하고 시행하면서 내 기대와는 아주 벗어나고 대조되는 것이 있었습니다. 어떤 때에는 이 세상에서 파멸 외에는 아무것도 기대할 수 없었습니다. 그러한 판단에 대해 아는 사람도, 충고하거나 상의해줄 사람도 없어서 나 자신이 반대한다고 생각했던 그 원리들을 받아들일 수밖에 없었습니다. 말씀을 통해서 이 모든 것을 편견 없이 검토해보는 이 방법, 즉 원인과 원인, 사물과 사물을 비교하고 사람들이나 현재의 상황에 대해 가진 모든 편견을 제거하는 이러한 방법은 독립파 사람이 되는 위험을 피하려고 조심하는 모든 사람들에게 권하고 싶은 과정입니다.

이 말이 무엇을 의미하는지 충분히 인식했으리라고 믿습니다. 만일 여러분이 이 주제를 매우 정직하게 접근하고 모든 교훈들을 성경과 비교 대조해보며 특히 '어떤 사람들이나 현재의 전통에 대한 모든 편견을 제거한다면' 독립파 교도가 되는 것을 피하기가 매우 어렵다는 걸 알게 될 것이라고 오웬은 말합니다.

그러나 그는 문제에 답하기 위해서 책을 먼저 읽기 시작했고 정직하게 그것을 성경과 대조했습니다. 이것이 문제에 대한 그의 접근 방법이었습니다. 그 결과 그는 설득을 당했고 확고한 독립파 사람이 되었습니다.

이것은 우리가 이 사람으로부터 배울 수 있는 위대한 교훈들 가운데 하나임에 틀림없습니다. 우리의 생각이 어떠하든, 우리의 견해차가 어떤 것이든 우리 모두는 이 정신과 이 방법에 동의해야만 합니다. 우리가 겪고 있는 차이들의 대부분은 이러한 동의를 하지 못한 데서 비롯되었다고 봅니다. 여러분이 가장 먼저 해야 할 일은 모든 것을 성경이라는 가늠대 위에 가져다놓는 일입니다. 여기서 오웬은 올해의 이 연구 모임에서 이미 여러 차례 상기한 바 있는 성경에 관한 규칙을 설정해놓고 있습니다.

그는 "우리의 원칙인 성경에 의해, 우리는 성경의 특정한 말들과 이 말들로부터 정당하고 합당하게 추론되는 것들을 모두 이해합니다"라고 말합니다. 다시 말하면, 어떤 의미에서 모든 문제는 이렇게 사람들의 고정된 입장과 자신의 현재 모습에서 출발했다가 그것과 다른 것은 모두 분열주의라고 여기며 자신에게 동의하지 않는 사람들에게 그러한 비난을 하는 데서 생긴다고 말할 수 있습니다. 오웬은 이렇게 하기보다 근원과 처음으로 돌아가야 한다고 말합니다. 성경 자체로부터 출발해야 합니다. 이것이 바로 우리가 성경에서 배우는 원칙입니다. 우리가 이렇게 성경으로 나아가면 무엇을 발견하게 됩니까? '분열'(분파주의)이라는 말의 의미를 어떻게 정의합니까? 그는 이렇게 설명합니다.

분열은 그것은 바로 제정된 하나님의 예배, 즉 순전한 계시에 속하는 예배를 무질서하게 만드는 것입니다. 간절히 바라기는 우리가 온전히 성경에서 발견한 것과 성경에서 말하는 것대로 살았으면 합니다. 오직 예배를 무질서하게 만드는 것만이 성경에서 말하는 분열주의요, 분열주의의 모든 속성을 가진 것으로 평가되어야 합니다. 성경이 그렇게 부르지 않거나 거기에 따르는 속성을 갖고 있지 않은 것은 다른 죄일지는 모르지만 분열주의는 아닙니다.

이렇게 하여 결론에 도달한 것이 분열주의에 대한 오웬의 정의입니다.
그는 고린도전서에서 이 문제가 제대로 다뤄졌다고 말합니다. 그의 설명 방식에 주목하는 것은 흥미롭습니다. 그는 고린도전서가 그랬듯이 문제 전체에 대한 훌륭한 조감도를 제시합니다. 그러면서 이와 동일한 문제를 다룬 문서로서, 초대교회 시대로부터 전해져온 편지, 즉 클레멘트(Clement)가 로마에서 고린도교회에 보낸 편지를 언급합니다. 오웬의 말을 계속 들어봅시다.

그러나 여기에서 사도가 기술하고 책망하는 분열주의는 특정 교회 지체들 사이에서 서로에게 요구되는 사랑, 근신, 관용의 실천과는 반대로 그들 사이에서 까닭 없이 일어나는 차이와 다툼을 의미합니다.

여기에 중대한 정의가 내포되어 있습니다. 그가 말하는 요지는 신약성경에서 묘사되는 유일한 분열주의는 교회 안의 이유 없는 분열이라는 것입니다. 고린도교회에서 분열에 책임이 있던 사람들은 고린도교회를 떠나지는 않았습니다. 분열에 대한 신약의 정의는 어느 한 교회라는 지체 안에서 나타나는 '이유 없는 분쟁'을 말합니다. 이것을 전제한 후, 그는 분열이 무엇을 뜻하는지 여러 방면에서 지적해나갑니다. 그러면 그의 말을 들어봅시다.

분열(분리주의)이란 (마땅히) 함께 모여서 하나님을 예배하고 여러 가지 예식을 거행해야 할 교회의 지체들이, 예수 그리스도께서 지정하신 질서를 무너뜨리고 또 그들에게 요구되는 지혜와 상호간 관용을 베풀어야 할 사랑의 실천을 거스르며 이유 없이 분열하는 것입니다. 그러므로 그 잘못이 어디에 있는지, 어떤 이유에서 그것이 심화되는지 쉽게 알 수 있을 것입니다.

그는 또한 분열주의가 다음과 같은 것을 뜻한다고 말합니다.

분열이란 예수 그리스도의 권위를 멸시하는 것이며, 예수 그리스도의 지혜를 거스르는 것입니다. 그리스도께서는 그 지혜로 교회 내의 모든 것을 정하셔서 분열과 분쟁이 야기되지 않도록 하셨는데도 말입니다. … 또한 분열이란 그리스도의 은혜와 선하심을 무시하고 범하는 것입니다. 그러므로 분열이란 '연합의 파괴'라는 보편적인 전제라고 합시다. 내가 말하는 연합이란 예수 그리스도께서 지정하신 연합을 전제로 합니다.

그는 거듭해서 '분열은 주 예수 그리스도께서 정하신 연합을 깨뜨리는 것'임을 지적합니다.

복음에 합당하게 하나님께 예배드리는 일을 언급할 때 어떤 유의 연합을 생각하든지 그것은 예수 그리스도께서 제정하고 지시하신 것이어야 합니다. 이를 파괴하는 것은 분열입니다. 교회를 버리고 떠나는 것을 다 분열로 몰아세우지 말아야 합니다. 다만 그리스도께서 제정하신 연합의 끈을 깨뜨리는 그러한 분열만을 분열주의라고 해야 합니다. 이 연합은 교회 안에서 제정된 것이므로 그 말씀을 받아들이는 형태에 따라 구분됩니다. 연합의 본질과 연합의 반대 개념을 밝히기 위해 다음 세 가지를 생각해보고자 합니다.

1) 이 연합이 유지되고 있는 교회에 대한 몇 가지 고찰
2) 그리스도의 뜻을 좇아 교회를 지키고 유지해가는 연합의 정의와 요소
3) 연합이 깨지는 경위와 이로 인한 죄

분열이라는 주제에 대한 오웬의 접근 방식을 통해 여러분은 즉시 교회의 본질이라는 위대한 교리에 이르게 될 것입니다. 교회가 무엇인지를 이해해야만 여러분은 분열이 무엇인지 파악할 수 있습니다. 로마 가톨릭은 청교도들을 가리켜 "모두 분열주의자들이다"라고 합니다. 왜 이렇게 말하겠습니까? "그들은 우리를 떠났기 때문이다"는 것입니다. 그렇다면 이번에는 우리가 그들에게 "당신들은 무엇인가?"라고 물어야 할 것입니다. "당신들은 무엇인가? 당신들은 교회인가?" 이 질문을 반드시 던져야 합니다.

교회의 본질에 대한 교리가 명확하지 않다면 분열을 논할 수 없습니다. 물론 오웬은 독립파 사람답게 교회에 대한 정의를 제시하고 있습니다. 이것과 관련하여 그는 현 시점에서 우리가 꼭 기억해야 할 매우 흥미로운 말을 합니다.

"어느 누구도 여기에서 실수를 범해서는 안 됩니다. 신자들이 교회를 위해서 만들어진 것이 아니라 교회가 신자들을 위해서 지정된 것입니다."

이 말은 주님이 안식일에 대해 하셨던 말씀을 생각나게 하지 않습니까?

제가 볼 때 많은 사람들은 신자들이 교회를 위해 만들어진 것이라 생각하는 듯합니다. 그렇지 않습니다. 교회가 신자들을 위해서 존재하는 것입니다.

덕을 세우고, 신자들이 신앙고백에 부합한 삶을 살도록 인도하고, 여러 모임을 통해 하나님 마음에 합당한 예배를 드리도록 하는 것, 이것이 바로 교회의 목적이요 역할입니다. 이러한 것이 없는 교회는 아무런 의미도 없습니다. 그리스도께서 교회를 설립하신 목적은, 제자들을 교회의 틀 속에 끼워 맞춰 교회의 세력과 이해관계와 교회의 이익과 교회의 위엄의 부속적인 존재가 되게 함으로써 어느 경우에라도 교회가 그들을 지배하게 하기 위함이 아닙니다. 오히려 그러한 직무를 신자들에게 부여하는 방법과 질서를 세우심으로써, 모든 일에 있어서 유용하며 신자들이 덕을 데우는 데 교회가 기여할 수 있도록 하셨습니다. 이것은 에베소서 4장 11-16절에 명백히 확언되어 있습니다.

교회가 우리를 위해서 만들어진 것이지 우리가 교회를 위해서 만들어진 것이 아닙니다. 이제 오웬은 하나의 큰 전제를 설정해놓습니다. 다시 말해 그는 주 예수 그리스도에 의해서 세워진 교회가 진정한 교회라는 요지를 다음과 같이 이야기합니다.

실로 어떤 사람들은 교회 내에 있는 직분자들의 종속을 주장하여 그것을 기초로 하나의 연합을 구상하는 경향이 있습니다. 보통 사역자들이 주교관구(主敎管區)의 감독들에게 종속되어야 하듯이, 그 감독들은 대주교나 런던의 대교구 감독에게 종속되어야 하며, 다시 그들은 총대주교에게 종속되어야 하듯이 말입니다. 어떤 사람들은 이러한 종속 관계의 줄을 끊어버리기도 합니다. 비록 형평상 교황이 필요함에도 말입니다. 종속 관계를 주장하는 논증이 이러한 문제에 봉착하기 전에는 끝나지 않을 것입니다.

오웬에 따르면 이러한 논증의 논리적 끝은 교황 문제로 나아갑니다.

그러나 이러한 호소를 받아들이기에 앞서 이 모든 직분자들은 예수 그리스도에 의해 임명되었는지를 입증해야 합니다. 이것이 아니면 그리스도의 뜻만 따르고 그 뜻 안에서 선악을 판단하는 우리와는 아무 관련도 없을 것입니다. 예수 그리스도께 복종해야 하는 모든 자들의 양심과 같은 증거를 가지고 이러한 일을 하는 것은 매우 어려운 일인 것 같습니다.

그리고 이 문제를 단번에 확정짓기 위해서는 시 당국자들이나 통치자들의 판단에 의해서 결정되어야 한다는 나태한 확신을 갖고 있는 사람들을 나는 염두에 두고 있지 않습니다. 그러므로 나는 그러한 생각을 가진 그들의 모든 규정에 대해 불복종하는 것이 정당함을 입증하고 이러한 일을 하는 것이 분열이 아님을 증명하려고 합니다.

또한 나는 옛 시대에 대회나 공의회에 모였던 사람들이 정해 놓은 규례나 약속에 관심이 없습니다. 그 당시 그들의 결정이 아무리 큰 세력이었다 할지라도 우리와 아무 상관이 없습니다. 그것은 우리에게 강제 혹은 최고의 주권적 권위를 전혀 행사할 수 없으며 그 결정에는 우리의 양심의 동의가 없음을 알기 때문입니다. 오히려 나는 지금 순수한 제도에 관계된 일을 추구하고 있습니다. 우리는 이미 설정된 어떤 원리보다도 다른 원리들로 나아가야 합니다.

오웬이 주장하는 요지는 주 예수 그리스도께서 친히 제정하신 것에만 관심을 가져야 한다는 것입니다. 이와 관련하여 우리는 잠시 공의회들에 관해서 그가 말한 것을 살펴봐야 합니다. 왜냐하면 그 회의들은 이 논쟁에 자주 나타나기 때문입니다. 오웬은 주 예수 그리스도께서 친히 제정하신 것이므로 우리가 입증할 수 있는 것 외에는 전혀 관심을 기울이지 말아야 한다고 말합니다. 그러나 이렇게 되면 공의회의 권위는 어떻게 되는가 하는 문제가 대두됩니다. 오웬은 이것을 이렇게 말합니다.

영국 국교회는 소위 로마 가톨릭교회에서 분리해나왔다고 합니다(그 교회에 속한 사람들이 그렇게 했다는 뜻임). 영국 국교도 사람들은 분열을 꾀했다는 비난에서 벗어나기 위해 로마 가톨릭교회의 오류와 부패를 부각하고 특히 폭군들에 의해 그러한 것이 강요되었음을 크게 상기시켰습니다. 동시에 오직 신앙과 하나님께 드리는 예배를 그 타락한 곳에서 이끌어내어 본래의 순결성을 되찾으려는 것이 그들의 의도라고 말했습니다.

우리 모두도 영국 국교회와 다른 모든 개혁교회들을 이러한 호소로 정당화합니다. 영국 국교회는 신앙을 그 본래의 순결성으로 환원하려는 의도 가운데 성경에서는 물론 초대교회로부터 4–5세기까지의 여러 공의회들과 실례들에서도 그 진로를 찾았다고 공언했습니다. 그리하여 영국 국교회는 자신의 개혁을 거기에 맞추려고 애를 썼습니다.

그렇다면 국가 교회를 제정한 영국 국교회 내에는 부패가 없었습니까? 사실 저는 오류 가능성이 있고 또 실제로 오류를 범한 사람들로 구성된 4–5세기 공의회들의 주장을, 그 후 9–10세기에 주장된 것보다 제 양심으로 더 동의합니다. 저라고 오직 성경에만 근거한 개혁을 요청할 자유가 없나요? 제 양심은 적어도 어떤 것에도 영향 받지 않는다고 주장할 자유가 있습니다. 요컨대 영국 국교회로부터의 분리 작업은 순전히 정치적 상황을 고려하여 생겨난 일이고 그것과 뒤얽혀 영향을 받은 결과이지, 별개의 일은 아니었습니다.

이것이 바로 공의회에 대한 오웬의 태도입니다. 그러나 그는 이것에 대해 더 무시무시한 말을 하고 있습니다. 우리는 앞으로도 이러한 일에 대해 대단히 많은 것을 들을 것이므로 그가 말한 것에 주의를 기울여야 할 것입니다.

그러나 이 보편적이고 가시적인 교회를 연합하는 띠라는 가장 그럴 듯한 구실로 공의회가 옹호되었습니다. 이 점을 생각하는 데 있어서 나는 이러한 공회들의 발생, 바른 사용, 권위, 필요성 등을 다루는 데 치우치지 않겠습니다. 즉 전통과 이름에 매이지 않는 사람들에게 때가 되면 만족스럽게 제시될 수 있는 모든 것에 대해서는 다루지 않겠습니다. 또한 그러한 모임에서 하나님의 일이 다루어진 방법에 대해서도 언급하지 않겠습니다. 그 대부분은 기독교의 오점과 병폐였기 때문입니다.

또한 사도시대 이후에 있었던 그 공회들의 다툼과 그로 인한 손실에 대해서도 말하지 않겠습니다. 그리고 그 회의의 공통 이슈들을 숙고하기 위해, 당시 그들이 자신들의 교제를 마땅히 여기며 보존하려 애썼다거나 여러 교회의 대표들이 모여 회의를 열었던 게 유용했는지 등도 언급하지 않겠습니다. 다만 현재의 경우에 대해서만 제안하겠습니다.

시인되고 있는 바와 같이 순전히 예외적이고 임시적인 이러한 공의회들은 보편적인 교회에 대한 항존적인 연합의 띠가 될 수 없습니다. 만일 공의회들 자체와 그 모습 면에서는 그렇지 않을지라도 권위와 법과 규정들에 대해서는 그럴 수 있다고 말한다면, 나는 다음과 같이 말할 수밖에 없습니다. 세상에 있는 그리스도인들의 모든 공동체를 위해서, 이 땅에 있어왔고 또 있을 수 있는 그리스도인들의 모든 공동체와 공의회가 법을 제정할 권리를 가졌는지에 대해 의문을 가져야 한다고 말입니다. 이러한 명예를 가진 체 하던 그 회의들의 타이틀에 대해서는 끊임없는 논박이 일어나고 있습니다. 인정을 받을 만한 회의든 배격당해야 했던 회의든 간에 그 타이틀 문제로 논쟁이 매우 끊임없이 진행되고 있습니다.

그리고 그것들을 판단하는 법칙도 너무 어둡고 유동적이며 불확실할 뿐만 아니라 모든 방면에서 다투는 사람들의 이해관계와 연결되어 있습니다. 그리고 '사실상' 그러한 타이틀과 명칭 아래서 열리던 그 회의의 법들도 너무 수가 많고 난삽하며 불확실하고 시시하고 대부분 서로 크게 상충됩니다.

그렇기 때문에 신중하게 생각해본 사람은 그러한 역설을 신뢰할 리 없다고 나는 생각합니다. 어떤 사람이 그러한 역설을 믿을 수 있다고 말한다면, 몇백 년 동안 그러한 회의들에서 주장되던 복음 교리에 대한 내 나름의 감상을 담대히 선언해야겠습니다. 그 다음에 사도들이 잠든 이후 어느 공의회든지, 그리스도의 마음에 합당하게 회의다운 권위를 갖춘 채 잘 소집되고 운영된 공의회가 있었는지 한 번 입증해보라고 해야겠습니다.

그는 이러한 공의회들의 전체 권위에 도전하고 있습니다. 그러나 그는 몸에 밴 정직과 지식인다운 솔직함과 넓은 마음으로 다음과 같은 점을 인정합니다.

경건하고 학식 있는 사람들과 교회의 감독들이 함께 모여 문제된 교리에 관해서 참된 신앙고백을 하고, 그 교리에 위배되는 오류들을 배격한다고 선언한 것이 복음 진리에 유익했다는 데는 의심할 여지가 없습니다. 그러나 어떤 사람들이 그리스도께로부터 권위를 부여받아 회의를 소집하고, 그 회의에 새로운 권위, 능력, 사법권을 부여하며, 교회적으로 어느 개인이나 교회에 구속력을 갖는 법과 규준을 만들게 하는 것은, 내가 보기에 아직 확실한 증거가 없는 것 같습니다.

결국 나는 이것을 반드시 말해야 함을 알았으므로, 이러한 것들에 대해 알고 진실하게 양심을 하나님께 돌리는 선한 사람들의 생각에 굴복하여 이 일을 하겠습니다. 그리스도께서 승천할 때 부어주신 것보다 그러한 신앙고백에 나타난 기독교 신앙의 서글픈 퇴조를 더 명백히 증거하는 것이 필요한지 나는 모르겠습니다. 또한 그것보다도 다른 영들의 효력을 더 명백히 간파해내는 것이 무엇을 뜻하는지 모르겠습니다. 그리고 세상에 있었던 공회와 대회들의 행동 및 규범처럼 마땅히 소각되어버릴 지푸라기와 덤불들을 더 많이 갖는 것이 무슨 의미가 있는지 나는 모르겠습니다.

그는 계속해서 이들 공의회들을 비난합니다. 특히 교회 생활과 관련 있는 직임과 예배 형식 문제에 대한 여러 가지 부가 조항들을 입법할 권위와 권세가 있다는 주장을 특히 비난합니다. 오웬은 이러한 모든 주장들을 거부한 후 다음과 같은 적극적인 진술을 했습니다.

나는 이제 교회를 마지막으로 생각해보겠습니다. 신약에서 보편적으로 인식하는 교회는 어떤 교회인지 알아보겠습니다. 다시 말하면 특별하게 제정된 교회에 대해서 생각해보자는 말입니다. 이러한 의미에서 나는 교회란 말씀에 의해서 그리스도께 대한 믿음에 순종하도록 부르심을 받은 사람들의 모임이며, 그리스도께서 정하신 질서를 따라 동일한 각각의 규례 안에서 함께 하나님께 예배드리는 것이라고 생각합니다. 교회에 대한 이러한 일반적인 설명은 현재 우리가 탐구하는 주제를 분명히 할 만큼 교회의 본질을 밝혀줍니다.

그러나 그는 공의회가 이러한 문제에 있어서 권위를 갖고 있는 것이 아니라고 주장할 뿐만 아니라 그 이상의 것을 말합니다.

우리는 사도들이 그들 당시의 교회나 미래의 교회를 위해 그러한 규칙을 만들거나 제시했다는 것을 부정합니다. 즉 그들은 하나님께서 제정하신 것을 넘어서 지켜야 할 의식과 일정한 절기와 금식 등 예배의 외적 형식, 또는 성찬식이나 기도 형식, 또는 법정에서 실행되어야 할 규례나 국가적인 교회 정치에 복종할 것 등을 지정하거나 결정하지 않았습니다. 지금 우리는 그러한 것들이 무슨 소용이 있으며 교회에 무슨 유익이 있는지, 그리고 그 상위의 치리자들의 권위는 무엇인지를 묻거나 확인하는 것이 아닙니다. 다만 사도들은 이러한 목적을 가진 규칙을 제정한 적이 없다는 것을 말할 따름입니다. 그 이유는 이렇습니다.

첫째, 성경에는 사도들이 그러한 어떤 원칙을 정해주었다는 암시가 전혀 없습니다.

둘째, 사도시대 직후의 초대교회들은 사도들에게서 그러한 규칙을 전혀 받지 않았습니다. 그러므로 그들이 예배나 규례나 원칙이나 권징 등 어떤 일에서 복음의 단순성을 벗어나기 시작한 이후로 외적인 식양들과 원칙들과 의식들이 교회마다 크게 다르게 되었습니다.

그러나 모든 사람들은 평안의 매는 줄로 믿음의 연합을 지켰습니다. 만일 사도들이 누구나 다 지켜야 하는 그러한 일들에 대해 어느 한 규칙이라도 제정했다면, 이런 일은 이루어지지 않았을 것입니다. 특히 사도들이 행하거나 말했다고 전해지는 모든 일을 (이렇게 전해지는 것이 진실이든 거짓이든) 사도들이 얼마나 신중하게 지켰는가를 생각하면 더욱 그렇습니다.

이어서 그가 제시하는 이유는 오늘날 매우 흥미로운데, 그것은 부활절 문제를 해결하는 제안 때문입니다.

셋째, 특히 이러한 성질의 일, 즉 그리스도의 권위에 의해 정해진 적이 전혀 없는 외적 질서에 관한 일, 예를 들어 부활절을 지키는 일에 있어서 그들 사이에 차이가 생겼을 때는 이쪽 편에서는 베드로의 관행을, 다른 편에서는 요한의 관행을 따랐습니다(물론 양자 모두 아무 의미가 없습니다).

그러나 어느 편에서도 사도들이 자기들이 행하는 것에 대해 어떤 규칙을 정해놓았다고 주장하지 않았습니다. 따라서 그들이 이와 같은 성격의 일을 함에 있어서 이것을 저것보다 중시했다는 것을 볼 때 그들이 반드시 그 일을 동일하게 해야 한다고 여겼을 리가 없습니다.

넷째, 그들 가운데 있는 정당하고 충분한 증거를 보면 사도들이 외적인 의식과 예식, 때 등등의 일에 대해서 어떠한 법이나 원칙을 마련했다는 것은 분명히 부정됩니다.

여기에 우리가 명심해야 할 중요한 것이 있습니다. 그러나 빨리 진행해야 하겠기에 흥미로운 많은 자료들을 뒤로하고 연합의 본질에 대한 오웬의 말을 인용하겠습니다. 그는 교회를 그리스도께서 분명하게 세우신 교회의 차원에서 정의하고 있습니다. 다시 말하면 그리스도께서 지시하신 목적과 목표를 위해서 함께 모이는 교회를 생각하고 있습니다. 이제 그는 이러한 교회들 안에 존재해야 하는 연합의 본질과 이 연합이 유지되는 방법을 다룹니다.

그가 강조하는 요점은, 교회의 연합은 언제나 영적인 연합이며 성령 안에서의 연합이라는 것입니다. 이러한 목적으로 그는 에베소서 4장에 있는 잘 알려진 본문을 인용합니다. 그는 이 말씀을 상세하게 해석해나가면서 이것이 바로 주도적인 원리가 됨을 보여줍니다. 그가 제시하는 요지들을 보겠습니다.

첫째, 복음 안에서 우리에게 제시되고 있는 연합은 영적인 연합입니다.
둘째, 복음을 기초로 한 신자 간의 이러한 연합은 영적인 연합에 합당한 진보를 위해 믿음의 연합을 요구합니다(교회는 영적인 연합이요, 믿음의 연합이라는 말입니다). 또는 같은 신적 진리를 믿고 고백하는 일이 요청됩니다. 왜냐하면 주(主)가 하나이듯이 믿음도 하나요, 신자들에게 베풀어지는 세례도 하나이기 때문입니다.
셋째, 사랑의 연합이 있어야 합니다.
넷째, 주님인 그리스도께서는 그의 왕적 권위를 가지고 예배를 위한 규례들과 원칙들을 세워놓으셨습니다. 그리스도의 모든 교회는 마태복음 28장 19-20절, 에베소서 4장 8-13절을 지켜야 합니다.

이것이 바로 연합의 본질입니다. 그렇다면 이 연합을 유지할 수 있는 방법은 무엇입니까? 여기서 그는 몇 가지 방법을 탁월하게 제시합니다.

이러한 연합이 유지되기 위해서는 첫째로, 복음의 모든 장엄하고 필수적인 진리들을 믿되 내적으로만이 아니라 외적으로도, 즉 눈에 보이도록 고백할 것이 요청됩니다. 이 진리를 아는 지식이 없이는 예수 그리스도를 통해서 구원받을 사람이 없습니다.

물론 이 복음의 진리를 듣고 부르심을 받는 방법에 있어서는 다양성이 인정됩니다. 복음의 진리에 대한 동의 없이는 연합이 있을 수 없습니다. 이것은 영적인 연합입니다. 그러나 이것은 또한 믿음의 연합이기도 합니다. 만일 믿음이 서로 일치하지 않는다면 연합이란 있을 수 없습니다. 그러므로 복음적인 사람과 복음적인 믿음의 핵심들을 부인하는 사람 사이에 연합이란 있을 수 없습니다.

둘째로, 내적 원리, 즉 반드시 고백되어야 할 진리에 대한 믿음에 있어서 서로 모순되는 것이 있어서는 안 됩니다. 공개적이고 노골적인 불일치뿐 아니라 속에 숨어 있는 불일치가 있어서도 안 됩니다.

셋째로, 위에서 언급된 바와 같이 구원받기 위해서 반드시 고백되어야 할 진리를 전복하거나 거짓된 교리를 신앙고백에 덧붙여서는 안 됩니다. 사도는 이 원리를 갈라디아서 5장 3-4절에서 주장하고 입증합니다. 사도는 갈라디아 사람들이 복음을 믿는다고 고백함에도 불구하고 그들이 미혹을 받아, 의롭다 함을 얻기 위해서는 할례를 받아야 한다느니, 율법을 지켜야 한다느니 하고 주장하면 그리스도도, 그리스도를 고백하는 일도 아무런 유익이 없다고 말합니다.

오웬은 이러한 식으로 연합의 본질과 이 연합이 유지되는 방법에 대한 중추적인 원리들을 제시합니다. 그런 다음 그는 이 연합이 깨어질 수 있는지에 대한 문제를 다루어나갑니다. 여기서 그는 매우 놀라운 방법으로 어떠한 주저함도 없이 단호하게 분열의 죄를 지은 첫째 교회는 로마 가톨릭교회라고 증명합니다. 로마 가톨릭교회는 신약에 명시되고 암시된 기본적 가르침, 즉 성례와 기타 다른 문제들에 대한 가르침에 다른 것을 더하고, 바꾸고, 상충되게 함으로써 지상에 존재한 어느 교회보다 더 교회 분열의 죄를 지어왔습니다. 오웬은 연합의 유지 문제에 대해서 매우 놀라운 것을 몇 가지 말하고 있습니다. 그가 말했던 것을 소개합니다.

세상에 있는 사람은 제아무리 명석하다 해도 부분적으로만 알기 때문에 우리는 교회의 모든 지체들이 오류와 실수와 실패의 가능성이 있음을 시인합니다. 따라서 영원한 구원에 절대적으로 필요한 모든 일에 있어서 모든 사람들이 동일한 성령의 인도를 따라 움직이고 이끌린다 해도, 또한 동일한 말씀의 원칙에 복종하여 동일한 신적인 믿음과 사랑을 갖고 동일하게 머리 되신 주께 연합한다 해도, 성경에 나타난 것에 대해 그들이 생각하고 확신하는 것을 고백하는 일에는 언제나 많은 차이가 있고 또 이제까지도 그래왔습니다.

이러한 것은 도덕적으로도 그럴 수밖에 없습니다. 그들이 판단하고 고백하는 것이 그들 자신의 지적 능력과 자유의지, 빛과 진리를 추구하는 매우 다양한 방법들 그리고 거룩하고 지혜로운 하나님의 섭리, 그들이 처한 환경 등에 의해 좌우되기 때문입니다. 주 그리스도께서도 이러한 차이가 없을 것이라고 약속하지 않으셨습니다. 주께서는 영원한 구원의 기초로 성령에 의한 모든 사람의 구원을 확약하셨을 뿐, 나머지 모든 것들은 우리 상호간의 사랑과 관용의 실천에 맡기셨습니다.

물론 이와 더불어 주께서는 기꺼이 주시는 지원과 도움을 활용하여 완전한 연합으로 장성하려는 지속적인 노력을 할 것을 의무로 명하셨습니다. 그러므로 자기 자신의 빛과 의무로 그렇게 하도록 인도하기보다 강제력을 사용하여 어떤 다른 연합이나 일치에 이르게 하는 사람들은, 그들을 향한 주 그리스도의 모든 계획과 그들에 대한 그리스도의 지배권을 거스르는 일을 하는 것입니다. 그래서 결과적으로 그들은 그들 마음속에 있는 어둠의 잔재와 육신의 약함을 통하여 분열과 분리와 상호 비방에 빠지게 됩니다.

이 점은 매우 중요합니다. 이것은 바로 이 웨스트민스터 청교도 연구회에 참석한 우리 사이에도 차이가 있음을 설명해줍니다. 이것은 아주 완벽한 설명입니다. 오웬은 우리 주님께서는 그것을 미리 아시고 일어날 일에 대한 조치를 해놓으셨다고 말합니다.

그래서 결과적으로 그들은 그들 마음속에 있는 어둠의 잔재와 육신의 약함을 통하여 분열과 분리와 상호 비방에 빠지게 됩니다(롬 14:3). 이러한 경우 상호 판단과 멸시가 이어질 가능성이 높으며, 이것은 그들이 고백하는 공통된 믿음에 편견과 큰 불이익을 초래합니다.
그러나 이 모든 것에도 불구하고(우리의 본성이 이렇게 서로 뒤엉켜 상반되는데도), 그들은 서로 다른 것들보다도 서로 일치하는 것을 진심으로 소중히 여기고 존중했습니다(우리가 이렇게 말할 수 있음을 감사드립시다). 연합과 일치 문제에 대한 그들의 평가는 순전히 영적이었습니다. 반면에 그들의 차이는 대부분 육신적이고 세속적인 생각에서 생깁니다. 하지만 이러한 생각은 대개 이 가련한 인간의 마음에 분명한 영향을 줍니다.

각자 자신을 점검해봅시다. 오웬의 말을 다시 한번 주목해봅시다.

연합과 일치 문제에 대한 그들의 평가는 순전히 영적이었습니다. 반면에 그들의 차이는 대부분 육신적이고 세속적인 생각에서 생깁니다. 우리는 어떠한 교회에서 태어났습니까? 어떠한 교회에서 양육받았습니까? 만일 내가 변화를 시도한다면 무슨 일이 생깁니까? … 육신적이고 세속적인 생각은 대개 이 가련한 인간의 마음에 분명한 영향을 줍니다.

우리 모두에게는 잘못이 있습니다! 이것은 오웬뿐 아니라 저도 동의하는 바입니다. 그는 계속해서 이렇게 말합니다.

그들의 차이와 분열은 불가피한 것이지만 거기서 더 많은 악이 나오지 않도록 하는 처방은 성경에 명백하게 자주 표현되어 있습니다. 그것은 바로 사랑과 온유와 인내 등 우리가 그리스도에게서 본받게 되는 성령의 은혜와 '믿음의 연합'에 대한 진정한 이해, 합당한 평가 그리고 신자들의 공통된 소망입니다.
죄악을 방지하기 위해 늘 우리에게 명령되고 있는 것으로, 이것이 없으면 차이가 생길 수밖에 없습니다. 부당한 판단과 비난, 거부, 악한 예측 등을 피하면서 평화롭게 연합과 동의에 도달하는 이 탁월한 복음의 방법은 성경에 분명하고도 완벽하게 제시되어 있습니다.
그러므로 그들은 선입견과 육적인 이해관계 때문에 눈이 먼 것이 틀림없습니다. 아니면 이 세상 신이 효과적으로 그들의 마음에 역사하여, 분명한 증거와 확신에 더 이상 항거할 수 없을 만큼 복음의 빛 가운데 있지 않기 때문일 것입니다.

그 다음에 다른 곳에서 그는 빌립보서 3장에서 바울이 어떻게 말하는지를 지적하면서 "그럼에도 불구하고 우리가 이미 얻은 것에 대하여 같은 원칙을 가지고 걸어나가자"고 말합니다. 바울은 빌립보서 3장 15절에서 "만일 어떤 일에 너희가 달리 생각하면 하나님이 이것도 너희에게 나타내시리라"고 말합니다. 사소한 문제 때문에 다투거나 편을 나누지 말라는 것입니다.
그러면서 "그대로 행하라. 함께 기도하라. 그리하면 하나님께서 그러한 문제들에 대해서 진리를 보여주실 것이다"라고 권면하며 연합을 유지할 수 있는 방법을 가르칩니다.

3. 분열과 분리

우리가 주목해야 할 또 다른 측면이 있습니다. 오웬은 분열(schism)과 분리(separation) 사이를 구분해야 할 경우가 때때로 있으며, 그러한 때는 그것이 사실상 의무가 된다는 것을 아주 분명하게 가르치고 있습니다.

반면에 다음과 같은 명령들로부터 끌어낼 수 있는 것들이 있습니다. "경건의 모양은 있으나 경건의 능력은 부인하니 이같은 자들에게서 네가 돌아서라"(딤후 3:5), "게으르게 행하고 우리에게서 받은 전통대로 행하지 아니하는 모든 형제에게서 떠나라"(살후 3:6), "부패한 원리로 악한 삶을 사는 사람들과 더 이상 교제하지 말라"(계 2:14 참조), 즉 우리는 범사에 그리스도의 뜻과 지시를 따라 그리스도께 예배해야 합니다. 이것이 바로 이 명령들의 요점입니다.

이어서 오웬은 다음과 같은 명령들을 제시함으로써 영국 국교회가 로마 가톨릭교회를 떠난 이유들을 매우 훌륭하게 진술합니다. 여기서 그는 다시 이 문제에 관한 하나의 명령을 제시합니다.

이미 말했듯이 나는 개혁을 인정한 사람들에게 이야기하고 있는 것입니다. 이제 어떤 이유에서든지 개혁되지 않은 사람이 있는 교회(회중)가 있다고 합시다. 이 경우 내가 묻고 싶은 것은, 이 교회에 속한 일부 사람들이(비록 그들이 그 교구의 소수일 수 있지만) 예배의 모습을 그 본래의 형태로 회복시킴으로써 개혁하는 것이나, 또는 그 교구 내에 살고 있지 않은 다른 사람들과 그러한 목적과 의도로 결합하는 것이 분열인가 하는 것입니다. … 나는 디모데전서 6장 5절, 디모데후서 3장 5절 그리고 호세아 4장 15절을 근거로 이러한 분열은 성령께서 명령하신 것이라고 담대히 말하겠습니다. 내가 함께 살고 있는 다수가 개혁을 미워하는데도, 그들과 함께 살기 위해 주님께서 보혈로 사주신 특권을 무시하고 나의 의무를 저버리는 것이 그리스도께서 주신 나의 명에입니까? 나의 영혼이 말할 수 없이 해와 불이익을 당하면서도 늘 사악하고 불경건한 사람들과 어울려 하나님께 예배드려야 하는 것이 그리스도께서 명하신 연합입니까? 이러한 것은 상상하는 것만도 가장 불합리한 것이라고 나는 생각합니다.

그는 같은 논조로 계속 이렇게 주장합니다.

이에 대해서 흔히들 이렇게 반박합니다. 고린도교회에는 분쟁, 배신, 술 취함으로 짓는 죄, 근친상간을 묵인한 일, 거짓 교리, 부활 부인 등 많은 무질서와 엄청난 잘못이 있었습니다. 그러나 바울은 거기서 분리해 나오라고 하지 않았습니다. 오히려 그 안에서 자신의 의무를 다하라고 했습니다. 그러나 우리의 주장과 반론은 이 경우와 거의 관련이 없습니다. 이것에 대해서는 조금만 생각해도 증명이 됩니다.
첫째, 고린도교회는 분명히 그리스도의 뜻에 의해 세워진 지 얼마 되지 않은 진정한 교회였습니다. 이 교회는 어떤 잘못 때문에 그 특권을 상실하지도 않았으며, 그 존재에 치명적인 손상도 입지 않았습니다. 이것은 많은 특별한 경우에 대해 제기된 문제와 완전히 다른 차이점입니다. 물론 성경에 언급된 악습과 악이 고린도교회에 들어왔습니다. 따라서 아무리 훌륭한 하나님의 교회라도 그러한 악습이 들어올 수 있음을 인정해야 합니다.
물론 이러한 이야기가 제시되면, 그러한 원리를 따르는 교회가 얼마나 지속되겠는가라는 주장이 제기되곤 합니다. 우리가 분리한다 해도 절대적으로 순결하리라고는 보장하지 못합니다. 그래서 새 교회도 잘못에 빠질 수 있습니다. 오웬에 의하면 다른 무엇도 기대해서는 안 된다는 것입니다.
하지만 무질서가 생기고 악습이 들어오면, 바울이 탔던 배의 사공들이 폭풍을 만났을 때 배를 버리고 도망하려 했던 것처럼, 즉시 그 교회에서 빠져나가는 것이 의무라고 생각하는 사람은 없을 것입니다. 그러한 교회의 지체들이라면 악과 부패에 물들지 않고 무질서를 바로잡으며, 그 폐습을 추방하기 위해 최선을 다해야 합니다. 그것이 그들의 의무입니다.

바울이 고린도 교인들과 기타 교인들에게 권고한 것이 바로 이것입니다. 이 말씀에 순종할 때 회복이 되는 것입니다. 그러나 내가 말하지만 고린도 교회가 계속해서 앞에서 묘사한 그러한 상태에 머물러 있었다면, 즉 악하고 추잡한 죄악을 징계하지 않은 채 방임하거나 모일 때마다 계속 술 취함의 죄를 자행하고, 부활을 부인하는 사람들이 여전히 있어 복음 전체를 뒤집어엎고, 교회가 마땅한 의무를 감당치 않으며, 그러한 무질서한 사람들을 교제에서 쫓아내는 권위를 행사하지 않으면 그 교회에 있는 모든 하나님의 성도는 마땅히 그 교회에서 나와 그들의 죄에 참여하지 않아야 합니다. 이렇게 하지 않는다면 그러한 배교자들로 인한 재앙에 함께 참여하기를 원하는 사람일 것입니다.

이렇게 그는 특정 상황과 환경 속에서는 분리가 실제로 의무가 된다고 지적하고서, 같은 문단 속에서 이것은 영국 국교회가 로마 가톨릭교회에서 나온 이유에 해당된다고 계속해 말합니다. 이제 매우 흥미로운 사항을 보겠는데 그것의 타당성은 명확해질 것입니다.

아직도 이렇게 말하는 사람이 있을 것입니다. "이미 모여서 설립된 교회를 개혁하는 것과 단순히 몇 가지 이유를 근거로 교회를 세우는 것은 다릅니다. 전자의 경우는 용인될 수 있겠지만 후자의 경우는 온갖 혼란이 야기될 가능성이 있습니다." 다시 말해서 그는 기존 교회를 개혁하는 것은 정당하지만 새로운 교회를 만드는 것(그의 말을 빌리자면 '단순히 몇 가지 이유를 근거로')은 정당하지 못하다는 반론을 제기합니다.

그러한 반론에 대해서 지금으로서는 할 말이 많지 않습니다. 왜냐하면 내가 생각하기로 그 문제는 현재 우리가 직접 목격할 수 있는 문제가 아니기 때문입니다. 나는 그것을 전혀 언급하지도 않겠습니다. 다만 여러 차원에서 검토하여 그러한 새 교회를 세울 특별한 이유가 있는지 없는지를 보고, 그것을 주장해야 할 것입니다. 간단히 말해서 이러합니다.

1. 내가 생각하고 있는 것은 어떤 교회나 교회 내의 일에 대한 개혁이 아니라, 예수 그리스도께서 교회에 주신 원래의 목적과 질서를 되찾는 것입니다. 나의 판단으로는 이 외의 다른 교회 개혁은 비난을 받아야 합니다.
어떤 사회나 어떤 사람들의 모임이 (이제까지 그것이 어떻게 평가되었든지 간에) 그처럼 환원과 혁신이 불가능하다면, 그러한 모임은 그리스도의 교회로 볼 수 없다고 생각하기 때문에 지혜로운 사람이나 진지한 사람을 자극하지 않겠습니다. 이렇게 스스로 개혁할 수 없는 교회는 그리스도의 교회가 아닙니다. … 그래서 나는 그 안에 있는 사람들에게 그들이 복음 전파에 참여할 수 있는 다른 평화로운 길을 찾으라고 권고합니다. 사실 그들은 복음 전파에 대한 특권을 그리스도께로부터 받았습니다.

2. 이 반론에서 지적된 것들을 내가 완전히 다루어야 한다면, 이 논문을 통해서 드러내고 개진할 기회를 갖지 못했던 원리들을 제시해야 합니다. 큰 비중과 중요성을 지닌 많은 일들이 먼저 논의되고 숙고된 후에야 비로소 이 반론에서 제시된 경우에 대해 분명하게 설명할 수 있습니다. 그 일들이란 다음과 같습니다.

(1) 복음 안에서 세워진 교회의 진정한 본질, 즉 교회의 구성 요소, 형태 및 기타 필요한 모든 중요 요소들을 조사하고 찾아내야 합니다.
(2) 이러한 교회의 본질과 형태는 성경 및 초대교회, 즉 배도자의 독소가

감염되기 전의 교회 이야기를 통해서 예시되어야 합니다. 저는 이 순간 이 말을 숙고해볼 것을 요청하는 바입니다. 우리는 성경을 연구해야 하고 기독교회의 처음 3세기의 역사에 대해서 공부해야 합니다.

(3) 바빌론 포로 생활과 우상숭배, 즉 적그리스도 하의 배교 내용이 바르고 상세하게 검토되어야 합니다. 여기에 우리의 무질서와 분쟁이 있는 것입니다. 그리하여 우리가 입은 옷은 검정과 더러움이 있게 됩니다. 이러한 더러움에서 벗어나는 것은 그리 쉬운 일이 아닙니다. 비록 우리가 떨치고 일어난다 할지라도 금방 그 먼지를 떨어버리지는 못할 것입니다. 이것은 우리 모두의 주된 난제입니다. 우리는 우리 이전에 있었던 일에 매여 있는 것입니다.

(4) 적그리스도적인 어둠이 세상을 덮고 짙은 어둠이 열국을 덮어 하나님께서 세우신 그 단순하고 순전한 제도가 끊어지고 사라질 지경에 이르렀을 때, 하나님이 그분의 택하신 자들을 그 기간 동안 어떻게 새롭게 하고 살리셨는지 그 수단을 탐구해야 합니다. 즉 하나님의 마음과 뜻에 따라 하나님의 장막을 다시 세우고 교회 예배를 견고하게 하는 데 사용되었던 수단을 살펴야 합니다.

(5) 이 나라 최초의 종교개혁 당시, 그 방법과 그 당시 경건하고 학식 있는 사람들이 근거했던 원칙을 조사해야 합니다. 그것들은 현재 우리의 양심에 어느 정도 합당하며, 그 이후 복음의 진리를 우리에게 전달해준 사람들과 우리는 어느 정도 일치합니까? 그 교회 이전과 이후에 일반 직분자들이 있었습니까? 직분자들이 보존되는 가운데 교회 국가가 보존되었습니까? 아니면 교회가 보존되고 구성되는 속에 직분이 보존되고 따라서 직분자도 보존되었습니까? 이러한 것들이 다른 중요한 것들과 함께 먼저 철저히 고찰된 후에야 비로소 반론에 숨어 있는 질문에 대한 완전한 해결책이 제시될 수 있습니다.

하지만 이것은 지금 내가 할 일이 아닙니다. 이 모든 것이 뜻하는 바는 이러합니다. 즉 새로운 교회를 시작하기 전에 이러한 모든 주제들을 매우 진지하고 깊게 숙고하라는 것입니다. 이것은 돌진할 문제가 아니며 성경과 초대교회 역사에 비추어 점검되어야 할 문제입니다.

그러면 이 모든 것의 결론은 무엇입니까? 이 분열의 죄에 대해 우리가 벗어나려고 애쓰는 것은 무엇입니까? 단, 여기서는 의미를 폭넓게 전달하기 위해 성경에 제시된 분열의 고유한 의미를 유보하고 일반적인 개념을 사용합니다. 요약하면, 우리는 예수 그리스도께서 세우시거나 정하신 연합의 띠나 질서를 깨뜨리지 않았습니다.

또한 우리는 예수님의 뜻에 따라 처하게 된 위치를 무턱대고 떠나지 않았습니다. 이것이 바로 비난에 대해 담담하게 대처할 수 있었던 이유입니다. 우리는 순수하게 양심에 근거하여 물러섰고, 동참을 거부했으며, 신중하게 검토하여 참여했음을 시인합니다.

이처럼 이제껏의 이야기를 근거해볼 때, 우리가 주장하는 원리나 실천에도 불구하고 우리가 포용력을 갖고 평화롭게 살며 우리와 다른 생각을 가진 사람들에게 온갖 사랑의 열매를 맺은 것이 드러나고 있습니다. 저는 그가 이렇게 함으로써 분열의 죄를 범하고 있다는 비난을 방어했다고 생각합니다.

4. 교회 연합에 대한 오웬의 관점

끝으로, 저는 개혁적이고 복음적인 그리스도인들인 우리에게 오웬이 했을 법한 호소를 하려고 합니다. 이제 그의 감동적인 말을 들어봅시다.

사실 하나님께서 어떤 방법으로든 우리를 도우셔서, 편견과 정욕과 세상적 이익과 두려움과 기타 모든 그릇된 감정 등 우리가 다루는 문제에 대해

바른 판단을 내리지 못하게 하는 것을 제거해주신다면, 우리는 거룩한 진리에 대해 이야기하는 본문과 문맥에서 우리 모두에게 평화와 안식을 주는 그러한 행동에 대한 하나님의 지시를 발견해야 합니다.

복음에 제시된 좋은 것들을 즐거워하며 복음의 진리와 비밀을 진지하게 탐구하면서도 믿음과 실천에 속한 것에 대해 다르게 이해할 수도 있습니다. 그러나 기초를 무너뜨리거나 뒤집지 않을 뿐 아니라 '그리스도 예수 안에서 하나님께서 부르신 부름의 상을 위하여 푯대를 향해 달려가는 것'을 막지 않는 한, 자신들이 받은 것을 행하면서 목적을 위한 특정 수단 사용에 대해서는 하나님의 뜻을 기다려야 한다는 것이, 다른 사람들과 의견을 달리하는 문제에 대해 어찌할 바를 모르거나 실수할 수 있는 사람들에게 제시한 바울 사도의 지시입니다.

이 양편에 대해 사도가 주는 충고는 '어디까지 이르렀든지,' 즉 그들이 동의하는 것에 대해서는 – 이것은 하나님께 용납되기 위해 필요한 믿음과 순종의 원칙입니다 – '그대로 행하라'는 것입니다. 또한 서로 다르게 생각하는 것에 대해서는 '피차 용납해야' 합니다. 이것이 바로 비국교도들이 제시한 명분의 내용입니다. 그러나 좀 더 생각해봅시다.

어떤 사람들은 지금까지 들은 것에 근거해볼 때 자신들이 다른 사람들을 판단하는 데 너무 성급했음을 쉽게 이해할 수 있을 것입니다. 실제로 그 비난을 선용할 능력이 없는 사람일수록 더 잘 비난합니다. 도덕적 의미에서 진정한 분열은 형제들 사이에서 일어나는데, 이것은 주께서 세우신 제도상의 분열에 대해 이유 없이 서로 비방함으로써 이루어집니다.

한 가지를 잘못하면 잘못하지 않은 다른 것도 비난받기 쉽습니다. 이것은 그들이 잘못한 것을 그들에게 입증시키는 쉬운 방법입니다. 하나님께서 정하신 예배 문제는 어떤 이들에게 더 어렵고 복잡한 것처럼 되어버렸습니다. 사실 기독교가 완전히 순수하게 존재했던 처음부터 그랬던 것은 아닙니다. 오히려 습관과 무지, 그리고 배도의 독소가 은밀히 퍼짐으로써 사람들의 마음을 사로잡은 극복 불가능한 편견들을 통해 이러한 것들이 생기는 것입니다.

그러므로 모든 일이 어떻게 되어야 하는지를 현재 안다고 확신하거나 속단하지 않는 것이 좋습니다. 사람들은 자기가 싫어하는 것을 쉽게 알거나 안다고 생각하고 분열과 분리를 외칠 수 있습니다. 그러나 하나님의 뜻을 따라 이 모든 문제에 있어서 해야 할 일을 조금만 더 생각하면, 그리고 자신들이 다른 사람들을 정죄하는 근거와 원칙에 어떤 증거가 있는지를 조금만 더 생각하면, 듣기는 속히 하고 말하기는 더디 하며 우리 가운데 있는 많은 선생들을 물리치게 될 것입니다.

어떤 사람들은 자기들과 함께하지 않는 사람들은 모두 분열주의자라고 쉽게 생각합니다. 자기들과 함께 행하지 않기 때문에 분열주의자인 것입니다. 다른 이유는 전혀 없기 때문에 그들은 자기들의 말에 대해 확실한 근거를 제시하지 못합니다. 이러한 유의 사람들로 인해 하나님의 백성들의 연합에 가해진 어려움은 쉽게 표현할 수 없습니다. 신앙에 대한 모든 차이점들의 원인과 원천을 찾아 원래의 상태를 생각해보면, 대부분의 문제와 수고가 해결될 것입니다.

우리는 17세기 아니 16세기 이전으로 돌아가야 합니다. 처음으로 돌아가야 합니다. 이것이 우리 모두에게 필요한 권면입니다. 우리는 우리가 물려받은 입장과 우리 자신의 특별한 역사를 옹호하는 성향 때문에 모두 어려움을 겪고 있는 것입니다. 우리는 맨 처음으로, 그 모든 것의 시작과 원천인 제1세기로 돌아가봐야 합니다. 오웬은 다음과 같이 계속 말합니다.

아마 그것들(차이점들) 중 대부분은 지금처럼 그리 어렵게 나타나지는 않을 것입니다. 커다란 강을 보고 있는 사람은 그 모든 물이 그 강의 원천에서만 온 것이라는 성급한 결론을 내리지 않습니다. 수많은 지류와 소나기와 홍수들이 합쳐져 현재의 상태가 되었기 때문입니다. 신앙상의 모든 차이점들은, 그것을 옹호하는 사람과 반대하는 사람 사이의 반박과 옹호를 통해 나타난 것처럼 처음부터 그렇게 큰 것이었다고 생각해서는 안 됩니다.

이 분열 문제가 얼마나 가증스러운 일로 보였는지는 키프리아누스(Cyprian), 아우구스티누스(Austin), 오프타투스(Optatus) 및 옛 사람들과 학자들의 글, 교황청의 공의회 교시 그리고 기타 이것을 확대하려고 하였던 여러 주장들을 통해 알 수 있습니다. 그러나 그 원류를 추적해보면, 차후의 많은 세대에 걸쳐 첨가된 편견에 의하여 오늘날 흔히 나타나 있는 것과는 아주 다른 것을 발견하게 될 것입니다.

"위대한 원리는 '율법과 증거에 따라' 진정 우리의 모든 문제를 개선했고 또 고칠 것입니다." 이것은 바로 저의 신념이기도 합니다. 만일 우리가 이 원리를 따르기만 한다면 오늘날 우리가 겪는 문제들도 모두 고쳐질 수 있다고 저는 믿습니다. … 하지만 우리의 겉 사람은 우리의 됨됨이나 우리의 행위에 대한 타인의 이해에 따라 좌우될 수 있지만, 우리의 양심은 오직 하나님께서 명하신 것과만 관계 있다는 사실로 인해 하나님을 찬양합니다.

우리가 어떤 사람들의 그릇된 분열 개념에 의해 서거나 넘어져야 한다면, 그들이 어떻게 해서든 우리를 압도할 수 있을지도 모릅니다. 이 문제에 대한 우리 양심의 원칙은 다른 모든 것에서처럼 영원불변합니다. 나는 말씀이 명령한 한계를 넘은 적이 없으며, 또 예수 그리스도께서 세우신 기관의 연합을 고의로 깨뜨리거나 분해시키지 않는다는 확고부동한 증거가 있는 한, 이 일에 대한 내 마음의 상태는 완전히 평안합니다.

하나님을 찬양합니다. 그분은 우리 양심에 대한 절대적 주도권을 가지시고 조금도 인간에게서 물러서지 않으셨습니다. 인간의 자비는 아무리 자애롭다 해도 종종 잔인하여, 더 이상 발전하지 못하기 때문에 영혼도 해칠 수 있습니다.

그러므로 나는 이렇게 믿으며 내 양심도 이것을 받아들입니다. 즉, 내가 머리를 붙들고 있으며 또 믿음으로 그리스도의 지체의 일부가 되었다는 놀라운 확신을 확실한 근거 위에 갖고 있는 한, 내가 구원에 필요한 복음의 모든 진리를 시인하는 한, 내가 스스로 동의하여 소속된 특정 교회의 평화를 깨지 않고 내가 복음의 교제와 질서 가운데 동행하는 사람들 가운데서 까닭 없는 분쟁을 야기하거나 지속하지 않는 한, 내가 주 예수 그리스도를 향한 믿음과 모든 성도들을 향한 사랑을 실천하려고 애쓰는 한, 나는 그리스도께서 정하신 연합을 지키고 있는 것입니다.

복음과는 전혀 상관없이 그들이 마음대로 판단하고 있는 나는 분열주의자가 아닙니다. 아마 불화의 대상과 원인 그리고 우리 사이의 차별에 대해 우리 대부분이 얼마나 무관심했는지를 알게 되면, 비록 세세한 것에 대해서는 여러 가지로 다르다 해도 하나님을 진정으로 사랑하는 사람들은 사랑하는 가운데 화목할 수 있을 것입니다.

나는 솔직히 다음과 같은 이유 때문에 대단한 성공을 기대하지 않습니다. 즉 그 원리와 방법들이 마치 그것들을 쓴 사람이 태양을 손에 들고 있는 것 같이 분명하다 해도, 사람들이 편견에 사로잡혀 성향과 성질이 그렇게 변질되어 있다면, 그 생각과 방식이 크게 변화될 것을 기대할 수 없습니다. 우리의 마음은 하나님의 손안에 있습니다. 따라서 하나님께서 우리에게 약속하신 것에 대한 우리의 기대는, 우리에게 익숙한 외적인 수단이 아니라 하나님의 영향력의 정도에 비례합니다.

이제 마지막으로 그리스도인의 사랑과 화평에 대한 오웬의 글에서 매우 아름다운 부분을 소개하겠습니다.

우리의 분쟁의 근본 원인은 여기에 있습니다. 이것이 제거되지 않으면 분쟁 문제는 결코 해결될 수 없습니다. 복음적 연합을 추구할 의무를 복음을 믿는 자들 또는 복음을 고백하는 자들에게 맡기십시오. 그들의 양심에 아무런 부담을 주지 마십시오. … 사람들이 동일한 명칭이나 동일한 수단을 사용한다 해도 각기 자기들의 목적을 추구한다면 그들 사이는 벌어지게만 할 것입니다. 왜냐하면 우리 가운데 일부는 '복음적인 연합'을 추구하고 다른 사람들은 '외적인 통일'을 추구하기 때문입니다.
현재 우리의 상황이 바로 이렇습니다. … 연합과 화평이라는 이름 아래 같은 수단을 사용하더라도 목적이 다르면 더욱 분열하게 될 것입니다. 그러나 추구하는 목적이 같으면 수단에 대해 논쟁이 있어도 결국은 하나로 융합되고 완전한 화해에 도달할 것입니다.

만일 우리 복음주의자들이 믿음을 옹호하며 구원의 방법을 사람들에게 분명히 보여주려 한다면, 우리가 함께 모이게 될 것이라고 오웬은 말합니다. 만일 이것이 우리의 진정한 목적이라면 말입니다.

반면에 그리스도께서 그들에게 요구하시는 연합의 본질과 목적과 그 순전한 열매를 적절히 교육해준다면 분명 그들은 서로 용납하고 사랑하는 가운데 자신을 낮춤으로써 그 차이들을 극복할 것입니다. 그리하여 혼란을 야기하거나 연합을 깨뜨리는 죄를 범하지 않을 것입니다. 자신의 신앙고백에 충실한 사람이라면 누구나 그리스도께서 세우신 연합을 깨뜨리기보다 지키는 방향으로 문제가 해결되기를 희망할 수밖에 없기 때문입니다.
쉽게 말해서 우상숭배와 핍박이 없는 세상의 모든 교회들 사이에서 오늘날 복음적 연합을 이루지 못하는 진정한 이유는 의견 차이, 계시된 진리에 대한 판단 차이 또는 성례전의 실행 방법 차이가 아니라 교만과 자기 이익과 명예와 인기 그리고 정치적 사회적 세력에 대한 계략과 고려를 수반한 지배력 문제이기 때문입니다.
사실 이러한 것들을 제거하고 남는 실제적 차이는, 그리스도께서 요구하신 연합을 깨뜨리지 않고도 사랑과 온유와 관용 가운데 해결될 수 있습니다.

여기서는 그들의 공통된 관심, 즉 한 주, 한 믿음, 한 사랑, 한 성령, 그들의 빛과 능력에 따른 동일한 규례의 집행을 손상시킬 것이 나올 수 없습니다. 그러나 만일 우리가 그리스도의 제자들과 교회 사이에 있는 이 복음적인 연합을 버린다면, 만일 우리가 연합의 띠와 한계를 끊고 사람들의 명령과 약속을 따르며 그들의 약속 사항을 교회의 연합을 위한 법칙과 수단으로 삼는다면 끝없는 분열이 발생할 것입니다. 그리스도께서 정하신 연합에 만족하지 않는다면 우리는 세상 어떤 것에도 분명 만족하지 못할 것입니다.

저는 오늘날 복음주의가 이러한 면에서 도전을 받고 있다고 믿습니다. 만일 우리가 현재의 에큐메니컬 운동(교회 연합 운동)의 도전에 대처하여 이러한 복음적인 연합을 이루지 못한다면 우리는 분쟁만 크게 야기할 것입니다.

만일 우리가 그리스도께서 정하신 연합에 만족하지 못하면 세상의 어떤 것에도 만족하지 못할 것입니다. 왜냐하면 사람들이 찾아낸 것에는 다툼과 분쟁이 있어왔고 또 있을 것이기 때문입니다. 사람들이 찾아낸 것을 억지로 강요하려는 무리도 있고, 그리스도의 법과 규례를 따라 그리스도의 권위에 자기들의 양심을 전적으로 복종하려는 사람들도 있습니다.

우리 가운데 이러한 것들이 거의 100여 년간 우리 사이에 지속된 분열과 분쟁의 큰 원인이었음을 모르는 사람은 없습니다. 사실 이것이 오늘날 우리의 간격을 바다처럼 갈라놓아서 치유될 수 없게 된 것도 모두 알고 있습니다. 그러므로 힘과 능력을 가진 사람들은, 그리스도께서 자기 교회와 제자들에게 요구하신 연합에 대한 참 개념과 지식을 사람들이 되찾도록 하는 도구가 되어야 합니다. 그들은 그리스도께서 그들에게 사주신 자유를 그리스도께서 그들에게 명하신 연합을 추구하는 데 써야 할 것입니다.

또한 우리는 복음적인 연합을 지킬 수 있게 하는 사랑과 화평의 원칙을 격려하기 위해 노력해야 할 것입니다. 그러면 선한 것을 파괴하고 반대자들을 투옥하기보다 평화, 화해, 일치 등이 다양한 그리스도인들 사이에서 이루어질 것입니다.

그리스도에게는 그분이 목적하고 의도한 모든 것을 능히 이루실 수 있는 능력이 있음을 사람들이 믿지 않는 한, 혹은 사람들이 영적인 근면, 인내, 온유, 겸손, 자기 부인, 세상을 본받지 않음(사실 이러한 일은 복음적인 연합을 이루고 유지하는 데 있어서 교회 지도자나 평신도 모두에게 각각의 분량대로 반드시 필요한 것임) 등을 끊임없이 실천하지 않고 오히려 외적인 힘을 의지하여 자신의 세상적 이익에 부합하는 교회 조직적 연합에 만족하려 하는 한, 그리스도께서 세우신 제도는 성공할 가능성이 희박합니다.

세상에 있지만 우상숭배와 박해로 오염되지 않는 그리스도의 교회를 세워 가십시오. 그리스도와 사도들이 교회들에 남긴 방식과 조건을 근거로 그 연합을 회복하십시오. 우리가 어떤 일에 순종하지 못하고 있다면 책망을 기꺼운 맘으로 받고 서둘러 고쳐야 합니다. 이 정도면 우리는 만족합니다.

이 문제에 있어서 하나님이 우리 각 사람에게 존 오웬과 같은 심령을 허락해주시기를 원합니다. 저는 존 오웬이 현재 우리의 상황에 매우 적합한 말을 했다고 믿습니다. 하나님의 은혜로 이러한 것들을 깊이 생각할 수 있기를 바랍니다. 그리고 무엇보다도 큰 지혜와 큰 사랑과 자비로 서로를 인내하기 원합니다. 그리하여 같은 믿음을 고백하는 우리가 '세계적인 교회'이긴 하지만 배도한 교회에게, 그리고 곳곳의 구원받지 못한 사람들에게 이 믿음을 함께 나타낼 수 있기를 원합니다.

여섯 번째 강연

1964년
존 칼빈과 조지 휘트필드

1. 두 사람의 공통점

방금 발표한 주제를 다루기 전에 사사기 2장 8-10절을 읽겠습니다.

"여호와의 종 눈의 아들 여호수아가 일백십 세에 죽으매 무리가 그의 기업의 경내 에브라임 산지 가아스산 북 딤낫 헤레스에 장사하였고 그 세대 사람도 다 그 열조에게로 돌아갔고 그 후에 일어난 다른 세대는 여호와를 알지 못하며 여호와께서 이스라엘을 위하여 행하신 일도 알지 못하였더라."

이 강연의 제목에 대해서 설명이 필요할 것 같습니다. 왜냐하면 이 제목은 현학적으로 들리기 때문입니다. 지난 이틀 동안 이 연구 모임에 참석했던 사람들은 존 칼빈과 그의 사역의 여러 측면들에 대한 강연을 다섯 차례나 들었을 것입니다. 그래서 언뜻 보기에 저는 존 칼빈뿐만 아니라 휘트필드까지 함께 다룰 수 있는 사람인 것 같은 인상을 줄 것입니다. 저는 그러한 여러분의 생각을 바로잡기 원합니다.

또한 여러분이 빠져들 수 있는 잘못된 생각에서 여러분을 건져주고도 싶습니다. 아마 여러분 가운데 어떤 이들은, 이미 다섯 사람이 존 칼빈에 대해서 말했으니 이제는 존 칼빈에 대해서 말할 것이 없고 조지 휘트필드에 대하여 말할 것이라고 생각했을지도 모릅니다.

그렇게 생각하셨다면 잘못입니다. 존 칼빈과 그의 사역, 그리고 그가 우리에게 남겨준 풍성한 유산은 너무 크고 방대하기 때문에 존 칼빈이 죽은 지 400년을 맞이하는 이 해의 주제로 연강하는 데 전혀 어려움이 없습니다. 제가 조지 휘트필드에 대해서 말하려는 이유는 매우 흥미로운 것입니다. 올해의 이 모임은 온전히 존 칼빈을 기념하는 일에만 전념하려고 계획했었고, 모임의 형식도 다른 때와 똑같이 하려고 했습니다.

그러나 저는 글로스터에 있는 휘트필드 기념 장로 교회의 힐턴 데이 목사로부터 편지를 받고 나서 달리 생각하게 되었습니다. 그는 올해가 휘트필드 탄생 250주년임을 지적하면서 이를 기념하기 위해 자신의 교회에서는 무엇인가를 하고자 한다는 생각을 피력했습니다. 그러면서 저에게 12월 16일 글로스터에 와서 조지 휘트필드에 대하여 강연해달라고 청했습니다. 어째서 그들은 하필 오늘을 택했을까요? 그것은 휘트필드가 250년 전 오늘 태어났기 때문입니다.

그래서 저는 그분에게 편지로 대단히 미안하다고 말씀드렸습니다. 조지 휘트필드에 대하여 말할 수 있다는 것, 특히 글로스터에서 그것을 말할 수 있다는 것만큼 큰 특권이 없다는 것과 그러나 안타깝게도 이 연구회에 약속이 되어 있어 참석하지 않으면 안 된다는 것을 말씀드렸습니다. 그런데 그들은 자기들이 정한 날짜를 바꾸는 대단한 친절을 베풀어주어 그 교회에서 지난 12월 8일에 조지 휘트필드에 대해서 말할 수 있는 특권을 누리게 되었습니다.

그러나 그것은 거기서 끝나지 않았습니다. 제 마음에는 즉각적으로, 오늘 저녁에 모이는 이 모임에서 조지 휘트필드와 그의 위대하고 영광스런 18세기의 사역을 함께 기억하는 것이 좋겠다는 생각이 떠올랐습니다. 패커 박사나 다른 이들도 저의 제안을 기꺼이 받아들였습니다.

우리는 1964년의 이 밤을 저 위대하고 능력 있는 사람 조지 휘트필드에 대하여 아무것도 말하지 않고 그냥 보내는 것은 매우 잘못이라는 생각을 했습니다. 문제는 이것을 프로그램 속에 넣는 방법이었습니다. 다른 모든 논문들의 주제는 존 칼빈에 대한 것이었기 때문입니다. 갑자기 휘트필드를 끄집어내는 것이 사람들에게 이상하게 느껴지지 않을까 하는 생각도 해보았습니다. 그래서 우리는 절충안을 택하여 '존 칼빈과 조지 휘트필드'라는 제목으로 발표하기로 했습니다.

이 두 사람의 관계는 일부 사람들이 생각하는 것처럼 소원하지 않았습니다. 이 두 사람을 함께 생각해야 하는 이유들이 아주 많습니다. 물론 이 두 사람은 많은 면에서 매우 상이합니다. 존 칼빈은 극히 야윈 사람이었고 아주 창백하기조차 한 사람이었습니다. 반면에 휘트필드는 튼튼하고 뚱뚱한 사람이었습니다. 존 칼빈은 전형적으로 내향적인 사람이었고 휘트필드는 대체로 외향적인 사람이었습니다. 이 외에도 다른 차이점들이 많습니다.

그러나 이들을 연관 지을 수 있는 공통점들이 있습니다. 이 두 사람을 연관 지어 생각하도록 한 것은 날짜의 우연한 일치 때문이 아닙니다. 이 두 사람의 공통점은 소위 칼빈주의자들이었다는 것입니다. 이 정도로만 해둡시다. 이 말은 그들은 모두 바울주의자였다는 말입니다. 그러나 습관적으로 칼빈주의자라고 부르고 있습니다.

18세기에 대해서 아는 사람이라면 18세기의 메소디스트(Methodist)들은 두 그룹, 두 진영으로 나뉘어 있었음을 알 것입니다. 조지 휘트필드와 존 웨슬리가 두 진영의 중심 인물이었습니다. 그들은 아예 처음부터 신학적으로 이렇게 크게 차이가 있었습니다. 조지 휘트필드는 칼빈의 가르침을 따랐습니다. 교리에 있어서도 참으로 개혁주의였습니다. 반면에 웨슬리는 알미니안주의였습니다. 그래서 그러한 차이가 생긴 것입니다.

이것은 분명 휘트필드와 칼빈을 연관 짓게 하는 것입니다. 휘트필드는 웨슬리보다 영국 국교회의 39개조 신앙고백을 더욱 존중했습니다. 그 신앙고백에는 칼빈주의적인 강조점들이 내포되어 있었습니다. 반면에 웨슬리는 거기서 떠났습니다. 따라서 그러한 분리의 주요한 책임은 그에게 있습니다. 그러므로 칼빈과 휘트필드는 그러한 점에서 공통점이 있습니다.

그러나 다른 점에서도 공통점이 있습니다. 우리는 지난밤에 패커 박사로부터 존 칼빈의 열심과 그의 방대한 사역에 대해 들었습니다. 그것은 정말 특이한 일입니다. 그 모든 주석들과 기독교 강요, 그의 모든 서신들, 소논문들, 이 외에 그가 남긴 모든 것들을 보십시오.

정말 엄청납니다! 한 사람이 그렇게 많은 일을 어떻게 할 수 있었는지, 정규적인 설교를 하면서도 그러한 일을 하다니 정말 놀라운 일입니다. 휘트필드의 경우도 마찬가지입니다. 조지 휘트필드만큼 하나님의 나라를 위해 큰 열심을 가지고 애쓴 사람은 없을 것입니다. 두 사람은 이러한 면에서도 매우 흡사합니다.

또 다른 공통점은 그들 모두 55세쯤에 인생을 마쳤다는 것입니다. 이는 주목할 만한 일입니다. 존 칼빈은 55세에 죽었습니다. 휘트필드는 56세에 죽었습니다. 이처럼 어마어마한 일을 한 두 사람 모두 50대 중반에 삶을 마쳤습니다.

그들의 공통점 또 하나는—이것은 제가 강조하고 싶은 것입니다—두 사람 모두 그 시대 어느 누구보다도 복음주의자들 간의 연합을 갈망했다는 것입니다. 이 연구 모임에서 우리는 칼빈과 관련지어 이 연합의 문제를 생각했습니다. 칼빈은 모든 개혁자들과 모든 복음적인 사람들이 하나로 연합하는 데 대단한 관심을 가지고 있었습니다.

그는 분쟁과 차이점에 대해 가슴 아프게 생각하면서 할 수 있는 한 어떤 일이든지 하겠다는 생각을 가지고 있었습니다. 만일 개혁주의적인 복음주의 사람들 사이의 연합을 촉진할 어떤 모임에 참석하는 일이라면, 그리고 그 일이 필요하다면 바다를 열 번이라도 건널 용의가 있었습니다. 물론 로마 교회와의 연합이 아니라 개혁주의적인 복음주의 사람들 간의 연합을 말합니다.

조지 휘트필드도 마찬가지였습니다. 그는 웨슬리의 두 형제들과 맞서서 자신의 원리와 교리를 지켜야 했습니다. 그러나 동시에 그는 분리를 가슴 아프게 생각했습니다. 그리고 그는 여러 편당을 없애고 하나를 이룰 수 있는 일이라면 무엇이든 했습니다.

또한 그의 삶이 끝날 때쯤에는 두 사람이 서로 상대의 강단에 서기까지 했습니다. 그리고 휘트필드의 요청에 따라 존 웨슬리는 휘트필드의 장례식에서 설교하게 되었습니다. 이 두 사람, 즉 휘트필드와 칼빈이 구원의 복음을 전하는 일에 있어서 하나인 사람들의 연합에 대해 대단한 관심을 가졌다는 것은 매우 흥미로운 사실입니다.

마지막으로 그들은 그 시대의 사람들과 후세의 여러 세대 사람들에게 지대한 영향을 끼쳤다는 점에서 유사합니다. 이제 이 문제로 시선을 돌려보겠습니다. 어떤 사람들은 "어째서 당신은 조지 휘트필드의 탄생 250주년을 기념합니까?" 하고 물을 것입니다. 이 질문에 대한 대답은 많습니다. 그 한 가지 대답은, 이 연구회 회장께서 바로 지적하셨듯이 그는 글로스터의 가장 위대한 아들이었습니다.

16세기의 존 후퍼(John Hooper)는 글로스터의 감독이었으며, 로버트 레이크스(Robert Raikes)도 글로스터 사람이었습니다. 틴데일(Tyndale)도 바로 그 주에서 태어났습니다. 그러나 패커 박사가 의심할 여지없이 그 모든 사람들 중에서 가장 위대한 사람은 조지 휘트필드라고 했을 때 저는 기뻤습니다.

그러나 우리가 오늘밤 이 사람에게 관심을 기울이는 것은 그러한 이유에서라기보다는, 의문의 여지없이 그는 '잉글랜드' 사상 가장 위대한 설교자이기 때문입니다. 가장 위대한 '잉글랜드' 설교자라고 강조한 것을 주의하시기 바랍니다. 세계에서 가장 위대한 설교자라고 하지 않았습니다.

200여 년 전인 그 시대에 라일(Ryle) 감독마저 휘트필드에 필적하다고 인정하고 시인해야 했던 한 사람이 있었습니다. 그 사람은 다니엘 로랜드(Daniel Rowland)입니다. 그는 그 당시인 18세기에 웨일즈에 살면서 사역했습니다.

그러나 조지 휘트필드는 의심할 여지없이 모든 시대를 통틀어 잉글랜드에서 가장 위대한 설교자라는 데는 누구나 동의할 것입니다. 여러분이 이렇게 말하고 또 로랜드를 휘트필드와 함께 놓는다면, 이는 이 두 사람이 아마 사도 시대 이후에 가장 위대한 설교자들일 것이라는 사실을 뒷받침하는 아주 훌륭한 근거들이 있기 때문이라고 생각합니다. 라일 감독이 동의했듯이 그것은 지나친 말이 아닙니다.

휘트필드는 잉글랜드 사상 가장 위대한 설교자였을 뿐 아니라, 역사에 미친 그의 심대한 영향력 때문에 우리는 그를 기념하고 있는 것입니다. 패커 박사는 어젯밤에 존 칼빈의 이러한 측면을 말했습니다. 물론 그것은 사실입니다. 휘트필드도 마찬가지입니다. 잉글랜드와 웨일즈와 스코틀랜드와 미국에 미친 그의 영향력은 헤아릴 수 없을 정도입니다.

역사가 렉키(Lecky)는 1789년 이후 일어난 프랑스 혁명과 같은 혁명으로부터 이 나라를 구한 것은 분명 복음의 대각성이라고 했습니다. 우리는 이 말을 자주 인용합니다. 만일 이 말이 옳다면 조지 휘트필드야말로 그 누구보다 이 일이 일어나게 한 장본인입니다. 그래서 위대한 사람이요 위대한 설교자인 휘트필드를 다시 음미해야 한다고 믿는 것입니다.

2. 휘트필드가 주목받지 못한 이유

휘트필드에 대해서 잠시 주목해야 할 사항이 있습니다. 그것은 그가 놀랍게도 주목을 받지 못했다는 사실입니다. 여기 있는 모든 이들에게 조지 휘트필드에 대해 글을 쓰라고 하면 어떤 결과가 나올지 자못 흥미롭습니다. 여러분은 얼마나 이야기할 수 있겠습니까? 저는 그가 교회 역사를 통틀어 가장 홀대받은 사람이라고 감히 주장하는 바입니다. 그 사람에 대한 무지는 섬뜩

할 정도입니다.

200여 년 전의 위대한 각성과 부흥에 대해 말할 때 '웨슬리의 부흥'이라고 말하는 것이 아예 상례가 되어 있습니다. 언제나 존 웨슬리가 행한 일로서만 이야기하고 있습니다. 사람들은 18세기에 일어난 모든 일들이 모두 존 웨슬리의 업적이라고 생각하는 것 같습니다.

저는 프레드릭 길(Frederick C. Gill)이 쓴 찰스 웨슬리에 대한 새로운 책에서 그러한 예를 접하게 되었습니다. 그 책은 『찰스 웨슬리, 최초의 메소디스트』(Charles Wesley, the First Methodist, 우리나라에서는 메소디스트라면 무조건 우리나라식의 감리교도를 연상하지만 실은 그렇지 않음을 알아야 한다. 우리나라의 감리교회는 주로 알미니안주의적인 신학에 바탕을 둔 감리교회지만 사실 메소디스트는 알미니안주의 메소디스트와 칼빈주의 메소디스트로 구분해야 한다. 메소디스트를 감리교회로 번역한 것은 교회 정치 형태로 교회를 구분하기를 좋아하는 우리나라식의 교회 명인데, 사실 메소디스트는 교회 정치 형태보다는 신앙적 형태에 주안점을 두고 붙인 말이다. 그래서 여기서는 메소디스트가 나오면 감리교회라고 하지 않고 영어 그대로 음역했다 - 역주)입니다.

이 책에는 휘트필드가 얼마나 평가절하되고 있는가에 대한 전형적인 예가 들어 있습니다. 선택이나 예정으로 인해 야기된 의견의 차이와 둘 사이의 결별 문제를 다루면서 저자는 찰스 웨슬리에 대하여 "그는 슬픔을 머금고 옥스퍼드 시절 전도하여 회심케 한 자를 떠나야 했다"고 말합니다. 다른 말로 하면 휘트필드는 찰스 웨슬리가 전도하여 회심한 사람이라고 말하고 있는 것입니다.

이처럼 오랫동안 사람들은 휘트필드를 망각하거나 평가절하하곤 했습니다. 가장 훌륭하고 가장 저명한 메소디스트들이 이 점을 인정한다고 말할 수 있는 것이 저는 기쁩니다. 최근에 어니스트 래튼버리(J. Ernest Rattenbury) 박사는 메소디즘은 휘트필드에 대해 올바로 알지 못하고 있다고 말했습니다. 현재 메소디스트 역사가 중 한 사람인 스케빙턴 우드(Skevington Wood) 박사도 이러한 말을 했습니다.

그러나 문제는 휘트필드가 이처럼 무시되어온 이유입니다. 대부분의 사람들은 존 웨슬리에 대해서는 무엇인가를 알고 있습니다(저는 사람들이 웨슬리에 대해 그렇게 많은 것을 알고 있다고는 생각하지 않습니다. 다만 어느 정도 알고 있는 것입니다). 반면에 휘트필드는 알려지지 않은 사람입니다. 사람들은 그에 관한 놀라운 이야기를 들은 적이 없는 것입니다.

왜 그럴까요? 그 해명은 대단히 중요합니다. 이 때문에 제가 서두에서 사사기 2장 말씀을 읽은 것입니다. 여러분은 여기서 강조되고 있는 점을 아실 것입니다. 여호수아가 죽었을 뿐 아니라 "그 세대 사람도 다 그 열조에게로 돌아갔다"는 말은 여호수아 당대의 사람들도 죽었다는 말입니다. 그러한 다음 우리는 "그 후에 일어난 다른 세대는 여호와를 알지 못하며 여호와께서 이스라엘을 위하여 행하신 일도 알지 못하였더라"는 말씀을 듣게 됩니다. 이것은 매우 흥미롭고 의미심장한 말입니다.

제가 볼 때 이 말씀이야말로 우리의 현재 상태를 이해하는 데 큰 빛을 비추어주는 말씀입니다. 주님을 알지 못하는 이들은 교회사도 알지 못하게 됩니다. 일단 주님을 아는 지식을 상실하게 되면 주님께서 하신 일들에 대한 관심도 상실하게 되는 것입니다.

이러한 일이 지난 100년 동안 일어났다고 생각합니다. 주님을 아는 지식은 언제나 교회사에 대한 관심을 일으키고 자극합니다. 오늘 밤 저는 여러분에게 교회사에 관심을 갖지 않는 복음주의는 뭔가 잘못되어 있는 것이라고 말씀드리고 싶습니다.

1873년, 무디가 이 나라를 처음 방문한 이후 이 나라의 복음주의 역사가 시작되었다고 생각하는 복음주의는 무엇인가 잘못되어 있습니다. 주님을 아는 우리의 지식에는 무엇인가 결함이 있습니다. 일단 주님을 아는 참된 지식을 갖게 되면 그 사람은 오랜 기독교회사 기간 중 알려지고 기록된 모든 주님의 역사에 대해 지대한 관심을 가지기 마련입니다. 이것은 우리 자신을 매우 신중하게 살펴보게 만드는 것이라고 생각합니다.

본문에 의하면 이 두 사실은 불가분의 관계임을 알 수 있습니다. 주님을 아는 지식을 잃어버리면, 주의 종들과 그들을 통해 행하신 주의 위대한 일들을 아는 지식도 함께 상실해버리고 마는 것입니다. 적당한 때에 이러한 전제에 비추어 우리 자신을 검토해봅시다.

그러나 사람들이 휘트필드에 대해 그렇게 무지한 두 번째 이유가 있습니다. 그것은 그의 겸손 때문입니다. 그는 칼빈 같이 가장 겸비한 사람 중의 하나입니다. 그는 "주 예수 그리스도의 이름이 알려지는 한 조지 휘트필드의 이름은 잊히고 지워지기를 바란다"고 말했습니다.

특히 여기 모인 분들을 위해 신학적인 질문을 던져보겠습니다. 존 칼빈의 가르침을 따르는 사람들이 존 웨슬리가 신봉한 알미니안주의의 가르침을 따르는 사람들보다 떠벌리는 일에 소극적이라는 생각은 무슨 뜻입니까? 저는 그것을 이렇게 표현해보겠습니다. 저는 지금 여러분의 시선을 종교지들과 논문들에 집중시켜 이 암시적인 말에 무엇이 있는지 알아보라고 요청하는 바입니다.

존 칼빈의 가르침은 무엇보다 먼저 사람을 겸비하게 하고 하나님을 영화롭게 합니다. 그의 가르침은 사람은 보잘것없고 아무것도 아니며, 또 사람에게 아무리 많은 특권과 능력이 있을지라도 그 일을 행하게 하시는 이는 하나님임을 알게 합니다. 바로 이것이 칼빈이 관심 있게 생각하는 것입니다. 이 외에 다른 강조점이나 교훈이 있습니까?

우리는 존 웨슬리에 대해 아는 것만큼 조지 휘트필드에 대하여 알지 못합니다. 이는 엄연한 사실입니다. 그러나 휘트필드가 그렇게 무시당하는 이유를 설명해주는 가장 좋은 설명은, 그가 교단을 세우거나 만들지 않았기 때문이라는 것입니다. 그는 생이 끝나갈 무렵, 이 점에 있어서 잘못이 있었다고 생각한 것 같습니다. 세상을 하직하기 전에 존 웨슬리가 자기보다 더 지혜로웠다고 말했다는 얘기가 있습니다. 그리고 웨슬리는 "자기 양을 우리 안에 넣었는데" 자기는 그러지 못했다고 말했다 합니다.

그러나 사실 그는 교단을 만들거나 후세에 교단을 남기는 일에 관심이 없었습니다. 그는 복음을 전하여 생각할 수 있는 모든 신앙적인 무리를 살찌게 하면 그만이었습니다. 그래서 그는 교단을 남기지 않았습니다. 그러나 존 웨슬리는 자기 특유의 신학관을 가진 교단을 남겼습니다. 그래서 그를 기억하는 일에 큰 관심을 기울이게 된 것입니다. 그동안 존 웨슬리에 대한 책들이 끊임없이 쏟아져 나왔습니다. 그러나 휘트필드의 경우에는 그렇게 할 만한 교단이 없었습니다. 바로 이것이 그가 그렇게 서글프게 잊힌 이유인 것 같습니다.

3. 18세기 신앙 부흥의 선구자 휘트필드

그러면 왜 우리는 이 사람을 다시 회상하려고 이렇게 애쓰고, 무엇 때문에 우리 자신과 신앙인들 앞에 이 사람을 추켜세우려는 것일까요? 저의 대답은 기독교 교회의 오랜 역사 중 가장 놀라운 사건들 가운데 하나인 18세기 신앙 부흥 때문이라는 것입니다. 저는 이 사건은 성령의 능력이 나타난 사건들 중 사도 시대 이후로 가장 놀라운 사건일 것이라는 말에 동의합니다. 이렇게 말할 수 있는 아주 훌륭한 근거가 있습니다.

만일 여러분이 제가 말하는 것이 무슨 뜻인지 알고 싶다면, 다음과 같이 그것을 살펴볼 수 있습니다. 복음적인 각성과 부흥 이전의 이 나라 상태를 생각해보십시오. 정말 한심스러웠습니다. 시간이 없으므로 이것을 자세히 살펴볼 수는 없습니다. 이것을 상세하게 다루는 책이 있습니다. 그 책 이름은 『웨슬리 전후의 영국』(*England Before and After Wesley*)입니다.

얼마나 의미심장합니까? 물론 이 책은 웨슬리와 메소디스트에 의해 쓰였습니다. 웨슬리만 고려하고 있습니다. 그러나 저자가 유도하고 있는 사실들은 진실입니다. 그는 그러한 의미에서 훌륭한 역사가입니다. 그러나 신학적으로는 미숙한 신학자요, 진정으로 무엇이 일어났는지를 이해하는 데는 부족한 사람이었습니다. 그러나 그는 매우 훌륭한 사실 수집가였습니다.

웨슬리 브레디(J. Wesley Bready)가 쓴 그 책을 읽어보십시오. 그러면 여러분은 이 나라가 모든 면에서 가장 밑바닥 상태에 있었다는 것을 알게 될 것입니다. 영국 국교회는 죽어 있었습니다. 여러분은 엉망이 된 삶과 술 취함과 여우 사냥 등을 알고 있을 것입니다. 이 모든 것이 자주 그렇게 묘사되었습니다.

그러나 다른 교단들도 그리 낫지 못했습니다. 그들은 도덕적인 측면에서 조금 낫기는 했지만, 이 당시의 장로교회들은 아리우스주의 이단에 빠져 있었고 급기야는 아주 사라져버리기까지 했습니다. 다른 비국교도 집단들도 무기력 상태에 빠져 죽은 정통을 고수하고 있는 형편이었습니다.

이러한 세대의 조류를 타개하기 위해 여러 사람들이 노력했습니다. 보일은 강좌를 개설했고, 버틀러 감독은 복음을 변증하기 위해 『유추』(Analogy)라는 책을 썼습니다. 그리고 다른 사람들도 책을 썼습니다. 그러나 아무런 소용이 없었습니다.

이런 연후에 이 위대한 부흥이 일어난 것입니다. 그리하여 영국의 전체 상황이 완전히 달라지게 되었습니다. 많은 면에서 영국의 국교도는 소생하게 되었고 비국교도도 소생했으며, 메소디스트 공회(Methodist Societies)라고 불리는 새로운 단체가 나타나기 시작했고, 더 넓은 영역에서 반동적인 여러 가지 변화가 대단히 놀랍게 일어났습니다. 이러한 상황이 자주 지적되기도 했습니다.

그리고 제가 볼 때는 이 나라의 노동 조합 운동도 부흥의 간접적인 결과로 일어난 것이라고 보는데, 이것은 입증될 수 있습니다. 전에는 무지하고 술 취하여 방탕한 생활을 하던 사람들이 변화되어 거듭나게 되자 사람의 존엄성을 인식하게 되어 교육과 보다 나은 노동 조건 등을 요구하기에 이르렀습니다. 그래서 노동 조합 운동이 발생하게 되었습니다.

우리는 윌리엄 윌버포스(William Wilberforce)에 의해 주도된 노예 제도 폐지

운동이 부흥과 관계 있음을 압니다. 그는 이 부흥의 결과로 회심한 사람이었습니다. 어떤 사람들은 만일 이러한 위대한 복음적 각성이 없었다면 1832년의 선거법 개정 법령은 없었을 것이라고 주장하기도 합니다.

제가 말씀드리는 것은 이 사람들이 복음적 각성 운동에 의해 깊이 변화된 사람들이라는 것입니다. 그런데 바로 조지 휘트필드가 이 복음적 각성 운동의 지도자였습니다. 그는 제일인자였습니다. 그런데도 이 사람은 무시되고 그에 비해 존 웨슬리는 지나치게 부각되는 것은 정말 염치없는 일입니다.

제 말을 오해하지 마십시오. 저는 지금 논쟁을 벌이자는 것이 아닙니다. 다만 공정과 정직과 진실을 말하자는 것입니다. 휘트필드를 무시하는 것이 그렇게 나쁘고 정말 한심한 것은 모든 경우에서 조지 휘트필드가 선두였기 때문입니다. 사실은 그가 가장 먼저 회심했습니다.

제가 앞에서 인용한 책의 저자는 휘트필드를 '찰스 웨슬리가 옥스퍼드 시절 회심시킨 사람'이라고 말했습니다. 그러나 실제로 휘트필드가 회심한 것은 1735년이고, 찰스 웨슬리는 1738년에야 회심했습니다. 물론 그 사람의 말뜻은 휘트필드가 옥스퍼드 대학에 들어갔을 때는 이미 찰스 웨슬리와 다른 몇몇 사람들이 홀리 클럽(Holy Club)을 시작한 뒤였으며, 휘트필드는 그 모임에 초청되었다는 뜻입니다.

그러나 제가 설명하겠습니다. 이것이 그의 회심을 뜻하는 것은 아니었습니다. 잉글랜드에서 그들 중 첫 번째로 회심한 사람은 조지 휘트필드로서 그해는 1735년이었습니다. 같은 해에 하웰 해리스와 다니엘 로랜드가 웨일즈에서 회심하게 되었습니다. 그러므로 이 경우에도 휘트필드가 가장 먼저였습니다.

그들 중에서 부흥 방법으로 참된 복음을 설교하기 시작한 사람은 휘트필드였는데, 그는 1736년에 처음 이러한 일을 하기 시작했습니다. 반면에 우리 모두가 아는 바와 같이 웨슬리 형제들이 복음적인 의미에서 설교하기 시작한 것은 1738년 5월이었습니다. 그러므로 휘트필드는 이러한 면에서도 그들 중에서 가장 선두에 선 사람이었습니다. 1737년에 그는 런던시에 큰 군중을 모아 놓고 설교했으며 그 결과 엄청난 열매가 뒤따랐습니다.

이때 일어난 부흥의 특징 중 하나는 누구나 알다시피 옥외 설교였습니다. 이 사람들은 옥외에서 수많은 사람들을 대상으로 설교했는데, 그 수가 종종 2천 명을 넘었습니다. 옥외 설교의 효시가 누군지 아십니까? 항상 답은 같습니다. 휘트필드입니다! 그는 옥외 설교의 선두 주자였으며 존과 찰스 웨슬리에게도 그렇게 하라고 힘써 설득했습니다. 그들 두 형제는 휘트필드보다 훨씬 보수적이었습니다. 그래서 휘트필드보다 몇 개월 지나서야 옥외 설교를 시작했습니다. 이처럼 휘트필드는 모든 영역에서 지도자요, 개척자요, 선두였습니다.

그는 단체(종교 단체) 결성 면에서도 첫째였습니다. 자선 사업에 있어서도 첫째였습니다. 킹스우드 스쿨(Kingswood School)이라 불리는 유명한 메소디스트 학교가 있는데 수많은 메소디스트 사역자들이 자녀들을 그 학교에 보냈습니다. 그런데 이 학교는 본래 광부 등 가난한 자녀들을 위해 설립된 학교였습니다. 이 킹스우드 스쿨을 누가 설립했는지 아십니까? 조지 휘트필드입니다. 선도자는 항상 휘트필드였습니다. 그는 지도자였습니다.

이 사람을 무참히 무시하는 일에 대한 저의 항변은 입증되고도 남음을 이제 이해했으리라 믿습니다. 이 모든 것 외에도 그는 웨일즈의 신앙 부흥을 일으킨 장본인입니다. 그는 현재 웨일즈 장로교회로 알려진 단체의 초대 회장이었습니다. 이것은 흔히 웨일즈 칼빈주의 메소디스트 교회(Welsh Calvinistic Methodist Church)로 알려져 있는데 휘트필드는 1743년 이 교회의 초대 회장이 되었습니다. 분명히 알아야 합니다. 저는 그가 회장이 된 것은 이때를 위한 것이었다고 믿습니다.

웨일즈에는 위대한 사람이며 위대한 설교자인 두 사람, 다니엘 로랜드와 하웰 해리스가 있었습니다. 그런데 문제는 이 둘 중 누가 초대 회장이 되어야 하느냐였습니다. 여러 관례가 있었으나 이 경우만은 한 사람을 택하는 것이 훨씬 유익했습니다. 그래서 그들은 이 두 웨일즈인을 택하지 않고 잉글랜드 사람을 초대 회장에 앉힘으로써 해결책을 찾았습니다. 그리고 이 두 웨일즈인은 휘트필드를 장로교 협회 초대 회장으로 기꺼이 인정했습니다.

그는 스코틀랜드에서도 큰 영향을 미쳤습니다. 글래스고의 한 지역인 캠버스랑에서 열리는 그 교제 시즌에 대한 이야기를 읽어본 사람이라면 누구든지 제가 뜻하는 바를 정확히 알 것입니다. 또한 미국에서의 그의 영향력은 정말 묘사할 수 없을 정도입니다. 현재 조나단 에드워즈의 글들과 저작들을 재출판하는 데 관여하는 사람들을 포함한 모든 저자들은 1740년 이후 미국에서 휘트필드가 끼친 영향은 정말 압도적이었다고 말할 정도로 면밀하고 정직합니다.

미국에서는 1735년에 처음 일어났던 것보다 더 큰 제2차 '대각성'이 있었습니다. 이 사람에게 주의를 기울이는 이유들 중 일부가 바로 이러한 것들입니다. 그는 미국을 일곱 차례나 방문했습니다. 우리 중 일부는 지금도 대서양을 건너는 것을 어렵게 생각합니다. 그러나 200여 년 전에 일곱 차례나 건넜다는 것을 생각해보십시오. 휘트필드는 13번이나 대서양을 횡단했습니다. 그리고 결국 일곱 번째 미국 방문 중에 미국에서 죽었습니다. 그는 사실상 13번 대서양을 횡단하고 스코틀랜드에는 14번이나 갔습니다. 그는 설교자로서 34년간 사역하는 동안 1만 8,000회의 설교를 했다고 추정되고 있습니다.

4. 설교의 대가 휘트필드

우리가 이 사람에 대해 회상하는 것이 타당한 이유가 여기에 있습니다. 이 사람은 비범한 인물이었습니다. 200여 년 전 런던에는 이 조지 휘트필드만큼 잘 알려진 인물이 없었습니다. 그에 대한 사건들은 어떠합니까? 조지 휘트필드로 알려진 기재(奇才)에 대한 이해를 갖기 위해서 간단하게 요약해보겠습니다.

 이미 상기시켜드린 바와 같이 그는 1714년 12월 16일 글로스터에 있는 벨이라는 여관에서 태어났습니다. 그의 조상들 중 많은 사람들이 영국 국교회의 성직자였습니다. 그러나 그의 아버지는 그렇지 않았습니다. 그의 아버지는 글로스터에 있는 벨 여관을 운영했는데 거기서 휘트필드는 소년 시절을 보냈습니다.

 매우 어린 시절에 아버지를 여읜 그는 일기에서 자신이 젊은이가 저질 수 있는 거의 모든 죄를 저질렀다고 밝힙니다. 그는 예민한 양심을 지니고 있었기에 결코 행복하지 않았습니다. 잠시 학교를 떠나 있는 동안 글로스터에 있는 술집에 나가 일했고 그의 양심은 여전히 편하지 못했습니다.

 그래서 학교로 돌아가 끝내는 옥스퍼드에 있는 한 대학에 입학할 허가를 받았고, 그는 찰스 웨슬리와 다른 사람들이 만든 홀리 클럽에 들어가게 되었습니다. 그 클럽에 존 웨슬리도 후에 가담하게 되었습니다. 옥스퍼드에서의 과정을 마친 다음 1736년 6월 20일에 그 당시 글로스터의 감독이었던 벤슨 감독으로부터 안수를 받게 되었는데, 그때 나이는 21세였습니다.

 벤슨 감독은 23세 이전에는 어느 누구도 안수하지 않는다는 것을 원칙으로 삼고 있었습니다. 그러나 이 뛰어난 젊은 사람에 대한 이야기를 듣고, 스스로 그를 만나본 후에는 자기가 정한 원칙을 깨뜨려야겠다는 결심을 하고 비록 스물한 살이었지만 안수해주었습니다.

 6월 27일에, 즉 안수 후 일주일 만에 그는 글로스터의 성마리아 르 크립트 교회에서 처음으로 설교했습니다. 이곳은 그가 유아세례를 받고 처음으로 성찬에 참여한 곳이었습니다. 자연히 이 일은 많은 사람들의 큰 관심을 얻게 되었습니다. 그의 어머니는 여관 주인으로 잘 알려져 있어서 그의 모든 친척들과 친구들과 다른 사람들이 그 예배에 참석했고 그 결과 그 교회가 가득 차게 되었습니다. 이 일은 매우 흥미로운 일이 되었습니다.

 첫 번째 설교를 통해서 그는 즉각적으로 유별난 사람임을 보여주었고, 그에게 비상한 무엇이 있음을 드러내었습니다. 회중에게 끼친 영향은 엄청났습니다. 후에 그 감독에게 보고된 내용을 보면 열다섯 명의 사람들이 이 설교를 통해서 미쳐버렸다고 했습니다. 벤슨 감독은 매우 현명한 사람이었으므로 그는 이렇게 논평했습니다.

"간절히 바라고 소망하는 오직 한 가지는 그 사로잡힌 듯한 열정, 광기가 다음 주일까지 망각되지 않았으면 하는 것입니다."

하여튼 벤슨 감독은 휘트필드가 정말 비상한 설교자임을 인식한 지혜로운 사람이었습니다. 휘트필드가 한 최초의 설교는 그가 21세의 설교자라고는 믿을 수 없을 만큼 특별한 사람으로 보이게 했습니다.

여러분에게 모든 것을 자세히 알려드리면 피곤할 것 같아 계속하지 않겠습니다. 1736년 8월, 그는 런던을 처음 방문하여 그곳 비숍스게이트에서 첫 번째 설교를 했습니다. 그런 다음 런던 타워 채플에서 대리 목사 일을 하게 되었습니다. 그 외 다른 곳에서도 그는 설교할 기회를 얻기 시작했습니다.

청중은 그의 탁월한 설교에 압도되었고 이와 같은 설교를 들어본 적 없다며 환호했습니다. 당시 설교의 전형이었던 산문형 논문을 읽는 대신 휘트필드는 혼신을 다해 권위와 능력과 확신을 갖고 설교했습니다. 그래서 그가 설교할 때마다 항상 교회가 가득 차 입추의 여지가 없었습니다. 그는 런던에서 두 달을 보낸 뒤, 햄프셔에서 교구 부목사로 있는 한 친구를 대신하여 일하기 위해 내려갔습니다.

거기서도 역시 마찬가지였습니다. 그 결과 그는 교구 목사를 도와서 일할 수 있는 기회를 많이 얻게 되었고, 영국 국교회에서 성공적이고 진보적인 일을 할 수 있는 다양한 가능성과 전망을 보게 되었습니다. 그러나 그의 친구 존 웨슬리와 찰스 웨슬리의 영향을 받아 조지아로 가라는 소명을 느꼈습니다. 이 두 사람은 조지아에서 선교 활동을 하려고 애를 쓰고 있었습니다. 휘트필드는 자기가 해야 할 일 역시 바로 이것이라고 결심하게 되었습니다.

그러나 즉각 이용할 배가 없었고 또 여러 가지 준비할 일이 있었습니다.

그래서 그는 어머니와 친척들, 친구들과 작별하기 위해 글로스터로 돌아갈 수 있었습니다. 그는 다시 거기서 설교했는데 그때도 굉장했습니다. 어떤 의미에서 이 설교는, 생애의 진정한 전환점이 되었다고 할 수 있습니다.

이웃한 브리스톨에 몇 사람의 친척이 있었습니다. 그래서 조지아로 떠나기에 앞서 작별하기 위해 그곳에 갔습니다. 그는 주중 어느 날이든, 교회에서 설교나 강연이 있다는 소식을 들으면 언제나 참석했습니다. 그래서 브리스톨에서도 어떤 교회를 갔는데 거기 회중석에 앉아 있을 때, 설교자가 그를 알아보고 내려와서는 대신 설교 좀 해줄 수 없느냐고 요청했습니다. 휘트필드는 이렇게 말했습니다.

"마침 제 포켓에 한 편의 설교를 할 수 있는 간단한 메모가 준비되어 있습니다. 그러면 설교하겠습니다."

어떤 의미에서 이것은 조지 휘트필드라는 비범한 인물의 시작이었습니다. 온 회중이 전율했습니다. 그는 다른 교회에서도 설교했는데 그때도 역시 많은 사람들이 모여들었습니다. 곳곳에서 사람들이 왔습니다. 교회들마다 등을 켜놓아야 했습니다. 2층 좌석이나 2층 회랑 같은 곳에도 등을 켜두어야 했습니다. 건물 내에서 그의 설교를 들을 수 있는 곳이라면 어느 곳이나 말입니다.

이것은 정말로 놀라운 일입니다. 그가 브리스톨에서 처음 설교한 것은 1737년 1월이었습니다. 자연 사태가 일어나 아직도 조지아로 갈 수 없었던 그는 1737년 5월에 다시 브리스톨에 갈 수 있었고 5월 23일에 거기에 도착했습니다. 이 휘트필드라는 인물이 얼마나 비범한 인물인가를 인식하는 데 도움을 줄 만한 일이 여기서 있었습니다.

생각해보십시오. 그는 불과 22세의 젊은 교구 부사역자였습니다. 그러나 브리스톨에 다시 돌아간 일에 대해서 그가 했던 말을 들어보십시오.

"수많은 군중이 나를 만나기 위해 걸어서 왔고, 그 도시 외곽에서 1.5킬로미터나 떨어진 곳에서 탈 것들을 이용하여 많은 사람들이 왔으며, 거의 모든 사람들이 내가 거리를 따라 걸어갈 때 인사하고 칭송했습니다."

이 모습을 그려볼 수 있습니까? 스물두 살 먹은 젊은 사람을 말입니다. 사람들은 1.5킬로미터 떨어진 곳에서 걸어왔고 그를 만나기 위해서 탈 것들을 이용했습니다. 이것은 일종의 '왕의 행렬'이었습니다. 이것은 모두 다 그의 기이하고 놀라운 설교 때문이었습니다. 이와 같은 일은 다시 글로스터에서, 그 다음에는 옥스퍼드, 런던에서 계속 이어졌습니다. 1737년 8월부터 12월 크리스마스 때까지 그는 100회나 설교했다고 합니다. 그는 언제나 수많은 청중을 향해서 설교했습니다.

그는 런던 전체에서 가장 유명한 사람 중의 한 사람이 되었습니다. 아니, 이 나라 전체에서 말입니다. 당시 〈젠틀맨스 매거진〉(The Gentleman's Magazine)이라는 매우 인기 있는 잡지가 있었는데, 이 잡지에 이름이 실리면 아주 성공한 것으로 여겼습니다. 그런데 1737년 11월자에 조지 휘트필드에 대한 칭송시가 실렸습니다. 그는 겨우 스물두 살밖에 되지 않았습니다. 1737년에는 그의 아홉 편의 설교가 출판되었고 대단히 많이 팔렸습니다.

이후 그는 드디어 미국으로 건너갈 수가 있었고, 1738년을 거의 미국에서 보냈습니다. 그해 말에 영국으로 다시 돌아왔는데 거기에는 여러 가지 이유가 있었습니다. 드디어 1739년이라는 이 위대한 해를 맞게 됩니다. 그는 옛 본거지인 글로스터나 브리스톨로 다시 돌아왔습니다. 그는 브리스톨의 외곽 지역에 있던 킹스우드 마을에 살고 있던 광부들의 비참한 참상에 대해서 듣기 시작했습니다. 그들은 가장 부패한 삶을 영위하고 있었습니다.

휘트필드는 그들에 대해서 관심을 갖기 시작했습니다. 그들은 근처에 예배드릴 곳이 있어도 가지 않았습니다. 그래서 휘트필드는 자신이 그들에게 가야겠다고 느끼기 시작했고, 마침내 그들에게 직접 가서 100명쯤 되는 사람들에게 설교했습니다. 그 효력은 매우 엄청나서 결국 어떤 때는 5,000명 앞에서 설교하기도 했습니다. 이 사람들은 갱에서 올라와 씻을 여유도 없이 서서 들었고 휘트필드는 거기 서 있는 사람들에게 설교했습니다. 들리는 바로는 그의 청중은 금방 2만 명이 되었고, 그들 모두가 옥외에 서서 그의 설교를 들었다고 합니다. 그 후 (제가 여러분에게 말씀드린 것처럼) 웨슬리 형제가 그의 영향을 받아 같은 일을 하게 되었습니다.

휘트필드가 미국에서 돌아왔을 때, 그는 자신을 대하는 런던의 교구 목사들과 사역자들의 태도가 매우 달라져 있음을 알게 되었습니다. 그가 떠날 때는 인기가 대단했었는데 돌아와 보니 많은 문들이 닫혀 있었습니다. 왜 그랬을까요?

이에 대해서는 많은 이유가 있습니다. 그로부터 복음을 듣고 회심한 일부 사람들은 정말 지혜롭지 못했습니다. 그래서 그들은 복음에 합당치 못한 행동을 했고, 자기들의 교구 목사와 사역자들에게 대들었습니다. 더구나 교구 목사 가운데 일부는 신생(거듭남)의 절대적인 필요성에 대한 휘트필드의 설교를 실제로 좋아하지 않았습니다. 무엇보다도 그가 쓰기 시작했던 일기의 일부가 출판되었는데, 이것을 보고 사람들은 이것이야말로 자기 과시라고 생각하며 말해서는 안 되는 것들을 말하고 있다고 비난했습니다.

이러한 일들에 대단한 질투심이 가세하여 많은 교회들이 그에게 문을 열어주지 않게 된 것이었습니다. 이 점은 의심할 여지가 없습니다. 그래서 그는 더욱더 옥외 설교에 몰두했습니다. 그는 이즐링턴에 있는 성마리아 교회에서 설교하려다가 거부당했습니다. 강단에 올라가려는 순간 사람들이 그를 막았습니다. 그러나 그는 그 예배를 조용히 끝내야겠다고 결심했습니다.

그래서 그는 사람들을 밖으로 데리고 나가 교회 마당에서 설교했습니다. 이 모든 일이 상황을 악화시켰습니다. 그를 향한 공격들이 너무나 거셌습니다. 그의 도덕적인 성품을 의심하는 비난이 일었습니다. 심지어 그의 개인적인 외모에 대해서 중상하기까지 했습니다. 휘트필드는 불행히도 눈 하나가 사팔뜨기였습니다. 그래서 군중 사이에서-특히 런던에 있던 군중-그는 '사팔뜨기 박사'로 통했습니다. 어쨌든 이것은 전혀 문제가 되지 않았습니다.

요는 그가 유명한 설교자였다는 것과 그의 삶이 그러한 식으로 진행되어

갔다는 것입니다. 그는 무어필드 광장에서 설교했고, 메릴레븐 경기장(현재의 메릴레븐 바로 북쪽에 위치하고 있음)에서 설교하곤 했습니다. 그 당시 메이 페어로 알려져 있던 곳에서 설교하기도 했고, 케닝턴 광장에서 설교하기도 했습니다. 또 블랙히드에서 설교하곤 했습니다.

휘트필드는 넓은 장소가 있는 곳이면 어느 곳에서든지 그의 설교를 듣기 위해 몰려든 수천의 사람들에게 설교해야 했습니다. 그가 설교할 때 들었던 회중의 평균 숫자는 한때 2만 명에 가까웠습니다. 그들 모두 서서, 그것도 기꺼이 서서 그의 설교를 들었다는 것을 기억하십시오.

그는 여생 동안 이러한 일을 계속해나갔습니다. 영국 전역뿐 아니라, 이미 말씀드렸듯이 웨일즈에서도, 스코틀랜드에서도, 미국에서도 그랬습니다. 그리하여 이러한 현상은 계속되었습니다. 그가 가까운 곳에서 설교한다는 소문이 들리면 가게 주인들은 대번에 가게문을 닫았습니다. 그들도 그의 설교를 들어야 했기 때문입니다. 또 장사하는 사람들은 장사를 잊었고 농부들은 자기들의 연장을 놓았습니다.

그는 밤이든 낮이든 수천 명의 회중을 모을 수 있었습니다. 또 눈이 내리든 비가 오든, 서릿발이 서는 매서운 추위든, 날씨가 문제되지 않았습니다. 미국에서도 아주 추운 겨울에 이 사람이 복음을 설교하는 것을 듣기 위해 1,000여 명이 서 있었습니다. 그들은 이 대단한 기회와 특권을 얻기 위해서 아주 멀리서부터 여행해왔습니다.

그 나머지의 생애는 다음과 같이 요약할 수 있습니다. 1739년, 그는 이러한 방법으로 노천에서 설교하기 시작한 이후 계속 전 세계 각국에서 일을 해나가다가 결국 1770년 9월 30일 이른 아침에 마지막 숨을 거두었습니다. 젊은 설교자로 사역하던 초기부터 그처럼 갈망하던 주님과 함께 있기 위해서 갔습니다. 그의 마지막은 그답게 매우 인상적이었습니다. 그는 그때 건강하지 못했습니다. 기이한 일은 그가 할 수 있는 최선을 다하고 죽었다는 것입니다. 왜냐하면 이 사람은 대개 하루에 5-6회 설교를 했기 때문입니다. 늘 그러했습니다. 그래서 언제나 그의 몸은 엄청난 과로 상태에 있었습니다.

이러한 상태에서 그는 1770년 9월 30일 주일, 뉴잉글랜드의 뉴베리 포트에서 설교하기로 약속이 되어 있었습니다. 그래서 그는 그곳을 향하여 여행하고 있었습니다. 그는 엑서터라는 곳을 통과해서 가야 했습니다. 이곳 사람들은 그가 온다는 소식을 듣고 밖으로 몰려나왔고 휘트필드는 그들의 설득으로 설교를 시작했습니다. 처음에는 말할 기력조차 없었습니다. 육체적으로 얼마나 연약한 상태에 있었는지 발음조차 정확히 낼 수가 없었습니다. 그러나 천천히 점차 생기를 되찾기 시작한 그는 이렇게 해서 두 시간 동안 그들에게 설교를 했습니다.

조지 휘트필드는 이러한 사람이었습니다. 그는 능력과 힘이 충만하게 되었고 회중은 늘 그렇듯이 깊은 감명을 받았습니다. 그리고 그는 토요일 밤에 머물기로 한 뉴베리 포트에 도착해서 잠을 자야겠다고 말했습니다. 그들은 그에게 촛불을 건네주었습니다. 그러나 그곳에 또 수많은 사람들이 운집해 있었습니다. 가는 곳마다 사람들은 그를 둘러싸고 질문을 던지고 그로부터 한마디를 듣고 싶어 했습니다.

그의 마지막 모습은 너무 아름답고 정말 목가적인 모습이었습니다. 그는 그들을 비집고 지나가려고 애를 썼고, 자기 손에 불이 밝혀져 있는 촛불을 들고 계단을 오르기 시작했습니다. 그러다가 뒤를 둘러보면서 그들에게 다시 말했습니다. 그들에게 또 다른 권면의 말을 한 것입니다. 촛불이 촛대에서 다 타서 그만 손에 촛대만 들고 있을 때까지 계속 그렇게 했습니다.

마침내 그는 침실에 들어가 침대에 누웠습니다. 그는 우리가 심장성 천식이라 부르는 병으로 대단히 심각한 위협을 받고 있었고, 결국 그것으로 죽었습니다. 그는 그처럼 사랑하던 주님과 함께 있기 위해서 간 것입니다. 그의 놀라운 일기를 읽게 되면, 주님과 함께 있고 싶어 하는 갈망 어린 그의 태도를 볼 수 있습니다. 그것은 단순한 말치레가 아니었습니다. 정말 그것을 원했습니다. 그는 때때로 그러한 말을 했다고 해서 비난을 받기까지 했습니다.

그러나 그의 가장 큰 소원은 그것이었습니다. 결국 그 소원이 허락된 것입니다. 조지 휘트필드라는 이름으로 알려진 그 기인을 우리가 상기하는 것이 타당한 이유는 바로 이래서입니다.

이 사람은 모든 계층의 사람들에게 그러한 방법으로 설교할 수 있었습니다. 그는 런던의 귀족들 가운데서도 대단히 많은 사람들의 추종을 받았습니다. 헌팅던(Huntingdon) 백작 부인은 설교자로서 그와 같은 사람이 없다고 생각했습니다. 그녀는 자신의 큰 집에 있는 여러 방들을 개방하고 모든 지도급 귀족들을 초대하여 그의 설교를 듣게 했습니다. 그들은 휘트필드의 설교를 듣기 좋아했습니다. 그는 귀족들에게도 인정받은 가장 위대한 설교자들 가운데 가장 위대한 사람이었습니다.

그러나 제가 여러분에게 상기시켜드린 바와 같이 그는 역시 광부들에게도 가장 위대한 설교자였습니다. 또한 무어필드나 케닝턴 광장 또는 어느 곳이든 거기에 몰려든 수많은 사람들에게 가장 위대한 설교자였습니다. 그는 고아원에 있는 자녀들에게도 똑같이 잘 설교할 수 있었습니다. 그는 얼마나 뛰어나고 얼마나 기이한 사람입니까?

그는 돈을 모으는 일에 있어서도 탁월했습니다. 그는 조지아에 고아원을 설립했는데, 이것을 유지하는 데 대단히 많은 돈이 필요했습니다. 그래서 설교를 하고 나서는 마지막에 돈을 모금하는 것이 그의 습관이 되었습니다. 그는 대단히 많은 돈을 모았습니다. 이 돈으로 그는 궁핍한 사람이나 난관에 처한 사람들을 도와주었습니다. 잉글랜드 전체가 그에 대해서 이야기했습니다. 그가 런던에 있을 때도 그러했습니다. 그는 모든 계층, 사회의 모든 부류의 사람들을 끌 수 있었습니다.

5. 웅변가이자 경건한 사람 휘트필드

이 특이한 인물을 어떻게 설명해야겠습니까? 이것을 생각하기조차 우리는 매우 어렵지 않습니까? 우리는 매우 안타까운 시대에 살고 있습니다. 18세기는 얼마나 놀라운 시기입니까! 이 현상을 어떻게 설명해야겠습니까?

먼저 휘트필드 자신부터 생각해봅시다. 본래부터 그는 매우 흥미로운 사람이었습니다. 소년으로서 그는 빈틈이 없고 매우 사랑스러웠다고 합니다. 그러나 그에게 가장 뛰어난 것은 언어 구사 능력이었습니다. 그는 아주 어릴 때 그것을 보여주었습니다. 그는 여관에서 설교자들을 흉내냈습니다. 그는 타고난 배우였습니다. 그는 대단한 웅변술을 갖고 있었습니다. 웅변가가 만들어질 수는 없습니다.

웅변가는 태어납니다. 이 사람은 웅변가로 태어났습니다. 그는 언제나 셰익스피어의 희극 일부를 낭송하는 것을 좋아했습니다. 학교에서도 어느 한 역할을 도맡았습니다. 또는 만일 글로스터 시에 있는 저명인사들에게 어떤 연설을 해야 된다면 이 소년이 뽑혔습니다. 그것은 그의 기이한 웅변술과 그가 쉽고 은혜롭게 그 모든 것을 해내는 방법 때문이었습니다. 그는 타고난 웅변가였습니다. 다른 모든 웅변가처럼 그는 몸짓에 있어서 대단히 자유로웠고 아주 적절한 것이 특징이었습니다.

학자연하는 존 웨슬리는 웅변가가 아니었습니다. 그는 때로 이러한 면에 대해 조지 휘트필드를 비평하는 경향이 있었습니다. 웨슬리의 일기에서 본 기억이 나는데, 한 번은 그들이 같은 시간에 더블린에 있게 되었습니다. 존 웨슬리는 휘트필드의 설교를 들으러 갔습니다. 웨슬리는 그 예배를 얘기하면서 휘트필드의 몸짓이 마치 상자 속에 들어 있는 프랑스 사람과 흡사하게 보였다고 했습니다. 그 뜻은 입술과 입으로뿐만 아니라 손으로 말하는 경향이 있었다는 것입니다.

그러나 그것이 웅변입니다. 역사상 가장 위대한 웅변가 중 한 사람은 데모스테네스(Demosthenes)입니다. 어떤 사람이 데모스테네스에게 어느 날 이렇게 물었습니다.

"웅변의 제일가는 원리가 무엇입니까?"

데모스테네스는 대답했습니다.

"웅변의 제일가는 원리는 동작(action)입니다. 웅변의 둘째 원리도 동작입니다. 셋째 원리도 동작입니다."

웅변가는 단순히 입술과 혀만 움직이는 사람이 아니라 온몸을 다 동원하는 사람입니다.

조지 휘트필드는 타고난 웅변가였습니다. 데이비드 개릭(David Garrick)이 한 말을 들어본 적이 있습니까? 데이비드 개릭은 그 당시 런던의 일류 배우였습니다. 그는 기회만 있으면 언제나 휘트필드의 설교를 들으러 갔습니다. 그가 그렇게 한 것은 복음보다는 휘트필드의 말과 몸짓에 관심이 있어서였습니다.

개릭은 자기가 만일 조지 휘트필드처럼 '오!'라는 말을 할 수만 있다면 일백 기니(guinea, 영국의 옛 금화로 이전의 21실링에 해당하는 가치임. 현재는 계산상의 통화단위로 상금, 사례금 등의 표시로만 사용한다고 함-역주)를 내겠다고 했다고 합니다. 또 어떤 사람은 자기가 휘트필드처럼 '메소포타미아'라는 말을 발음할 수만 있다면 정말 행복하겠다고 말했다고 합니다.

훨씬 더 큰 권위를 가진 사람의 말을 인용하겠습니다. 18세기 중엽의 위대한 인물 중 볼링부르크(Bolingbroke)를 들 수 있는데, 그는 유능하고 교양 있는 사람이었으며 해박하고 지혜로운 사람이었습니다. 동시에 그는 웅변과 연설에 관심이 있었습니다. 볼링부르크는 여러 번 들어왔던 휘트필드의 설교에 대해 언급하길 휘트필드야말로 자기가 들어본 사람 가운데 가장 유창한 웅변을 했다면서 그를 가리켜 '가장 위대한 달변가'라고 했습니다.

이에 덧붙여서 휘트필드는 따스하고 동정심이 우러나오는 성품을 지니고 있었습니다. 이것이 바로 그의 천성입니다. 그러나 이것이 조지 휘트필드의 기이함을 전부 설명해주지는 못합니다. 이제 영적인 부분을 봅시다. 여기에 해답이 있습니다. 있는 그대로 거의 우스꽝스럽게 표현해보겠습니다. 하나님께서는 자신이 하는 일을 아십니다. 그래서 이 사람 조지 휘트필드를 선택하시고 그에게 이러한 천부적 재능을 부여하실 때 자기가 무엇을 하고 있는지를 아셨습니다.

조지 휘트필드는 획기적인 회심을 했습니다. 그 회심은 길고 고통스러운 과정이었습니다. 그 회심에는 많은 단계가 있었습니다. 이미 상기시켜드린 바와 같이 그의 양심은 소년 시절부터 그를 괴롭혔습니다.

또 청년 때에도 그랬습니다. 그는 옥스퍼드 대학에 진학한 이후에도 초대 받은 여러 번의 파티에 가지 않았습니다. 그는 그렇게 하고 싶지 않았습니다. 그는 매우 진지했으며 '홀리 클럽'이라는 모임에 합류하고는 더더욱 진지한 사람이 되었습니다. 당시 홀리 클럽 사람들은 선한 일과 금식을 했으며 감옥도 방문했습니다. 그러나 이러한 활동 중 어느 것도 휘트필드에게 도움을 주지 못했습니다.

그러던 중 그는 헨리 스코갈(Henry Scougal)이라는 스코틀랜드 사람이 쓴 한 유명한 책을 읽게 되었습니다. 이 저자는 17세기 말엽을 산 사람입니다. 책 제목은 『인간의 영혼 속에 있는 하나님의 생명』(The Life of God in the Soul of Man)이었습니다. 이 책은 그에게 지대한 영향을 미쳤습니다. 이 책은 그로 하여금 거듭날 필요가 있으며, 그리스도인이 된다는 것은 선한 삶을 살거나 이것 저것을 하는 것이 아니라 영혼 속에 하나님의 생명을 갖는 것을 의미함을 확신하게 했습니다.

그는 그 생명을 갖고 있지 않음을 알게 되었습니다. 그래서 그는 깊은 절망에 빠졌습니다. 괴로워했습니다. 그는 땅바닥에 엎드려 기도하곤 했습니다. 또한 밖으로 나가 야외에서 기도하곤 했습니다. 그는 해보지 않은 일이 없었습니다. 그는 죄를 자각하는 그 무서운 과정을 겪었습니다. 그러나 드디어 하나님께서 은혜롭게 그에게 미소를 던지셨습니다.

다른 말로 해서 조지 휘트필드의 회심은 '결심'의 문제가 아니었습니다. 또한 갑작스러운 것도 아니었습니다. 그는 엄청나게 고통스러운 죄의 자각 과정을 통과했던 것입니다. 그 다음에야 빛이 그에게 비쳤습니다. 이 외에 그는 하나님께서 자기 죄를 용서하셨다는 사실을 '성령의 인침'으로 알게 되었습니다. 성령이 그 사실을 인치셨습니다. 이 사람이 '성령의 세례'를 받았다는 것은 의문의 여지가 없습니다. 이것이 바로 처음부터 그의 설교가 그처럼 특이했던 이유를 설명해주는 것입니다.

그러나 우리는 이 점을 기억합시다. 비록 그렇게 시작되었지만 그는 그의 삶을 살아나가면서 정말 놀라운 경건의 삶을 살았습니다. 이 사람의 기도 생활은 우리 모두를 부끄럽게 합니다. 때로는 저로 하여금 이러한 문제들에 대해서 나는 아무것도 알지 못한다고 느끼게 합니다. 저는 이미 이 사람의 겸손과 성자다운 면모를 언급했습니다.

그가 설교를 두렵게 생각한 것만큼 그 점을 잘 보여주는 것도 없습니다. 목회 사역을 위해 훈련을 받고 안수받을 때가 왔지만 그는 설교하기를 매우 두려워하였습니다. 설교는 매우 거룩한 임무라고 생각했기 때문입니다. 그는 설교하지 않기 위해서 천 리라도 도망가고 싶은 심정이었습니다.

이것이 설교에 대한 그의 관점이었습니다. 그 자신과 그 자신의 무가치함에 대한 그의 관점도 그러했습니다. 그렇기 때문에 조지 휘트필드로 하여금 강단에 올라가 설교하도록 설득하는 데 애를 먹게 되었습니다.

여러분, 우리가 여기서 교훈을 받아야 하지 않겠습니까? 그는 신문의 주목을 받는 것도 싫어했습니다. 그러한 주목을 받을 때면 언제나 괴로워했습니다. 다른 말로 해서 그는 특이하게 겸손하고 성자 같은 사람이었습니다. 존 웨슬리는 성자다움에 있어서 휘트필드를 따라갈 만한 사람이 딱 한 사람 있다고 말했습니다. 그 사람은 메들리의 존 플래처라는 사람이었습니다. 그러나 존 웨슬리가 휘트필드의 생애 말년에 그러한 말을 했고 그 두 사람 사이에 일어났던 모든 일을 생각하면, 그렇게 말한 것은 휘트필드의 성자다움과 경건에 대단한 찬사를 보냈다는 것을 뜻합니다.

저는 이미 그의 열심을 강조한 바 있습니다. 그의 형제애와 그의 특징인 우주성을 강조하고 싶습니다. 처음에 저는 그 사람이 칼빈처럼 복음적인 연합에 매우 큰 관심을 가졌음을 상기시킨 바 있습니다. 이 사람에게는 작은 것이란 하나도 없었습니다. 그는 존 웨슬리와 찰스 웨슬리 사이의 교리적 문제로 의견 차이를 나타냈고 그들의 의견을 반대할 채비가 되어 있었습니다. 그러나 이것은 그를 고지식하고 편협한 사람으로 만들지는 못했습니다. 또한 파당적인 작은 사람으로 만들지도 못했습니다. 절대로 아닙니다. 저는 그것을 입증할 수 있습니다.

예를 들어 스코틀랜드에서 있었던 일을 언급하겠습니다. 어스킨의 두 형제 랄프(Ralph)와 에벤에셀(Ebenezer)은 스코틀랜드 국교에서 분리한 장로교에서 탈퇴했는데 그들은 그렇게 할 만한 충분한 증거가 있었습니다. 그 사람들은 휘트필드에게 스코틀랜드에서 자기들만을 위해서 설교해달라고 설득했습니다.

그러나 그는 그렇게 하지 않았습니다. 만일 복음을 믿는 사람들이 스코틀랜드 교회에 있다면, 또한 나의 복음 설교에 문을 열 준비가 되어 있는 사람들이 있다면 그 사람들에게도 설교하겠다고 말했습니다. 그는 어스킨 형제들에게 매인 사람이 아니었습니다. 그는 스코틀랜드 국교회의 사역자들을 위해서 설교했습니다. 또한 글래스고와 캠버스랑과 에든버러와 다른 여러 지역에서 그렇게 했습니다.

이것은 그 안에 계신 하나님의 성령의 결과였습니다. 사랑과 형제애와 넓은 마음과 진정으로 복음적인 설교를 행하는 모든 사람들은 하나가 되어야 하며, 함께 일해야 한다는 그의 간절한 소원이 바로 그러한 결과를 낳게 했습니다.

6. 휘트필드 설교의 주요 메시지

그는 그러한 사람이었습니다. 저는 이제 그의 메시지에 대해서 한마디만 하겠습니다. 그는 그의 메시지를 '정직한 것, 명백한 것'으로 묘사했습니다.

그는 언제나 직설적이었습니다. 그는 무엇에 관해서 설교했습니까? 그의 위대한 제목들 가운데 하나는 원죄였습니다. 조지 휘트필드만큼 강력하게 자연인의 중생치 않은 마음 상태를 잘 파헤친 사람은 없습니다.

그 다음으로 중요한 주제는 중생이었습니다. 그는 스스로 '그리스도 안에서의 신생의 본질과 필요성'에 대한 설교가 런던과 브리스톨과 글로스터와 글로스터셔에서 각성을 일으키기 시작했다고 말한 바 있습니다. 또한 대각성을 일으킨 것도 이 주제에 대한 그의 유명한 설교였다고 스스로도 확신했습니다. 이것이 바로 그의 주요한 주제였습니다.

그의 설교의 중요한 또 다른 주제는 이것입니다. 그는 성령의 직접적이고 즉각적이며 내적인 영향을 믿었습니다. 조나단 에드워즈가 이 일을 하도록 그를 잡아주었던 것입니다. 에드워즈와 다른 사람들이 이 점에 대해 휘트필드와 얘기한 일이 조나단 에드워즈의 회고록에 나와 있는데, 매우 흥미롭습니다. 에드워즈는 이렇게 말했습니다.

"내적 영향에 대한 그의 강조 문제를 놓고 그와 씨름했습니다."

휘트필드는 성령의 직접적인 인도하심을 크게 강조했습니다. 그는 성령께서 자기에게 직접 말씀하신다고 믿었습니다. 그는 그것에 따라서 행동했습니다. 에드워즈는 지적인 의미에서 훨씬 더 유능하고 훨씬 더 위대한 천재였으나 이 점에 관해서는 휘트필드와 동일한 마음이 아니었습니다. 에드워즈가 남긴 매우 흥미롭고 재미있는 기록에 따르면 휘트필드는 에드워즈의 말을 받아들이려 하지 않았던 게 분명합니다. 왜냐하면 휘트필드는 시종일관 성령의 직접적인 인도를 설교하며 대단히 강조했기 때문입니다.

물론 그 다음으로 중요한 주제는 믿음으로 의롭다 함을 입는 것(이신칭의)이었습니다. 어떤 사람들은 제가 어째서 중생을 믿음으로 의롭다 함을 받는 것보다 앞에 두는지 의문을 가질 것입니다.

다음과 같은 이유 때문입니다. 휘트필드는 믿음으로 의롭다 함을 받는다는 교리를 설교하기 전에 중생을 설교했습니다. 그가 이 부분에 있어서 변화를 겪었다는 것을 알면 아주 흥미롭습니다. 그의 초반기 설교는 거의 중생치 못한 자연인의 마음의 부패성과 신생의 필연성에 대한 것이었습니다. 이것은 의심할 여지없이 스코갈의 교훈의 영향이었습니다.

1737년에 출판된 그의 아홉 편의 설교에는 믿음으로 의롭다 함을 받는 것이 전혀 언급되어 있지 않습니다. 그의 일기에는 '믿음으로 의롭다 함을 얻는다'는 주제에 대해 "비록 내가 그때는 그 후처럼 그것에 대해서 명백하지는 않았지만"이라고 의미 있게 진술되어 있습니다. 그는 1737년까지 믿음으로 의롭다 함을 얻는다는 교리에 대해서 명백하지 못했음을 인정했습니다.

만일 여러분이 그의 일기를 읽어보면, 이 진리에 대해 그를 바로잡아 준 사람이 웨슬리 두 형제들이었음을 발견할 것입니다. 그들은 처음부터 믿음으로 의롭다 함을 얻는다는 교리를 전파했습니다. 휘트필드는 그렇지 않았습니다. 그들은 휘트필드가 이 부분에서 더 균형을 갖출 수 있도록 도와주었습니다.

우리는 정직해야 합니다. 휘트필드는 편당적인 사람이 아니었다고 말한 바 있습니다. 또한 저도 편당적인 사람이 되어서는 안 됩니다. 휘트필드로 하여금 설교자의 메시지에서 믿음으로 의롭다 함을 얻는다는 교리가 얼마나 중요하며, 그것이 어떤 위치를 차지하고 있는지 알 수 있도록 도와준 사람이 웨슬리 형제였다는 것을 우리는 인정하고 이 두 사람을 높여야 할 것입니다.

저는 이미 그의 설교에 칼빈주의적인 강조가 드러나 있음을 말씀드린 바 있습니다. 그는 이 점에 대해서 명백했고 모호하지 않았습니다.

그의 설교의 또 다른 특징은 회심하지 않은 설교자들을 혹독하게 질책했다는 것입니다. 특히 처음부터 그랬습니다. 조나단 에드워즈는 이러한 휘트필드를 제지하려고 애를 썼습니다. 그러나 휘트필드는 그의 말을 듣지 않았습니다.

휘트필드는 수많은 사역자들이 그의 설교를 들을 때마다, 회심하지 않은 채 목회 사역을 하는 것을 비난했습니다. 이러한 사실을 지적하기 위해 그는 또한 '느끼지도 않은 그리스도'를 설교하는 것은 가장 두려운 일이라고 말했습니다. 마음 안에 계시는 그리스도를 느끼지 않은 채 그리스도를 전하는 것이 바로 이러한 것이라고 말한 것입니다. 그는 이러한 잘못을 저지르는 사람들을 한없이 비난했습니다.

7. 휘트필드의 설교

이제까지 그의 사람됨과 메시지에 대해서 말씀드렸습니다. 이제 끝으로 휘트필드의 가장 특징적인 것, 즉 그의 설교에 대해서 말씀드리겠습니다. 여러분은 구별과 분리의 차이를 아십니까? 제가 이 질문을 던지는 데는 이유가 있습니다. 사람들이 메시지와 설교하는 것의 차이를 구별하지 못하는 것을 볼 때처럼 저를 낙심시키는 것도 없습니다. 진리를 말하는 것과 설교하는 것 사이에는 엄청난 차이가 있습니다.

바르고 정통적인 메시지를 가질 수는 있지만 그렇다고 반드시 그것이 설교하는 것이라고 말할 수는 없습니다. 휘트필드로 하여금 로랜드와 다른 부류에 있게 하는 것이 바로 설교하는 것(preaching, 여기서 로이드 존스는 설교 내용과 설교하는 행동을 구분하고 있음을 기억해야 함 – 역주)입니다.

제 말을 이해하시겠습니까? 저는 메시지를 나타내고 전달하는 방법을 말하고 있습니다. 그 당시 같은 메시지를 전파하는 사람들이 여럿 있었습니다. 그 이후에도 그랬습니다. 그러나 조지 휘트필드의 설교는 그러한 것이 아니었습니다. 누가 그의 설교를 설명할 수 있습니까?

그의 설교는 사도적, 천사적 설교라고 묘사할 수밖에 없습니다. 그의 설교를 많이 들었고 그중 일부를 출판하는 일을 맡았던 한 미국 설교자의 논평을 저는 좋아합니다. 그는 휘트필드의 설교 스타일에 대하여 논평하면서 이렇게 말했습니다.

"그의 설교 스타일에는 고상한 자유분방함이 흐릅니다."

이 말은 무슨 뜻입니까? 휘트필드는 앉아서 멋진 문학적 설교 원고를 쓰지 않았다는 것입니다. 모든 문장이 완벽하게 균형을 이루고, 완전하게 문장이 끝나며 매끄럽게 다듬어진 그러한 문장으로 구성된 설교를 쓰지 않았다는 것입니다. 그는 설교문을 작성할 시간도 없었습니다. 그는 즉흥 설교가였습니다.

'고상한 자유분방함'이 그의 설교 속에 들어 있었습니다. 그는 문법의 틀을 깨뜨렸고, 그 문장을 언제 끝내야겠다는 생각도 하지 않았습니다. 설교에 대해 아는 사람에게는 그러한 것이 아무것도 아닙니다.

'고상한 자유분방함!' 우리가 이것을 좀 더 많이 알고, 이 타락한 세대에서 설교로 통하는 매끄러운 메시지를 좀 덜 알았으면! 그러나 그의 설교를 특징짓는 것은 열심이요, 불이요, 열정이요, 불꽃입니다. 그는 가장 확신 있고 가장 위력적인 설교자였습니다. 글로스터에서 처음 설교할 때 일어났던 일을 말한 바 있습니다.

그가 계속 산출해낸 효과는 그와 같았습니다. 그가 자연인의 어두운 마음과 죄악성을 얼마나 들춰냈는지 사람들은 겁을 먹고 놀랐으며, 그의 설교를 들으면서 영혼의 고뇌를 느꼈습니다. 그러나 그의 설교에는 연민의 정을 자아내는 힘과 사랑, 항거할 수 없이 녹이는 성질이 있었습니다.

이것이 바로 설교하는 것(설교 행위)입니다. 저는 이 설교하는 문제에 대한 휘트필드 자신의 말을 좋아합니다. 어느 날, 그는 그의 설교를 출판하고자 하니 설교 원고를 달라는 부탁을 받은 적이 있었습니다. 그의 대답은 이러했습니다.

"만일 당신이 그 설교와 함께 빛과 우레와 무지개를 인쇄할 수 있다면 거절하지 않겠습니다."

설교를 차가운 활자로 옮길 수는 없습니다. 그것은 불가능합니다. 설교의 내용들을 옮길 수는 있습니다. 그러나 설교 자체를 옮길 수는 없습니다. '빛'을 인쇄할 수도 없고 '우레, 빛의 번쩍임과 천둥소리'를 인쇄하거나 '무지개'

를 포착할 수는 더욱 없습니다. 이 모든 것은 설교자가 한 말, 행동, 설교자의 모든 것 속에 들어 있는 것입니다. 이것을 활자로 옮길 수 없습니다.

사람들이 휘트필드의 설교를 읽을 때, 흔히 "이해할 수 없습니다. 이와 같은 설교를 한 사람이 어떻게 그처럼 놀라운 인물이나 놀라운 설교자가 될 수 있었는지 말입니다"라는 말을 하게 되는 이유도 그 때문입니다. 만일 여러분이 그렇게 말한다면 여러분은 설교하는 것이 무엇인지 전혀 모르고 있음을 드러내고 있는 것뿐입니다. 설교하는 것을 종이에 옮길 수는 없습니다.

19세기 중엽이나 그 전부터 우리의 큰 문제 중 하나는 바로 그러한 견해라고 저는 주장합니다. 설교를 인쇄하는 것은 그러한 설교에 엄청난 피해를 줍니다. 설교자는 현장에서 설교를 듣고 있는 사람들보다 설교를 읽으려는 사람들에게 시선을 주게 됩니다. 평판과 문학적이고 현학적인 체하는 비평가들의 말이 관심의 중심이 되고 있다는 것입니다. 이 문제에 대한 휘트필드의 말을 기억해둡시다.

휘트필드의 현장 설교는 그 효과가 정말 엄청났습니다. 그는 과거 킹스우드의 가난한 채탄 광부들이 설교 듣던 모습을 떠올리며 말합니다. 이 가난한 사람들은 갱에서 곧바로 올라왔기 때문에 그들의 얼굴은 석탄 먼지로 검게 칠해져 있었으나 그 모습 그대로 휘트필드의 설교를 들었습니다. 그는 말합니다.

"내가 그들에게 설교할 때 갑자기 그들의 검은 얼굴에 흰 골이 생기는 것을 보기 시작했습니다."

무슨 뜻입니까? 눈물이 얼굴로 흘러내리자 석탄 먼지와 검댕 묻은 얼굴에 흰 줄기가 생겨났다는 것입니다.

이것이 바로 설교입니다. 교리에 대해서 아무것도 알지 못하며 죄밖에는 아무것도 알지 못하는 사람들, 술 취함과 방탕 속에서만 살아가고 있던 사람들이 하나님의 말씀을 이처럼 기이하게 설교하는 것을 듣고 눈물이 뒤범벅이 되어 울고 있었던 것입니다. 또는 다음의 위대한 찬송시를 쓴 작가가 그것을 어떻게 묘사하는지 살펴봅시다.

위대하신 경이의 하나님이여!
주의 길은 모두 비할 데 없고 하나님답고 신성합니다.

사무엘 데이비스(Samuel Davies)는 뛰어난 설교자이자 매우 지성적인 사람이었습니다. 그는 그 당시 미국의 부흥에 참여했습니다. 그는 한 대학의 학장이었습니다. 사무엘 데이비스와 길버트 테넨트(Gilbert Tennent)는 그 대학의 모금 활동을 위해 영국으로 파송되었습니다.

그들은 아주 힘든 항해 끝에 영국에 도착했는데 그 항해 기간 동안 여러 번 배가 파손될 위험에 처했었습니다. 그들은 어느 토요일 아침 런던에 도착했습니다. 그들이 도착한 후 첫 번째로 던진 질문은 "휘트필드 씨가 이곳에 있습니까?"였습니다. 그가 있다는 소리를 듣고 그들은 기뻐했습니다. 그리고 당장 내일 아침 설교를 휘트필드가 한다는 것을 알게 되었습니다. 아마 그곳이 무어필드가 아닌가 합니다. 그래서 그들은 그의 설교를 들을 매우 좋은 기회가 왔다고 생각했습니다.

사무엘 데이비스는 그 예배 상황을 쓰면서 이렇게 말했습니다.

그 예배에 참석하자마자 나는 휘트필드가 정말 바쁜 주간을 보내고 있음을 확신했습니다. 분명 그는 설교를 준비할 시간적인 여유가 없었습니다. … 사고의 구성과 안배에 있어서 그의 설교는 매우 빈약했고 결함이 있었습니다. 정말 형편없는 설교였습니다. 그러나 그 설교에 수반된 기름부음은 너무나 놀라워, 은혜로운 감화를 받기 위해서라면 대서양의 그 무서운 파선의 위험을 여러 차례 감수하겠다는 생각이 들 정도였습니다.

여러분, 바로 이것이 설교입니다. 빈약한 설교 형식 그러나 엄청난 설교입니다! 이것에 대해서 우리는 무엇을 알고 있습니까? 어째서 우리는 설교하는 것을 '연설하는 것' 또는 '말하는 것'으로 이야기합니까? 설교! 이것은 하나님 안에서 엄청난 부흥을 산출했던 것입니다. 여러분은 조나단 에드워즈와 에드워즈 부인이 휘트필드의 설교를 듣고 느꼈던 것에 대한 기록을 읽어볼 수 있을 것입니다.

저는 체스터필드(Chesterfield) 경이 말한 것을 들려드리겠습니다. 체스터필드는 18세기의 전형적인 휴머니스트로서 그의 아들에게 주는 충고 형식의 유명한 책을 쓴 멋쟁이였습니다. 그는 휘트필드의 설교를 듣기 좋아했습니다. 그는 다른 사람처럼 그 설교를 듣고 그 설교의 능력에 압도당했습니다. 여러분도 기억하다시피 유명한 이야기가 있습니다.

어느 날 오후 휘트필드는 죄인의 처지가 얼마나 위험천만한가를 보여주기 위해서 한 예화를 사용하고 있었는데, 그것은 죄인이 깨닫지도 못한 채 지옥을 향해 가고 있는 모습이었습니다. 그는 죄인을, 개를 따라가는 한 눈먼 사람으로 비유했습니다.

손에는 지팡이를 들고 있었습니다. 개의 인도를 받고 있는 것입니다. 그런데 불행히도 개가 줄을 끊고 도망쳤습니다. 그 사람은 혼자서 지팡이로 더듬으며 애써야 했습니다. 알지도 못하는 사이에 그 가련한 사람은 절벽 끝까지 더듬으며 갔습니다. 그만 그 지팡이가 계곡으로 떨어졌고 그 떨어지는 소리는 계곡에 메아리쳐 들려 왔습니다. 그 소경은 조심해서 지팡이를 다시 잡으려고 앞을 향해 손을 더듬었습니다. 그 순간 소경은 허공을 향해 발을 내디딜 위기 가운데 있었습니다.

그 순간 체스터필드 경이 자리에서 벌떡 일어나더니 "아, 안 됩니다! 그를 붙잡으십시오!"라고 소리치면서 그 소경이 벼랑으로 떨어지지 않게 하기 위해 앞으로 뛰쳐나갔습니다. 이것은 웅변일 뿐만 아니라 설교이기도 합니다. 그 설교는 체스터필드 경과 같은 사람에게도 효과적이었습니다.

그러나 제가 가장 좋아하는 이야기는 벤자민 프랭클린(Benjamin Franklin)이 조지 휘트필드의 설교를 들으러 온 이야기입니다. 이 사람도 천재였습니다. 벤자민 프랭클린은 과학자로서, 또 문학가로서, 아메리카 혁명의 지도자 중 한 사람으로서, 프랑스 주재 미국 초대 대사로서 유명한 사람입니다.

그는 종종 런던을 방문했습니다. 이 유능하고 교양 있는 사람은 자신을 퀘이커 교도라고 불렀습니다. 그는 그리스도인의 입장에서 볼 때 전혀 아무것도 아닌 사람이었습니다. 벤자민 프랭클린은 필라델피아에서 살았었는데 휘트필드가 그곳을 방문했을 때는 인쇄업자였습니다. 그는 빈틈없는 사업가였고 휘트필드의 설교를 인쇄하여 팔았습니다. 그는 휘트필드의 설교를 들을 기회를 놓치지 않았습니다.

그가 이러한 기회들 가운데 하나에 대해서 말하는 것을 들어보십시오. 휘트필드는 설교가 끝나면 틀림없이 조지아에 있는 자기 고아원을 위해서 모금했다고 말씀드린 바가 있습니다. 프랭클린도 그것을 잘 알고 있었습니다. 그러한 일이 여러 번 있었던 것을 그도 보았습니다. 그도 헌금했으나 그러한 일을 하는 데에 아주 진력이 났습니다. 휘트필드가 자기 돈을 너무 많이 가져간다고 생각했던 것입니다. 그래서 그는 휘트필드의 설교를 들으러 가던 그날은 설교 후 모금할 때 절대 헌금하지 않겠다고 작정했습니다.

"내 호주머니에는 금화, 은화 그리고 동전이 있었습니다. 그러나 나는 그 모든 것을 주지 않을 결심이었습니다. 이미 여러 번 헌금했던 터이기 때문입니다."

그러나 그의 다음 말을 들어보십시오.

"설교자가 나오자 나는 마음이 풀어져 동전을 내야겠다고 결심했습니다. 이 웅변가가 또 일격을 가하자 나는 은화를 내야겠다고 결심하게 되었습니다. 그리고 멋지게 설교를 마치자 나는 포켓에 있는 것을 모두 그 모금 접시에 놓고 말았습니다. 금화와 모든 것을 말입니다."

바로 이것이 설교입니다! 이것은 웅변 이상입니다. 성령으로 영감된 웅변, 하나님 말씀의 메시지와 그 영광스런 복음을 전파하는 웅변이란 말입니다.

8. 휘트필드를 통해 얻는 교훈

조지 휘트필드가 오늘날 우리에게 주는 교훈들을 제가 몇 가지로 제시할 수 있을지 모르겠습니다. 저는 이것들을 상세히 설명할 시간을 갖고 싶었습니다. 그가 우리에게 가르쳐준 첫 번째 교훈은 "상황은 절대로 절망적이지 않다"는 것입니다.

1736년부터 1737년의 기간만큼 사태가 악화되었던 적도 없었습니다. 그때는 정말 절대적인 절망의 상황 같았습니다. 바로 그때 하나님께서는 글로스터의 벨 여관에서 태어난 이 무명의 소년 조지 휘트필드에게 손을 얹으신 것입니다.

하나님의 주권입니다! 기독교의 장래를 걱정하느라고 시간을 너무 많이 보내지 마십시오. 단순히 우리 앞에 직면한 상황을 묘사하거나 분석하는 데만 너무 많은 시간을 쓰지 마십시오. 상황은 결코 절망적이지 않습니다. 그 일은 하나님께서 이제까지 행하신 가장 놀라운 일들 중 하나였습니다.

두 번째로, 칼빈주의와 전도의 관심은 서로 양립할 수 없다는 거짓말에 영원한 종식을 고합시다(나는 이러한 말을 좋아하지 않습니다. 그러나 이러한 말들이 사용되기 때문에 이 말들을 사용한 것입니다). 영국이 낳은 가장 위대한 복음 전도자, 지난 19세기의 가장 위대한 복음 전도자였던 찰스 스펄전(Charles Spurgeon)은 조지 휘트필드를 본으로 삼았다고 고백합니다. 그도 역시 칼빈주의자였습니다.

우리 중 일부가 현대 복음주의의 어떤 측면들에 대해 반대하고 있는 것은 칼빈주의와 전혀 관련이 없습니다. 존 웨슬리는 현대 복음 전도를 반대하는 견해를 우리가 반대하는 만큼 반대했을 것임에 틀림없습니다. 이 반론은 칼빈주의에 기초한 것이 아닙니다.

하나님의 영광과 인간의 사악한 행위와 주 예수 그리스도 안에 있는 하나님의 영원한 구속의 계획을 강조하는 교리는, 언제나 그것을 참되게 설교하는 사람들로 하여금 복음 전도를 하도록 강권하고 종용했습니다. 휘트필드한 사람만을 들어도 이 점을 충분히 입증할 수 있습니다. 그럼에도 불구하고 그는 큰 은하수 속에서 뛰어나게 반짝이는 하나의 별입니다.

세 번째 교훈은 정통 신학의 절대적인 필요성입니다. 이 사람은 사도들이나 종교개혁자들, 청교도들이 전했던 대로 복음을 전했습니다. 그는 청교도들과 그들의 저작들을 연구하면서 살았습니다. 그는 때로 어쩔 수 없을 때는 청교도들의 설교를 전하기까지 했습니다.

웨슬리는 매튜 헨리(Matthew Henry)의 설교로 휘트필드가 설교하는 것을 알아차린 적이 한두 번이 아니었다고 말합니다. 정말 그렇습니다. 메시지가 같았습니다. 매튜 헨리가 이미 준비한 메시지를 전한 것입니다. 그러나 제가 강조하고 싶은 것은 정통 신앙과 진리를 믿는 믿음의 절대적 필요성입니다.

그러나 정통만으로는 충분치 못합니다. 휘트필드가 다른 어느 것보다 우리에게 가르쳐주는 것이 있습니다. 그 시대에도 정통적인 사람들이 있었습니다. 그러나 그들은 비교적 쓸모가 없었습니다. 정통은 반드시 있어야 합니다. 그러나 정통만 가지고는 부흥을 일으키지 못합니다. 절대로 그렇게 하지 못합니다. 제가 이 강연을 마치면서 말씀드립니다만 칼빈과 휘트필드에 대해 말하는 것이 정당하고 주요한 이유는, 어떤 의미에서 존 칼빈은 언제나 조지 휘트필드를 필요로 한다는 것입니다.

제가 뜻하는 바는 이렇습니다. 칼빈의 가르침을 따르는 사람들이 있는데 이것은 아주 잘하는 일입니다. 그러나 그 사람들이 가진 위험은 너무 이지적이 되거나 아니면 '경화(硬化)된 정통'으로 빠지는 성향입니다. 여러분, 이것은 전혀 가치가 없습니다. 여러분에게는 이것 위에 성령의 능력이 필요합니다. 진리를 진술하는 것만으로는 충분치 못합니다. '성령의 나타나심과 능력으로' 그 진리가 진술되어야 합니다.

이 능한 사람 휘트필드가 바로 이 점을 놀랍게 예증합니다. 그는 정통적인 사람이었습니다. 그러나 그처럼 놀라운 일을 창출할 수 있었던 것은 그에게 임한 성령의 능력이었습니다. 그는 안수받을 때에도 무엇인가를 느꼈다고 말합니다. 마치 성령께로부터 친히 사명을 받는 것 같았다는 것입니다.

그는 언제나 성령이 물결치듯 임하는 것을 의식했습니다. 이 사람보다 그리스도의 사랑을 잘 안 사람은 일찍이 없었습니다. 이것이 때로는 그를 압박했고 육체적으로 그를 거의 부숴버릴 것 같았습니다. 그는 이것 때문에 눈물로 목욕을 하곤 했습니다. 이 성령의 능력은 필수입니다. 우리는 정통적이어야 합니다.

그러나 정통에만 머물러 있는 것은 금물입니다. 우리는 조지 휘트필드가 받았던 성령의 능력을 구해야 합니다. 이것이 우리로 영혼을 불쌍히 여기고 영혼에 관심을 가지게 하고, 모든 계층과 모든 부류의 사람들에게 능력과 확신으로 설교할 수 있도록 만듭니다.

네 번째 교훈—이는 오늘날 매우 중요합니다—은 그는 종교 단체의 가치를 크게 믿은 사람이었다는 것입니다. 이전 세기에 시작된 여러 종교 단체는 휘트필드의 시대 초기에 있었던 것입니다. 그는 그것들을 통해서 크게 도움을 입었습니다. 그가 1736년 6월 27일 주일에 글로스터에서 처음으로 설교한 것도 사실상 '종교 단체의 가치'에 대한 것이었습니다. 복음적인 사람들이 소그룹을 통해 모이는 것을 격려하려고 이 말씀을 드리는 것입니다.

저는 그 사람들로 인해 하나님께 감사드립니다. 제가 알기로는 오늘날 영국의 여러 지역에서 그렇게들 함께 모이고 있는 줄 압니다. 그들 중 어떤 소그룹들은 매주, 어떤 그룹들은 매월 모여 성경을 연구하고 하나님의 일들에 대해 함께 이야기를 나누곤 합니다. 휘트필드는 이러한 종교 단체는 말로 할 수 없을 만큼 큰 가치가 있다고 믿었습니다.

그러나 제가 말씀드린 것과 다른 이유들을 근거로 다음의 것을 말씀드리고 끝마쳐야겠습니다. 제가 믿기로, 휘트필드는 우리에게 설교(Preaching)로 돌아가라고 촉구하고 있습니다. 오해하지 않기 바랍니다. 그러나 어느 것으로도 설교를 대체할 수는 없습니다. 저는 독서를 크게 신뢰하는 사람입니다. 그리고 독서를 굉장히 좋아합니다. 그러나 설교를 독서로 대치할 수는 없습니다.

설교문을 읽는 것과 설교를 듣는 것은 같은 것이 아닙니다. 성령 하나님께서 기록된 설교를 사용하심에 감사드립니다. 그러나 이는 사람을 통해 직접 전해지는 설교와 비교할 수 없습니다. 오늘날 독서만으로 설교를 대체할 수 있다고 생각하는 위험이 존재하고 있습니다. 또는 라디오나 텔레비전에서 나오는 간단한 설교를 듣는 것만으로 모든 것이 해결될 것이라고 생각하는 위험이 존재합니다.

성령의 자유케 하심이 필요합니다. '빛과 우레와 무지개'가 필요합니다. 책들을 통해서는 그것들을 얻을 수 없습니다. 또는 이 현대적인 매체들을 통해 제공되는, 시공이 통제되는 프로그램에 의지해서는 그러한 것들을 얻을 수 없습니다. 결코 얻을 수 없습니다. 성령께서 임하시면 프로그램도, 시간도 잊게 됩니다. 영광 중에 계신 하나님과 내 영혼과 복 되신 구세주 외에는 모든 것을 잊게 됩니다.

휘트필드가 설교의 주제에 대해서 우리에게 가르쳐주는 것은 무엇입니까? "너희는 그 은혜에 의하여 믿음으로 말미암아 구원을 받았으니 이것은 너희에게서 난 것이 아니요 하나님의 선물이라"(엡 2:8)는 것입니다.

이것이 18세기 설교의 영광스러운 메시지였습니다.

하나님, 우리로 하여금 그 설교로 돌아가게 하소서! 단순히 정확한 신조들을 기계적으로 진술하는 것이 아니라 하나님께서 성령을 우리에게 허락해주시기를 기도해야 합니다. 물론 우리가 조지 휘트필드와 같은 설교자가 될 수는 없다 해도 '성령의 나타나심과 능력으로' 설교할 수 있도록 기도합시다. 우리는 단순한 모방자가 되어서는 안 됩니다.

그러나 그가 가르치는 것을 주의 깊게 받아들여 이 진리를 생생하게 깨닫고, 우리의 모든 것을 바쳐 그의 은혜의 부요함과 영화로움을 말할 수 있도록 합시다. 우리 모두 이러한 사람을 기념할 수 있도록 하신 하나님께 감사합시다.

하나님, 우리 자신을 시험해보고 우리의 사역을 점검해볼 수 있는 은혜를 허락하시옵소서. 강한 신앙 부흥을 통해 하나님의 오른손이 나타나는 것을 이 나라에서 다시 볼 수 있기를 간절히 갈망하고 소원하는 마음을 우리 속에 창조하소서!

일곱 번째 강연

1965년
교회 안의 작은 교회들

제게 할당된 주제는 시간적으로나 논리적인 순서에 있어서 이 연구회에서 이미 다룬 것들 다음에 오는 것입니다. 이 주제는 어떤 의미에서 일종의 추신이라고 할 수 있으며, 우리가 생각해왔던 개혁의 접근 방식들에 대한 논평이라 할 수 있습니다. 그러므로 이 주제는 금년도 주제에 부합합니다. 물론 이 자체는 개혁의 '접근 방식'[1]으로 규정되기에 합당치 못합니다.

다시 말해서 제가 여러분께 말씀드리려는 것은 - 차츰 설명할 수 있겠지만 - 16세기에 이루어졌던 개혁에 대한 다양한 관점들과 노력들에 대한 설명입니다. 덧붙여 말하면 이것이 우리에게 중요한 이유는, 우리 대부분은 목회자로서 기껏해야 이름뿐인 신자밖에 되지 않는 사람들로 가득한 교회를 섬기고 있기 때문에 이것이 우리의 처지와 깊은 관련이 있다는 것입니다. 저는 이 관계를 설명할 수 있으리라고 봅니다. 이 주제는 교회 안에 있지만 복음

---

1) 이 연구회의 1965년의 주제는 '교회 개혁의 접근 방식들'(Approaches to the Reformation of the Church)이었다.

적인 사역자인 우리마저 외면하고 있는 이 사람들에 대한 태도는 어떠해야 하는가에 대한 질문을 필연적으로 제기하게 합니다.

1. 교회 안의 작은 교회들의 일반적 특징

먼저 '교회 안의 작은 교회들'(Ecclesiola in Ecclesia)이라는 용어부터 정의해봅시다. 이 용어를 정확하게 정의하는 일은 매우 중요합니다. 왜냐하면 모든 논증이 그 정의의 정확도에 달려 있기 때문입니다. 이 말은 무슨 뜻입니까? 이 말은 '교회 안의 작은 교회' 또는 '한 교회 내에 있는 작은 교회들'이란 뜻입니다.

다른 말로 하면 이러한 작은 교회들을 만든 사람들의 생각은 새로운 교회를 만드는 것이 아니었다는 것입니다. 이것이 기본 전제입니다. 이 작은 교회를 만드는 사람들은 분리에 대해 전혀 관심을 두지 않았습니다. 실로 그들은 극구 그것을 반대했습니다. 그들은 교회에 대한 이 교리를 바꾸려 들지 않았습니다. 이와 반대로 토머스 빌니(Thomas Bilney)나 그 밖의 다른 사람들과 같은 영국의 초기 종교개혁자들은 그러한 일을 하려고 했습니다.

그러나 '교회들'(ecclesiolae)을 형성하는 것을 믿는 사람들은 누구나 그러한 의도를 갖고 있지 않았습니다. 그들은 무엇을 염려했습니까? 그들은 교회의 본질보다는 교회의 기능에 대해 불만스런 입장을 취했습니다. 그들은 교회의 교리에 관해서는 염려하지 않았습니다. 그러나 교회의 영적인 상태에 대해 매우 깊은 관심을 가졌습니다.

이 점은 이 주제에 대한 우리의 모든 관점에 있어서 매우 근본적인 것입니다. '작은 교회들'(ecclesiola)의 개념을 믿는 사람들은 교회 전체를 바꾸려 들지 않았습니다. 오히려 일반 교회 내에 있는 참 신자들로 구성된 핵을 이루는 교회 내의 교회를 만들려고 했습니다. 그들이 이러한 핵을 구성하는 목적은, 이것이 누룩의 역할을 하여 교회 전체의 삶에 긍정적 영향을 미치게 하는 것이었습니다. 이것이 바로 그 말의 정의입니다. 이것은 지역 교회 차원의 생각도 아닙니다. 또한 이것은 운동도 아니며 단지 개개의 지역 교회에서 일어났던 어떤 일일뿐입니다.

이것이 정의이지만 우리는 이 이상, 즉 이 사람들에게는 이것이 차선에 불과했음을 이해해야 합니다(이것에 관심을 가지고 실천에 옮기려 한 사람은 누구나 그럴 것이라고 믿습니다). 그 이유는 만일 교회 전체를 개혁하려는 시도가 실패하면, 그때 할 수 있는 일은, 아니 그때 해야 할 일은 교회 안에 이 핵을 만들어 이 핵이 전체의 삶 속으로 침투하게 하여 결국은 전체를 개혁하는 일이 되게 해야 했기 때문입니다.

몇 가지 면에서 이 주제를 다루기 약간 어려운 점도 있습니다. 왜냐하면 이 일이 서로 다른 시대, 다른 나라, 다른 사람들에 의해서 시도되었기 때문입니다. 이러한 모든 것을 상세하게 설명하면 피곤할 것입니다. 그래서 생략하려고 합니다. 그러나 제가 일부러 이것을 피하는 것은 그렇게 해봐야 혼돈밖에 생기는 것이 없을 것이기 때문입니다. 저는 이 개념에 내포된 원리에 더 관심이 있습니다. 제가 볼 때 우리에게는 이것이 중요합니다.

그러나 우리는 이 개념이 어떻게 실행에 옮겨졌는지에 대한 몇 가지 보편적인 증거를 제시해야만 합니다. 이 모든 사람들에게는 실제적인 공통점 몇 가지가 있었습니다. 예를 들면, 그들은 모두 동일한 근본적인 사상에 의해서 활력을 얻었습니다. 그들은 모두 이 교회 내의 핵 단위를 형성하는 사람들의 자발적인 참여를 강조했습니다. 사람들은 이러한 내부 교회, 작은 핵 단위에 가입할 수도 있고 그렇지 않을 수도 있었습니다. 그것은 각자 자발적인 의지에 맡겼습니다.

그러나 일단 그 핵에 가입하는 순간 매우 엄격한 규율에 복종해야 했습니다. 그들은 가입한 사람들의 명단을 작성하여 그들의 출석 상황을 아주 엄격하게 살폈습니다. 만일 어떤 남자나 여자가 정규적으로 그 모임에 참석하지 않으면, 그 사람은 제명되든지 출회 처분을 받았고 때로는 벌금을 부과하는 일도 있었습니다.

그러면 이러한 단체는 어떤 일을 했습니까? 실제로 이 일은 매우 다양하게 나타났습니다. 그러나 그러한 모든 것 중 가장 중심적인 사상은, 그 모임들이 모든 사람이 참여하는 모임에서는 할 수 없는, 사람들의 교육을 위한 기회로 삼았다는 것이었습니다. 대부분은 이 선택된 무리, 즉 교회 내의 참된 신자들의 이러한 모임을 한 주간에 한 번씩 열었습니다.

그들은 보다 비공식적인 방법으로 모였고, 거기서 그들은 전 주일에 있었던 설교들을 복습할 수 있었습니다. 사람들은 묻고 토론할 기회를 얻게 되었습니다. 어떤 모임에서는 자기들의 체험을 말할 기회를 주었고, 어떤 모임에서는 그러한 일을 언짢게 생각하여 그러한 것을 전혀 신뢰하지 않기도 했습니다.

독일에 있었던 모임들의 경우에는, 교리에 대한 논의가 대단히 많았고 때로는 철학에 대해서도 토론했습니다. 그래서 그 모임은 흡사 토론회 같았습니다. 반면에 어떤 나라들에서는 교리적 논의를 완전히 봉쇄하고 금지시켰습니다. 그러므로 이 모임들의 운영 방법에는 이처럼 대단한 차이가 있었음을 아실 것입니다. 그러나 원리에는 차이가 없었습니다.

이 모임들 대부분의 공통된 또 다른 특징은 평신도들에게 기회를 부여했다는 점입니다. 앞 시간에 언급한 바대로 바로 여기에서 모든 신자의 보편적 제사장직(만인 제사장설) 문제가 대두되게 됩니다. 이 사람들의 생각은, 평신도들은 충분한 기회를 얻지 못했었으므로 이러한 모임들에서 평신도들이 말하고 질문할 기회를 주어야 한다는 것이었습니다. 이것은 우리가 명심해야 하는 매우 중요한 원리입니다.

여자의 위치는 모임마다 차이가 많았습니다. 거의 대부분이 여자들의 참석을 허락했습니다. 제가 앞으로 언급하겠지만 독일인 필립 스페너(Philip Spener)의 경우는 여자들이 이러한 모임에 참석하는 것을 허락하기는 했지만 뒤에 가만히 앉아 있어야 했습니다. 말하는 것도 여자들에게 허락되지 않았던 것입니다. 어떤 모임들에서는 결혼한 남자와 독신 남자, 결혼한 여자들과 독신녀들을 구분하기까지 했습니다. 특히 이러한 곳에서는 체험 간증 여부가 문제가 되었습니다.

또 다른 중요한 사항은, 그들은 대부분 목회자의 감독을 주장했다는 점입니다. 일부는 목회자가 친히 그러한 모임을 맡아야 한다고 가르치기도 했습니다. 그러나 어떤 곳에서는 더 자유로운 입장을 취하여 사람들이 원한다면 사역자를 뽑을 수도 있다고 말했습니다.

예를 들면, 루터가 그러한 입장을 취했습니다. 그러나 목회자의 감독의 필요에 대해서는 모두 의견이 일치했습니다. 왜냐하면 이러한 사람들이 감독 없이 함께 모이는 경우 결국은 과도한 형태로 발전되어 큰 문제를 겪었기 때문입니다. 그럼에도 불구하고 대부분 평신도들에게 더 큰 역할을 주는 것에 관심을 두었고, 교회 생활에 더 큰 영향력을 행사하도록 하는 데 관심을 가졌습니다.

2. 역사적인 실례

이제까지는 '교회 안의 작은 교회'에 대한 일반적인 특징 몇 가지를 말씀드렸습니다. 이제 역사적인 실례 몇 가지를 살펴봅시다. 어떤 의미에서 전체 교회 중에 이러한 유의 핵을 역사상 최초로 시작한 경우는, 이상하게 들릴지 모르지만 수도원(修道院) 제도였습니다. 원칙적으로 수도원 제도의 바탕이 되는 사상은 이것과 거의 같습니다. 수도원 제도는 교회의 전반적 상태에 대한 불만의 표시이며, 이것을 염려하여 무엇인가를 해야겠다고 생각한 사람들이 함께 모인 것입니다.

그들은 교회 안에 머물러 있었습니다. 교회 밖으로 나가기 원치 않았습니다. 실제로 그것은 그들이 최후로 생각한 것입니다. 그들은 교회 안에 있었습니다. 그러나 교회 안의 특별한 지체였습니다. 물론 시간이 흐름에 따라 처음 생긴 핵이 부패하게 되자 그 핵 안에서 또 핵들이 나타나게 되었습니다. 종교개혁 이전에 이러한 사상이 있었음을 보여주는 또 다른 예는 연합 형제단으로 그들은 분명히 이러한 식으로 시작됐습니다. 제 생각으로는 이 예에 발도파 사람들도 포함시킬 수 있습니다.

나는 이 사람들에 대해 오래 다루고 싶지 않습니다. 왜냐하면 이 '교회 안의 작은 교회들'에 대해 진지하게 생각한 사람은 바로 마르틴 루터이기 때문입니다. 우리가 지금까지 생각해온 것에서 벗어나 직접 문제를 살펴 나갈 시점이 된 것입니다. 칼빈과 츠빙글리는 결코 이 개념을 생각하지 않았습니다. 그들은 그것을 실현하려고 애쓴 적이 없음이 확실합니다.

재세례파(Anabaptist)들도 그러한 것을 전혀 생각해보지 않았습니다. 그들이 취했던 행동은 정확히 그 반대였습니다. 이러한 행동의 성격 때문에 그들은 이러한 일이 불필요하다고 주장했고, 자기들이 한 일이 옳았다고 말했습니다. 그리하여 그들은 분리하여 교회 밖으로 나갔습니다. 재세례파의 원리는 우리가 여기서 생각하고 있는 것과 정반대되는 것입니다.

그러나 루터는 이 문제에 관한 한 특히 흥미로운 경우입니다. 모든 사람들 중에 루터가 이 '작은 교회들'의 조직 문제를 다루고 실행해보았을 뿐만 아니라 옹호했다는 사실에서 특별히 야기되는 몇 가지 문제점들을 강조하고 지적하고 싶습니다.

그는 1522년과 1523년부터 이 일에 대해 생각하기 시작했습니다. 그러나 1526년에야 비로소 이 주제에 대한 매우 분명한 요지를 간행물로 출판했습니다. 즉 그는 '독일 미사에 대한 서론'에서 매우 쉽게 설명하면서 그러한 종류의 일이 반드시 실행되어야 한다고 했습니다.

그가 이렇게 한 이유는 무엇이겠습니까? 그 이유는 매우 흥미롭습니다. 그는 교회 상태에 대해 깊은 좌절감을 느꼈기 때문입니다. 1513년부터 1520년까지 심지어 1521년까지 그는 순풍에 돛을 단 듯했습니다. 대단한 흥분이 있었고 모든 것이 잘 되가는 것 같았습니다. 그러나 반대에 부딪혀 개혁의 추진력은 주춤하는 듯이 보였고 아무 일도 일어나지 않는 것처럼 보였습니다. 조심해야겠다는 분위기가 조성되고 사람들은 주저했으며, 정치적인 고려를 하게 되고 루터는 깊이 낙심했습니다. 그러나 훨씬 더 중요하고 심각한 것은 루터가 자신이 속한 교회와 자기의 가르침에 호응하는 교회들의 상태 때문에 괴로워한 것입니다.

그는 그 교회들이 참된 영적 생명과 활력이 없으며 그리스도인의 삶을 영위하고 있지 않다고 느꼈습니다. 그래서 그는 훈련의 필요를 느끼기 시작했습니다. 프로테스탄트들은 전투에서도 패배했고 좌절했습니다. 루터는 훈련의 부족이 그것의 주원인이라고 느꼈습니다. 또한 그들의 전체 삶에 훈련이 부족하다고 느꼈습니다. 그러므로 어떤 훈련이 교회에 도입되어야 한다고 생각했던 것입니다.

루터 속에 있던 이 생각을 크게 고무시킨 또 다른 요인은 재세례파 문제였습니다. 그들 때문에 몹시 괴로웠습니다. 그래서 재세례파에 강한 반대 반응을 보였습니다. 그는 자기를 따르는 참 교회가 재세례파로부터 보호받아야 하며, 그렇게 하는 유일한 길은 훈련이라고 느꼈습니다.

루터와 재세례파의 관계는 정말 대단한 것이었습니다. 일종의 애증의 감정이 교차되는 관계였습니다. 그는 그들을 반대했습니다. 그러면서도 어떤 의미에서 그는 재세례파를 존경하고, 그들이 그들의 교회에 실시한 그 놀라운 훈련에 약간은 질투를 느꼈습니다. 루터는 자기가 속한 교회에는 없는 질적인 삶이 그들의 교회에 있음을 시인해야 했습니다.

그래서 그는 그들에게 두 가지로 반응했습니다. 그는 자기 교회 사람들을 훈련시켜 그들을 대항하는 동시에, 그들의 교회에 그렇게 잘 적용되는 것들을 자기 교회에 도입하기 원했던 것입니다.

이러한 모든 것의 결과로 그는 그렇게 하는 유일한 방법은 교회 안에 이러한 핵을 만드는 것이라고 생각했습니다. 그는 전체 교회를 개혁하는 데 실패한 듯했습니다. 그래서 그가 할 수 있는 차선책은 진정한 그리스도인들을 모아 일종의 내적(內的) 교회를 만드는 일이었습니다.

심지어 루터는 이 사람들만을 주의 성찬에 참여시켜야 한다고 말하기까지 했습니다. 다른 사람들도 교회의 일원이기는 하지만, 그가 주의 만찬에 참여시키기 원하는 사람은 이 진정한 그리스도인들뿐이었습니다. 다른 사람들은 성찬에 참여시키기에 합당치 못하다는 것이었습니다. 그래서 그는 교회, 일반 교회, 국가 교회, 지방 교회 — 어떻게 불러도 좋습니다 — 안에는 누구나 소속되지만 성찬에 참여하기에 합당한 사람들은 오직 이 내적 집단(inner body)에 속한 사람들이라고 구분지어 생각하기도 했습니다.

이것이 루터의 사상이었습니다. 그는 이제 이러한 일을 실천에 옮겨야 한다고 제안했습니다. 그러나 두 가지 주요한 이유 때문에 한 번도 그렇게 하지 못했습니다. 그 한 가지 이유는 그러한 핵에 합당한 사람들을 찾을 수 없다고 느꼈기 때문입니다. 교회 상태가 그 정도로 나빴습니다. 그것은 매우 심각한 문제였습니다.

그러나 또 다른 요인은 1526년에 열린 스파이어 회의(Imperial Diet of Speier) 때문이었습니다. 이것은 황제 편에서 취한 순전히 정치적인 행동이었는데, 국가 원수들과 선거후(選擧侯)들에게 자유를 주는 것같이 보였습니다. 그래서 급기야 루터는 자기가 큰 일을 할 수 있을 것이라고 생각하기 시작했습니다. 지금까지 없었던 기회가 왔다는 것입니다. 당시 상황은 모든 것이 루터를 반대하는 것 같았습니다.

선거후들은 매우 태만했고 무기력했으며 겁이 많았습니다. 그러나 결국 그들은 황제가 자신들에게 개혁의 자유를 주는 것처럼 생각했습니다. 그래서 루터는 차선책을 버리고 개혁에 대한 원래의 생각으로 돌아갈 수 있다고 생각한 것입니다.

그 결과 '작은 교회'를 실행에 옮기는 것은 여기에서 종지부를 찍었습니다. 그러나 그 후에 한 번 더 이 '작은 교회' 개념을 돌아보기도 했습니다. 좌절하게 되었을 때 그는 그 개념을 마음에 두었습니다. 그러나 결코 그것을 실천에 옮기지는 않았습니다.

당시 이 개념을 갖고 있던 또 다른 제창자는 프란츠 람베르트(Franz Lambert)였습니다. 그는 프란체스코회의 수도승이었다가 개종했던 사람입니다. 그는 여기저기 돌아다니다 취리히에서 츠빙글리를 만나 그에게 매우 깊은 감명을 받습니다. 그 다음에 그는 스트라스부르로 가서 마틴 부처(Martin Bucer)를 만납니다. 그가 거기에 머무는 동안, 헷세의 필립(Philip of Hesse)은 자기 지역의 교회를 개혁시키려고 대단히 애를 쓰고 있었습니다.

그는 일종의 완전한 교회, 참된 그리스도인들의 교회에 대한 개념들을 발전시키고 있는 프란츠 람베르트와 상의해보라는 충고를 받습니다. 그래서 람베르트는 필립에게 자기의 계획을 펼쳐 보입니다. 필립은 그것을 받아들였습니다.

그러나 먼저 루터와 상의하는 것이 더 좋겠다고 생각하여 루터를 만납니다. 이때쯤 루터는 마음을 바꾸고 있었습니다. 그래서 필립에게 그렇게 하지 말라고 강하게 충고했습니다. 그 결과 람베르트의 사상은 그곳에서 실행되지 못했습니다. 람베르트는 마르부르크의 새 대학에서 강의를 맡았고 1530년쯤 죽게 됩니다. 이때 그 개념에 대한 모든 것이 종식을 고한 것입니다.

이 사건을 통해 볼 때 루터에 대해 다음과 같이 논평할 수 있습니다. 제가 볼 때 루터는 교회에 대한 교리를 진실로 생각해본 적이 없음이 갈수록 분명해집니다. 물론 그는 교회를 믿었고 참된 교회를 믿었습니다. 그는 신약의 교회로 돌아가는 문제에 관심을 가졌습니다.

그러나 제가 말씀드리는 것은 그는 그 문제를 철저하게 생각한 적이 없다는 것입니다. 칼빈은 루터가 전혀 행하지 않았던 방법으로 교회의 교리를 철저하게 생각했습니다. 제 생각이지만 루터는 솔직하고 공정하게 말해서 기회주의자라고 할 수 있습니다.

어떤 의미에서 이것은 루터를 비평하는 말이 아닙니다. 우리는 루터가 처한 입장을 기억해야 합니다. 그는 믿음으로만 의롭다 함을 얻는다는 교리를 재발견했고, 이 교리의 해방시키는 능력을 체험했습니다. 그는 모든 지역에 있는 모든 사람들이 그 교리를 바로 알기를 간절히 바랐습니다. 교회에 대한 루터의 주요 개념은, 그 교리를 알리는 하나의 집단이라는 것이었습니다.

그러나 제가 볼 때 그는 그것을 구체적으로 면밀히 연구해보지 않았고, 그 결과 언제나 즉흥적인 행동을 하게 되었습니다. 그는 변화하는 여건에 따라 자기 마음과 견해를 자주 바꾸었습니다. 바로 이 특별한 문제에 있어서도 그러했다는 것을 저는 이미 말씀드렸습니다. 그는 일어나는 사건들에 영향을 받아 어떤 생각으로 돌아갔다가 그것을 다시 거부하는 일을 거듭했습니다. 그는 진실로 뛰어난 사람이었습니다. 바로 이 특별한 점에 있어서도 그를 존경하지 않을 수 없습니다.

그럼에도 불구하고 그가 말하고 가르쳤던 것은 이후 루터파 교회에 영향을 끼친 고정된 교의(教義)로 굳어져버렸습니다. 이것은 그 이후의 기독교 역사에 빛을 던져줍니다. 어떤 사람을 하나의 궁극적인 신탁자(하나님께서 그 말씀이나 진리를 맡아 전하게 한 자)로 보는 것은 위험하며, 그 사람이 말하거나 행하거나 생각한 것은 모두 유일한 법칙이라고 간주하는 것은 정말 위험함을 강조해줍니다.

바로 이와 관련하여 훨씬 더 중요한 또 다른 사람을 생각해봅시다. 그 사람은 스트라스부르의 마틴 부서 또는 부처라는 사람입니다. 그는 어느 누구보다 훈련의 필요성에 대해 깊은 관심을 보였습니다. 그는 존 칼빈에게 대단한 영향을 미친 사람이었습니다. 왜냐하면 칼빈은 여러 해 동안 부처와 함께 스트라스부르에서 보냈고 그곳에서 자기 아내를 만났기 때문입니다.

훈련의 필요성에 대한 칼빈의 태도는 부처로부터 영향을 받은 것이 틀림없습니다. 어떤 의미에서 이 사람들 중 그 누구보다도 이 문제와 많은 씨름을 한 사람은 부처라고 해야 할 것입니다. 또한 다른 어느 것보다도 그가 관심을 기울인 것은, 교회 안의 훈련은 교회에 의해 다루어져야지 세속 권력에 힘입어서는 안 된다는 것이었습니다. 그는 이것을 위해서 싸웠고 주장했습니다. 그리고 여러 해 동안 그 일을 계속해나갔습니다.

부처는 1546년에 『교회의 필요와 실패 그리고 그 개선책』(The Need and Failure of the Churches and how to Improve Them)이라는 책을 발간했습니다. 그는 철저하게 성경적인 방법으로 이 문제에 접근했습니다. 그는 이것으로 인해서 성경주의자라는 공격을 받기도 했습니다. 그가 모든 것을 성경의 분명한 가르침에 근거하고 싶어 했다는 것은 찬탄할 만한 일입니다. 그는 대단한 반대에도 불구하고 몇 년 동안 계속해서 이러한 방법으로 한 계획을 구상했습니다.

그런데 그만 정치적인 한 사건으로 인해 부처와 그 친구는 그 나라를 떠나야 했고 그래서 영국으로 왔습니다. 그리고 몇 년 후 그는 죽었습니다. 그래서 그 일이 무위로 끝나고 말았습니다. 실로 그의 생각들은 거부당했으며 그가 시작한 일은 아주 의도적으로 거부되었습니다.

이상과 같은 것들이 16세기 동안 이 개념을 실천하려는 시도들이었습니다. 17세기로 넘어가면, 가장 중요한 인물인 필립 스페너를 만나게 됩니다. 그는 '경건주의의 아버지'라고 불렸습니다. 그는 모라비안 교도들을 통해, 그리고 궁극적으로는 18세기의 메소디스트들을 통해 이 나라의 신앙생활에 큰 영향을 미쳤습니다.

그는 루터파 교회에서 태어난 매우 유능한 사람이었습니다. 그는 일찍이 아른트(Arndt)의 책 『진정한 기독교란 무엇인가?』(What Is True Christianity?)의 영향을 받았습니다. 그러나 우리가 잊지 말아야 할 것은 (바로 이 문제에 대해 상호 관련이 있기 때문임) 그는 루이스 베일리(Lewis Bayly)라는 북웨일즈의 뱅고어 감독을 지낸 사람이 쓴 유명한 책 『청교도에게 배우는 경건』(The Practice of Piety)으로부터 큰 영향을 받기도 했다는 점입니다.

이러한 영향을 받은 스페너는 아주 주목할 만한 교사와 설교자가 되었습니다. 그는 이렇게 하여 '작은 교회' 개념을 접하게 됩니다. 제가 말씀드렸듯이, 그는 위대하고 감화력 있는 설교자였으므로 그의 설교를 정규적으로 듣던 수많은 젊은 학생들과 그 밖의 다른 사람들은 그의 설교에 큰 감동을 받아 더 많은 가르침을 받기 원했으며, 더 충분한 시간을 내줄 수 없느냐고 요청하기도 했습니다. 이렇게 해서 모든 일이 시작되었습니다. 그는 우선 자기 집에서 그러한 사람들과 만나기 시작했으며, 그 다음에는 여러 다른 집에서, 그 다음에는 공공건물에서 만났습니다. 그의 기본적인 생각은 거룩한 삶을 배우며 살고 싶어 하는 이 사람들에게 더욱 많이 가르쳐주겠다는 것이었습니다.

다시 말하지만 스페너는 정통 루터파 사람이었습니다. 그는 교리의 영역에 속한 것은 어느 것이든지 바꾸고 싶어 하지 않았습니다. 그는 교회에서 나가고 싶지 않았습니다. 어떤 의미에서 그는 교회 개혁에 관심이 없었습니다. 그의 관심은 교회의 삶과 경건이었습니다. 그래서 그는 이러한 사람들과 만나기 시작했던 것입니다.

그는 경건회(Collegia Pietatis)를 만들고, 그들을 도와주기 위해 책(『경건한 열망』[Pia Desideria])을 출판했는데 최근에 이 책이 재판되어 영국에서 구해볼 수 있습니다. 이 책이름의 의미를 번역하면 '복음적인 진정한 교회 개혁을 위한 간절한 열망들'이란 뜻입니다. 이 책은 매우 중요하고 가치 있는 책입니다. 이 책에서 스페너는 영적 침체의 상태와 원인들을 분석하고 그것에 대처할 수 있는 방법을 밝히고 있습니다.

스페너는 분리라는 개념에 대해 완강히 반대했으며 이것을 반대하는 일련의 논증서를 내기도 했습니다. 그 내용은 주로 분리하여 교회 밖으로 나갈 경우 교회 내에 있는 다른 사람들에게 선한 영향을 미칠 가능성을 상실하게 되며, 사랑이 단절되고 이미 충분히 찢어지고 분열된 그리스도의 몸에 상처를 내는 것이며, 교황주의자들에게 조롱거리를 주게 되고, 나아가서 우리 구주와 사도들과 선지자들이 보여준 믿음의 인내의 본을 저버리는 것이라는 식이었습니다.

또 하나의 분리는 항상 제2의 분리를 불러오기 마련이라는 것입니다. 그러므로 참 그리스도인은 분리해나간다는 생각을 해서는 안 된다고 합니다.

참된 그리스도인들이 해야 할 일은 교회 안에서 이러한 '단체'(Colleges)를 만드는 것이고, 그러면 그들이 성장하여 영향력이 증대됨에 따라 전체에 영향을 미치게 된다는 것입니다.

스페너보다 서른 살 아래였지만 당대 이 나라의 그리스도인의 삶에 지대한 영향을 미쳤던 또 한 사람이 있습니다. 그 사람은 어거스트 프랑케(August Francke)입니다. 여러분은 조지 뮬러와 그의 고아원 사업과 관련하여 이 사람의 이름을 들어보았을 것입니다.

프랑케는 그가 시작한 고아원 사업으로 유명한 사람이었습니다. 그의 생각을 따른 사람은 조지 뮬러뿐만이 아니었습니다. 조지 휘트필드도 18세기에 그의 사상의 영향을 받았습니다. 그리고 하웰 해리스도 프랑케의 생각에 영향을 받아 트레베카에 공동체를 만들어야겠다고 생각하게 되었습니다.

그들에게 동기를 부여했던 것은 '국가 교회의 세속화, 정통 교회중심주의, 그 당시 발전되었던 순전히 외면적인 기독교 신앙, 교리의 화석화'에 대항하여 내면의 영적 삶과 체험을 강조하려는 열망이었다고 말하는 것이 프랑케와 스페너를 바르게 평가하는 것입니다.

17세기의 루터주의는 일종의 스콜라주의로 발전되었습니다. '화석화'(化石化)라는 어휘가 아주 잘 어울립니다. 교리가 화석화되었습니다. 생명력을 잃었고 쓸모가 없어졌으며 순전히 이지적인 것이 되어버렸습니다. 여러분이 좋아하는 대로 표현하자면 경건주의는 형식주의를 저항하는 반작용이었습니다.

이 두 사람은 철저하게 이 전투에 임했고, 많은 고통을 당해야 했습니다. 그들은 모두 매우 유능한 신학자요 주석가였습니다. 이 두 사람에 대한 문헌이나 그들의 글에 대한 번역서가 영국에 이처럼 적은 것은 비극입니다. 이 사람들은 여기저기를 돌아다녀야 했는데 그들이 가는 곳마다 이러한 '단체'나 '작은 교회들'을 세웠습니다. 분명 그들은 독일인의 삶에 강력한 영향력을 끼쳤습니다.

그들에게 감화를 받은 한 사람은 진젠도르프(Zinzendorf) 백작입니다. 물론 이 사람도 18세기 사람입니다. 아주 정통적인 루터파 사람으로 출발했고 루터 교회를 떠나고 싶어 하지 않았습니다. 그는 '작은 교회' 개념의 입장에서 볼 때 흥미로운 인물입니다. 왜냐하면 그는 그것을 시작했다가 거기에서 떠났기 때문입니다.

저는 잠시 후에 바로 이 '작은 교회들'이라는 개념 속에 본래부터 존재하던 그 경향이 어떻게 존재했는지를 보여줄 것입니다. 여러분도 알고 있는 것처럼, 진젠도르프의 경우 그것은 결국 분리로 발전하여 연합 형제단 또는 모라비안 형제단(Moravian Brethren)을 구성하게 되었고, 이것이 하나의 종파가 되었습니다.

3. 이 외의 역사적인 실례

이제까지 우리는 유럽 대륙에서 이 개념이 발전되어 나간 역사를 대충 훑어보았습니다. 이러한 영향은 네덜란드에도 나타났습니다. 사실 스페너와 프랑케의 저작들이 잘 알려진 거의 모든 나라에서는 그와 같은 시도가 있었습니다.

그러나 영국으로 시선을 돌리면 무엇이 있습니까? 매우 흥미로운 것이 있습니다. 청교도들은 '교회 안의 작은 교회들'을 믿었습니까? 대답은 단 하나 그들은 그러한 사람들이 아니었습니다. 이상하게 생각되겠지만, 청교도 운동은 출발부터가 하나의 운동이었고, 정신이었으며, 영향력이었지 '작은 교회'라는 차원에서 나온 것이 아닙니다. 그것은 사상의 한 학파였지 단체나 한정된 집단이 아니었습니다.

그러나 우리에게 중요한 사실은, 청교도들은 교회 내에서 이러한 핵을 만드는 일에 관심을 가지지 않았다는 것입니다. 실제적으로 청교도들 중 많은 사람들이 이렇게 한 것 같이 보입니다. 그러나 그들은 그러한 것을 의도한 적도 없고 목표한 적도 없다고 저는 말할 수 있습니다.

만일 그러한 일이 일어났다면 그것은 일종의 우발적인 일입니다. 왜냐하면 교회 내의 대다수의 사람들은 청교도들이 그러한 작은 교회들을 위해 무엇인가 하려고 했던 것에 대해 호응하지 않았기 때문입니다. 그들은 의식적으로 '교회 안의 작은 교회들'을 세우려 한 적이 없었습니다.

사실 그들의 일차 목적은, 영국 국교회 전체에 영향을 주어 그들이 중단되었다고 생각했던 개혁을 계속하여 완성하는 것이었습니다. 그래서 그들은 바로 이 '교회 안의 작은 교회들'이라는 제목 아래 둘 수 없는 사람들입니다.

그러면 영국에는 이 개념을 옹호한 사람이 없었습니까? 있었습니다. 앤소니 호넥(Anthony Horneck) 박사의 경우가 유명한 예라고 할 수 있습니다. 이 사람은 영국에서 처음으로 이 개념을 실제적으로 시작한 사람입니다. 그는 1678년에 그렇게 했습니다. 그는 매우 유능한 독일 사람으로 매우 유능한 설교자였습니다.

그는 1671년경에 사보이 채플에서 설교자가 되었고, 매우 흥미로운 것은 스페너와 똑같은 방법으로 '작은 교회들'을 만들고 싶은 충동을 느꼈습니다. 이것은 전적으로 그의 설교의 결과였습니다. 그는 유능하고 사려 깊은 젊은 사람들에게 영향을 끼쳤고, 그들은 호넥에게 자기들과 모임을 가질 수 없느냐고 요청해왔습니다. 그는 그렇게 하기 시작했습니다. 여기서 그 개념이 발전되었고 그의 본을 통해서 그 일이 널리 확산되어 나갔습니다.

앞에서 생각한 경우들과 같이 그들은 다시 매주 모였고, 호넥은 훈련을 시키는 데 매우 엄격했습니다. 그는 논란이 되는 신학 문제에 대해 토론하는 것을 허용치 않았습니다. 그러한 논의는 전적으로 금지되었고, 모임은 예배를 위해 모이는 성격을 띠었습니다. 저는 이 말씀을 거듭해야겠습니다. 왜냐하면 그러한 생각을 가진 사람들은 어느 시대, 어느 지역에 있든지 일차적으로 신학적인 토론보다 경건을 도모하는 것을 가장 중요하게 생각했기 때문입니다.

다른 사람들도 뒤따라서 동일한 종류의 단체들을 만들기 시작했습니다. 여기서 잠깐 설명할 것이 있습니다. 여러분은 '관습 개혁회'에 대해 읽어보셨을 것입니다. 그러한 것들은 엄밀히 말해서 '교회 안의 작은 교회'가 아닙니다. 그것들은 다른 목적과 다른 의도를 가지고 있었고, 보다 순수한 실천적인 목적을 가지고 있었습니다.

그러나 문제는 어째서 호넥이나 다른 사람들이 '교회 안의 작은 교회'라는 수단을 택하게 되었느냐 하는 것입니다. 역시 영국 교회의 영적인 상태와 상황에 대한 불만 때문입니다. 1662년에 일어난 일과 찰스 2세와 그 편에 선 사람들이 주도한 왕정복고의 영향 때문에 교회의 상태는 영적으로 아주 낮은 수준까지 내려갔습니다.

이와 관련하여 또 다른 뛰어난 인물은 조시아 우드워드(Josiah Woodward)라는 사람인데 이는 포플라에서 설교했습니다. 이 사람에 대해서는 상세히 이야기할 틈이 없습니다. 그는 이러한 단체들에 관한 글을 썼고 그의 책은 출판되자마자 여러 판이 거듭 출판되었는데, 그 결과 이 개념이 대단한 인기를 얻었고 '종교 단체들'이라고 불리는 이것들은('작은 교회들'일 뿐임) 이 나라 전체에 확산되었습니다.

우리는 조지 휘트필드가 놀라운 방법으로 하나님께 쓰임을 받았던 당시, 그가 회심자들에게 브리스톨, 런던 또는 다른 지역에 있는 그러한 단체들에게 가라고 했음을 발견하게 됩니다. 사실 그때쯤에는 그러한 단체들이 영성의 대부분을 상실했었지만, 휘트필드는 그 단체들의 가치를 인정하고 그 단체들을 돕기를 희망했습니다.

이제 우리는 18세기로 넘어왔습니다. 교회 내에서 이러한 개념을 도입하고 실천했던 또 다른 사람은 호워스의 윌리엄 그림쇼(William Grimshaw)였습니다. 이 외에 트루로의 사무엘 워커(Samuel Walker)가 있습니다. 그의 경우는 흥미롭고 매우 중요합니다. 특히 그가 존 웨슬리와 논쟁이라고까지는 말할 수 없지만 서로 서신을 교환한 일 때문입니다. 사무엘 워커는 실제로 자기 교회에 '작은 교회'를 조직한 사람입니다. 헨리 벤(Henry Venn)도 허더즈필드에서 똑같은 일을 했으며, 찰스 시므온(Charles Simeon)도 케임브리지에서 그러한 일을 했습니다.

메소디즘은 어떠합니까? 이 경우도 매우 흥미롭습니다. 메소디즘은 어떻게 보면 그러한 경우의 한 실례라고 할 수도 있고 그렇지 않을 수도 있습니다. 진젠도르프의 경우에서 일어났던 것과 아주 비슷합니다. 이 문제에 관한 한 웨슬리 형제들과 휘트필드와 그리고 특히 헌팅던 백작부인은, '교회 안의 작은 교회들'에 머무는 것으로 만족하지 않고 그보다 더 나아갔다는 이유 때문에 곤란한 경우에 해당됩니다.

물론 그들은 자기들이 전도하여 회심한 사람들을 돌보는 일에 가장 지대한 관심을 가졌습니다. 이것이 바로 그들의 주된 생각이었습니다. 그들은 자기들의 회심자가 그 당시의 교회들에 맞지 않음을 알 수 있었고, 그들을 위해서 어떤 조치를 취해야 한다고 생각했습니다.

그러므로 이러한 면에서 그들과 '작은 교회들'의 개념 사이에는 처음부터 차이가 있었습니다. 메소디스트들에겐 거의 모든 그리스도인들을 불러내어 새로운 단체를 만드는 것보다는, 부흥을 통해 얻은 새로운 회심자들의 필요와 그들을 위해서 할 수 있는 일이 더 중요했습니다. 물론 다른 사람들도 가입하도록 허용했습니다.

존 웨슬리의 경우에는 영국 국교회 교도가 아닌 사람들도 그의 단체에 들어오는 것을 허락했습니다. 그래서 그는 '작은 교회들'의 개념을 완전히 떠났습니다. 이것뿐이 아닙니다. 그는 조직의 천재였기 때문에 초기부터 메소디스트 단체들에는 강력하고 탁월한 종파성이 있었다고 생각합니다. 저는 그 모임이 조직되어 열리는 순간 이미 그가 선을 넘었다고 생각합니다. 웨슬리가 영국 국교회 교도로 죽었다고 말하는 것은 지당합니다.

웨슬리는 매년 열리는 그 사경회의 시초부터 종파주의자였습니다. 물론 그는 그렇지 않다고 애써 주장했지만 말입니다. 그러나 처음부터 메소디즘이 분리된 단체가 된다는 것은 아주 필연적인 일이었습니다. 플리머드 형제단의 경우는 생각할 필요가 없습니다. 본질적으로 분리주의 운동이기 때문입니다.

이제 한 가지 사례를 더 들면 역사적 고찰이 끝납니다. '교회 안의 작은 교회들'의 개념에 대한 가장 완벽한 실례는 노르웨이에서 발견할 수 있다고 생각합니다. 이 나라에는 지난 19세기 초반에 커다란 부흥이 있었는데, 이 부흥의 주된 지도자는 하우게(Hauge)라는 농부였습니다. 그는 자기를 통해 회심한 사람들이 빈사 상태에 있던 노르웨이의 루터파 교회를 떠나서는 안 된다고 강하게 역설했습니다. 그래서 그는 교회 안에서 그들을 조직화하여 '교회 내부 선교회'라고 불렀습니다.

이것은 오늘날도 여전히 존재하고 있습니다. 유명한 할레스비(Hallesby) 교수가 바로 이 '교회 내부 선교회' 소속입니다. 그들은 루터파 교회 안에 있었으나 그 안에서 독특하고 구별되는 하나의 집단이었습니다. 그들은 그들 자체의 신학교와 외국 선교회와 학교를 갖고 있었습니다. 다시 말하면 이제까지 알려진 '교회 안의 작은 교회들'의 실례들 가운데서 가장 완벽한 실례였습니다.

4. 이 개념이 실패한 요인

교회 안에서 작은 교회들을 만들려는 이러한 시도의 실험들은 어떻게 되었습니까? 노르웨이의 경우를 제외하고는 모두 실패로 끝났습니다. 이미 보았듯이 루터 자신도 이 개념은 실제적이지 못하다는 결론을 내렸습니다. 왜냐하면 그는 사람들, 즉 그러한 '에클레시아'를 형성할 만한 좋은 그리스도인들을 충분히 확보할 수 없었기 때문입니다.

이 외의 다른 요소들도 제가 이야기했었습니다. 말씀드린 바와 같이 부처의 경우도 정치적인 요인이 개입되는 바람에 궁극적으로 실패로 끝나버렸습니다. 그러나 저는 더 나아가서 이 개념이 수포로 돌아간 이유를 몇 가지 제시하겠습니다.

첫째, 대부분의 교회(명목상의 교회라 해도 됩니다)는 항상 이러한 것을 싫어하지 않습니까? 만일 여러분이 교회를 구분 지으면서 "나는 진정한 그리스도인을 뽑아내어 특별한 모임을 만들려 합니다"라고 하면 다른 사람들에게 어떤 영향이 갈 것 같습니까? 반드시 증오와 반발이 일어날 것입니다. 그리하여 그 나머지 사람들을 돕기는커녕 적대감만 불러일으킬 것입니다.

둘째로, 제가 암시했듯이 바로 이 개념 자체 속에 종파적인 요소가 포함되어 있지 않습니까? 이 개념은 분열을 조장합니다. 언제나 이 개념에 영향을 미치는 또 다른 요인은, 이 개념이 언제나 성직자(churchmanship) 문제와 사역자(minister) 개념 문제에 긴장을 조성해왔다는 사실입니다.

예를 들면, 그러한 '작은 교회들'이 조직되어 사람들이 스스로 지도자를 선택할 수 있는 교회에 비복음적인 사역자, 소위 '죽은' 사역자가 있다 합시다. 여기서 긴장이 발생할 것은 당연합니다.

문제의 또 다른 원인은 과도함과 관련이 있습니다(이는 스페너와 프랑케를 포함해 모든 사람에게 해당됩니다). 일부 사람들은 언제나 지나쳐서 특권들을 남용하기 쉽습니다. 토론은 말다툼이 되기 쉽고 사사로운 개인적인 체험이나 느낌을 진술하는 것은 언제나 문제를 야기하기 쉽습니다. 그래서 권위자들이 개입해야 하는 것입니다.

이러한 개념에 내재하는 또 다른 결함은 영적 교만입니다. 이것은 실제적인 면에서 필연적으로 나타납니다. 여러분이 불러내거나 또 부르면 따라 나설 사람들은 자기들이 다른 사람들보다 낫다는 영적 교만을 갖게 됩니다. 영적 교만보다 영혼에 위험천만한 것은 없습니다.

또 다른 문제가 이렇게 나타납니다. 복음적인 사역자가 있는 한 이 개념은 아무 탈이 없습니다. 그러나 그 사역자가 떠나고 비복음적인 사역자가 들어서면 어떤 일이 일어납니까? 사무엘 워커가 바로 이러한 경우입니다. 그는 웨슬리를 반대했습니다. 그는 웨슬리에게, 그가 조직하고 있는 단체를 중단해야 하며, 안전한 유일한 방법은 목사 자신이 이끄는 교회 안에 그룹을 만드는 것이라고 말했습니다. 사무엘 워커는 어느 누구라도 앞에 나와서 말하는 것을 거의 허락하지 않았습니다. 모든 것을 자기 혼자 말했습니다. '작은 교회들'에서마저 말입니다. 그는 종파적인 경향이 들어올까봐 그토록 염려했던 것입니다.

그러나 실제로 사무엘 워커가 죽자 그가 조직한 '작은 교회들'의 일원들은 트루로에 있는 성마리아 교회를 떠났습니다. 그들 중 대부분의 사람들은 콘월에 있는 헌팅던 백작 부인의 두 교회에 등록했습니다. 그리하여 그 시도가 완전히 끝이 났습니다.

헨리 벤이 허더즈필드를 떠나 옐링의 작은 마을로 갔을 때도 이와 똑같은 일이 일어났습니다. 허더즈필드에서 '작은 교회들'이 사라져버렸습니다. 벤은 이 때문에 고통을 당했습니다. 왜냐하면 그가 허더즈필드에서 옐링으로 간 후 후계자가 같은 방법으로 일하지 않았기 때문입니다.

그래서 '에클레시오라'(작은 교회들) 사람들은 충고와 가르침을 구하는 편지를 벤에게 썼습니다. 벤은 충고와 가르침을 그들에게 보냈습니다. 물론 이렇게 함으로써 규칙을 어긴 것입니다. 그는 그렇게 해서는 안 되었습니다. 이러한 방법으로 이전 교회를 간섭하는 사역자는 문제를 야기합니다. 벤은 후에 자기가 이렇게 한 일을 후회했습니다.

요점은 이러한 여러 가지 이유 때문에 '교회 안의 작은 교회' 운동은 실패로 끝났다는 것입니다. 이것은 순전히 역사적인 사실입니다. 제가 설명한 대로 실패하든지, 아니면 분리되어 결국 새 교회를 형성하게 되는 일이 이러한 시도를 하는 곳에 모두 나타났다는 것입니다.

보여드린 바와 같이 이러한 일은 잉글랜드의 메소디즘의 경우에서 일어났습니다. 1811년에 분리되어 한 교단이 된 웨일즈의 칼빈주의 메소디스트 교회도 역시 같은 경우입니다.

5. 이 개념에는 정당한 근거가 있는가?

그러므로 다음과 같은 중요한 의문이 생기게 됩니다. 이 '교회 안의 작은 교회들'은 정당한 근거가 있습니까? 첫째로 성경적인 근거에서 정당화될 수 있습니까? 여러분은 어떻게 이 절차를 정당화합니까? 제가 알기로는, 우리 중 많은 사람들이 교회 안에서 바로 이러한 일을 하려고 시도해왔습니다. 아마 여러분은 참된 그리스도인들을 불러모아 부흥이나 그와 같은 것을 위해 기도하려는 생각을 가졌을 것입니다.

그런데 이러한 일은 성경적인 근거가 있습니까? 제가 강조해왔던 바와 같이 이러한 일을 시도했던 사람들은 성경적인 사람들이었고, 자기들의 행위를 옹호하는 데 성경을 인용했습니다. 그들이 이러한 '교회 안의 작은 교회들'을 만들려는 노력을 정당화하기 위해서 발견했던 성경 구절들은 다음과 같습니다.

"두세 사람이 내 이름으로 모인 곳에는 나도 그들 중에 있느니라"(마 18:20), "내 형제들아 너희가 스스로 선함이 가득하고 모든 지식이 차서 능히 서로 권하는 자임을 나도 확신하노라"(롬 15:14), "시와 찬송과 신령한 노래들로 서로 화답하며 너희의 마음으로 주께 노래하며 찬송하며"(엡 5:19), "그러므로 이러한 말로 서로 위로하라"(살전 4:18), "또 형제들아 너희를 권면하노니 게으른 자들을 권계하며 마음이 약한 자들을 격려하고 힘이 없는 자들을 붙들어 주며 모든 사람에게 오래 참으라"(살전 5:14), "이는 젖을 먹는 자마다 어린 아이니 의의 말씀을 경험하지 못한 자요"(히 5:13, 이 말씀은 교회 내에 다양한 종류의 사람들이 있음을 나타냅니다). "서로 돌아보아 사랑과 선행을 격려하며 모이기를 폐하는 어떤 사람들의 습관과 같이 하지 말고 오직 권하여 그 날이 가까움을 볼수록 더욱 그리하자"(히 10:24-25).

그들이 뽑아낸 성경구절은 이러한 것들이었습니다. 우리가 던져야 하는 질문은, "이 성경 구절들 중 어느 것이 그 개념에 해당되는가? 그 성경 구절들 중 어느 것이 '교회 안의 작은 교회들'을 만드는 것을 정당화하고 있는가?"입니다.

신약성경은 분명히 교회 안에 다양한 종류의 사람들이 있다는 것을 인정합니다. 강한 사람들도 있고 약한 사람들도 있습니다. 또 어떤 사람들은 '신령한 너희'라 불림을 받는 사람들도 있습니다. 이것은 영적인 면에서 보다 덜 영적인 사람들도 있다는 것을 시사합니다.

따라서 교회의 구성원들 사이에는 차이와 상이점과 구별이 있음을 알게 됩니다. 우리는 언제나 짐을 서로 지라, 강한 자는 약한 자를 도우라 등의 권면을 듣습니다. 그러나 그 어느 것도 신자들 중에서 일부를 뽑아내는 것을 정당화하지는 못합니다.

이 성경 구절들 중 어느 하나도 이러한 것을 정당화하지 못합니다. 더 나아가서 이러한 것을 시도하려는 행동은 신약의 가르침과 정면으로 대치된다고 말씀드립니다. 만일 여러분이 교회를 참된 신자들의 모임으로 간주하거나 참된 교회의 세 가지 표시를 주장한다면, 이러한 것을 조금이라도 실증하는 예가 성경 어디에 있습니까?

신약성경은 언제나 교회 전체에 관심이 있습니다. 어떠한 분리도, 핵에 대한 특별 대우도 인정하지 않습니다. 성경의 가르침은 언제나 교회의 구성원들이 이러한 일에 함께 참여하고 같이 즐기는 것입니다. 신약은 이것 외에 어느 것도 고려하지 않습니다.

이러한 교회 안의 작은 교회들을 옹호하는 사람들 중 어느 한 사람도 제가 아는 한, 가라지 비유를 전혀 언급하지 않았습니다. 물론 이렇게 한 것이 당연합니다. 왜냐하면 그것은 이러한 유의 문제를 전혀 다루지 않기 때문입니다. 그것은 심판에 관한 것입니다. 이 비유는 분열 행위나 특정인들을 불러내어 특별 취급하고 특별 교육을 하는 목사나 사람들을 정당화하지 않습니다. 그러므로 이 행위는 성경적인 근거가 전혀 없는 것 같습니다. 물론 이것은 이 문제에 대한 우리의 태도 전체를 결정해줍니다.

마지막으로 이 전체 고찰이 우리에게 제기하는 몇 가지 질문을 던지기 전에 언급하고 싶은 한 가지 특별한 문제가 있습니다. 어떤 사람들은 아마 이 개념을 오늘날 우리 복음주의자들이 마땅히 받아들여야 하는 개념이라고 생각할 것입니다.

만일 하나의 큰 세계 교회가 있게 된다면, 이러한 가르침과 개념은 복음주의자들인 우리가 마땅히 그러한 핵 단위적인 모임, 그 큰 '세계 교회' 안에 '작은 교회들'을 형성해야만 한다는 것을 내포하는 것이 아닙니까? 많은 사람들은 우리가 침투하여 복음적인 방향으로 영향을 미치기 위해서는 '안에 머물러' 있어야 한다고 믿습니다. 어떤 사람들의 표현대로 '교회를 구하기 위해 교회 안에 있어야' 한다는 것입니다.

이것에 대한 대답은 어떻습니까? 제가 볼 때 다음과 같이 쉽게 부정할 수 있다고 봅니다. 제가 이 문제를 정의하면서 강조했듯이 이 사람들은 어느 누구도 교리를 최우선적으로 염려하지 않았습니다. 이것에 대해서는 어려움이 없었습니다.

그들은 실제와 영성에 오로지 관심이 있었습니다. 제가 언급한 사람 가운데 어느 누가 기독교 신앙의 핵심적인 교리들을 부인하는 교회 사람들을 허용하거나 그 사람들에게 관용을 베푼 사람이 있었습니까? 우리는 그들이 그렇게 하지 않았음을 잘 알고 있습니다.

그들은 로마 교회에서 분리했고 로마 교회와 그 가르침을 거부한 사람들입니다. 그뿐만 아니라 그들이 이단들로 여긴 사람들에게 어떠한 일을 했는가도 알고 있습니다. 그들은 이단들을 내쫓았습니다. 그들 중 일부는 사형에 처하는 것을 옹호하기까지 했습니다. 그러므로 '교회 안의 작은 교회들' 개념에서는, 이단뿐 아니라 주 예수 그리스도 안에 있는 하나님의 진리를 반대하는 사람들이 보편적인 '세계 교회' 안에 함께 있을 수 있다는 주장은 말이 되지 않습니다.

6. 이 개념이 야기하는 긴박한 문제들

그러므로 이 '교회 안의 작은 교회들' 개념에 대한 고찰이 우리에게 제기하는 긴박한 문제를 여러분에게 제시하고자 합니다.

'교회 안의 작은 교회들'을 만들어야 할 필요성을 부각하는 교회관이 진실로 바른 것입니까? 위대한 종교개혁, 위대한 분리가 막 일어났습니다. 그럼에도 불구하고 루터는 1522년경 이미 이러한 개념을 생각하고 있었습니다. 교회에 대한 루터의 이러한 생각에 본질적으로 잘못된 것은 없었습니까? 만일 여러분이 이러한 방법을 의지해야 한다면 사실상 종교개혁에 불완전한 것이 있다는 뜻이 아닙니까? 여러분의 교회관에 잘못된 점이 있기 때문에 이러한 질문이 야기되는 것입니다. 이 질문은 대단히 중요합니다.

두 번째 질문은, "그리스도인은 어떠한 사람입니까?"라는 것입니다. 루터는 교회의 대다수 사람들이 성찬에 참여하는 것은 합당치 않다고 말했습니다. 람베르트는 그러한 사람들을 이방인이라고 했습니다. 교회의 지체였는데 말입니다! 그는 그들을 전도받을 필요가 있는 이교도라고 했습니다. 좋습니다. 어떤 사람들은 오늘날 교회를 '황금 어장'으로 여기는 사람들이 있는데, 이것은 신약의 개념입니까?

여러분이 이교도로 여기는 사람들이 그리스도인이나 교회 지체일 수 있습니까? 여러분은 "우리가 누구를 어떻게 결정하며 이러한 문제를 어떻게 정의할 수 있겠습니까?"라고 합니다. 하지만 그들을 '이교도'라고 부른다면 이미 정의하고 있는 것입니다. 이교도이면서 동시에 그리스도인이 될 수는 없습니다. 따라서 그들을 이교도라고 부른다면, 그들은 그리스도인이 아니라고 하는 것과 같습니다.

세 번째, 무엇이 기독교 교회입니까? 우리는 근본적인 문제를 다루고 있습니다. 이 문제는 이러한 질문을 하게 합니다. 이 질문은 종교개혁 직후에도 제기되었고 오늘날도 심각하게 대두되고 있습니다.

네 번째, 교회의 지체로 받아들여야 할 사람은 누구입니까?

다섯 번째, 오늘날 우리는 종교개혁자들이 이 문제에 대해 했던 일들을 아직도 하고 있지 않습니까? 우리는 오랜 세월이 주는 교훈을 배우지 못하고, 신약으로 돌아가는 일에 실패하고 있지는 않습니까? 이 문제를 반드시 짚고 넘어가야 한다고 생각합니다. 이 연구회에서, 이미 몇 차례나 종교개혁자들이 특정 시점에서 행한 행위는, 그들이 발견하고 이어받은 것이 그것이었기 때문임을 상기한 바 있습니다.

루터의 경우, 그가 '교회 안의 작은 교회들' 개념에 호소할 정도가 된 것은 자신이 '발견한' 것을 받아들였기 때문임을 분명히 보았습니다. 그는 그것을 알았어야 했습니다. 어쨌든 우리는 이 사람들이 우리에게 주는 교훈을 배워야 하지 않겠습니까? 우리는 그들이 행한 일과 실패한 것을 객관적으로 볼 수 있습니다. 그런데도 본질상 동일한 실수를 반복하고 있지 않습니까?

여섯 번째, 만일 여러분이 이 생각을 거부하고 대신 분리를 역설한다면, 100여 년 전에 일어났던 일과 똑같은 일을 하게 될 것입니다. 이것은 '작은 교회들' 개념을 옹호하기 위해 흔히 제기되던 주장입니다. 스페너가 그랬습니다.

그는 만일 분리를 하게 되면 계속 분리하게 될 것이라고 했습니다. 물론 이것은 로마 가톨릭이 신교를 비난할 때 사용한 내용이기도 합니다. 많은 신교도들, 심지어 복음주의자들까지도 다른 신교도들에게 이러한 비난을 하고 있다는 것은 매우 흥미로운 현상입니다. 이것은 실제로 가톨릭의 주장이며, 이 사람들이야말로 이 주장을 사용하기에 진정으로 적합한 유일한 사람들입니다.

그러나 어떠한 경우이든지 그 주장은 어리석습니다. 어느 누가 우리야말로 교회를 위한 영구한 법을 만들 위치에 있다고 주장했습니까? 우리는 다만 우리 시대와 우리 세대의 교회를 책임질 뿐입니다. 여러분도 그러할 것입니다. 그러나 어떤 경우든지 문제는 우리가 무엇을 하고 있고, 우리의 상황을 어떻게 대처하고 있으며 오늘 현재 우리 상황이 주는 도전을 어떻게 대처하고 있느냐? 하는 것입니다. 우리 손자들이 할 일은 우리의 책임이 아닙니다. 우리는 지금 일어나는 일들에 대해서만 책임을 지고 있는 것입니다.

일곱번째 질문으로 넘어갑니다. 스페너의 주장을 생각해보십시오. 아직도 그 주장이 사용되고 있는데, 만일 '작은 교회들'을 만드는 대신 밖으로 나간다면 이것은 그 교회 사람들에게 영향을 끼칠 기회를 상실하게 된다는 것입니다. 그러므로 그들에게 영향을 끼쳐서 그들을 그리스도인들로 만들려면 그들 속에 함께 있어야 한다는 것입니다.

이것에 대해 할 말은 단 한 가지, 성령의 능력에 대한 믿음이 전혀 없다는 것뿐입니다. 오늘날 미국에서 가장 급속하게 성장하고 있는 종교 단체와 교단은 사실 가장 엄격하며 가장 높은 기준을 가진 단체들입니다. 어느 경우이든 그러한 사람들 속에 머무는 것은, 그들을 우리의 관점으로 변화시키기보다는 오히려 그들 가운데 있는 우리의 영적 자질을 저하시키고 교리적 타협과 적응을 증가시킬 뿐이라는 분명한 증거들이 있습니다.

하지만 어느 경우든 제가 보기에는 성령에 대한 믿음 부족인 것 같습니다. 우리는 '남은 자의 교리'를 잊고 있습니다. 우리는 편의와 편법을 의지하면서 만일 우리가 신실하기만 하다면, 우리의 수가 아무리 적고 '지혜로운 자와 거만한 자'에게 멸시를 받는다 할지라도 성령께서 우리와 우리의 증거를 높여주실 것을 약속하셨다는 것을 말하지 않습니다.

이제 마지막 질문을 생각해보겠습니다. 이것은 모든 것 중에서 가장 예민한 문제입니다. 이 마지막 문제 때문에 복음주의자들인 우리 사이에 금이 가서는 결코 안 됩니다. 그러나 제가 볼 때 '교회 안의 작은 교회들' 개념은 큰 문제를 야기합니다. 이것은 루터로부터 시작된 것으로 오늘날도 여전히 존재하고 있습니다.

우리는 현재 상황과 입장에서 출발하여 그것을 개선하려고 노력해야 합니까? 아니면 신약성경에서 시작하여 그것을 적용해나가야 합니까?

바로 이것이 문제입니다. 종교개혁자들은 자신들이 처한 상황에서 시작했습니다. 이 연구회에서 여러 차례 상기한 바와 같이, 그들의 정책은 그 상황을 개혁하는 것이었습니다. 만일 그들의 전제가 옳다면, 그들의 전제를 수행해나가는 절차도 정당화될 수 있다고 생각합니다. 그렇게 되면 여러분은 참아야 할 것이고 책략에 능한 사람이 되어야 할 것입니다.

그러나 제가 제기하는 큰 문제는 그들이 원천적인 문제에 있어서 정당했는가 하는 것입니다. 여러분은 어디서 출발합니까? 현존하는 상황에서 출발하여, 이미 존재하는 집단을 위해 조정과 타협과 모임과 주고받기 등 여러분이 할 수 있는 최선의 방법을 모색하려고 합니까? 그렇습니까?

역사가 보여주는 것은, 그렇게 출발하면 교회 내에 있는 쭉정이들 때문에 '교회 안의 작은 교회들'을 만들어야겠다는 생각을 금방 할 수밖에 없다는 것입니다. 제가 볼 때 이것은 바로 역사의 논증입니다. 여러분은 그러한 것에서부터 시작합니까? 아니면 "신약성경의 가르침은 무엇인가?"라는 질문을 던짐으로써 시작합니까?

우리는 이 질문에서부터 시작해야 합니다. 우리의 한 가지 목적과 노력은 어떠한 대가를 치르더라도 그것을 실천하는 것이어야 하며, 우리가 신약의 모범을 따르려고 하면 하나님께서 복 주실 것임을 믿어야 합니다. 이것은 어렵고 난처하며 괴로운 문제입니다.

제가 애써 상기시켜드리려 했습니다만 분명히 말해서 종교개혁자들은 신약의 개념을 복구하는 데 관심이 있었습니다. 하지만 그들은 실패했습니다. 그들의 생각 속에는 이러한 종류의 극성이 있었고 이 두 가지 기본 개념 사이에서 방황했습니다. 그래서 이것을 궁극적이고 근본적인 질문으로 제기하는 것입니다.

이 문제는 우리에게도 해당됩니다. 그리고 에큐메니컬 운동(교회 연합 운동)으로 인해 이전 여러 세기 동안보다 더욱더 긴박하게 된 것 같습니다. 에큐메니컬 운동 지도자들은 모든 것을 용광로 속에 집어넣자고 말합니다. 그러나 그들은 수정과 타협의 원리를 믿고 있는 까닭에 실제로는 그러한 일을 하지 않습니다. 다만 말로만 그럴 뿐입니다.

좋습니다. 우리도 그렇게 말합시다. 우리는 실로 새롭고 근본적인 방식으로 이러한 것들을 직면해야 하고 또 그럴 수 있는 상황 속에 살고 있다고 말합시다. 우리는 '20세기 중엽의 과학적인 사람'이나 '학문과 최신 지식의 결과'가 아니라 신약의 가르침에 비춰서 그렇게 하기로 결정해야 합니다. 이것은 깊고 근본적인 문제입니다.

제가 믿기로는 우리 모두는 이 문제를 직면할 뿐만 아니라 이 길이나 저 길을 선택해야 할 것입니다. 그것도 머지않아 그렇게 해야 합니다. 하나님께서 우리를 겸손하게 하시고 큰 사랑과 인내를 주시기 바랍니다. 그러나 무엇보다도 하나님의 영광과 찬송만을 전심으로 생각하게 해주시기를 원합니다.

여덟 번째 강연

1966년
헨리 제이콥과 제일 회중교회

1. 청교도의 정의

먼저 이 주제를 선택한 이유를 설명해야겠습니다. 사실 이 주제는 이미 정해져 있었다고 말씀드리는 게 더 정확할 것입니다. 왜냐하면 올해는 제일 회중교회(the first Congregational) 또는 독립 교회(Independent Chapel)가 설립된 지 350주년을 맞는 해이기 때문입니다.

저는 여러 교회, 여러 곳에서 어떤 중요한 역사적 사건을 사람들에게 상기시키는 역할을 여러 번 했습니다. 이 해가 제일 회중교회 창립 350주년을 맞는 해임을 아는 사람은 극소수에 지나지 않을 것입니다. 우리는 사람들이 더 이상 이러한 일을 기억하거나 관심을 갖지 않는 세대에 살고 있습니다. 이것은 우리에게 고통을 주는 영적 불안을 나타내는 매우 심각한 징후입니다.

게다가 350년 전에 일어난 일을 더 흥미롭고 의미 있게 하는 어떤 일이 올해에 일어났습니다. 바로 지난 5월 대영제국 내에 있는 독립교회 회중 연맹

(the Congregational Union of Independent Churches)이 영국 회중교회(the Congregational Church of England)로 발족되면서 끝을 고한 것입니다. 아마 회중 연맹 관계자들은 제가 말하고 있는 이 회중교회 350주년에 회중주의의 핵심을 없애는 역사적인 발걸음을 내디뎠다는 사실을 전혀 모르고 있었을 것이라고 저는 서슴없이 말합니다.

그들이 취한 조처로 인해 회중교회주의는 정말로 사라지게 되었습니다. 비록 그것이 그들에게는 아무런 의미가 없다 할지라도 제게는 큰 의미가 있습니다. 그래서 저는 이 중요한 사건을 주목하지 않고 그냥 지나치는 것은 그릇되다고 느꼈습니다.

제가 말씀드린 바와 같이, 저는 단순히 이 일의 역사에 관심이 있습니다. 그러나 그것만이 제 관심사는 아닙니다. 우리가 살고 있는 이 시대는 사치스럽게 단순한 골동품 수집가적인 관심을 갖거나, 단순히 재미거리로 어떤 역사적인 문제에 관심을 기울일 때가 아닙니다. 이 시대는 그러한 것을 생각하기에는 매우 심각하고 긴박합니다. 제가 이 중요한 창립 350주년에 관심을 기울이는 것은, 그것이 오늘날 우리에게 많은 것을 가르치고 있기 때문입니다. 우리 각자의 생각에도 도움을 줄 것임에 틀림없습니다.

청교도들은 단순히 목회적인 문제 또는 보편적 결의론(決疑論)에 해당되는 문제에만 관심을 기울인 것이 아님을 기억해야 합니다. 참으로 그들은 경건과 매일의 삶 속에서 성경의 가르침을 실천해 나가는 일에 깊은 관심을 보였습니다.

그러나 그들이 교회의 본질에 대한 교리에도 역시 지대한, 아니 제일차적인 관심을 가졌다는 것을 잊는 것은 안타깝고 불행한 일입니다. 제가 헨리 제이콥(Henry Jacob)과 계속 존속해온 제일 회중교회의 설립에 대해서 말씀드리면서 반드시 다루어야 할 것이 바로 그것입니다. 이 모든 것은 우리에게 특이한 관심거리와 중요한 과제가 됩니다. 그것은 우리가 오늘날의 기독교회의 사역자와 지체들로서 처한 유동적인 상황 때문입니다.

제가 다루려는 이 과제는 쉬운 것이 아닙니다. 우선은 '회중' 또는 '독립'의 의미를 정의해야 할 것 같습니다. 사실 '청교도'(Puritan)란 말의 의미 문제도 최근 많은 관심의 대상이 되고 있습니다. 이 문제에 관해서는 케임브리지의 바실 홀(Basil Hall) 교수가 쓴 〈청교도-그 정의의 문제〉(*Puritanism: the Problem of Definition*; G. J. Cunning 편, *Studies in Church History*, Vol. II)라는 논문이 매우 뛰어납니다.

청교도란 말의 정확한 의미에 대해서는 처음부터 대단한 혼란이 있었습니다. 그러한 혼란에는 많은 요인이 있었습니다. 다니엘 닐(Daniel Neal)의 『청교도의 역사』(*History of the Puritans*)는 혼란을 일으킨 요인들 가운데 하나입니다. 닐은 용어 사용에 있어서 약간 소홀했습니다. 그러자 다른 사람들도 역시 닐의 성향을 따라갔습니다.

더구나 바실 홀 교수가 바르게 지적하듯이, 회중교회와 침례교회 지도자들은 자신들의 교회가 20세기에 상당한 위치를 차지하게 되었다는 사실을 스스로 자랑하면서, 그들의 분리주의 기원을 과소평가하는 일에 매우 열심입니다. 이것은 이상한 일이 아닙니다. '세상에서 출세한' 개인들의 경우에서 자주 보듯이 그러한 일은 피할 수 없는 일입니다. 이러한 요인들이 서로 함께 작용하여 청교도라는 말의 정의 문제를 큰 혼돈으로 빠뜨렸던 것입니다.

1912년에 발행된 챔플린 버레이지(Champlin Burrage)의 『초기 영국의 분리주의자들』(*The Early English Dissenters*)은 제가 이제까지 이 혼란을 해결하기 위해 읽어본 책들 중 어느 것보다 뛰어납니다. 이때부터 입장이 약간 정리되었습니다. 그러나 아직도 분명하지는 않습니다. 청교도란 말은 매우 애매하게 사용되어 왔으며 홀 교수의 지적대로 그 의미가 굉장히 다양해졌습니다.

그러면 어떻게 정의해야 합니까? 우리가 기억해야 하는 첫째 사실은, 그 어휘가 요즘 매우 애매하게 사용되고 있어서 이 교회 문제에 대해 서로 근본적으로 다를 뿐 아니라, 매우 격렬하게 갈등을 드러낸 사람들도 이 어휘로 표현하고 있다는 점입니다. 전에도 이러한 일이 때때로 있었습니다. 항상 그러한 사람들을 모두 청교도들로 취급했던 것입니다. 여기에서 어려움이 생기게 된 것입니다. 물론 어떤 의미에서 그들에게는 공통적인 조건이 있지만, 이 문제에 있어서 그들은 매우 분명히 갈라져 있고 일치하지 않습니다.

저는 일종의 개략적인 정의를 하겠습니다. 약 1570년까지 청교도들이란, 교회 치리와 예배를 어느 정도 수정하기 원하는 영국 국교회 내의 늘 비판적이고 가끔씩 반역적인 사람들을 의미했습니다. 이러한 예와 이야기들은 여러분도 기억할 것입니다.

그들은 영국 국교회 회원이었습니다. 그들의 유일한 관심은 개혁이 더 이루어져야 한다는 것이었습니다. 그들은 영국 국교회가 로마와 제네바 중간에서 멈췄다고 생각하면서, 의식과 규율 등등의 일에 있어서 보다 더 철저한 개혁이 이루어져야 한다는 열망을 갖고 있었습니다. 토머스 카트라이트(Thomas Cartwright) 등이 장로교회의 교회 정치관을 제시하기까지 다소 그러한 상황이 계속되었습니다.

제가 언급했던 다른 국교회 사람들과 같이 카트라이트는 분리주의자가 아니었음을 기억하는 것이 매우 중요합니다. 그와 장로주의자들은 영국 국교회의 진로를 장로교회 방향으로 개혁시킬 수 있다고 믿고 있었습니다. 그러므로 그들은 분리주의자가 아니었습니다.

그러나 얼마 뒤에 바로 분리주의자라고 불리는 사람들이 생겨나게 되었습니다. 사실 이 나라 최초의 분리주의 교회는 1567년 리처드 피츠(Richard Fitz)라는 사람이 런던에 세운 교회일 것입니다. 이 교회는 파란이 많았고 오래지 않아 없어지고 말았습니다. 1580년대의 로버트 브라운(Robert Browne)과 로버트 해리슨(Robert Harrison) 같은 사람들에 이르면 분리주의자가 누구인지를 명확하게 정의할 수 있게 됩니다.

이 사람들은, 그리스도의 교회가 튜더 왕조나 스튜어트 왕조의 연장선상에 있어야 한다는 원리는 잘못되었다고 생각했습니다. 그래서 그들은 그러한 입장을 취하는 기존 국가 교회로부터 분리해야 한다고 믿었습니다. 그러나 그 후 브라운이 자신이 내세운 주장을 철회하고 오랫동안 영국 국교회의 교구 목사로서 살았다는 사실은, 그 원리 문제에 실제적인 영향을 주지 못했음을 말해줍니다.

브라운과 해리슨 이후에 제가 볼 때 분리주의자로서 보다 더 괄목할 만한 세 사람이 나타나게 됩니다. 그들은 바로 헨리 바로우(Henry Barrowe), 존 그린우드(John Greenwood), 존 펜리(John Penry)였는데, 그들은 각각 1593년에 자기들이 주장한 그 원리 때문에 사형에 처해졌습니다. 이 사람들은 제도적인 영국 국교회로부터 완전히 분리할 것을 주장했습니다.

브라운과 해리슨 및 그 이후의 세 사람 사이의 차이를 이와 같이 지적할 수 있습니다. 첫 번째 부류는 '행정적인 조치를 위한 지체'를 믿었고, 두 번째 부류의 사람들은 어떠한 지체도 필요치 않은 개혁을 주장했습니다―이것은 브라운이 쓴 책 이름이기도 합니다(『지체 없는 개혁』[Reformation without Tarrying For Any]).

16-17세기가 바뀌는 전환기까지는 그러한 상황이었습니다. 이후에 문제는 극히 어렵게 되었습니다. 독립교회파들은 브라운주의자나 바로우주의자나 그린우드주의자의 전통을 그대로 계승한 사람들이라고 누구나 단정한 데서 어려움이 오게 된 것입니다. 그러나 사실은 그렇지 않음을 보여드리고 싶습니다. 우리가 가장 신중한 주의를 기울여야 하는 점이 바로 이것입니다. 어떤 사람들이 일어났습니다. 이제 말씀드리려는 헨리 제이콥은 그들 중에서 보다 중요한 한 사람이었습니다. 이러한 사람들은 사실상 참된 독립교회나 회중주의를 시작한 장본인이었습니다.

제이콥 및 때로 '제이콥 신봉자들'(제이콥주의자들이 아니라)이라고 불리는 추종자들의 입장과, 브라운주의자들이나 바로우주의자들 심지어 재세례파 같은 분리주의자들의 입장과는 어떤 차이가 있습니까? 이렇게 설명할 수 있습니다. 독립파들은 영국 국교회가 완전히 잘못되었다고 생각하지는 않았습니다. 그들은 영국 국교회의 예배에 가끔 참석하는 것을 반대하지 않았습니다.

예를 들면, 올리버 크롬웰은 진정한 독립파 사람이었습니다. 그러나 그는 권력을 잡고 이 나라의 종교 생활을 통제할 실질적인 역할을 하게 되었을 때 교구세 제도를 존속시켰습니다.

그러므로 우리는 그것을 이렇게 볼 수 있습니다. 1640년까지는 본질적으로 국교회였던 청교도의 원조를 보게 됩니다. 물론 그들은 분리주의자가 아니었습니다. 그런 다음에 장로주의 청교도들을 보게 되는데 그들도 역시 분리주의자들이 아닙니다. 다음에는 반대쪽 극단으로 간 아주 명백하고 노골적인 분리주의자들을 만나게 됩니다. 그러나 제가 볼 때 이 새로운 부류는 1605년쯤에 나타나게 되었는데, 이는 분명 헨리 제이콥의 이해력 덕분이었습니다.

제이콥과 '필그림 파더'(Pilgrim Father)의 목회자로 알려진 존 로빈슨(John Robinson) 사이의 관계를 보면 매우 흥미롭습니다. 존 로빈슨은 처음에는 분리주의자였으나 독립파가 되었고, 여기에서 닐과 다른 사람들이 길을 잃었습니다. 저는 이 문제에 관해 챔플린 버레이지의 주장을 통해서 매우 확실한 생각을 갖게 되었습니다. 과거에는 주로 헨리 제이콥을 독립파가 되게 한 사람은 존 로빈슨이라고 생각들 했습니다.

그러나 사실은 그 정반대였습니다. 존 로빈슨을 분리주의자에서 독립파 사람으로 회유시킨 사람은 바로 헨리 제이콥이었습니다. 제 생각에는 1610년 로빈슨이 제이콥을 만나기 전에 쓴 글들과 1610년 이후에 로빈슨이 쓴 글들, 그리고 로빈슨의 1610년 이후 행동 방식을 통해서 그 점이 입증된다고 봅니다.

이 사람들이 오늘날 우리의 관심 대상이 되는 것은, 그들이 마음 문을 열어놓고 경직되지 않았으며 항상 귀를 기울여 성경으로부터 새로운 증거나 주장 그리고 예증 등을 들을 준비를 했기 때문입니다. 우리는 흔히 그들의 이러한 점을 잊는 경향이 있습니다. 물론 완전히 굳어지고 경직되어 어떠한 조건하에서도 변하지 않는 사람들도 있습니다. 그러나 일반적으로 그 사람들은 다른 관점들을 생각할 용의가 있었습니다.

그러나 1640년 이후로는 상황이 아주 달라진 것처럼 보입니다. 이때부터는 규칙적으로 사용된 어휘를 찾아볼 수 있습니다. 청교도와 같은 보편적이고 복합적인 어휘 대신 장로파, 독립파, 침례파 또는 재세례파와 같은 어휘들이 쓰이게 됩니다. 물론 퀘이커 교도들이나 제 5왕국파, 개간파 등의 어휘들도 있었습니다.

그러나 흥미로운 점은 독립파, 침례파, 장로파라는 어휘가 청교도라는 어휘보다 1640년 이후에는 더 많이 쓰였다는 것입니다. 이러한 일에 있어서 모든 것을 다 아는 척하는 자세를 취해서는 안 됩니다. 그러나 헨리 제이콥의 이야기의 본질을 이해하려면 이 점을 많이 말하는 것이 중요합니다.

이 점을 확증하기 위해 저는 유명한 로버트 베일리(Robert Baillie)의 진술과, 그의 글에서 발췌한 인용문을 생각해봅니다. 그는 1643년에서 1647년의 웨스트민스터 회의에 관해 많이 썼을 뿐 아니라 웨스트민스터 회의의 스코틀랜드 대표 회원 중 한 사람이었습니다. 로버트 베일리는 이렇게 말합니다.

"런던이나 암스테르담 사람들 중 브라운을 따르는 사람들은 매우 극소수입니다."

또 그는 다음과 같이 보고합니다.

"런던의 독립파 청교도들도 아직은 1,000명에 이르지 못했습니다. 지금까지 자신을 그러한 교인이라고 고백한 모든 남자들과 여자들을 합해보더라도 말입니다."

그런 다음 예기치 않았던 찬사가 뒤따라옵니다.

"그러나 숫자를 제외한 다른 면에서는 매우 탁월한 신앙의 소유자들이어서 나머지 모든 종파들을 다 합한다 할지라도, 또는 어느 종파라도 그들과 비교되지 않습니다."

그는 여기서 특히 독립파 사람들에 대해 말하고 있습니다. 그들은 1645년 당시 수적으로는 매우 적었음을 여러분도 주목할 것입니다. 다음은 이 문제를 규정지으려는 노력의 흔적이 보입니다. 독립파 사람들이 영국 국교회와의 관계를 단절하는 것을 좋게 생각하지 않았다는 것은 명백하다고 저는 확신합니다. 그들은 영국 국교회가 참교회임을 인정할 용의가 있었습니다. 그렇지 않을지라도 영국 국교회 내에 참교회들이 있으며, 참그리스도인들이 있다고 믿을 마음이 있었습니다. 그래서 그들은 완전히 영국 국교회로부터 갈라서지 않았습니다.

그들은 '경우에 따른 동조'를 옳게 생각했습니다. 앞으로 설명하겠지만, 어떤 경우에는 국교도들과 함께 예배를 드릴 때도 있었습니다. 그러므로 그들을 반(半)분리주의자라고 부르는 것은 옳았습니다. 저는 상황을 광범위하고 보편적인 방법으로 묘사하려고 애써왔습니다. 우리가 파악할 필요가 있는 사항은 이 기간 동안 내내 큰 혼란이 있었다는 것입니다. 상황이 유동적이고 불확실한 때가 있었다면 바로 그때였습니다.

2. 제이콥의 책을 통해 본 그의 견해

이제 헨리 제이콥의 이야기로 직접 들어가봅시다. 그는 1553년 켄트 영지에서 태어나 옥스퍼드의 성마리아 홀에서 교육을 받았고, 후에 옥스퍼드의 그리스도 교회 성가대 선창자(지휘자격인 사람으로 회중의 찬송을 인도하던 사람-역주)가 되었습니다. 그 후 약 1591년까지 켄트의 체리턴 교구 목사로 임명을 받았습니다. 그 다음에 네덜란드로 간 것 같습니다. 그는 이미 청교도 교훈을 마음속에 잉태하기 시작했습니다(저는 이 청교도라는 어휘를 다시 보편적으로 사용하고 있습니다). 그 결과 그는 네덜란드에서 한동안 머물러 있었습니다.

우리가 다음과 같이 입증할 수 있는 바와 같이 그는 극단적인 청교도는 아니었습니다. 1599년에 그는 책을 한 권 썼는데(사실 그는 매우 유능하고 학식 있는 사람이었습니다), 그 책의 제목은 『프란시스 존슨의 논증과 반론에 대항하여 두 논단 형식으로 쓰인 영국 국교회들과 영국 국교회의 사역에 대한 변증』(A

Defence of the Churches and Ministry of England written in two Treatises against the reasons and objections of Mr. Francis Johnson)이었습니다.

프란시스 존슨은 분리주의자였고 네덜란드의 분리주의 교회 목회자였습니다. 그는 영국 국교회는 참교회가 아니며 따라서 영국 국교회의 사역은 참사역이 아니라는 글을 썼습니다. 여러분도 알다시피 헨리 제이콥은 바로 이 책에서 영국 국교회를 변호하게 됩니다.

이 책은 그의 입장을 매우 깊이 있게 시사합니다. 분명히 말해서 그 당시 그는 영국 국교회와의 교제를 끊지 않았습니다. 그러나 그는 '영국 국교회의 부패'에 속한 모든 것을 거절했습니다. 그는 영국 국교회에 많은 부패가 있다고 생각했습니다. 그럼에도 불구하고 그는 분리주의자들처럼 영국 국교회가 더 이상 참된 교회가 아니라고 말하지는 않았습니다.

1600년을 전후해서 그는 네덜란드 젤란드의 미들버그에서 '모여든 교회'(gathered church)의 사역자가 되었습니다. 이 교회는 주로 영국에서 망명한 사람들로 이루어진 교회였습니다. 저는 이 기회를 빌려, 네덜란드가 그 당시의 우리 영국 망명자들을 보호하고 피신처를 제공한 데 대해 감사 표시를 해야 한다고 말씀드리고 싶습니다. 시시때때로 수많은 사람들이 그곳으로 건너갔고, 그들은 네덜란드에서 매우 따뜻한 영접을 받았고 큰 자유를 누렸습니다. 물론 다른 때에도 그 나라는 언제나 똑같은 일을 했습니다.

그러나 역사를 추적해봅시다. 1604년 제이콥은 『영국 국교회의 개혁의 필요성을 입증하는 하나님의 말씀과 가장 훌륭한 사람들의 증언에서 발췌한 이유들』(*Reasons taken out of God's Word and the best human testimonies proving a necessity of reforming our churches in England*)이라는 제목의 책을 출간했습니다. 그가 1599년에 영국 국교회를 옹호했던 것을 생각해보십시오. 이 책에서 그가 주장한 몇 가지는 다음과 같습니다.

(1) 믿음과 규율의 모든 문제에 있어서 성경은 인간의 어떤 전통 없이도

절대적으로 완전하다.
(2) 영국 국교회의 사역과 예배 의식들은 개혁이 필요하다.
(3) 그리스도 이후 200년 동안의 그리스도 교회들은 교구 중심의 교회가 아니라 회중 중심의 교회들이었다.
(4) 신약은 특별한 교회 정치 형태를 보여 준다.
(5) 이 교회 정치의 형태는 사람에 의해서 바뀌는 것이 아니므로 다른 어떤 형태도 합법적이 될 수 없다.

1605년에—이 사람이 얼마나 바빴는가를 여러분은 알 것입니다—다시 그는 이 나라로 돌아와 제임스 1세에게 올린 '세 번째 겸허한 상소문'이라 불렸던 일에 참가합니다. 우연히 헨리 제이콥은 햄프턴궁에 있던 제임스 1세에게 올리는 1천 명의 탄원서 제출자 중 한 사람이 됩니다. 이때는 1603년이었는데, 제임스 1세는 이미 스코틀랜드의 제임스 6세가 되어 있었습니다. 헨리 제이콥은 왕의 거절에 심한 좌절을 느낀 사람 중 하나였습니다.

그러나 그들은 왕에게 계속 탄원했습니다. 그들은 이 '세 번째 겸허한 상소문'에서 관용을 베풀어달라고 절박하게 요청했습니다. 그들이 요구한 내용은 다음과 같았습니다.

하나님께 예배하고 섬기기 위해 공적으로 어느 곳에든 모일 수 있으며, 우리 자체로 예배 집전과 교회 정치를 실행하고 향유할 수 있도록 허락할 것, 즉 인간의 어떠한 전통에도 구애됨 없이 오직 기록된 하나님 말씀의 지시에 따라 우리 안에 있는 몇몇 모임의 목사, 장로, 집사들이 이제까지의 현 상태에서 누릴 수 없었던 것을 허락할 것.

단 여기에 참여하는 사람은 첫째, 치안 판사 앞에서 현재 이 나라의 법이 명시하고 있는 대로 각하의 주권과 왕권을 선서한다. 둘째, 프랑스와 네덜란드 교회가 하는 것 같이 현재 확립되어 있는 나머지 영국 국교회들과 형제의 교제를 유지한다. 셋째, 현재 규정되어 있는 대로 모든 방면의 세금과 의무들을 교회와 정부에 충실히 드린다. 넷째, 만일 선한 질서와 그리스도인의 순종을 어기고 교회에 대해서나 정부에 대해 잘못을 범하면 그때는 각하의 정부 관리에 의해 처벌받는다.

이것은 사람들이 그 당시, 즉 1605년경에 취했던 입장을 적절하게 요약한 것입니다. 그들은 회중 가운데서 '목회자와 장로와 집사들'이 나오기를 원했습니다. 그리고 인간의 전통을 강요받는 것을 원치 않았습니다. 그들은 충성서약을 기꺼이 하고, 나머지 영국 국교회와 형제애의 친교를 유지하며 모든 의무들을 감당할 용의가 있었습니다.

이때쯤 제이콥은 『기독교의 원리와 기초』(Principles and Foundations of Christian Religion)라는 글에서 참된 가시적 교회를 이렇게 정의했습니다.

그리스도의 참된 가시적 교회 또는 대리자적 교회는 특별한 회중으로서 신자들의 완전한 영적 연합이며, 그 지체(구성원)들에게 믿음의 모든 수단들을 행사할 권한을 직접 그리스도께 부여받는다.

그 다음 교회가 어떻게 구성되고 소집되는가에 대한 문제에 대해서는 이렇게 말합니다.

그리스도와 그의 사도들이 복음을 통해 제정하고 실천한 경건하고 덕스러운 모든 의무들을 지키는 가운데 거룩한 공회의 지체들로 함께 살기로 합의하고 약속하는 것은 신자들의 자유로운 승낙에 의해서입니다. 이러한 자유로운 상호 동의에 의해서 모든 시민의 완전한 협력이 먼저 시작됩니다. … 그리고 교회의 직분은 한 명의 목회자나 감독 또는 여러 장로들과 집사들이어야 한다.

이것이 바로 그의 입장입니다. 그는 교회 구성에 있어서 언약을 채용할 것을 옹호했습니다. 이것은 후에 널리 알려지고 유행되었는데, 그가 원하던 것은 소위 '독립 또는 회중적 비분리 교회'였습니다. 이것은 매우 중요합니다. 그는 분리주의자가 아니었으며 후에도 분리주의자가 되지 않았습니다.

그러나 그는 "영국 국교회 내의 각각의 회중은 주교나 감독, 또는 시찰이나 노회의 지원 없이 스스로 자체의 정책을 결정하고 실행할 수 있다"고 믿었습니다. 이것이 1605년경의 그의 입장이었습니다.

제가 말씀드렸듯이 1610년에 그는 존 로빈슨을 만났고, 『그리스도의 참되고 가시적이며 대리자적인 교회의 신적인 시작과 설립』(The Divine Beginning and Institution of Christ's True, Visible, and Ministerial church)이라는 중요한 책을 출판했습니다. 이 책은 이 역사에 있어서 매우 중요하므로 몇몇 곳을 인용해보겠습니다. 제이콥은 이렇게 썼습니다.

나는 영국에 참된 가시적 교회와 목회자들이 있다고 인정합니다. 물론 기회가 되면 나는 그러한 교회와 교제하는 것을 마다하지 않겠습니다. 이 말은, 이러한 특별한 회중 속에는 경건하고 거룩한 그리스도인들이 모임을 이루어 그들이 아는 한 하나님의 말씀에 일치하는 방식으로 하나님을 섬기려 하고 있으므로, 그들은 하나님의 참된 교회가 될 수 있는 권한을 그리스도께로부터 받고 있고, 우리는 그러한 모임을 인정해야 하므로 공식적으로 분리해서는 결코 안 된다는 것입니다.

다시 우리는 그가 분리주의자가 아님을 알 수 있습니다. 또한 분리주의와 독립파 사이에는 차이가 있음도 상기합니다. 그러나 이 유명한 책에서 발췌한 몇몇 대목을 더 소개하겠습니다.

이 책을 읽는 그리스도인이여, 이 책을 출간하도록 자극한 두 종류의 사람들이 있습니다. 첫 번째 종류의 사람은, 예수 그리스도께서는 신약에서 가시적 교회의 어떤 형태나, 교회의 통치 형태를 우리에게 제정해준 적이 전혀 없다고 주장하는 사람들입니다.

이 사람들의 주장에 의하면, 예수 그리스도께서는 사람들이 자기들의 분별력으로 자기 나라나 도시에 합당하다고 생각하는 대로 선출하고 세우고 또 이런저런 방안을 모색하도록 자유롭게 일임해두셨다고 합니다. 그래서 이 사람들은 가시적이고 외향적인 그리스도의 교회와 교회 통치에 관한 한 그리스도께서는 왕이나, 주나, 법제정자가 아니라고 주장하고 고백하기까지 합니다.

두 번째 종류의 사람은, 그리스도께서는 눈에 보이는 외적 교회의 왕이요 주요 법제정자이시며, 구약에서와 같이 신약에서도 우리 모든 지역의 모든 세대에 사는 사람들을 위해서 가시적인 교회와 그 통치 형태를 제정하셨으므로 사람이 그것을 바꾸거나 변형시킬 수 없다고 아주 분명하게 주장하는 사람들입니다. 그래서 이 사람들은 그리스도인들은 마땅히 그렇게 믿어야 한다고 아주 참되고 건전하게 고백하고 가르칩니다. 그러나 나는 그들이 어떻게, 어떤 근거에서 그들끼리만 살며, 다른 사람들은 완전히 상반된 관습을 계속 행하며 살고 있는데도 만족하는지 모르겠습니다.

즉 첫째로, 그들이 신약에서 그리스도께서 세우신 것이라고 고백한-따라서 지상에 있는 그의 가시적 나라-가시적 교회와 통치와 같은 것에 전혀 참여하지 않는 것을 이해할 수 없습니다.

둘째로, 그들은 지방 교구 총감독의 교회 통치에 복종하면서 하나님께서 세우신 적이 없는 지방교회의 구성원이 되고 있습니다. 그러면서도 이것과는 모순되게 개혁을 외치고 있으므로 그리스도는 그 교회의 왕도, 주도 아닙니다. 또한 그 교회를 주께서 복 주시겠다고 약속한 적도 없고 우리도 거기에 영적 축복이 있으리라고 믿지 않습니다.

주 예수께서 사랑하시는 이 두 종류의 사람들이 나로 하여금 이 작은 글을 쓰도록 동기를 부여한 셈입니다. 이 글이 명백하게 드러나 직접적인 논증 과정을 통해서 전자의 경우를 건전하고 충분하게 경계했으면 합니다. 또 후자에 대해서는, 필연적이고 틀림없는 귀추를 통해서 그러한 잘못을 불식시켜주는 역할을 했으면 좋겠습니다. 짐작컨대 하나님 앞에서 정직하고 순수한 양심으로 이 문제를 깊고 바르게 평가할 경우, 그리스도인의 마음은 없고 이러한 종류의 사람들은(특히 그들의 잘못에 대해서) 오늘날 당연히 비난받아야 한다고 고백할 것입니다. 실상을 직시하는 모든 사람들의 눈에는 전자의 의견을 지지하고 고백할 경우, 문이 넓어져 난봉꾼들이 들어올 것이 분명하기 때문입니다.

그리고 영국에서 가족주의자(Familist)로 불리는 사람들은, 하나님의 법에 있어서 교회와 목회 사역과 의식의 외적인 형태는 그리 중요하지 않다고 전제하는 사람들인데, 이들은 사적으로나 공적으로나 어떤 종교 행사에 참여하는 것을 전혀 문제삼지 않습니다.

이렇게 되면 하나님의 특별한 예배에 대한 그들의 태도처럼 사물을 보는 눈이 냉담해지고, 그래서 다른 외적인 것들도 역시 냉담해 보이고 어떤 사람의 양심도 괴롭힐 필요가 없으며, 하나님께서 명하신 것이라든지 하나님께서 금하신 것이라고 주장할 필요도 없게 되는 결과를 낳게 될 것입니다. 그러면 논리적인 귀추로서 불경건과 비그리스도적인 관행이 이 땅에 넘치게 될 것입니다.

그는 계속 이와 유사한 주장을 펼쳐나갑니다. 바로 이 책이 존 로빈슨을 분리주의자에서 독립파로 돌아서도록 도움을 준 것들 중 하나입니다. 1611년, 헨리 제이콥은 자신의 말을 확대시킨 다른 책을 출판했는데, 거기에서 자기의 주장을 보다 더 명확하게 설파하고 있습니다. 그는 성경과 사도시대 이후의 학식 있고 경건한 사람의 증언에서 새로운 증거들을 찾아내어 "교회의 통치는 언제나 사람들의 승낙을 얻어야 합니다"고 말했으며, "복음 아래 있는 참된 교회는 여러 회중으로 이루어지는 것이 아닙니다. 단 한 회중으로 이루어집니다"라고 증명했습니다. "그리스도 예수 안에서 새롭게 창조된 교회의 신자들은(지체들) 마땅히 하나님의 은혜로 사역에 부르심을 받은 목회자들을 선택할 권한과 능력이 있다는 것입니다. 이것은 교황이라는 오염된 통로를 통해 전달되는 영향력에 의한 것이 아닙니다."

그는 계속 영국 국교회의 입장을 정당화하기 위해서 제출된 주장이 사실상 그 시점의 교황주의자들에게 유리하게 작용했음을 계속 밝혀나갑니다.

프로테스탄트 목회 소명에 동의하지 않는데도 불구하고 프로테스탄트 사역이 교황주의에 불리하게 입증되었다고 우리의 대적들이 말하겠습니까? 그러므로 내 편에서는 신속하게 확정을 내려야겠습니다. 그렇지 않으면 그들로 하여금 로마 교회를 확실히 믿도록 하십시오. 로마 교회가 영국에서 자기들의 터전을 구축하기 위해 할 수 있는 일을 모두 해보도록 내버려두십시오. 그러면 내가 하는 일이 옳다는 것을 다시금 깨닫게 해줄 것입니다. 매일 우리는 교황주의자들로부터 영국 내에서 우리가 하는 일이 합법적임을 확증하고, 그것에 대해 우리가 소명을 받았음을 입증하라는 도전을 받습니다.

우리의 학식 있는 사람들은 이에 관하여 무엇이라고 말할 것입니까? 이에 대해서 직설적인 대답이 나와야 합니다. 사람들의 양심은 꾸물거리며 지체하는 대답이나 변하기 쉬운 대답에 만족하지 않을 것이며, 우리가 말할 때 어떤 의문점이나 난색을 표명하게 되면 그것을 만족하게 여기지 않을 것입니다.

영국 내에서 우리의 사역이 하나님께로부터 온 소명임을 정당하게 설명하고 그것의 합법성을 입증하려면, 우리와 함께 이러한 소명을 준 사람들이 그 소명을 줄 선한 권위를 가지고 있음을 명백하게 보여주어야 합니다. 바로 이것이 요점입니다. 학식 있는 사람들은 이 점을 명백히 하도록 하십시오. 그래서 교황주의자들이 꼼짝 못하게 하십시오. 그러면 모든 사람들이 만족하게 될 것입니다. 왜냐하면 교회 내의 모든 참된 목회는 그 사역의 소명을 줄 수 있는 선하고 정당한 권위를 가진 어떤 사람들로부터 받은 것임에 틀림없다는 명백한 논리가 성립되기 때문입니다.

제이콥은 이것을 더 설파하면서 그가 보기에 영국 국교회의 주장은 궁극적으로 다음과 같다고 지적합니다.

교황은 크랜머(Cranmer)와 리들리(Ridley) 같은 대주교를 만든 사람입니다. 그들은 그 이후로 다른 어떤 성직 서품식을 갖지 않았습니다. 우리의 다른 모든 사역자들은 이날까지 그들로부터 서품을 받아왔습니다. 그 결과 영국 내의 모든 사역은 계통적으로 볼 때 교황으로부터 파생되어 나온 것이며, 영국의 교회 상태를 지지하는 모든 사람들은 그렇게 하기 마련입니다. 그러나 참으로 우리에게 비참하고 화가 되는 일은, 비록 그것이 거짓이라 할지라도 교황주의자들이 바라는 것이며 승리를 거두는 것이라는 사실입니다. 그것은 두 가지 면에서 거짓됩니다.

첫째, 로마 교회가 크랜머 대주교에게 무엇을 주었다 하지만, 그 대주교가 그들과 결별할 때는 로마 교회가 전적으로 모든 것을 빼앗아가기 때문입니다. 그들에게서 이탈하는 날이면 그들은 대주교를 파면시키고 출교하기 때문입니다. 그리하여 그 대주교에게 주었던 권세와 기능을 전혀 갖지 못하게 만듭니다. 의심할 여지없이, 만일 그들이 그 권위를 줄 수 있었다면 그들은 그것을 빼앗아갈 수도 있는 것입니다. 그러므로 그 대주교가 우리편이 되는 순간 로마 교회로부터 제명당하고 출교 처분을 받아 그 이후에는 사역을 감당할 어떤 권위도 가질 수 없게 되고 감독의 역할도 하지 못하게 되는 것입니다(그 권위가 로마 교회로부터 나왔기 때문임).

둘째, 우리는 로마 교회가 적그리스도임을 잘 알고 있습니다. 특히 그들은 성직과 영적인 문제 처리에 있어서 그러하며, 교황의 모든 것은 다 적그리스도적입니다. 다른 모든 사람들이 교황으로부터 권세와 권위를 받게 됨으로써 교황이 머리가 되는 것입니다. 이러한 적그리스도가 사역자들을 세울 권위를 그리스도로부터 받았다고 말할 수 있습니까? 로마 교회의 교황으로부터 권세를 받은 자들의 사역을 합당하다고 말할 수 있습니까?

그럴 수는 없습니다. 빛과 어둠이 어찌 교제하겠습니까? 그리스도와 벨리알이 어찌 조화되겠습니까? 그리스도와 적그리스도가 관계를 맺을 수 있겠습니까?

결코 그럴 수 없습니다. 이렇게 되면 우리의 양심은 이러한 사역의 조건에 대해 확신도 가질 수 없고 아무런 확증도 가질 수 없습니다. 그러나 확실히 말해서 영국에 있는 그리스도의 참사역자들은 이보다 더 좋은 기원을 갖고 있습니다.

그러므로 우리나라의 프로테스탄트의 답변은 거짓임이 틀림없습니다. 그렇지만 이 답변을 통해서 교황주의자들이 얼마나 기뻐하고 의기양양하며 모독을 주는지 왜 알지 못합니까? 교황주의자들이 이를 통해 용기를 얻고 힘을 얻으며 우리 중에서 갈수록 더 많은 세력을 확보하는 모습을 왜 알지 못합니까?

사실 이 한 점으로 인해 수많은 사람들이 그리스도의 복음과 자기들 나라의 자유를 얼마나 대항하게 될지를 안다면 매우 안타까울 것입니다. 우리의 영광이요, 구원에 이르는 믿음의 거룩한 방편이요, 그래서 우리의 사역의 핵심이기도 한 은혜의 선물을 로마 교회와 그들의 방편에 덕을 입은 것처럼 우리가 공개적으로 말하는 것을 로마 교회 사람들이 듣는다면, 그들은 이렇게 말할 것입니다.

'가지가 거룩하면 뿌리는 더더욱 거룩하고 강물이 달콤하면 그 근원의 샘은 더욱 감미로울 것이다.' 그러므로 교황주의자들이 우리 가운데서 덕을 입고 유리한 고지를 점령하는 것을 바라지 않는다면 어찌 그것을 바랄 수 있겠습니까?

다시 말해서 이 책은 로빈슨과 다른 많은 사람들에게 영향을 끼쳤습니다. 1611년에 바로 그러한 일이 있었습니다.

3. 제이콥의 항변서 요약

그 후 사건들이 급속하게 전개되었습니다. 그래서 그는 영국으로 돌아가야 했고 제가 언급한 그러한 책들에서 암시했던 노선을 따라 한 교회를 세워야겠다는 생각이 더 명백해졌습니다. 그래서 지금부터 정확히 350년 전인 1616년에 그는 그러한 의도를 가지고 이 나라에 다시 돌아옵니다. 그는 그것을 실천에 옮겼습니다. 이 시점에서 저는 챔플린 버레이지의 두 번째 책에서 한 구절을 인용해보겠습니다.

그는 리젠트 침례대학에 보존되어 있는 굴드(Gould)의 원고에서 발췌하여 그 일을 소개합니다. 굴드의 원고에는 소위 제시 레코드(Jessey Record)라는 명칭으로 그 역사 전부가 쓰여 있습니다. 이 기록을 보면, 헨리 제이콥은 영국이나 저지대 국가들(베네룩스 3국에 해당)에서 이것을 위한 연구 모임을 많이 가졌습니다. 그는 전에 라이덴 교회 목회자였던 존 로빈슨 및 다른 여러 사람들과 이 문제에 대해 많은 대화와 교제를 나누었습니다.

영국에 돌아온 후 그는 런던에서 경건과 학식으로 유명한 토로그몰턴(Throgmorton)과 트래버스(Travers) 등과 함께 여러 차례 집회를 개최했습니다. 특히 트래버스는 여러분도 알다시피 템플교회의 리처드 후커의 동료로, 후커가 아침에 어떤 말을 하면 트래버스는 오후에 그 정반대되는 말을 하곤 했습니다. 이 외에 함께 의논한 사람으로는 윙(wing), 리처드 마운셀(Richard Maunsell) 그리고 존 도드(John Dodd) 등이 있습니다. 그는 이러한 여러 사람과의 만남과 대화를 통해서 다음과 같은 입장을 갖게 되었습니다.

제이콥과 그 외의 몇몇 사람들은 모든 일과 상황을 신중하게 검토하고 나서 함께 금식하고 기도하며 주께 간구했습니다. 결국 그들 대부분은, 어떠한 어려움이 있다 해도 네덜란드나 다른 곳에서와 같이 런던에서도 그러한 과정을 착수하는 것은 매우 정당하고 바람직한 일이라는 결론을 얻게 되었습니다. 헨리 제이콥은 그리스도의 나라를 위해서 자신을 희생할 각오까지 하고 있었습니다. 또한 다른 사람들이 그에게 용기를 주었습니다.

그리하여 1616년 런던의 사우스워크에서 이 회중교회의 설립을 보게 된 것입니다. 그 거리의 이름을 찾아내려고 애썼으나 완전히 실패했습니다. 다만 그 교회의 위치가 사우스워크에 있다는 것만 알았습니다. 그 기록은 이러합니다.

여기에 대해서 헨리 제이콥은 사빈(Sabine)과 스테이스모어(Staiesmore), 리처드 브라운, 데이비드 프라이어(David Prior) 및 그 밖의 학식 많은 성도들과 함께 날을 정하여 금식하고 기도하며 주님을 구하기로 했습니다. 이 기도회를 통해 한 교회와 같이 그들이 하나로 연합하는 문제가 주로 주님께 드려졌고, 그날이 다할 때 그들은 하나가 되었습니다. 그래서 이 새로운 연합을 생각한 사람들은, 다른 형제와 함께 손을 잡고 둥그렇게 원을 그리며 서서 그들의 의도를 선포했습니다.

그리고 나서 헨리 제이콥과 사람들은 각각 자신의 믿음과 회개를 고백하고 술회했는데, 어떤 사람들은 길게 어떤 사람들은 간단하게 했습니다. 그런 다음 하나님께서 자기들에게 계시하시고 알려주신 하나님의 모든 길을 행하자고 함께 언약했습니다. 이것이 바로 그 교회의 시작이었습니다.

그들은 며칠 후 거기에 나오는 옛 교회(분리주의 교회를 가리키는 말임)의 형제들에게 이것을 알렸습니다. 바로우와 그린우드와 펜리의 시대에는 분리주의 교회들이 여럿 있었습니다. 그러나 그 교회에 출석하던 사람들 대부분이 사형당했고 그 교회들도 대부분 없어졌습니다. 그러나 함께 모이는 것에 대해 이상하게 생각하는 사람들이 여전히 있었습니다. 그래서 제이콥과 그 친구들은 그들에게 알리게 되었습니다.

같은 해에 헨리 제이콥은 교회의 충고와 승낙을 받고 앞에서 언급한 설교자들 중 몇 사람의 지원을 받아 세상에 〈영국 국교회의 교리에 동의하지만 약 28개 항목에 대해 성령의 증거 안에서 반대하는 일단의 그리스도인들의 이름으로 된 고백 및 항변〉이라는 고백서를 출간했습니다. 제게는 이 고백서의 초판본이 있습니다.

이 항변서 서두에서 그는 "복음 아래 있는 그리스도의 가시적인 교회와 그 교회의 정치(외적이고 영적인 통치의 권세를 위협하던 것을 가리킴)에 대해 그리스도께서 정해주신 참다운 구체적인 규례들을 관찰하고 지킬 필요성을 강조했습니다. 그러면서 비록 이 항변서가 그 나라의 통상적인 규례와는 다르다 할지라도 여기 관계된 그리스도인들을 분열주의자, 분리주의자, 신기한 존재들, 정부에 대한 의무를 감당치 않는 자들이라고 모함하며 거짓을 퍼붓는 자들의 오해를 씻어주기 위해서 이 항변서를 출판했다고 밝힙니다.

간단한 서론이 있은 다음, 28개의 사항이 소개되어 있습니다. 저는 그것을 자세하게 말씀드리지는 않고 각 항목의 요점만 언급하겠습니다.

1. 그리스도의 직분

그리스도는 교회의 다른 문제들뿐 아니라 교회의 질서와 통치의 문제들에 있어서도 왕이시라고 밝힙니다.

2. 완전한 성경

여기서는 다시 교회가 어떠한 방법으로 형성되어야 하는지에 대해서 성경의 분명한 여러 가르침들을 제시하고 있습니다. 즉 성경 말씀 안에서 그리스도의 주권이 행사되는 방법으로 교회를 형성해야 한다는 것입니다.

3. 교회의 구분

다른 제목을 붙이자면 '그리스도의 보편적이고 진정한 가시적 교회'라고 할 수 있습니다. "그리스도의 진정한 교회는 네 가지 면에서 주목하고 숙고해야 한다고 믿습니다"라고 진술한 후 그 다음으로 교회의 여러 가지 다른 형태들을 묘사해놓았습니다.

4. 보다 특별한 의미에서의 가시적이고 정치적인 그리스도의 진정한 교회

이 항목에서 그는 이렇게 말합니다. "복음에 나타난 그리스도의 가시적이고 진정한 교회의 본질과 핵심은 하나님을 섬기기 위해 그리스도인들이 자원하여 모였다는 것입니다. 우리는 이를 믿습니다. 또한 그리스도의 진정한 가시적 교회란 보통의 여러 회중이 아니라, 하나의 독립된 회중의 모임인 참으로 영적인 통치 기구입니다. 여기에서는 두 가지 점을 주목해야 합니다.

첫째, 복음에 나타난 가시적이고 통치권을 가진 진정한 교회는 한 회중이라는 점입니다. 이것은 다음과 같은 성경 구절에서 명백히 드러납니다. 마태복음 18장 17절, 고린도전서 5장 4, 12-13절, 11장 18, 20절 등.

그런 다음 주목해야 할 두 번째는, 이 그리스도인들의 한 회중은 하나님의 정하심에 따른 영적인 하나의 통치 기구라는 점입니다. 이 회중은 자유롭고 독립된 한 회중입니다. 다시 말해 이 회중은 하나님께로부터 영적 행정력을 발휘할 권리와 힘을 부여받았고, 이 통치 기구는 그 자체를 스스로 다스리며 스스로를 통제하되, 독립적이고 즉각적으로 그리스도 안에 있는 사람들의 공통적이고 자유로운 승낙 하에 통치하며, 언제나 최선의 질서를 지키며 통치하는 통치 기구라 할 수 있습니다."

5. 대회와 회의들

이 부분도 흥미롭습니다. "우리가 그 모든 것을 감안한다 할지라도 어떤 경우에는 여러 회중 또는 여러 교회들이 함께 연합하는 일이 있어야 합니다. 곧 대회(Synod, 우리나라에는 총회 밑에 노회는 있되 대회는 적용하고 있지 않음-역주)를 통해서 말입니다." 어떤 의미에서 그들은 독립교회를 믿으면서도 독단주의자들은 아니며 '교회의 연합'을 믿되 '대회를 통해서' 그러한 연합이 이뤄진다고 믿습니다. 그들은 한 걸음 더 나아갑니다.

"그러나 그리스도와 성경의 권위를 제외한 다른 어떤 영적인 절대 권위에 복종하거나 굴복할 하등의 이유가 없습니다. 이것을 부인하며 교구적이고 지역적인(우리나 그들 자신이나 어떤 범세계적인 것을 인정하지 않습니다) 가시적 통치 형태를 띠되, 그에 상응하는 대표적 통치 형태를 띠는 교회를 주장하는 사람들은 바로 여기에서 복음의 원칙을 벗어나 있는 것입니다."

6. 보편적 또는 가톨릭적 교회 통치, 즉 외적인 통치권을 부여받은 교회

우리는 복음 아래서 보편적이고 가시적인 교회를 부인하는가라고 물어볼 필요가 있습니다. 물론 우리는 그렇다고 대답합니다. 그리스도나 하나님께서는 복음 아래서 고유하거나 대표적인 어떤 보편적인 가시적 교회를 제정하신 적이 없습니다. 그러한 교회가 있다면 통상적으로 그 교회는 기독교 신앙을 고백하는 모든 사람들을 외적인 차원에서 영적으로 다스리는 권한을 행사해야 할 것입니다. 그러한 교회는 신약에서 발견되지 않습니다.

7. 한 지역을 단위로 형성된 독립교회

복음 아래서 어떤 가시적이며 진정한 정치적 교회나 교구, 한 지역 전체를 중심으로 하는 교회가 있다는 것을 우리가 그처럼 부인하는 까닭이 바로 그것이며, 그것은 참으로 놀랄 만한 일입니다. 그러므로 우리는 현재 영국에 가시적이며 진정한 정치적 교회가 있다는 것을 인정하지 않습니다. 왜냐하면 영국 국교회(보통 이런 식으로 부름)는 주로 교구나 한 지역을 중심해서 이루어진 교회이기 때문이며, 또는 국가 전체를 상대로 한 가시적인 통치 형태를 가진 교회이기 때문입니다.

우리는 영국 내에 가시적이며 진정한 정치적 독립권을 가진 교회들이 많이 있음을 인정합니다. 꽤 훌륭한 면모를 갖추고 있기도 합니다. 그러나 복음 아래서는 한 국가나 지역이나 한 교구를 중심하여 이루어진 교회가 통치적 형태를 지닌 진정한 가시적 교회라고 인정하지 않습니다(그것이 교회 전체의 체계를 뜻하든지 아니면 그러한 교회를 대표하는 어떤 대표적인 부분을 뜻하든지 간에). 물론 우리 가운데서 시행되는 공적 실제는 그러한 교회들이 진정한 정치적 교회라고 주장하기는 하지만 말입니다.

우리가 이러한 교회들을 부인하는 이유는, 하나님의 말씀인 신약 그 어디에도 그러한 교회가 발견되지 않기 때문입니다. 신약에는 범세계적인 가시적 교회가 전혀 발견되지 않습니다. 다만 자유롭게 모여든 회중, 평범한 모임이 신약에서 발견되고 조금 전에 제시한 것과 같은 그러한 교회만이 발견됩니다.

8. 진정한 통치적 자주권을 가진 가시적 교회가 어떻게 영국에 존재하는가

비록 개개 교회들이 진정한 교회이지만 제도 때문에 묶여 있다는 것을 이 항목에서 밝히고 있습니다.

9. 주교장이나 교구 주교

대주교나, 교구나 지역 주교들의 영적 직무, 소명, 권세, 행정력과 그들의 내적 성직 위계제 정치는 신약에서 그리스도께서 세우신 교회의 질서와 규례에 반하는 것이며, 그것과 아무런 관계가 없습니다. 여기에 대한 증거는 앞의 제4항과 앞으로 나올 10항의 근거들을 보면 됩니다.

10. 교역자를 세우는 일

우리는 복음에 나타난 사역자의 소명의 핵심은 회중의 승낙이라고 믿습니다. 다른 인용문에서 본 교황에 대한 전체 논증에서 이것에 대한 중요한 사실이 밝혀집니다.

11. 영국 교구 사역자들이나 교구민들 사이의 교통

첫째로, 우리가 생각하는 대로 목회 사역권을 이전의 사역자들이나 상위 성직자(오늘날과 같이)에게서 받을 수 있다고 생각하는 것은 잘못이라고 믿습니다. 이렇게 받은 것은 다 무효입니다. 둘째로, 우리의 교구 사역자가 이렇게 사역권을 받는다 해서 그 안에 있는 사역권을 무효화하지는 않습니다. 즉 그 안에 있는 사역의 진실성을 헛되게 하지는 않습니다.

이것 때문에 그들은 이따금씩 교구 교회에 예배드리러 갈 수 있다는 주장을 할 수 있습니다. 그들은 한 사람이 거룩한 사람으로서 진리를 전파하는 것을 인정하는 것과 그가 속한 체제 사이의 구별을 이렇게 구분짓고 있습니다. 이와 같이 그들은 때때로 그러한 사역자가 인도하는 예배에 갈 수 있습니다. 그러나 그들은 그가 속한 체제를 믿거나 받아들이지 않음을 아주 명백히 하는 방법을 취했습니다.

12. 겸직 목회자들과 부재 성직자들

이 항목에서는 목회자의 겸직과 부재 성직자들의 문제를 다루고 있습니다. 그들은 "이것은 복음서에 나타나 있는 하나님의 규례와 정반대입니다. 그러므로 이것들은 분명한 불법입니다. 뿐만 아니라 이러한 것들은 개인적인 권한에 의해 목사보(牧師補)와 같은 사람들로 대리 또는 대치됩니다. 그러므로 단순한 강사들과 다를 바 없습니다"고 주장합니다.

13. 규율과 책망 문제

"우리는 거룩한 책망의 진정한 수행도 회중의 승낙에 의해서 이루어진다고 믿습니다. 그러므로 절대적인 어떤 교구권이나 어떤 지방의 감독관에 의해서 이루어지는 것은 비합법적입니다. 즉 주로 관계되는 회중의 의견일치나 승낙 없이 그런 일이 행해진다면 말입니다."

14. 목회자의 일상적인 권력과 권위

이 항목에서 그는 각 교회의 목회자들의 수 그리고 교회의 영적인 일과 다스리는 일에 있어서 목회자의 일상적인 권력과 권위에 대해 말합니다. 그는 각 교회에 적어도 1명의 목회자가 있어야 한다고 말합니다. 더 많아도 되지만 최소 1명은 있어야 된다는 것입니다. 이미 보았듯이 그들은 장로와 집사를 두어야 한다고 믿고 있습니다.

15. 회중 속에 신성 모독적이고 추잡한 사람들이 있는 것에 관해서

"우리는 가시적인 교회 안에는 경건한 그리스도인들과 하나님을 모독하는 사람들이 함께 있다는 것을 믿습니다. 물론 언뜻 보면 이들이 전체 모임의 거룩을 본질적으로 무너뜨리거나 무산시키지는 않는다 할지라도, 사람들을 혼란케 하고 더 극단적인 위험 수준에까지 악영향을 미칠 수 있습니다. 특히 그들을 오랫동안 용납하게 되면 그러한 위험이 생기고 모임 전체를 가장 위험스럽고 절망적인 상태로 몰아가는 것이 사실입니다." 사람들은 그들 영혼에 미치는 위험 때문에 그러한 교회들을 떠나갈 가능성이 있습니다. 여러분도 알다시피 바로 이것이 순결한 교회를 위한 주장입니다.

16. 인간적인 전통

그들은 앞서 인용한 이유들로 이것들을 비난하며 옹호하지 않습니다.

17. 사도의 유전(遺傳)

"우리는 사도들이 정한 모든 규례와 제도(단, 성경을 통해서 입증되어야 함)는 신적이라고 믿습니다. 다시 말하면 신적 권위에 속한 것이고, 사람들이 임의로 고칠 수 없는 것이며, 하나님에 의해서 제정된 것이라고 믿습니다. 그러므로 하나님께서 친히 (하나님 자신의 역사로 말미암아) 폐하거나 무산시키지 않는 한 그리스도인들은 마땅히 그 규례를 영구히 보편적으로 활용해야 합니다."

18. 사도가 말한 예언

"성경을 회중에게 진지하고 신중하며 바르고 질서 있게 적용하는 것은—사도는 이것을 예언이라고 불렀으며 이해력 있는 교회의 모든 지체들(여자는 제외)에게 허락했습니다—현재도 합당하고 유익합니다. 아니 때로는 여러 가지 면에서 매우 필요하다고 믿습니다." 다시 말해서 은사를 가진 것으로 보이는 사람은 그러한 방식으로 그것을 행사할 수 있습니다. 단 여자는 제외됩니다.

19. 교회 안에서 설교문을 읽는 것에 관해서

"하나님께 예배드릴 때 설교문을 읽는 것은 우리에게 합당치 못하다고 믿습니다. 또한 신실한 회중에게도 그러한 일은 매우 합당치 않다고 믿습니다. 즉 설교하는 목회자를 청빙하지 않고 그렇게 하는 것을 정당하게 여기는 곳에서는 말입니다."

여러분도 알다시피 설교 목회자를 두지 않고 설교문을 읽는 것으로 대치하는 것은 잘못입니다. "반면에 목회자가 부지런히, 바르고, 분별력 있고 올바르게 하나님의 말씀을 설교하고 적용하는 것은, 통상적으로 구원에 이르는 하나님의 능력이 됩니다. 모든 면에서 볼 때 교회에서 읽혀지도록 허락된 설교문들에는 선한 교리가 내포되어 있지 않은 것 같습니다."

20. 그리스도께서 지옥에 내려가셨다는 것에 대해서

제이콥은 1600년경 어느 한 감독과 이 문제에 관해서 대단한 논쟁을 벌였습니다. 이 고백서에서 그는 이 점에 대한 자기 입장을 분명히 했습니다. 그리스도께서 지옥에 내려가셨다는 것은 우리 주님께서 바로 그 시점에 사망의 권세 아래 있었다는 것을 뜻하는 것뿐이라고 주장했습니다.

21. 기도의 문제

"사람들이 정해 놓은 모든 기도 형태는 절대적으로 단순히 죄라든지(우리가 판단하건대) 우상을 섬기는 것이라든지, 사람이 만든 것이라든지, 제2계명을 범하는 것이라고 생각지는 않습니다. 그럼에도 불구하고 우리는 미리 정해진 공기도서나, 전체 교회가 사용하도록 추천된 예배 공기도서를 부단히 암송하고 고백하여 모일 때마다 같은 말을 되풀이하는 것(다른 기도를 드리는 것과는 달리)은 그것을 사용하는 많은 사람들에게 유익을 주기보다는 오히려 해를 주며, 거룩한 열심이나 참된 경건이나 진지한 거룩함을 도모하거나 하나님의 다른 은사들을 그리워하지 못하게 합니다. 신약성경은 이러한 문제에 대해서 거론하지도 않았고, 이 점에 대해서 획일화하려는 노력도 보이지 않았으며, 다만 모든 교회들 나름의 경건과 자유와 지혜와 총명과 근면함에 맡겨두었습니다."

22. 소위 거룩한 날에 대해서

"이제 우리는 복음 아래서는 정해진 거룩한 날(주일을 제외하고는)이나, 금식일이나, 평범한 날이나, 절기나 시기를 정하여 매년마다 지키는 그러한 것이 전혀 정해져 있지 않다고 믿습니다." 여러분은 아마 이 항목의 명백한 핵심을 이해할 수 있을 것입니다.

23. 결혼과 장례와 소위 산후 결례 등에 대해서

"결혼이나 죽은 자를 장사하는 문제에 관해서 우리가 믿기로는, 그러한 일들은 교회 교역자가 할 일이 아니라(그러한 일들은 전혀 영적인 행동들이 아닙니다) 일반인이 할 일이라고 믿습니다. 그러한 일을 하라고 사역자를 부르신 것이 아닙니다. 또 율법 아래 있던 하나님의 책에서나 복음서에서나 그러한 일을 한 예를 하나도 찾아볼 수 없습니다. 이러한 근거 없이 사역자가 그러한 일을 자기의 목회 사역적인 직무나 기능으로 행했다면 합법적이지 못하다고 믿습니다." 좀 놀라울 것입니다. 그러나 이 문제에 대해서 그들은 이렇게 가르치고 있습니다.

24. 교회 사역자들을 국가가 행정관으로 만드는 일에 대해서

이러한 일은 '신약성경에 반대되는' 부당한 일이라고 배격하고 있습니다.

25. 믿음 있는 자들의 예물과 헌물에 대해서

자원하여 헌물을 드리는 것은 격려할 일입니다. 십일조를 전혀 정죄하고 있지 않습니다. 이 문제에 대해서는 다음 항목에서 부분적으로 다루어집니다.

26. 십일조 그리고 목회자의 사례비

십일조 그리고 목회자의 생활을 위한 가장 합당한 사례비에 대해서는 "복음 아래서 목회자들의 생활을 위한 십일조는 의롭거나 마땅한 방법이 아니라고 믿습니다. 그러나 만일 그 십일조가 자원하는 심정으로 드려질 때, 이러한 십일조가 절대적으로 합당치 못하다고 생각지는 않습니다"라고 말합니다. 그들은 제25항에서 다루었던 자원적 체계를 더 좋아하면서, 성경이 가르친 대로 첫날에 예물을 떼어놓았다가 목회자에게 그것을 가져가도록 격려하고 있습니다.

27. 교회를 돌보고 지키는 정부의 의무에 대해

"우리와 모든 진정한 가시적 교회는 마땅히 감독되야 하고 선한 질서 속에서 보전되어야 하며 평화롭게 유지되어야 한다고 믿습니다. 그리고 정부에 의해서(그리스도 안에서) 통제되어야 한다고 믿습니다. 그러나 신앙을 위해 필요할 때에 한합니다."

여기서 우리는 다시 독립파 사람들과 분리주의자의 중요한 차이점을 발견하게 됩니다. 후에 이 독립파 사람들은 분리주의자들과 같은 관점을 가지게 되는데, 이 분리주의자들은 독립파 사람들이 전에 생각한 대로 이 문제를 보았습니다. 이 문제에 대해서 우리는 분명해야 합니다. 독립파 사람들은 후에 이러한 입장을 취하게 됩니다.

이 대목은 이렇게 계속됩니다.

"행정관은 자기에게 주어진 합당한 권세로 경건하고 종교적인 사람들을 칭찬해 주고 장려해 주어야 마땅하며, 거칠거나 이치에 맞지 않게 행동하는 사람들은 벌해야 마땅합니다. 그러나 언제나 정부적인 차원에서만 그러해야 합니다. 그러므로 우리는 진심으로 우리의 은혜로운 주권을 행사하는 왕께서(친히 그분 자신이나 행정관을 통해서) 온화한 자세로 특별한 감독권을 행사하기를 간절히 바라는 바입니다. 우리는 가장 겸비한 자세로 왕의 통제와 보호에 대해 인정합니다. 이는 하나님께서 정해 주신 규례를 사용하고 싶기 때문입니다.

왕의 통제와 보호는 우리에게나 우리나라에 가장 위대한 것이 되기도 하고 무한하게 악한 것이 되기도 하기 때문입니다. 그리고 또한 우리를 간섭하는 영적 주교들 때문에도 그러합니다. 그럼에도 불구하고 영적인 권위를 행사하는 자들은, 왕께서 이 임무를 그 시행 정부에 일임케 한다면 그것은 자신들에게 적잖은 해와 악을 행하는 것이라고 생각합니다. 그렇지만 이것은 하나님께서 그렇게 정하신 것입니다."

여러분은 그들이 제시하는 구분점을 알 수 있을 것입니다. 그들은 그리스도인을 훈육하는 것을 시행 정부로부터 취하고 있는 것이지 교회 당국으로부터 취하고 있는 것이 아닙니다.

"왕이 만일 행정관들에게 이 임무를 하게 한다면, 이것은 하나님이 정하신 규례를 행하는 것입니다. 그렇지 않다면, 다시 말해서 말씀을 사역하는 자에게 영적인 통치권이나 행정권을 함께 수행하도록 한다면(교구나 지역구의 통치권을) 그것은 악한 것이고 제 4, 10, 24항에서 지적된 복음서의 본문을 직접적으로 위배하는 것입니다."

저는 단순히 그 책에 있는 것을 그대로 인용하는 것뿐이지 제 자신의 의견을 피력하고 있는 것이 아닙니다.

28. 진리를 사용하는 일과 위에서 지적한 바대로 그릇된 교회 규례를 배척하는 일에 있어서 사람보다 그리스도께 복종할 필요성에 대해서

다른 말로 해서 이 마지막 항목은 앞에서 지적된 점들의 적용을 강화하고 있습니다.

4. 제이콥과 제일 회중교회로부터 얻을 수 있는 교훈

교회는 이렇게 구성되었고, 헨리 제이콥이 목회자로 지명받았으며, 헨리 제이콥은 자기들이 행하고 있는 일을 정당화하고 교회 분열을 책동하는 자들이라는 비난을 불식시키기 위해서 이러한 책들을 출판했던 것입니다. 이렇게 시작된 교회는 번성했습니다. 제이콥은 1624년까지 그들과 함께 있었습니다. 1624년에 그는 그들을 떠나 미국의 버지니아로 갔는데, 거기서 그 다음 해에 죽었습니다. 그 후 경건한 사람들이 그의 길을 따랐습니다. 이것이 바로 한 번 세워진 다음 계속 존속해 온 제일 독립교회 또는 제일 회중교

회였습니다.

크롬웰의 공화정 시대 이후, 1662년 이후에는 중요한 변화가 생겼고, 독립파 사람들은 참된 분리주의자들이나 또는 자유교회 사람들이 되었습니다.

제가 처음에 말씀드린 대로 이 점은 정말 흥미롭습니다. 왜냐하면 그것은 이 사람들이 이 문제에 있어서 하나님의 말씀과 그리스도의 뜻이라고 이해되는 것을 행하는 방법에 대해 생각한 것을 보여주기 때문입니다. 그리고 여기에는 우리가 꼭 명심해야 할 귀중한 메시지가 있다고 봅니다. 그러므로 그 역사를 다시 읽어보고 우리가 처한 현실을 다시 확인해 보면, 우리에게 분명하게 경고해 줄 것입니다.

그저 "청교도들은 이렇게 저렇게 말했다"는 식으로 일반화하지 않아야 합니다. 우리는 우리가 말하는 것을 정말 알고 있는지 확인해봐야 하며, 할 수 있는 한 우리가 말하는 것에 대해서 정확을 기하도록 합시다.

둘째로, 그것은 우리의 완고함에 대해서 경계합니다. 어쨌든 이러한 점에 있어서 그 사람들과 같은 자세를 취하도록 애를 씁시다. 성경을 탐구하며 마음을 열어 다른 사람들이 말하는 것에 귀를 기울입시다. 비록 이것을 이해하지 못한다 할지라도 이 모든 일에는 분명히 인간적인 요소가 있음을 인식하도록 합시다.

어떤 사람들은 단번에 참된 입장에 이를 수 있지만 어떤 사람들은 여러 단계와 여러 과정을 거쳐야 하는 사람들이 있습니다. 제가 볼 때 이 모든 것을 다시 한번 읽음으로써 배운 가장 큰 교훈 가운데 하나는, 우리는 서로 인내해야 하며 정직한 사람들도 서로 다를 수 있음을 기억해야 한다는 점입니다.

우리는 사도바울이 고린도교회에서 시선을 어디에 집중시켰는지를 기억해야 합니다. 그리스도인의 삶과 관련지어 볼 때, 실제적인 모든 면에서 약한 형제도 있고 강한 형제도 있음을 알 수 있습니다. 그러므로 우리 모두는 서로 참는 것이 합당하며 서로 도와주고, 서로 다투거나 견해 차이가 있는 사람들을 향해 냉정한 자세를 취하지 말아야 합니다.

이러한 모든 것을 철저하게 살펴보았던 이 사람들은 그처럼 많은 시간을 들여가며 여러 단계를 지칠 정도로 통과해야 했음을 인식합시다.

　이러한 문제들이 다시 한번 날카롭게 제기되는 세대에 살고 있는, 금명간에 여러 가지 다양한 결정을 해야 하는 긴박한 입장에 있는 우리는 이 헨리 제이콥과 제일 회중교회로부터 무엇인가를 배우도록 합시다. 그것은 우리에게 도움과 용기를 줄 것입니다. 하나님께서 그러한 면에서 우리를 축복해 주시기를 바랍니다.

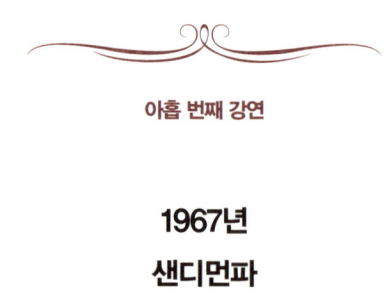

아홉 번째 강연

1967년
샌디먼파

1. 이 주제를 택한 이유

먼저 이 주제를 택한 이유를 설명하겠습니다. 제가 사역하는 동안 자주 지나가는 말로 이것을 언급한 바 있습니다. 왜냐하면 여러 면에서 볼 때, 오늘날 이 문제야말로 우리가 숙고해야 할 가장 긴박한 문제라고 생각되기 때문입니다. 오늘날 교회의 상태를 이해한다면, 그리고 지난 50여 년 동안 교회의 큰 문제는 교회가 바로 이 특별한 오류에 빠져든 것이라고 말씀드리고 싶습니다.

저는 지금까지 이 문제를 특별하게 다루거나 평가해본 적이 없으나 금년과 지난 연말에 일어난 여러 가지 일들로 인해 제가 수년 동안 가져왔던 일반적이고 희미한 개념이 구체화되었고 또 오늘과 같은 일을 하게 되었습니다. 여러분 중 많은 분들은 1967년에, 참으로 위대한 화학자였던 마이클 패러데이 서거 100주년 기념식을 거행하는 것을 틀림없이 주목했을 것입니다.

아울러 그가 바로 이 특별한 기독교파, 즉 로버트 샌디먼(Robert Sandeman)이란 이름이 붙여진 분파에 속한다는 것도 주목했을지 모르겠습니다. 이 점은 단번에 저를 사로잡았고 가장 먼저 이 주제를 생각하게 했습니다.

또한 저는 아이드왈 존즈(J. Idwal Jones)라는 사람이 쓴 소책자 『J. R. 존스, 라모스와 그의 시대』(J. R. Jones, Ramoth and his Times)를 읽었습니다. 이 책이 쓰인 것은 특히 북웨일즈에서 샌디먼의 관점을 선전하고 확산시키는 데 어느 누구보다도 많은 영향력을 끼쳤던 존즈(J. R. Jones)의 탄생 200주년을 맞는 해이기 때문이었습니다. 역사적인 관심을 갖고 이 책을 읽는 동안, 이 책이야말로 제가 다루어야 할 문제를 암시하고 있다는 느낌을 다시금 가지게 되었습니다.

저로 이 주제를 다루도록 한 또 다른 요인은, 영국 침례교회 사상 가장 위대한 설교자인 크리스마스 에반스(Christmas Evans)-분명히 그와 스펄전은 가장 위대한 2인의 설교자일 것입니다-가 1766년 크리스마스에 태어났다는 사실입니다. 그러므로 자연히 저는 지난 한 해 동안 크리스마스 에반스에 대해서 대단히 많은 양의 책을 읽었습니다. 앞으로 설명하겠지만, 샌디먼파의 전체 문제점은 이 위대한 설교자의 삶에 엄청난 영향을 끼쳤습니다. 바로 이러한 것들이 이 주제에 대한 저의 관심을 더욱 구체화했습니다.

2. 샌디먼파의 탈선 배경

아마 이 문제를 접근하는 가장 좋은 방법은 이 운동, 여러분이 좋아하는 표현대로라면 이런 탈선이 어떻게 해서 시작되었는지를 말씀드리는 것일 것입니다. 다음은 몇 가지 역사적 배경입니다.

이 운동은 1720년대에 존 글래스(John Glas)라는 스코틀랜드 사람에 의해 시작되었습니다. 그는 매우 유능한 사람이었으며, 던디에서 멀리 떨어지지 않은 앵거스 카운티의 티링이라는 지역에 있는 스코틀랜드 교회 목회자였습니다. 글래스는 처음에 특히 두 가지 문제에 대해 마음이 편치 않았습니다.

그 하나는, 목회자들이 17세기에 도입된 엄숙 동맹과 서약(The Solemn League and Covenant)에 서명하도록 하는 관습이었습니다. 이 문제로 인해 그는 교회와 국가의 관계에 대해 생각할 때, 여러 가지 어려움을 갖게 되었습니다. 존 매클라우드 학장은 그에 대해서, 그는 임의 기부주의(voluntaryism)가 생기기 1세기 전에 임의 기부주의자가 되었다고 바르게 평하고 있습니다.

매클라우드는 말합니다.

"글래스는 국가 교회나 국가적인 개혁이나 국가적인 교회 또는 국가적인 종교 언약 같은 것은 결코 있을 수 없다고 생각했습니다."

그는 교회와 국가의 완전한 분리를 신봉했습니다. 다른 말로 해서 그는 분리주의자가 된 것입니다. 글래스가 걱정한 또 다른 문제는 웨스트민스터 신앙고백 같은 문서에 서명하는 것이었습니다. 그는 어느 사람이, 나는 성경의 가르침을 믿고 성경의 가르침을 받아들이며 그 통치를 받을 준비가 되어 있다고 말하기만 하면 충분하다고 믿었던 것입니다.

그는 하나님의 말씀에 따라 통치받을 준비가 되어 있다고 말했으나 사람들의 말에 복종할 용의는 없었습니다. 또한 그는 구원얻는 믿음의 본질에 관한 자기 나름의 특유한 관점을 제시하기 시작했습니다. 이 세 가지로 인해 그는 고통당하고 면직되어 1733년에 한 독립된 기구를 만들었습니다.

존 글래스는 스코틀랜드에 관한 한 분명히 독립파의 아버지입니다. 그는 매우 극단적인 칼빈주의자일 뿐만 아니라, 이러한 의미에서 철저하게 정통적인 사람이었습니다. 그러나 그는 다음과 같은 다른 문제들에 대해서는 문제가 있었습니다. 그는 공격적인 사람은 아니었습니다.

그러나 그는 논쟁하기 좋아하고 글 쓰는 일을 즐겼던 로버트 샌디먼이라는 사람을 사위로 맞게 됩니다. 그는 존 글래스를 위해 강력한 변호를 하게 되며, 글래스보다 더 나아갔습니다. 샌디먼은 『데론과 아스파시오에 관한 편지』(Letters on Theron and Aspasio)라는 책을 써서 유명해졌습니다. 여러분 중의 일부는 『데론과 아스파시오의 대화』(Dialogues between Theron and Aspasio)라는 책이 현재 노샘프턴의 일부인 웨스턴 플라벨의 제임스 허비(James Hervey)에 의해서 쓰였다는 것을 회상하게 될 것입니다. 샌디먼은 그의 책 『데론과 아스파시오에 관한 편지』에서 제임스 허비가 내세운 관점을 공격하는 글을 썼는데, 이렇게 함으로써 그의 가르침(특히 믿음에 대한)의 윤곽이 드러났습니다. 그리고 이 가르침은 처음에는 글래스의 설교와 책들 속에서 선전되었습니다.

이 외에도 두 사람은 교회 정치에 관한 여러 개념들을 발전시켰습니다. 그들은 교회와 국가 사이의 완전한 분리를 주장했습니다. 그들의 바람은 교회를 신약의 모형으로 환원시키는 것이었습니다. 그러나 이러한 일을 하면서 극단으로 치우치기 시작했습니다.

그들은 세족식, 거룩한 입맞춤, 매주 성찬식 등을 재도입했습니다. 그들은 교회의 모든 지체들의 소유는 교회가 마음대로 할 수 있어야 하며, 교역자들에게 생활비를 지불하는 일은 없어야 한다고 가르쳤습니다. 급기야는 교역자들에게 생활비를 지급하지 말라는 이 가르침 때문에 로이드 조지(Lloyd George)는 사무 변호사가 되었고, 그 후에는 교회의 목회자 대신 수상이 되었던 것입니다.

그는 북웨일즈의 어느 한 샌디먼파 교회에서 자라났습니다. 이 교회는 작은 침례교회로 알려져 있었는데, 이 교회의 목회자는 봉급을 받지 않고 구두를 만들어 생계를 유지하는 그의 삼촌이었습니다. 그들은 각 교회마다 장로들이 많아야 한다고 믿었고, 장로는 재혼하면 안 된다는 금지 규정을 두고 있었습니다. 그들은 매우 엄격한 교회 규율을 세워놓았으나 언제나 만장일치를 원했으며, 투표 같은 것은 하지 않았습니다. 그들은 보편적인 의견 수렴과 만장일치를 원했던 것입니다. 더 나아가 그들은 문제를 결정할 수 없을 때 제비를 뽑았습니다.

이 두 사람들 외에 또 다른 사람이 있는데 그 사람도 언급해야겠습니다. 왜냐하면 그는 후에 18세기에 대단한 사람이 되었기 때문입니다. 그 사람은 아키발드 매클레인(Archibald Maclean)으로 한때 존 글래스의 교회 교인이었습니다. 그러나 그는 규율이 매우 엄격하다고 느끼기 시작하여 1765년에 에든버러에 자기 나름의 교회를 세웠습니다. 매클레인은 글래스와 샌디먼의 가르침을 수용했지만, 침례교도가 되었다는 점에서는 달랐습니다. 그는 스코틀랜드의 모든 침례교회의 시조입니다.

매클레인은 매우 유능한 사람이었습니다. 그는 특히 존 오웬을 대단히 숭앙하는 사람이었습니다. 이것은 바로 그의 신학이 칼빈주의임을 말해줍니다. 그는 주로 1780년대와 1790년대에 영향력을 행사했습니다. 그는 웨일즈, 특히 북웨일즈에 있는 침례교회들에 영향을 끼쳤습니다.

그러나 그전에 영국에 살았던 글래스와 샌디먼 같은 사람이 상당한 영향을 끼쳤음을 지적합니다. 잉글랜드의 여러 지역에 교회가 세워졌고, 그 가르침이 웨일즈에도 퍼져 나갔으며, 팝킨스(Popkins)라는 사람에게 영향을 미쳤습니다.

팝킨스는 남웨일즈의 스완시에서 이러한 개념들을 기초로 교회를 시작했습니다. 이것은 큰 문제를 일으켰으며, 우리가 이미 들은 바와 같이 여러 사람 중에 저 유명한 다니엘 로랜드와 찬송시 작가인 윌리엄 윌리엄스(William Williams)에 의해서 다루어졌습니다.

그러나 제가 말씀드리는 것이지만, 이 샌디먼의 가르침이 잉글랜드나 웨일즈에서 위협적인 존재가 된 것은 1780년대 후반과 1790년대입니다. 이것은 주목할 만한 인물들의 일종의 반작용을 낳았습니다. 첫 번째는 유명한 앤드류 풀러(Andrew Fuller)로, 특히 그의 『만인이 받을 만한 복음』(*The Gospel worthy of all Acceptation*)이라는 책의 부록("마음의 거룩한 성향이 믿음을 위해 필요한가?"라는 제목)에서 이 가르침을 특별하게 취급하는데, 이것은 아키발드 매클레인의 가르침에 응답하기 위해서 쓰인 것입니다. 매클레인은 이것에 대해 답변했습니다.

또한 풀러는 한 친구에게 12통의 편지로 보낸 『샌디먼파에 대한 비평』

(*Strictures on Sandemanianism in Twelve Letters to a Friend*)이라는 책에서 이것을 다룹니다. 풀러는 12통의 편지로 된 그 글에서 샌디먼파를 다소 타파했다고 보편적으로 인정받고 있습니다.

3. 샌디먼파의 신앙관

이 운동의 일반적인 역사적 배경에 대해서 말씀드리겠습니다. 우리가 보았듯이 샌디먼파는 그 자체가 하나의 완벽한 체계로서 교회 정치나 교회 질서, 그 밖의 다른 문제들에 관계하는 체계임이 사실이지만 저는 한 가지 면에만 관심을 집중시키고 싶습니다. 다시 말해서 이 사람들이 가르친 신앙관에 한정하겠습니다.

제가 이 점을 명백히 하는 중요한 이유는, 아키발드 매클레인은 부단히 자기가 샌디먼파가 아님을 강조했기 때문입니다. 그가 뜻하는 바는, 자기는 그들의 체계 전체에 동의하지 않았다는 것입니다. 그러나 그는 우리가 논의하려고 하는 이 신앙관 문제에 대해서 그들과 의견을 같이합니다. 사실 이것은 그들 모두에게 공통되는 것이었습니다. 존 매클라우드 박사는 저 위대한 토머스 찰머스(Thomas Chalmers)가 구원얻는 믿음의 본질에 관한 이 특별한 관점에 매우 가깝게 접근했다고 했는데, 그것을 주목하면 흥미롭습니다.

이 주제에 대해 생각하면서 분명히 하고 싶은 것이 있습니다. 저는 이 사람들이 분명하게 드러낸 것을 그대로 다룰 뿐만 아니라 그것을 여러 방면에서 수정한 관점들도 다루겠습니다. 제가 믿기로는 이 수정된 형태가 오늘날 우리 시대까지 내려왔습니다. 저는 이 신앙관이 알미니안주의뿐만 아니라 칼빈주의자들에게도 받아들여질 수 있다는 사실을 강조하고 싶습니다.

때로는 믿음의 본질에 관한 이 샌디먼 이단의 견해를 '믿음주의'(신앙주의)와 동일시하는 위험이 발생합니다—저도 사실 이러한 위험에 빠질 뻔한 적이 있었음을 고백합니다. 우리는 사실 이 믿음주의는 알미니안주의에게만 속한 것으로 생각합니다. 그러나 사실 이 신앙관은 알미니안주의뿐 아니라 칼빈주의자들에게도 주장될 수 있는 것입니다. 제가 말씀드린 바와 같이 글래스와 샌디먼, 아키발드 매클레인 등은 모두 강한 칼빈주의자였습니다. 매클레인이 열렬하게 숭앙하는 영웅은 존 오웬이었습니다. 그러므로 대단한 칼빈주의자라도 이러한 특별한 오류나 이단에 빠질 수 있다는 것입니다.

중요한 문제는 구원얻는 믿음의 참된 본질은 무엇인가라는 것입니다. 아마 여러분에게 이것을 표현하는 가장 단순한 방법은 로버트 샌디먼의 책을 간단히 읽어드리는 것일 것입니다. 이 책의 표지에는 '필요한 것은 오직 한 가지'라는 말이 있는데 이것이 문제입니다. 저자는 계속 이 한 가지에 주의를 환기시키고 있습니다.

"믿음으로 의롭다 함을 얻는 데 필요한 유일하고 효력 있는 요인을 입으로 고백하면서도 하나님께 받아들여지기 위해서는 어떤 내면적인 움직임이나 느낌이나 소원이 있어야 된다고 생각하며 그러한 것을 추구하는 잘못을 범하는 사람들과는 반대로, 의롭다 함을 받고 하나님께 받아들여지기 위해서는 오직 한 가지 요건이 필요한데, 바로 이것이 오직 이 책에 나타난 중요한 한 가지입니다."

그가 '잘못을 범하는 사람들'이라고 생각하는 이들 중에는 아이작 왓츠, 필립 도드리지(Philip Doddridge), 토머스 보스턴(Thomas Boston), 어스킨 형제들 그리고 존 웨슬리도 포함되어 있습니다. 샌디먼은 교회 인물 중에서 존 웨슬리야말로 가장 위험천만한 인물 중 한 사람이라고 여기며 혹평했습니다.

샌디먼은 "오직 유일한 요건, 그리스도께서 죽으심으로 인해 완성되고 부활로 인해 입증된 그 사역은 죄인을 의롭다 하기에 완전히 충분하다"고 이해합니다. 여기에 그 요점이 있습니다. 그는 이렇게 주장합니다.

> 이 사건(그리스도의 죽으심과 부활을 뜻함-역주)의 모든 결과는 이 사건에 대한 사도들의 보고를 통해서 사람들에게 전달됩니다. 또한 그 보고가 참이라고

이해하거나, 사도들이 증거한 이 사건이 실제로 일어났다고 확신하는 사람마다 의롭다 함을 얻고 죄책감에서 구원받게 됩니다. 그가 죄책감을 덜게 되는 것은 자신의 마음에 어떤 좋은 징후를 발견해서가 아니라, 그 사도들의 보고가 참임을 발견하기 때문입니다.

그러나 이 사실을 보다 더 명확하게 하기 위해서 이것에 대한 존 매클라우드의 견해를 소개해드리겠습니다. 그는 글래스의 가르침을 가리켜 "정통 교리로 주장되어온 것을 두둔하는 데 적합하다. 또한 복음 진리에 대한 정서적인 반응이나, 복음 진리를 마음으로 신뢰하고 그에 상응하여 삶 속에서 순종하는 양태로 나타나는 의지의 활동을 덜 강조한다"라고 했습니다.

여러분도 알다시피 웨스트민스터 신앙고백은 단순히 사실들을 이지적으로 받아들이는 것만이 아닌 '마음의 신뢰'에 큰 강조점을 두고 있습니다. 실로 매클라우드 학장이 바르게 지적한 바와 같이, 샌디먼파의 가르침은 어떤 면에서 로마 가톨릭의 가르침으로 되돌아가는 것입니다. 다시 말하면 사람이 해야 할 일은 다만 교회의 가르침을 믿고 받아들이는 것이라는 식입니다. 그것을 이지로 받아들이면 충분하다는 것입니다. 또한 그는 마지막에 이렇게 말합니다.

"그 가르침은 신앙생활을 해나갈 때 감정을 보이는 것을 배격하며 냉담하고 초연한 자세를 주장합니다."

바로 이것이 이 문제의 핵심입니다. 앤드류 풀러도 이것을 아주 분명하게 표현하고 있습니다. 그는 이렇게 말합니다.

"그것은 꾸밈없는 진리에 대한 앙상한 믿음입니다. 그것은 의지와 정서에 속한 모든 것을 배격하고 다만 이지적 신념의 '열매들'로만 의지와 정서를 보려 합니다."

의지와 정서에 일어나는 모든 일들은 이 믿음의 열매에 불과하며, 믿음의 부분이 아니라는 것입니다. 그는 또 이렇게 말합니다.

"그 사람들은 진심으로 확신하는 것도 마다하고 다만 관념적인 믿음만을 강조합니다. 그것은 지성의 찬동입니다."

윌리엄 윌리엄스는 이렇게 지적합니다.

"그것은 능력을 믿지 않으며 죄를 깨닫는 마음과 상한 심령을 과소평가하고 오직 '순수한 믿음'을 주된 것으로 제시한다."

이제 여러분은 이 특별한 가르침의 개념을 파악하게 되었을 것입니다. 이 가르침을 신봉하는 사람들은 다음과 같이 나타내기를 좋아합니다. 우리는 성경에 나타난 하나님의 증거를 믿되, 다른 어떤 증거를 믿는 것과 똑같이 믿으라는 요청을 받는다고 말입니다.

그들은 사람의 증거를 믿듯이 이것도 믿어야 한다고 말합니다. 또 믿는 대상에는 차이가 있지만 믿음 자체는 법정이나 개인적인 증인 또는 어떤 사람의 증거-일상적인 증거 포함-를 믿든, 성경에 나타난 하나님의 증거를 믿든 아무 차이가 없다고 가르칩니다.

이처럼 그들은 '관념적 믿음'을 강조합니다. 그들은 믿음과 다른 것들은 정당화의 근거가 되지 않는다고 말하는 것을 넘어서서, 믿음은 반드시 순수한 믿음이어야 한다고 했습니다. 그래서 그들은 모든 노력, 기도, 종교적인 행위, 호소 등을 다 배제시켰습니다. 이것이 바로 그들의 입장의 핵심입니다.

아마 여러분은, "이렇게 유능한 사람들이 어떻게 이러한 생각을 했을까? 그들이 이렇게 한 목적은 무엇이었을까? 왜 이렇게 하게 됐을까?"라는 의문을 가질 것입니다. 이에 대한 그들의 대답은, 오직 믿음으로 의롭게 된다는 교리를 지키기 위해서라는 것이었습니다. 그들은 다른 모든 것은 이차적으로 도입되는 일들이라고 생각했습니다.

그들은 특히 소위 '인기 있는 설교자들'이라고 칭하는 휘트필드나 웨슬리 등을 아주 싫어했습니다. 또 웨일즈에 있는 그 추종자들도 마찬가지였습니다. 그들은 특히 대중적인 칼빈주의 메소디스트 순회 설교자들을 싫어했습니다. 매우 감정적이고, 회중에게 감정과 같은 눈에 보이는 결과가 일어나도록 자극하는 그런 설교를 혐오했던 것입니다. 그들은 이러한 설교자들이 다른 요소들을 도입함으로써 믿음을 행위로 바꾸고 있다고 주장했습니다.

매클레인은 이것을 매우 분명하고 명백하게 설명한 바 있습니다. 그는 선한 성향과 거룩한 정서와 율법이 요구하는 마음의 경건한 행사를 용납하는 것은 행위를 재도입하는 것이라고 했습니다. 바로 이것이 그들의 문제의 핵심이었습니다.

어떤 감정의 요소를 도입하거나 거룩한 정서나 소원을 도입하게 되면 행위를 도입한 것이며, "오직 믿음으로 의롭다 함을 얻는다"는 교리를 안전하게 지키는 유일한 길은 믿음을 지성적인 차원에 속한 것으로만 말하는 것이라고 주장했던 것입니다. 지성에 의해서만 갖게 되는 '순수한' 믿음을 그들은 주장한 것입니다.

무엇을 근거로 이러한 말을 했을까요? 이 사람들은 성경의 권위를 받아들였던 영적인 사람들이었습니다. 그들은 성경의 권위를 받아들였을 뿐만 아니라 다른 어느 누구보다도 성경의 권위를 더 높이고 있다고 생각했습니다. 그들은 스코틀랜드 교회와 웨스트민스터 신앙고백을 비평했습니다. 그것은 스코틀랜드 교회가 하나님의 말씀보다 사람들의 정의(定意)를 앞세운다고 생각했기 때문입니다.

그럼에도 불구하고 그들이 도달한 결론은, 하나님의 말씀보다 사람들의 정의를 앞세운 것이 되고 말았습니다. 무엇을 근거로 그렇게 했을까요? 물론 그들이 내세우는 위대한 본문은 로마서 4장 5절입니다("일을 아니할지라도 경건치 아니한 자를 의롭다 하시는 이를 믿는 자에게는 그의 믿음을 의로 여기시나니").

그들은 '경건치 아니한 자'라는 말을 '하나님과 원수된 자들'로 해석했습니다. 그들은 '경건치 아니한 자'를 하나님의 원수들로 믿었던 것입니다. 그래서 이 '경건치 아니한 자'라는 말에 부여할 수 있는 오직 유일한 의미는 바로 그것이라고 그들은 주장했던 것입니다. 그러므로 그들이 믿었을 때 그들 역시 경건치 아니한 자들이었다고 말할 수 있습니다. 바로 이것이 그들이 크게 내세우는 본문이었습니다.

그들이 또 자주 사용한 다른 본문은 "예수께서 그리스도이심을 믿는 자마다 하나님께로서 난 자니 또한 내신 이를 사랑하는 자마다 그에게서 난 자를 사랑하느니라"(요일 5:1)는 말씀이었습니다. 그들의 입장대로 하면 바로 이 본문이야말로 '순수한 믿음'을 나타내는 것임에 틀림없다는 것입니다. 이러한 믿음이 그 다음에 느낌으로 인도되고 후에 의지의 행동을 유발할 수도 있으나, 믿음에 대한 정의에서는 이와 같은 모든 것을 완전히 배제시켜야 한다는 것입니다.

그러므로 여기에서 이러한 의문이 제기됩니다. 첫 번째는 구원얻는 믿음의 본질이란 다만 순수하고 관념적인 믿음뿐인가 아니면 느낌과 의지도 포함되는 것인가? 두 번째는 믿음이 앞서는가 아니면 회개가 앞서는가입니다. 세 번째는 믿음이 앞서는가 아니면 거듭남이 앞서는가 하는 것입니다.

4. 샌디먼파 신앙관의 문제점에 대한 답변

이러한 의문들은, 왜 이 문제를 오늘 우리가 사는 현대에서 거론해야 하는지의 이유를 분명히 보여줍니다. 저는 더 나아가서 이 문제야말로 오늘 현재 우리 앞에 있는 주요한 난제들 중 하나라고 주장하는 바입니다. 이 문제들은 분명히 18세기에 거론되어 논란이 되었던 것임에 틀림없습니다. 여러분에게 상기시켜드린 바와 같이 위대한 찬송시 작가인 윌리엄 윌리엄스는 여러 작품에서 이러한 문제들을 매우 철저히 다루었습니다.

그는 1760년대에 웨일즈의 메소디스트들을 위해서 이 문제를 정립했습니다. 또한 제가 말씀드렸듯이, 앤드류 풀러도 이런 식으로 이 문제를 다루었습니다. 이 외에 주석가인 토머스 스코트(Thomas Scott)는 『그리스도를 믿는 믿음의 근거와 본질』(The Warrant and Nature of Faith in Christ)이라는 책에서 그 문제를 다루었습니다.

이 사람들이 글래스, 샌디먼, 매클레인 등이 제시한 가르침에 대항하여 주장한 것들은 무엇입니까? 그 주장들을 요약해보겠습니다.

첫 번째 문제는 분명히 로마서 4장 5절의 해석 문제입니다. '경건치 아니한 자'는 무엇을 뜻하는 말입니까? 이 반대자들, 특히 앤드류 풀러는 매우 분명하게 로마서 4장에서 바울이 인용한 그 경우들을 샌디먼처럼 해석하는 것은 전혀 불가능하다고 지적합니다.

사도는 거기서 먼저 아브라함의 경우를 다룹니다. 로마서 처음 세 장에서 그는 믿음으로 의롭다 함을 받는다는 가르침을 상세하게 다루었고, 3장에서 특별하게 요약한 그 가르침은 전혀 새로운 것이 아니며, 단지 아브라함의 경우에서도 있었던 일임을 보여줍니다.

그들은 계속해서 바울이 아브라함에 대해 계속 말해나가는 것을 읽어보면, 이 모든 일은 갈데아 우르 지방에 있을 때가 아니라 한참 뒤인 경건하여 하나님을 두려워하는 사람이 되었을 때에 일어났음을 알게 된다고 분명히 보여주었습니다. 그러므로 이 어휘가 하나님의 원수를 뜻하는 의미에서 '경건치 아니한 자'로 사용되어 그 당시의 아브라함을 묘사한다고 하는 것은 우스꽝스럽습니다.

같은 방법으로 앤드류 풀러도 바울이 로마서 4장에서 인용한 다윗의 경우는 아브라함의 경우와 정확히 일치하며, 성경을 살펴보기만 하면 아브라함과 다윗이 어느 곳에서도 '하나님의 원수들'로 묘사된 적이 없음을 발견한다는 것입니다. 그들은 다 경건한 사람들이었습니다.

바울이 강조하려는 것은 그들이 자기의 행위로 의롭다 함을 받지 않았다는 것입니다. 그는 이 시점에서 하나님의 원수들이었음을 말하려고 했다기보다는, 그들을 구원한 것은 그들의 공로가 아님을 말하고 있었던 것입니다. 그들이 의롭다 함을 받은 것은 그들에게 주어진 믿음으로 말미암는다는 것입니다. 그것은 하나님의 행위요, 그들의 행위가 아니었습니다.

풀러나 다른 사람들이 지적하듯이 로마서 4장 20절은 이 문제를 사실상 확정짓고 있습니다. 여기서 사도는 아브라함의 경우로 다시 돌아가 그에 대해 "믿음이 없어 하나님의 약속을 의심치 않고 믿음에 견고하여져서 하나님께 영광을 돌리며"라고 했습니다. "하나님께 영광을 돌렸습니다." 이 본문의 주장은, 어떤 의미에서도 믿음은 '관념적'인 것이나 '순전히 이지적인' 것이나 또는 '순수한 믿음'으로 묘사될 수 없다는 점입니다. 오히려 필연적으로 그 믿음은 마음과 의지라는 다른 자질들을 포함하고 있습니다. 물론 로마서의 다음 구절도 다루어야 합니다. 이 진술은 이 문제 전체와 관련하여 매우 중요합니다.

> 네가 만일 네 입으로 예수를 주로 시인하며 또 하나님께서 그를 죽은 자 가운데서 살리신 것을 네 마음에 믿으면 구원을 얻으리니 사람이 마음으로 믿어 의에 이르고 입으로 시인하여 구원에 이르느니라(롬 10:9-10).

물론 글래스와 샌디먼 추종자들은 여기에서 '마음'이라는 말은 단순히 이지(理智)만을 가리킨다고 말해야 했습니다. 그러나 성경이 사용한 '마음'이라는 어휘는 이러한 의미에서 사용된 것이 아님을 그들에게 지적해주어야 합니다.

또한 마음이라는 것은 어떠한 성향(정서)이라고 국한하지 않고 그 사람의 중심, 다른 모든 기능들을 포함한 그 사람 존재의 중심을 뜻하고 있습니다. 전적으로 이지만을 뜻하는 것이 아니라 다른 것들도 다 포함합니다. 후에 요한일서 5장 1절을 해석해보겠습니다.

이것이 바로 샌디먼파의 신앙관에 대한 보편적인 반론입니다. 그러나 우리는 이 문제를 좀 더 깊이 접근하여 성경은 믿음의 본질에 대해 무엇이라 말하는지 보다 분명하게 점검해봅시다. 다음은 샌디먼파의 신앙관에 반론을 제기한 사람들의 대답들입니다. 그들은 먼저, 믿음이란 의무이며 그러므로 필연적으로 의지가 포함된다고 지적했습니다.

둘째로, 믿음이란 성령께서 주시는 은혜라고 지적했습니다. 여기서 그들은 고린도전서 13장 "믿음, 소망, 사랑, 이 세 가지는 항상 있을 것인데"라는 말씀을 인용합니다. 믿음이 은혜이듯이 그것을 머리에만 국한하거나 지성에만 국한해서는 안 된다는 것입니다. 단순히 어떤 관념적인 것이 아니라는 것입니다.

다시 그들은 바울이 로마서 4장 20절에서 믿음을 '하나님께 영광을 돌리는' 방법으로 표현한 것을 지적합니다. 이지만으로는 하나님께 영광을 돌릴 수 없다는 것입니다. 전인격이 수반됩니다. 그러므로 만일 신약이 믿음에 대해서 무엇을 말하는지 살펴보면 그것을 발견할 수 있을 것이라고 논증했습니다.

그들은 계속해서, 성경의 가르침에 따르면, 믿음은 하나님께 대한 또는 하나님을 향한 마음의 선택과 상태에 달려 있음을 지적합니다. 이러한 경우 그들은 요한복음 5장 마지막 부분을 대단히 많이 인용합니다. 여기서 우리 주님께서는 이렇게 말씀하셨습니다.

> 그 말씀이 너희 속에 거하지 아니하니 이는 그가 보내신 이를 믿지 아니함이라 너희가 성경에서 영생을 얻는 줄 생각하고 성경을 연구하거니와 이 성경이 곧 내게 대하여 증언하는 것이니라 그러나 너희가 영생을 얻기 위하여 내게 오기를 원하지 아니하는도다 … 다만 하나님을 사랑하는 것이 너희 속에 없음을 알았노라 … 너희가 서로 영광을 취하고 유일하신 하나님께로부터 오는 영광은 구하지 아니하니 어찌 나를 믿을 수 있느냐(요 5:38-40, 42, 44).

여기서 그들은 선택의 문제가 수반되고 그것은 하나님을 향한 마음의 상태에 따라 정해지는 것임을 명백하게 보여줍니다. 여기에 덧붙여서, 믿음이라는 개념은 정서 활동을 나타내는 말들로 표현되고 있음을 주장했습니다.

그들은 이에 대한 많은 실례들을 들었습니다. '받는다' 또는 '받지 않는다'라는 말이 데살로니가후서 2장 10절에 나옵니다. 거기에 보면 "이는 저희가 진리의 사랑을 받지 아니하여 구원함을 얻지 못함이니라"고 되어 있습니다. '받는다'는 말은 정서를 포함하는 말입니다. 이것은 정서의 활동을 함축합니다. '받는다' 또는 '받지 않는다'는 말은 그러한 것을 함축하고 있습니다.

로마서 10장에서 이미 본 바와 같이 사도는 '마음으로 믿는 것'을 강조하고 있습니다. '고백은 입으로', 그러나 '마음으로' 믿습니다. 그는 일부러 그렇게 말한 것입니다.

풀러나 다른 사람들이 논증한 것처럼 그것은 단순한 어떤 이지적인 동의에 그치는 것이 아니라, 온 마음을 드려 이러한 일을 했음을 보여주기 위해 그렇게 의도적으로 말한 것입니다. 또한 이것은 그 사람에게 극히 중요한 것이 되었고, 그 사람의 인격 전체에 중대한 의미를 띠게 되었음을 보여주고 있습니다. 마음으로 믿는 것입니다.

사도행전 8장 37절에는 빌립에게 세례를 요청하는 에디오피아 내시에 대한 기록이 있습니다. 그가 얻은 대답은 "네가 마음을 온전히 하여 믿으면 가하니라"(한글 개역 성경에는 난하주에서 사본상의 차이를 지적하였을 뿐 본문에는 번역되어 있지 않음-역주)였습니다. 이처럼 마음은 성경에서도 거듭 강조됩니다.

제가 볼 때 또 다른 아주 강력한 주장은, 믿음의 결여가 도덕적인 원인 또는 올바른 성향의 결여 탓으로 돌려지고 있다는 점입니다. 요한복음 5장 마지막 부분을 다시 살펴보십시오. 더 분명한 것은 요한복음 8장 31절 이하에 나오는 일련의 진술들을 살펴보는 것입니다.

우리 주님께서 "너희가 내 말에 거하면 참 내 제자가 되고 진리를 알지니 진리가 너희를 자유케 하리라"고 말씀하시자 유대인들이 이렇게 대답했습니다. "우리가 아브라함의 자손이라 남의 종이 된 적이 없거늘 어찌하여 우리가 자유케 되리라 하느냐."

여기에 갈등이 생겼습니다. 여기에 바로 불신이 있는 것입니다. 우리 주님께서 그들에게 말씀하신 것은 "나도 너희가 아브라함의 자손인 줄 아노라 그러나 내 말이 너희 속에 있을 곳이 없으므로 나를 죽이려 하는도다 나는 내 아버지에게서 본 것을 말하고 너희는 너희 아비에게서 들은 것을 행하느니라"(37-38절)였습니다. 그들은 예수님의 말씀에 반격하여 "아브라함은 우리의 조상이라"고 주장했던 것입니다.

예수님께서는 "너희가 아브라함의 자손이면 아브라함이 행한 일들을 할 것이어늘 지금 하나님께 들은 진리를 너희에게 말한 사람인 나를 죽이려 하는도다 … 너희는 너희 아비가 행한 일들을 하는도다 … 하나님이 너희 아버지였으면 너희가 나를 사랑하였으리니 이는 내가 하나님께로부터 나와서 왔음이라 나는 스스로 온 것이 아니요 아버지께서 나를 보내신 것이니라"(39-42절)고 말씀하셨습니다.

그들의 불신은 그를 사랑하지 않은 데 기초한 것이고, 사실상 그를 반대한 데 기초한 것입니다. 물론 여러 다른 진술과도 연관 지어 말할 수 있습니다. 히브리서 3장 12절에 '믿지 아니하는 악한 마음'이라는 어구가 나옵니다. 믿지 아니하는 '마음!'

> 그러므로 내가 이것을 말하며 주 안에서 증언하노니 이제부터 너희는 이방인이 그 마음의 허망한 것으로 행함 같이 행하지 말라 그들의 총명이 어두워지고 그들 가운데 있는 무지함과 그들의 마음이 굳어짐으로 말미암아 하나님의 생명에서 떠나 있도다 그들이 감각 없는 자가 되어 자신을 방탕에 방임하여 모든 더러운 것을 욕심으로 행하되 오직 너희는 그리스도를 그같이 배우지 아니하였느니라(엡 4:17).

이 모든 진술들을 볼 때, 언제나 마음의 상태에서 비롯됨을 알 수 있습니다. 바로 마음이 불신을 낳고 지배합니다. 이것은 단순한 이해의 오류가 아닙니다. 바울은 로마서 8장 7절에서 "육신의 생각은 하나님과 원수가 되나니 이는 하나님의 법에 굴복치 아니할 뿐 아니라 할 수도 없음이라"고 말했는데 이것은 바로 그러한 사실을 말해줍니다. 불신자의 문제는 단순히 그의 의지에 있는 것이 아닙니다. 훨씬 더 깊은 데 있습니다. '하나님과 원수 되는 것, 믿지 아니하는 악한 마음', 이것이 바로 문제입니다. 여기에 본질적인 문제가 있는 것입니다.

이상이 바로 샌디먼파의 신앙관에 반대하여 믿음의 참된 본질, 구원 얻는 믿음을 보여주기 위해서 제시된 주요 주장입니다. 이처럼 성경에 비춰보면 구원을 얻는 믿음이란 의지나 지성에만 국한할 수 있는 것이 아님을 그 논증들은 보여줍니다.

그러면 회개와 믿음 사이의 관계에 대한 두 번째 문제는 어떻게 되는 것입니까? 여러분도 다시 찬동할 것입니다만, 이 문제야말로 매우 중요한 문제입니다. 샌디먼과 그 추종자들은 믿음이 먼저 오고 그 다음에 회개가 온다고 가르쳤습니다.

그러나 그들의 주장을 반대하는 사람들은 오히려 순서가 거꾸로 되었음을 보여주는 데 관심을 갖고, 믿음은 회개를 함축하고 회개가 없다면 참된 믿음이 아님을 주장했습니다. 그들은 여기에서 많은 성경 구절들을 인용했습니다. 마땅히 그래야 합니다. 풀러는 이것을 "회개 없는 믿음은 참 믿음이 아니다"고 표현했습니다.

그들이 이 시점에서 관심을 기울인 성경 구절들은 어떤 것들입니까? 언제나 회개를 일순위에 놓는 성경 구절들은 많습니다. 복음서들에서 이것을 볼 수 있습니다. 세례 요한은 우리 주님보다 앞서 와서 회개의 세례를 전했습니다. "너희는 주의 길을 준비하라"(마 3:3)는 것이 그의 메시지였습니다. 마가복음 1장 15절에 나타난 우리 주님의 공생애 초기에 하신 말씀들이 그러한 식으로 요약되어 있음을 발견할 것입니다.

"이르시되 때가 찼고 하나님의 나라가 가까이 왔으니 회개하고 복음을 믿으라 하시더라."

이것이 바로 순서입니다. 회개가 먼저요 복음을 믿는 것이 그 다음입니다.

또 우리가 인용할 수 있는 다른 구절들이 많이 있습니다. 우리 주님께서 승천하시기 바로 직전의 일을 기록한 누가복음 24장에 보면, 예수님께서 다락방에서 제자들에게 말씀하신 바를 발견하게 됩니다.

"또 이르시되 이같이 그리스도가 고난을 받고 제삼일에 죽은 자 가운데서 살아날 것과 또 그의 이름으로 죄 사함을 받게 하는 회개가 예루살렘에서 시작하여 모든 족속에게 전파될 것이 기록되었으니 너희는 이 모든 일의 증인이라"(눅 24:46-48).

사도행전 2장에 보면 오순절날의 주목할 만한 사건을 만나게 됩니다. 베드로가 설교할 때 그들은 울부짖으면서 "형제들아 우리가 어찌할꼬"라고 말했습니다. 대답은 "너희가 회개하여 각각 예수 그리스도의 이름으로 세례를 받고 죄 사함을 받으라 그리하면 성령의 선물을 받으리니"(행 2:37-38)였습니다. 순서를 주목하십시오. '회개'가 먼저 옵니다. 그 다음에 다른 것들이 따라옵니다.

사도행전 3장 19절에도 역시 같은 것이 나옵니다. 같은 순서입니다. 사도행전 5장 31절에서도 역시 같습니다. 바울과 에베소 교회의 장로들과의 작별 인사가 기록된 사도행전 20장의 아름답고 운율적인 진술 속에서도 이러한 사실이 발견됩니다. 사도는 그들에게 자신이 어떻게 사역했는지 주목하라고 촉구했습니다.

아시아에 들어온 첫날부터 지금까지 내가 항상 여러분 가운데서 어떻게 행하였는지를 여러분도 아는 바니 곧 모든 겸손과 눈물이며 유대인의 간계로 말미암아 당한 시험을 참고 주를 섬긴 것과 유익한 것은 무엇이든지 공중 앞에서나 각 집에서나 거리낌이 없이 여러분에게 전하여 가르치고 유대인과 헬라인들에게 하나님께 대한 회개와 우리 주 예수 그리스도께 대한 믿음을 증언한 것이라(행 20:18-21).

순서는 회개가 먼저이고 믿음이 그 다음입니다. 사도행전 26장 18절에서도 이와 똑같은 순서를 만나게 됩니다. 여기에는 다소 사람 사울에게 부활하신 주님께서 주신 사명이 기록되어 있습니다. 실로 샌디먼파를 반대하는 사람들이 지적했듯이 우리 주님이 말씀하신, 기도하러 성전에 나온 세리와 바리새인의 비유는 이와 같은 사실을 시사합니다(눅 18:9-14). 감정, 죄에 대한 뉘우침이 강조되고 있습니다.

이것은 바로 회개 없는 구원얻는 믿음을 가질 수 없음을 보여주는 증거입니다. 여러분은 어떠한 전제들에 대해 지적인 동의를 할 수 있습니다. 관념적인 믿음을 가질 수도 있습니다. 그러나 회개 없는 구원얻는 믿음을 가질 수 없습니다. 회개가 믿음에 수반되어야 합니다. 어떤 의미에서 회개했기 때문에 믿는다고 할 수도 있습니다.

여러분으로 하여금 믿게 하는 것은 회개입니다. 여러분에게 구주를 믿을 필요성을 보여주는 것도 회개입니다. 회개 없이 믿음을 가질 수 있다고 말하거나 믿음은 회개를 유발한다고 말한다면, 성경의 가르침과 정면으로 배치되는 것을 말하는 것임이 분명합니다.

이제 이상의 모든 것이 제기하는 마지막 문제, 즉 믿음과 거듭남과의 관계를 생각해보도록 합시다. 우리는 믿음은 거듭남을 가져온다고 말하고 가르치는 것이 상례인 시대에 살고 있습니다. 믿으면 거듭나게 되고 새로운 성품을 받게 될 것이라고 말하면서 사람들에게 믿음을 권유합니다.

이 가르침은 일반적으로 요한일서 5장 1절의 가르침을 기초로 합니다. 다른 사람들은 요한복음 1장 12-13절에서 증거를 찾으려고 노력합니다.

"영접하는 자 곧 그 이름을 믿는 자들에게는 하나님의 자녀가 되는 권세를 주셨으니."

이 사실 역시 매우 중요한 것임에 틀림없습니다. 풀러와 샌디먼파의 반대자들은 이 문제를 어떻게 다룹니까? 그들의 방법은 명백합니다. 만일 우리 생각이 성경의 통제를 받는다면 말입니다.

예를 들어, 우리 주님께서 니고데모에게 하신 말씀을 먼저 생각해봅시다. 니고데모는 무엇인가 고상한 가르침을 가지고 있는 새 선생이 있으니 가서 그것을 평가해보고 자신의 가르침에 그것을 더해보자는 심산과 생각으로 예수님을 찾아온 것이 분명합니다. 곧바로 그는 우리 주님의 말씀에 걸리고 맙니다.

진실로 진실로 네게 이르노니 사람이 거듭나지 아니하면 하나님의 나라를 볼 수 없느니라(요 3:3).

근본적인 변화가 있어야 한다는 말입니다. '성령으로 나야' 한다는 말입니다. "육으로 난 것은 육이요 성령으로 난 것은 영입니다." 아무도 이해할 수 없는 이 기이한 일을 요한복음 3장 8절에서는 바람에 비유하여 말씀하고 계십니다.

그런데 놀라운 일은 이 일이 우리가 예수님의 가르침을 이해하거나 받아들이기 전에 우리에게 일어나야 한다는 것입니다. 이것이 바로 문제 전체를 가늠하는 초석입니다.

제가 말씀드린 바와 같이 이 외에도 로마서 8장 7절이 있습니다.

"육신의 생각은 하나님과 원수가 되나니 이는 하나님의 법에 굴복하지 아니할 뿐 아니라 할 수도 없음이라."

사람이 믿거나 하나님의 말씀을 받아들이거나 하나님의 구원 방식을 받아들일 수 있기 전에 먼저 그는 새 마음을 가져야 합니다. 육신적인 생각으로는 이루어질 수 없는 일입니다.

그리고 고린도전서 2장 바울의 말 속에는 이 사실이 보다 더 명백하고 강력하며 분명하게 지적되어 있습니다. 거기에는 "오직 은밀한 가운데 있는 하나님의 지혜를 말하는 것으로서"(7절)라고 되어 있습니다. 그러나 바울은 이미 그 지혜를 "이 세상의 지혜가 아니요 또 이 세상에서 없어질 통치자들의 지혜도 아니요"(6절)라고 말했습니다. 이것은 하나님과 원수가 되는 자연인을 지적하는 말입니다. 그가 말한 것은 이러한 자연인의 지혜가 아닙니다.

우리가 온전한 자들 중에서는 지혜를 말하노니 이는 이 세상의 지혜가 아니요 또 이 세상에서 없어질 통치자들의 지혜도 아니요 오직 은밀한 가운데 있는 하나님의 지혜를 말하는 것으로서 곧 감추어졌던 것인데 하나님이 우리의 영광을 위하여 만세 전에 미리 정하신 것이라 이 지혜는 이 세대의 통치자들이 한 사람도 알지 못하였나니 만일 알았더라면 영광의 주를 십자가에 못 박지 아니하였으리라 … 오직 하나님이 성령으로 이것을 우리에게 보이셨으니 성령은 모든 것 곧 하나님의 깊은 것까지도 통달하시느니라 사람의 일을 사람의 속에 있는 영 외에 누가 알리요 이와 같이 하나님의 일도 하나님의 영 외에는 아무도 알지 못하느니라 우리가 세상의 영을 받지 아니하고 오직 하나님으로부터 온 영을 받았으니 이는 우리로 하여금 하나님께서 우리에게 은혜로 주신 것들을 알게 하려 하심이라 우리가 이것을 말하거니와 사람의 지혜가 가르친 말로 아니하고 오직 성령께서 가르치신 것으로 하니 영적인 일은 영적인 것으로 분별하느니라 육에 속한 사람은 하나님의 성령의 일들을 받지 아니하나니 이는 그것들이 그에게는 어리석게 보임이요, 또 그는 그것들을 알 수도 없나니 그러한 일은 영적으로 분별되기 때문이라 신령한 자는 모든 것을 판단하나 자기는 아무에게도 판단을 받지 아니하느니라 누가 주의 마음을 알아서 주를 가르치겠느냐 그러나 우리가 그리스도의 마음을 가졌느니라(고전 2:6-8, 10-16).

여기서 사도는 의심할 여지없이 자연인(있는 그대로의 사람)은 구원이나 다른 어느 것에 대한 하나님의 말씀을 믿거나 받아들일 수 없음을 입증하고 있습니다. 이것은 분명히 사람이 거듭나기 전에는 믿을 수 없으며, 믿음을 행사할 수 없음을 나타내고 있습니다. 그러한 일은 자연인에게 전혀 불가능하며

'어리석게' 보입니다. 그래서 그러한 일을 부정하고 미련한 것으로 물리쳐버립니다.

여기서 저는 이 문제에 있어서 까다로운 문제 하나를 언급해야겠습니다. 저는 이것을 공정하게 말씀드릴 수 있습니다. 말씀드린 바와 같이, 칼빈주의자로서 아직 거듭나지 않은 사람 글래스는, 성령의 역사의 결과로 성경의 증거와 증언을 받아들인다고 애써 말했습니다.

그는 칼빈주의자로서 이렇게 말해야 했습니다. 그러나 동시에 그는 여전히, 믿음은 전적으로 관념적인 것이라고 말했습니다. 샌디먼 역시 같은 입장을 취했습니다. 이것이 바로 분명한 난제에 답변하기 위한 그들의 시도였습니다. 그러나 이것은 믿음과 중생의 관계를 바로 다루지 못합니다.

요한일서 5장 1절의 "예수께서 그리스도이심을 믿는 자마다 하나님께로부터 난 자니"라는 말씀을 봅시다. 이 말씀이 뜻하는 바는 예수님을 믿는 사람이 앞으로 태어날 것이 아니라 이미 났다는 것입니다. 요한은 "예수가 그리스도라고 믿는다"는 사실은 그가 하나님께로부터 났다는 사실을 증거하는 것이라고 말합니다.

이것이 바로 요한의 특이한 표현 방법입니다. 요한의 서신들을 읽어보면, 요한은 부단히 이러한 표현을 사용하고 있음을 발견하게 됩니다. 그는 원인보다 결과를 먼저 말하는 것처럼 보입니다. 이것은 매우 매혹적인 방법입니다. 성령께서 이 진리를 우리에게 보여주시는 방법으로 그를 사용하신 것입니다.

그래서 그는 이렇게 표현합니다.

"예수께서 그리스도이심을 믿는 자마다 하나님께로부터 난 자니."

마치 예수께서는 그리스도라고 말하는 사람을 내게 보여달라고 하는 것 같습니다. 그 사람은 하나님께로부터 난 사람입니다. 바울의 표현대로 "성령으로 아니하고는 누구든지 예수를 주시라 할 수 없습니다." 이것을 요한은 그러한 방법으로 표현한 것입니다. 이상은 샌디먼파의 가르침이 야기한 이 주요한 세 문제에 대해 답변한 것입니다.

5. 샌디먼파 신앙관이 미치는 결과

이 모든 것으로부터 어떠한 결론을 내릴 수 있겠습니까? 이 모든 것을 생각한 것이 시간만 낭비한 일입니까? 그렇지 않다고 봅니다. 왜냐하면 이 가르침의 결과들이 아주 심각하기 때문입니다. 그러므로 이것에 비추어서 우리 자신들을 점검해봐야 합니다.

그 결과들이란 어떤 것입니까? 이것은 분명히 전도에 직접적인 영향을 미쳤습니다. 이 사람들은 전 세기의 보스턴, 어스킨 형제, 플라벨 등의 사람들과 그리고 율법과 회개를 요구하는 설교를 한 사람들을 모두 반대했습니다.

그들은 이 사람들은 청중의 감정을 자극하려고 하지만 그렇게 해서는 안 된다고 했습니다. 다만 하나님께서 독생자를 세상에 보내사 구원하려 하셨다는 사실을 증거하기만 하면 된다고 했습니다. 율법을 전해서는 안 되고, 사람들에게 회개하라고 해서도 안 된다는 것입니다.

우리 시대에도 이러한 방법의 가르침이 대단히 많습니다. 얼마 전, 어느 부인이 침통한 얼굴로 찾아와 자신은 아일랜드에 있는 어느 그리스도인 집단에 속해 있는데, 거기서는 사람들에게 회개하라는 설교는 잘못되었다고 가르친다고 했습니다. 우리 주님 당시의 유대인들을 향해서만 그렇게 해야 하고, 이제는 그래서는 안 된다는 것입니다. 다만 지금은 사람들을 예수님께로 인도하면 된다는 것입니다.

이것이 바로 전도라고 주장한답니다. 율법을 전해서는 안 되고 단순히 어떤 느낌이나, 거룩한 소원이나, 어떠한 마음을 고취시키거나, 죄에 대한 어떤 슬픔의 느낌을 갖게 하거나, 눈물을 흘리게 하거나-다니엘 로랜드가 설교할 때 했다고 하는 것처럼-통곡하게 하는 일을 해서는 안 된다는 것입니다. 그들은 이 모든 것을 완전히 잘못된 것으로 여기면서, '이러한 행위'를 도입하는 잘못을 범하면 안 된다는 것입니다. 다만 "하나님이 세상을 이처럼 사랑하사 독생자를 주셨다"는 것을 믿게 하고, 그를 구주로 영접하라고 촉구하면 된다는 것입니다.

이 가르침에 대하여 즉각적인 결심을 요청하면 된다는 것입니다. 이러한 결심을 하게 할 수 있는 모든 일을 강구하라는 것입니다. 사람은 그 증거를 받기만 하면 된다는 것입니다.

이것을 사람들에게 다음과 같이 제시합니다.

법정에서의 증거를 받아들이고, 세상 일에서 사람들이 말하는 것을 증거 없이 받아들이는데, 어째서 이 증거는 받아들이지 않습니까? 아무 느낌이 없더라도, 자신 속에서 어떤 변화가 의식되지 않더라도 믿기만 하면 그만이며, 어떤 거룩한 소원이 일어나지 않아도 됩니다.

또한 '행위'이기 때문에 허락해서는 안 됩니다. 그러므로 순수한 믿음, 즉 증거를 받아들이고 주어진 증언을 받아들이는 믿음만 강조하십시오. 이것은 즉시 해내야 하는 일입니다. 만일 기다리거나 지체하거나 의혹을 갖거나 의문을 제기한다면, 다시 한번 행위의 차원으로 돌아가는 것입니다.

그러므로 이 가르침은 전도에 매우 큰 차이를 가져옵니다. 실로 그 당시에는 그랬습니다. 크리스마스 에반스는 이 사람들이 언제나 일명 '뜨거운 설교'를 격렬하게 반대했음을 지적했습니다. 그들은 그것을 좋아하지 않았습니다. 다만 "증거만을 제시하면 된다, 그저 법정의 변호사처럼 하면 된다"는 것입니다.

그 다음 세기의 찰스 피니가 바로 이 같은 일을 했습니다. 그 사람은 열심이 대단한 나머지 엄청난 정력과 힘을 들여 열정적인 설교를 했습니다. 그러나 그는 이론적으로 그렇게 행하는 것을 믿지 않았습니다. 그는 여전히 사건을 변호하는 법정 변호사였습니다. 모든 사람들은 그가 변호하는 사건에 대한 진술을 받아들이기만 하면 되는 것이었습니다.

샌디먼파의 견해를 지지하는 사람들은 언제나 뜨겁고 감정적인 설교, 그들로 하여금 그들이 죄인이라는 사실과 율법의 무서움, 그리고 그들은 거룩하신 하나님 앞에 나아가야 하며, 거룩하게 되지 않으면 그 앞에 나아갈 수 없다는 사실을 느끼고 알게 하는 설교는 모두 반대했습니다. 그래서 이것은 전도와 설교에 큰 영향을 끼쳤습니다.

그것은 또한 그 가르침이 낳은 그리스도인의 유형에 대단한 영향력을 행사했습니다. 윌리엄 윌리엄스가 그처럼 관심 깊게 생각하는 것이 이 문제입니다. 그는 말했습니다.

"그 가르침은 순수한 하늘의 바람도 무시할 정도로 감정을 차갑게 식혀놓았다."

그들은 그러한 감정을 반대했고 특히 믿음 문제에서는 더욱 그러했습니다. 이것은 우리와 관련된 문제입니다. 몇 년 전, 매우 유명한 전도자가 제게 와서 여기 런던에서 열렸던 일련의 집회에 참석해본 적이 있느냐고 물었던 것을 결코 잊지 못합니다. 저는 말했습니다.

"아니오, 지금까지 그런 기회가 없었습니다."

그는 말했습니다.

"참 신기합니다. 사람들이 앞으로 몰려나오고 있습니다. 아무런 감정도 없이요! 그것 참 신기합니다. 놀랍습니다. 감정이 전혀 없는데도 말입니다."

그는 결신하고 등록하기 위해 나오는 사람들이 전혀 감정을 보이지 않는다는 사실을 자랑하고 있었던 것입니다. 이것이 자랑거리였던 것입니다.

이 가르침이 심각한 문제가 되는 것은 바로 이 때문입니다. 여러분은 아무런 감정도 없이 구원얻는 믿음을 가질 수 있습니까? 감정 없는 그리스도인이 될 수 있습니까? 윌리엄 윌리엄스는 "이것은 냉담함을 낳고 사람의 감정을 싸늘하게 식혀놓는다"고 했습니다.

그러나 크리스마스 에반스가 그것에 대해서 말한 것을 인용해보겠습니다.

크리스마스 에반스는 위대한 침례교 설교자로 다년간 이 가르침의 영향을 입었던 사람입니다. 그래서 그는 거기에 빠졌습니다. 그것이 자기에게 어떠한 영향을 미쳤는지를 그는 이렇게 말합니다.

샌디먼파들은 죄인들의 회심을 위한 기도의 영까지 소멸할 정도로 내게 영향을 미쳤습니다. 그것은 내 마음속에서 하늘나라의 큰 것을 버리고 더 작은 것에 관심을 쓰도록 유도했습니다. 나는 내 생각을 열심과 확신, 그리고 죄인의 회심을 위한 열렬한 설교로 옷 입혔던 힘을 상실했습니다. 어떤 면에서 내 마음은 퇴보했고 선한 양심의 증거를 깨달을 수 없었습니다. 주일 낮에 온 힘을 다해 만연하는 오류를 파헤치고 비방한 후 주일 밤을 맞으면, 내 양심은 불쾌함을 느꼈으며 내가 하나님과 가까이 동행하는 것을 상실했다고 꾸짖었습니다. 정말 가치 있던 어떤 것이 내게서 없어지고 있음을 양심은 지적했습니다. 그때 나는 하나님의 말씀에 순종하여 행동하고 있다고 대답하곤 했으나 양심은 고귀한 어떤 것이 결여되었다고 계속 꾸짖었습니다. 나는 기도와 설교의 영을 대단히 크게 강탈당했던 것입니다.

이 점에 대해서 우리도, 특히 설교자들은 자신을 살펴봐야 할 것입니다. 문제는 우리가 아직도 기도하고 있느냐 아직도 설교하고 있느냐가 아니라, 우리에게 기도의 영이 있느냐 설교의 영이 있느냐 하는 것입니다. 기계적으로 설교할 수 있습니다. 냉담하게 설교할 수도 있습니다. 기계적으로 기도할 수도 있고 냉담하게 기도할 수도 있습니다.

이 가르침은 크리스마스 에반스에게 영향을 미쳐 그가 경험하고 있었던 뜨거움과 감정과 긴박감을 빼앗아가고, 이 무서운 냉담함을 주었습니다. 윌리엄 윌리엄스는 말합니다.

"사랑은 신앙에 있어서 가장 위대한 것이다. 만일 이것을 상실한다면 이것을 대신할 것은 없다."

샌디먼파는 심령의 냉담함과 기도의 부족을 낳습니다. 그것은 구원의 확신에도 대단한 영향을 미쳤고, 특히 최고의 구원의 확신에 영향을 미쳤습니다. 이 사람들은-그리고 무의식중에 그의 가르침을 따른 후대의 많은 사람들도-확신 문제에 있어서 감정을 이야기해서는 안 되며, 확신은 오직 성경에 의해서만 얻을 수 있는 것이라고 가르쳤습니다.

그들은 확신을 얻는 길은 성경으로 가서 "저를 믿는 자마다 멸망치 않고"라는 말씀을 보면 된다고 했습니다. 그 다음에 "성경을 믿습니까?"라고 물어봅니다. 그러면 "예"라고 대답합니다. "그러면 당신은 멸망하지 않습니다"라고 말합니다.

그들은 우리의 확신은 객관적인 방법으로 확증되며, 감정적 요소를 믿음의 확신에 도입하는 것은 오류라고 가르쳤습니다. 이러한 가르침에 반대되는 가르침(저는 이 가르침을 분명히 옹호하며 존 오웬을 포함한 여러 청교도들의 글을 인용하여 뒷받침할 수 있습니다)은, 최고의 구원의 확신은 성령에 의해서 주어지는 즉각적인 확신이라는 것입니다. 사람이 성경에서 얻을 수 있는 중간적인 확신이 있습니다. 저는 그것을 반대하지 않습니다. 그러나 "성경 말씀을 믿습니다"라는 것은 가장 저급한 확신이요, 일차적인 것입니다.

여러분은 더 나은 이차적인 확신으로 나아갈 수 있습니다. 그것은 요한일서에 제시된 점검법들을 적용해보는 것입니다. 즉 형제를 사랑합니까? 그분의 계명들을 즐거워하고 더 이상 그것을 무거운 것으로 여기지 않습니까? 이것들을 여러분 자신에게 적용해보십시오.

그러나 이것보다 더 고차원적인 확신이 있습니다.

"성령이 친히 우리 영과 더불어 우리가 하나님의 자녀인 것을 증언하시나니"(롬 8:16).

제가 언급했던 앞의 두 경우는 우리의 영을 가리키는 것입니다. 그러나 성령께서 친히 "우리 영과 더불어" 우리가 하나님의 자녀임을 증거하십니다. 이것은 가장 높고 가장 영광스러운 확신입니다.

이것은 우리에게 '주어지는' 것이지 성경에 근거한 추론의 결과가 아닙니다. 굿윈, 오웬, 볼턴, 존 프레스턴(John Preston), 존 하우 및 다른 많은 청교도들, 그리고 조나단 에드워즈와 심지어 존 웨슬리도 이것을 탁월하게 가르쳤습니다. 여기에는 '감정'의 영역이 있습니다. 즉각적이고 직관적이며 간접적이지 않은 것이 있습니다. 샌디먼의 가르침은 이것을 배제했습니다.

또한 샌디먼의 가르침은 상한 심령, 겸손의 영을 없애버립니다. 오늘날 우리 그리스도인들에게 있어서 가장 심각한 문제가 이것이 아닙니까? 자기의 죄악 때문에 우는 사람을 본 적이 언제입니까? 우리 가운데 상한 심령이나 겸손한 심령이 있다는 증거가 있습니까?

우리는 모두 너무 건강합니다. 우리는 너무 입심이 좋습니다. 17-18세기에 분명하게 볼 수 있었던 경건과 오늘날 우리가 보는 경건 사이에 본질적인 차이가 나는 것은 무슨 이유입니까? 오늘날 우리가 보는 것을 진정으로 경건이라고 말할 수 있습니까? 그것을 가리켜 '경건함'이라고 할 수 있습니까?

오늘날의 경건은 감정이 결여되고, 아니 감정을 혐오하고 싫어하는 소위 냉담함을 동반한, 어떤 전제들에 대한 지적 수용같이 여겨집니다. 믿음뿐 아니라 구원에 있어서도 전인격이 참여하지 않는 것 같습니다.

그 결과 여러분은 기계적으로 의무를 수행합니다. 사람들에게는 기계적으로 전도하고 '개인적인 일'을 하라고 가르치며 기도를 훈련시킵니다. 모든 것이 조직화되고 질서 정연합니다. 그리고 시험을 치르게 합니다. 이 모든 의무들이 마음에서 우러나오는 대신 어떤 외적이고 기계적인 방법으로 이루어집니다.

사도행전 8장에서 '핍박 때문에 예루살렘으로부터 흩어졌던' 사람들이 한 일과 얼마나 대조적입니까? 이 사람들은 평범한 그리스도인들이었고 사도들은 예루살렘에 남아 있었습니다. 이 평범한 그리스도인들이 어떻게 했습니까? "그 흩어진 사람들이 두루 다니며 복음의 말씀을 전할새"(4절). 이것은 강단에서 복음을 전한다는 뜻이 아닙니다. 단순히 복음을 '말한다'는 뜻입니다. 다음 구절에 보면 빌립이 그 복음을 '전했다'는 말이 나옵니다.

그는 전도자요 설교자였습니다. 그러나 그들 모두가 복음을 퍼트렸습니다. 그들은 그렇게 하도록 훈련받았거나, "당신들은 이제 구원을 받았으니 그렇게 해야 하지 않겠는가"라는 말을 들은 것도 아닙니다. 우리가 거쳐야 된다고 생각하는 기계적인 단계들이 있었다는 암시가 전혀 보이지 않습니다. 우리는 어떻습니까? 결심을 하면 할 일이 주어집니다. 우리는 한 단계 한 단계를 거칩니다. 이 모든 것이 질서 정연하고 조직화되어 있습니다. 기계적으로 모든 것이 이루어집니다.

우리는 이단들이 이러한 일을 한다고 생각합니다. 이단들의 큰 특징은 언제나 이러합니다. 신약성경의 방법은 이것이 아닙니다. 그러나 만일 여러분이 믿음을 관념적인 것으로 여겨 순수하고 이지적이라 보고 감정과 느낌을 배제한다면, 필연적으로 그러한 결과를 만나게 됩니다. 그리하여 냉담하고 무감각하며 기계적인 유형의 신앙을 가지게 됩니다. 이것이 참으로 심각한 문제가 되는 것은, 하나님의 성령이 임하시는 것을 방해하기 때문입니다.

과거의 부흥에 대한 기록을 읽어보면 언제나 감정적인 요소가 뚜렷이 나타났음을 알 수 있습니다. 그러나 오늘날은 너무나 많은 사람들이 감정을 무서워하며 지나침에 대해 거의 공포증 같은 것을 갖고 있습니다. 지나침을 너무 두려워한 나머지 '성령을 소멸하는' 일을 행하게 될까봐 그것이 저는 도리어 두렵습니다.

회중이 진실로 감화받은 것을 언제 압니까? 언제 여러분은 회중이 울부짖는 것을 듣습니까? 여러분은 과거의 부흥에 수반되었던 위대한 현상들을 20세기 방법으로 설명하면서, 다니엘 로랜드의 설교를 들은 랭게이토 사람들은 교육받지 못하고 단순한 감정주의자들에 불과한 원시인이라고 말하지 않습니까? 사도 바울은 에베소 장로들에게 자기가 '눈물로' 설교했던 일을 상기시킵니다. 휘트필드는 자주 눈물로 설교했습니다.

여러분이나 제가 눈물로 설교했던 적이 언제입니까? 휘트필드의 말대로

'느껴진 그리스도'를 설교하는 것에 대해 우리는 무엇을 알고 있습니까? 오늘날의 문제가 이것이 아닙니까? 그러면 이 냉담하고 차갑고 기계적인 예배와 삶에서 어떻게 하면 벗어날 수 있습니까? 이 상황을 타개하기 위해서는 어떻게 해야 합니까?

크리스마스 에반스의 삶에서 볼 수 있는 놀라운 진술을 찾아 읽어드리겠습니다. 그는 이러한 상태에서 어떻게 빠져 나왔는지를 말해줍니다. 그는 5년여 동안 샌디먼파라는 파멸적인 가르침 아래 있었습니다. 그는 말합니다.

나는 그리스도와 그의 희생과 성령의 역사에 대해 냉담한 마음 자세에 진저리가 났습니다"(여러분도 진저리가 났습니까? 여러분도 성찬석에서 이러한 것을 느꼈습니까? 여러분도 '어떤 것'을 느낍니까?). … 나는 은밀히 기도하고 그리스도와 그의 희생적인 죽음과 성령의 역사에 대해 차가운 마음을 가지고 강단에서 차가운 마음으로 기도하는 것에 진저리가 났습니다. 이전 15년 동안 나는 예수님과 함께 엠마오로 가던 제자들이 가졌던, 마음이 속에서 타는 것 같은 느낌을 가졌습니다. 어느 날 돌겔리에서 매첸렌스로 가 카델 이드리스를 향해 올라가면서 생각한 것이 있었는데, 내 마음이 아무리 어렵게 느끼더라도, 내 심령의 체계가 아무리 세상적이라 할지라도 기도는 내게 주어진 임무라는 생각이 들었습니다. 나는 그날을 평생 잊지 못할 것입니다. 예수님의 이름으로 기도를 시작하자마자 족쇄가 풀리고, 굳어진 옛 마음이 부드러워지는 듯한 느낌을 갖게 되었습니다. 내 생각에는 얼음과 눈이 내 속에서 녹는 듯한 느낌이었습니다.

이러한 느낌은 내 영혼이 성령의 약속을 확신하도록 했습니다. 나는 모든 생각이 어떤 큰 끈에서 풀려나는 듯한 느낌을 가졌고 하염없이 눈물이 흘렀습니다. 나는 하나님께서 은혜롭게 임하셔서 그의 구원의 즐거움을 내 영혼에 회복시켜달라고 울부짖지 않을 수 없었습니다. 하나님께서 내가 맡고 있는 앵글시 교회들을 찾아와달라고 기도하지 않을 수 없었습니다.

나는 하나님께 간구하면서 성도들의 모든 교회들을 위해 기도했고, 모든 교역자들의 이름을 불러가면서 간구했습니다. 나의 기도는 통곡과 눈물로 세 시간 동안이나 계속되었습니다. 이것은 마치 파도가 밀려오듯 거듭거듭 계속되었으며, 강한 바람에 의해 일어나는 높은 파도처럼 나를 때리고 때려서 나를 지치게 하였습니다.

나는 몸과 혼과 은사들과 노역들과 내 모든 삶과 모든 날과 내게 주어진 모든 시간을 그리스도께 드렸습니다. 내 모든 염려를 그리스도께 맡겼습니다. 그 길은 험하고 외로웠으며 나는 오직 홀로 있었고 하나님과 씨름하는 데 조금도 방해받지 않았습니다.

이때부터 나는 하나님의 선하심이 교회들과 나 자신에게 찾아올 것을 기대하게 되었습니다. 그리하여 주님께서는 나를 구원하셨고 앵글시에 있는 사람들을 샌디먼파의 홍수에 쓸려가지 않도록 건져주셨습니다. 이렇게 체험하고 나서 처음 참가한 집회에서 나는 마치 영적 서리가 내린 차갑고 메마른 지역에서 하나님의 약속의 신록이 넘치는 밭으로 옮겨진 듯한 것을 느꼈습니다. 전에 기도로 하나님과 씨름하던 일, 레인에서 경험했던 죄인들의 회심을 위한 간절한 열망이 이제 회복된 것입니다.

나는 이제 하나님의 약속을 붙들었습니다. 그 결과 내가 집으로 돌아왔을 때 처음 시선을 끈 것은, 성령께서 역시 앵글시에 있는 형제들 속에서도 일하시고, 그들 안에 기도의 영을 일으키시며, 특히 하나님께 끈질기게 졸라대던 집사들 가운데 두 사람에게 기도의 영을 일으키고 계시다는 사실이었습니다. 그들은 하나님께 '긍휼로 우리를 찾아오시고 죄인들이 회심하도록 우리에게 효과 있는 은혜의 말씀을 달라'고 끈질기게 졸라대고 있었는데 하나님은 그 두 사람 속에 기도의 영을 일으키고 계셨습니다.

이것이 바로 우리의 유일한 소망입니다. '내 마음으로부터 모든 차가움이 물러가고' 심령의 뜨거움, 마음의 뜨거움, 기도의 뜨거움, 설교의 뜨거움, 그리하여 우리의 존재 깊숙한 부분까지 움직이고 우리 속에 흘러넘쳐 우리로 하나님의 사랑을 느끼게 하는 그것에 대해서 무엇을 알고 있습니까? 샌디먼주의는 골동품 수집가들이나 역사가들이 관심 가져야 할 것에 지나지 않습니까, 아니면 오늘날 알미니안주의자들뿐 아니라 칼빈주의자들인 우리 모두에게 중요한 문제가 되고 있습니까?

열 번째 강연

1968년
윌리엄 윌리엄스와 웨일즈 칼빈주의 메소디즘

1. 윌리엄스에 대해

먼저 이 주제를 택한 이유에 대해 설명하겠습니다. 사실 오늘밤 하려는 이 이야기는 작년에 해야 했습니다. 왜냐하면 작년이 윌리엄 윌리엄스의 탄생 250주년이었기 때문입니다. 그는 1717년 말에 태어났습니다. 그러나 저는 먼저 샌디먼파의 문제를 다루어야 한다고 생각했습니다.

이 웨스트민스터 청교도 연구회의 마지막 시간을 장식하는 이 강연은 논리적인 순서가 있어야 한다고 생각했고, 또 샌디먼주의가 오늘밤 이 주제의 서론으로서 매우 적절할 것이라고 생각했습니다. 왜냐하면 웨일즈에서 샌디먼파를 가장 격렬하게 반대했던 사람이 바로 윌리엄 윌리엄스였기 때문입니다. 그러므로 금년에 이 강연을 하는 것이 적절하다고 생각합니다.

또한 제가 믿기로는, 이렇게 하면 금년 연구회 전체를 통해 여러분에게 제시되었던 것들이 고리처럼 연결되리라 생각합니다. 왜냐하면 저는 칼빈주의와 메소디즘을 다룰 것이고, 이는 어떤 의미에서 우리가 논의해왔던 문제들을 요약하는 데 도움이 될 것이기 때문입니다. 저는 윌리엄 윌리엄스 자신에 대해서는 많은 것을 말하지 않겠습니다. 그에 대해서 바로 다루려면 온밤을 세워야 합니다. 지난해에 말씀드렸던 다니엘 로랜드가 설교에 뛰어난 인물이었고, 하웰 해리스가 권면에 능한 조직의 명수였다면 윌리엄 윌리엄스는 다방면에서 매우 탁월함과 비상한 재능을 보여준 사람이었습니다.

그를 생각하면 무엇보다도 먼저 위대한 찬송시가 떠오릅니다. 사실 그는 이 분야의 최고봉이었습니다. 웨일즈의 어떤 문학 단체는 그리스도인들이 아니면서도 그가 웨일즈에서 가장 위대한 시인이었다는 사실에 기꺼이 동의합니다. 이것은 매우 의미심장합니다.

왜냐하면 여기서 우리는 천부적으로 탁월한 시인이 성령의 감화 아래 놀라운 찬송시를 쓰는 것을 보기 때문입니다. 찬송시 작가로서, 산문 작가로서의 그의 지위를 나타내주는 것은, 웨일즈 유니버시티 출판부가 『윌리엄스의 전작집』(Complete Works)을 출판 중에 있다는 사실입니다. 이미 두 권의 책이 나왔습니다.

그는 뛰어난 시인이요 찬송시 작가인 동시에 더 나아가 웨일즈 칼빈주의 메소디즘의 신학자라고도 할 수 있습니다. 그는 샌디먼파를 공격하는 가운데 그것을 보여주었습니다. 그러나 다른 많은 면에서도 그것을 드러냈습니다. 그는 이 웨일즈 칼빈주의 메소디즘의 3대 또는 4대 신학자 중의 한 사람이었습니다. 그는 이 부분에서 탁월한 능력을 보여주었고 그의 신학을 시구(詩句)로, 때로는 산문으로 표현했습니다.

그러나 그의 모든 은사들 가운데 가장 뛰어난 은사는, 흔히 함께 모이던 그 작은 메소디스트 단체 또는 모임들을 가르치는 은사라고 볼 수 있습니다. 이 분야에서 그는 모든 사람으로부터 최고라는 인정을 받고 있습니다. 그는 『간증 집회에 이르는 길』(The Door to the Society in which experiences are dealt with)이라는 책을 썼습니다.

이 책은 굉장한 명작입니다. 저는 이에 대한 논문을 써보려고 시도한 적 있었습니다. 왜냐하면 이 책은 현재 우리의 상황에 매우 유용한 교훈을 줄 수 있기 때문입니다. 우리가 살고 있는 현대는 지역마다 교제를 위해 그리스도인들이 소그룹으로 모이는 일들이 많기 때문입니다.

초기 메소디스트들도 이 문제에 봉착했습니다. 그들은 회심자들로 모임들을 결성했습니다. 그때의 문제는 그들을 어떻게 가르치느냐? 하는 것이었습니다. 그들은 지도자를 필요로 했습니다. 그들은 좋은 사람들이었을지는 모르지만 사람을 다룰 줄을 몰랐습니다. 그래서 윌리엄스는 지도자들을 가르치기 위해서 책을 썼습니다. 이 책을 통해서 이 중요한 일을 감당하는 법을 그들에게 가르치려 했습니다.

이 사람에게는 뛰어난 특징도 있었습니다. 제가 말씀드린 대로 그는 1717년에 태어났는데, 저 위대한 하웰 해리스의 사역을 통해서 매우 어릴 때 회심했습니다. 윌리엄스는 의사가 되려고 했습니다. 그래서 의과 대학생이 되기 위해서 준비하고 있었습니다.

어느 날 무심코 집으로 가다가 우연히 군중이 어떤 사람의 말을 듣고 있는 것을 발견하게 되었습니다. 그는 군중 틈에 끼여 하웰 해리스의 설교를 들었습니다. 거기서 그는 회심했고 즉각적으로 목사가 되어야겠다는 소명을 느꼈습니다. 마침내 그는 영국 국교회의 조사(deacon)로 위임을 받았습니다(여기에서 조사[助師]는 영국 국교회의 사제가 되기 이전에 받는 직위로서 우리나라의 경우에는 전도사, 부목사 또는 강도사와 같은, 목사가 되기 이전의 직분과 유사하다고 보면 된다-역주). 그는 이러한 사람으로서 1743년에 휘트필드가 주관하는 웨일즈 칼빈주의 메소디스트들의 제1회 대집회에 참석했습니다.

2. 메소디즘의 기원

이상의 사실들은 윌리엄스에 대한 주요 사항들입니다. 이 한 사람에 대해서 평생을 들여 연구해도 충분함을 아셨을 것입니다. 그러나 저는 칼빈주의 메소디스트 지도자들 중 한 사람으로서 그를 살펴보자고 제안하는 바입니다. 특히 웨일즈 내에서 말입니다. 그러므로 우리의 주제는 '칼빈주의 메소디즘'입니다.

저는 여러 해 동안 알미니안주의자들과 칼빈주의자들이 이 '칼빈주의 메소디즘'이란 어휘를 앞뒤가 맞지 않는 것으로 취급하는 것을 자주 발견했습니다. 그들은 "칼빈주의 메소디즘이라고?"라는 반문을 던지며 "그것은 불가능합니다. 앞뒤가 맞지 않는 모순입니다"라고 말합니다.

저는 25년 전에 여기에서 그리 멀지 않은 교회의 창립 기념일에 설교한 적이 있었습니다. 그때 저는 메소디스트로서 그리고 휘트필드적인 칼빈주의 메소디즘의 대표로서 참석하게 된 것을 기쁘게 생각한다고 말했습니다. 그때 그 교회 목사는 그렇게 말하는 것은 모순이라고 생각한다고 말했습니다.

그는 메소디즘이란 용어를 이해하는 데 심각할 정도의 실수를 범하고 있었습니다. 또한 이것을 아연 실색해하는 사람들도 있습니다. 특히 유럽 대륙에서 '메소디즘'이라는 어휘는 아주 경멸적인 단어입니다. 이 사람들은 칼빈주의와 메소디즘을 연관시키는 것은 어떤 것이든 혐오하는 칼빈주의자들입니다. 이러한 자세는 역시 칼빈주의와 메소디즘에 대한 심각한 몰이해 때문에 나오는 것입니다.

저는 이 점을 보여주고 싶습니다. 그러므로 이 주제야말로 오늘 우리에게 매우 많은 것을 말해줄 것임에 틀림없습니다.

이 문제에 접근하는 가장 훌륭한 방법은 무엇보다도 칼빈주의 메소디즘이 어떻게 생기게 되었는지를 간단하게 살펴보는 것이라고 생각합니다. 물론 메소디즘의 출현부터 시작해야 합니다.

메소디즘이 처음 나타났던 1730년대 잉글랜드의 상황을 생각해보십시오. 영국 국교회는 대체적으로 알미니안적이었습니다. 여러분도 영국 국교회의 상태에 관한 채텀(Chatham) 경의 유명한 진단을 기억하실 것입니다. 그는 영국 국교회의 신조는 칼빈주의면서 예배 의식은 교황주의이고 성직 제도는 알미니안주의라고 말했습니다. 정확한 설명입니다. 영국 국교회는 알미니안주의면서 영적으로 잠들어 있었습니다.

다른 교회들은 어떠했습니까? 장로교회는 없어져버리고 말았습니다. 잉글랜드에 장로교회가 있기는 했지만 그 교리는 아리우스주의로 바뀌어버렸습니다. 웨스트민스터 신앙고백을 의지한다 해도 교리적으로 잘못되는 것을 막을 길이 없었습니다. 가장 많이 어긋나고 결국 아리우스주의의 잘못을 저지른 것은 장로교도였습니다. 결국 장로교회는 실질적으로 사멸하고 말았습니다. 오늘날의 영국의 장로교회는 지난 19세기에 출발된 새로운 것입니다.

회중주의에 있어서도 마찬가지였는데 이러한 아리우스주의의 경향은 한 동안, 심지어 아이작 왓츠나 필립 도드리지 같은 사람에게 영향을 주었습니다. 회중교회를 주장하는 사람들도 앞에서 언급한 극단적 칼빈주의(Hyper-Calvinism)의 영향을 받았고, 침례교회들 가운데서도 이 극단적 칼빈주의의 가르침을 신봉하는 자들이 있었음을 이미 상기한 바 있습니다.

잉글랜드의 일반적인 상황이 그러했습니다. 웨일즈도 그와 유사했습니다. 영국 국교회는 잉글랜드에서나 웨일즈에서나 똑같은 상태였습니다. 비국교도파 중에는 때로 좋은 사람이 나타났습니다. 우리는 그들을 과소평가해서는 안 됩니다. 열심 있는 메소디스트파나 윌리엄 윌리엄스 자신도 그들의 가치를 낮게 평가하는 경향을 보였습니다. 로랜드와 해리스의 죽음에 대한 그의 '애가'(Elegy)를 보면 전혀 빛이 없었다는 인상을 풍기는 경향이 있습니다. 그들은 좋은 사람들이었으나 불행히도 논란과 논박을 벌여 서로 쟁론했습니다. 그래서 생동하는 영력 면에서 볼 때 많은 가치를 지니지 못했습니다.

잉글랜드와 웨일즈의 이러한 상황 속에서 메소디즘이 발생한 것입니다. 어떻게 출현했습니까? 그것을 상세하게 말씀드릴 수는 없습니다. 잉글랜드에서의 진정한 기원과 시작은 주로 찰스 웨슬리가 주창하여 옥스퍼드 대학에서 설립한 홀리 클럽에서 찾아야 합니다. 이 사실은 매우 잘 알려져 있습니다. 그러나 클럽 자체가 메소디즘으로 발전된 것은 아닙니다.

메소디즘의 진정한 시작은, 1736년 휘트필드가 겪은 강력한 체험과 1738년 5월에 웨슬리 형제가 겪었던 체험 속에서 찾아야 합니다. 웨일즈에서는 메소디즘이 아주 독립적이고 자생적이었습니다.

웨일즈 메소디즘은 잉글랜드의 메소디즘의 어떠한 영향도 받지 않았습니다. 웨일즈 메소디즘은 잉글랜드보다 앞선 1735년에 출현했는데, 이것은 하웰 해리스와 다니엘 로랜드의 회심으로 출발되었고 아주 독자적인 출발이었습니다. 하웰 해리스와 다니엘 로랜드는 상대방의 이야기를 들은 적도 없고, 서로 아는 바도 없었습니다. 그러나 하나님의 성령께서는 이 두 사람들을 매우 놀라운 방법으로 다루셨습니다. 그리하여 1737년에 비로소 그들은 합세했습니다.

메소디즘은 이렇게 시작된 것입니다. 처음에 그들은 모두 하나였습니다. 잉글랜드와 웨일즈에서 그들은 함께 만나 합세했습니다. 제가 언급한 이 모든 사람들이 모두 한 메소디즘에 속해 있었습니다.

그러나 우리가 이미 상기한 바와 같이 메소디즘에 분열이 생겨 두 그룹으로 나뉘었습니다. 칼빈주의 메소디즘과 알미니안주의 메소디즘이 그것입니다. 웨일즈의 메소디즘은 모두 칼빈주의자였습니다. 잉글랜드는 칼빈주의자들이 아니었습니다.

칼빈주의에 속한 사람은 휘트필드, 베리지(Berridge), 토플래디(Toplady), 로메인(Romaine), 로랜드 힐(Rowland Hill)과 리처드 힐(Richard Hill) 경, 헌팅던 백작 부인 등이었습니다.

알미니안주의에 속한 사람은 웨슬리 형제와 존 플레처, 토머스 올리버(Tomas Olivers) 등 여러 사람이 있습니다.

이러한 사항은 숙고할 만한 가치가 있는 역사적인 사실들입니다. 웨일즈의 메소디즘은 전적으로 칼빈주의였습니다. 웨슬리 형제가 웨일즈를 갔었지만 19세기 초엽까지 어느 교회도 웨슬리를 따라가지 않았습니다. 그러나 이 두 집단 모두 메소디즘이었다는 사실을 다시 강조하고 싶습니다. 이것은 기본적인 사실입니다. 웨일즈의 '칼빈주의 메소디스트'라는 어휘는 이 점을 매우 강조합니다.

왜냐하면 이 메소디즘은 칼빈주의적 메소디즘이 아니라 메소디즘적 칼빈주의(Methodism-Calvinistic)이기 때문입니다. 이와 마찬가지로 메소디즘적 웨슬리파(Methodism-Wesleyan)라고 해야 할 것입니다. 메소디즘이 먼저 나오고 그 다음에 메소디즘을 수식하는 말이 나옵니다. 처음에 이 두 메소디즘은 함께 일했습니다. 그러나 분열이 생겼습니다. 웨일즈 사람들과 가장 친한 관계를 유지한 사람은 휘트필드였고, 그는 사실상 1743년의 웨일즈 메소디스트들의 제1회 대집회 총회장이었습니다.

3. 메소디즘이란 무엇인가?

먼저 우리는 메소디즘이 무엇인지부터 알아봐야 합니다. 먼저 소극적으로 대답해보겠습니다. 이것은 일차적으로 신학적인 입장이나 신학적인 자세가 아닙니다. 메소디즘은 신학을 개혁하려는 운동도 전혀 아니었습니다. 사실 웨일즈의 칼빈주의 메소디즘은 다음 세기까지 그들이 주장하는 교리서나 신앙고백도 없었습니다. 이러한 사실은 그것이 신학적인 운동이 아니었음을 강조합니다. 우리는 메소디즘을 신학적 개혁의 차원으로 생각하지 말아야 합니다.

그러면 무엇입니까? 메소디즘은 본질적으로 체험적인 실천적 신앙이요, 생활 방식입니다. 이렇게 정의하는 것이 합당하다고 생각합니다. 무엇 때문에 생겼습니까? 어떻게 이것이 생기게 되었습니까? 여러 가지가 복합되어 나온 것이라고 대답해야 할 것입니다.

첫째, 신앙은 일차적으로 그리고 본질적으로 개인적임을 인식한 데서 나온 것입니다. 이것은 모든 사람들에게 해당합니다. 그들은 모두 자기 자신이 죄인 됨을 인식하게 되었습니다. 그들은 죄를 깨닫는 단계를 거쳤습니다. 이 과정은 고통스러운 과정이었습니다. 그러나 그들 모두가 죄 용서라는 엄청난 필요를 체험했습니다. 이것이 그들에게 하나의 소명이 된 것입니다. 웨슬리파 메소디즘이나 칼빈주의 메소디즘이 모두 그러했습니다.

그래서 하나님을 아는 지식에 대한 열망이 대단했습니다. 직접 하나님을 아는 지식 말입니다. 하나님에 관한 것을 믿는 것이 아니라(그들은 이미 그것을 갖고 있었습니다) 하나님을 알기 원했습니다. "영생은 곧 유일하신 참 하나님과 그가 보내신 자 예수 그리스도를 아는 것이니이다"(요 17:3). 그리하여 이것은 죄 사함을 확신하고 싶은 열망으로 발전되었습니다.

많은 사람들이 아마 1739년 카디프에서 휘트필드와 해리스가 처음 만난 일에 대한 이야기를 읽었을 것입니다. 조지 휘트필드가 하웰 해리스에게 던진 첫 번째 질문은 이것이었습니다.

"해리스 씨, 당신은 당신의 죄를 용서받았음을 압니까?"

휘트필드는 "죄가 용서받을 수 있다는 것을 믿습니까?" 또는 "당신의 죄가 용서받았다는 것을 믿습니까?"라고 묻지 않았습니다. 이에 대해 해리스는 여러 해 동안 그것을 알고 기뻐하고 있다고 대답할 수 있었습니다. 이 점 역시 그 두 사람에게 공통적인 것이었습니다. 즉 구원의 확신과 사죄의 확신은 그들의 공통점이었습니다.

모든 유형의 메소디즘에 공통되는 그 다음 사항은 '새 생명'(New Life)에 대한 간절한 열망이었습니다. 그러므로 중생과 새로 남의 교리를 크게 강조했습니다. 여러분은 이 모든 사람들이 헨리 스코갈의 책 『인간의 영혼 속에 있는 하나님의 생명』(The Life of God in the Soul of Man)에 얼마나 감화를 받았는지 아실 것입니다. 이처럼 하나님의 생명을 그들은 간절히 열망했고 소원했습니다.

휘트필드는 부단히 중생에 대해서 설교했고 다른 사람들도 그러했습니다. 사실 휘트필드는 부단히 중생에 대해서 웨슬리 형제들에게 교정을 받아야 할 정도였습니다. 비록 그가 웨슬리 형제보다 먼저 중생했는데도 말입니다. 그들은 휘트필드가 믿음으로 의롭다 함을 얻는다는 교리를 충분하게 강조하고 있지 않다고 생각했습니다. 새로 남, 새로운 시작의 필요성을 엄청나게 강조했던 것입니다.

제가 강조해야 할 다음 사항은 그들 모두 '감정'을 강조했다는 것입니다. 그들은 휘트필드가 한 번 '느껴진' 그리스도라고 불렀던 것에 대해서 대단히 관심이 있었습니다. 그들은 정통 교리, 바른 믿음만으로 만족하지 않았고 그리스도를 '느끼기' 원했습니다. 그들은 그리스도인의 체험 속에서 감정의 위치를 대단히 강조했습니다.

이 점에 대해서 자세히 예증할 수 있습니다. 불행히도 우리가 가지고 있는 회중 찬송가에는 윌리엄스가 지은 찬송이 두 편밖에 없습니다. 그의 찬송시를 보면 참으로 위대한 시성(詩性)과 완벽한 신학이 놀랍게 어우러져 있습니다. 〈나그네와 같은 내가 힘이 부족하오니〉(찬송가 376장, 한국에는 두 버전으로 번역되어 377장인 〈전능하신 주 하나님〉으로도 수록되어 있다-역주)와 〈흑암의 음침한 산을 넘어〉라는 두 곡은 우리가 사용하고 있습니다.

다음은 윌리엄스의 위대한 찬송시 중 하나입니다.

온유하신 예수여, 말씀하소서!
오, 주님의 말씀은 얼마나 달콤한지요.
고통스러워하는 내 심령에 세상이 줄 수 없는 평안을 부으소서!
모든 세상의 미칠 듯한 목소리,
유혹하는 저 모든 악의 소리,
주님의 부드럽고 달콤한 말씀에 다 복종하고 잠잠해지네.

그는 또 이렇게 계속합니다.

오, 구주여! '너는 내 것이라' 내게 이르시고
분명한 확신을 허락하사
내 모든 어두운 그림자, 모든 의심 물러가게 하소서.
내 두려움 잠잠케 하소서.
오, 내 속의 영혼이
주 하나님의 음성을 갈망하오니
주님의 음성 들으면 슬픔 영원히 사라져
더 이상 내게 머물지 않으리이다.

이것이 윌리엄스의 전형적인 시입니다. 웨일즈의 찬송가에는 이러한 주제로 윌리엄스가 쓴 찬송시들이 매우 많습니다. 그는 이러한 것들을 '느끼기' 원했습니다. 그는 믿었습니다. 그러나 그것만으로 만족하지 않고 더 알기를 원했습니다.

물론 이같이 잉글랜드 메소디스트 찬송시 작가들 중에서도 같은 것을 발견할 수 있습니다. 토플래디가 쓴 찬송시 중에서 한 예를 들어보겠습니다.

내가 가장 사모하는 예수님,
날 위해 못 박히셨습니다.
바라고 갈망하는 행복이 모두 주 안에 있습니다.
주를 기뻐하고 주를 아는 것이
세상에서 나의 복이요,
주를 보고 주를 사랑하는 것이
천국에서 나의 복입니다.

주 나를 떠나시면
살아도 죽은 것이요,

주 나와 함께 계시면
죽어도 산 것입니다.
안식의 근원, 안식을 주시는 분!
주의 미소 속에서만 안식이 나옵니다.
평화와 행복은 주의 것
주는 나의 것이니 평화, 행복은 나의 것.

주의 사랑 느낄 때
모든 것이 기쁨으로 넘칩니다.
언제나 주와 동행하게 하소서.
이것이 나의 가장 큰 복입니다.
오직 주님만 내게 있게 하소서.
주는 행복의 모든 것입니다.
그러므로 나는 하늘 위와 하늘 아래에서
진정한 복을 나타낼 것입니다.

토플래디의 일기를 읽으면 이러한 것들이 거듭 강조되어 반복됨을 발견할 수 있습니다.

이 구원의 확신의 문제에 대해서 조금 더 말씀드려야겠습니다. 왜냐하면 많은 면에서 이것은 메소디즘의 독특한 표시가 되며 동시에 메소디즘의 공통점이기 때문입니다. 이미 상기한 바와 같이, 그들은 성결 교리와 다른 여러 가지 문제들에 대해서도 서로 의견이 달랐습니다. 그러나 구원의 확신에 대한 가르침에서는 크게 일치했습니다.

구원의 확신에 대한 가르침은 무엇입니까? 우리의 구원의 확신은 단순히 성경에서 유추되는 것만이 아니라는 것입니다. 물론 구원의 확신이 그것의 일부라고는 인정합니다. 오늘날 영국이나 다른 나라들의 많은 복음적인 사람들이 여기에서 멈춰버렸다고 해도 과언이 아닐 것입니다. 성경에서 유추하는 확신이 그들의 유일한 확신인 것입니다. 그들은 "그를 믿는 자는 심판을 받지 아니하는 것"(요 3:18)이라고 말합니다.

그래서 그들은 "당신은 그를 믿습니까?"라고 묻습니다. "예, 좋습니다. 당신은 심판을 받지 않습니다. 이제 구원을 확신해도 됩니다. 느낌에 대해서는 염려하지 마십시오"라는 식으로 말합니다.

그러나 메소디즘은 정반대로 가르쳤습니다. 바로 여기서부터 출발해야 합니다. 그 다음 더 나아가 요한일서의 가르침에 비추어 자신을 시험할 수 있습니다. 그렇게 하면 더 나은 확신, 일종의 '신앙주의'(believism)나 또는 단순히 믿고 받아들이는 이지주의로부터 여러분을 건져줄 더 좋은 확신을 갖게 될 것입니다. 이 단계에서는 새 생명의 증거들의 중요성을 강조합니다.

그러나 이 사람들은 그 이상의 구원의 확신의 원천에 더 관심이 있었습니다. 그것은 그들이 다른 무엇보다도 소원하고 갈망하는 것입니다. 그것은 성령께서 친히 자기들이 하나님의 자녀인 것을 직접 증거해주시는 것입니다. 그래서 그들은 로마서 8장과 갈라디아서 2장 말씀을 많이 인용했습니다.

> 너희는 다시 무서워하는 종의 영을 받지 아니하고 양자의 영을 받았으므로 우리가 아빠 아버지라고 부르짖느니라 성령이 친히 우리의 영과 더불어 우리가 하나님의 자녀인 것을 증언하시나니(롬 8:15-16).

> 내가 그리스도와 함께 십자가에 못 박혔나니 그런즉 이제는 내가 사는 것이 아니요 오직 내 안에 그리스도께서 사시는 것이라 이제 내가 육체 가운데 사는 것은 나를 사랑하사 나를 위하여 자기 자신을 버리신 하나님의 아들을 믿는 믿음 안에서 사는 것이라(갈 2:20).

거듭 말씀드리지만 이것이 바로 모든 메소디스트들에게 공통적인 것입니다. 우리는 1738년 5월 24일 알더스게이트 스트리트에서 존 웨슬리가 체험한 것에 대해서 잘 알고 있습니다.

"내 마음은 이상하게 뜨거워졌습니다. 나 같은 사람의 죄도 용서받았다는 것을 알았습니다."

윌리엄 윌리엄스는 이것을 대단히 많이 이야기했습니다. 이 점을 확증하기 위해서 두 인용구를 말씀드리겠습니다. 윌리엄스의 『간증 집회에 이르는 길』(The Door to the Experience Meeting-the Experience Society)이라는 책에서 번역해 보겠습니다(웨일즈어와 영어는 어형과 어군이 전혀 다른 완전 별개의 언어임을 기억할 필요가 있음-역주). 그는 그러한 모임을 책임지고 있는 사람들이 그러한 모임에 들어오기 원하는 사람들을 앉혀놓고, 질문을 던지고 교리 교육을 시키고 점검하는 방법에 대해서 가르쳤습니다. 또한 책임자들이 그 모임에 속한 사람들의 체험을 어떻게 시험해야 하는지 가르쳤습니다.

그는 회심한 지 얼마 안 되는 사람들, 새로운 회심자들에게 질문을 던지고 교리를 가르치는 방법과 오래된 신자들에게 교리 교육을 시키는 방법을 구별했습니다.

"한동안 참석했던 사람에게 기대하는 것과 같은 분량의 믿음의 빛을, 처음으로 받아들인 사람에게 기대하지 말아야 합니다."

그는 이렇게 계속 말합니다.

"때로는 충격을 받기도 할 것입니다. 또 사람들의 초기 체험이 그들의 나중 체험보다 훨씬 더 나을 경우도 있음을 발견할 것입니다."

그러나 그가 구별 짓는 주요한 점은, 오래된 사람들에게 기대하는 것과 똑같은 분량의 빛과 사랑과 확신을 회심한 지 얼마 안 되는 사람들에게 기대하지 말라는 것입니다.

그러면 새로 회심한 사람들에게 어떤 질문을 던지고 어떻게 시험해야 합니까? 그는 이것을 이러한 방법으로 제시했습니다. 가령 시험관은 새로 회심한 사람에게 이렇게 말해야 합니다.

"당신은 비록 당신의 구원을 증거하는 성령의 증거를 아직 받지 못했지만 전심으로 하나님께 구하고 있으며, 이것을 당신의 삶의 주요한 원칙으로 알고 있습니까? 그것은 가끔 어떤 죄에 대한 간헐적인 각성이 아니라 당신의 삶에 있어서 주요한 것이 되고 있습니까?"

그가 어떻게 말을 시작하는지 주목해보십시오.

"비록 당신의 구원을 증거하는 성령의 증거를 아직 받지 못했지만."

그 다음에 오래된 사람들에게 질문을 던지는 방법에 대해서 이렇게 말합니다.

"그들의 증거의 명확성을 시험해야 합니다. 또 어떻게 그들이 처음 증거를 받았는지, 그 증거를 지금 갖고 있는지 혹은 상실했는지도 물어야 합니다."

그런 다음에 책임자들에게 다음과 같이 질문하라고 요구합니다.

"당신의 영이 가진 이 증거가 성령의 증거로 인해 두 배가 되었습니까?"

그는 '두 배'라는 말을 사용하고 있습니다. 다른 말로 해서 그것은 "성령이 친히 우리의 영과 더불어 우리가 하나님의 자녀인 것을 증언하시나니"(롬 8:16)라는 말씀에 대한 윌리엄스의 관점입니다. 우리 영이 이것을 우리에게 말합니다. "양자의 영을 받았으므로 우리가 아빠 아버지라 부르짖느니라"(15절). 그러나 성령께서는 그것을 두 배로 하고 인쳐주며 보증해주고 넘치게 해주며 그 위에 더 부어주고 확증하시는 것입니다. 이것이 바로 오래된 회심자들에게 질문할 때 사용하라는 어휘입니다.

이것이 바로 그들의 가르침이었고 그들 자신의 체험이었습니다. 다니엘 로랜드의 경우에 이것이 매우 두드러지게 드러납니다. 그는 렌데비 브레피에서 그리피스 존스(Griffith Jones)가 믿음으로 의롭게 된다는 교리를 설교하는 것을 듣고 그 교리를 알게 되었지만 그것에 대해서 확신을 갖고 있지 않았습니다. 그러나 어느 날 그가 다니는 랭게이토 마을의 교회에서 성찬식 예배 중에 함께 낭송하는 기도문을 읽는데 갑자기 성령께서 임하여 '두 배의' 확신을 주셨습니다. 그리하여 그는 알았습니다. 그때부터 그는 놀라운 방법과 놀라운 능력으로 설교하기 시작했습니다. 라일은 그의 유명한 책, 18세기 기독교 지도자들[1]에서 이 사실을 썼습니다.

하웰 해리스에게도 역시 똑같은 일이 일어났습니다. 하웰 해리스는 1735년 고난주간 전 주일에 죄를 각성하고 성령강림절에 확신을 얻게 되었습니다. 그러나 성령에 의해서 이 '두 배의' 확신을 얻게 된 것은 3주 후였으며, 바로 이것이 그로 하여금 전도자가 되게 했습니다. 그들은 이것을 가르쳤습니다. 또 사람들에게 이것을 기대하라고 가르쳤습니다. 윌리엄스의 책에서 인용한 인용구가 이미 보여주었듯이 이것이 아닌 다른 어느 것으로도 만족하지 말라고 가르쳤습니다.

여기서 더 나아가 그 모든 사람들-잉글랜드와 웨일즈 및 모든 나라 메소디즘-에게 있어서 중요한 사항을 하나 더 말씀드리겠습니다. 그들은 소그룹이나 어떤 작은 단위로 모였습니다. 그것을 어떻게 부르든지 관계없습니다. 그 모임에서 무엇을 했습니까? 그들이 행한 주요한 일은 서로 자기들의 체험을 이야기하고 시험하며, 체험들을 서로 논의하는 것이었습니다. 그들은 주님께서 자신들을 다루신 일과 지난 모임 이후 자신들에게 일어났던 일과 그중에서 주목할 만한 일 등을 말했습니다.

이러한 모임의 주요한 일들이 바로 이것이었습니다. 제가 언급했던 윌리엄스의 책에서 그가 다룬 것이 바로 이것입니다-그 책은 체험과 확신과 '느껴진' 요소에 강조점을 두었습니다. 그 모임들은 일차적으로 '체험' 집회였습니다. 실로 이 용어를 사용하는 것이 정당하다고 저는 생각합니다. 메소디즘을 특징짓는 것은 이 영적인 요소였습니다. 그들은 믿는 것을 넘어서 그들의 삶 속에서 성령의 권능을 느끼고 체험하기를 열망했습니다.

이 모든 것이 그들의 삶 속에서 표현되었습니다. 이 점에 대해서 그들은 아주 주의 깊었고 매우 신중했습니다. 그들은 그렇게 해야 한다고 가르침을

---

1) *Christian Leaders of the Eighteenth Century* (Reprinted Banner of Truth Trust, 1978).

받았고, 그들이 그렇게 했는가를 확신하는 점검을 받았습니다. 그들은 모임을 통해 이러한 일을 했습니다. 가르침을 받은 이 사람들은 체험을 얻었고 메소디즘 모임에 가입 청원을 했으며 받아들여졌습니다. 이것이 이 모임이 이루어지는 과정입니다.

우리가 강조해야 하는 또 다른 사항은 그들은 전도에 열심이었다는 것입니다. 이것 역시 메소디스트들의 공통점이었습니다. 존 웨슬리와 조지 휫트필드 중 누가 더 전도에 열심이었다고 판정할 수 있겠습니까? 아무도 그럴 수 없습니다. 그들 모두 전도의 열정으로 가득 찼습니다. 제가 볼 때, 이 두 메소디즘의 분파는 정확히 똑같이 사람들을 인도하여 예수 그리스도 안에 있는 하나님의 구원을 아는 지식을 갖게 하려는 열심과 열정을 보였으며, 그 성공도에 있어서도 동일했습니다.

이 모든 것이 메소디즘에게 공통적이었습니다. 그런데 그 다음부터는 분열이 생겼습니다. 이상에서 말씀드린 일들에 있어서는 공통되지만 '그 다음부터는'이라는 말은, 그들이 그 다음 문제부터는 공통되지 못했다고 말하는 것처럼 들릴 것입니다.

그러나 그렇지는 않았습니다. 분열이 생긴 다음에도 그 모든 것이 계속되었고, 모든 것이 여전히 공통적이었습니다. 그러나 그들은 두 그룹, 알미니안과 칼빈주의로 나뉘게 되었습니다.

이러한 일이 일어난 이유에 대한 질문이 자주 제기되어왔습니다. 수년 전, 이 웨스트민스터 청교도 연구회의 마지막 집회 시간에 그러한 질문이 제기되었던 것으로 알고 있습니다. 그 대답은 매우 어렵습니다. 어떤 의미에서는 대답할 수 없다고 생각합니다.

그러나 제가 감히 한 가지를 제안하겠습니다(언젠가는 이 문제를 논의의 주제로 삼으면 좋을 것입니다). 여기에 어떤 국가적인 요소가 있습니까? 제 뜻은 분열이 국가적 특징들과 관계가 있느냐는 것입니다. 이 문제를 상세히 다루지는 않겠습니다. 다만 질문을 던질 뿐입니다. 이 문제에 있어서 국가적 특성은 어떤 위치를 차지합니까? 이 국가적 요소를 인정하시겠습니까?

이 문제를 끝내기 전에 한 말씀 드리고 싶습니다. 존 웨슬리는 제가 읽은 바로는 가장 전형적인 잉글랜드 사람인 것 같습니다. 제가 말씀드리는 것을 구체적으로 실증할 수 있습니다.

하여튼 우리는 이 점을 다 알고 있고 언제나 그것을 상기해왔습니다. 그 당시 영국 국교회는 철저하게 알미니안적이었습니다. 웨슬리의 부모님도 알미니안이 되었고 이것을 자랑했습니다.

조프리 누톨(Geoffrey Nuttall) 교수는 웨슬리가 살던 에프워스 마을에서는 알미니안주의가 특히 인기가 있었다는 것을 보여주는 매우 흥미로운 증거를 제시했습니다. 이처럼 웨슬리 가족은 철저하게 알미니안적인 분위기에서 성장했습니다. 의심할 여지없이 이것은 대단한 상관 관계를 지니고 있습니다. 그러나 말씀드렸듯이 웨일즈는 모든 상황이 전혀 달랐고, 모두 칼빈주의자였습니다.

그들이 얼마 후 칼빈주의가 되었다는 것을 주목하면 흥미롭습니다. 그들은 모두 메소디스트로 출발했지만, 웨일즈에서는 칼빈주의가 되었습니다. 하웰 해리스는 자신의 일기에서 이 점을 매우 분명히 밝히고 있습니다. 또한 그가 어떻게 해서 칼빈주의자가 되었는지도 밝히고 있습니다.

휘트필드의 경우도 마찬가지입니다. 휘트필드는 칼빈주의자가 '되었습니다.' 휘트필드가 칼빈주의자가 된 때에 대해서는 상세히 말씀드리지 않겠습니다. 그러나 그가 칼빈주의자가 되었다는 것은 사실입니다. 특히 로랜드와 해리스와 휘트필드의 경우도 그러할 것이지만, 그런 처지에서 그들로 하여금 이러한 입장을 취하게 한 것은 39개조 신앙고백과 청교도들의 신앙을 연구한 결과라고 저는 믿습니다.

하여튼 그들이 칼빈주의자가 되었다는 것은 사실이고, 웨일즈 내에서 18세기가 끝날 때까지 그들은 순전한 칼빈주의자로 남아 있었습니다.

4. 웨일즈 칼빈주의 메소디즘의 특징

이제 웨일즈 칼빈주의 메소디즘의 특징들을 살펴보기로 합시다. 이 특징들은 매우 분명합니다. 무엇보다 위대한 설교가 있었습니다. 이것은 특별한 특징입니다. 저는 칼빈주의는 언제나 위대한 설교를 유발한다고 믿는 사람 중의 하나입니다. "위대한 설교가 없는 곳에 진정한 칼빈주의가 있는가"라고 저는 의문을 던집니다.

위대한 설교는 위대한 주제를 갖지 않을 수 없습니다. 그들은 위대한 주제를 가지고 있었습니다. 그러므로 웨일즈 전역에는 위대한 설교가 있었습니다. 삶뿐 아니라 위대한 설교의 특징은 뜨거운 열정과 기쁨이었습니다. 그들 중 어떤 사람은 초기에 율법주의적인 경향을 띤 사람도 있었지만, 그것이 오래 가지는 않았고 다른 요소가 들어왔습니다.

웨일즈 칼빈주의 메소디즘의 특징은 찬송이었습니다. 윌리엄스는 대부분의 찬송시를 작사했고 사람들은 옛 곡조와 발라드에 맞춰 찬송시를 노래로 불렀습니다. 더구나 설교 도중 큰소리가 들릴 때도 있었습니다. 그래서 설교자가 설교를 중단해야 할 때도 있었습니다. 설교를 들으면서 어떤 사람들은 "아멘", "할렐루야"라고 외치기도 했고, 때로는 흥분한 모습이 두드러지게 나타나기도 했습니다. 기쁨과 즐거움과 찬송과 확신이 웨일즈 칼빈주의 메소디즘의 큰 특징이었습니다.

대단히 중요하므로 반드시 언급하고 넘어가야 할 것이 있는데, 그것은 그들이 연속적인 부흥을 경험했다는 것입니다. '부흥'이라는 말이 전도집회로 사용됨을 저는 알고 있습니다. 그러나 그것은 부흥이 아닙니다. 어떤 의미에서 그것만큼 부흥과 거리가 먼 것은 없다고 생각합니다. 그것은 인간이 만들고 조직한 모임에 불과합니다. 그것은 부흥이 아닙니다. 부흥은 '지존하신 분이 찾아오시는 것'이요 성령의 부으심입니다. 그들에게는 늘 부흥이 계속되었습니다.

18세기에 있었던 그 위대한 부흥 가운데 하나는 1763년에 윌리엄 윌리엄스가 새로운 찬송시를 출판한 결과 발생했습니다. 찬송시를 출판하고, 사람들이 그 찬송가를 부르기 시작했다는 사실이 새로운 부흥의 폭발을 가져왔습니다. 메마르고 굳어 있던 때가 있었습니다. 왜냐하면 불행히도 웨일즈 칼빈주의 메소디스트들 사이에 다툼이 있었기 때문입니다. 이것이 그들에게는 하나의 흠이 되었습니다. 이것은 거의 전적으로 개인적인 문제이지 전체가 그러한 것은 아닙니다.

그러나 제가 볼 때 — 이 점에 대해서 책을 읽어볼수록 — 흔히 교회에서 일어나는 것처럼 로랜드와 해리스 사이에는 성격상의 충돌이었던 것 같습니다. 해리스는 분명히 교리에 있어서 약간 방황했습니다. 이러한 일이 1751년부터 1753년 사이에 일어났습니다. 그 후에 메마른 기간이 있었습니다. 그러나 이후에 윌리엄 윌리엄스가 새로운 찬송시 책을 출판하고, 사람들이 그 위대한 신학의 표현을 노래로 부르기 시작했을 때 부흥이 터져 나왔던 것입니다.

윌리엄 윌리엄스의 찬송은 신학과 체험을 함께 묶은 것입니다. 제가 아이작 왓츠에 대한 강의를 하면서 윌리엄 윌리엄스가 가장 위대한 찬송시 작가라고 모험적인 말을 했던 것도 그것 때문입니다. 아이작 왓츠에게서는 위대함과 거대함과 넓음을 발견합니다. 찰스 웨슬리에게서는 놀라운 체험적인 측면을 발견합니다.

그러나 윌리엄 윌리엄스에게서는 한꺼번에 이 두 가지를 만나게 됩니다. 그래서 저는 이 사람을 독립적으로 다루었던 것입니다. 그는 찬송시를 통해서 사람들에게 신학을 가르쳤습니다. 사람들은 찬송을 부르면서 구원과 하나님의 영광에 대한 신약의 여러 교리들을 익히게 되었습니다.

이러한 '부흥'의 요소는 제가 강조하고 싶어 하는 바입니다. 왜냐하면 이것이 '칼빈주의' 메소디즘의 독특한 특징이었기 때문입니다. 다른 사람들 속에서도 여러 가지 활동을 발견할 수 있습니다. 또 그들 속에서도 때때로 성령의 역사가 있었습니다. 그러나 그러한 것들은 칼빈주의 메소디스트들에게 일어난 것만큼 빈번하고 특별하지 못했습니다.

칼빈주의 메소디즘의 위대한 특징들이 바로 그것입니다. 제 생각에는 다음과 같은 질문을 우리가 숙고해본다면 도움이 될 것 같습니다. 즉 이것은 전적으로 새로운 사건인가? 18세기 칼빈주의 메소디즘은 선행 사건 없이 새롭게 일어난 것인가? 그렇지는 않다고 봅니다.

칼빈주의 메소디즘은 전조가 있었습니다. 우리는 매우 흥미로운 점을 다루고 있다고 생각합니다. 칼빈주의 메소디즘과 그 전에 있었던 일과의 관계 말입니다. 이 칼빈주의 메소디즘의 어떤 실마리나 희미한 조짐을 어디에서 찾아볼 수 있습니까?

제가 보기에는, 여왕 메리 1세 시대에 순교당한 글로스터의 감독 후퍼에게서 그 조짐이 보이기 시작했다고 생각합니다. 존 브래드포드(John Bradford)도 역시 그러합니다. 여기서 우리는 감정과 뜨거움을 똑같이 강조한 것을 보게 됩니다. 이 두 사람은 정말로 최초의 청교도였음을 잊지 맙시다. 물론 그 당시 청교도란 말이 사용된 것은 아닙니다. 우리는 17세기의 청교도들에게 집중하느라 16세기의 청교도들을 망각할 위험이 있습니다. 아마 16세기의 청교도들이 아니었다면 17세기의 청교도들은 결코 존재하지 못했을 것임을 잊지 말아야 합니다.

저는 이 최초의 청교도가 칼빈주의 메소디즘과 유사함을 발견합니다. 가끔 '경건주의' 청교도로 묘사되는 윌리엄 퍼킨스(William Perkins)나 루이스 베일리 같은 사람에게서보다 더 많은 것을 발견할 수 있습니다. 이들은 실제적이고 목회적인 신학을 강조한 사람들입니다.

또한 신자들의 생활에 하나님의 율법을 적용시키는 데에 관심이 있었습니다. 이들은 그것을 '실행하는' 것에 큰 강조점을 두었습니다. 그래서 이들은 '결의론'을 내세웠고 '양심의 송사' 문제를 다루었습니다. 이것이 일종의 경건으로 이해되기도 했지만 칼빈주의 메소디즘에서 보는 것과 같은 것은 아닙니다. 이들의 강조점은 율법을 가르치고 그리스도인의 일상 생활에 율법을 적용하는 것이었습니다. 물론 다른 것을 전적으로 배제하는 것은 아닙니다. 저는 주된 강조점에 대해서만 말하고 있는 것입니다. 이에 반해 칼빈주의 메소디즘은 '체험'을 주로 강조했습니다.

다음 세기의 월터 크래덕이나 몰간 뤼드 같은 사람들에 이르면, 칼빈주의 메소디즘과 동일한 것은 아니지만 그와 유사한 어떤 것을 보게 됩니다. 그러나 그들은 보다 신비주의적이었습니다. 이 칼빈주의 메소디스트들을 신비주의자라고 말하는 것은 잘못된 것입니다. 이들에게도 신비적인 요소가 있었고 이것을 배제할 수는 없습니다.

그러나 이들을 신비주의로 결론지을 수는 없습니다. 이들은 모라비안 교도들의 특징이었던 정숙주의(quietism, 또는 이것을 우리말로 명상주의라고 번역해도 좋을 듯함-역주)를 반대한 데서 보여주듯이 신비주의도 별로 좋아하지 않고 반대했습니다.

그러나 진정 그리스도께 속한 신비주의가 있는데 그것은 배제하지 말아야 합니다. 이것은 모든 세대의 수많은 사람들에게서뿐만 아니라 사도 바울 자신에게서도 발견되는 것입니다.

월터 크래덕이나 몰간 뤼드 같은 사람들에게서는 18세기에 만개했던 것과 같은 모습이 많이 보입니다. 그들은 퀘이커 교도들과는 완전히 달랐습니다. 그들은 '내면적 빛'을 믿는 사람들이 아니었고 성경을 과소평가하는 사람들도 아니었습니다. 그들은 위대한 신학적 내용을 가지고 있었습니다.

존 플라벨이나 토머스 브룩스(Thomas Brooks) 같은 사람들에게서도 이와 같은 요소를 찾아볼 수 있지만 이는 그들의 '색채'일 뿐입니다. 칼빈주의 메소디스트 경우처럼 중심적인 위치를 차지하고 있지는 않습니다. 개인적으로 저는 위대한 파스칼(Blaise Pascal)을 포함한 얀센파들(Jansenists)이 그 이전의 칼빈주의 메소디스트들이라고 서슴없이 말합니다. 분명히 말해서 윌리엄 거스리(William Guthrie)나 그 이전의 로버트 브루스, 존 리빙스턴 같은 스코틀랜드의 몇몇 사람들에게는 대부분의 잉글랜드 청교도들보다 더 많은 유사점이 있었습니다.

이 점은 매우 흥미롭습니다. 칼빈주의 메소디스트들이 청교도들의 서적을 대단히 많이 읽었다는 것을 우리는 알고 있습니다. 그들은 그것을 섭렵했습니다. 청교도들의 글은 성경 다음 가는 양식이었습니다. 그들은 책에서 대단히 많은 것을 배웠습니다.

그럼에도 불구하고 칼빈주의 메소디즘은 단순한 청교도의 계승은 아닙니다. 새로운 요소가 도입되었습니다. 감정, 부흥, 확신에 관한 것과 제가 칼빈주의 메소디즘의 정수로 묘사했던 모든 것들에 대한 강조가 새로 추가된 것입니다.

조나단 에드워즈도 칼빈주의 메소디스트라고 불러야 한다고 저는 감히 제안합니다. 에드워즈에게서 동일한 칼빈주의 메소디스트의 특징을 발견합니다. 명석한 지성을 가진 조나단 에드워즈도 때때로 이 점을 흐리게 했다는 것을 저는 압니다. 그러나 본질적으로 조나단 에드워즈는 칼빈주의 메소디스트 유형의 사람이었다고 말씀드립니다. 물론 사실 조나단 에드워즈는 회중주의 태도를 보였습니다.

대륙의 경건주의자들을 접하게 되면 약간 어렵습니다. 스페너, 프랑케, 그와 같은 사람들, 모라비안 교도들에게서도 분명히 어떤 유사성들을 발견할 수 있습니다. 모라비안과 메소디스트들이 특별히 처음에는 교제했다고 알고 있습니다. 이들은 어떤 이유에서 서로 갈라섰습니다. 그러나 처음부터 그들은 어떤 것을 공통적으로 인식하고 있었으며, 칼빈주의 메소디즘의 주요 특징으로 제가 강조했던 것들이 그들의 공통점이었습니다.

5. 메소디즘에서 얻을 수 있는 교훈

이제 몇 가지 평가와 이 모든 사실에서 배울 수 있는 교훈을 찾아봅시다.

우리는 두 갈래로 나뉘었지만 줄곧 같은 방향으로 나아갔던 이 메소디즘의 역사를 다루어왔습니다. 여기서 얻는 교훈은 무엇입니까?

제일 먼저, 우리가 쓰는 용어의 의미를 경직화하는 일은 매우 위험하다는 것입니다. 우리는 용어의 의미를 '경직화'하여 본래의 것을 나타내지 못하게 될 위험이 항상 있습니다. 오늘날 메소디스트라 하면 알미니안을 가리키는 것이라 생각합니다(메소디스트를 '감리교회'라고 번역하지 않은 이유도 여기에 있음-역주).

이 말은 존 웨슬리와 그 추종자들을 가리키는 것이라는 것이 일반적인 생각입니다. 영국의 어느 교단이 자기들을 메소디스트라고 부르는 것을 보면 우스꽝스럽습니다. 그들은 그럴 권리가 없습니다. 역사적으로 볼 때 맞지 않습니다. 그러나 이러한 일이 이루어졌고 그 용어는 굳어버렸습니다.

또한 이것은 파당심의 위험성을 보여줍니다. 일반적으로 어떤 명칭이 붙으면 그러한 정신이 생깁니다. 그리스도인들인 우리는 마땅히 이것을 피해야 합니다. 우리는 이러한 경직성과 완고함을 피해야 합니다. 이것은 그릇된 자세를 낳고, 결국은 "나사렛에서 무슨 선한 것이 나올 수 있느냐?" 하고 물었던 선조들과 같은 행동을 하게 합니다. 그 끔찍한 태도에 빠져 멸망하는 사람이 되지 않도록 하나님께서 구하고 지켜주시기 원합니다.

그러나 우리가 사는 현 시점에서 대단히 중요한 또 다른 교훈이 있습니다. 우리는 변화의 시대에 살고 있습니다. 몇 년 내에 이 나라의 종교 상황은 우리가 알았던 것과 매우 달라질 것임에 틀림없습니다. 새로운 그리스도인 그룹이 나타나게 될 것입니다. 분명히 많은 사람들이 한 '지역교회'(이것은 한 지역을 하나로 묶어 그 속에 교회 하나를 세우는 경우를 뜻함-역주)나 아니면 하나의 '세계교회' 안에 있을 것입니다. 또한 그렇지 않은 사람들도 있을 것입니다. 문제는 '지역교회'에 속하지 않은 사람들에게도 있을 것입니다. 그들 스스로가 지칭하는 대로 '교단'의 문제가 있을 것이란 말입니다. 우리는 이러한 어휘들-회중주의, 장로주의, 침례교 등-과 아주 친숙해 있습니다.

그러나 이제는 이렇게 묻고 싶습니다. 이제는 이러한 모든 것을 끝낼 때가 아닙니까? 이제는 이러한 사람들의 이름을 이용하고 퍼뜨리는 일은 멈춰야 할 때가 아닙니까? 물론 어렵습니다. "그렇습니다. 그러면 교회를 무엇이라고 불러야 할텐데 각 교회를 어떻게 구별지어야 하는지 그 방법을 알려주십시오"라고 대꾸할 사람이 있을 것입니다.

그러나 저는 여러분이 그래야 하는지에 대해 의문을 제기하고 있는 것입니다. 이 연구회에서 한결 같이 계속 생각해보았던 모든 것을 고려할 때 단순히 우리가 그래야 하겠습니까? 이 문제들의 역사에 대해 알고 있는 모든 것을 고려할 때 우리 모두는 장래에 교회 현판을 '기독교회'라고 이름 붙이지 않으면 안 된다는 사실을 알게 됩니다.

만일 어떤 사람이 제게 와서 "여기서는 무엇을 가르치나요?"라고 묻는다면 "들어가 들어보시오"라고 대답할 것입니다. 왜 우리가 사람들을 배격하는 현판을 붙여야 합니까? 복음이 여기서 전파된다는 것을 알려야 합니다.

교회는 바로 이 일을 위해 존재합니다. 사람들이 들어가서 듣게 하십시오. 그러면 설교를 듣고 그들이 다시 올 것인지 아니면 오지 않을 것인지를 스스로 결정할 것입니다. 어째서 우리가 모두 찬동하지 않고 의견 차이를 보이는 것들을 강하게 고정시켜 심지어 그것을 '내걸고 광고하는' 지경에까지 나아가야 합니까?

이것은 바깥세상으로 하여금 대단한 혼란을 겪게 합니다. 우리는 이 일이 오늘날 자행되고 있다는 사실을 알고 있습니다. 복음 전도에서 이것이야말로 가장 큰 장애 중 하나가 아닙니까? 다른 말로 하면 우리는 바로 이 점에서 분열의 죄를 짓고 있지 않습니까? 우리는 이러한 명칭을 달아줌으로써 그러한 잘못에 가세하고 있습니다. 우리가 나타내야만 하는 것은, 이것이 기독교회요 복음이 전파되는 곳이라는 것입니다. 왜 우리는 이렇게 하지 못하는 것입니까?

그러나 이제 칼빈주의 메소디즘에 대한 저의 평가를 보다 구체적으로 말씀드리겠습니다. 무엇보다 먼저 칼빈주의 메소디즘은 참된 메소디즘이요,

오직 유일한 '참된' 메소디즘이라고 말씀드리고 싶습니다. 이렇게 말할 수 있는 이유는, 알미니안주의 메소디즘은 여러 면에서 일관성을 상실하고 있기 때문입니다. 알미니안주의 메소디즘도 '은혜'를 강조하는 데서 시작합니다. 알미니안주의 메소디스트들은 자기들이 '은혜'를 설교한다고 주장했고 지금도 그렇게 주장하고 있습니다.

유일한 그분의 의를 증거하리라.
그분의 구원의 은혜를 선포하리라.

찰스 웨슬리는 유명한 찬송시에서 이렇게 말합니다. 그들은 은혜를 크게 강조했습니다. 그러나 그들은 다시 자유 의지와 인간이 감당하는 역할과 행위를 끌어들이고 있는 것이 아주 분명해졌습니다. 저는 고린도전서 2장 14절 말씀, 즉 "육에 속한 사람은 하나님의 성령의 일들을 받지 아니하나니 이는 그것들이 그에게는 어리석게 보임이요 또 그는 그것들을 알 수도 없나니 그러한 일은 영적으로 분별되기 때문이라"를 만족하게 해석할 수 있는 알미니안을 만나본 적이 없습니다.

그들의 문제는 이것입니다. 그들은 이렇게 말합니다.
"좋습니다. 모든 사람들은 본래부터 죄인입니다."

그들은 인간의 부패를 믿습니다. 그 다음에, 하나님께서 은혜로 복음을 믿고 받아들일 이 능력을 '모든 사람에게' 주셨다고 말합니다. 그러므로 이 주장은 모든 사람들이 이제 신령한 사람이 되었다는 뜻입니다.

반면에 바울은 모든 사람들이 다 신령한 사람이 아님을 분명히 말합니다. '육에 속한' 사람과 '신령한' 사람들로 나뉜다고 말합니다. 은혜가 '모든' 사람에게 주어졌다고 말한다면 필연적으로 모든 사람들이 신령하다는 논리가 성립되는 것입니다. 왜냐하면 그들이 복음을 미련하게 보지 않고 믿고 받아들이기 위해서는 오직 이러한 사람이어야 하기 때문입니다. 그들은 은혜에서부터 출발하지만 곧 이어 은혜를 부정하고 맙니다.

또한 비록 그들이—제가 다루는 대상은 웨슬리파 또는 알미니안주의 메소디즘입니다—새로 남과 중생을 강조하기는 하지만, 새로 남이나 중생을 잃어버릴 수 있다고 말함으로써 그것을 부정해나갑니다. 거듭남은 하나님께서 하시는 일입니다. 그런데도 그들은 그것이 취소될 수도 있고 우리가 그것을 상실할 수도 있다고 말합니다.

따라서 다음과 같은 논리가 성립됩니다. 물론 알미니안주의 메소디즘에서 나온 구세군의 경우에서 그 극단적인 모습을 발견할 수 있습니다. 오늘 중생했다가도 내일은 중생하지 않을 수 있고, 다시 중생했다가 그 다음에는 중생하지 않을 수 있다는 것입니다. '은혜에서 떨어지는 것'과 '구원을 받았다 받지 않았다' 하는 이러한 관념은 분명히 중생의 교리를 근본적으로 부정하는 것입니다.

동일한 것이 구원의 확신에 대한 그들의 가르침에도 적용됩니다. 잃어버릴 수 있는 구원의 확신이 무슨 가치가 있습니까? 제 말은 구원을 상실할 수 있다면 그 구원의 확신이 무슨 가치가 있느냐는 말입니다. 만일 은혜와 구원 안에서 머무는 것이 여러분 자신에게 달려 있다면 그 확신을 어떻게 할 수 있느냐는 말입니다.

여러분은 자신을 의뢰할 수 있습니까? 은혜로 보전되는 것이 우리 자신에게 달려 있다면 어떤 사람인들 진정 구원받을 수 있겠습니까? 이것은 구원의 확신의 교리가 아닙니다. 그렇게 되면 모든 것이 내게 맡겨집니다. 나는 불확실성 속에서 예전의 내가 되어버립니다. 물론 그렇게 많은 사람들이 로마 가톨릭교회로 돌아가는 것도 그 때문입니다. 로마교회에서는 이 문제를 교회가 맡아주기 때문입니다. 여러분 스스로는 도저히 그러한 일을 할 수 없기 때문입니다. 로마교회는 여러분에게 구원의 확신을 제공하지 않습니다.

로마교회가 말하는 바는, "너는 구원의 확신을 얻을 수 없다. 그것을 우리에게 맡기라. 그러면 우리가 그것을 해결해주겠다"는 것입니다. 그리하여 여러분은 그 교회를 특징짓는 여러 장치들을 접하게 되고, 그 장치들을 통해서 교회는 이러한 일을 해주겠다고 말합니다. 그러므로 구원의 확신에 대한 알미니안주의 메소디스트의 모든 강조점은 무산되고 마는 것입니다.

저는 이 대목을 다음과 같이 요약하겠습니다. 칼빈이 강조한 교리들이 진리라는 것을 보여주는 가장 큰 증거는 존 웨슬리입니다. 칼빈이 강조한 교리들은 '칼빈주의'로 알려져 있습니다. 사실 저는 이 말을 쓰기는 했지만 이런 어휘를 좋아하지는 않습니다.

존 웨슬리는 혼돈되고 그릇된 사상 체계에도 불구하고 구원받은 사람이었습니다. 그가 어떤 사람인가에 상관없이 하나님의 은혜가 그를 구원했습니다. 바로 이것이 칼빈주의입니다. 만일 칼빈주의자인 여러분이 사람은 교리를 이해함으로써 구원받는다고 말한다면, 이것은 칼빈주의를 부정하는 것입니다. 이러한 사람은 칼빈주의자가 아닙니다.

우리는 우리의 모습과 상관없이 구원을 받습니다. 그래서 존 웨슬리나 다른 사람들 같이 자기들 나름의 인간적 논리를 따름으로써 그처럼 혼돈되었던 사람들도 구원받은 그리스도인들이 될 수 있는 것입니다. 왜냐하면 그것은 '전적으로 하나님의 은혜'에 속한 것이기 때문입니다. 우리의 모습에도 불구하고 말입니다.

칼빈주의 메소디즘은 이러한 여러 가지 이유들로 인해 진정한 메소디즘입니다. 또한 칼빈주의 메소디즘은 메소디즘이 신비주의로 변질되는 것을 막아주었습니다. 언제나 이러한 위험이 있습니다. 감정에 강조점을 두어 '느껴진' 측면을 강조하면 신비주의로 빠질 위험이 있으며, 잘못된 환각주의나 일종의 '몽환주의'에 빠질 위험이 있습니다. 물론 이 모든 것은 역사의 무대에 나타났습니다.

그러나 칼빈주의 메소디즘은 그러한 잘못에서 우리를 건져주는데 그것은 교리에 큰 강조점을 두기 때문입니다. 여기서 여러분은 교리를 이해하게 됩니다. 그러나 이에 덧붙여 '느껴진' 요소를 만나게 됩니다. 칼빈주의 메소디즘은 이 두 가지가 모두 완전히 조화된 형태입니다. 그것은 교리적으로 바른 자리를 지키게 보증해줄 뿐 아니라 체험의 영역 자체 속에서도 많은 오류를 막아주어, 흔히 일종의 신령주의(Spiritism, 이것은 영적인 것을 너무 강조한 나머지 현실성을 무시한 잘못된 관점 – 역주)로 빠지는 것을 막아줍니다. 칼빈주의 메소디즘은 이런 것에서 우리를 건져줍니다. 그러므로 칼빈주의 메소디즘이야말로 진정한 메소디즘이라고 역설하는 것입니다.

두 번째로, 칼빈주의 메소디즘은 역시 참된 칼빈주의라고 저는 주장합니다. 뿐만 아니라 메소디스트가 아닌 칼빈주의는 세심히 시험해볼 필요가 있습니다. 메소디즘이 아닌 칼빈주의는 우리가 인식해야 하는 위험한 성향을 띠고 있습니다. 우리가 이것을 인식하지 못한다면 매우 위험한 위치에 있는 것입니다.

메소디즘이 아닌 칼빈주의는 지적이고 스콜라적인 데로 나아가는 경향이 있습니다. 이것은 칼빈주의에게 특별한 유혹입니다. 그 결과 사람들은 '우리를 붙잡아주는 진리'에 대해서보다 '우리가 주장하는 진리'에 대해서 더 많은 말을 하게 됩니다.

메소디즘이 아닌 칼빈주의가 빠지기 쉬운 또 다른 위험은, 신앙고백을 부수적인 표준으로 삼지 않고 최상 최고의 표준으로 삼아 신앙고백을 성경의 위치에 놓는 위험입니다. 저는 다만 경향에 대해서만 말하는 것입니다. 이러한 일이 모든 칼빈주의자에게 일어난다고 말하는 것은 아닙니다. 공식적으로 이러한 신앙고백서들은 '부수적인 표준'입니다. 성경이 먼저이고 이러한 신앙고백서는 그 다음입니다. 칼빈주의자들은 순서를 거꾸로 할 위험이 항상 존재합니다.

여기에서 한 가지 문제가 야기됩니다. 사실 우리가 논의해온 것 중에 이미 그 점이 암시되었습니다. 그것은 성경을 근거로 성경을 통해 설교하는 대신 교리를 근거로 교리를 통해 설교하는 것이 옳으냐는 문제입니다. 저는 이것을 검토해볼 필요가 있는 하나의 문제로 제시할 뿐입니다. 칼빈주의 메소디스트들은 교리서를 통해 설교하지 않았습니다. 그들의 전체 성향은 일련의 여러 편의 설교를 하지 말아야 하고, 다만 각 설교는 자기에게 '주어진' 것이어야 하며 매번 설교할 때마다 하나님을 보아야 한다는 것이었습니다.

찰스 스펄전은 이러한 경향을 갖고 있었습니다. 제가 뜻하는 바는, 본문과 전달할 메시지를 하나님께 상의해야 한다는 뜻입니다. 이것이 칼빈주의 메소디즘이 강조한 것이었습니다. 그러므로 저는 이 점에 대해서는, 우리에게는 신앙고백을 '부수적인' 표준으로 삼지 않으려는 위험이 존재할 수 있다고만 말씀드리고 싶습니다.

칼빈주의가 메소디즘으로 교정되지 않으면 생길 수 있는 경향의 세 번째 위험은, 기도할 마음을 막는 성향입니다. 이것은 매우 심각한 문제입니다. 칼빈주의 메소디스트들은 위대한 기도의 사람들이었습니다. 그들의 교회들은 기도가 특징이었습니다. 그 기도회는 뜨겁고 감동적인 기도 모임으로, 때로는 몇 시간씩 계속되었고 그곳에서 큰 체험을 하게 되었습니다.

메소디즘이 없는 칼빈주의는 기도를 약화시키는 경향이 있다고 저는 주장하고 있는 것입니다. 저는 이를 뒷받침할 여러 사실들을 댈 수 있습니다. 제가 아는 어느 칼빈주의 교회에는 기도회가 전혀 없습니다. 그래서 기도가 사실상 약화되어 있습니다.

결국 메소디즘이 없는 칼빈주의는, 거칠고 냉랭한 신앙은 말할 것도 없고 기쁨이 없고 딱딱한 신앙이 되어버리는 경향이 있습니다. 물론 이 모든 것은 주지주의(이지주의)에서 나오는 것입니다. 이지가 지배하면 할수록 기쁨은 더 작아지는 법이요, 딱딱함과 냉담함과 거침과 무기력이 들어오는 경향이 있습니다.

메소디즘이 없는 칼빈주의는 '죽은 칼빈주의'를 산출하는 성향이 있다고 거의 말할 뻔했습니다. 그러나 그렇게는 말하지 않았습니다. 왜 그렇습니까? '죽은 칼빈주의'라는 어휘 자체가 모순된 말이라고 생각하기 때문입니다. 죽은 칼빈주의는 불가능합니다. 만일 여러분이 믿는 칼빈주의가 죽은 것

같다면 그것은 칼빈주의가 아니라 철학입니다. 칼빈주의적 용어를 사용하는 철학에 불과합니다. 그것은 주지주의(이지주의)요, 진정한 칼빈주의는 아닌 것입니다.

어째서 칼빈주의가 아닙니까? 칼빈주의는 우리의 믿음과 우리의 모든 입장의 객관적인 측면에 대해서 공정할 뿐 아니라, 주관적인 측면에 있어서도 공정하기 때문입니다. 칼빈주의의 이 주관적인 요소를 발견할 수 없는 사람들은, 제가 볼 때 칼빈주의를 이해하지 못한 사람들입니다. 필연적으로 칼빈주의는 하나님의 성령의 역사와 활동을 강조하게 됩니다. 모든 강조점은 하나님께서 우리를 위해 행하시는 일에 주어집니다. 사람이 하는 일이 아니라 하나님께서 우리에게 행하시는 일입니다.

우리가 하나님을 붙잡는 것이 아니라 '그의 강한 손이 우리를 붙잡는' 것을 강조합니다. 그러므로 필연적으로 칼빈주의는 체험으로 유도되고 체험을 크게 강조하게 됩니다. 옛 칼빈주의자들은 부단히 '하나님의 찾아오심'에 대해서 말했습니다. 어떻게 주께서 그들에게 나타나셨는지, 주께서 어떻게 그들에게 말씀하셨는지를 언제나 말하고 있습니다. 이미 인용한 토플래디의 찬송시와 그의 일기에서 이러한 유의 것을 말했습니다.

그들은 또한 '하나님의 물러가심'에 대해서도 말했습니다. 현대 칼빈주의자들에게는 왜 이러한 말이 사라졌습니까? 하나님의 성령의 '찾아오심'에 대해서 들어보셨습니까? 그리스도께서 여러분에게 '실제로' 자신을 드러내 보이신 때가 언제였습니까? 여러분은 성령의 '물러가심'에 대해서 무엇을 알고 있으며, 여러분의 신랑이 여러분을 두고 가셨다는 느낌과 그가 최근에 여러분에게 임하지 않으셨다는 느낌 등에 대해서 무엇을 알고 있습니까?

이것이 참된 칼빈주의의 핵심입니다. 성령의 찾아오심과 물러가심에 대해서 아무것도 알지 못하는 칼빈주의는 칼빈주의의 모조품에 불과합니다. 이런 것을 칼빈주의라 하는 것을 저는 반대합니다.

그러나 더 나아가 칼빈주의는 확신으로 유도하고 확신은 필연적으로 기쁨을 낳습니다. 여러분의 죄가 용서받고 하나님의 자녀요, 천국에 갈 것이라는 사실을 분명히 확신하면 감동받지 않을 수가 없는 것입니다.

확신은 기쁨으로 연결되어야 합니다. 그뿐 아닙니다. 이것을 알면 기도하게 됩니다.

"하나님은 내 아버지시다. 나는 양자가 되었다. 나는 하나님을 안다. 나는 들어갈 수 있다. 나는 거기에 들어가고 싶다. 나는 하나님께 말하고 싶다. 나는 하나님을 알고 싶다."

이것이 참된 칼빈주의입니다. 물론 이것은 하나님의 말씀을 사랑하는 것으로 발전되어 하나님의 말씀 속에서 하나님을 만나게 됩니다. 이 말씀은 하나님을 어떻게 만날지에 대해서 알려줍니다. 또한 성령의 찾아오심과 성령의 물러가심을 이해하도록 도와줍니다. 여러분은 말씀에 따라서 살아나갑니다. 참된 칼빈주의처럼 하나님의 말씀에 가까이 가도록 사람을 자극하는 것은 없습니다.

다시 말해서 제가 말씀드리려고 했던 바와 같이, 참된 칼빈주의는 부흥과 하나님의 역사가 '주어진다는 것' 그리고 하나님의 찾아오심을 강조하게 되어 있습니다. 부흥의 횟수가 점점 줄어들게 된 것은 칼빈주의가 하향세를 취한 이후부터입니다. 칼빈주의가 강력해질수록 영적인 부흥과 재각성의 가능성이 더 높아집니다. 이것은 교리로부터 필연적으로 나오는 결과입니다.

여러분이 부흥을 일으킬 수는 없습니다. 전적으로 하나님께 달려 있습니다. 그렇기 때문에 하나님께 기도하고 간청하고 탄원하고 논쟁하는 것입니다. 칼빈주의를 신봉하는 이 선조들이 늘 그러했습니다. 오늘날 교회를 개선시키려는 자세는 이 선조들이나 여러 세대 동안 그들을 계승한 사람들의 접근 자세와 얼마나 다릅니까? 오늘날 우리는 상황을 보고 이렇게 말합니다.

"상황이 아주 나쁩니다. 모든 것이 나빠지고 있습니다. 우리는 어떻게 해야 합니까? 전도 운동을 벌이는 것이 좋겠습니다."

그래서 우리는 위원회를 소집하고 조직하기 시작합니다. 수년 동안에 일어날 일을 미리 짭니다. 칼빈주의 메소디즘은 문제를 이런 식으로 보지 않았습니다. 그들은 문제를 만나면 이런 식으로 보았습니다.

"왜 일이 이렇게 되어갑니까? 무엇이 문제입니까? 우리가 하나님께 범죄했고 하나님께서 우리 때문에 슬퍼하셔서 우리에게 등을 돌리셨습니다. 이것에 대해서 우리가 할 수 있는 일은 무엇입니까? 무릎을 꿇고 돌아오시기를 탄원해야 합니다. 하나님께 간구해야 합니다."

그들은 모세가 출애굽기 33장에서 하나님께 주장한 것과 같은 유의 주장이나 이사야 63장의 기도를 합니다. 그들은 하나님께 가서 변론하며 하나님께 졸라댑니다.

"어쨌든 우리는 다른 사람들이 아니라 하나님의 백성들입니다. 어찌하여 주님은 우리에게 돌아오시지 않습니까? 우리는 하나님께 속해 있습니다. 하나님의 이름이 이 모든 일에 관여되어 있습니다."

그들은 '약속'을 주장하며 하나님께 졸라댑니다. 하나님께서 그들의 기도를 들어주셔서 다시 그들을 찾아오실 때까지 기도하며 통회하는 것입니다.

이것이 바로 칼빈주의입니다. 칼빈주의처럼 기도하게 하는 것은 없습니다. 기도하지 않는 칼빈주의는 칼빈주의가 아닙니다. 낮이 지나면 밤이 오듯이 이러한 일들은 너무나 명백한 논리입니다. 진정한 칼빈주의는 부흥에 관심이 있습니다. 왜 그렇습니까? 하나님의 영광에 관심이 있기 때문입니다. 하나님의 영광이 최고의 관심거리입니다. 세상 자체에 관심을 기울이기보다는 하나님이 계신데 세상이 어째서 이처럼 행동하는가에 대해서 관심을 갖습니다. 세상은 하나님이 다스리시는 세상입니다. 하나님의 통제를 받고 있습니다.

하나님의 영광! 칼빈주의자들의 모든 사고 체계를 지배하는 것은 바로 이것입니다. 그러므로 그는 하나님을 기다리고 갈망하며 영광을 "보여달라"고 하나님께 졸라대고, 하나님께 능력을 베풀어주시고 일어나셔서 주님의 원수들을 흩으시고, 원수들을 티끌로 돌아가게 하시며, 주님의 전능하신 팔의 힘을 보여달라고 간청합니다. 이것이 바로 칼빈주의입니다. 그들은 이것을 원합니다. 그들은 하나님의 이름을 위해서 질투하고 시기합니다.

동시에 그들은 교리를 통해 중생하지 못한 사람들의 여건과 상태를 이해하고서 그들에 대해 대단한 부담을 느끼게 됩니다. 할 수 있는 한 최선을 다해서 그리스도 예수 안에 있는 구원의 지식을 그들에게 알려주려고 합니다.

이러한 일이 일어나면 어떻게 합니까? 크게 찬양하고 감사하게 됩니다. 저의 주장은, 차갑고 서글프고 음울하고 침체된 칼빈주의는 칼빈주의가 아니라는 것입니다. 그것은 단순한 이지주의요 철학입니다. 칼빈주의는 감정, 열정, 뜨거움, 찬양, 감사로 나아갑니다.

그 모든 사람들 중 가장 위대한 인물인 바울을 보십시오. 우리는 '칼빈주의'에 대해서 말하지 말아야 합니다. 그것은 바울의 가르침입니다. 그는 울었다고 말합니다. 눈물로 설교했습니다. 여러분은 어떻습니까? 이러한 문제 때문에 울어본 때가 언제입니까? 눈물을 흘렸던 적이 언제입니까? 우리가 감정과 열정을 나타내 보였던 적이 언제입니까? 바울은 스스로 주체할 수 없어서 어쩔 줄 몰랐습니다. 그가 절정에 이른 모습을 살펴보십시오. 그가 하늘에 올라가 '사랑과 기이함과 찬양에 빠져버린' 당시를 살펴보십시오.

물론 그의 파격적인 문구를 현학적인 학자들은 비평합니다. 그는 문장을 시작했다가 그 문장을 끝내지 못합니다. 어떤 일을 말하려다가 그만 감격하여 그 문장으로 돌아오는 것을 잊어버립니다. 하나님께 감사하리로다! 그로 하여금 그러한 절정에 이르게 한 것은 그가 알았던 진리입니다. 그렇게 될 수밖에 없습니다.

만일 여러분이 우리가 믿노라고 주장하는 것들을 이해한다면, 결국 사도 바울과 같이 될 것입니다. "누가 우리를 하나님의 사랑에서 끊으리요?" 대답은 "내가 확신하노니"—웨일즈 칼빈주의 메소디스트들의 표현대로 하면 더 강하고 낫습니다—"나는 장담합니다"입니다. 그것은 확신하고 장담할 수 있는 일입니다.

사망이나 생명이나 천사들이나 권세자들이나 현재 일이나 장래 일이나 능력이나 높음이나 깊음이나 다른 어떤 피조물이라도 우리를 우리 주 그리스도 예수 안에 있는 하나님의 사랑에서 끊을 수 없으리라(롬 8:38-39).

깊도다 하나님의 지혜와 지식의 풍성함이여, 그의 판단은 헤아리지 못할 것이며 그의 길은 찾지 못할 것이로다(롬 11:13).

칼빈주의자들이라고 자랑하는 여러분은 설교할 때 '오!'라는 감탄사를 얼마나 자주 사용합니까? 칼빈주의는 이 '오!'로 인도합니다. 이 감정과 이 열정! 여러분은 여러분 존재 깊숙이 감동되어 기쁨으로 가득 차고 기이함과 놀라움으로 가득 찹니다.

에베소서 3장 끝에 있는 말씀을 보십시오. 이 사람들은 하나님의 영광에 대한 의식에 지배받는 사람들이요, 그의 찬미에 관심 있는 사람들입니다.

다른 말로 해서 초대교회 그리스도인들은 모든 사람들 중에서 가장 전형적인 칼빈주의 메소디스트들이었다고 할 수 있습니다. 저는 다만 여러분에게 그들을 설명하고 있을 뿐입니다. 바울이나 다른 위대한 사도들만이 아니라 평범한 사람들도 기쁨과 즐거움으로 하나님을 찬미하고 '함께 떡을 떼며 집에 모일 때마다' 항상 감사했습니다. 베드로는 그들에 대해서 이렇게 말할 수 있었습니다.

예수를 너희가 보지 못하였으나 사랑하는도다 이제도 보지 못하나 믿고 말할 수 없는 영광스러운 즐거움으로 기뻐하니 믿음의 결국 곧 영혼의 구원을 받음이라(벧전 1:8-9).

이것이 바로 1세기 기독교입니다. 이것이 바로 칼빈주의 메소디즘의 정수입니다. 이것은 찬양과 감사와 기쁨으로 유도합니다. 이것은 언제나 다음과 같이 여러분을 인도해줍니다.

오 하나님, 우리는 주를 찬미하고 경배하나이다.
지고한 주의 권능을 널리 선포하나이다.
열방이 우리의 영원한 아버지이신
주님의 보좌 앞에 부복하나이다.

천사들과 스랍들이 할렐루야!
주의 이름을 선포하나이다.
하늘과 위에 있는 모든 권세들이
환희에 차서 쉼 없이 소리치나이다.

"오, 거룩하다 거룩하다 거룩하다 주님이시여!
만군의 하나님, 주님을 찬미하나이다.
땅과 하늘은 주님과 주의 빛과
권능과 엄위로 가득 찼나이다."

사도들도 영광스러운 그 무리에 합세하여
큰소리로 영원한 노래를 외쳐 부르고
선지자들도 환희에 차서 그 소리 들으며
할렐루야 노래하나이다.

승리한 순교자들도 그들의 대열에 끼여
은혜의 전능하심을 외치고
온 땅에 있는 모든 교회가
주의 이름을 인정하고 높이나이다.

오, 지존하신 하나님 아버지시여,
주의 엄위를 찬미하나이다.
성자 성령께 경배하나이다.
하나님께 영원토록 찬미하나이다.[2]

성부 하나님께 영광
성자 하나님께 영광
성령 하나님께 영광
위대하신 삼위일체 하나님께
영광 영광 (이것이 바로 칼빈주의 메소디스트들의 위대한 외침입니다)
영원토록 영광 영광일세.

---

2) 1815년에 발행된 필립 젤(Philip Gell)의 모음집에서 인용.

열한 번째 강연

1969년
우리는 역사로부터 무엇을 배울 수 있는가?

1. 역사로부터 배워야 하는 이유

교회 안에 있는 하나님의 백성들의 역사처럼 하나님의 영광을 손상시킨 것은 없습니다. 그렇기 때문에 저는 역사로부터 배울 수 있는지에 대해 다루려는 것입니다. 헤겔의 유명한 말이 생각납니다.

"우리는 역사로부터 아무것도 배우지 못함을 역사로부터 배웁니다."

세상 역사에 관한 한 그 격언은 의심할 여지없이 진리입니다. 인류의 역사는 이 점을 아주 명백하게 보여줍니다. 인류는 어리석고 바보스럽게도 똑같은 실수를 거듭 되풀이합니다. 인류는 배우지 않고 배우기를 거부합니다. 그러나 저는 이것이 그리스도인에게도 해당된다고 인정하지 않겠습니다. 제 주장은 그리스도인은 역사로부터 배워야 하며, 그리스도인이기 때문에 반드시 역사로부터 배우는 것이 그리스도인의 마땅한 의무이며, 이렇게 되도록 자신을 부추겨야 온당하다는 뜻입니다.

제가 이렇게 말하는 근거는 성경 자체의 가르침입니다. 예를 들면, 시편 기자가 백성들이 빠져들고 있는 오류가 정확히 그 조상들이 범한 오류와 같은 것임을 증명하기 위해, 역사를 개괄하는 장면이 얼마나 자주 나오는지 아십니까? 신약성경의 사도행전에서 스데반은 공회 앞에서 자신의 입장을 변증하는데, 이것은 사실상 그런 점을 밝히기 위해서 역사를 개괄한 것이라 할 수 있습니다. 사도행전 13장에서 바울이 한 일도 마찬가지입니다.

이 모든 것은 그리스도인은 역사로부터 마땅히 배워야 함을 보여줍니다. 세상의 진정한 문제는 바르게 생각할 수 없다는 것입니다. 그러나 그리스도인은 정직하게 생각해야 합니다. 그러므로 이렇게 배우는 것이 그리스도인의 의무입니다. 제 주장은, 우리가 교회 역사를 살펴봄으로써 신학 서적을 읽는 것만으로는 채울 수 없는 것을 보충하는 것이 언제나 필수적이라는 것입니다.

여러분이 좋아하는 대로 표현하자면, 어쨌든 우리는 신학을 역사적인 방법으로 취급해야 한다는 것입니다. 이렇게 하지 않으면 우리의 진리관이 추상적이고 이론적이며 학문적이 될 위험이 있습니다. 그리고 그것을 우리 삶의 실제와 일상 생활에 적용시키지 못할 것입니다. 그렇게 되면 우리는 금방 문제에 빠지게 됩니다.

목회 사역을 감당하는 우리 중 얼마나 많은 사람들이 교회를 맡게 될 때 실제적인 문제들과 어려움에 대해서는 전혀 모른 채 이론적인 생각만 가지고 임하게 되는지 모릅니다. 그러나 우리는 이론적으로 그처럼 명백하고 분명하게 보였던 것이 사람들의 상태와 조건 때문에 실제로는 이행될 수 없음을 금방 배워야 합니다.

만일 우리가 역사의 교훈을 배우는 데 주의를 기울이고 그렇게 함으로써 신학 서적을 읽는 것에서 오는 부족을 보충한다면, 우리는 이미 준비가 된 셈이며 그렇게 하지 않을 경우 반드시 빠지게 될 여러 가지 함정과 위험을 피하게 될 것입니다.

제가 다루어나갈 주제에 대한 서론을 이렇게 말씀드립니다. 저는 교회 역사에 대해 전반적으로 살펴보려고 합니다. 특히 16세기와 17세기의 역사를 보겠습니다. 저는 '일반적' 관점만을 다루겠다는 것을 강조하고 싶습니다. 이 연구 모임에서 우리는 많은 시간을 특별한 난제들과 특별한 문제들에 할애해왔습니다. 잘한 일이라고 생각합니다.

그러나 만일 우리가 때때로 보다 일반적인 관점을 취하지 못한다면 '나무는 보고 숲을 보지 못할' 위험이 있습니다. 어떤 경우에는 일반적인 상황을 살펴보는 것보다 특별한 경우들을 다루는 것이 더 쉬운 경우도 있습니다. 그러나 우리는 이 보편적인 관점을 취급하는 것이 매우 중요한 시대에 살고 있다고 저는 믿습니다.

교회 역사를 보면, 그 시대 시대마다 어떤 특별한 문제들이 비상한 관심을 불러모았음을 분명히 알 수 있습니다. 예를 들면, 교회사의 초기 시대에는 우리 주님의 인격 문제와 삼위일체 교리가 가장 큰 쟁점이었고, 이 쟁점들이 규명되어야 했습니다. 또 어떤 때는 다른 주제들이 대두되었습니다.

그러나 종교개혁기에 가장 크고 급박한 문제는, 이미 여러 차례 올해의 이 연구 모임에서 들었던 것처럼 믿음으로 의롭다 하심을 얻는다는 교리였습니다. 그러나 흥미롭게도 이러한 것들은 따로 떼어놓을 수 없습니다. 그것들은 서로 상호 연관되어 있습니다.

그러므로 즉각적으로 이 문제는 다른 문제, 교회와 교회 본질의 문제를 야기시켰습니다. 이 서로 다른 모든 교리들은 큰 하나에 속해 있으며, 어디서부터 출발하든지 금방 다른 문제로 접어들게 될 것입니다. 그래서 교회의 문제는 16-17세기에 있어서 매우 중요했습니다.

오늘날 이 문제는 모든 문제 중에서 가장 크고 긴박한 문제가 되어 있음은 의심할 여지가 없습니다. 에큐메니컬 운동은 우리로 하여금 그것을 부단히 생각하게 합니다. 게다가 우리는 의심할 여지없이 역사의 큰 전환기에 살고 있습니다. 때로 저는 우리 복음적인 사람들이 모든 사람들 중에서 이 점을 가장 부족하게 인식하는 잘못을 저지르고 있다는 생각에 두려움을 느낍니다.

우리는 지엽적인 상황이나 특정 연구 분야 또는 관심 영역에 너무 깊이 빠져 있어, 우리가 살고 있는 이 시대가 역사의 중요한 한 고지라는 사실을 깨닫지 못합니다. 전에도 말씀드렸지만 다시 말씀드립니다. 제가 볼 때 프로테스탄트 종교개혁과 그 이후의 위대한 상황 이후로 교회가 오늘날과 같은 상황에 처해본 적은 없었던 것 같습니다. 그러므로 그 두 세기의 역사에 대한 일반적인 관점을 가지고, 그 역사에서 아주 중요한 교훈들을 배우는 것이 매우 좋습니다.

2. 16-17세기의 교회 역사

배경을 묘사하거나, 16-17세기가 그처럼 대단한 절정을 이루는 시기였던 이유를 설명하는 데 시간을 들일 필요는 없습니다. 보편적으로 말해서, 그때까지 서구 교회는 어쨌든 하나로 연합되어 있었습니다.

그런데 종교개혁이 일어나게 되었습니다. 역사를 거슬러 올라가 콘스탄티누스 대제가 4세기 초에 로마제국을 교회로 끌어들이기 전에는, 교회의 연합이 믿음과 예배와 일종의 영, 또는 '내적 영'의 차원으로 표현되었습니다.

그러나 콘스탄티누스 대제로부터 시작하여 그 이후에는 제도적인 요소가 대단한 위치를 차지하게 되었고, 그로부터 교회는 하나의 제도가 되었으며, 그 제도의 성직 계급에 의해서 지배되었습니다. 그리하여 교회는 매우 엄격한 통치 기구를 갖게 되어 징계와 통제, 출교 처분 등을 하고, 사형을 내리게 된 것입니다.

그러나 프로테스탄트 종교개혁과 함께 서구 교회는 로마 가톨릭과 새로운 프로테스탄트 교회로 갈라졌습니다. 프로테스탄트의 종교개혁은 사활을 좌우하는 것처럼 중요하게 여겼던 교회 연합의 개념을 흩어버린 것 같았으며,

그러므로 즉시 프로테스탄트 교도들은 분리주의자라는 비난을 받았습니다.

그러나 이것은 제가 특히 다루고 싶은 것인데, 우리 입장에서 볼 때 실제로 중요한 것은 그 이후에 일어난 일입니다. 사실 처음에 일어난 분열은 그 뒤에 이어지는 모든 분열의 원인이 되었고, 그 결과 로마 가톨릭은 프로테스탄티즘에는 본질적으로 잘못된 것이 있고, 프로테스탄티즘은 그 본질과 존재 자체에 분열하는 성질을 갖고 있으며, 이는 그 역사가 그 점을 증명한다고 주장했습니다.

이것은 로마 가톨릭 교도들이 프로테스탄티즘을 공박하기 위해 부단히 쏘아댔던 비난의 화살이었습니다. 오늘날에도 에큐메니컬 운동의 성공에 관심을 갖고 그러한 비난을 반복하는 프로테스탄트들이 많습니다.

좋습니다. 사실들을 살펴봅시다. 사실들을 보면 그러한 비난을 받을 만한 측면도 있음을 기꺼이 인정해야 한다고 생각합니다. 먼저 루터와, 로마 가톨릭에 반대하여 일어난 운동을 생각해봅시다. 그러나 역사를 보면, 바로 뒤이어 루터파 안에도 여러 분파가 생겨 1580년경에 화해신조(the Formula of Concord)가 이루어질 때까지 루터파 안에 논란과 어려움과 분파들이 부단히 생겼습니다.

게다가 스위스에서는 개혁파 교회가 생겨나, 결국 특히 칼빈과 제네바를 생각하지 않으면 안 되게 되었습니다. 또한 여러 분파들과 여러 재세례파의 많은 종파들이 생겼습니다. 이것이 유럽 대륙의 보편적인 상황이었습니다.

영국으로 건너오면 영국 국교회의 형성을 보게 됩니다. 그러나 금방 또 다른 분파가 나타나기 시작합니다. 저는 이 점에 대해 많은 시간을 할애하고 싶지는 않습니다. 그러나 급기야 그 어휘가 의미하는 대로 실제로 영국 국교회 사람들과 더 나아가 청교도, 장로교도, 브라운주의자, 분리주의자, 바로우파(Barrowist), 재세례파, 뒤에 퀘이커교도, 평등주의파(Levellers), 개간파, 그 밖에 공화정 시대에 일어난 여러 많은 종파들이 생겨났습니다. 사실 끝없는 분파가 생겨난 것입니다.

스코틀랜드의 교회 역사도 이 점을 더욱 분명하게 보여줍니다. 여러 분파들과 종파들과 여러 가지를 다 알아보려면 전문가가 되어야 합니다. 이것을 차트로 보여주는 책들도 있습니다. 현대로 넘어와 미국의 경우, 최소한 261개의 프로테스탄트 교단이 있다는 것을 몇 년 전에 알았습니다(가장 최근의 통계는 모르겠습니다). 이것은 순전히 역사적 사실입니다. 이것에 대해 무엇이라고 해야 합니까? 어떻게 이런 일이 일어났습니까? 이것을 무엇으로 설명할 수 있습니까?

제 생각에 일반적인 관점에서 설명한다면, 이는 프로테스탄트 종교개혁이 사람들에게 자유를 주어 스스로 생각하도록 가르쳤기 때문이라는 것입니다. 엄격한 체계의 굴레나 폭군 아래 있다가 갑작스럽게 자유가 주어지면 과도하게 되는 것은 거의 틀림없는 사실입니다. 그러나 이것은 단지 일반적인 설명에 지나지 않습니다. 저는 이 문제에 대해서 강연하고 싶습니다. 즉 프로테스탄티즘에 일어났던 일들을 우리가 정당화시킬 수 있습니까? 로마 가톨릭이 우리에 대해서 말하는 것이 옳습니까?

이 질문에 대한 첫 번째 대답은, 로마 가톨릭교회 자체는 프로테스탄티즘을 향하여 이러한 비난을 퍼부을 위치에 있지 않다는 것입니다. 종교개혁이 있기 전의 로마 가톨릭 내에도 여러 가지 분열과 분쟁이 있었으며, 바로 그 교회 역사 속에서도 찢어져 나뉘는 일이 있었습니다.

콘스탄티누스 이전에도 분쟁들이 있었습니다. 그들은 이단으로 간주되었는데, 이단들 중 몇몇은 오랜 세월 동안 지속되었습니다. 노바티아누스파와 도나투스파 등이 그것입니다. 동로마 교회와 서로마 교회 사이에도 끊임없는 분쟁이 있었습니다. 로마교회를 언제나 최상의 교회로 인정하고, 로마교회 안에는 아무 문제나 분쟁이 없다는 생각은 역사에 대해서 진실치 못한 것입니다.

4세기 이후에도 분쟁은 계속되어 종교개혁이 일어날 때까지 계속되었습니다. 그러나 물론 로마교회는 엄청난 힘을 갖고 있어서 어떤 의미에서 이러한 분쟁들을 수용할 수 있었습니다.

이 시점에서 도움이 될 만한 유추는 이 나라 영국의 정치적 상황에 대한 것이라고 항상 생각해왔습니다. 보수당의 큰 특징은 여러 분쟁과 분파를 수용할 수 있다는 것입니다. 자유당이나 노동당 사람들은 그 문제들을 노출시키고 공중 앞에 폭로합니다. 보수당은 안에서 이러한 일들을 해결합니다. 그래서 아무도 무슨 일이 일어났는지 모릅니다.

그러나 내막을 들여다보면 다른 어느 곳에서와 같이 많은 분쟁들이 있었습니다. 로마 가톨릭 사람들의 비난에 대해서는 그렇게 응하면 됩니다. 그 점에 대해서 고민할 필요는 없습니다. 우리의 관심은 어떤 방법으로든지 그 일어난 일들을 정당화시킬 수 있느냐는 것입니다.

저 나름의 주장을 이제 말씀드리려 합니다. 로마 가톨릭과 프로테스탄트 사이의 분쟁은 사력을 다해서 옹호할 채비가 되어 있습니다. 그러나 다른 분쟁은 약한 것이라고 기꺼이 주장합니다. 그 분쟁들은 분열심이 드러난 것으로서 거기에 가담한 모든 사람들은 잘못을 범했고, 하나님 앞에서 우리도 다 잘못했습니다.

이 주장을 증명하겠습니다. 프로테스탄티즘에서 일어난, 그처럼 재빨리 일어난 모든 일들의 특이한 점은 재세례파나 다른 종파들을 제외하고는 모두 다 포용에 관심이 있었다는 것입니다. 제가 볼 때, 이 역사를 여러 각도에서 거듭 살펴볼 때 매우 두드러지게 나타나는 수수께끼 같은 요인이 바로 이것입니다. 그들은 모두 포용주의를 추구했습니다.

예를 들어 루터를 생각해보십시오. 그의 가장 큰 관심거리는 포용이었습니다. 루터는 이러한 분쟁들이 프로테스탄트 종교개혁 전체를 무산시키지는 않을까 두려워했으며, 이러한 일들이 일어나는 것을 보면 왕들이나 권세자들이 괴로워하고, 그렇게 되면 자신이 고통을 감내하며 투쟁한 모든 목적이 완전히 무산되지는 않을까 하는 두려움을 가졌습니다. 그래서 포용에 대해서 대단한 관심을 가졌습니다. 특히 자기 자신의 집단 내에서 더욱 그러했습니다.

이제 설명하겠습니다만 칼빈도 자기 시각에서 프로테스탄트 연합에 매우 관심이 있었습니다. 영국의 경우 국교회나 엘리자베스 1세도 물론 이 포용에 관심을 집중했습니다. 그래서 '교식 통일령'(Acts of Uniformity) 등이 나오게 된 것입니다. 이 연구회에서 상기한 바와 같이 장로교회들도 이와 똑같은 관점을 취했습니다. 이들은 모두 한 국가 교회를 원했습니다.

공화정 시대의 회중주의자들도 역시 마찬가지였습니다. 나중에 가서야 이것을 믿지 않았습니다. 공화정이 끝나고 왕정이 회복될 때까지 이러한 포용 사상이 주를 이루었습니다. 여러분도 알다시피 그들 모두가 한결같이 포용을 목표로 삼고 주장했으면서도 이처럼 별나게 나뉘었다는 것은 이상한 일입니다.

그러므로 우리는 "이러한 분쟁의 원인은 무엇인가? 이같이 포용주의 관념을 무산시키는 요인들은 무엇인가?"라고 물어야 합니다. 저는 그 요인들을 일람표로 작성해보려고 애를 썼습니다. 그러한 것들을 살펴보면 우리 시대의 상황에 알맞은 지침을 이 특별한 역사로부터 얻을 수 있다고 믿었습니다.

제가 보기에 프로테스탄트의 연합을 방해한 첫 번째 문제는 국가 교회 관념입니다. 그들이 이렇게 생각했다는 것은 전혀 이상한 일이 아닙니다. 왜냐하면 개혁이란 여러 나라나 민족들마다 독자적으로 일어나는 경향이 있기 때문입니다. 그뿐 아니라 이러한 모든 나라들은 교회와 국가 사이에 유서 깊은 관계로 연관되어 있었습니다.

그래서 그들이 로마교회와의 관계를 끊을 때 그들 자신이 처한 국가의 입장에서 생각하는 것은 거의 본능적이었습니다. 그들은 나뉘는 것을 원치 않았습니다. 다만 로마교회로부터 분리되고 싶었습니다. 그들은 모두 문제를 자기 지식의 영역 안에서 보았습니다. 그래서 그들은 모두 국가적으로 문제를 보는 성향이 있었습니다.

스위스의 도시 국가들도 역시 똑같은 일을 했습니다. 그들은 일차적으로 자기 자신들에게 관심이 있었습니다. 교회와 국가 사이에 존재했던 이러한 오래된 전통적인 관계 때문에 교회는 민족 교회 또는 국가 교회 형태를 취하기 십상이었습니다.

대륙에서뿐만 아니라 잉글랜드나 스코틀랜드나 다른 여러 지역에서도 그러했습니다. 잉글랜드의 경우에는 왕이나 여왕이 국가의 수반이 되었을 뿐 아니라 교회의 수반도 되었습니다. 이것이 가장 중요한 요인입니다. 이 특별한 역사를 이해하지 않고서는 그 점을 분명히 이해할 수 없습니다.

두 번째 문제는 어떤 국가적 특징들이 매우 강하게 작용했다는 것입니다. 물론 여기서 상세하게 살펴볼 것이 있습니다. 그러나 시간이 없기 때문에 그렇게 하지는 않겠습니다. 이 요인이 작용했어야 합니까? 그리스도인의 삶에 있어서 국가의 특징은 어떤 위치를 차지하고 있으며, 특히 교회와 관련하여 어떤 위치에 있습니까?

사실은 영국의 경우, 이 점은 매우 중요한 요인이 되어왔습니다. 종교개혁 이전에도 영국에는 자연스런 독립 정신과 민족 의식이 있었습니다. 잉글랜드는 자국의 교회에 대한 교황의 세력과 영향에 대해 여러 차례 반대해왔습니다. 이러한 방향으로 많은 운동들과 많은 저항이 있었습니다. 민족 정신이 거의 모든 유럽의 나라들에서 일어났고, 그 당시에 존재하는 여러 민족들 사이에서 일어났습니다. 그러므로 교회가 로마교회에서 분리되었을 때 그들 나름의 방법으로 그러한 일을 한 것은 아주 자연스러운 일이었습니다.

그러나 이에 덧붙여서 국가적(민족적) 특징들이 여러 방면으로 작용했다고 저는 믿습니다. 이것은 좀 더 자세히 다루어야 할 주제입니다. 그러나 나라마다 교회 형태가 서로 다른 것은 각 나라의 서로 다른 특징들에서 비롯되었다는 결론을 피하기 어렵습니다. 잉글랜드와 스코틀랜드 사이의 차이를 한 번 예로 들어봅시다.

전형적인 잉글랜드 사람은 어떤 것들을 규정하는 것을 좋아하지 않습니다. 이들에게 있어서 대영제국의 영광은 성문헌법(成文憲法)을 갖지 않았다는 데 있었습니다. 정말 그러했습니다. 제국주의 원리가 통치 철학이 되었을 때 대영제국의 가장 주요한 영광은 '그럭저럭' 꾸려나갔다는 데 있었습니다. 이 점에 대해서 많은 것을 말하고 싶지는 않습니다. 이 잉글랜드 사람들에게는 지나치게 정확을 기하려 하거나 너무 많이 규정지으려 하는 것을 내면적으로 싫어하는 성향이 있었습니다. 저는 평범한 보통 잉글랜드 사람에 대해서 말하는 것입니다. 물론 예외도 있습니다.

종교개혁 시대와 엘리자베스 시대에 이 국가적 특징이 잉글랜드에 작용하게 되었다는 것은 매우 분명합니다. 잉글랜드 사람에게 있어서 중도노선(via media)은 대단한 호소력을 갖고 있습니다. 타협의 관념을 좋아하고 극단과 지나침 그리고 지나치게 정확한 규정을 싫어합니다.

비평하는 것이 아니라 사실을 묘사하고 있는 것뿐입니다. 우리는 이 모든 것을 명심해야 한다고 저는 역설하는 바입니다. 만약 우리가 이렇게 하지 못하면 역사로부터 교훈을 배우지 못할 것입니다. 저는 우리의 논의가 그 당시 만들어진 신앙고백에 지나치게 집중하는 위험에 빠져 이 특별한 요인을 무시할 가능성이 있음을 주장하는 것입니다. 이렇게 되면 물론 혼란을 겪을 따름입니다.

반면에, 스코틀랜드 사람들은 이와는 전혀 딴판입니다. 그들은 규정짓는 것을 좋아하고 정확하고 분명한 것을 좋아합니다. 그들은 이러한 것들을 요구하고 강조합니다. 사고방식과 시각이 잉글랜드 사람과는 달랐습니다. 이 점은 네덜란드 사람들과 같은 다른 민족들과 비교해보면 더 잘 알 수 있습니다. 이 모든 것에 대해서 너무 멀리 나가지 않아야 합니다. 모든 것을 심리학 등의 차원에서 다루려고 애쓰는 위험이 있음을 저는 압니다.

한때 저는 지리학의 차원에서 모든 것을 설명할 수 있다고 장담하는 사람이 쓴 책을 읽어본 적이 있습니다. 그는 존 칼빈을 제네바의 차가운 기후의 차원에서 설명하는 일을 서슴없이 했습니다. 남쪽으로 갈수록 가톨릭이 많고 북쪽으로 갈수록 프로테스탄트가 많다는 이론이 있습니다. 물론 이 점은 참 우스운 일입니다. 제가 강조하는 바는 민족의 보편적인 특징들 가운데 바로 이러한 요인을 무시할 수 없음을 주장하고 있을 뿐입니다. 이러한 사실은 국가들에 해당될 뿐 아니라 각 개인에게도 매우 중요한 요인이 됩니다. 기질이 이 문제에 해당됩니다. 저는 기질을 배제하라고 종용하는 바입니다.

16세기의 문제 중 대부분은 마르틴 루터의 개성에 기인한 것이라고 저는 확신합니다. 그는 아주 거인이었습니다. 일종의 화산과 같은 사람이었고 존 칼빈과 매우 달랐습니다. 루터는 칼빈처럼 조직적이지 못했습니다. 그는 칼빈만큼 이성의 지배를 받지 않았습니다. 그 사람에게는 폭발적인 것이 있었습니다. 앞으로 말씀드리겠지만 자세히 살펴보면 이것은 비극으로 취급하여 설명하게 될 일의 중요한 부분이기도 합니다.

그러나 루터에 대해서 공정해야 합니다. 그의 개인적인 삶의 여정이 그에게 영향을 미쳤습니다. 아마 무의식중에 그랬을 것입니다. 1518년 혹은 1520년부터 1580년까지 루터파 교회의 역사를 읽어보면, 루터가 사람들을 정죄하고 교회의 교제로부터 출회하는 문제에 대해 대단히 고심했음을 발견할 수 있습니다.

저는 의심할 여지없이 그 자신이 로마 가톨릭교회에 의해 고통받은 일에 크게 영향을 받아 그런 것이라고 생각합니다. 그는 자신에게 행해진 일을 다른 사람에게 행하는 것을 크게 무서워했습니다. 어쨌든 그는 엄격한 제도를 대항할 자유를 쟁취하기 위해 싸운다면, 어떤 대가를 치르더라도 스스로 독재자가 되지 않아야 함을 알 만큼 지혜로웠습니다. 그는 이 점을 알고 있었습니다. 그래서 어떤 때는 마땅히 그가 정죄했어야 한다고 생각되는 부분에서 정죄하기를 꺼리게 된 것 같습니다.

그러나 덧붙여서 교회의 '은닉성'과 하나님 말씀의 '은닉성'에 대한 그의 견해와, 전체 사고방식과 가르침에 두드러지게 나타나는 영적 요소들이, 칼빈처럼 사물을 분명하게 규정하지 못하게 하고 징계 문제에 있어서도 그의 생각을 실천에 옮기지 못하게 했습니다. 이러한 예는 루터의 예를 든 정도로 해둡시다.

이와 같은 방법을 사용했던 사람들이 그 당시의 역사나 그 이후의 역사에 많이 나타났습니다. 저는 이러한 성질의 것들이 그리스도인의 입장에 영향을 미쳐야 하는지에 대한 근본적인 문제를 여러분에게 제기하는 바입니다. 제 주장은 그래서는 안 된다는 것입니다. 그러나 그들은 그렇게 했습니다.

그러면 세 번째 요인인 정치를 살펴봅시다. 물론 이 정치적인 요인이야말로 16-17세기에 있어서 가장 큰 힘을 가진 요인이었습니다. 루터가 재세례파를 그처럼 극렬하게 반대한 이유가 사실상 무엇입니까? 이 문제에 대해서는 의문의 여지가 없습니다.

그의 두려움이었습니다. 특히 루터는 농민 봉기 후, 처음에는 그가 좋아하던 그러한 사람들의 견해와 행동들이 종교개혁 전체를 위협하지 않을까 하는 두려움을 가지고 있었습니다. 그는 귀족들과 정부의 반응을 알고 있었습니다. 그래서 그 반응을 막아낼 수 있는 모든 일을 했던 것입니다. 하지만 그것은 정치적인 동기였습니다.

제가 볼 때 멜란히톤(Melanchthon)―매우 다른 유의 인물―이 아우크스부르크 신앙고백(the Augsburg Confession)을 작성할 때도 정치적인 동기에 크게 지배받았다는 사실을 매우 분명하게 입증할 수 있습니다. 로마 가톨릭에서는 프로테스탄티즘은 이단이고 기독교 신앙을 떠났으며, 황제나 군주들은 그들을 반대해야 한다고 말하고 있었습니다.

그래서 그 신앙고백을 작성하는 데 있어서 멜란히톤이 가장 크게 관심을 두었던 것은 프로테스탄티즘은 이단이 아니며, 몇몇 가지를 제외하고는 로마 가톨릭교회가 가르쳐왔던 것과 사실상 같은 것을 가르치고 있음을 입증하는 것이었습니다.

이것이 바로 그의 강조점이었습니다. 그러므로 이 점을 잊고 루터가 그랬던 것처럼 신앙고백을 너무 엄격하게 표방한다든지, 역사 속에 있었던 이 특별한 요소, 즉 정치적 요소를 무시한다면 아우크스부르크 신앙고백에 대해서 그릇된 견해를 갖게 될 것입니다. 물론 이 점은 위그노와의 관계에서도 매우 명백하게 드러납니다.

그러나 잉글랜드로 넘어오면 이 요인은 더욱 분명해지고 확실해집니다. 영국 국교회의 특성과 성격을 결정했던 사람은 다름 아닌 엘리자베스 여왕이었습니다. 이 점에 대해서 어떠한 의문도 없다고 생각합니다. 최근 하우갈드(Haugaard)가 쓴 『엘리자베스 여왕과 잉글랜드의 종교개혁』(Queen Elizabeth and the Reformation in England)은 이것을 매우 잘 설명하고 있습니다.

이 책은 특히 1563년의 성직자 회의를 다루며 그때까지의 역사를 설명합니다. 저는 다른 많은 책에서 월싱엄과 벌레이, 레스터 백작 등 보편적으로 청교도들에게 다소 호감을 가졌던 사람들의 영향에 관해서도 읽을 수 있었습니다.

그러나 주된 요인은 정치적이었다는 것이 요점입니다. 엘리자베스 여왕은 극히 어려운 처지에 있었습니다. 그녀는 특히 프랑스를 무서워했는데 이 때문에 스페인의 필립 편에 계속 서 있어야 했습니다. 반면에 로마 가톨릭은 엘리자베스가 불법을 행한다고 말했으며 그녀를 잡종이라고까지 했습니다. 그래서 자연히 엘리자베스는 그것을 싫어했으며 로마 가톨릭을 반대하기에 이른 것입니다.

이 모든 결과 엘리자베스는 언제나 균형 있는 행동을 취했습니다. 만일 청교도들의 머리를 들게 하고 교회가 그런 방향으로 나가도록 내버려둔다면, 로마 가톨릭은 틀림없이 자기들과 불화하게 될 것이고 그러면 모든 것을 상실할 수 있다고 생각했습니다.

그러나 청교도들도 멀리하고 싶지 않았습니다. 왜냐하면 자기가 로마 가톨릭에 너무 호의적이라는 인상을 준다면, 자기 나라 백성들 대다수를 괴롭히는 것이 됨을 알았기 때문입니다.

이처럼 분명하게 나타나는 원리는 이러한 정치적인 동기들과 생각들에 의해 지배받았다는 것입니다. 엘리자베스 여왕의 천성이나 기질은 아버지를 꼭 닮았으며 그녀의 마음은 가톨릭 편에 많이 기울어져 있었다고 말할 수 있습니다. 이것을 입증할 수 있는 증거가 많이 있습니다.

그러나 다른 무엇보다도 엘리자베스는 자신의 권좌에 관심이 있었고 자기의 입장과 나라의 입장에 관심이 있었습니다. 우리는 그녀가 매우 뛰어난 정치가라고 칭찬해주어야 할 것입니다. 그러나 우리는 교회의 성격에 관심이 있습니다.

이제 제임스 1세와 찰스 1세에 이르게 되면 이 점은 더욱더 명백해집니다. 그들은 "감독이 없으면 왕도 없다"는 관점을 취했습니다. 이것이 그들의 생각과 행동을 결정지었습니다. 정치적인 요인이 강력하게 개입한 것입니다. 그러나 이것이 청교도 편에도 개입했다는 것을 인정해야 합니다. 햄던(Hampden)과 핌(Pym)과 같은 사람들은 헌법적인 근거와 정치적인 근거에서 이러한 주권자들을 반대했습니다.

이렇게 여러 동기들이 혼합되게 되었습니다. 종교적인 동기와 정치적인 동기가 합세해 문제들이 뒤죽박죽 되었습니다. 이 모든 것의 배후에는 포용주의 사상과 국가 교회 사상이 깔려 있었기 때문에 진정한 영적 요소는 정치적인 동기에 의해서 뒷전으로 물러나게 되었다고 볼 수 있습니다.

많은 역사가들이 인정하는 바는 1643년 잉글랜드가 엄숙 동맹과 서약에 서명한 진정한 이유도 정치적인 편의였다는 것입니다. 잉글랜드 사람은 그것을 원치 않았습니다. 그러나 의회군이 대단히 어려운 처지에 있어서 도움을 필요로 했습니다. 그래서 그들은 스코틀랜드 편이 되어야 했습니다. 스코틀랜드 사람들은 이것을 그들의 기회로 잡고 조건을 제시했으며 흥정에서 이겼습니다.

어떤 사람은—잠시 주제를 벗어나는 말씀을 하겠습니다—16세기에는 프로테스탄티즘을 밀어붙일 수 있었는데, 17세기에는 장로회 제도를 밀어붙이지 못한 이유가 무엇이냐고 물을 것입니다. 그 대답은 매우 간단하다고 생각합니다.

16세기에는 헨리 8세 같은 폭군이 통치하고 있었고, 왕권이 매우 커서 어떤 일도 강압적으로 할 수 있었습니다. 그러나 장로회 제도가 공식화되고 이 시도가 항구적으로 이어질 때, 반란과 폭동이 연속되었습니다. 왕권에 대한 도전이 있었고 군대는 갈수록 더 강해졌습니다. 급기야 왕은 참수형을 받고 군대는 통치권을 얻게 되었습니다. 크롬웰과 함께 그 군대는 주로 독립파 편이었습니다. 이 장로회 제도를 강요하는 것을 참지 못한 사람들은 주로 그들이었습니다.

1660년 이후 잉글랜드 정신 속에 나타난 보수주의를 잊어서는 안 됩니다. 잉글랜드 사람의 정신 구조는 의식(儀式)을 좋아하고 직함과 명예를 아주 좋아합니다. 아직도 왕을 모시고 있는 몇몇 큰 나라들이 있는데 영국이 그 중의 하나입니다. 이것은 우연이 아니라, 잉글랜드 사람의 전형적인 정신 구조입니다. 왕과 여왕을 좋아하고 칭호와 작위를 좋아하는 것이 그들의 사고방식의 한 부분입니다.

예를 들면, 웨일즈 사람은 농촌 사람들입니다. 그들은 잉글랜드에서 그처럼 쉽게 발견할 수 있는, 작위들에 대한 존경심을 거의 갖고 있지 않습니다. 이러한 일을 배제시킬 수는 없습니다. 이것이 매우 강력한 요인으로 작용했습니다. 잉글랜드 사람은 권좌로 나아가고 있는 벼락부자들을 싫어했습니다. 그들은 주로 한 왕이 통치하는 것이 낫다고 생각했고 언제나 그랬습니다. 한편 올리버 크롬웰에 대해서는 다소 참아주는 듯했지만, 그 두 아들이 그렇게 성공적인 통치를 하지 못하자 찰스 2세 같은 인물을 다시 복원시켰습니다.

불행히도 이렇게 하는 데는 스코틀랜드 사람들의 격려가 있었는데, 스코틀랜드 사람들은 찰스의 표리 부동한 태도에 속아 지금이야말로 장로회 제도를 확립할 절호의 기회요, 또는 그렇지 않다 할지라도 장로회 방향으로 감독교회를 상당히 수정할 수 있는 절호의 기회라고 생각했던 것입니다.

여기에 덧붙여서 네 번째 요인은 전통의 문제였습니다. 저는 이미 이 점을 언급한 바 있습니다. 변화를 싫어하는 전통 말입니다. 이 점은 감독제도 문제에서 잘 나타납니다. 이것은 로마교회에서 본받은 어떤 의식들-약간 수정은 했지만 여전히 본질적으로는 로마교회의 의식임-을 지키려는 생각을 가진 데도 부분적인 책임이 있습니다. 그러나 감독제도는 이것을 고집했습니다.

1560년부터 1640년 또는 1660년까지의 역사를 읽어보면 포용주의를 이룩하려는 모든 시도에 있어서 큰 거침돌이 된 것은 궁극적으로 감독제도였음을 알게 됩니다. 이 거침돌은 그들 모두를 넘어지게 했고, 어떤 의미에서 그들은 그 때문에 좌절하고 말았습니다.

예를 들어, 수정된 감독제도를 위해 취해진 시도들을 생각해봅시다. 이것은 아주 좋았습니다. 그러나 우셔(Ussher) 대주교의 시도와 다른 모든 사람들의 시도가 실패했습니다. 왕정복고 후 클래런던(Clarendon)이 패권을 잡고 축출되었던 감독들이 되돌아왔을 때, 감독제도는 승기(乘機)를 얻었고 주도권을 장악했습니다. 모든 것이 그 손안에 있게 되었습니다. 그래서 1662년의 대추방이 있었고, 우리에게 익숙한 또 다른 핍박들이 일어난 것입니다.

이제 이러한 비극적인 분열의 다섯 번째 요인을 생각해봅시다. 이것은 근본적인 것들에 대한 정의 문제입니다. 이것을 다른 말로 표현하면, 그리스도인 신앙과 관련하여 본질적인 것과 비본질적인 것 사이의 구분선에 관한 문제입니다. 또 약간 다르게 표현하면, 지나칠 정도로 세세한 부분까지 일치시키려는 바람이었다고 할 수 있습니다. 제가 볼 때 수백 년의 역사가 주는 크고 가장 중요한 교훈들 가운데 하나가 이것이라고 봅니다.

한두 가지 실례를 들겠습니다. 우선 루터를 생각해보십시오. 특히 성찬식에 대한 그의 견해를 생각해봅시다. 교회 역사상 이것은 커다란 비극 중 하나입니다. 루터와 개혁파 교회들 사이의 분열 말입니다. 이것은 전적으로 성찬식 문제 하나 때문에 일어난 분열입니다. 물론 다른 이견도 있었습니다. 그러나 1529년 마르부르크 회담이 결렬된 실질적인 원인도 이것이라고 말하는 여러 역사가들의 증거가 있는데, 저는 그 증거에 만족합니다. 루터 자신이 15사항 또는 15조항을 작성했고 상대편에 있었던 츠빙글리와 오고람파디우스는 그 조항들 중 14개 조항을 받아들였으며 제15항의 일부도 받아들였습니다. 그러나 여러분도 알다시피 루터가 분필 조각을 들어 탁자에 "이것은 내 몸이다"고 썼습니다-이것은 내 몸을 "나타낸다"고 하지 않고, "이것은 내 몸이다"고 썼다는 말입니다. 그러므로 그리스도의 몸이 그 떡에 공존한다는 그의 공존설 때문에 그 회의가 결렬되고 말았습니다.

루터는 이 한 가지 때문에 포용주의라는 관점 전체 또는 프로테스탄트의 연합을 무산시켰습니다. 어떤 사람이 이것을 아주 잘 표현했습니다. "성찬식이 불화의 씨앗이 되었습니다." 이것은 비극적인 일입니다. 하지만 사실입니다. 이 결과 루터는 츠빙글리와 그의 추종자들을 격렬하게 공격했고 칼빈도 공격했습니다. 루터는 그들에 대해 아주 과격한 말을 했습니다. 그 시점에 누가 있었다면 루터가 병적이라고 지적했을지도 모릅니다. 하여튼 연합의 가능성 전체가 깨어지고, 전체 상황은 이 한 가지 일 때문에 경직되어 버렸습니다.

매우 비극적인 한 가지를 여기에 덧붙여 말할 수 있습니다. 루터는 죽기 바로 직전인 1546년에, 존 칼빈이 쓴 『우리 주님의 성만찬에 대한 작은 논단』(*A Little Treatise on the Holy Supper of Our Lord*)이라는 작은 책자를 읽어보았는데, 그것을 읽고 나서 멜란히톤에게 이렇게 말했습니다.

"성례 문제에 있어서 우리가 너무 지나쳤습니다. 저는 주님께 이 일을 부탁드리렵니다. 내가 죽은 다음에 무엇인가를 좀 해주십시오."

애처롭지 않습니까? 그러나 때는 너무 늦었습니다. 큰 손해를 본 다음이었습니다. 칼빈과 루터 자신이 지나쳤었다는 사실을 알게 되었지만 상황은 이미 굳어졌습니다.

후에 이 문제는 더욱더 악화되어 연합의 전망은 사라졌습니다. 1580년의 루터파 신앙고백서인 화해신조 이후에, 이 조항이 루터파의 배타적이고 개혁될 수 없는 체계가 되어버렸기 때문입니다. 이것은 경직된 정통으로 발전되어 경건주의자라는 이름을 가진 자들과 관련된 운동이 일어나게 되었습니다. 17세기의 청교도 가운데 한 사람이 이 모든 것에 대해 아주 날카롭게 지적했습니다.

"루터파와 칼빈주의자 사이의 다툼을 보십시오. 어떤 사람들이 꼬집듯이 그 싸움은 지난 종교개혁 이후 로마의 모든 천둥 번개가 합세한 것보다 더 큰 타격을 종교에 미쳤습니다."

루터파와 개혁파 사이의 분쟁이 로마 가톨릭의 모든 천둥 벼락이 합세한 것보다 더 큰 해를 참종교에 끼쳤다는 것이 그의 견해입니다.

이것은 잉글랜드나 스코틀랜드의 역사 속에서 볼 수 있는 많은 실례들 가운데 한 가지에 불과합니다. 본질적인 것이 아닌 사소한 것을 고집하는 이 성향은 미국의 경우가 되어버렸습니다. 그것은 본질적인 것과 비본질적인 것, 근본적인 것과 비근본적인 것 사이를 가늠하지 못하는 소치입니다. 복음적이고 프로테스탄트적인 연합을 위한 모든 시도가 이처럼 자주 무산되는 것은, 이러한 결심 이러한 결론을 사랑의 방법으로 내리지 못하기 때문이었습니다.

놀라운 사실은 제가 말씀드려온 그 모든 것에도 불구하고 이 기간 동안 매우 놀라운 방법으로 프로테스탄트의 연합이라는 이상을 위해 싸운 사람들이 있었다는 것입니다. 존 칼빈을 설득시켜 제네바에 머물도록 했던 윌리엄 파렐(William Farel)은 이것에 아주 큰 관심을 갖고 이것을 위해 투쟁했습니다.

부처도 프로테스탄트의 연합에 대단한 관심을 갖고 싸웠습니다. 알다시피 부처는 존 칼빈에게 큰 영향을 미쳤고, 여러 방면에서 존 칼빈이 그러한 연합에 관심을 갖도록 영향을 미쳤습니다. 성만찬 예식에 대한 논쟁과 의견 차이에 대해서 부처는 그것은 "말장난에 불과하다"고 했습니다. 그의 말이 옳습니다. 칼빈은 성만찬에 대해서 그 차이는 "그렇게 심각한 것은 아니다"고 했습니다.

그러나 가장 흥미롭고 중요한 것으로 존 칼빈 편에서 이 프로테스탄트 연합을 원했다는 증거들을 말씀드리겠습니다. 루터의 혹평과 불친절한 언사에도 불구하고 칼빈은 루터에 대해 이야기할 때 언제나 정중했을 뿐 아니라 관대하고 칭송이 가득 찬 어투를 유지했습니다.

그러나 칼빈이 멜란히톤에게 한 말을 들어보십시오.

"우리는 다같이 교회의 불행에 대해서 애통합시다. 그러나 우리가 그런 문제에 압도당할 수는 없음을 기뻐합시다."

성례에 대해서 불링거(Bullinger)에게 쓴 칼빈의 편지를 들어보십시오.

"우리가 한나절만 함께 이야기할 수 있다면 문제없이 의견의 일치를 볼 수 있을 것입니다."

존 칼빈은 그런 사람입니다. 그런데도 그 사람은 얼마나 많은 중상과 비방을 받았는지 모릅니다. 칼빈은 1560년 엘리자베스 1세 때 대주교였던 매튜 파커(Matthew Parker)에게 편지를 썼습니다. 그 편지에서 그는 영국 국교회뿐만 아니라 모든 개혁파 교회들과 복음주의 교회들을 위해 필요한 예배 계획과, 교회 정치 계획을 수립할 프로테스탄트 사역자들의 총회를 열게 해 달라고 여왕에게 간청해줄 것을 간절히 청원했습니다.

대주교는 여왕에게 이렇게 간청했습니다. 그의 유명한 말을 기억합니다. 그는 이 일에 도움이 되는 일이라면 대양도 여러 번 건널 채비를 하고 있다고 했습니다. 그리하여 얻어낸 대답은 영국 국교회는 여전히 감독제도를 지켜야 한다는 것이었으며, 매튜 파커는 그 제도야말로 로마에서 온 것이 아니라 아리마대 요셉에게서 온 것이라고 주장했습니다. 결국 그것은 그렇게 끝나고 말았습니다.

칼빈에게 편지를 보냈던 영국의 청교도들에게 칼빈이 한 충고가 무엇이었는지 여러분도 아실 것입니다. 그 청교도들은 칼빈에게 잉글랜드의 감독제도나 의식 문제에 대해 저항해야 되는지에 대해서 충고해달라고 했습니다. 놀라실지 모르지만 칼빈은 그런 일에 저항하지 말라고 그들에게 말했습니다. 그는 감독제도를 믿지 않았습니다.

그러나 프로테스탄트 연합에 깊은 관심이 있는 그는 잉글랜드의 특별한 상황들을 보고 – 아마 그는 어느 정도 심리를 알았고 국가적인 특징들에 대해서 무엇인가 알고 있었음 – 그 특별한 문제들에 저항하지 않아야 함을 알 수 있었습니다. 그러나 그들은 이 충고를 받아들이지 않았습니다. 하지만 칼빈이 그런 충고를 했던 것은 사실입니다.

크랜머에게 정중하게 말해줍시다. 칼빈은 이 문제를 다루기 위해 에드워드 6세의 재위 기간 중 회의를 소집하려고 애썼고, 그 당시 케임브리지의 신학 교수였던 부처의 격려를 받았다는 것을 말입니다.

여러분도 알다시피 이러한 분열과 분쟁과 나뉨의 시기 동안 줄곧 프로테스탄트의 연합을 위한 위대한 노력이 있었습니다. 프로테스탄트의 연합을 추구했던 노력의 마지막 큰 두 가지 결과는, 첫째 흠정역(KJV) 또는 성경 번역이었고, 또 다른 하나는 웨스트민스터 신앙고백이었습니다.

이것이 바로 영국에서의 복음직 프로테스탄트 연합을 위한 마지막 표현입니다. 그러나 안타깝게도 아무것도 이루지 못했습니다. 그래서 밀턴은 '새로운 장로'는 '옛 사제'와 아주 흡사하다고 불평했습니다.

3. 16–17세기 교회 역사로부터 얻는 교훈과 결론

역사를 대충 훑어보았습니다. 이 모든 것에서 몇 가지 교훈과 결론을 끌어내도록 하겠습니다. 저의 주장의 요지는, 오늘날 우리의 상황은 교회가 종교개혁 시대 이후 갖지 못했던 기회를 제공받고 있다는 것입니다. 자세히 말씀 드리겠습니다.

역사에 비춰볼 때, 우리는 16–17세기의 선조들보다 더 낫고 더 유리한 위치에 있다는 말씀입니다. 무엇을 근거로 이러한 주장을 할 수 있습니까? 우리의 위치와 그들의 위치 사이의 엄청난 차이에 근거해서입니다. 그 차이 중 하나는 정치가 더 이상 그 당시와 같이 주도적인 요인이 되지 못한다는 것입니다. 그 당시는 정치적인 요인이 사실상 주도하고 있었습니다. 수세기에 걸쳐서 국가와 교회 사이에는 그것이 전통이 되어왔습니다. 그래서 제가 설명하려 했듯이 거의 필연적으로 그렇게 하게 되었습니다. 그러나 이제는 그렇지 않습니다.

게다가 다른 여러 나라뿐만 아니라 이 영국에서도 교회와 국가를 분리하고 싶어 하는 바람이 갈수록 더 커지고 있습니다. 그러나 이보다 더 유리한 것은 16-17세기에 있었던 유의 민족주의가 더 이상 존재하지 않는 시대에 살고 있다는 것입니다.

우리는 국제 시대에 살고 있습니다. 유럽 경제 공동체(EEC, the European Economic Community)를 구축하자는 제안과 바람이 그 한 표현입니다. 제가 알기로는 이전까지 전혀 없었던 이른바 국가 주권의 요소들을 포기하려는 준비가 되어 있습니다. 이 모든 것이 우리가 살고 있는 시대 기류의 일부분입니다. 따라서 우리의 위치는 매우 다릅니다. 또 종교적인 영역에서는 교회의 연합에 대한 이야기와 활동들이 있습니다.

그러므로 우리는 프로테스탄트 종교개혁자들이 갖지 못했던 처방을 쓸 새로운 자유를 갖고 있다고 저는 주장하는 바입니다. 그들이 전혀 갖지 못했던 가능성을 우리는 갖고 있습니다. 그들은 우리와 다른 방법으로 물려받았던 것에 얽매여 있었습니다. 이 세대에 대해 뭐라고 하든 그 어느 시대에도 존재한 적이 없는 처방을 할 수 있는 자유가 가능하게 되었습니다. 그러므로 저는 여러분에게 이러한 질문을 던집니다.

제가 언급했던 칼빈이나 다른 사람들처럼 프로테스탄트 복음주의 연합을 위한 불타는 열망을 우리도 갖고 있습니까? 이러한 열망을 가지는 것이 우리의 의무입니다. 교회의 분쟁은 추태입니다. 분열은 엄청난 죄입니다. 요한복음 17장에서 주님께서는 친히 교회의 이상을 설정해놓으셨습니다. 이와 유사한 말씀들이 신약에 많이 있습니다. 우리가 참된 신자들의 연합에 대해 불타는 소원과 갈망을 갖지 않는다면, 우리는 신약성경에 대하여 거짓을 행하고 있는 것입니다. 그러므로 우리는 우리 자신을 살펴봐야 합니다. 그들은 그렇게도 어려운 상황과 환경 속에서 그러한 소원을 가졌다면, 우리는 더욱 더 그래야 하지 않겠습니까?

그러면 우리는 어떻게 해야 합니까? 다시 한번 생각하고 깊이 고찰해볼 몇 가지 문제들을 제시하겠습니다. 물론 이 문제들 각각은 상당히 많은 시간을 요하는 것입니다. 그래서 다만 몇 가지 제목만 말씀드리려 합니다.

첫 번째로 제안하고 싶은 것은, 국가 교회 사상에 대해 영원한 작별 인사를 해야 한다는 것입니다. 왕정복고 이후로 영국에는 국가 교회가 전혀 존재하지 않았습니다. 그것은 대추방 때 끝났습니다. 신앙 자유령(Act of Toleration)의 각 항이 국가 교회 개념을 부인한 것입니다—비국교도들과 궁극적으로 로마 가톨릭을 1820년대에 인정한 것입니다. 이것은 사실상 국가 교회의 종식을 고한 것입니다. 물론 '예'와 '아니오'를 동시에 말하는 것이 이 나라의 특징이기도 하지만 말입니다. 이 나라 사람들은 그렇기도 하고 그렇지 않기도 합니다.

이것이 정치에는 통할지 모르나 저는 하나님의 이름으로 묻습니다. 그것이 그리스도 교회의 영역 내에서도 옳습니까? 제가 제기하는 질문은 바로 이것입니다. 국가 교회의 개념과 어떤 한 나라의 교회에 대한 인식 사이에는 엄청난 차이가 있습니다. 그래서 그러한 관념을 제거하는 것이 첫 번째 조치라고 주장하는 바입니다.

그 다음 두 번째 단계는, 근본적이고 핵심적인 것들에 대한 정의 문제를 공정하게 직시해야 한다는 것입니다. 여기서 저는 두 가지를 먼저 부정하겠습니다. 우리는 사무엘 존슨(Samuel Johnson)이 취한 것과 같은 입장을 취하지 않습니다.

그는 "제 입장에서는 교황주의자든 프로테스탄트든 모든 그리스도인은 본질인 문제에 있어서 일치한다고 생각하며, 그들의 차이란 사소한 것이며 종교적인 것이라기보다는 정치적인 것입니다"라고 했습니다. 대단한 사전 편찬자도 때로는 엉터리로 말할 때가 있습니다. 물론 그런 말들을 생각하느라 시간을 들일 필요는 결코 없습니다.

그러나 제가 볼 때, 우리는 리처드 백스터의 입장도 거부해야 합니다. 그는 사도신경을 신앙의 요약으로, 주기도문을 기도의 요약으로, 십계명을 의무의 요약으로 받아들이는 사람들은 모두 참그리스도인이요, 우주적이요, 보편적인 교회의 지체들이라고 말했습니다. 이 말은 교황주의자들이나 소치니주의들을 교회의 교제에 받아들인다는 뜻이었습니다. 그래서 그의 주장은 거부되었습니다.

우리가 해야 할 일은 이렇습니다. 우리는 "전체 교회의 이름으로 말해진 구속력 있는 정죄와 스콜라적인 현학적 태도의 이름으로 멋대로 이단 정죄를 한 것" 사이에서 한 입장을 발견해야 합니다. 여러분이 좋아하는 대로 표현하면 경계선을 발견해야 합니다. 이것을 다른 말로 표현해보겠습니다. 우리는 '무제한적이고 거침없는 방종과 자기중심적인 엄격성'에 빠지는 극단들을 피해야 한다는 것입니다.

우리는 이러한 극단 사이에서 일해야 합니다. 무제한적인 방종과 자기 중심적인 엄격성 사이에서 말입니다. 제가 보여드리려 했듯이, 우리가 고찰해 온 2세기 동안 그처럼 큰 문제를 야기한 것은 그 선을 긋는 데 실패했기 때문입니다.

다음 단계는 무엇입니까? 제가 볼 때 프로테스탄트 종교개혁 시대처럼 현재도 대단히 광범한 의견 차이가 있습니다. 곧 로마교회에 대해 보편적인 수용적 태도를 보이는 관점인데, 많이 수정했다고 하지만 여전히 로마 가톨릭적인 모습을 취하면서, 다른 한편으로는 그 교회에 대해 복음적인 자세를 취하는 것 사이의 문제입니다. 이 점은 크고 넓은 구분선입니다. 종교개혁 시대에 그런 구분선이 있었습니다.

그러나 불행히도 역사로부터 우리가 증명하려고 노력했듯이, 그들은 나뉘었고 프로테스탄티즘은 여러 조각으로 갈라졌습니다. 우리는 지금 참된 입장을 회복할 또 다른 기회를 갖고 있다고 저는 말씀드립니다. 가톨릭적 관점, 포괄적인 관점, 모든 것을 포함하는 관점과 보다 제한적이고 특별한 복음적 관점 사이에는 크고 넓은 구분이 있습니다.

이제 광의의 구분을 했으므로 우리가 취해야 하는 다음 단계는 전통에 묶이는 위험을 피해야 한다는 것입니다. 우리는 16-17세기에 작성된 신앙고백서에 율법주의적으로 묶일 위험을 피해야 합니다. 신앙고백서는 부차적인 기준에 불과함을 기억해야 합니다. 이것들은 성경과 동등한 권위를 갖는 것이 아닙니다.

모든 희생을 무릅쓰고 16-17세기에 만들어진 이 신앙고백서들을 방어하느라, 오늘 이 현 세대 속에서 우리가 처한 상황의 실상과 실제를 대면하지 않는 우스꽝스러운 입장에 처하지 않도록 매우 조심해야 합니다.

미국의 장로교회 사람들은, 이 점에 대해 우리에게 가장 교훈적이고 탁월한 실례를 제공하고 있다고 봅니다. 18세기 미국의 장로교회 사람들은 웨스트민스터 신앙고백을 수정하는 일을 주저하지 않았습니다. 그들은 교회와 국가의 관계 문제에 대한 고백서를 수정했습니다. 그들은 전적으로 자유로운 교회, 아주 자유로운 교회를 원했습니다. 그래서 그들은 웨스트민스터 신앙고백서 제20장 4항, 제23장 3항, 제30장 1항을 수정했던 것입니다.

제가 볼 때 이 일은 영적이고 성경적인 생각입니다. 웨스트민스터 신앙고백이 하나님의 영감을 받은 것은 아닙니다. 우리는 자유로워야 합니다. 우리는 이러한 신앙고백서들을 지침으로 사용해야 하지만, 이것들이 우리를 다스리는 폭군이 되도록 허락해서는 안 됩니다. 신앙고백서들이 어떤 항목도 손을 대거나 가감해서는 안 되는 엄격한 규율이어서는 안 된다는 것입니다.

물론 그러한 것들을 사용해야 하며 그것들로 인하여 하나님께 감사해야 합니다. 그러나 그리스도인들은 거듭났고, 성령을 소유하고 있으며, 동등하게 성경의 가르침을 확인하고, 교회에 대한 참된 교리를 알아낼 수 있음을 잊지 말아야 합니다.

이러한 모든 신앙고백서들 속에는 ― 저는 이미 이 점을 입증했다고 믿습니다 ― 역사적인 요소가 있음을 기억해야 합니다. 그들이 처한 특별한 상황 때문에 그 당시의 역사적 조건이라는 요인이 작용했습니다. 그러므로 모든 요목과 세목에 집착하는 것은 언제나 잘못입니다. 우리는 역사적인 요소를 인식해야 하며 또한 신앙고백서들을 성경의 빛에 비추어 시험해야 합니다. 교회는 계속해서 개혁되어야 하며, 끊임없이 교회를 성경 아래 두어야 합니다.

오늘날은 신앙고백서들을 크게 잘못 사용하고 있음이 분명합니다. 어떤 사람들은 부정직하게 그 신앙고백서들을 입으로만 인정하고 금방 박물관으로 던져버립니다. 또 어떤 사람들은 그 신앙고백서들을 의지하고 서서 보수적인 행동을 취합니다.

이것은 때로 진리라기보다는 교회 정책의 문제입니다. 이러한 두 가지 태도는 신앙고백서들을 그릇 사용하는 것이라고 말씀드릴 수 있습니다. 우리는 정직한 자세로 이 신앙고백서들을 성경의 빛에 비추어 시험하고, 하나님께서는 우리가 사는 이 세대 가운데서 그러한 일을 하라고 우리를 부르셨음을 인식해야 합니다. 하나님께서는 바로 그러한 일을 하라고 프로테스탄트 종교개혁자들을 부르셨고, 17세기의 선조들을 부르셨던 것입니다.

제가 이것을 강조하는 이유는, 만일 우리가 그들이 범한 실수를 피하지 못하면 우리도 범하게 될 것이기 때문입니다. 특히 극단으로 치우치는 비극적인 실수를 피해야 합니다. 또 본질적이지 못한 어떤 특정 사항들을 엄격한 방법으로 고집해서는 안 됩니다.

금년 이 연구 모임에서 우리가 들어왔던 것을 생각해보십시오. 기독교회가 나뉘고 모든 문제와 핍박과 오해와 서로 갈라지는 그러한 것들이 비극적인 이야기라는 것을 우리는 다 찬동하지 않았습니까? 우리는 '그리스도의 몸'이며 신앙의 수호자들이자 보호자들입니다. 우리 주위에 있는 사람들이 지옥을 향해 가고 있습니다. 비극적인 이야기입니다.

우리는 부끄러워해야 합니다. 이러한 교훈들을 배워 그들이 저지른 실수에 빠지지 말라고 하나님께서 우리를 부르셨다고 저는 말씀드리는 바입니다. 우리가 명심해야 할 많은 구별점들이 있습니다. 저는 이러한 것들을 단순하게 언급할 수 있습니다. 그러나 우리는 오류와 이단 사이, 거짓된 가르침과 잘못된 믿음 사이를 구별하는 법을 배워야 합니다.

여기서 멜란히톤의 이야기를 들어봅시다.

"우리는 오류를 범했으나 그 오류를 옹호하지 않는 그리스도인들을 형제로서 용납해야 합니다. 그러나 성경적 근거가 전혀 없는 교훈들을 주장하고 옹호하는 이들을 형제로 취급해서는 안 됩니다."

다른 말로 해서 근본적인 구분이 있어야 한다는 것입니다. 근본적인 구분은 가톨릭과 프로테스탄트의 구분과 같은 구분입니다. 즉 로마 가톨릭과 복음주의적이고 진정한 프로테스탄트 입장을 구분해야 합니다. 구분선은 이것입니다—"성경적 근거가 없는 가르침들을 주장하고 옹호하는 자들은 형제로 여길 수 없습니다."

우리는 지금 16세기 종교개혁자들이 처한 입장과 상당히 비슷한 처지에 있다고 믿습니다. 단지 현대주의와 자유주의 등의 추가 요인을 갖고 있다는 점만 다릅니다. 그들은 이러한 것들과 싸우지 않았습니다. 이러한 것들은 전혀 문제가 되지 않아야 합니다. 왜냐하면 그것은 복음이 아니기 때문입니다. 그러면 어디에 구분선을 그어야 합니까?

청교도 몇 사람의 이야기를 인용해보겠습니다. 로버트 해리스를 예로 들어봅시다.

"나는 구원에 있어서 근본적이고 절대적으로 필요한 것이어서 그것이 없이는 아무 소망이 없는 것을 규정짓겠다고 장담하지는 않겠습니다. 그러나 나는 이것만은 확신합니다. 첫째로, 근본적인 것은 양편의 사람들이 만드는 것보다는 적습니다. 둘째로, 지붕이나 상부 구조가 기초를 무너뜨리지는 않습니다."

여러분도 알다시피 17세기에는 '지붕'에 대해서 이야기했습니다. 로버트 해리스는 웨스트민스터 회의의 한 회원이었습니다. 그는 "모든 지붕이나 상부 구조가 기초를 무너뜨리지 않는다"는 것을 아주 확신하고 있다고 그 회의 석상에서 말했습니다. 주목할 것은 기초를 무너뜨리지 않는다는 것입니다. 그러면 이러한 지붕 문제에 대해 보다 관용할 수 있습니다.

그는 이렇게 말합니다.

"겸손하고 진지한 마음을 가진 사람들은 견해 차이가 있다 해도 함께 일하고 함께 기도할 수 있고 서로 사랑할 수 있습니다."

우리의 마음은 이것에 감동해야 합니다.

찰스 헐(Charles Herle)의 말을 들어봅시다.

"우리 가운데 차이점이 있다 할지라도 많이 논쟁하기보다는 더욱더 기도에 힘씁시다."

이 말에 '아멘' 할 준비가 되어 있습니까? 이 사람들도 웨스트민스터 회의의 한 회원이었습니다. 그는 "많이 논쟁하기보다는 더욱더 기도에 힘씁시다"라고 권면하면서 다음과 같이 말을 이어갑니다.

"우리와 우리 독립파 형제들 사이의 차이가 아무리 크다 할지라도 그것은 우리가 생각하는 것처럼 다양한 방법을 취하고 있는 것입니다. 아브라함이 여전히 '형제들'이라고 말하고 있는 것과 마찬가지로 우리도 그러합니다. 아브라함과 롯이 공통의 적을 겨냥해야 할 때마다 서로를 구출할 채비가 되어 있었듯이, 우리의 차이란 고작해야 작은 주름 정도의 차이밖에는 되지 않으며 그리스도의 옷을 나누는 그러한 것은 아닙니다."

우리도 분명히 이러한 입장을 취해야 합니다. 이러한 차이들은 '작은 주름'일 뿐입니다. 저는 참된 복음주의자들에 대해서 말하고 있습니다—다른 사람이 아닙니다! 차이점들은 '작은 주름'에 지나지 않으며, 그 차이점들이 "그리스도의 옷을 나누지는 못합니다."

그렇다면 제가 여러분에게 제시할 수 있는 실제적인 제안이 있겠습니까?

있습니다! 이것을 제시하고 끝내겠습니다. 1654년 올리버 크롬웰-그의 관용 사상을 가지고-과 의회는 성직자들에게 요청하여, 기독교의 근본적인 진리를 고백하는 자들 사이에서 무엇을 용납하고 받아들여야 하는지를 규정해달라고 했습니다. 사실 그들의 말은 많은 분파들과 종교들과 그룹들이 있는데, 우리가 함께 교제를 나눌 수 있는 기독교의 근본 진리들을 어떻게 알 수 있느냐는 것이었습니다.

그래서 한 위원회가 조직되었는데, 그 구성원들은 다음과 같았습니다- 리처드 백스터, 존 오웬, 토머스 굿윈, 체이넬(Cheynel), 마샬(Marshall), 레이너(Reyner), 나이(Nye), 시드락 심슨(Sydrach Simpson), 바인스(Vines), 맨턴, 제이콤(Jacomb). 일찍이 말씀드렸듯이 백스터는 처음에 필요한 것은 사도신경, 주기도문, 십계명뿐이라고 말함으로써 제안 자체를 피하려 했습니다. 그러나 그 제안은 거부되었습니다. 그래서 그들은 함께 노력하여 프로테스탄트 복음주의자들 사이의 진정한 교제가 가능하다고 생각한 16개 조항으로 된 근본적인 사항을 만들었습니다. 그것을 소개하겠습니다.

(1) 성경은 하나님을 알고 하나님께 합당한 삶을 사는 법칙으로, 성경을 믿지 않는 자는 누구든지 구원을 받을 수 없습니다.
(2) 세상의 창조주요 통치자요 심판자이신 하나님이 계시는데, 이것은 믿음으로 받아들여야 하며 그를 알기 위한 다른 모든 방법은 불충분합니다.
(3) 창조주이신 하나님은 존재와 복됨에 있어서 모든 피조물들과 영원히 구별되십니다.
(4) 하나님은 삼위를 가진 한 하나님이십니다.
(5) 예수 그리스도는 하나님과 인간 사이의 유일한 중보자로서 그를 알지 못하면 구원이 없습니다.
(6) 예수 그리스도는 참 하나님이십니다.
(7) 예수 그리스도는 또한 참 사람이십니다.

(8) 예수 그리스도는 한 인격으로서 하나님이시며 동시에 사람이십니다.

(9) 예수 그리스도는 우리의 구속주로서, 그분은 속전을 지불하고 우리의 죄를 담당함으로써 죄에 대한 대가를 만족시키셨습니다.

(10) 주 예수 그리스도는 예루살렘에서 십자가에 못 박히셨고 다시 살아나사 하늘로 올라가셨습니다.

(11) 예수 그리스도는 한 인격으로서 유일하신 하나님이요 동시에 사람이며, 모든 성도들과 천사들이 예수님과 연합하고 교통함에도 불구하고 여전히 이들과는 다른 분이십니다.

(12) 모든 사람들은 본질적으로 죄와 허물로 인해 죽었으므로, 거듭나 회개하고 믿지 않고서는 어떤 사람도 구원받을 수 없습니다.

(13) 우리는 행위가 아니라 은혜와 예수 그리스도를 믿음으로 인해 의롭다 함을 받고 구원받습니다.

(14) 어떤 핑계나 어떤 신조로든 어떤 알려진 죄 안에 계속 거하는 것은 저주받을 일입니다.

(15) 하나님께는 하나님의 뜻대로 예배해야 합니다. 누구든지 하나님께 예배하는 모든 의무를 버리거나 멸시하면 구원받을 수 없습니다.

(16) 죽은 자들은 부활할 것이며 심판날에 사람들은 모두 모습을 드러내어, 어떤 사람들은 영원한 생명으로, 어떤 사람들은 영원한 정죄로 들어갈 것입니다.

이것이 16개의 요점입니다. 우리는 다음과 같이 말한 리처드 백스터의 말의 권위를 인정합니다. 이 조항을 문장으로 만든 사람은 존 오웬이었고, 굿윈과 나이와 심슨이 그를 도왔으며, 레이놀즈가 받아썼고, 진지하고 사려 깊은 마샬도 중요한 일을 했으며, 그 밖에 다른 사람들은 거의 수동적인 자세를 취했다는 것입니다.

이 16개 조항은 이신론자들, 소치니주의, 교황주의자들뿐만 아니라 아리우스주의자들, 무율법주의자들(도덕 폐기론자들), 퀘이커 교도들, 그밖에 다른 사람들을 제외시키기 위해서 작성된 것입니다. 제가 묻고 있는 것은, "우리는 이 조항들을 근본적인 것들로 받아들일 수 없는가?", "그것들은 충분하지 않은가?"입니다. 물론 그 당시 감독제도, 부감독제도는 폐지되었음을 기억해야 합니다. 그러므로 이것을 언급할 필요가 없었습니다.

그들은 성경에 대한 '고등 비평적' 태도와 다툴 필요도 없었습니다. 그들은 '전통'에 대한 그들의 태도에 있어서도 일치를 보았습니다. 그들의 목적은 더 이상 감할 수 없는 최소치, 즉 복음적인 사람들이 함께 일할 수 있는 최소한을 규정지으려는 것이었습니다.

오늘날도 우리의 특별한 상황에 비추어 이러한 진술들을 구체화할 필요가 있습니다. 그러나 제가 제안하는 바는, 우리는 최소한의 정의를 추구해야지 최대한의 정의를 추구해서는 안 된다는 것입니다. 그리하여 그것을 기초로 연합함으로써 우리는 형제로서 함께 일할 수 있고, 또 서로 의견을 달리하는 문제들을 논의하는 일과 서로 세워주는 일을 위해 함께 모일 수 있습니다.

2부

웨스트민스터 연구회
(Westminster Conference)
에서 행한

강연
(1971-1978년)

열두 번째 강연

1971년
청교도주의와 그 기원

제가 이 주제에 주의를 환기시키는 것은 청교도주의가 무엇인지 정기적으로 상기할 필요가 있다고 믿기 때문입니다. 전에도 이러한 시도를 두 번 했었습니다. 1962년 에반젤리컬 라이브러리에서 행한 한 강연에서 저는 1662년의 대추방에 대해 이야기했습니다. 그때는 1662년 사건의 배경을 설명하느라 황급히 그 문제를 다루었습니다. 그리고 1966년에는 '헨리 제이콥과 런던의 제일 회중교회'에 대한 글에서 그것을 다시 간단하게 요약한 바 있습니다. 그러나 그것을 다시 한번 다룰 필요가 있다고 생각합니다. 이는 주로 청교도주의의 정의로 인해 야기된 혼동 때문입니다.

저는 결코 학문적인 입장에서 이러한 일을 하지 않겠습니다. 이 주제에 관심을 기울이는 것은 학문적인 것이 아닙니다. 이제까지 그런 적도 없었습니다. 청교도주의는 덫과 실제적인 위험이 될 수도 있습니다. 이에 대해서는 방대한 책들이 대단히 많아서 어떤 사람이든지 제목들을 뽑아내어 이지적으로 흥미로운 게임을 하며, 매우 흥미로운 이론적 토론을 하기가 아주 쉽습니다. 저는 결코 이런 방법으로 청교도주의에 접근한 적이 없습니다.

저의 관심은 다음과 같이 형성되었습니다 – 개인적인 일을 고백하고 회상하는 것을 용서하기 바랍니다. 저는 웨일즈 칼빈주의 메소디스트 교회에서 자랐고, 그들의 역사에 흥미를 갖게 되었습니다. 그러면서 이 운동의 지도자들 – 다니엘 로랜드 등의 사람들 – 이 청교도라고 불리는 사람들의 책을 대단히 열심히 탐독했다는 것을 알게 되었습니다. 그들은 청교도들의 책을 인용했고, 때로는 그들이 한 설교를 뽑아 도용한다는 비난을 받기도 했습니다. 이것은 저로 하여금 일반적인 관심을 갖게 했습니다.

그러나 진정한 관심은 1925년 우연히 리처드 백스터의 최신판 전기를 읽은 데서 비롯되었습니다. 저는 그 당시 〈브리티시 위클리〉(British Weekly) 지에서 그 책의 서평을 읽어보았습니다. 그래서 매력을 느끼고 그 책을 샀습니다. 그때부터 청교도와 그들의 저작에 대한 진정한 관심과 생생한 호기심에 사로잡히게 되었습니다. 이제까지의 저의 사역 전체가 이것에 의해 좌우되어 왔다고 솔직히 고백하는 바입니다.

그럼에도 불구하고 후에 이러한 관심을 더욱더 부추긴 것은 조나단 에드워즈를 발견한 일이었습니다. 그분의 책을 읽으면 누구든지 그와 동일한 자료들을 다시 읽고 싶은 충동을 느끼지 않을 수 없을 것입니다. 제가 청교도주의에 관심을 갖게 된 것은, 제가 볼 때 어느 설교자라도 유용하게 활용할 수 있는 것 중 하나가 바로 청교도주의이기 때문입니다. 그 어느 것도 청교도주의처럼 참된 말씀 사역을 격려하는 것이 없습니다. 왜냐하면 이 사람들은 그러한 면에서 뛰어난 모범이었기 때문입니다.

이것 때문에 제가 청교도주의의 참된 정의에 그처럼 관심을 갖는 것입니다. 이 주제에 대해 출판되고 있는 책들이 범람하기 때문에 정의를 내리는 일이 갈수록 어려워지고 있습니다. 그러한 책들을 섭렵하는 것이 매우 어렵습니다. 가장 좋은 책들 몇 가지를 소개한다면 내픈(Knappen)의 『튜더 왕조 시대의 청교도주의』(*Tudor Puritanism*), 할러(Haller)의 『청교도주의의 발흥』(*The*

Rise of Puritanism), 패트릭 콜린슨(Patrick Collinson)의 『엘리자베스 시대의 운동』(The Elizabethan Movement) 등이 있는데, 이 패트릭 콜린슨이 지은 책은 보다 최근에 나온 매우 중요한 책입니다. 그 다음에 포터(Porter)가 지은 『종교개혁과 튜더 케임브리지에서의 반응』(Reformation and Reaction in Tudor Cambridge), 뉴(New)의 『영국 국교도와 청교도』(Anglican and Puritan) 등도 중요한 책입니다.

또한 특별한 측면들을 다룬 책들이 많습니다. 이것은 문제를 어렵게 만드는데, 청교도를 정의하는 문제가 이러한 모든 책들에 의해서 예민하게 제기되었기 때문입니다.

그런데도 이 특별한 주제를 지금 고찰하는 가장 중요한 이유는 오늘날 우리가 처한 상황 때문입니다. 우리는 16세기의 상황과 매우 유사한 상황에 처해 있습니다. 그 시대는 이 연구 모임의 여러 논문에서 상기했던 것과 같이 대단한 변화의 시대였습니다. 또한 그 시대는 새로운 시작의 시대였습니다. 우리도 지금 새로운 시작의 시대에 살고 있습니다. 그렇기 때문에 우리가 이 특별한 역사를 고찰하는 것이 그처럼 중요한 것입니다.

1. 청교도주의를 정의하는 데 겪는 어려움

청교도라는 어휘의 정의에 대해 문제가 제기되어 왔습니다. 이것에 대해서는 책들이나 학술지 등에 많은 글들이 발표되었습니다. 청교도라는 말이 언제 나타났습니까? 그것은 언제부터 사용되었습니까? 역사가들도 관심을 가졌으나 그들은 정신과 가르침보다는 그 역사와 역사 편찬에 더 관심이 있었습니다. 그래서 그들은 위험한 존재가 됩니다. 그들은 학자연하는 것은 그만두고라도 그들 특유의 학자적인 정확성을 갖고 있습니다. 바로 여기서 혼동이 야기됩니다. 청교도들 자신 사이에도 차이가 있습니다. 해가 지남에 따라서 한 입장에서 다른 입장으로 입장을 바꾼 사람들이 있었습니다.

이 모든 것은 이 어휘의 정의 문제를 어렵고 복잡하게 만들었습니다. 교회사 연구서 중 하나로 케임브리지의 바실 홀 교수가 쓴 한 논문은, 이 문제를 어느 정도 정립한 것으로 많은 사람들에 의해 인정되고 있습니다. 그도 청교도라는 말의 의미에 대한 진정한 정의를 도출했다고 주장합니다. 그는 진정한 의미에서 유일한 참청교도는, 영국 국교회를 떠나지 않으면서 청교도 교리를 주장한 사람이라고 합니다. 그는 장로교도들이나 분리주의자들 등을 제외시킵니다.

그가 그러한 결론에 도달한 방법은 쉽게 알 수 있습니다. 정의(定義)의 선명성과 체계적 분류 면에서 볼 때, 그의 주장에 대해서 할 말이 많습니다. 그러나 청교도주의가 진정으로 뜻하는 것에 관한 한 그것이 얼마나 우스꽝스러울 정도로 잘못된 정의인가를 보여주기만 하겠습니다.

청교도주의에 대한 영국 국교도의 관점 내지는 정의라고 할 수 있는 것이 있는데, 그것은 사실상 이렇게 말하고 단정 짓습니다. 즉 청교도주의는 1570년대 후반과 1580년대 초반에 리처드 그리넘(Richard Greenham)과 리처드 로저스(Richard Rogers)에 의해 시작되었으며, 17세기초까지 살았던 지 위대한 윌리엄 퍼킨스로 이어져 정교하게 되었다는 주장입니다. 이 정의에 따르면 청교도주의는 본질적으로 목회 신학입니다. 목회 신학과 양심 문제 등에 관한 관심인 것입니다. 물론 그들의 관심은 이것이었습니다.

그리넘이 그중에서 제일 앞장섰습니다. 그는 그에게 와 함께 살고자 한 젊은 사람들을 가르치기 시작했습니다. 그래서 하나의 교육학파가 생겼던 것입니다. 물론 그들은 중요한 모든 교리들에 관심이 있었습니다. 그러나 그들의 특별한 강조점은 목회 측면에 있었습니다. 그들은 '양심의 문제들', 즉 그리스도인의 삶에서 야기되는 문제들을 다루었습니다.

지금 저의 관심은, 이렇게 정의하는 것은 청교도주의에 대한 부적절한 정의일 뿐 아니라, 만일 이 정의를 받아들인다면 청교도주의의 주요 핵심적인 특징들을 배제하는 것임을 보여주는 데 있습니다. 정말 저는 청교도주의의 핵심적인 특징을 보여주려 합니다. 다른 사람들은 영국 국교도들과 청교도들을 분리시킨 것을 가볍게 생각합니다. 그들은 그것을 최소화합니다. 그리고 그것은 일시적, 경제적, 행정적 차이에 불과하다고 합니다. 교리와는 아무 상관도 없고 다만 별로 중요하지 않은 문제들과만 관계가 있다고 말합니다. 그래서 청교도의 문제는 사소한 문제들을 끌어 모아 산더미처럼 만든 것이라고 주장합니다. 그것들은 전혀 중요하지 않은 것들이라는 것입니다.

그러나 제가 언급했던 뉴는 그의 책 『영국 국교도와 청교도』에서, 근본적인 교리에 있어서 청교도와 국교도는 근본적인 차이가 있다고 말하기까지 했습니다. 즉 인간론과 교회론, 성례론, 종말론 등이 근본적으로 차이가 난다는 것입니다.

이 책은 실로 중요한 책입니다. 그러나 거의 모든 저자들이 그의 관점을 받아들이기를 꺼리고 있음을 저는 알았습니다. 그들은 뉴의 관점을 진지하게 다루지 않았습니다. 단지 뉴가 지나치게 말했다고 할 뿐입니다. 그러나 그는 분명히 많은 사람들로 하여금 생각하게 했습니다.

그의 주장은, '대수롭지 않은 문제들'은 말할 것도 없고 기독교 신앙의 핵심 교리들에 있어서도 언제나 근본적인 차이가 처음부터 존재했다는 것입니다. 저는 뉴의 책을 여러 번 읽어본 결과, 그의 말이 전적으로 옳다는 확신을 하게 되었습니다. 물론 그가 약간 지나친 감이 없잖아 있을 수 있습니다.

그러나 대체로 그의 말이 본질적으로 옳다는 확신이 들었습니다. 제가 덧붙일 단 한 가지 단서는 그가 말한 것은 리처드 후커의 저작의 결과로서 국교도의 입장이 구체화되었을 때에 적용된다는 것과 이로 인해 여러분은 진정한 국교회주의를 알 수 있다는 것입니다.

그러나 그의 말은 초기에는 적용되지 않습니다. 이 문제를 다룰 때 큰 난제는, 용어를 예변법(豫辯法, 예기되는 반대론을 반박해둠-역주)적으로 사용하고 싶은 충동을 받는다는 것입니다. 생각을 명확하게 하자는 입장에서 본다면 청교도주의와 국교회주의에 대해서 말하는 것이 매우 도움이 될 것입니다.

그러나 아주 엄격하게 말한다면, 그런 국교회주의는 사실상 리처드 후커와 함께 나타난 것입니다. 그 이전에도 은연중 존재했지만 후커에 의해서 드러나게 된 것입니다. 그러므로 어떤 의미에서 처음에는 국교회주의에 대해서 말하고 영국 종교개혁의 시작부터 청교도주의에 관해 말하는 것이 정당합니다. 이 곤경을 벗어나는 가장 좋은 길은 무엇보다 먼저 순전히 역사적인 방법으로 이 주제에 접근해나가는 것입니다.

2. 청교도주의의 기원

제일 먼저 해야 할 질문은, 청교도주의는 언제 시작되었는가입니다. 바실 홀 교수의 의견을 추종하는 사람들은, 청교도주의라는 용어는 1567년까지 쓰이지 않았으므로 청교도주의는 그 이후에 시작된 것이라고 지적할 것입니다. 나타난 사실을 진술하는 차원에서 말한다면 그 말은 분명히 옳습니다. 그러나 이렇게 보면 청교도주의의 정신을 완전히 놓쳐버리고 맙니다.

저는 내픈이 『튜더 왕조 시대의 청교도주의』에서 말한 것에 동조하여, 청교도주의는 1524년 윌리엄 틴데일(William Tyndale)에게서 최초로 모습을 드러냈다고 주장하는 바입니다. 그 이유는—제가 입증하기를 원하는 것이지만—청교도주의는 일종의 사고의 형태였기 때문입니다. 청교도주의는 태도요 정신입니다.

청교도주의의 커다란 특징들 중 두 가지를 틴데일에게서 명백하게 볼 수 있습니다. 그는 일반인들도 성경을 읽을 수 있어야 한다는 불타는 소원을 갖고 있었습니다. 그러나 이러한 소원을 실현하는 데는 큰 장애물들이 있었습니다. 틴데일이 청교도였음을 보여주는 것은, 그 장애들을 극복한 방법입니다. 그는 감독들의 승인이나 재가를 받지 않고 성경을 번역하여 출판했습니다. 이것은 청교도주의가 쏜 첫 사격이었습니다. 그 당시에는 감독들의 승인과 허락을 얻지 않고 그러한 일을 한다는 것은 생각조차 할 수 없는 일이었습니다. 그러나 틴데일은 해냈습니다.

그가 한 행동들 중 청교도의 가장 주요한 특징들 가운데 하나라고 할 수 있는 또 다른 행동은 왕의 승낙 없이 영국을 떠난 것입니다. 이것 역시 아주 비상한 행동이었고, 당국자들의 눈에는 지극히 비난받을 만한 일이었습니다. 그러나 성경을 번역하여 출판하고 싶은 열망에서 한 일이었습니다. 틴데일은 왕의 승낙 없이 영국을 떠나 독일로 갔고 거기서 루터 등의 도움을 얻어 위대한 일을 마무리 지었습니다.

이 두 행동은 당국에 대한 청교도의 전형적인 자세로 계속 이어졌습니다. 이것은 전통이나 권위의 문제보다 진리를 앞세우는 것을 의미했으며, 자기가 진리라고 믿는 방법으로 하나님을 섬길 자유를 고집하는 것이었습니다.

틴데일 시대로부터 이 정신, 이 자세, 이 사조가 계속 드러났습니다. 잘 알려져 있듯이 헨리 8세는 오직 한 가지 일에만 관심을 쏟았는데, 그 일이란 아내와 이혼하고 재혼할 길을 찾는 것이었습니다. 그리하여 그는 교황과 그 권위를 제거하고 자기 자신이 영국 국교회의 머리가 되기를 원했습니다.

교리적으로 그는 철저한 로마 가톨릭 신봉자로 일생을 보냈습니다. 이러한 여러 동기들과 갈팡질팡하는 생각 그리고 갈기갈기 갈라진 충고들로 인해 그는 늘 어려움에 처해 있었고, 계속 그의 정책을 바꿔나가야 했습니다.

예를 들면, 1532년에 그는 10개 조항의 신앙 관계 조문을 재가했는데, 그 조문을 통해 로마교회의 특징이었던 여러 의식들을 그대로 유지하면서 연옥설이나 성자 숭배나 유물 숭배의 이단, 우상, 성지 순례나 그 밖에 다른 것들에 대한 관점을 수정했습니다. 그러나 그것은 잠시뿐이었습니다. 왜냐하면 1538년에 그는 자신의 입장을 다소 바꾸어 그가 시작했던 출발점으로 되돌아가고 만 것입니다. 성경 번역을 격려하다가 이제는 다시 원점으로 돌아가는 경향을 취했습니다.

1539년에 그는 6개의 신앙 조문을 인가했습니다. 그 조문에는 화체설(化體說)을 부인하는 것은 이단으로 정죄하며, 그러한 이단은 사형 판결에 처한다고 되어 있습니다. 미사 때 두 가지를 못하게 했으며, 사제에게 몰래 자신의 죄를 고하는 것을 또다시 의무 조항으로 넣었습니다. 다시 말해서 그는 로마 가톨릭교회의 모든 교리들과 의식들을 그대로 보전하려는 시도를 했던 것입니다. 그의 관심은 다만 자기가 교회의 최고 우두머리가 되는 데 있었습니다. 그래서 그는 성직자가 결혼하는 것을 허락하지 않으려 했고, 예배도 라틴어로 드려야 하며, 조상(彫像)도 다시 제자리에 놓고 가톨릭의 복장을 그대로 입어야 한다고 주장할 셈이었습니다.

헨리 8세의 이러한 행동은 전형적인 청교도적 자세를 다시 한번 자극하여 드러나게 했습니다. 이로 인해 프로테스탄트 신앙 진리를 확신했던 사람들 사이에 분쟁이 일었습니다.

크랜머 등의 사람들은 "좋습니다. 우리는 이 문제를 참아야 합니다. 왕은 변덕을 잘 부리니 앞으로 그가 어떠한 조치를 취할지 알 수 없습니다. 그가 지금은 이렇게 말하지만 1년도 못 되어 마음이 변해 우리의 입장이 이보다 훨씬 더 쉬워질 것임을 바랍시다"는 식으로 주장했습니다.

그래서 그들은 잉글랜드에 머물면서 그 모든 조치에 복종하기로 결정했습니다. 저는 그들의 동기를 전혀 의심하지 않습니다. 또한 어떤 사람도 정죄하고 싶지 않습니다. 다만 청교도주의의 기원에 관한 이해의 명확성에 대해서만 관심이 있습니다. 크랜머 등의 입장은 그러했습니다.

그러나 이 조치는 무자비한 조치이므로 영국을 떠나 대륙으로 건너가야겠다고 말한 사람들이 주축이 된 또 다른 사조가 있었습니다. 그들은 누구입니까? 그들 중에는 마일스 커버데일(Miles Coverdale, 성경 번역과 관련해 매우 중요한 인물)과 후에 글로스터의 감독이 된 존 후퍼, 힐스(Hills) 등이 있었습니다.

이 사람들은 대륙으로 건너갔습니다. 거기서 그들은 불링거의 영향을 받았고, 불링거보다 앞서 취리히에서 가르치고 있었던 츠빙글리와 제네바의 존 칼빈 등에게서 큰 영향을 받았습니다. 츠빙글리는 매우 급진적인 개혁자였습니다. 그는 의식 문제나 성직자의 복장 문제에 있어서 아주 결연한 자세를 보여 그것을 다 바꾸어버렸습니다. 이 잉글랜드 사람들은 이러한 영향을 크게 받아 로마 가톨릭 교리에 반대하는 것만으로 만족하지 않게 되었습니다. 사실 이때까지 그들이 취했던 자세는 어떤 의미에서 로마 가톨릭 교리와 진배없었습니다. 그들은 로마 가톨릭이 가르치는 교훈의 오류에 눈을 떴고 그것을 반대하고 배격했습니다. 그러나 이제 이 대륙의 영향을 받으면서 한 단계 더 나아가 종교적인 의식주의를 반대하기 시작했습니다.

그들은 종교개혁이 불완전하며, 단순히 교리를 바꾸고 거짓된 로마 가톨릭 교훈을 제거하는 것만으로는 충분치 못하다고 생각하기 시작했습니다. 종교개혁은 실제 차원에서도 이행되어야 하며, 구체화되어야 한다는 것이 그들의 생각이었습니다. 종교개혁이 불완전하다는 생각이 든 것입니다. 이것이 바로 청교도주의의 핵심적이고 가장 특징적인 요점입니다－종교개혁이 충분하게 이루어지지 않았다는 느낌 말입니다.

그러나 그들은 이 점에 대해서 의견이 모두 일치하지 않았습니다. 틴데일은 의식들이나 의복들에 대해서는 문제가 사람들에게 설명되는 한 관용할 준비가 되어 있었습니다.

그러나 어떤 사람들은 용납할 수 없는 일이라고 주장했습니다. 이것들은 로마 가톨릭의 잔재이므로 이것들을 제거해야 한다는 식이었습니다. 그들의 주장은 이미 취해진 조치는 필연적이라고 인식하고 그 조치를 완결지어야 한다는 것이었습니다. 바로 이 점에 대해서 그들 중 많은 사람들은 누가복음 9장 62절에 나오는 우리 주님의 말씀을 자주 사용했습니다. 쟁기를 손에 잡은 자는 뒤를 돌아다보지 않는다는 말씀 말입니다.

일을 완성할 때까지 계속해야 한다고 강조한 데서 그들이 어떤 태도를 가졌는지를 명백하게 볼 수 있습니다. 프로테스탄트가 된 사람들 가운데서 종교개혁이 불완전하며, 의식들이 제거되어야 한다고 느꼈던 사람들과 그렇지 않은 사람들 사이의 분쟁이 이때부터 생기기 시작했습니다.

제가 생각하기로는 전자의 사람들이 참된 청교도들입니다. 저는 그들을 청교도의 선구자라고 말하지는 않겠습니다. 단지 청교도입니다. 왜냐하면 그것이 전형적인 청교도 사고방식이요 행동이었기 때문입니다. 우리는 그들이 취했던 입장을 다음과 같이 요약할 수 있을 것입니다. 이 사람들은 잠시 후 이 나라에 돌아와 사람들의 생각에 영향을 미치게 되었습니다. 헨리 8세가 즉위하고 있는 동안 내내 큰 핍박을 받았으므로 대륙으로 오고 가는 일이 많았습니다.

3. 청교도와 국교도의 차이점

이제 이 사람들의 영향력과 그 가르침이 보다 더 개방적으로 나타났던 에드워드 시대로 나아가봅시다. 감독직이 존 후퍼에게 부여되었을 때 위기가 시작되었습니다. 그는 그것을 받아들일 채비를 하고 있었습니다. 그러나 크랜머, 리들리 등의 사람들은 강요하는 대로 직무를 감당할 채비가 되어 있지 않았습니다. 크랜머나 리들리나 다른 사람들은 전통적인 예복을 입어야 한다고 말했습니다.

그러나 1539년 대륙으로 돌아가는 노정에 있었던 후퍼는 이를 승낙하지 않고 버틸 심산이었습니다. 끝내 그는 잠시나마 투옥되었습니다. 후퍼는 아마 이 예복에 대한 주장을 분명하게 진술한 최초의 사람이었을 것입니다.

그의 주장의 핵심은 다음과 같았습니다. 그는 다음과 같은 삼단 논법으로 자기의 주장을 펴나갔습니다.

대전제-기독교회에서 요구되는 모든 것은 성경에 규정된 것이거나 중립적인 것입니다. 소전제-의복은 기독교회에서 사용하도록 성경이 규정한 것도 아니요 중립적인 것도 아닙니다. 결론-그러므로 이것들은 기독교회에서 요구해서는 안 됩니다.

그는 좀 더 이것을 확대시켜서 말합니다. 대전제에 중립적인 것의 정의를 덧붙입니다. 여기에서 이것은 중요한 말입니다. 그가 말하는 중립적인 것은 사용해도 유익한 것이 아니고 사용하지 않아도 해롭지 않은 것을 말합니다. 소전제에 그는 네 가지를 덧붙입니다.

(1) 중립적인 것은 성경에 근거해야 합니다.
(2) 성경에 그러한 근거가 없다면, 그러한 것들은 기독교 신앙에 위배되지 않는 범위 내에서 각 개인의 양심이 지시하는 대로 행할 수도 있고 하지 않을 수도 있습니다.
(3) 그러한 것들을 정하려면 교회에서 사용되는 용도가 무엇인지 정확하게 밝혀야 합니다.
(4) 이러한 것들을 교회에서 제정하려면 억압적인 방법이 아니라 자원하는 심령으로 지키도록 해야 합니다. 변질되거나 남용되는 것들은 본래 중립적인 것이라도 더 이상 중립적인 것이 아닙니다.

이것이 바로 후퍼의 주장의 핵심입니다. 이 문제들이 논쟁의 핵심이 되었고, 이미 에드워드 6세 때에는 청교도주의와 영국 국교회주의 사이에 분쟁의 조짐이 현격하게 드러났습니다. 한편에는 후퍼, 반대편에는 크랜머와 리들리가 있었습니다. 중립적인 것들로 묘사된 것에 대한 의견 차이가 있었습니다.

주요한 두 관점이 있었는데, 국교회주의의 관점은 이러한 것들은 중요한 것이 아니라는 것입니다. 복음만이 중요하며, 또한 교회의 보전에 최선의 관심을 기울여야 한다는 것입니다. 이것이 바로 전형적인 국교도의 자세였습니다―이렇게도 되고 저렇게도 되는 중립적인 문제들은 중요한 것이 아닙니다. 복음이 전파되고 교회가 보전되는 한 모두 만족해야 합니다. 로마 가톨릭주의에서 이처럼 벗어났으므로 우리는 이것을 다시 고려해서는 안 됩니다. 복음을 전파할 자유를 얻고 있는 한 이러한 다른 것들은 중요하지 않고 무시할 수 있습니다.

여기에 대해서 청교도들은 이렇게 응답했습니다.

"그러한 것들이 중립적인 것이라면 어째서 강요합니까?"

청교도들의 주장의 골자는 이러합니다.

"그러한 것들은 대수롭지 않다고 말하면서 어째서 복종을 강요합니까? 어째서 우리가 이러한 것들에 복종해야 합니까?"

그리하여 에드워드 통치 시기에 근본적으로 다른 두 가지 교회 정치관이 나타나기 시작합니다. 영국 국교회주의의 관점은 진보적인 관점이요 발전적인 관점이요 전형적인 '가톨릭적' 관점입니다. 반면에 청교도의 관점은 이러한 것들은 신약성경에 의해서 결정된다는 정적 관점입니다.

이 둘 사이의 차이를 개괄적으로 진술하겠습니다. 국교회에서는 언제나 이 점진적이고 진보적인 사상, 즉 교회는 그 체험과 지혜로 계속 발견해나가고 성경의 교훈을 새롭게 인식해간다는 것을 강조했습니다. 이 개념은 교회 정치와 의식의 문제에 있어서 발전과 첨가를 가져옵니다.

반면에 청교도들은 "아닙니다. 가르침은 신약성경에 고정되어 있습니다. 우리는 그것에 따라 살아야 합니다"라고 말했습니다.

이 문제에 대한 의견 충돌은 필연적으로 감독에 대한 관점에 차이를 가져왔습니다. 감독은 어떠한 존재입니까? 감독이 주(Lord)로 묘사되어야 합니까? 감독은 지금까지 행하던 방식대로 계속 통치할 권한을 갖고 있습니까?

청교도는 이것에 대해서 의문을 제기하면서 대륙의 교회 통치 형태를 선호했습니다. 그 형태는 그들 중 대부분이 직접 보았던 통치 형태이고, 위대한 대륙의 교사들과 교신하면서 끊임없이 들어왔던 유형이었습니다.

이것에 대해 좀 더 상세히 말씀드릴 시간을 가지면 좋겠습니다. 그러나 이 문제들에 대해서 읽어보면 볼수록 이 단계에서 결정적인 요인으로 작용했던 것은 아마도—아직도 에드워드 시대에 있음을 기억해야 합니다—사람들이 대륙에 갔느냐 가지 않았느냐에 있었던 것처럼 보입니다. 저는 이미

1539년에 일어났던 일과 관련하여 이 점을 언급한 바 있습니다.

이 문제의 대부분을 설명해주는 것은, 에드워드 시대 당시 크랜머는 15년 동안 잉글랜드 밖을 나간 적이 없었다는 사실입니다. 리들리도 전혀 없었다는 사실입니다. 위대한 설교자 래티머도 사실 일차적으로 도덕성에 대해 관심을 가졌지 이러한 문제들에 대해서는 관심을 갖지 않았습니다. 대륙에 가서 제네바나 다른 곳에서 진행되어 나가는 일을 본 사람들은 그것에 깊은 영향을 받아 생각을 바꾸었습니다.

반면에 리들리 등 이러한 영향을 받지 못한 사람들은 다른 방법으로, 보다 편협한 방법으로 사물들을 보고 있었습니다. 리들리가 죽기 직전에 존 후퍼와 의견을 같이했다는 것을 존 폭스(John Foxe)는 그의 책 『기독교 순교사화』(Book of Martyrs)에서 밝혔습니다.

마침내 리들리는 사제가 중백의(surplice, 소매가 넓은 흰 성직자복-역주)를 입는 것을 거부했고, 교회 밖에서 성직자들 특유의 옷을 입는 것을 마다했습니다. 교회의 예배와 관련된 다른 여러 가지 예복들도 반대했습니다. 리들리는 죽기 직전에 이러한 것들은 "어리석고 가증스러우며, 연극에서 악역을 지나치게 좋아하는 것과 같은 모습이다"고 말했습니다. 그러므로 에드워드 시대에 이미 참된 청교도주의가 있었다고 주장하는 바입니다.

메리 1세 여왕 시대로 오면 이것은 더욱 분명해집니다. 그녀는 1553년부터 1558년까지 통치했는데, 이 기간 동안 가장 중요한 일은 영국에서 일어났던 일보다는 대륙에서 일어난 일이었습니다. 다시 한번 참된 프로테스탄트들이 대륙으로 도망쳤습니다. 잉글랜드에 그냥 남아 있던 래티머나 리들리, 크랜머 같은 사람들은 사형에 처해졌습니다.

그러나 많은 사람들은 대륙으로 도망쳤습니다. 어떤 사람들은 제네바로, 어떤 사람들은 스트라스부르크로, 어떤 사람들은 취리히로 갔습니다.

그러나 진정으로 흥미 있는 사람들은 마인을 경유하여 프랑크푸르트로 간 사람들입니다. 이곳에서 일어났던 일은 정말 매우 중요한 일입니다. 이곳에서 아주 멀리까지 영향을 미치는 대단한 논쟁이 일어납니다.

저는 이 일이 처음 일어난 것이 아니라 이미 있던 것이 그때에 더욱 분명하게 드러난 것뿐이라는 사실을 간단하게 말씀드려야겠습니다. '제네바 성경'을 번역하는 데 주요한 공헌을 했던 사람인 위대한 윌리엄 휘팅엄(William Whittingham)은 프랑크푸르트에 있었습니다. 그는 여기서 잉글랜드 교회를 위한 예배 모범을 작성하고 있었습니다. 이 예배 모범은 1552년의 에드워드 기도서(Edwardian Prayer Book)와는 전적으로 다른 것이었습니다.

그는 연도(Litany, 일련의 탄원 기도로 사제 성가대 등이 선창하고 신자들이 응답하는 형태임–역주)를 빼고, 예배시에 중백의를 입지 못하게 했습니다. 그리고 사람들이 교회에 입교하려면 먼저 믿음을 고백하도록 한 하나의 훈련 체계를 도입했습니다. 그는 목회자나 감독, 설교자, 장로, 집사들을 임명하는 제도를 도입했습니다.

이것이 영국 교회–알려진 바대로 추방자의 교회(영국에서 이쪽으로 피해 달아난 사람들이 모이는 교회라는 뜻–역주)였으며, 이 영국 교회는 프랑크푸르트에서 회집되었습니다. 이 교회에 출석하는 거의 모든 예배자들은 이것을 받아들였습니다. 참으로 위대한 사람인 에드먼드 그린달(Edmund Grindal)은 그 당시 스트라스부르크에 있었는데, 이 모든 것에 대해 전혀 찬동하지 않았습니다.

그러나 문제를 실제로 일으킨 사람은 리처드 콕스(Richard Cox)였습니다. 프랑크푸르트에서 일어난 이 문제는, 급기야 리처드 콕스와 존 녹스라는 두 인물을 중심으로 일어났습니다. 휘팅엄은 이 계획서를 작성하였고 존 녹스는 이 교회의 목회자로 지명되었습니다. 그러나 거의 같은 시기에 리처드 콕스–그는 영국에서 도망쳐 나온 국교도였음–도 거기에 있었습니다. 그는 강한 사람이었고 강력한 성격을 소유하고 있어서 많은 사람들에게 영향을 끼칠 수 있었습니다. 그는 모든 것을 반대하면서 "저들은 영국에서 행한 것 같이 행합니다. 또한 저들은 영국 교회의 얼굴을 가지고 있습니다"라고 했습니다. 이것은 전형적인 국교도의 말이었습니다.

이에 대해서 존 녹스는 다음과 같이 대답했습니다.

"주께서 그 교회에 그리스도의 교회의 얼굴을 가지도록 허락했습니다."

영국 교회 대 그리스도의 교회, 여기서 국교도와 청교도 사이의 본질적인 차이를 발견합니다. 결국 존 녹스는 프랑크푸르트를 떠나지 않으면 안 되어 제네바로 갔는데, 칼빈이 그를 받아들이고 인정했습니다. 그곳에서 그는 후에 스코틀랜드 교회에서 꽃을 피우게 된 대단히 많은 교훈을 배웠습니다. 이 프랑크푸르트에서의 논쟁은 아주 분명한 방법으로 국교도와 청교도 사이의 차이를 구체화해줍니다.

그러나 놀라운 사실은 리처드 콕스가 존 녹스를 이긴 후에도, 몇 가지를 양보할 수 있었습니다. 그는 사적인 세례, 어린아이들의 견진, 성자의 날을 지키는 것, 성찬을 받기 위해 성찬대 앞에서 무릎을 꿇는 것, 중백의를 입는 것, 십자가를 사용하는 것 같은 다른 여러 가지 문제들을 배제했습니다.

리처드 콕스는 이처럼 승리하고 있는 시간에도 대륙의 개혁자들의 가르침에 깊은 영향을 받음으로써, '영국 교회의 얼굴'에 대해서 관심을 가졌지만 그러한 것들이 폐지되어야 한다고 말할 채비가 되어 있었던 것입니다. 이것은 매우 중요한 역사적 분기점이었습니다. 이러한 일이 메리 여왕의 망명 기간 동안에 일어났습니다.

영국으로 돌아와 보면 그동안 주목할 만한 일들이 일어나고 있었습니다. 보편적으로 성직자 계층 밖에 있는 사람들이 런던에서 작은 교회들을 형성하기 시작했습니다. 런던 밖에서 일어난 일에 대해서는 기록이 별로 없습니다. 이 위대한 역사에서 런던이 차지했던 큰 역할을 주목하면 놀랍습니다.

런던은 특히 16-17세기에 매우 큰 도시였으며, 자주 이 나라 전체를 이끌어 나갔고, 메리 여왕 때는 독립파 교회들이 일어났습니다. 제가 이 사실을 언급한 것은 주로 다음과 같은 이유 때문입니다. 곧 이 교회들은 후에 미국으로 건너간 필그림 파더(Pilgrim Father) 중 한 사람인 윌리엄 브래드쇼(William Bradshaw)에 의해서 자주 언급되었기 때문입니다. 윌리엄 브루스터(William

Brewster)와 브래드쇼는 이 교회들을 언급하면서, 자기들이 뉴잉글랜드에서 하던 일은 사실상 메리 여왕 시대에 영국에서 있었던 일의 연속이라고 지적했습니다.

그러나 큰 일은 바로 프랑크푸르트에서 마인에 이르는 지역에서 일어났습니다. 여기에서 진정한 차이와 분열이 분명하게 생겨나게 되었습니다. 이 사람들은 모두 프로테스탄트였으며 로마 가톨릭을 반대하는 사람들이었습니다. 그러나 이러한 차이가 나타난 것입니다. 즉 청교도주의와 국교회주의의 차이 말입니다.

이제 1558년, 여왕 엘리자베스 1세의 즉위로 나아갑시다. 이것은 모든 참된 프로테스탄트들에게 소망을 준 한 사건이었습니다. 새 여왕은 이복 자매인 메리 여왕과는 달리 참된 프로테스탄트였습니다. 그래서 모든 프로테스탄트들은, 에드워드 6세의 통치기가 끝나면서 마무리짓지 못한 채 중단된 것이 이제 다시 계속될 것이라는 희망을 갖게 되었습니다.

그러나 그들은 곧 깊은 절망에 빠져들었습니다. 엘리자베스는 곧 자기 주장을 하며, 자기는 영국 국교회의 최고 통치자이며 감독 지명권이 있다고 주장했습니다. 그녀는 이 권한을 다른 어느 누구에게도 양도하지 않으려 했으며, 스스로 이 권한을 수행하겠다고 고집했습니다. 그뿐 아니라 프로테스탄트들이 초기에 반대했던 의식들을 그대로 보존시킬 것을 주장했습니다.

『영국 국교회를 위한 변명서』(*Apology for the Church of England*)를 써서 유명해진 존 주웰(John Jewell)은 후에 이러한 예복을 아주 명백히 반대했습니다. 에드먼드 그린달은 다시 불링거와 다른 사람들에게 나중에 편지를 쓰면서 자기는 오랫동안 기도서와 예복과 다른 의식들을 없애기를 간절히 열망해왔다고 말했습니다. 그린달은 처음으로 런던 감독이 되었고, 그 다음에는 캔터베리 대주교가 되었습니다.

그러나 이러한 사실은 그가 나중에 쓴 편지에 나타나 있습니다. 대륙에서 돌아온 이 사람들은 그 대륙에서 개혁파 예배를 경험했고, 그것을 이제 영국에서 적용하기 원했습니다. 그린달은 그러한 것들을 없애기 위해서 '오랫동안 열망하면서' 싸워왔다고 말했습니다. 그러나 뜻대로 되지 않았습니다.

엘리자베스는 여러 가지 이유에서 이러한 사람들을 완강히 반대했습니다. 의심할 여지없이 주요한 이유 중 하나는 정치적인 것이었습니다. 엘리자베스 여왕은 매우 어려운 처지에 있었으며, 이러한 그녀를 충분히 이해할 수 있습니다. 그녀는 매우 유능하고 교활한 정치가였습니다. 그러나 비극은, 어느 누구도 교회의 운명을 그런 식으로 통제해나가는 것을 허락하지 않았어야 했는데, 그만 그렇게 내버려두었다는 것입니다. 이것이 바로 근본적인 오류였습니다.

그녀의 태도는 이미 보았던 헨리 8세 시대의 옛 분쟁을 다시 드러내었습니다. 이 사람들은 이 상황에서 어떻게 해야 했습니까? 그들은 모두 프로테스탄트였고, 그들 중 많은 사람들은 대륙에서 함께 있었습니다. 그러나 이제 그들은 아주 어려운 문제에 부딪히게 되었습니다. 그들은 어떠해야 했습니까? 옛날의 분쟁이 다시 벌어지기 시작했습니다. 어떤 사람들은 이렇게 말했습니다.

"우리는 몇 가지 의식들 때문에 교회를 버려서는 안 됩니다. 그 자체로 따져본다면 불법적인 것도 아닙니다. 특히 복음의 순전한 교리가 그 순결성과 자유론을 보존하고 있는 한 말입니다."

그러면 그들이 어떻게 했습니까? 그들은 버티었습니다. 참 명예롭게도 말입니다. 그들은 여왕뿐 아니라 벌레이와 레스터와 다른 사람들에게 저항했습니다. 그들은 저항했지만 교회 안에서의 공적인 위치는 인정했습니다. 감독제도나 그 밖의 다른 것들 말입니다.

그들의 주장은, 그들이 만일 공직을 거부한다면 엘리자베스는 그들 대신 로마 가톨릭을 취할 것이라는 것이었습니다. 이것이 바로 그들의 주장이었습니다. 우리는 이 사람들에게 공정하도록 노력합시다. 여러분이 그들의 입장에 섰다고 생각해봅시다. 돌아보면서 그들을 정죄하는 것은 얼마나 쉽습니까?

그러나 그들은 이렇게 생각했습니다. 즉 자신들은 복음을 전파할 자유가 있고 교리도 바르므로 만일 이러한 의식들에 대한 그들의 태도 때문에(사실상 그들 중 아무도 그러한 것들을 믿지 않았음) 교회 내에 있는 공직들을 거부한다면, 자기들의 영역을 암묵적인 가톨릭교도들이나 공공연한 가톨릭교도들에게 넘겨주는 격이 되고 교회 전체는 참된 프로테스탄티즘을 버리게 될 것이라고 생각했습니다. 이것이 바로 파커 대주교 리처드 콕스, 에드먼드 그린달, 존 주웰 등이 취했던 태도였습니다. 이것이 바로 전형적인 국교도의 반응이었습니다.

청교도의 견해는 어떤 것입니까? 그것은 매우 달랐습니다. 이것은 옥스퍼드의 토머스 샘슨(Thomas Sampson), 마일스 커버데일, 존 폭스, 로렌스 험프리(Laurence Humphrey), 레버(Lever) 등에 의해서 제시된 관점입니다.

그들은 어떻게 했습니까? 그들은 여왕을 반대했습니다. 다른 사람들의 태도를 받아들이고 "좋습니다. 우리는 더 나은 시대를 바라보면서 나아갑시다. 우리는 상황을 변경시킬 수 있음을 믿습니다"라고 말하는 것만으로는 만족하지 못하다고 느꼈던 것입니다. 그들은 "그 안에서 그것을 이겨내자"는 정책을 받아들이지 않았습니다.

오늘날도 이렇게 하는 사람들이 있습니다. 즉 수동적인 저항 자세를 취하자는 것입니다. 그러나 그들은 그것은 잘못된 자세라고 생각했습니다. 그리고 이러한 의식들과 다른 문제들은 그들에게 매우 중요하다고 생각했습니다. 그래서 그들은 계속 투쟁해나갔습니다.

이제 하나의 중요한 역사적 분기점에 와 있습니다. 때로 역사의 진로는 어느 한 사건에 의해 달라지기도 합니다. 1562년 10월 10일에 일어난 사건이 그러합니다. 엘리자베스 여왕은 천연두에 걸려 쓰러졌습니다. 죽어가고 있는 것처럼 보였습니다. 청교도들의 소망이 다시 살아나기 시작했습니다. 청교도들은 엘리자베스 여왕이 죽는다면 프로테스탄트의 입장을 보다 더 확대시키고 모든 것이 다 잘될 것이라고 확신했습니다.

그러나 불행히도 엘리자베스 여왕은 앤 여왕과는 달리 그렇지 않았습니다. 앤 여왕이 죽었을 때 비국교도들이 얼마나 기뻐했는지 여러분도 아실 것입니다. 청교도들에게는 정말 불행하게도 엘리자베스 여왕은 회복되었고 사태는 다시 악화되었습니다.

그 뒤 1563년에 저 유명하고 중차대한 '성직자 회의'가 있었습니다. 이 회의에서 청교도들은 마지막 싸움이 될 일을 여러 방면에서 계획했습니다. 그들의 주장은, 교회 예배 의식에서 제네바식 가운을 사용하고, 대신 중백의를 벗자는 것이었습니다. 중백의는 이 논란에서 대단히 큰 역할을 했습니다. 청교도들에게 있어서 그것은 로마 가톨릭의 유물이었습니다. 그래서 그들은 그것을 반대한 것입니다. 사역자들은 제네바식의 가운을 입어야 한다는 것과 성찬식 때 무릎을 꿇는 것도 폐지하자고 주장했습니다.

또한 모든 '성자의 날'도 폐지하고 세례받을 때에 십자가 표시를 하는 것도 폐지하자고 주장했습니다. 그러나 이 회의에서 한 표 차이로 이 견해는 지고 말았습니다. 58대 59로 말입니다. 그러나 이것은 '국교도' 편에서는 충분한 것이었습니다. 엘리자베스와 감독들은 이 '승리'를 이용했습니다. 어떤 의미에서 청교도들은 1563년에 있었던 그 회의에서 정말 다시는 회복하지 못할 큰 패배를 맛보았던 것입니다.

그러나 그들은 계속 싸움을 하여 이제 일종의 후방 공격의 행위와 같은 일을 했습니다. 그들은 예복에 대해 계속 투쟁했습니다. 그래서 1563년부터 1567년 사이에 의복 또는 예복 분쟁(Vestiarian Controversy)이 있었습니다.

이때부터 청교도(퓨리탄)라는 이름이 보편적 의미로 사용되기 시작했습니다. 그 이전에는 까다로운 사람들(Precisians)이라고 불렸었습니다.

청교도들은 어떤 의미에서 예복들 — 성직자가 성례를 집행할 때 걸치는 옷이나 다른 예복들 — 특히 상의로 입는 옷들은 본질상 그리 대수롭지 않은 문제들임을 인정했습니다. 그러나 이론적으로 대수롭지 않다고 말하는 것과 실제 사이에는 차이가 있음을 그들은 주장했습니다.

그들이 뜻하는 바는 이러한 것입니다. 중백의 자체는 아무것도 아니지만 그것이 로마 가톨릭에서 사용되고 있으므로 가톨릭적인 것이라는 것이었습니다. 그 자체는 중요한 것이 아니고 잘못이 없지만 로마 가톨릭이 그것을 많이 이용하기 때문에 그것은 중요한 것이 된다는 것입니다.

우리가 보았듯이 후퍼가 지적한 사항 중 하나가 바로 이것입니다. 그들은 중백의가 연상시키는 것 때문에 교황적이고 우상숭배적이라고 말했습니다. 또한 성례 때 어떤 것을 두른다든지 다른 의복을 입는다고 해서 고상함과 경이로움이 생기는 것은 아니라고 주장했습니다. 이런 것들이 때로 장애가 되는 것은, 로마 가톨릭에서 그것들을 사용했고 그로 인해서 그 의식의 효력을 마멸시키기 때문이라는 것입니다. 이것이 바로 그들의 주장이었습니다.

그러나 무엇보다도 청교도들은 이러한 것들을 강요하는 것에 반대했습니다. 엘리자베스 여왕은 감독들에게 그것을 하라고 명령했습니다. 그녀는 스스로 이 일을 하지 않을 만큼 충분히 영리했습니다. 그녀는 자기의 인기를 잃는 것을 원치 않았습니다. 그래서 그러한 일을 감독들에게 넘겼던 것입니다. 파커나 그린달, 또 다른 사람들의 글을 읽어보면 정말 그들이 안 됐다는 느낌을 가질 수 있습니다. 사실 그들의 진정한 마음은 다른 편에 있었습니다. 그러나 그들은 교회 안에서 이러한 위치를 차지하고 있으면서 여왕의 지시대로 이행해야 했습니다. 그래서 싸움은 계속된 것입니다.

이러한 일이 계속되어 나가자 또 다른 문제가 발생했습니다. 청교도들은 "이러한 문제와 영역에 대해 세속 권세가 권위를 갖는 것이 옳은가?"라고 의문을 제기했습니다. 이것은 그들의 주장의 두 번째 논리적 단계였습니다. 그들은 이 문제를 자기들끼리 논의하기 시작했습니다.

그러나 이러한 일에 대한 압박이 그들에게 가중되어 오자 세속 권세에 대해 의문을 제기하기 시작했습니다. 교회의 일들은 누가 결정해야 하는가? 이것이 이제 대원리와 논쟁의 골자로 부상하기 시작했습니다. '중립적인 일'

의 영역에 대한 공권력의 한계는 어디까지인가?

1563년부터 1570년까지 이 문제는 갈수록 더 심각한 양상을 띠게 되었습니다. 모두 프로테스탄트들이었지만 이러한 문제들에 대해서 서로 의견을 달리했다는 사실과, 궁정 밖에 있는 어떤 사람들은 '국교도'의 타협안을 일시적인 수단으로 인정하려 들지 않았다는 사실을 기억하는 것은 매우 중요합니다. 국교도들은 이것은 시간이 지나면 해결될 문제이고 때가 되면 자신들이 사람들을 가르칠 수 있게 되어, 여왕도 마음을 바꾸고 정치적인 생각이 반대 방향으로 작용할 수 있을 것이라고 생각했던 것입니다.

이 점을 반드시 이해해야 합니다. 제가 국교도로 묘사한 이 사람들의 입장은 일시적인 방편으로 잠정적인 입장을 취한다는 것이었습니다. 그들이 이러한 자세를 영구적으로 취하겠다고 의도한 증거는 하나도 없습니다. 극히 어려운 상황에서 그들은 그날그날 살아갔고, 군주의 빈번한 변덕에 자신들을 맞추어 살아갔습니다.

패트릭 콜린슨은 아주 재미있는 말로 국교회주의는 일종의 "개혁 가톨릭교로서 온건과 중용을 그 특징으로 한다"고 했습니다. 그들은 가능한 최선을 주장했습니다. 그러나 분명히 청교도들은 그렇지 않았습니다. 대륙의 재세례파로부터 들어온 영향들의 조짐이 보이기도 했습니다. 이것은 일부 청교도들로 하여금 극단에 빠지게 했던 것입니다.

그 입장은 모든 면에서 굳어지기 시작했습니다. 그것은 제가 볼 때에 엘리자베스 시대의 비극입니다. 엘리자베스 통치 초기에 대륙에서 돌아왔던 모든 사람들을 생각해보십시오. 그들은 '중립적인 일'로 불리는 것들에 대해서 근본적으로 의견을 같이했습니다.

그러나 분열이 생기기 시작했습니다. 어떤 사람들은 직책을 맡았고 어떤 사람들은 그것을 거절했습니다. 거절한 사람들은 여러 가지로 투쟁했고 싸웠습니다. 여왕은 감독들에게 이 사람들을 제어하라고 명령했습니다. 그리하여 점차 이 사람들에게 일어나기 시작했던 일이 드러나게 됩니다. 이들이 맡았던 직책은 이들의 견해에 영향을 미쳤습니다. 직책을 맡는 것은 언제나 위험천만한 일입니다. 자기에게 주어진 의무를 수행하는 것이 마음의 첫 자리에 오기 쉽습니다. 그들은 그러한 의무들을 수행하겠다고 서약했습니다.

덧붙여서 그들이 유럽 대륙에서 알았던 것에 대한 기억은 사라지기 시작했습니다. 그들이 메리 여왕 밑에서 받았던 핍박은 더 이상 없었습니다. 그들은 점점 안주하기 시작했고, 그들 가운데 일부는 매우 부자가 되었습니다. 감독들은 그때 부유했고 이 모든 것들이 그들에게 영향을 미치기 시작했습니다. 그들은 망명자로서 함께 대륙에 있을 때 보여주었던 놀라운 의견 일치를 망각하고 말았습니다.

규율이 최고가 되었습니다. 규율을 지키고 질서를 지켜야 했습니다. 그 결과 그 어려운 메리 여왕과 핍박의 시대에 그처럼 우정을 나누고 친구 사이가 되어 함께 동조했던 사람들 사이에 엄청난 분열이 생겼습니다.

그러던 중 1570년에 극적인 사건이 일어났는데 그것은 케임브리지의 토머스 카트라이트와 관련된 것입니다. 그는 신학부의 레이디 마가렛 교수로 임명받았습니다. 그는 사도행전의 처음 몇 장을 강론하기 시작했습니다. 오늘날 많은 국교도들이 사도행전에서 어떤 교리를 끌어내는 것을 반대하는 것을 주목하면 정말 흥미롭습니다. 이러한 태도는 1570년으로 거슬러 올라갑니다. 카트라이트는 교회의 본질에 대한 문제 전체를 제기했고, 이렇게 함으로써 영국 장로교회의 역사를 시작한 셈입니다.

여기에는 전적으로 새로운 요소가 있었습니다. 청교도들 중 일부는 군주가 교회 일에 간섭하는 권한을 가져서는 안 되며, 감독들 또한 이러한 권한을 갖지 말아야 한다고 보았습니다. 실로 이 문제는 감독이 있어야 하느냐는 문제로까지 비약되었습니다. 교회에 이러한 직책이 있어서는 안 된다고 그들은 결정했습니다. 그들은 제네바에서 장로교회의 모형을 보았으며, 그것이 그들 마음에 들었습니다. 그들은 장로회 개념을 영국 국교회에 도입하기 시작했습니다.

우리가 '국교도'라고 묘사해온 그 다른 청교도들은 어떠했습니까? 이들이 생각해낸 최선의 편법은 강사(講師)를 지명하는 것이었습니다. 이들은 불행했고 고통을 겪었습니다. 근본적으로 이들은 교회의 철저한 개혁에 관심이 있었지만, 제가 말씀드린 몇 가지 이유 때문에 이들은 영국 국교회의 규례에 순응해야 했고, 많은 사람들은 양심의 근거에 기초해 그런 일을 했습니다. 이들은 서약을 했으면 그 서약을 지켜야 하며, 따라서 장로교도가 되면 서약을 파기하는 것이라고 주장했습니다. 이들은 계속 그렇게 지냈습니다.

그러나 이들은 불행했습니다. 이들이 받아들였던 그 편법은 이들의 호칭대로 강사를 지명하는 것이었습니다. 강사들이란 누구입니까? 그들은 성직록을 받지 않는 사람들이었음을 기억해야 합니다. 그들은 단지 설교자로서 교구를 책임진 사람도 아니었고 목회 분야의 일을 하는 사람도 아니었습니다. 이 강사들은 곧 인기 있게 되었는데, 특히 시장이 있는 마을에서 그러했습니다.

또 도입된 개념은 '예언하는 일'이라고 불리는 것이었습니다. 이것은 교회 안에 사람들을 모아놓고 – 때로는 사역자들만 모아놓고, 때로는 평신도들도 함께 모아놓고 – 함께 성경을 상고하는 것이었습니다. 어떤 사람에게 성경의 한 대목을 해석해보라고 지적합니다. 그런 다음 다른 사람들이 해석을 비평합니다. 이것을 함께 모여 토론합니다. '예언하는 일'은 매우 인기가 있어서 정기적으로 열렸고 시장 마을에서 역시 성행했습니다.

청교도와 국교도 사이의 본질적인 차이는 두 사람 – 월터 트래버스와 리처드 후커 – 을 통해서 구체화되었고, 우리 앞에 생생하게 드러난 것 같습니다. 이 두 사람은 정기적으로 런던의 템플교회에서 설교했습니다. 리처드 후커가 아침에 설교했고 월터 트래버스는 오후에 설교했습니다. 리처드 후커는 전형적인 국교도였습니다. 처음에 말씀드린 바와 같이, 국교회주의의 정확한 정의를 내릴 수 있게 된 것은 이 후커 때문이었고, 후커에 의해서였습니다. 그의 '교회 통치법'은 국교회주의의 궁극적인 원형을 만들었습니다.

반면에 월터 트래버스는 장로교도의 입장을 신봉하고 나섰습니다. 그 입장은 이때 보다 더 분명하게 규정되었습니다. 일시적인 입장들이 이제 굳어지게 되었습니다. 리처드 후커의 정의에 따르면, 국교회주의는 파커나 그린달 등 메리 여왕의 추방으로 대륙에 갔다가 돌아왔던 사람들의 입장과는 매우 다른 것이었습니다. 진정한 변화가 일어났습니다. 그것은 필연적인 변화입니다. 1558년부터 1563년에 이르는 이른 바 잠정적인 순응과 타협은 궁극적으로 후커의 입장을 불러오게 되었습니다.

반면에 참된 청교도들인 다른 사람들이 취한 태도는 다른 방향으로 나아갔습니다. 그 하나는 장로회주의입니다. 이것은 존 녹스의 영향을 받아 이미 스코틀랜드에서 일어났습니다. 그러나 영국에서는 다른 방향으로 나타나기 시작했습니다.

분리주의자라고 불리는 사람들이 나타났습니다. 이 사람들은 국가 교회 개념 자체를 완전히 불식시켜야 한다고 말하는 사람들이었습니다. 그들은 왕과 정부 관련자들을 염두에 두고 '무엇을 위해서도 지체하지 않는 개혁'을 말하고 또 글로 썼습니다. 그래서 분리주의자들의 위대한 이야기가 있는 것입니다. 저는 그것을 추적하고 싶지 않습니다. 다만 보다 근본적이고 참된 청교도주의가 장로회주의와 분리주의로 나뉘었다는 것을 진술하고 싶을 따름입니다. 전자는 여전히 영국 국교회는 장로교회로 개혁될 수 있다고 믿었고, 후자는 영국 국교회를 포기했습니다.

이 시점에서 국교회적인 관점을 가진 청교도들은 어떠했습니까? 이것은 매우 흥미 있고 중요한 문제입니다. 지금에 와서 분명하게 밝혀진 것은, 여왕과 감독들과 강력한 힘을 구사했던 조정의 대신들의 자세 때문에 결국 순전히 청교도적인 방향으로 영국 국교회를 개선할 희망은 전혀 없었다는 것입니다. 엘리자베스 통치 초기에는 모두 그렇게 하려고 마음먹었습니다.

그러나 우리가 보았듯이 틈이 생겼습니다. 청교도들은 그러한 일이 여전히 가능하다고 믿었으며, 어떤 사람들은 장구한 정책을 통해서 그러한 목적을 성취할 수 있다고 희망하면서 미봉책을 썼습니다. 그들은 모두 처음에는 이 일을 하는 데 관심이 있었습니다. 그러나 1570년대 말과 1580년에 들어와서 그러한 방법으로는 도저히 개혁을 이룰 수 없다는 것이 명백해졌습니다. 1590년대에는 더욱더 명백해졌습니다. 1593년에 존 펜리와 헨리 바로우 등의 사람들이 분리주의적인 가르침과 행위 때문에 사형에 처해졌습니다.

국교도적인 청교도들 - 저는 그들을 이렇게 부르고 있습니다 - 은 이에 대해 어떤 반응을 나타냈습니까? 이 단계에서 그들은 도덕적이고 목회적인 가르침으로 돌아섰습니다. '양심의 문제'와 목회 신학으로 말입니다. 영국 국교회 전체를 장로교회로 바꾸려는 시도(소위 고전적 운동)는 실패했습니다. 그러므로 그들은 보편적인 프로테스탄트 신학을 무시하지 않으면서 목회적인 가르침과 목회 신학에 관심을 집중하기 시작했습니다. 바실 홀 교수는 바로 이것이 청교도주의라고 말합니다. 그가 볼 때 이것만이 청교도주의입니다.

그러나 이것은 그들이 마지못해 했던 차선책에 지나지 않음을 보여드렸다고 저는 믿습니다. 큰 것, 원초적인 생각이 불가능해 보였습니다. 그래서 그들은 이러한 방향으로 선회하면서 궁극적으로 시대가 변하여 교회의 참된 개혁이 가능할 수 있게 되기를 희망했습니다. 이 목회적이면서 경건주의적인 요소가 언제나 존재해왔습니다만, 여기까지는 진정한 교회 개혁 의지의 부산물이었습니다. 실로 그들이 강조한 주장은, 참된 신앙생활이 만개할 가능성을 보장하는 교회는 개혁된 교회라는 것입니다. 드디어 1603년에 엘리자베스 여왕이 죽고, 스코틀랜드의 제임스 6세가 영국의 제임스 1세 왕이 됩니다. 이때 많은 사람들은 이렇게 생각했습니다.

"얼마나 놀라운 기회입니까? 이 사람은 스코틀랜드에서 존 녹스와 그 후계자들의 영향을 받고 자랐으므로 신학에 관심이 있을 것이고 칼빈주의자일 것입니다. 이 사람은 모든 것을 바르게 할 사람입니다."

그래서 그들은 햄프턴 궁정에 '1천 명의 탄원서'라는 대단한 탄원서를 작성하여 그에게 올렸지만 여지없이 거절당하고 말았습니다. 그는 엘리자베스

보다 더 나빴습니다.

가련한 청교도들은 어떻게 반응했습니까? 수많은 사람들이 이민을 떠났습니다. 어떤 사람들은 네덜란드로 갔고, 1620년에 미국에 건너간 사람들은 필그림 파더가 되었습니다.

영국에 머물러 교회에 남아 있던 사람들은 어떠했습니까? 그들은 계속 영적이고 도덕적인 교훈과 설교를 해나갔는데, 이는 리처드 십스(Richard Sibbes), 존 프레스턴과 다른 많은 사람들의 저작집에서 볼 수 있습니다. 그러나 새로운 요인이 생겼습니다.

다음 왕인 찰스 1세는 어리석게도 정치적인 요소를 도입하고, 순전히 영적인 싸움과 열정에 정치적인 요소를 개입시켜 청교도들로 하여금 다시 한번 어떤 소망이 있을 것이라는 희망을 갖게 만들었습니다. 이 싸움은 1640년까지 계속되었습니다. 왕과 청교도들 사이에 공공연한 전쟁이 벌어졌던 것입니다.

이것은 공화정치와 크롬웰의 통치 시기를 불러왔고, 이때 국교회 제도는 폐지되었고 잠시 동안 장로교회가 공적으로 인정되었습니다. 그리고 주춤하던 회중교회가 다시 서기 시작했습니다. 그리하여 많은 혼란이 있었습니다.

그런 다음 1662년에 이르면 대추방이 일어납니다. 이것으로 인해 국교도적 청교도주의는 종식을 고하게 됩니다. 우리가 이것을 추방이라 하는 것은 바른 말입니다.

그러나 어떤 의미에서 이것은 추방이 아니었습니다. 이 사람들은 당국자들이 추방시키지 않으면 안 될 입장을 취했던 것입니다. 그것은 그들이 생각하기에 타협이나 더 악한 것이라고 여기는 것을 받아들이거나 복종하거나 따르기를 더 이상 계속하지 않으려 했기 때문입니다.

1640년대로 거슬러 올라가 보면 토머스 굿윈은 그들이 결코 영국 국교회를 이겨 진정한 개혁적 입장을 취하지 못할 것이며, 영국 국교회는 '중도 노선'에 복종하게 될 것이고 그 밖의 다른 어느 것도 아닐 것이라는 확신을 갖게 되었습니다. 그래서 그는 독립파를 지지하고 나섰던 것입니다. 존 오웬도 1640년대에 독립파가 옳다고 확신하고 대추방 전인 1661년에 떠났습니다.

그러나 1662년에 2천 명에 달하는 사람들이 희생당하고 생활 터전에서 추방되는 일을 당하게 됩니다. 이전에는 일종의 비국교도가 하나도 없었습니다. 그러나 이제는 공식적인 비국교도가 생겨난 것입니다. 청교도주의는 영국 국교회에 존재하지 않게 되었습니다. 비록 라벤엄의 윌리엄 거놀(William Gurnall) 같은 이들이 남았다 할지라도 말입니다. 그들의 수는 무시해도 좋을 만큼 적어서 더 이상 어떤 영향력을 미치지 못했습니다. 영국 국교회 속에 청교도주의를 심으려는 시도는 결국 완전히 실패로 끝났습니다. 그러나 이 문제가 실제적으로 결론지어진 것은 1663년입니다.

그동안 필그림 파더들은 지금의 미국으로 건너갔습니다. 그곳에서 그들은 '새로운 영국 방식'을 추구했습니다. 필그림 파더를 따라갔던 사람들 거의 대부분은 국교도로서 존 코튼, 리처드 매더(Richard Mather), 토머스 후커 같은 이들이었습니다. 그러나 거기에 정착할 때는 감독이 하나도 없었습니다.

그들은 회중교회를 형성했습니다. 그들은 영국 국교회가 참된 교회라고 말하지는 않았지만, 회중교회 방식의 새로운 잉글랜드 방식을 세우는 데 합의했습니다. 제가 말씀드리는 주장은, 참된 청교도주의-단순히 이론적이거나 학문적이 아닌-는 하나의 포괄적인 감독교회의 편을 들거나 강조하는 것으로 만족하지 않고 언제나 장로교회나 독립교회로 발전되어 나갔다는 것입니다.

이제까지 말씀드린 것을 요약해보겠습니다. 청교도의 특징은 무엇입니까? 국교도와 청교도의 차이는 무엇입니까? 그들은 다 프로테스탄트였으며, 16세기 말엽까지는 사실상 모두 칼빈주의자였다는 사실을 잊지 맙시다. 캔터베리 대주교가 되었던 휘트기프트(Whitgift)의 입장은 조금 의심스러운 것 같습니다. 그러나 그 사람이나 다른 사람들도 칼빈주의자였다는 것을 인정합시다. 그들은 모두 프로테스탄트였고 칼빈주의자였으며 국가 교회를 믿었습니다. 이것은 그들의 공통점이었습니다.

그러면 차이는 무엇입니까? 이것을 다음과 같이 표현한 어떤 사람의 논평을 저는 받아들입니다. 참된 차이는 그들은 모두 프로테스탄트였지만 국교도들은 언제나 '가톨릭을 바탕'으로 하고 있었다는 점입니다. 이것이 바로 본질적인 차이입니다. 그들은 모두 하나의 포괄적인 교회, 하나의 국가적인 연관을 가진 교회를 믿었습니다.

4. 청교도와 국교도의 핵심적인 차이

청교도와 국교도의 차이는 무엇입니까? 제가 이제까지 설명했다고 생각합니다만, 그것은 단순히 목회 사역에 강조점을 둔 것이지 더 큰 관심을 갖게 하는 문제는 아니었습니다. 그러면 무엇입니까? 그것은 교회의 본질에 대한 관심의 문제였음을 지금까지 말씀드려 왔는데, 그것이 여러분에게 부각되었으면 합니다. 그것은 완전하고 철저한 개혁에 대한 열망이었습니다. 그것은 의식들과 예복들을 반대하는 것에서부터 시작했으나 교회의 교리 전체로 발전되어 나갔습니다.

여기 영국에서, 마르틴 루터가 밟았던 것과 똑같은 유의 단계가 취해지고 있는 것을 보면 흥미롭지 않습니까? 처음에 루터는 면죄부 문제에만 관심을 기울였습니다. 그러나 논리적이고 앞뒤가 맞게 이야기한다면, 어느 시점에서 이러한 큰 체계들 중 한 가지에 의문을 제기하는 순간 교회의 전체 교리를 금방 의심하게 될 것입니다. 교회의 통치 형태나 다른 모든 문제들 말입니다.

루터는 이러한 단계들을 다 겪어나갔습니다. 그는 1517년에 그의 유명한 95개 논제를 제시했습니다. 그러나 이듬해가 되기까지는 로마 가톨릭교회를 원천적으로 비난하지는 않았습니다. 잉글랜드에서도 이와 유사한 발전 양태를 보였습니다. 먼저 의식들과 예복들에서 시작되어 끝내는 영국 국교회의 전체 상태에 대한 의문으로 나아갔고, 철저하게 개혁을 시행하려는 열망으로 연결되었습니다. 청교도는 부분적으로 개혁된 교회에 만족하지 않고 완전하게 개혁된 교회를 원했습니다.

청교도와 국교도 사이의 두 번째 차이는, 여러분이 보는 바와 같이 국제적인 시각과 한 국가적인 시각의 차이라 할 수 있습니다. 앞에서 녹스와 콕스 사이의 차이에 대해서 인용한 바 있는데 이는 바로 이것을 뜻하는 것입니다.

존 녹스는 국제적인 시각을 갖고 있었습니다. 모든 청교도들은 이러한 국제적인 시각을 갖고 있었습니다. 대륙에서의 교회 생활을 보았던 그들은 "우리는 모두 그리스도인입니다. 우리는 모두 같은 진리에 속해 있습니다"라고 말했습니다. 그들은 국제적인 시각을 갖고 있었던 것입니다. 다른 사람들, 즉 '국교도들'은 국내에만 있어서 좁은 국내적 사고방식만 갖고 있었습니다.

리처드 콕스가 일차적으로 관심을 기울인 것은 '영국 교회의 얼굴'이었습니다. 저는 매우 광범위하게 말하고 있습니다. 때로는 크랜머가 대륙의 영향을 받아 에큐메니컬적 프로테스탄티즘의 관념을 좋아하는 쪽으로 영향을 받은 적도 있었습니다. 그러나 이것은 아무런 열매도 맺지 못했습니다.

국교회주의의 관점은 본질적으로 영국적이었다고 말하는 것이 공평하다고 저는 믿습니다. 언제나 그러했습니다. 이것은 다른 프로테스탄트 교회들에서 일어났던 것과는 다른 것입니다. 영국 국교회는 예외였습니다. 대륙의 프로테스탄트 교회들과는 달랐습니다. 국제적인 사고방식과 대조되는 영국의 민족적 사고방식에 의해서 그것이 크게 결정되었습니다.

이것을 달리 표현하면 이러합니다. 청교도는 언제나 신약으로 돌아가기 원했습니다. 국교도는 역시 전통과 관습과 계속성에 관심이 있었습니다. 국교회주의는 언제나 계속성을 강조했습니다. 그렇기 때문에 오늘날도 영국 국교회는 많은 사람에 의해서 '중간 교회'(the bridge Church)라는 소리를 듣는 것입니다. 영국 국교회는 개혁교회일뿐만 아니라 가톨릭교회라고 언제나 주장해왔습니다. 계속성과 전통!

이 차이를 다르게 표현하면, 청교도는 모든 것을 오로지 성경의 가르침에 기초한 반면, 국교도는 이성을 끌어들였습니다. 이것을 특별하게 강조하기 시작한 것은 존 주웰부터였습니다. 리처드 후커의 가르침에서 이 점은 더욱 더 명백해졌습니다. 후커가 이성에 부여한 위치는 국교도의 시각에 주도적인 요인이 되었습니다.

또한 이 차이를 또 다르게 표현하면, 청교도들은 복음적인 관점만이 유일한 관점이라고 하는 반면에, 국교도는 복음주의는 하나의 관점이요 하나의 강조점이요 하나의 태도라고 말합니다. 그러면서 우리가 우리의 강조점을 선포할 자유만 얻는다면, 포괄적인 교회의 부분이 되는 것으로 만족해야 한다고 주장했습니다. 이것이 바로 근본적인 차이점입니다. 청교도들은 이렇게 하지 않으려 했습니다. 그러나 국교도는 언제나 이 관점을 주장했습니다.

실제 영역에 있어서의 차이점은 다음과 같이 요약할 수 있습니다. 청교도는 예배의 신령성을 강조합니다. 국교도는 예배의 형식적인 면을 강조합니다. 그리고 예배의 구성에 더 관심이 있습니다. 청교도는 교제에 관심이 있는 반면에 국교도는 보다 더 개인주의적입니다. 모인 교회라는 개념은 청교도 사상에 있어서 핵심과도 같습니다. 교제를 아주 중요하게 생각한다는 것입니다. 그러나 국교도는 보다 더 개인주의적입니다. 청교도는 죄를 색출해내는 것이나 엄격한 교회 훈육을 믿었습니다. 국교도는 외면적 일치에 만족하는 경향을 보입니다.

제가 볼 때 이러한 것들이 주요한 차이점입니다. 그래서 저는 위대한 사람들 중 많은 사람들의 태도를 잘 이해할 수 있습니다. 특히 엘리자베스 여왕의 통치 초기에 있었던 사람들 말입니다. 그들은 자기들이 좋아하지 않는 많은 것들에 대해 편의주의적인 입장을 취하며 복종했습니다. 잠정적인 방편으로서 말입니다.

여러분도 기억하다시피 칼빈은 감독들을 두는 것을 믿지는 않았지만 감독 제도를 인정하라고 권고했습니다. 한동안 영국에서 그렇게 하는 것이 옳다고 말하기도 했습니다. 이것은 하나의 타협입니다. 불링거나 다른 사람들도 역시 같은 충고를 했습니다. 이러한 많은 사람들의 태도를 저는 이해할 수 있습니다.

또한 여러 방면에서 엘리자베스 통치 기간 내내 그것을 계속 주장했던 사람들의 입장도 이해할 수 있습니다. 또한 제임스 1세와 찰스 1세의 통치 기간에 있었던 사람들의 입장도 이해할 수 있습니다. 그들과 의견이 같은 것은 아니지만 전적으로 그들을 이해할 수 있습니다. 왜냐하면 바뀌어질 희망이 언제나 있었기 때문입니다. 희망이 많았던 것은 아닙니다(많은 사람들이 희망이 없다고 말하기도 했지만 말입니다). 그러나 끝내 영국 국교회가 완전히 개혁되리라는 희망이 있었습니다. 1662년까지는 사실상 그러한 입장을 이해할 수 있습니다.

그러나 1662년 이후에 그러한 입장을 취한다는 것은 전혀 있을 수 없는 일이라고 저는 생각합니다. 그 후 300년의 역사는 로마 가톨릭의 잔재로 여겨졌던 것에 복종하는 일보다 차라리 추방당하는 것을 택했던 사람들이 옳았다는 것을 우리에게 분명히 보여줍니다.

다른 말로 해서 청교도주의는 궁극적으로 하나의 정신 구조요 하나의 정신입니다. 참된 청교도주의는 궁극적으로 장로회주의 안에서 발견된다고 저는 주장합니다. 특히 존 녹스에게서 말입니다. 또 토머스 카트라이트에게서도 발견됩니다. 또한 분리주의적인 관점을 취했던 사람들에게서도 발견되며, 뉴잉글랜드 교회들에서도 발견됩니다.

또한 비국교도와 독립파, 침례교도들 중에서도 발견됩니다. 그리고 토머스 굿윈이나 존 오웬에게서도 마찬가지입니다. 이것이 바로 본질적인 청교도 정신입니다.

왜냐하면 이것은 교회와 교회론을 중심적 위치에 두었기 때문입니다. 스펄전에게서도 같은 방법의 본질적 청교도 정신을 보게 됩니다. 그는 청교도적 사고방식의 완벽한 실례입니다.

오늘날 국교회적 사고를 많이 발견할 수 있는 곳은 침례교 연맹(Baptist Union), 영국 회중교회 그리고 메소디즘과 청교도주의를 기원으로 하는 기타 교회들입니다. 그들은 청교도가 아니라 국교도로서 생각함으로써 자신들의 기원을 부인하고 있는 것입니다.

청교도는 일차적으로 순전한 교회, 진실로 개혁된 교회에 관심이 있습니다. 많은 사람들은 여러 국면의 청교도 가르침들을 좋아합니다—은혜의 교리를 크게 강조하고 목회 신학에 강조점을 두는 것 말입니다. 그러나 청교도주의의 이러한 면들을 아무리 존경한다 할지라도 그의 첫 번째 관심이 순전한 교회, 성도들의 모임으로서의 교회에 관심이 없다면 자신을 청교도라고 부를 자격이 없는 것입니다.

청교도주의는 철저한 개혁에 대한 관심에서 출발하여 교회의 교리 전체로 나아갑니다. 우리는 청교도주의의 다른 면들로 인해 하나님께 감사합니다. 또한 그들이 교훈의 위대한 자료들이 되었던 것에 대해서도 감사합니다. 만일 우리가 교회의 교리를 중심에 놓지 못하면 참된 청교도의 자세, 청교도의 사고방식, 청교도의 정신, 청교도의 이해를 벗어나고 있는 것입니다.

열세 번째 강연

1972년
청교도의 창시자, 존 녹스

대부분의 사람들은 존 녹스를 스코틀랜드와 연관 지어 생각하기 때문에 스코틀랜드 사람들만이 그와 그의 사역을 기념해야 한다고 생각합니다. 이러한 자세에 대해 다음과 같이 지적할 수 있습니다. 제네바를 방문하여 위대한 종교개혁자들을 기념하는 기념판이나 기념관을 본 사람들은 누구나 존 녹스가 거기에 있음을 보았을 것입니다. 그는 칼빈과 파렐과 어깨를 나란히 하고 있습니다. 이것은 존 녹스가 스코틀랜드에서 크고 위대한 일을 했을 뿐 아니라 그의 일은 국제적이었음을 충분히 설명하는 것입니다.

저는 이 위대한 사람을 여러분과 함께 토머스 칼라일(Thomas Carlyle)이 한 말의 관점에서 생각해보고자 합니다. 물론 칼라일도 같은 스코틀랜드 사람입니다.

그러나 이 사람은 경박하게 말하지 않는 명성 있는 역사가입니다. 그는 자신의 책 『영웅과 영웅 숭배』(*Heroes and Hero Worshippers*)에서 다음과 같이 존 녹스를 언급합니다.

그는 스코틀랜드와 뉴잉글랜드와 올리버 크롬웰의 믿음이 된 믿음의 대제사장이요 창시자였습니다. 다시 말하면 청교도 신앙의 창시자였습니다.

칼라일은 잉글랜드를 포함시키지 않습니다. 마땅히 그래야만 합니다. 그러나 그는 뉴잉글랜드와 올리버 크롬웰을 포함시킵니다. 그리고 존 녹스를 가리켜 대영제국의 여러 섬들뿐만 아니라 훨씬 더 넘어가 역사의 전과정에 영향을 미친 주목할 만한 사건들을 불러온 한 운동의 아버지요 창시자였다고 주장합니다. 칼라일의 말이 정당하지 않습니까? 저는 칼라일이 어떠한 의미에서도 과장하지 않았음을 입증할 의향이 있습니다.

1. 존 녹스의 생애

존 녹스를 청교도주의의 창시자로 생각하기 전에 그의 생애를 간단하게 살펴봅시다. 그는 로마 가톨릭교회에서 자라났고 사제가 되었습니다. 한때 그는 존 녹스 경으로 알려졌습니다. 그는 가난한 가정에서 자랐습니다. 그의 선조들 중에 귀족의 지위에 있었던 사람도 없었고 또한 그를 추천할 만한 사람도 없었습니다.

그가 위대한 사람이 된 것은 순전히 자신의 뛰어난 천부적 재능 때문이었고, 특히 그의 회심의 결과이기도 했습니다. 그는 스코틀랜드 종교개혁 초기에 비춰진 대단한 빛을 통해 놀라운 방법으로 회심했습니다. 조지 위샤트(George Wishart)와 그 밖에 다른 사람들을 통해서 말입니다. 그는 대단한 변화를 경험했고, 물론 로마 가톨릭에도 등을 돌리게 되었습니다. 그는 결국 세인트 앤드류에서 일을 맡기 시작했습니다.

처음에는 설교를 하지 않았지만 후에 설교를 하지 않으면 안 될 위치에 있게 되었습니다. 그 결과 프랑스 사람들이 세인트 앤드류를 점령하고 여러 사람들을 붙잡아 갔을 때, 존 녹스도 붙잡혀 거의 2년 동안 프랑스 군함에서 노예로 일을 했습니다.

이것은 가장 참기 힘든 체험이었는데, 그는 이 고통을 받으면서 그러한 삶의 가혹성과 지독한 잔인성을 경험하게 됩니다. 이것은 그의 전 생애에 흔적을 남겼습니다. 왜냐하면 이것은 그의 건강을 해쳤고, 건강 때문에 끊임없이 고생해야 했기 때문입니다.

결국 그는 그 상황에서 빠져나오게 되자 잉글랜드와 스코틀랜드로 돌아가게 되었습니다. 스코틀랜드의 상황은 그에게 매우 어려웠습니다. 그래서 그는 잉글랜드에 정착했습니다.

그는 베릭에서 투위드에 이르는 지역의 사역자와 설교자로 지명되었고, 그곳에 머물면서 1549년부터 1551년까지 뉴캐슬에서 타인에 이르는 지역을 돌보는 사역자가 되었습니다(그가 1503년 혹은 1504년에 태어났느냐, 아니면 1513년 혹은 1515년에 태어났느냐에 대한 논란이 많습니다. 이것은 문제가 되지 않습니다. 중요한 것은 1540년쯤 회심했을 때 그는 성년이었으며, 베릭과 뉴캐슬에서 설교자가 되었다는 점입니다).

그 후 그는 런던으로 내려갔습니다. 이때는 에드워드 6세가 통치하고 있었습니다. 녹스는 궁정 목사 가운데 끼게 되었고 궁정 설교자 중 한 사람이 되었습니다. 그래서 그는 잉글랜드의 정사 중심에 서 있었고, 에드워드 6세와 궁정 앞에서 여러 차례 설교할 수 있었습니다. 에드워드 6세가 16세의 나이로 죽자 '피의 메리'인 메리 여왕이 잉글랜드의 왕이 됩니다. 녹스와 다른 수많은 사람들은 살기 위해 도망쳐야 했습니다. 결국 그는 대륙으로 건너가 제네바의 존 칼빈 밑에서 공부하기 시작했습니다.

그러나 거기서 그는 프랑크푸르트와 마인에 이르는 지역에 교회를 세운 잉글랜드 피난민들의 협동 목회자가 되어달라는 요청을 받게 됩니다. 그는 매우 꺼렸지만 칼빈의 설득으로 그곳에서 목회하게 되었습니다. 그는 많은 어려움과 논란을 겪은 뒤 다른 여러 피난민들과 함께 프랑크푸르트에서 제네바로 갔습니다. 그는 거기서 다시 1556년부터 1559년까지 잉글랜드 사람들의 교회의 목회자가 되었습니다.

메리 여왕이 죽고 1558년 엘리자베스가 즉위한 후인 1559년 4월에, 그는 대영제국의 여러 성으로 돌아갔을 뿐 아니라 스코틀랜드에도 가보았습니다. 그는 1559년 4월에 스코틀랜드에서 위대한 일을 시작했고, 어떤 의미에서 일생의 일을 시작했습니다. 1572년 11월 24일, 그곳에서 죽기까지 계속 거기에서 사역했습니다.

이상이 이 사람의 약력입니다. 그에 대한 훌륭한 전기들이 많이 있습니다. 가장 최근에 나온 책으로 야스퍼 리들리(Jasper Ridley)의 책을 추천하고 싶습니다. 이 책은 주의 깊은 연구와 많은 생각 끝에 낸 책입니다. 이것은 존 녹스에 관해 쓴 가장 훌륭한 책들 가운데 하나입니다. 물론 유스테이스 퍼시(Eustace Percy) 경이 30여 년 전에 쓴 것보다 더 낫습니다.

2. 존 녹스의 특징

이제 녹스 자신에 대해서 살펴봅시다. 존 녹스만큼 많은 사람들로부터 적대감을 받았던 사람도 없을 것입니다. 칼빈도 마찬가지였습니다. 그러나 어떤 의미에서 녹스는 더했습니다. 아마 그의 성품 속에는 적대감을 불러일으키는 요소들이 칼빈보다 더 있었던 것 같습니다.

그러나 물론 이것은 로마 가톨릭과 여러 유형의 가톨릭의 악의 때문에 나온 것입니다. 교회가 하나로 되어 있던 그 당시 존 녹스와 같은 사람은 당연히 신랄한 공격의 표적이 되었습니다. 오늘의 주된 관심은 스코틀랜드의 메리 여왕에게 있는데, 그녀는 자신이 자기를 그린 것보다 미화되고 이상화되고 있습니다.

그러나 저는 존 녹스를 옹호하는 데 관심이 있는 것이 아닙니다. 그는 자신을 옹호하기 위해서 어떤 다른 사람이나 또는 나 같은 사람을 필요로 하지 않습니다. 이 놀라운 사람을 살펴보십시오. 그는 키가 작은 사람이었습니다. 이것은 의미 없는 말이 아닙니다. 어떤 사람들은, 이 세상에서 가장 위대한 일은 키가 작은 사람들과 작은 민족들에 의해 이루어졌다고 말한 적이 있습니다.

그는 잘생긴 사람도 아니었습니다. 또한 현대사회의 기준으로 볼 때 외모적으로 특출한 데가 있는 사람도 아니었습니다. 그는 강하고 까다로운 사람으로 육적인 면에서 본다면 그를 추천할 만할 것이 하나도 없었습니다.

단 한 가지 뛰어난 것이 있다면, 사람들로 하여금 하나님을 두려워하게 만드는 것이 그의 눈에 있었다는 것입니다. 그에게 있어서 가장 두드러진 점은 그의 능력이었습니다.

그는 칼빈이 할 수 있었던 일을 할 수 없었습니다. 칼빈은 학자였지만 그는 학자가 아니었습니다. 그러나 사람은 학자가 아니라도 유능할 수 있습니다. 그의 능력에 대해서 제가 말할 때 저는 특히 서로 다른 것들을 구별해내는 능력, 즉 분별력을 염두에 둔 것입니다. 아마 이 점은 그의 뛰어난 여러 특징 중 하나일 것입니다.

그의 또 다른 특징은, 그의 놀라운 정력입니다. 여기서 다시 하나님께서 늘 사용하셨던 모든 위대한 사람들의 특징이 나타납니다. 그가 이룬 모든 것은 하나님의 은혜로만 설명할 수 있습니다. 그러나 그 사람의 성질 자체에도 그것을 설명할 만한 것이 있었습니다.

저는 최근에 다니엘 로랜드도 이와 같다는 것을 책에서 읽었습니다. 그는 18세기의 위대한 웨일즈 출신 설교자였습니다. 그의 당대의 사람들은 언제나 그의 뛰어난 정력에 대해서 말했습니다. 이 자질은 위대한 정치가들, 위대한 군사 지도자들, 그 밖의 다른 지도자들의 특징이었는데, 이것은 또한 위대한 설교자들의 일반적인 특징이기도 합니다. 우리는 데모스테네스가 웅변에 대해서 내린 정의를 상기하게 됩니다. 웅변이란 '행동, 행동, 행동'(action)이었습니다.

녹스의 또 다른 특징은 그의 빈틈없는 성격이었습니다. 어떤 사람이 빈틈없는 기민함을 필요로 했다면 존 녹스 자신이 처한 바로 그러한 상황이었을 것입니다. 우리는 이 연구 모임에서 국가와 교회, 정치와 종교의 관계를 상기한 바 있습니다.

그러나 그 시대에는 이것이 불가피했습니다. 이것은 존 녹스가 스코틀랜드의 정치인들과 서로 협력해야만 했다는 것을 뜻합니다. 존 녹스가 대단한 통찰력을 갖고 이 정치가들과 그들의 표리 부동함에 대해서 간파했다는 것을 보면 누구나 놀라게 될 것입니다. 그는 이러한 기민함 때문에 여러 차례 종교개혁을 보호했습니다. 야스퍼 리들리는 그를 가리켜 '완숙한 정치인'이라고 했습니다.

그렇습니다. 그래야 했었습니다. 이 사람들은 실제로 일어나는 일을 알 수 없었기 때문에 여러 차례 자기들의 주의(主義)를 배반했습니다. 그들은 원수들이 하고 있는 것을 알 수 없었습니다. 그러나 존 녹스는 그것을 알 수 있었습니다.

그는 특유의 주도 면밀함으로 인해 그 상황에 대처할 수 있었습니다. 많은 경우 그는 스코틀랜드의 메리 여왕의 교활한 마음과 행동을 꿰뚫어볼 수 있었고, 녹스 자신의 노력을 무마시키려는 여왕의 간계도 알아차릴 수 있었습니다.

그의 지혜가 어떠했는지 알아봅시다. 이러한 점들을 강조하는 것은 다음과 같은 이유 때문입니다. 이 사람은 보편적으로 고집 불통, 과격한 사람, 엄청난 야심과 자만에 끌린 사람, 불일치나 어떤 종류의 반대도 참아낼 수 없었던 사람 등으로 생각되기 때문입니다.

그러나 그에 대한 객관적인 기록을 읽어보면, 그의 뛰어난 지혜에 대해서 놀라지 않을 수 없을 것입니다. 그는 거의 매 단계에서 자신이 얼마나 할 수 있는지를 정확히 알고 그 이상은 결코 나아가지 않는 사람과 같았습니다. 어떤 사람들은 그에게 앞으로 나아가라고 종용했습니다. 또 어떤 사람들은 더 이상 나아가지 말라고 만류하기도 했습니다.

그러나 그는 언제나 지혜의 길을 따라간 것 같습니다. 예를 들면, 베릭에 있을 때, 그는 공적으로 그 당시 공식적으로 사용하던 공기도서를 공격하지 않았습니다. 그러면서 그것을 사용하지도 않았습니다. 여러분은 그 차이를 알 것입니다. 제가 이 점을 강조하는 까닭은, 이것이 중요함을 젊은 형제들에게 암시해줄 필요가 있다는 것을 자주 느끼기 때문입니다. 언제나 공개적으로 말할 필요는 없습니다. 자기가 하고 있는 일에 대해서 떠벌릴 필요는 없습니다.

행동이 말보다 더 중요합니다. 녹스는 공격하지 않았습니다. 또 그것에 관심을 가지라고 요청하지도 않았고 게시판에 발표하거나 자기는 기도서를 사용하지 않겠다고 말하지도 않았습니다. 그저 사용하지 않았을 뿐입니다. 이 점은 온후함과 위대한 지혜를 보여줍니다.

때로 녹스는 겁이 많다는 비난을 받았습니다. 여러 번 스코틀랜드에서 도망쳐 잉글랜드나 유럽 대륙으로 건너가 핍박과 큰 위협을 피했기 때문입니다. 그러나 제가 볼 때 그는 이 위대한 지혜와 주도 면밀함의 원리에 따라 행동한 것입니다.

자신이 스코틀랜드에 있으면 여지없이 사형에 처해질 것임을 그는 알았습니다. 조지 위샤트와 패트릭 해밀턴(Patrick Hamilton) 등 자기보다 앞선 사람들이 그렇게 되었듯이 말입니다. 그는 그같이 사형에 처해져 희생당하는 것은 일을 진척시키지 못할 것을 알았습니다.

그래서 그는 도망쳤습니다. 저는 그가 그렇게 한 것이 정당하다고 봅니다. 때로는 머물러 있다가 순교자가 되는 것보다 도망치는 데 더 큰 용기가 필요할 수도 있습니다.

또 그의 온후한 인품에 대해서 생각해봅시다. 많은 사람들에게는 존 녹스의 온후함을 거론하는 것이 아주 우스꽝스럽게 들릴 것입니다. 그 열광적이고 격렬하고 극단주의적인 사람을 그렇게 말한다고 말입니다. 그러나 이 사람의 온후함은 정말 믿어지지 않을 만큼 대단했습니다.

예를 들어, 그가 베릭 사람들에게 준 충고를 생각해봅시다. 그는 에드워드 6세의 통치 끝무렵에 런던에 있었습니다. 그때는 메리가 여왕이 되기 바로 직전이었습니다. 그는 베릭에 있는 자기 옛 교회 사람들이 곧 큰 난관에 봉착하게 될 것임을 알았습니다. 기도서가 공적으로 채택되기는 했지만 더럼의 주교가 관리하는 지역에서는 그것이 강요되지 못했는데, 이는 그 당시 더럼의 감독이던 턴스톨(Tunstall)이 프로테스탄트라기보다는 가톨릭적이었기 때문입니다.

그러므로 이 프로테스탄트 기도서를 좋아하지 않았습니다. 그래서 그것의 사용이 강요되지는 못했습니다. 물론 이것이 녹스에게 도움이 되어 그것에 관심을 기울이지 않았습니다. 그러나 이제 변화가 있을 것이고 엄격한 규제가 강요될 것을 알 수 있었습니다. 그래서 그는 베릭과 뉴캐슬에 있는 옛 친구들에게 편지를 써서 온후한 태도를 견지할 것을 권했습니다.

그들은 무엇을 어떻게 해야 했습니까? 첫 번째로 제기된 큰 문제는, 나중에 말씀드리겠지만 성찬을 받을 때 무릎을 꿇는 문제였습니다. 녹스는 그들에게 더 큰 원리와 더 큰 진리를 위해서 이것을 따르고 이렇게 한다 할지라도 이해한다는 식으로 충고의 말을 했던 것입니다. 이것이 바로 실제적인 온후함의 원리입니다.

또 다른 예를 들어보겠습니다.

녹스가 프랑크푸르트에 목회자로 갔을 때, 그는 그들이 이미 칼빈식의 예배 순서를 채택하기로 결정했음을 알았습니다. 그들은 이것에 대해서 의견을 같이했고, 또 녹스도 즉시 동의할 것이라고 생각했습니다. 왜냐하면 녹스는 칼빈의 절대적인 추종자였기 때문입니다.

그러나 녹스는 선뜻 동의하려 하지 않았는데, 이유는 스트라스부르크와 베슬 및 다른 지역에 있는 영국 피난민들과 상의하지 않고 그러한 일을 해서는 안 된다는 것이었습니다. 이것이 바로 온후함입니다. 그는 다른 형제들과 합의하에서만 행동했습니다.

후에 그는 다른 사람들과 함께 그들 나름의 예배 순서를 만들어서 반대를 받기도 했습니다. 그는 다른 어느 누구보다도 자신들이 만든 예배 순서를 손질하고 덧붙일 마음을 갖고 있었습니다.

작년에 청교도주의의 기원에 대해서 강연하면서 지적했듯이, 프랑크푸르트에 와서 교회는 '영국 교회의 얼굴'을 가져야 한다고 주장하면서 잉글랜드에서와 같이 기도서를 사용해야 한다고 고집했던 국교도 리처드 콕스와 그를 비교해보십시오. 그러면 녹스는 반대를 무마시키고 일치를 찾아내기 위한 모든 것을 강구했음을 알게 될 것입니다.

그러나 리처드 콕스와 그를 따르는 사람들의 비타협성은 전혀 동의가 불가능하게 만들었습니다. 관용이 없고 냉정하기 이를 데 없다는 비난을 그처럼 자주 듣던 녹스는, 그를 반대했을 뿐 아니라 프랑크푸르트에서 그를 쫓아내어 제네바로 도망가지 않으면 안 되게 만들었던 국교도들에게 온건함의 모범을 보여 귀감이 되었습니다.

이제 그의 독창성에 대해 생각해봅시다. 저는 이 점도 강조하고 싶습니다. 존 녹스를 칼빈의 '축음기판'처럼 생각하는 일이 흔합니다. 이것은 아주 큰 잘못입니다. 어떤 사람들은 이러한 잘못을 하고 있습니다. 그러나 존 녹스는 독창적인 사상가이며 스스로 생각했습니다.

성경에 대한 그의 이해가 요구한다면, 언제라도 틴데일이나 칼빈 같은 사람들이 개진한 관점들에 동의하지 않을 의향이 있었고, 서슴없이 그것을 반대하거나 반박할 수 있었습니다.

예를 들면, 군주들과 통치자들에 대한 그리스도인의 의무에 관한 그의 입장이 그러합니다. 그는 어떤 경우에 있어서는 통치자들에 대한 반대를 옹호합니다. 심지어 혁명도 옹호하고 나섭니다. 칼빈과 틴테일이—특히 칼빈이 그러함—그러한 가르침을 받아들이게 되는 시점이 오기 전에 이미 그러한 생각을 하고 있었던 것입니다.

이것이 바로 그가 독창적인 생각을 하고 있었다는 표지입니다. 그는 이러한 문제들이나 다른 것이든 자기의 견해와 일치하지 않으면 칼빈의 생각을 따르지 않았습니다. 그 스스로 그러한 것들을 생각했습니다.

제가 이 점을 강조하는 이유는 매우 중요한 문제이기 때문입니다. 우리는 책에서 읽는 모든 것을 그저 자동적으로 다 취해서는 안 됩니다. 심지어 위대한 사람들의 책에 나오는 것들도 말입니다. 우리는 모든 것을 검토해봐야 합니다. 녹스도 그랬습니다. 그는 동의하지 못할 때는 동의하지 못한다는 말을 할 준비가 되어 있었습니다.

영국 국교회의 여러 가지 예배 의식에 대해서도 그는 그러한 태도를 보였습니다. 제가 말씀드리겠지만 그는 이러한 문제에 있어서 다른 어떤 사람들보다 앞서갔습니다. 『기괴한 여자들의 통치』(The Monstrous Regiment of Women)라는 책을 쓸 때도 그는 매우 독창적이었습니다.

이제 그의 용기를 생각해보겠습니다. 그는 죽으면서 "나는 사람의 얼굴을 두려워한 적이 없다"고 말했다고 합니다. 그것은 사실이었습니다. 그는 특히 여자들의 얼굴을 두려워한 적도 없다고 덧붙일 수 있습니다. 그는 두 여인의 얼굴과 마주쳐야 했습니다.

한 여인은 매우 강한 여인이었고, 한 여인은 약함 때문에 강한 스코틀랜드의 메리 여왕이었습니다. 약한 여자들은 그들의 멋진 용모와 여자다움을 사용하여 강한 느낌을 갖게 할 수 있었습니다. 잉글랜드의 엘리자베스 1세는 용모는 뛰어나지 못했지만 성격은 정말 강했습니다.

존 녹스는 이 두 사람과 대면해야 했는데, 두 사람 중 어느 누구도 두려워하지 않았습니다. 이 두 여자의 대단한 권세가 그에게는 하등의 문제가 되지 않았습니다. 그의 용기는 거의 믿어지지 않을 정도입니다. 같은 방법으로 그는 크랜머, 리들리, 피터 마터(Peter Martyr)를 반대했습니다.

그는 혼자 되는 것, 혼자 서는 것을 무서워하지 않았습니다. '보름스 회의'와 다른 곳에서 보여준 마르틴 루터의 영웅적인 성품을 녹스에게서도 발견할 수 있습니다.

그러나 설교자로서의 녹스를 생각해봅시다. 설교자로서 그의 위대한 특징은 열렬함이었습니다. 위대한 설교자들은 대개 그렇습니다. 우리는 모두 열렬해야 합니다. 이것은 천성의 결과만도 아닙니다. 이것은 복음의 능력을 느꼈기 때문에 나타나는 것입니다. 당연히 열렬함은 능력이라는 특징을 동반합니다.

존 녹스는 매우 능력 있는 설교자였고, 그 결과 가장 영향력 있는 설교자 중 한 사람이 되었습니다. 제가 뒤에 말씀드리겠지만 에드워드 6세가 그의 설교를 듣고 받은 영향은 매우 주목할 만했습니다. 에드워드 6세뿐만 아니라 다른 많은 사람들도 그러했습니다.

그의 설교가 스코틀랜드의 메리 여왕에게 미친 영향을 언급하는 것은 전통적인 것이 되었습니다. 그는 그녀로 하여금 울게 만들 수 있었습니다. 자신의 죄를 깨닫고 우는 것이 아니라 분노에 차서 울게 만들었습니다. 그녀는 녹스를 두려워했습니다. 그녀는 많은 잉글랜드 군대보다도 녹스의 기도와 설교를 더 무서워한다고 했습니다.

신하요 대사였던 랜돌프는 녹스와 그의 설교에 대해 이렇게 말했습니다. "그 한 사람이 한 시간 동안 하는 말은 500개의 트럼펫이 계속 귀에 불어대는 것보다 더 많은 생기를 우리에게 불어넣을 수 있습니다."

한 사람의 목소리! 녹스가 행한 한 번의 설교로 전체 상황이 변한 적이 여러 차례 있었습니다. 영주들과 다른 사람들이 놀라서 어쩔 줄 모르고 모든 사람들이 굴복할 준비가 되었을 때, 녹스는 설교단에 올라가 설교를 하여 전체 상황을 바꾸어놓았습니다. '500개의 트럼펫이 우리의 귀에 한꺼번에 불어대는 것보다 더 큰 영향력을' 그 한 사람이 나타내었던 것입니다.

이것이 바로 설교가 할 수 있는 일이고, 자주 그러한 일이 있었습니다. 녹스의 경우에는 이러한 일이 부단히 일어났습니다. 아마 이 점에 대해서 녹스에게 주어진 가장 위대한 찬사 중 하나는, 잉글랜드 교회의 한 성직자가 무심코 한 찬사일 것입니다. 메리가 잉글랜드의 왕이 된 후, 휴 웨스턴(Hugh Weston)이라는 사람이 성찬식과 다른 문제들에 대한 토론을 이끌 의장으로 선임되었습니다.

이 일은 옥스퍼드에서 일어났는데, 한편에는 크랜머와 리들리 등이 있었고 또 한편에는 로마 가톨릭 사람들이 있었습니다.

토론이 진행되는 동안 웨스턴은 말했습니다.

"도망간 한 스코틀랜드 사람은-이 말은 스코틀랜드 피난민을 의미함-성찬식 때 그리스도를 찬미하고 경배하는 것을 없애버렸습니다. 그 사람의 주선으로 1552년에 만들어진 공기도서에 이단이 들어왔습니다. 그리하여 한 사람의 권위가 그 당시에 판을 쳤습니다."

웨스턴은 스코틀랜드에서 일어난 일이 아니라 잉글랜드에서 일어난 일을 언급했습니다. 존 녹스의 설교의 영향력에 대한 멋진 증거가 적에게서 나온 것입니다. 로마 가톨릭교도들에 의하면, 성찬식 예배시 '성자들을 숭배하는' 우상숭배 제도를 폐지한 공은 어느 누구보다 존 녹스에게 있다고 합니다. 이것은 그의 설교의 능력을 입증합니다.

3. 청교도주의의 창시자, 존 녹스

이제 '청교도주의의 창시자' 존 녹스를 생각해보겠습니다. 칼라일이 존 녹스를 가리켜 '청교도주의의 대제사장이요 창시자'라고 말한 것이 옳습니까? 제가 지난해에 청교도주의의 기원에 대해서 다룰 때 이 주제를 잠깐 다룬 바 있습니다.

많은 경우를 볼 때 청교도주의의 기원을 찾아서 올라가면 윌리엄 틴데일을 만나게 된다고 말한 바 있습니다. 아직도 저는 이것을 주장합니다. 그러나 그 사상을 하나의 체계로 만들고 조직화했다는 관점에서 보면 칼라일의 주장이 옳다고 봅니다. 틴데일은 그의 정신과 행동을 통해서 어떤 원리를 강조했습니다.

그러나 그 원리들이 녹스에 와서 분명해졌습니다. 저는 지난 세기의 저작자였던 로리머(Lorimer)가 '청교도주의의 창시자'라는 칭호를 받기에 합당한 후보가 있다면, 글로스터의 감독이었던 존 후퍼라고 한 말에 동조합니다.

또한 의심의 여지없이 후퍼보다는 녹스를 앞세워야 한다고 말한 로리머의 말에도 동조합니다. 이 두 사람은 많은 면에서 의견을 같이했습니다. 그러나 앞으로 알게 되겠지만 둘 사이에는 어떤 차이점들이 있습니다.

그러면 어떤 의미에서 녹스를 '청교도주의의 창시자'라고 말하는 것이 옳습니까?

첫 번째 대답은 그의 사상의 독창성과 그의 독립성을 통해 얻을 수 있습니다. 정의상 청교도란 독립적인 사람, 독자적인 사상을 구축한 사람입니다. 청교도는 결코 '기성인'이 아닙니다. '종교의 기성화'의 차원에서뿐만 아니라 모든 면의 기성화에 대해서도 그것을 뜻하고 있는 것입니다.

제가 볼 때 이 점은 매우 중요합니다. '기성화된 사람'으로 태어난 것처럼 보이는 사람들이 있습니다. 그들은 어떠한 삶의 영역에 대해서도 언제나 권위자들의 편에 서며, 이제까지 이루어진 일과 상태 편에 섭니다. 그들의 최고의 관심은 과거를 고수하는 것입니다. 영국 국교도나 다른 기독교 단체와 마찬가지로 자유교회 내에서도 그런 사람들이 발견됩니다. 그 사람들은 기성화된 사람들입니다. 그들은 언제나 그 입장에서 출발합니다.

그러나 청교도는 그 본질과 정신에 있어서 결코 '기성화된 사람'이 아닙니다. 이는 독립성과 독창성, 스스로 성경을 읽는 자세, 다른 사람들이 말하고 생각하는 것과 관계없이 진리를 알고 싶어 하는 열망 때문입니다.

둘째로, 녹스는 청교도주의의 주도 원리(guiding principle)들을 명백하게 제시했기 때문에 '청교도주의의 창시자'입니다. 다시 말하면 무엇보다 먼저 하나님의 말씀인 성경을 최고 권위의 주도 원리로 삼았습니다. 이 문제에 대해서는 깊이 살펴볼 필요가 없습니다. 로마 가톨릭교회는 교회와 그 전통 및 성경에 대한 교회의 해석을 우선합니다. 불완전하게 개혁된 모든 교회들은 언제나 그렇게 해왔습니다.

그러나 청교도의 독특한 특징은, 하나님의 말씀을 최고 권위로 주장한다는 것입니다. 이것이 바로 녹스의 주도 원리입니다. 만일 성경에 의해 정당화될 수 없는 일이라면 하지 않았고, 그것이 들어오는 것도 허락하지 않았습니다.

두 번째 주도 원리는 '철저한'(뿌리와 가지) 개혁을 믿었다는 것입니다. 이것은 저의 말이 아닙니다. 녹스 자신이 사용한 말인데 다른 사람들도 사용하게 되었습니다. 다른 말로 하면 청교도들은 교리를 개혁하는 것으로는 만족하지 않았다는 것입니다. 이 부분에서 바로 녹스와 청교도들이 잉글랜드의 지도자들과 의견을 달리한 것입니다. 교리의 변경에 대해서는 모두 의견을 같이했습니다.

그러나 청교도주의의 차이점은 교리의 개혁에만 멈추지 않고 개혁이 실제의 영역에도 이루어져야 한다고 주장한 것입니다. 여기에는 교회의 본질에 대한 관점도 포함됩니다. 청교도들에게 있어서 개혁이란 단순한 수정이나 약간의 개선이 아니라 교회의 '새로운 형성'을 뜻합니다. 이제까지 있어왔던 것을 약간 수정하는 것이 아니라, 신약과 그 가르침을 따르는 교회를 만드는 것입니다. 이것이 바로 존 녹스의 두 번째 주도 원리였습니다.

그는 신약이 말하는 교회로 돌아가고 싶었습니다. 그래서 그는 교회가 교회의 의식 문제에 있어서, 즉 예배와 성례 집행 행위에 있어서 개혁되어야 한다고 주장했습니다. 그는 이것을 이렇게 표현했습니다.

하나님께 예배할 때, 특히 성례를 집행할 때 성경에 명시된 규율을 가감 없이 지켜야 합니다. 교회는 종교 의식들을 고안하거나 그것들에 어떤 의미를 부여할 자격이 전혀 없습니다.

이 때문에 그는 비난을 받았던 것입니다. 그는 다음과 같이 말했습니다.

사람이 하나님께 열납될 만한 종교를 만들거나 고안해서는 안 되고 오직 하나님께로부터 주어진 종교를 가감 없이 보존하고 지켜야 합니다. … 신약의 성례는 예수 그리스도께서 제정하시고 사도들이 행했던 대로 집행되어야 합니다. 무엇을 덧붙여서도 빼서도 안 됩니다. 또 미사는 가증한 우상숭배요, 그리스도의 죽음을 모독하는 것이요, 주의 성찬을 사악한 것으로 만드는 것입니다.

그는 이러한 원리를 가르친다는 비난을 받았습니다. 사실 이러한 문책을 받을 만한 일을 그는 했습니다. 이것이 그의 입장이었습니다.

이런 것이 그의 주도 원리였습니다. 그러나 이 문제에 있어서 가장 중요한 사항은, 그가 그 원리들을 적용했다는 것입니다. 제가 볼 때, 이론적 또는 학문적인 청교도 같은 것은 존재하지 않습니다. 청교도주의를 하나의 사상으로 생각하고 관심을 기울이는 사람이 있습니다.

그러나 그 가르침들을 적용하지 않는다면 청교도주의를 배반하는 사람입니다. 왜냐하면 적용은 언제나 참된 청교도의 특징이기 때문입니다. '청교도의 양심'을 칭송하는 것도 좋습니다. 그러나 여러분의 양심이 순종하지 못한다면 청교도주의를 부인하는 것입니다. 많은 일에 있어서 후퍼와 녹스는 같은 입장을 취했습니다.

그러나 후퍼는 자기가 믿는 것에 등을 돌리는 경향이 있었습니다. 후퍼는 감독으로 임명받아야 할 때, 자신은 관례적인 예복을 입지 않을 것이라고 말한 바 있습니다. 그래서 감옥에 갇히게 되었습니다. 그러나 감옥에 갇히게 되자 굴복하고 예복을 입었습니다.

제가 강조하려는 점은, 참된 청교도는 이러한 것들을 알고 그것을 주장할 뿐 아니라 그것을 적용하고 그에 따라서 행동한다는 것입니다. 녹스가 존 후퍼보다 뛰어나고 탁월했던 부분이 이것입니다. 그는 신약이 가르치는 것이라고 믿는 교회의 본질과 규례 및 의식 그리고 규율의 실행 등을 양심적으로 적용하는 데 있어서 대단히 뛰어났습니다.

먼저 베릭에서 트위드까지와 뉴캐슬에서 타인에 걸친 지역에서 이 원리들을 적용하는 그의 모습을 봅시다. 이미 보았듯이 그는 1548년에 발행한 에드워드 6세의 공기도서(Order of Common Prayer)를 실행하지 않았고, 1549년의 성공회 기도서(Book of Common Prayer)의 가르침들도 따르지 않았습니다. 그는 이 면에 있어서 턴스톨의 도움을 받았습니다.

다른 모든 설교자들은 그것에 복종했습니다. 그러나 존 녹스는 그렇게 하지 않았습니다. 그는 성례를 집행할 때도 잉글랜드의 공식적인 규정에 매달리지 않았습니다. 그러한 조직체 밑에서 설교하고 있는데도 공기도서도 사용하지 않았습니다.

그리고 중요한 사항 한 가지는 성찬을 받을 때 무릎을 꿇는 관습에 관한 것이었습니다. 이것은 국교도들의 관행이었습니다. 그러나 처음으로 사람들에게 앉은 자세로 성찬을 받으라고 가르쳤던 사람은 바로 존 녹스였습니다. 이렇게 가르쳤을 뿐 아니라 실행에도 옮겼습니다. 이것이 실제의 청교도주의입니다.

그는 곰곰이 생각했고 자신이 이해한 성경에 의하면, 성찬을 받을 때 무릎을 꿇는 것은 잘못이라는 결론에 이르게 되었습니다. 제가 생각하기로는 프랑스 군함으로 끌려가 노예 생활을 하기 전, 그러니까 세인트 앤드류에서 이러한 관점을 이미 실행에 옮겼다고 말할 만한 충분한 증거가 있습니다. 그러나 베릭에서 이것을 적용했는지에 대해서는 확실하지 않습니다.

그러나 이것은 대단한 혁신이었습니다. 로마 가톨릭의 지배하에서 수세기 동안 성례를 받을 때는 무릎을 꿇는 자세로 받았습니다. 이것은 개혁된 국교회에서도 습관과 관행이었습니다. 그가 지도력을 발휘하여 행한 또 다른 혁신은 성찬 때 쓰는 면병 대신 빵을 사용한 것입니다.

그는 로마 가톨릭이 수세기 동안 관례로 지켜왔고 또 영국 국교회에서 관례로 내려왔던 면병을 사용하지 않았습니다. 그들은 곧 그것을 바꾸었지만 녹스는 그러한 일을 한 최초의 사람입니다. 그가 베릭의 교역자로 있을 때 그렇게 했던 것입니다.

세례에 대해서 그는 출교 처분을 받았던 사람의 자녀들에게 세례를 베푸는 것을 거절했습니다. 다른 사역자들은 그런 이들의 자녀들에게도 세례를 베풀었습니다. 그는 또한 개인적으로 세례를 베푸는 일과 세례와 관련하여 십자가 표시를 긋는 것도 마다했습니다. 이 이후의 청교도 역사와 친숙한 사람들은, 이러한 것들이 여러 해 동안 청교도의 입장에 대단히 중요한 문제가 되었다는 것을 알 것입니다.

녹스는 이러한 청교도의 관념을 실제와 그의 목회 사역, 즉 베릭과 뉴캐슬에서의 목회 사역에 도입했습니다.

녹스는 노섬벌랜드의 공작의 권유로 런던에 가 궁정 설교자와 대중적인 설교자가 되었습니다. 우리는 청교도의 창시자로서 거기에서 그가 한 일에 대해서만 관심이 있습니다. 1552년에 대단한 위기를 맞게 되었습니다. 개혁된 기도서가 1549년에 도입되었는데 대부분의 사람들은 이것이 부적당하다고 생각했고, 로마 가톨릭의 잔재가 그 속에 많이 남아 있다는 데 의견을 같이했습니다.

그래서 그들은 새로운 기도서와 새로운 '신앙 조항'이 있어야 한다고 결정했습니다. 그들은 준비하기 시작했습니다. 1552년 9월쯤에는 새로운 기도서가 나왔는데, 주로 토머스 크랜머가 주도했습니다. 그들은 이미 45개의 신앙 조항을 작성했습니다-이것은 39개조 신앙고백으로 알려진 것의 기초가 되었습니다.

여기에 중대한 사항이 있습니다. 이 새로운 기도서는 인쇄업자들에게 보내졌고 1552년 11월 1일에 반포되도록 되어 있었습니다. 이 책 몇 부가 존 녹스와 다른 설교자들에게 보내졌습니다. 이것은 예의상, 그리고 모든 사람들이 다 동조할 것이라고 생각하여 보낸 것입니다. 그러나 즉각적으로 존 녹스는 동조할 수 없는 사항이 있음을 발견했습니다. 그는 45개 조항 중 몇 가지가 마음에 들지 않았습니다. 제38항은 이렇게 진술되어 있었습니다.

> 제2공기도서는 거룩하고 경건하며 하나님의 성경에 의해서 입증되었고, 모든 의식과 모든 예식, 공기도서와 성찬 예식과 그 밖의 다른 모든 일반적인 규례들과 모순된 것이 하나도 없다.

이러한 내용은 녹스로 하여금 그 입장을 용납할 수 없게 만들었습니다. 어째서입니까? 이 새로운 기도서에는 성찬을 받는 사람들은 무릎을 꿇고 그것을 받도록 하는 항목이 있었다는 특별한 이유 때문입니다. 1549년의 기도서에는 이것이 명문화되어 있지 않았습니다. 어째서 그렇습니까? 그것은 언제나 관습이요 관행이었기 때문입니다. 그것은 로마 가톨릭 아래서 행해지던 것이었습니다. 또한 영국 국교회 내에서도 계속되었습니다. 그래서 1549년 기도서에는 그것이 언급되어 있지 않았습니다.

후퍼와 다른 사람들은 녹스와 마찬가지로 이 관행에 대해서 의문을 제기해왔고, 베릭과 뉴캐슬에서 녹스가 행한 것을 다른 사람들도 알게 되었습니다. 그래서 크랜머, 리들리, 피터 마터 등의 사람들은 무릎을 꿇은 자세로 성찬을 받으라는 어구를 새 기도서에 넣어야 한다고 생각했던 것입니다.

즉각적으로 녹스는 고민에 빠졌습니다. 이 새로운 기도서에 있는 모든 것이 "거룩하고 경건하며 하나님의 성경에 의해서 입증된다"고 진술한 그 신앙 조항에 어떻게 찬동할 수 있겠습니까? 그것은 진리가 아니라 거짓이었습니다. 그는 어떻게 했습니까?

다행히도 자신의 의견을 피력할 기회를 얻었습니다. 왕(에드워드 6세)과 그의 신하가 원저에 오게 되었습니다. 그때 설교자로 존 녹스가 지명되었습니다. 그는 언제나 그랬듯이 용기를 갖고 바로 이 문제에 대해서 설교했습니다. 어찌나 대단한 능력으로 설교했던지 이 문제에 대한 왕의 기본적인 생각을 흔들어놓았고, 왕과 함께 있었던 다른 많은 사람들의 생각도 이전과 달라지게 되었습니다.

녹스는 무릎을 꿇는 것은 죄악이며 우상숭배적이라고 주장했습니다. 존 녹스는 크랜머나 리들리, 피터 마터 등을 반대했다는 것을 기억해야 합니다. 또한 그 책이 이미 인쇄업자의 손에 들어가 있었으며 6주 후 정도인 11월 1일에는 공식적으로 반포되게 되어 있었습니다.

녹스의 이 설교는 큰 반향을 일으켜 많은 변화를 불러왔습니다. 녹스를 비롯한 한두 사람은 무릎을 꿇는 것을 반대하는 자신들의 논리를 작성하여 왕과 당국자들에게 성찬을 받을 때 무릎을 꿇는 것을 고집해서는 안 된다는 탄원서를 제출했습니다. 그 이유는 그것이 죄악이고 우상숭배적이기 때문이라는 것이었습니다. 그들은 이 탄원서를 왕과 의회에 올렸습니다. 많은 회의와 논란 끝에 당국자들은 하나의 타협점에 이르게 되었습니다.

이 항목을 새 기도서에 넣어서는 안 된다는 녹스의 소원은 이루어지지 못했습니다. 그러나 아주 중요한 진전이 있었습니다. 그는 왕을 설득하여 기도서에 첨가할 하나의 선언에 서명하도록 했습니다. 그 규정은 성찬을 무릎 꿇고 받는 데서 오는 위험, 특히 우상숭배의 가능성을 막기 위해 삽입된 항목이었습니다.

크랜머가 이 항목을 작성했다는 것은 거의 의심할 여지가 없습니다. 이것은 그의 탁월한 타협 능력을 나타내는 것이었습니다. 새로운 기도서는 이미 인쇄되었지만 아직 인쇄업자의 손에 있었습니다. 당국자들이 어떠한 조치를 취했겠습니까?

그들은 이 새로운 조항, 이 주제에 대한 새로운 선언을 별지에 인쇄했고, 왕은 이 별지를 새로운 공기도서에 삽입시킨다는 칙령을 발표했습니다. 아직도 남아 있는 공기도서의 원본 몇 부에는 이 조항이 기록되어 있습니다.

다음은 녹스가 왕을 통해 크랜머로 하여금 삽입하도록 한 조항입니다.

무지와 연약 또는 악의와 고집과 잘못된 해석, 부패한 생각과 선입견적 해석 때문에 어떤 예배 형식도 완벽하게 작성할 수는 없습니다. 그럼에도 형제애가 잘못들을 없애기 원하기 때문에 그렇게 하려는 것입니다. 그러므로 우리도 이와 같이 기꺼운 마음을 가져야 합니다. 공기도서의 성찬 집행법에는 무릎을 꿇고 성찬을 받도록 규정하고 있습니다. 이것은 합당한 자에게 주어지는 그리스도의 은택을 겸손과 감사로 인정함을 나타내며, 성찬으로 인해 생길 신성 침해와 무질서를 막기 위한 것입니다. 그러나 무릎을 꿇는 이 행위가 달리 생각되거나 간주되는 것을 막기 위해서 다음과 같이 선언합니다. 무릎을 꿇는 것은 성찬 시 받는 성찬의 떡과 포도주를 경배한다거나 경배해야 한다는 의미가 아니며, 그리스도의 실제의 살과 피가 거기에 있다는 것도 아닙니다. 이는 성찬의 떡과 포도주는 여전히 자연 상태이므로 경배될 수 없기 때문입니다. 우리 구주 그리스도의 실제 피와 살은 하늘에 있지 이곳에 있지 않습니다. 그리스도의 실제 몸이 동시에 여러 곳에 있다는 것은 진리에 배치되기 때문입니다.

이 규정은 '흑색 조항'(the Black Rubric)으로 알려지게 되었습니다. 제 말은 녹스가 이렇게 만든 장본인이었다는 것입니다. 우상숭배의 무서운 위험을 방지하기 위해서 그 기도서에 그것을 첨가시킨 것입니다. 이것은 순전히 청교도적인 행동이었습니다. 엘리자베스 여왕이 즉위하게 되었을 때 그 기도서에서 흑색 조항을 제거시켰는데, 1662년에 약간 수정하여 다시 복원되었습니다.

녹스가 이렇게 노골적으로 청교도 편의 지도자였다는 적극적인 증거가 있습니다. 그는 다른 많은 것들에 대해서도 싸웠지만 실패했습니다. 그는 제26조항의 성례의 본질의 교리도 바꾸려고 노력했습니다. 그리고 "성례가 은혜의 한 표증이기는 하지만 하나님께서는 성례와 관계없이 은혜를 베푸신다"고 가르쳤습니다.

반면에 크랜머는 "은혜는, 은혜의 표증일 뿐 아니라 은혜의 통로인 두 성례를 통해서 베풀어진다"고 말했고 그대로 출판했습니다. 다시 녹스는 크랜머, 리들리, 피터 마터와 다른 전형적인 국교도들에 반대하여 성례에 대한 청교도의 입장을 주장했습니다.

런던에 있던 이 기간 동안 녹스가 '청교도주의'라는 것을 나타내는 또 다른 증거가 있습니다. 기도서에 관한 투쟁의 결과로 녹스는 대단히 유명한 사람이 되었고 지도자가 되어 로체스터의 감독직을 제안받았으나 그는 그것을 거절했습니다. 후퍼는 글로스터의 감독직을 받았으나 녹스는 받지 않았습니다. 이것을 설명하는 오직 유일한 길은 그의 청교도적인 원리들이었습니다. 그는 감독직을 옳다고 믿은 적이 결코 없었습니다.

프랑크푸르트에 있을 때 매우 흥미로운 일이 일어났습니다. 앞에서 보았듯이 녹스는 칼빈 밑에서 공부하던 제네바를 떠나, 프랑크푸르트에서 모이는 잉글랜드 피난민 교회의 두 목회자 중 한 사람이 되어달라는 요청을 받았습니다. 이것은 분명 특이한 일이었습니다.

이 교회는 잉글랜드 사람의 교회였고, 목숨을 부지하기 위해 도망쳐 나와야만 했던 위대한 잉글랜드 사람들이 세운 교회였습니다. 그들이 이 스코틀랜드 사람에게 자기들의 목회자가 되어달라고 요청했던 것입니다. 왜 그랬을까요? 전형적인 잉글랜드 사람인 토머스 풀러는 청교도는 아니었지만 다음 세기에 이러한 사실을 이렇게 쓴 바 있습니다.

유능한 잉글랜드 성직자들이 많이 있는데도 불구하고 프랑크푸르트의 잉글랜드인 교회의 목회자로 스코틀랜드 사람, 바다 건너 지역에서 가장 눈에 띄고 특징적인 사람을 청빙했다는 것이 못마땅해 보일 수도 있습니다. 녹스는 비록 외국인이었지만 그의 훌륭한 공적이 그로 하여금 잉글랜드 사람과 함께하게 만든 것이 분명합니다.

녹스는 프랑크푸르트에 있을 때 청교도의 전형적이고 특징적인 일을 했습니다. 그와 휘팅엄(유명한 제네바 성경의 주요 번역자)은 그들이 좋아하지 않는 공기도서 대신 예배 모범을 작성했습니다. 녹스의 수정 때문에 대부분이 고쳐진 이 예배 모범서는 리처드 콕스와 그의 파가 올 때까지 그 교회에서 용납되었습니다.

제가 강조하는 점은, 존 녹스가 이 예배 모범을 작성함으로써 공기도서를 거부했다는 것입니다. 그는 리처드 콕스의 강압적이고 비신사적인 반대에 부딪히기까지는 이러한 태도를 공공연하게 말하지는 않았습니다.

리처드 콕스의 행동은 아주 혐오할 만하고 비타협적이며 과격한 것으로밖에는 묘사될 수 없는 것입니다 - 물론 이 사람에게서 받은 고통이 청교도들이 국교도들로 인해 겪었던 마지막 고통은 아니었습니다. 콕스가 이러한 태도를 드러내자 존 녹스는 더 이상 침묵을 지키지 않았습니다. 그는 그와 함께 사람들을 이끌어갈 소망이 있는 한 이러한 것들에 대해서 큰소리를 치고 싶지 않았습니다.

그러나 콕스가 아주 비열하게 행동했을 때, 존 녹스는 다음날 설교를 통해 공기도서에 대한 자기의 관점을 명백하게 진술했습니다. 이 문제의 내력을 후에 얘기하면서 녹스는 이렇게 말한 바 있습니다. "설교 시간이 되었을 때 나는 나의 견해를 선언하기 시작했습니다 … 나는 처음의 입장을 버리고 다른 입장을 취하게 되었습니다."

이것이 바로 큰 사람의 증거입니다.

그는 자기의 견해를 바꿉니다. 자기의 견해를 절대 바꾸지 않는 사람은 작은 사람입니다. 그는 견해를 바꾼 이유를 설명해나갔고 메리 여왕 통치 시에 있었던 영국에서의 고난은 개혁을 더욱 철저하게 행하지 않은 데 대한 하나님의 징벌로 믿는다고 말했습니다. 특히 기도서의 문제에 대해서 그러하다고 말했습니다.

거기서 그는 기도서에 대한 그의 태도를 명백하고 공개적으로 진술했습니다. 이것은 프랑크푸르트에서 쫓겨나는 결과를 가져옵니다. 그래서 그는 제네바로 갔습니다. 잉글랜드 사람들 사이에서 청교도 교회를 구축하려는 그의 첫 번째 시도는 프랑크푸르트에서 있었던 것입니다.

콕스와 그의 친구들이 존 녹스는 왕과 정치적인 재판장에 대해 모반을 획책하고 있다는 식으로 거짓되게 비난하고 모함했기 때문에 실패로 돌아갔습니다. 이러한 비난은 녹스가 아메르샴에서 행한 설교가 출판되어 반포되었을 때 거기에서 말한 일 때문이었습니다.

프랑크푸르트에서 청교도 교회를 세우려는 첫 번째 시도가 실패하자 녹스와 그 지지자들은 제네바로 갔습니다. 프랑크푸르트에서 실패한 것이 제네바에서는 성공을 거두었습니다. 여기서 녹스는 프랑크푸르트에서 시도했다가 거절당했던 예배 모범을 도입했습니다. 이것은 제네바에서 예배 모범이 되었고 〈제네바 규정집〉(The Geneva Book)으로 알려져 있습니다. 이 〈제네바 규정집〉의 예배 모범은 칼빈의 예배 모범이 아니었습니다. 칼빈에게도 그 나름의 예배 모범이 있었습니다. 그러나 이것은 존 녹스가 만든 것입니다. 스코틀랜드로 돌아왔을 때 그는 예배 모범을 그대로 도입하여 썼고, 스코틀랜드가 공식적인 예배 모범서를 갖기까지 스코틀랜드 교회는 그것을 사용했습니다.

그러므로 제네바에서 우리는 잉글랜드 사람들로 형성된 최초의 진정한 청교도 교회를 만나게 됩니다. 이것은 존 녹스를 잉글랜드 청교도주의의 창시자라고 한 칼라일의 주장에 대한 가장 강력한 논증의 자료입니다. 제네바에 있을 때 그는 군주들에 대한 그의 견해를 정리했고 '존재하는 권세'에 대한 그리스도인의 태도에 대해 정리했습니다. 이 부분에서 그는 칼빈을 앞섰습니다.

이것이 또한 그의 참된 청교도 정신의 표증입니다. 이 가르침에 비춰보지 않으면 그 다음 세기 영국에서 일어난 혁명을 진정으로 이해할 수 없다고 저는 주장하는 바입니다. 그 후에 그러한 발전에 이르도록 최초로 문을 열어 놓은 것이 바로 이것입니다.

한편 제네바에 있을 때 그는 그의 유명한 〈기괴한 여자들의 통치에 대항하는 첫 번째 나팔 소리〉(The First Blast of the Trumpet Against the Monstrous Regiment of Women)라는 논문을 출판했습니다. 기괴한 여자들의 통치란 여자들에 의해서 통치되는 기괴한 '정부'를 뜻하는 것입니다. 존 녹스는 여왕이 백성들을 다스리는 것은 성경에 위배된다고 믿었습니다. 그리고 자기의 태도를 정당화하기 위해 성경에서 구체적 진술들을 발췌했습니다.

그 결과 녹스는 엘리자베스 1세 여왕에게 치명적인 도전을 했습니다. 여왕은 끝까지 그를 용서하지 않았습니다. 그럼에도 불구하고 그는 실제로는 출판되지 않았지만 두 번째 나팔 소리를 준비했습니다.

이것은 역시 그의 용기와 그의 사상의 독립성을 보여줍니다. 뿐만 아니라 그의 청교도 정신이 부분적으로 드러난 것이기도 하다고 저는 주장하는 바입니다. 제가 말씀드리는 이 이야기를 완성하기 위해 덧붙여야 할 것이 있습니다.

녹스는 약간 괴변적인 입장에 빠진 때도 있었습니다. 여자 군왕의 문제에 대한 성경적인 분명한 가르침에도 불구하고, 그 당시 편만했던 특별한 상황에 비추어 영국의 엘리자베스와 스코틀랜드의 메리가 한동안 군주로 활동하는 것은 용납 가능하다고 설명했습니다. 이것은 일종의 결의론입니다. 그러나 이 사람의 주된 입장은 첫 번째 나팔 소리에서 진술한 것이었습니다.

여기에서 또 다른 사실이 하나 언급되어야 합니다. 메리 튜더 여왕이 죽자 엘리자베스가 1558년에 즉위하게 되었습니다. 녹스는 대번에 새로운 가능성이 생긴 것을 알아차렸습니다. 그리하여 〈이제까지 메리의 폭정에 억압받고 추방당한 그리스도의 복음을 속히 받아들이라고 잉글랜드에게 드리는 간단한 권고〉(A Brief Exhortation to England for the Speedy Embracing of Christ's Gospel Heretofore by the Tyranny of Mary Suppressed and Banished)를 썼습니다.

그는 1559년에 제네바에서 이것을 써 보냈습니다. 엘리자베스는 잉글랜드 사람들에게 그들의 일을 어떻게 처리해야 할지를 말해주는 이 글을 쓴 스코틀랜드 사람을 강하게 거부했습니다. 그는 매우 강력하게 글을 썼습니다. 그는 본래부터 영국 교회의 상태에 대단한 관심을 갖고 있었습니다.

그는 프랑크푸르트와 제네바에서 영국 피난민들을 위한 목회를 했었습니다. 그 전에는 베릭과 트위드에 걸친 지역에서 또 그 다음에는 뉴캐슬에서 목회를 했었습니다. 그래서 그들에게 이 위대한 호소를 했던 것입니다.

그는 메리 시대에 일어났던 일들을 상기시키면서 그것은 하나님의 심판이었다는 생각을 하도록 부추겼습니다. 그리고 영국 사람들의 회개를 촉구했고, 저도 찬성할 수 없는 극단적인 말을 쓰기도 했습니다. 그는 이때 관용이 없었습니다.

"교회 규율의 멍에로부터 자유롭거나 하나님의 종교로부터 벗어나도록 허락받은 사람은 한 사람도 없습니다."

더 나아가 군주나 왕이나 황제가 하나님의 참된 종교를 무너뜨리고 우상 숭배를 들여오려 한다면, 그런 사람들도 "하나님의 계명대로 하면 사형에 해당한다"고 했습니다.

저는 이것을 완화시켜 말씀드리겠습니다. 녹스는 누구라도 사형의 대상으로 삼지 않았습니다. 그는 원리로 이것을 말했지만 실제로 행한 적은 없습니다. 변호해주기 곤란한 극단적인 진술들 가운데 하나가 바로 이것입니다.

잉글랜드 사람들에게 보낸 이 권고문에서 교회 통치 프로그램과 교육 개혁책을 밝혔는데, 거기서 그는 사람들에게, 성경을 배우고 연구하는 학교를 세울 것을 권고했습니다. 이것은 교회적, 교육적 개혁 프로그램이었습니다. 그리고 국가 교회 내의 청교도 당이 처음으로 출판한 개혁의 개요였습니다.

이것은 비중 있는 문서입니다. 교회와 그 운영에 대한 청교도의 원리들이 문서화되어 나타난 것은 이것이 처음입니다. 여기서 녹스는 감독들을 좋아하지 않는다는 것을 밝히면서, 모든 감독직은 열 개의 부분으로 나뉘어야 한다는 실제적인 개혁안을 제시했습니다.

주교는 한 명이어야 하지만 열 명의 설교자가 있어서 정규적으로 설교해야 하며, 대교구 제도와 교회의 이러한 군주제는 폐지되어야 한다고 실제적인 개혁의 대안을 제시했습니다. 큰 교구는 열 개의 관리 가능한 묶음으로 바뀌어야 하며, 경건하고 학식 많은 사람들은 설교하는 법을 배워 각 시와 마을에서 사람들을 가르쳐야 한다고 주장했습니다. 덧붙여서 그는 학교를 세우는 것을 옹호했습니다.

그 다음에 그는 스코틀랜드로 돌아가 여생을 보냈습니다. 그러나 잉글랜드 청교도와의 관계가 끝난 것은 아니었습니다. 그는 자기를 따르던 사람들, 즉 진정한 청교도들이 감독들에게 핍박을 받고 있다는 소식을 듣기 시작했습니다. 그들 중 일부는 제네바와 프랑크푸르트 교회의 회중에 속했던 사람들이었습니다.

그래서 그는 스코틀랜드에서 편지를 써서 잉글랜드의 감독들에게 항의하며 청교도들을 핍박하지 말라고 탄원했습니다. 그는 진정한 청교도로서 영국에서 타협하기 시작하는 청교도들에게 편지를 써서, 예복과 중백의 등에 대한 그의 태도를 명백히 보여주었습니다. 그는 그것들을 '로마 교회의 누더기'라고 묘사했습니다.

그는 잉글랜드의 고통당하는 사람들에게 1567년에도 편지를 썼습니다. 이 편지는 일부 사람들을 난처하게 만들었는데, 그들을 낙담시키는 것처럼 보였기 때문입니다. 이 고통당하는 청교도들 일부는 그에게 편지를 써서 분명하게 자기들 편을 들어달라고 간청했습니다.

어떤 의미에서 그는 감독들에게 보내는 편지에서 이미 그 일을 했습니다. 그러나 그는 이 사람들에게 답장을 보내면서 '당분간 연합과 화평을 위해서' 일상적인 질서를 깨뜨리거나 어렵게 만들지말라고 권면했습니다. 다른 말로 해서 분리주의자가 되거나 탈퇴하지 말 것을 권면했던 것입니다. 그는 분열을 반대했습니다.

그러나 그가 '당분간'이라고 했다는 사실을 강조해야겠습니다. 종종 이 점에 대해 녹스를 오해한 경우가 있습니다. 사람들은 그가 분열을 믿지 않았으며, 사실상 '영국의 조치에 따르는 청교도들' 편에 서 있었다고 주장합니다. 그러나 그렇지 않았습니다. 이 편지는 그의 특이한 분별력을 보여주는 하나의 실례에 불과합니다.

녹스는 언제나 잉글랜드의 입장이 특이함을 이해했습니다. 이 스코틀랜드 사람은 잉글랜드 사람이 독특하다는 것을 알 만한 지각과 분별력과 능력이 있었습니다. 잉글랜드 사람—여러분은 이것들을 무시할 수 없습니다—은 타협의 명수입니다. 잉글랜드 사람은 무엇을 규정짓는 것과 정확한 진술을 싫어합니다. 잉글랜드 사람은 지금도 제국 시대 때 성문 헌법이 없었던 것을 자랑합니다. 그들은 언제나 '그럭저럭 꾸려나가는' 것을 자랑합니다. 녹스는 언제나 이 점을 인식했습니다.

그래서 런던에 있을 때, 베릭이나 뉴캐슬에서는 하지 않았던 일들을 할 채비를 하고 있었습니다. 프랑크푸르트나 제네바에서는 그러한 일을 결코 하지 않았을 것임에 틀림없고, 분명히 하지 않았을 것입니다. 그가 스코틀랜드에 돌아갔을 때도 아마 하지 않았을 것입니다. 그러나 그가 잉글랜드에 있는 이 사람들에게 편지를 쓸 때 그 사람들의 입장이 다름을 알았습니다.

그래서 언뜻 보기에는 모순으로 보여도 어떤 것들에 대해 관용하고 따르라고 충고했던 것입니다. 당국자들이 아직 일반적으로 진리를 설교하고 있는 한 이 특별한 문제 때문에 그들과 분리해서는 안 된다는 주장이었습니다.

그가 '당분간'이라는 말을 강조한 것을 주목해야 합니다. 진리의 세력이 곧 우세해질 가능성이 아직도 존재하며, 모든 사람들이 '로마 교회의 누더기'와 로마 가톨릭의 다른 잔재들을 제거해야 함을 알 때가 올 것이라는 소망이 있었던 것입니다. 물론 그러한 일은 이루어지지 않았습니다. 녹스는 1572년에 죽었습니다. 그러므로 모순되어 보이는 것이 오히려 지혜와 총명의 한 표지였습니다.

잉글랜드 청교도에 대한 그의 영향력은 여기에서 끝난 것이 아닙니다. 그가 죽은 후에도 계속되었습니다. 그는 『종교개혁사』(*A History of the Reformation*)

를 스코틀랜드에서 썼는데, 이 역사책이 1587년 스코틀랜드가 아닌 잉글랜드 청교도에 의해 잉글랜드에서 처음 발간되었다는 사실을 주목하면 흥미롭습니다.

존 녹스의 또 다른 글을 출판했던 지도자급 청교도의 한 사람인 존 필드(John Field)는 그 논문을 소개하면서 그에게 최대의 찬사를 돌리며 그를 '하나님의 귀중하고 중요한 도구'라고 했습니다. 그리고 그의 논문을 '그가 얼마나 용감하고 담대한가를 보여주는 그의 경건하고 아름다운 노력의 표증'이라고 설명했습니다.

존 녹스의 영향력은 다음 세기에도 계속되었습니다. 찰스 1세의 사형 판결을 정당화하는 글을 쓰면서 존 밀턴은 존 녹스를 크게 의지했습니다. 그렇기 때문에 저는 녹스의 통찰력과 성경을 이해하는 그의 능력을 강조했던 것입니다. 때때로 그 당시의 통치자들을 반대하는 문제에서뿐만 아니라 필요하다면 그들을 사형에 처하는 문제에 있어서도 그의 통찰력이 대단히 빛났다는 것을 볼 수 있습니다.

존 밀턴이 이것을 인정했다는 사실은, 녹스가 청교도주의의 창시자라는 사실을 강력하게 뒷받침해줍니다. 1683년, 찰스 2세가 로마 가톨릭교도임을 공공연하게 나타내기 시작했을 때, 당국의 명령에 의해 존 녹스의 저작들이 옥스퍼드에서 공개적으로 소각되었고 그의 저작을 읽지말라는 금지령이 발표되었습니다.

1683년에 말입니다. 녹스가 죽은 것은 1572년인데 말입니다! 그의 영향력이 계속되었기 때문에 두려워했던 것입니다. 그는 실로 스코틀랜드의 청교도주의뿐만 아니라 잉글랜드 청교도주의의 창시자입니다.

필그림 파더의 경우를 생각해보십시오. 녹스는 국가와 통치자들에 대한 그들의 태도를 뒷받침해준 사람입니다. 그러므로 그는 토머스 칼라일이 주장하듯이 미국 청교도주의의 창시자였습니다. 사실 녹스는 많은 면에서 1776년의 식민지 주민의 입장에서 볼 때, 승리의 결론에 이르게 했던 미국의 독립전쟁의 아버지라고도 저는 주장하는 바입니다. 그는 이 모든 것의 문을 열어놓은 사람이었습니다.

우리는 이 사람을 어떻게 생각해야 합니까? 그는 당대의 인물이었으며 그의 시대를 위한 사람이었습니다. 특별한 때에는 특별한 사람이 요청되는 법입니다. 하나님은 언제나 그러한 사람들을 일으키십니다.

16세기의 스코틀랜드나 이 나라의 여러 지역에는 유순한 사람이 필요하지 않았습니다. 강한 사람, 엄격한 사람, 용기 있는 사람이 필요했습니다. 그 사람이 바로 존 녹스입니다. 마르틴 루터도 역시 같은 기질의 사람이었습니다. 하나님께서는 다양한 유형의 사람들을 사용하시고, 그 사람들에게 다양한 개성을 주십니다. 시대마다 여러 종류의 사람들이 필요합니다. 그런 시대는 영웅적이고 거센 성격의 소유자가 필요했기 때문에 하나님께서는 그런 사람을 일으키셨습니다.

그가 완고한 사람이라는 생각을 계속하지 못하게 하기 위해서 저는 그의 뛰어난 겸손에 대해서 언급하고 마치겠습니다.

"존 녹스가 겸손하다고요?"라고 어떤 사람은 말할 것입니다. 그는 매우 겸손한 사람이었습니다. 진리를 위해 담대하게 서서 굴복하지 않았다는 사실이, 그 사람이 겸손하지 않다는 것을 뜻하는 것은 아닙니다. 그는 자신을 위해서는 담대하지 않았습니다. 그러나 진리를 위해서 담대히 일어섰습니다.

존 녹스는 오늘날 목회 사역에 종사하는 수많은 사람들보다 훨씬 더 겸손한 사람이었다는 것을 저는 입증할 수 있습니다. 그는 회심한 후 세인트 앤드류에 있을 때, 설교해달라는 요청을 받았으나 거절했습니다. 그리고 설교를 하지 않으려고 이런 핑계를 댔습니다.

"나는 하나님이 부르시지 않은 곳에서는 뛰지 않겠습니다."

이 말은 합당한 소명 의식이 없는 한 아무 일도 하지 않겠다는 뜻입니다. 녹스는 자기의 소명에 대한 절대적인 확신이 오기까지 설교하지 않을 생각이었습니다.

존 라프라는 목사가 어느 날 녹스에게 찾아와 설교를 해달라고 하면서 그 소명을 저버리지 말라고 부탁했습니다. 녹스는 회중이 자신을 불러달라고 요청했다는 사실을 보여달라고 말했습니다. 그러자 존 라프 목사는 전체 회중이 녹스에게 설교해달라고 요청했다는 말을 분명히 전했습니다.

녹스의 반응은 어떠했습니까? 그는 "울며 자기 방으로 돌아갔습니다." 그리고 처음으로 설교하는 날이 올 때까지 깊은 침체와 염려 속에 머물러 있었습니다.

"누구나 그 사람이 얼마나 침울했는지 볼 수 있었습니다. 왜냐하면 그는 결코 웃지 않았고 가능한 한 사람들과 함께 있지 않고 모든 시간을 혼자 있으려 했습니다."

언제나 설교하려고 강단으로 뛰어 올라갈 준비가 되어 있는 사람들과 얼마나 다릅니까! 이것이 참된 겸손입니다. 또한 청교도 정신이기도 합니다. 그것은 '주님을 두려워하는 것'이며 '하나님과 사람 사이에 서는 것을 무서워하는 모습'이며 '그리스도의 말로 할 수 없는 부요를 선포하는 자세'입니다.

청교도는 결코 회심한 모든 사람들이 설교하라는 부름을 받았다는 식의 태도를 믿지 않습니다. 또는 자기 나름대로 하고 싶으면 언제라도 뛸 수 있다는 생각을 하는 것도 믿지 않습니다. 그는 자신이 부름받았다는 것을 확실히 알기 원했습니다. 왜냐하면 그는 그 일이 신성함을 그처럼 깊이 느꼈기 때문입니다. 사도 바울처럼 그는 '약함을 느끼고 두려워하며 심히 떨면서' 그 일을 감당했습니다.

일반적으로 녹스를 거만한 사람이라고 생각합니다. 스코틀랜드의 메리 여왕 면전에서 거친 태도를 보였던 사람이라고 생각합니다. 그러나 이것은 남자를 '친여성적 남자'(ladies' man)로 만드는 실수에서 비롯된 결과입니다. 또한 참된 여성이 무엇인가를 이해하지 못한 데서 오는 것이며, 진정한 여자는 어떠해야 됨을 알지 못하는 데서 오는 것입니다. '친여성적 남자'에 대한 보편적 개념은 '사교계의 멋쟁이'라는 뜻입니다.

그러나 그는 '친여성적 남자'가 아닙니다. 여성다운 여성은 그런 멋쟁이를 좋아하지 않습니다. 참된 여자는 강한 남자를 좋아합니다. 이 사람의 이야기를 읽어보면, 그에게 편지를 보내온 많은 사람들이 여자였음을 발견할 것입니다.

완고한 개혁자, 영주들과 군주들과 맞서 싸웠던 사람, 모든 당국자들과 거세게 싸웠던 이 사람은, 찰스 램(Charles Lamb)이 묘사했듯이 자신의 일생 중 많은 부분을 '영혼의 볼거리와 홍역'을 상세하게 연구하는 데 보냈습니다. 이 여자들은 개인적인 문제와 난제 및 '양심의 문제들'을 갖고 있었습니다. 그는 언제나 시간을 내어 이들에게 답장을 써주었습니다. 그는 매우 친절하고 상세하게 자주 편지를 썼습니다.

제네바에 있을 때 두 여자가 위험천만한 여행을 하면서까지 그에게 와 목회 사역에 동참한 적도 있었습니다. 그의 장모인 바우스와 앤 로크 부인과 여러 해 동안 편지한 내용들은 이 사람이 매우 자애로운 심령을 가졌음을 분명하게 입증해줍니다. 그가 진실하고 정직하며 순전한 영혼을 다루고 있을 때 그를 보면 그것을 발견했을 것입니다. 그것은 그의 겸손의 또 다른 표증입니다.

또 다른 표증은 이것입니다. 즉 그는 스코틀랜드로 돌아갔을 때 교회의 감독의 위치에 지명되었습니다-감독은 아니고 말입니다. 그 당시 이것이 중요한 일이었기에 그는 감당했습니다만 일시적으로 편의상 한 일이었으므로 후에는 그만 두었습니다.

흥미로운 점은 그는 결코 스스로 감독의 지위에 서지 않았다는 것입니다. 그는 끝까지 설교자로 있었습니다. 그는 자신을 감독이나 대감독으로 지명하지 않았습니다. 이 모든 일들은 그의 겸손을 보여주는 표증일 뿐만 아니라 그의 본질적인 청교도 정신의 표증이기도 합니다.

이제 우리는 고상하면서도 다부지고, 자애로우면서도 사랑이 넘치는 심령을 가진 이 사람과 작별해야겠습니다. 그가 이 세상을 떠나 그의 영원한 상급을 받는 모습을 보면서 말입니다. 다음은 그의 딸이 쓴 기록입니다.

정오쯤 되어서 아버지는 어머니에게 고린도전서 15장을 큰소리로 읽어달라고 요구했습니다. 그러면서 자신의 영과 혼과 몸을 하나님께 부탁하면서 세 손가락으로 영과 혼과 몸을 표시했습니다. 오후 5시쯤 되었을 때 '내 처음 닻을 내렸던 곳을 찾아서 읽으시오'라고 했습니다. 어머니는 요한복음 17장을 읽었습니다. 10시쯤에 저녁 기도문을 읽었을 때 의사가 기도문을 들을 수 있는지 물어 보았습니다. 아버지는 "당신과 모든 사람들이 내가 그 기도문을 듣는 것처럼 듣게 해 달라고 하나님께 아뢰겠습니다. 저 하늘의 소리로 인하여 하나님을 찬미하나이다"라고 대답했습니다. 아버지는 짧게 "이제 때가 왔다"고 덧붙였습니다. 이것이 아버지의 마지막 말입니다.

그가 이 세상을 떠나 저 세상으로 들어갈 때, 이 위대한 하나님의 용사가 들어가 그의 영원한 '영광의 면류관'을 받았을 때 하늘의 나팔 소리가 울려 퍼졌음에 틀림없습니다.

열네 번째 강연

1973년
하웰 해리스와 부흥

어떤 사람은 런던에서 열리는 이 연구회에서 하웰 해리스라는 웨일즈 사람에게 시간을 할애하여 연구하는 것을 이상하게 생각할지 모릅니다. 이러한 의문에 대한 첫 번째 대답은, 올해가 하웰 해리스가 죽은 지 200주년 되는 해라는 것입니다. 그는 1773년 7월 21일에 죽었습니다.

이 연구회에서는 처음부터 하나님의 위대한 사람들의 탄생이나 죽음을 기념하는 특별한 해일 경우, 그 인물에게 관심을 기울이는 것이 관례가 되었습니다. 제가 하웰 해리스에게 관심을 기울이는 주요한 이유도 바로 이것입니다. 그러나 그러한 이유를 전혀 고려하지 않는다 할지라도 해리스는 기독교회에서 위대한 영웅적 인물 중 한 사람입니다.

그의 이야기는 실로 놀랍습니다. 우리가 그에게 관심을 기울이는 것이 매우 필요한 것은, 이 사람에 관한 사람들의 무지가 정말 이루 다 헤아릴 수 없기 때문입니다.

예를 들면 폴록(J. Pollock)이 '조지 휘트필드'에 대하여 쓴 책의 서평이 올해

6월 2일 카디프의 〈웨스턴 메일〉(Western Mail)에 게재된 일이 있었습니다―바로 올해는 하웰 해리스가 죽은 지 200주년을 기념하는 해입니다―그런데 학교 교장이었던 그 서평자는 이렇게 쓰고 있었습니다.

> 휘트필드의 이야기가 특히 웨일즈, 바로 칼빈주의 메소디즘이 헌팅던 백작 부인을 통해 휘트필드로부터 물려받은 유산이라고 주장될 수 있는 그곳에서 잘 알려진 것은 당연한 일입니다.

저는 이것에 대해서 한마디만 논평하겠습니다. 이것은 '정말 지독한 무지'의 한 실례입니다. 그러나 어느 누구도 하웰 해리스가 서글프게 무시당하고 있다는 이 느낌이 저의 민족적 선입견에서 기인한다고 생각지 않도록 하기 위해 조프리 누톨의 말을 몇 마디 인용하겠습니다. 그 사람은 뉴 칼리지의 유명한 역사가로 하웰 해리스에 대해 작은 책을 썼는데, 그 제목을 '최후의 광신자 하웰 해리스'(Howell Harris the last enthusiast)라고 붙였습니다. 그 사람은 잉글랜드 사람으로서 이렇게 쓰고 있습니다.

> 잉글랜드의 작가들이 하웰 해리스를 잘 모르기 때문에 나는 해리스를 그런 사람들의 무지에서 건져내려고 무진 애를 써왔고, 복음적인 부흥에 있어서의 그의 위치를 회복해보려고 노력해왔습니다. 내가 그에 대해서 말하기로 작정한 한 가지 이유는, 무지한 잉글랜드 사람들에게 그를 소개하려는 소망 때문입니다.

하지만 잉글랜드, 곧 이 런던에 있는 사람들이 그에게 관심을 기울여야 하는 이유는 무엇입니까? 그는 폐결핵으로 고생하면서 사는 동안에도 런던을 서른아홉 번 이상 방문했다는 사실 때문입니다. 그는 무어필즈의 태버너클 교회에서 설교할 때 다른 누구보다도 조지 휘트필드에게 더 자주 설교를 부탁했습니다.

그는 약 3년 동안 잉글랜드와 웨일즈 두 지역에서 칼빈주의 메소디스트들의 수반 역할을 했습니다. 그러므로 해리스가 200여 년 전의 복음적인 각성과 부흥에 있어서 매우 탁월한 역할을 감당했다고 하는 누툴의 말은 매우 옳습니다.

그는 특히 휘트필드와 아주 가까운 친구였습니다. 그의 칼빈주의적인 관점 때문에 웨슬리보다 휘트필드에게 더 친근함을 느꼈습니다. 그럼에도 불구하고 그는 존 웨슬리와 찰스 웨슬리와도 막역한 친구였습니다. 그는 여러 차례 그들의 연례집회에 참석했고, 휘트필드와 웨슬리 사이의 화목에 관심을 가져 그들이 하나가 되게 하는 데 언제나 관심을 기울였습니다. 이 문제는 뒤에 가서 언급하려 합니다.

동시에 그는 헌팅던 백작 부인의 대단한 친구였습니다. 그러나 제가 이 사람에게 관심을 기울이는 주요한 이유는, 다른 무엇보다도 이 사람의 생애를 생각하면 부흥의 참된 본질을 이해하게 될 것이라고 믿기 때문입니다.

다행히도 그에 관한 자료는 풍부합니다. 그는 쉬지 않고 언제나 일기를 썼습니다. 설교로 매우 고단한 날을 보낸 후에도 일기 쓰는 데 아마 여러 시간을 보냈을 것입니다. 다행히도 그 일기들이 보존되어 있습니다. 초기의 일기는 라틴어로 되어 있고 그 밖의 다른 일기는 영어로 되어 있습니다. 그는 작게 썼고 더군다나 전에 쓴 것을 지우기도 했기 때문에 일기를 해독하기가 까다로웠습니다.

그러나 수년 동안 이 작업을 하기 위해서 여러 사람이 동원되었고, 이 일기들에서 뽑아낸 많은 분량의 내용이 웨일즈 칼빈주의 메소디스트 도서관에 의해서 여러 권으로 출판되었습니다. 그 일기들이 갖는 특별한 가치는, 위대한 부흥의 시기에 일어났던 일들과 특히 능하게 하나님께 쓰임받았던 하나님의 여러 위대한 사람들 사이의 관계를 알 수 있도록 친밀한 통찰력을 제공한다는 것입니다.

1. 해리스에 대한 일반적인 사실

우선 드러난 사실들을 몇 가지 다루어야겠습니다. 18세기 초 웨일즈의 상황은 영적인 면에서 볼 때 수준이 매우 낮은 상태였습니다. 물론 잉글랜드도 마찬가지였습니다. 대체로 웨일즈는 로마 가톨릭주의를 벗어버리는 데 있어서도 잉글랜드보다 100년이 뒤졌습니다.

웨일즈에는 몰간 뤼드, 월터 크래덕, 베버서 포웰이나 그 밖에 다른 사람들과 같은 위대한 청교도들이 있었음에도 불구하고 영적으로 매우 낮은 수준에 있었습니다. 잉글랜드 교회 내에는 한두 사람의 복음적인 사람들이 있었습니다. 또한 비국교도들-독립파 사람과 몇 사람의 침례교도들-도 있었으나 그 수는 적었습니다. 이것이 그 당시의 교회 상태였습니다.

사람들은 영적으로 무지한 상태로 죽어 있다고 해도 과언이 아니었습니다. 그 결과 필연적으로 부도덕한 상태에 있었습니다. 저는 이러한 모습을 현대 역사가들이 지적하는 것 같이-흔히 그렇게 합니다만-지나치게 부각시키고 싶지 않습니다. 18세기와 19세기의 작가들이 너무 어둡고 진하게 묘사하는 잘못을 범했을 수도 있습니다. 그러나 그 상황이 매우 서글프고 개탄할 정도였다는 것은 분명합니다.

그러나 그때 갑자기 이 위대한 각성과 위대한 부흥이 일어났는데, 이 부흥에 있어서 주요한 도구로 사용되었던 사람들 가운데 한 명이 1714년 1월에 태어났습니다. 그 사람이 바로 하웰 해리스입니다. 많은 사람들은 하웰 해리스가 가장 주요한 도구였다고 말합니다. 저는 가장 주요한 도구라는 데에는 약간 의견을 달리합니다.

그 사람은 트레베카라고 불리는 작은 마을에서 태어났습니다. 그곳은 마을이라고 부르기에도 부족했습니다. 그는 교육을 아주 조금밖에 받지 못했으나 학교 선생이 되었습니다. 오늘날의 학교 선생은 그 당시의 학교 선생과는 다릅니다.

그의 삶에서 중차대한 사건이 1735년에 일어났습니다. 그러나 우리는 이것에 대해서 전혀 들어보지 못했을 것입니다. 그것은 그의 회심이었습니다. 어떻게 그 일이 일어났습니까? 이와 관련하여 저는 정말 기이한 한 사건을 언급하지 않을 수 없습니다.

웨일즈의 칼빈주의 메소디스트 교회는 올해 해리스가 죽은 지 200주년을 맞으면서 조금밖에 관심을 기울이지 않았습니다. 그들의 총회가 카디건셔의 람페터라고 불리는 곳에서 지난 6월에 열렸는데, 그들은 웨스트민스터 대학의 교회사 교수인 뷕 녹스(R. Buick Knox)에게 하웰 해리스에 대해서 강연을 해달라고 부탁했습니다. 믿을 수 없는 일이지만 녹스 박사는 이렇게 말했습니다.

"그의 삶에 있어서 결정적인 순간은 1735년 부활절날 탈가트 교회에서 있었던 엄숙한 성찬식에서였습니다."

이 말은 놀랍습니다. 그리고 이것이 사실이 아니라는 단순한 이유 때문에 더욱 놀랍습니다. 저를 놀라게 한 것은 그 교회사 교수가 그러한 진술을 할 수 있다는 것과 웨일즈 장로교회 역사학회의 공식적인 학술지가 그 강연을 그대로 출판했다는 것입니다.

그러면 어떤 일이 실제로 일어났습니까? 1735년 3월 30일, 그러니까 종려주일 때 해리스는 탈가트에 있는 교구 교회에 참석했습니다. 그 교회는 그가 나서 살고 있었던 트레베카 마을에서 얼마 떨어지지 않은 곳에 있었습니다. 그 예배 도중 교구 목사는 다음 주일에 성찬 예식이 있을 것이라고 발표하면서, 그 성찬 예식에 참여하는 것이 합당치 않다고 스스로 느끼고 성찬식에 참여하지 않는 사람들이 많다고 말했습니다.

그는 계속해서 이렇게 말했습니다.

"만일 여러분이 성찬에 참여하는 것이 합당치 못하다면 기도하기에도 합당치 못할 것이고, 살기에도 합당치 못할 것이며, 살기에도 합당치 못하다면 죽기에도 합당치 못할 것입니다."

이 말은 생각 없이 거기에 참석한 그 선생을 큰 능력으로 쳤습니다. 그는 결코 방탕한 사람은 아니었으나 태만한 삶을 살고 있었습니다. 그러나 성찬식 예배를 광고하는 그 교구 목사의 특이한 말들이 죄를 깨닫게 하는 과정을 출발시켰고, 그것은 회개의 고뇌로 나아가게 했습니다.

제가 이 사건을 강조하는 것은, 이 사건이 하나님의 종이 되는 것에 대한 놀라운 일 중 하나를 우리에게 생각나게 하기 때문입니다. 하나의 광고를 통해서도 죄를 깨닫게 할 수 있습니다. 하나님께서 어떠한 것을 사용하실지 여러분은 절대로 알지 못합니다. 무심코 나온 말이 깊이 준비한 말보다 더 중요할 때가 가끔 있습니다.

그렇습니다. 하웰 해리스는 성찬식 예배에 참석했습니다. 그러나 그 예배는 그의 죄의식을 더 불러일으켰습니다. 그는 계속해서 회개의 고뇌를 했습니다. 평안을 찾으려고 했지만 발견할 수 없었습니다.

그러다가 5월 25일 ─ 그러니까 그 교회의 성찬식 예배 ─ 성령강림주일을 맞게 되었습니다. 그는 그 예배가 진행되는 동안 마귀와 엄청난 싸움을 벌인 경위에 대해 묘사합니다. 그는 랭가스티라 불리는 이웃 교회에서 어느 정도의 평안을 발견했습니다.

그 교회에서, 무지한 그로서는 최선을 다하여 하나님께 자신을 드렸습니다. 이것이 어느 정도의 평안을 가져왔습니다. 그러나 마귀는 성령강림주일의 성찬식 예배에 참석한 그를 공격하여 모든 면에서 그의 믿음을 흔들어놓으려고 거세게 달려들었습니다. 그러나 예배가 끝나기 전에 그는 평안을 찾았습니다.

그는 그것을 이렇게 설명합니다.

성찬식 때, 십자가에서 피 흘리신 그리스도께서 끊임없이 내 눈앞에 서 계신 것 같았습니다. 능력이 내게 주어져 그 피로 인해 용서를 받았다는 믿음을 갖게 했습니다. 나는 나의 짐을 벗었습니다. 나는 기뻐 뛰면서 집으로

가 슬퍼하는 내 이웃에게 말했습니다. 그대는 왜 슬퍼합니까? 내 죄가 용서받았음을 나는 압니다. 비록 내가 이 책(『청교도에게 배우는 경건』, The Practice of Piety) 밖에서 그러한 것들을 볼 수 있다는 것을 들어보지 못했지만 말입니다. 오, 복된 날이여! 언제나 그것을 기억하고 더욱더 감사했으면 좋겠습니다!

하웰 해리스는 이제 회심했습니다. 그는 자신의 죄를 용서받았다는 것을 알았습니다. 그는 자신의 짐을 버렸습니다. 그러나 더욱더 중요한 것은 3주일 후, 즉 6월 18일에 그에게 일어났던 일입니다. 그날 그는 또 다른 체험을 했습니다.

그때 그는 랭가스티 교회의 종탑 안에서 성경을 읽고 기도하고 있었습니다. 그곳에서 그는 자신을 하나님께 드렸습니다. 그때 그는 이전의 모든 체험들을 무색하게 할 만한 엄청난 체험을 한 것입니다. 그 순간부터 이 사람은 우리가 말하는 이른바 불타는 전도자가 되기 시작했습니다.

그의 기억을 오늘 이 밤에 함께 기념합니다. 이 체험의 결과로 그는 영혼들을 향한 연민의 정을 느끼기 시작했고, 죄 가운데 빠진 모든 사람들에 대한 슬픔을 느꼈습니다. 이 체험으로 인하여 그의 전도 활동이 시작되게 된 것입니다.

처음에 그는 병든 사람들을 방문하여 그들에게 책을 읽어주는 일만 했습니다. 『경건의 실제』라는 책이나 그 밖에 자기에게 도움을 주었던 다른 책들을 읽어주었습니다.

그는 책을 읽을 때 어찌나 능력 있게 읽었던지 사람들이 아주 크게 감동을 받았습니다. 얼마 후, 병든 사람의 방에서든 아니면 어디에서든 그가 책을 읽을 것이라는 소문이 들릴 때마다 사람들은 그의 책 읽는 소리를 듣기 위해서 모여들었습니다.

이러한 일이 갈수록 더 많아지게 되자 몰려오는 군중이 더 많아져 그는 노천에서 설교하기 시작했습니다. 수많은 군중이 모여들게 되었고, 수많은 사람들이 죄를 각성하며, 많은 사람들이 회심하게 되었습니다. 그 결과 그는 우리가 이미 이 연구회에서 들었던 교제 집회와 간증 집회들을 열기 시작했습니다.

저는 다만 그의 삶에 있어서 괄목할 만한 사실들만 몇 가지 뽑아 이야기하고 있는 것입니다. 1737년, 그는 회심한 지 2년 뒤에 처음으로 랭게이토의 다니엘 로랜드를 만나게 되었습니다. 이 사람은 서부 웨일즈의 다른 지역에 있었습니다.

또한 1739년에는 카디프에서 조지 휘트필드를 처음으로 만났습니다. 결국 이처럼 다양한 접촉이 모든 집회의 연합을 형성하기에 이르렀고, 그래서 그들은 정규적으로 자신들의 활동과 발전 양상을 규제하고 통제할 수 있게 했습니다.

첫 번째 연합회는 1742년에 열렸습니다. 그러나 더 유명한 연합회는 1743년에 카필리 근방에서 열렸습니다. 이때 연합회 회장으로 지명된 사람은 저 위대한 조지 휘트필드였습니다. 해리스와 다른 사람들도 함께 설교했으며, 또한 여러 가지 많은 핍박과 어려운 고초를 겪게 되었습니다. 해리스는 여러 차례 죽을 고비를 맞게 되었습니다.

영국 국교회와 교구 목사들 사이에서 일어난 적대감은 말로 표현할 수 없을 정도였으며, 때때로 수많은 대중의 적의도 과격했습니다. 그러나 이 사람은 목숨을 걸고 그 일을 했으며 지칠 줄 몰랐습니다. 저는 하웰 해리스처럼 열심히 일한 사람이 있다는 것을 어떤 책에서도 읽어보지 못한 것 같습니다.

그는 하루에도 여러 차례 설교를 했습니다. 그러고 나서도 회심자들과 개인적으로 만나는 기회를 여러 번 가졌고 또 일기를 썼습니다. 어떤 경우에는 잠을 전혀 자지 못한 채 다음날 학교에 가야만 할 때도 있었습니다. 아니면 몇 시간만 잠깐 눈을 붙이고 나서 다른 곳으로 여행하며 설교했습니다. 그는 계속 초인적으로 일을 해나갔습니다. 그의 목소리는 언제나 쉬어 있었는데,

설교 사역을 감당하기 시작할 초기부터 그러했습니다. 그러나 그는 계속했습니다.

이러한 일이 1750년까지 계속되었습니다. 이때 여러 가지 이유로 하웰 해리스와 다니엘 로랜드와 다른 지도자들 사이에서 논쟁이 일어나게 되었는데, 이것으로 인하여 서로 다툼이 일어났고 분리되어 그는 트레베카의 자기 고향으로 돌아갔습니다. 이 일은 실로 가장 흥미 있는 일을 하게 했습니다.

그는 독일의 경건주의자 어거스트 프랑케가 할레에서 조직했던 공동체에 대해서 읽어보게 되었습니다. 그것은 일종의 고아원이면서도 종교적인 공동체였습니다. 해리스는 그것에 큰 감동을 받게 되었습니다. 그 책을 읽은 다른 많은 사람들처럼 말입니다.

그는 트레베카에서 한 '가족'을 시작할 결심을 했습니다. 그곳에서 그는 거의 100명에 가까운 사람을 모았습니다. 그들 중에는 목수, 대장장이, 농장에서 일하는 사람, 방앗간에서 일하는 사람이 있었습니다. 그는 믿음으로 그들을 가르쳤고 교훈했습니다.

후에 그는 또 다른 특이한 일을 했습니다. 이때 프랑스와 전쟁이 있었는데 해리스는 의용군의 중대장으로 군인이 되었습니다. 의용군의 중대장으로서 그는 잉글랜드와 그레이트 야머스와 데번과 콘월과 다른 곳에 갈 기회가 있었습니다. 그는 군복을 입고 설교했고 때때로 특이한 일들이 발생하게 되었습니다.

그러나 그는 1763년에 웨일즈의 메소디스트 공회로 돌아오게 되어 옛 친구들과 동료들과 함께 일을 계속해나갔습니다. 그에게 있어서 흥미로운 점은, 1768년 헌팅던 백작 부인과 함께 다른 이들의 도움을 얻어 설교자들을 훈련시키는 대학을 건설한 것입니다. 트레베카에 그 대학이 세워졌는데 1768년에 큰 건물이 건축되었습니다.

1768년에 그 대학이 설립된 것은 커다란 의미를 가지며 매년 창립 기념일을 기념하고 있습니다. 휘트필드는 그 학교가 세워진 개교 예배 때 설교했고, 1769년에는 휘트필드와 존 웨슬리와 로랜드와 다른 사람들이 설교했습니다. 이러한 일이 계속되었고, 결국 해리스는 너무 기진하고 지치고 피곤하여 1773년 7월 21일에 죽게 됩니다.

이 모든 것들 가운데서 가장 먼저 칼빈주의 메소디스트 공회가 처음으로 구성되었고 결국 그것은 하나의 '교파'가 되었습니다. 해리스와 다른 사람들은 성직자로 죽었습니다. 그들의 추종자들은 영국 국교회를 떠나 1811년 처음으로 그들의 교역자들을 안수했습니다. 다른 것은 아무것도 아니라 할지라도 위대한 웨일즈 칼빈주의 메소디스트 교회가 형성되었다는 점이 놀랍습니다. 이것은 19세기의 웨일즈 사람들의 삶 속에서 대단한 역할을 했고 그래서 놀라운 이야기가 된 것입니다.

그러나 우리는 덧붙여서 해리스의 목회 사역은 회중교회나 침례교회 신도들의 수를 크게 성장시켰다는 것을 알아야 합니다. 그들은 해리스의 목회 사역을 통해 크게 득을 보았습니다. 이 점을 그들도 기꺼이 인정합니다. 마찬가지로 그의 노력은 런던에서도 영향을 끼쳐 성도들에게 큰 용기를 주는 방편이 되었습니다.

그는 일기에 그 모든 것을 기록해놓았습니다. 일기에 보면 존 케닉(John Cennick)이나 그 밖에 대복음적 각성에 함께 사용된 다른 많은 인물들의 면모를 볼 수 있고, 웨슬리나 휘트필드의 모습도 볼 수 있습니다.

2. 해리스에 대한 특별한 사실

이 사람과 관련된 주요한 사실들이 바로 그러한 것들입니다. 이제는 특별히 언급할 사실들을 말씀드리겠습니다.

이 사람의 생애 중에서 제가 보기에 오늘날의 상황과 가장 관계 있는 것들을 뽑아보겠습니다. 우리는 이러한 일들에 대해서 단순히 골동품 수집가적인 관심을 가져서는 안 됩니다. 우리는 또한 학문적인 역사가들도 아닙니다.

우리는 영적인 사람들입니다. 우리 가운데 많은 사람들이 설교자, 목회자, 주일학교 지도자 등으로 일하고 있습니다. 그러므로 우리는 역사를 되살펴 보면서 유익과 도움과 용기를 끌어내야 합니다.

오늘날과 같은 시대에는 이러한 일이 정말 긴급하게 필요합니다. 왜냐하면 웨일즈와 잉글랜드가 오늘 처한 상황은 이 같은 위대한 18세기의 신앙 부흥이 있기 전의 상태와 아주 흡사하기 때문입니다. 우리는 그때와 매우 흡사한 상황에 처해 있습니다. 물론 차이점들은 있습니다. 그러한 차이점들을 언급하느라 본 주제를 벗어나지는 않겠습니다.

주요한 차이는, 그 사람들은 우리가 알고 있는 자유주의나 현대주의와 맞서 싸울 필요가 없었다는 점입니다. 오히려 그 사람들은 죽어 있는 영적 상태와 싸워야 했습니다. 그 당시 필요한 것은 각성을 일으키는 사역이었습니다. 우리는 이 외에 다른 어떤 것을 하도록 부르심을 받고 있습니다.

특별히 언급해야 할 것들이란 무엇입니까? 무엇보다 먼저 하나님의 주권입니다! 뷕 녹스 교수는 올해 총회석상에서 행한 연설에서 해리스를 언급하면서 '해리스가 시작한 운동'이라는 말을 썼습니다. 이러한 진술에 대해서 누가 무슨 말을 할 수 있겠습니까?

이것은 영적 지각과 이해가 전적으로 부족함을 암시하는 것이며, 20세기 사상의 분위기와 여러 운동들의 출발을 암시하는 것입니다. 하웰 해리스는 결코 운동을 시작하지 않았습니다.

제가 여러분에게 이미 상기시켜드린 바와 같이 그의 이야기는 하나님의 주권 차원으로밖에 설명될 수 없는 것입니다. 그 사람은 마지못해 한 교회에 찾아갔습니다. 성찬식 예배 광고를 이상하게 하는 것을 듣게 됩니다. 그는 즉각적으로 사로잡히게 되고 거기에서 죄의식을 느끼게 됩니다. 이것이 이 위대한 이야기의 출발입니다. 하웰 해리스는 그것을 시작하지 않았습니다.

우리는 전도 집회나 운동을 시작한 사람으로 그를 생각해서는 안 됩니다. 이것은 실로 놀라운 이야기의 메시지를 부인하는 것입니다. 결코 아닙니다!

그것은 하나님의 주권이 행하신 일입니다. 하웰 해리스의 이야기뿐만 아니라, 하나님께서 하웰 해리스에게 이러한 일을 하셨던 바로 그 시기에 하나님께서는 다니엘 로랜드에게도 같은 일을 하셨다는 사실 속에서 그 점을 발견하게 됩니다.

그들은 서로에 대해서 들어본 적이 없었습니다-두 사람은 거리상 매우 멀리 떨어져 있었기 때문입니다-그러나 그러한 일이 동시에 일어났습니다. 조지 휘트필드에게도 동시에 그러한 일이 일어났음을 알고 있습니다. 또 같은 시기에 다른 사람들에게도 그러한 일이 일어났습니다. 이것은 무엇입니까? 하나님의 주권입니다. 때와 장소와 인물에 대한 하나님의 주권입니다.

만일 여러분이 트레베카를 방문한다면 그곳이 매우 작은 마을이라는 것을 알게 될 것입니다. 또 위대한 부흥이 일어날 곳이 어디겠느냐는 질문을 받는다면, 아마 성바울 대성당이나 런던의 어느 곳이라고 말하고 싶을 것입니다. 그러나 하나님께서 행하실 때 일어난 일은 그러한 것이 아니었습니다. 트레베카와 같이 어느 누구도 들어 본 적이 없고 알려지지 않은 곳에서 일어났습니다. 그러나 바로 이것이 하나님께서 선택하신 장소와 때와 인물들입니다-이 초라한 학교 선생과 그런 유형의 다른 사람들을 들어 쓰신 것입니다.

부흥 이야기를 읽어보면 하나님께서 부단히 이와 같은 유의 행동을 되풀이하심을 발견할 것입니다.

"형제들아 너희를 부르심을 보라 육체를 따라 지혜로운 자가 많지 아니하며 능한 자가 많지 아니하며 문벌 좋은 자가 많지 아니하도다"(고전 1:26).

제가 강조하려는 하나님의 주권의 또 다른 측면은 부흥이 일어나는 방법입니다. 하웰 해리스의 이야기는, 부흥은 언제나 먼저 개혁이 있고 나서 오는 것은 아니라는 사실을 입증하는 한 예입니다. 부흥은 때로 개혁 뒤에 일어납니다.

그러나 부흥이 개혁보다 앞서는 때도 있습니다. 개혁이 있어야 부흥이 온다고 전제해놓는다든지, 교리적인 정통성이 부흥의 필수 조건이라고 전제하는 것은 엄연한 사실을 무시하는 것입니다.

그렇다면, 부흥이 무엇입니까? 부흥은 하나님의 성령의 부으심입니다. 그것은 일종의 오순절의 반복입니다. 또한 성령께서 사람들에게 임하시는 것입니다. 이러한 일은 오늘도 강조될 필요가 있습니다. 왜냐하면 최근에 어떤 사람들은 모든 사람은 중생할 때 성령 세례를 받으며, 중생한 뒤에 사람이 해야 할 일은 이미 자기가 가진 것에 복종하는 일이라고 말하기 때문입니다. 이러한 것을 우리는 너무 자주 듣습니다.

그러나 부흥이라는 것은 이미 자기가 가진 것에 복종한 결과로 오는 것이 아닙니다. 그것은 성령께서 사람에게 부어지고 강림하는 것입니다. 오순절에 일어났던 것과 같은 식으로 말입니다.

이것은 다음 요점으로 우리를 인도합니다. 이것은 하웰 해리스의 경우에 분명히 드러나는 것입니다. 즉 제가 언급했던 중차대한 체험을 생각해보자는 것입니다. 1735년 6월 18일, 해리스는 랭가스티에 있는 교회의 종탑 안에 있었습니다. 제가 볼 때 이것은 하웰 해리스를 이해하는 데 있어서 열쇠가 되는 것입니다.

부흥을 이해하는 데 있어서도 이 점이 열쇠입니다. 조프리 누톨 박사나 빅녹스 교수가 이 점을 전혀 언급하지 않았다는 것을 저는 정말 기이하게 생각합니다. 다른 사람들도 이 문제를 너무 엉성하게 다룹니다. 그들은 여러 가지 사건들 중 하나로 이 문제를 다루어버립니다.

그러나 제가 이 사람의 이야기를 이해하면 할수록 6월 18일의 중차대한 체험에 비춰보지 않으면 그를 설명하거나 이해하거나 그를 통해서 일어난 일을 도저히 알 수 없습니다.

여기에서 저는 몇 년 전 '배너 오브 트루스'(Banner of Truth)사가 발행한 작은 책자를 추천해드리겠습니다. 그 책은 『하웰 해리스의 초기 생애』(The Early Life of Howell Harris)라는 것인데, 리처드 베네트(Richard Bennett)가 쓴 책입니다. 이 책의 웨일즈 원어판은 『웨일즈 칼빈주의 메소디즘의 여명』(The Dawn of Welsh

Calvinistic Methodism)입니다. 베네트는 이 중차대한 체험을 탁월하게 설명합니다. 어떤 체험이었습니까?

제가 볼 때 그것을 나타내는 표현은 오직 한 가지밖에 없습니다. 그것은 이 사람들 자신이나 그 후의 사람들에 의해서 사용된 표현입니다. 그것은 '불의 세례' 또는 '능력의 세례'였습니다. 제가 특히 강조하고자 하는 것은, 해리스는 이미 회심했고 죄 사함을 받았으며 해리스 자신도 그것을 알고 그것 때문에 기쁨으로 춤을 추었다는 것입니다.

그러나 3주 후에 그는 중차대한 체험을 하게 되었고, 그것이 이 사람으로 하여금 불타는 전도자로 만들었습니다. 그것이 무엇이었습니까? 그는 종탑 안에 앉아서 성경을 읽으며 기도하고 있을 때 일어난 일을 다음과 같이 묘사합니다.

갑자기 내 마음이 불 앞의 초 같이 녹는 것을 느꼈습니다. 그리고 내 구주를 주신 하나님께 대한 사랑이 느껴졌습니다. 나는 사랑과 평안을 느꼈을 뿐 아니라 죽어 그리스도와 함께 있고 싶은 간절한 열망을 느꼈습니다. 그리고 내 영혼 속에서 전에는 전혀 알지 못했던 "아바, 아버지"라는 외침이 터져 나왔습니다!
나는 하나님을 내 아버지로 부르는 일밖에 할 수가 없었습니다. 나는 그의 자녀라는 것을 알았으며, 그가 나를 사랑하시고 내 말을 들으신다는 것을 알았습니다. 내 마음은 만족하여 울부짖었습니다. "이제 저는 만족합니다! 제게 능력을 주십시오. 그러면 물불을 가리지 않고 주를 따라가겠나이다"라고 외쳤습니다.

리처드 베네트는 이렇게 말합니다.

의심할 여지없이 탈가트 교회에서의 죄 사함의 체험은 달콤했습니다. 그럼에도 불구하고 그가 꼭 집어 말할 수 없는 그 이상의 필요에 대한 느낌이 그의 영혼 속에 있었습니다. 그러나 그가 랭가스티 교회에서 은밀하게 기도할 때, 하나님께서는 하나님 자신을 그에게 보여주셨던 것입니다. 거기서 그는 그의 모든 우상으로부터 깨끗해졌고, 하나님의 사랑이 마음속에 흘러넘치도록 부어졌습니다.

그리스도께서는 이전에 오셨지만 이제 그를 사로잡기 시작하셨습니다. 이제 해리스는 "아바, 아버지"라 울부짖도록 가르치는 양자(養子)의 영을 받은 것입니다. 그는 죽어 그리스도와 같이 있고 싶은 열망도 받게 되었습니다. 그의 모든 두려움은 몇 달 동안 완전히 사라졌고 그 대신 순전한 사랑이 그 자리를 차지하게 되었습니다.

이것이 중차대한 체험에 대한 묘사입니다. 저는 이 체험이 '중차대한 체험'이었음을 강조합니다. 해리스가 이 체험을 얼마나 계속 언급하는지를 보여줌으로써 그것을 강조하고자 합니다. 그는 결코 그것을 잊지 않았습니다. 그것은 그의 생애에서 가장 크고 가장 획기적인 사건이었습니다. 만일 여러분이 그의 일기나 그의 일기에서 발췌한 책을 읽어본다면, 그는 6월 18일이 되면 언제나 랭가스티 교회 안에서 자신에게 일어났던 일을 언급한다는 것을 발견할 것입니다. 5월 성령강림주일에 일어났던 일보다 바로 그 일을 더 생각하고 있었던 것입니다.

예를 들면, 1739년 6월 18일 일기에서 그는 이렇게 쓰고 있습니다.

"하나님의 사랑이 4년 전 내 마음에 부어져 나 자신을 하나님께 드리게 되었습니다."

1746년 6월 18일 일기에는 "내게 기념할 만한 날입니다. 11년 전 이날 나는 구속의 날까지 인침을 받았습니다. 요한계시록 21장 7절을 읽는 동안 인침이 있었습니다. 오, 달콤한 날이여! 나는 전에 랭가스티 교회에서 그러한 일을 체험했습니다. 그러나 나는 죄에 굴복하고 무분별하며 내가 만나는 거의 모든 그리스도인들에게 제어당했으며, 그것이 성경의 약속을 통해 주어진 것이 아니기 때문에 나는 다시 의심에 빠졌습니다"라고 적고 있습니다.

그는 날짜에 약간 혼동을 가져온 듯 1763년 6월 29일 일기에는 이렇게 적고 있습니다.

28년 전 이날 나는(그 전에 그러한 일을 들어본 적이 없기 때문에 그것을 추구하지 않았음) 양자의 영의 인침을 받은 후 온 마음을 다해 하나님을 사랑하며, 내가 하나님 안에 있고 하나님께서 내 안에 계시다는 느낌을 가졌습니다. 나는 죽어 사랑하는 아버지와 함께 있을 것을 열망했습니다.

그의 일기에 보면 매우 흥미로운 언급이 또 있습니다. 그것은 자신의 체험이 아니라 어린 소녀의 체험입니다. 여기에 그것을 인용하겠습니다.

주님께서 몇 시간 동안 놀라운 방법으로 그 소녀에게 자신을 계시하셨습니다. 그래서 소녀는 주님의 사랑에 녹아 자신이 어디에 있는지도 알지 못했습니다. 소녀의 영원한 분깃인 예수 그리스도의 위엄과 영광을 발견했을 때 그 소녀는 아무것도 아닌 양 가라앉았고, 교회를 위해 비상한 열심으로 기도하라고 성령께서 부어주셨기 때문에 그 어린 소녀는 정말 비상한 일을 생각했습니다. 이러한 성령의 부으심을 우리는 우리 가운데서 많이 보게 됩니다.

만일 여러분이 그의 일기에서 발췌한 글을 읽어본다면, 그는 부단히 그것을 강조하고 있음을 발견하게 될 것입니다. 그에게 있어서 그 사건은 복음 전도자가 되게 한 전환점이었습니다. 부흥을 이해하는 데 있어서 그것은 필수입니다. 우리는 그가 여러 차례 이러한 체험을 반복했다는 것을 앎으로써 그것을 입증할 수 있습니다. 그는 그것을 언급할 뿐만 아니라 스스로 그것을 상기했고 그 날짜를 회상했습니다. 리처드 베네트는 1736년의 사건들을 언급하면서 이렇게 말합니다.

그는 거듭해서 그뤼 페칸 산에서 이때쯤 누렸던 영적인 잔치를 말합니다. 그가 쿰 야우에서 집으로 돌아가고 있을 때, 그 산에서 그러한 체험을 한 것입니다. 하나님께서 그를 보고 미소짓고 계시는 것처럼 느껴져 그의 마음은 하나님의 사랑의 강력한 영향력 아래서 거의 터질 것만 같았습니다. 그 후 그곳은 언제나 그에게 있어서 거룩한 산이 되었습니다.

비록 그의 몸이 약하고 아파서 먹을 수조차 없었지만, 그 영적 세계의 실체가 그 시간 내내 그의 생각 속에 너무나 적나라하게 나타남으로써, 연약한 몸이 필적할 수 없는 능력으로 옷 입었고, 그의 출현 자체가 모든 대적을 쫓아버릴 정도였습니다.

그의 일기에서 발췌한 것을 보면 또 이렇게 적혀 있습니다.

"나는 새벽 2시까지 취한 사람처럼 혼자 기도했습니다. 오랫동안 영광, 영광밖에는 말할 수가 없었습니다. 주님께서 하신 일을 누가 다 쓸 수 있겠습니까?"

1747년의 일기에는 이렇게 기록되어 있습니다.

"웨일즈에서 늘상 하시던 대로 하나님께서 찾아오셨습니다. 우리의 마음이 속에서 불타 올랐습니다."

이 일은 런던에서 있었습니다. 그 다음에 그는 헌팅던 부인을 언급합니다.

"그녀의 신생 체험 이야기를 들었습니다. 그녀가 감독들의 입장에서 주장한 것은, 죄 사함 받은 것을 알고 성령을 받는 것이 필요하다는 것이었습니다."

1749년 5월 일기에는 이러한 이야기가 있습니다.

"주께서 오셔서 내가 도저히 반항하거나 의심할 수 없는 강력한 급류처럼 나를 압도하셨습니다."

죄 사함을 받는 것과 성령을 받는 것 사이에는 언제나 이러한 차이가 있기 마련입니다. 다른 말로 해서, 1735년 성령강림주일에 그에게 일어났던 일과, 같은 해 6월 18일에 일어났던 일 사이에는 차이가 있다는 것입니다.

이것은 단지 이 사람에 대한 설명입니다. 이 사람 속에서 구원받지 못한 사람을 향한 긍휼의 마음을 일으킨 것은 바로 그것입니다. 그것이 그로 하여금 나가서 사람들에게 그들의 상태에 대해서 말하고 일을 하게 만든 것입니다. 구원받지 못하고 멸망해가는 사람들에 대한 관심은 그의 영혼을 삼킬 정도로 강렬했습니다.

저는 이 시점에서 이러한 말을 하고 싶습니다. 성령 세례를 받았다고 주장하는 사람들에게 적용해봐야 하는 중요한 시험이 바로 이것 아닙니까? 가장 중요한 시험은 영혼을 향한 관심이요, 구원받지 못한 사람들에 대한 긍휼입니다.

이것은 바로 우리 주님의 위대한 특징이었습니다. 주님은 사람들을 '목자 없는 양 같이' 보셨습니다. 주님은 그들을 '불쌍히 여기셨습니다.' 이와 같이 성령 충만함을 입은 사람들은 주님과 같습니다.

하웰 해리스의 뛰어난 특징은 구원받지 못한 사람들을 불쌍히 여기는 마음이었습니다. 그들에 대한 그의 관심은 '성령 세례'를 보여주는 시금석이었습니다. 외양적인 모습만으로는 성령 세례의 여부를 알 수 없습니다. 성령 세례는 자기 도취에 빠지는 것도 아니요, 혹은 체험을 되뇌이거나 자랑하는 데 시간을 들이는 교회 운동을 일으키는 것도 아닙니다. 그것은 언제나 다른 사람들을 향한 관심으로 이어집니다.

교회 안에는 교회를 위해 큰일을 외치는 운동들이 있어왔습니다. 바로 오늘날에도 그와 같은 운동들이 많이 있습니다. 그러나 복음 전도의 관심이 그들에게 가장 뛰어난 관심이 아니라는 것은 그들도 인정해야 할 것입니다. 성령 세례는 일차적으로 복음 전도에 큰 관심을 갖게 하는 것으로 모습을 드러냅니다. 이것은 체험의 위대한 가치를 부정하자는 말이 아니라 역사에 비춰볼 때 구원받지 못한 사람들에 대한 깊은 관심은 그러한 체험의 가장 뛰어나고 주요한 특징이라는 것입니다.

그리고 또 강조해야 할 것은, 해리스는 언제나 '새로운' 체험들, '신선한' 체험들의 중요성을 강조했다는 점입니다. 그는 언제나 수년 전의 체험에 대해 이야기할 뿐 그 후로 그런 체험이 없는 사람들을 질책했습니다. 그는 '죽은 간증'에 대해서 말을 하면서, "주님께로부터 예전에 받았던 것에 대해서 말하지 말고 지금 주님께로부터 새롭게 받는 것을 말해야 합니다"라고 말했습니다.

이것이 바로 그의 큰 관심거리였습니다. 이 크고 중대한 체험은 되풀이될 수 있었습니다. 만일 되풀이되지 않고 사람들이 처음 체험만 추억하면서 살아야 한다면, 슬픈 상태에 있는 것이라고 생각하여 그런 사람들을 질책했습니다.

또한 그의 영성에 대해 언급하지 않을 수 없습니다. 하웰 해리스는 성령의 세계 속에서 산 사람입니다. 그는 직접적인 인도를 믿었으며 또한 직접적인 인도 없이는 어떤 일도 하지 않으려 했습니다. 어떤 사람들은 그것 때문에 그를 비평했습니다. 그래서 때로는 누톨이 묘사한 대로 '광신자'(열광주의자)라 할 만한 인물이었는지도 모릅니다. 실로 그는 환상주의로 떨어지는 선까지 넘어갈 위험에 처하기도 했습니다.

그러나 요점은 그가 하나님과 긴밀한 연합 가운데 살았다는 것이며, 성령의 감화에 민감했다는 것입니다. 만일 여러분이 그의 일기에서 설교를 하고 있던 집회의 상황에 대해서 읽어보거나, 다른 사람들이 설교하고 있을 때 그 모임의 정황에 대해서 쓴 것을 읽어보면 계속 다음과 같은 표현이 나타나는 것을 알게 될 것입니다.

"내가 우리 구주의 무한하신 죽음에 대해 밝혀주었을 때 강한 질풍이 휘몰아쳤습니다. … 주께서 능력으로 임하셨습니다. … 나는 대단한 자유를 누렸고, 구원의 위대성에 대해서 밝혀나갈 때 강한 질풍이 불어닥쳤습니다."

그는 언제나 '주께서 능력으로 임하시기'를 추구하고 갈망했습니다.

그가 즐겨 사용하는 또 다른 어휘는 '권위'라는 말입니다. 만일 설교할 때 '권위'를 느끼지 못했다면 그는 고통스러워했습니다. 그러나 '권위'가 올 때 모든 것이 다 잘되었습니다. 이것이 그가 바라고 갈망하는 것입니다. 그가 믿는 것은 본질적으로 복음 선포와 절대적으로 관련된 것입니다.

3. 해리스의 사역의 특징

이제 그의 사역의 흥미로운 특징들을 살펴보겠습니다. 아마 이것은 설교자들이 가장 관심을 갖는 문제일 것입니다.

첫째로, 그의 설교 방법입니다. 그는 언제나 자신을 권면자로 불렀습니다. 그는 이 점에 대해서 매우 민감했습니다. 그는 본래 교구 목사나 목사가 되려고 했습니다. 그러나 그는 절대로 안수를 받지 않았습니다. 받으려 했어도 그가 살던 교구 지역의 감독은 그를 세우지 않았을 것입니다. 그는 안수받은 사람들의 특권과 권리를 침범하지 않으려고 매우 주의를 기울였습니다.

동시에 그는 안수받은 모든 사람들보다 앞서 '현장에서 싸우는' 사람임을 그들에게 밝히는 데 결코 더디지 않았습니다. 또한 경우가 되면 그들을 책망하는 데도 주저하지 않았습니다. 그는 자주 그렇게 했습니다.

그는 다니엘 로랜드도 책망했고 조지 휘트필드도, 헌팅던 부인도 책망했습니다. 비록 그가 안수받은 목회자는 아니었지만 권면자로서 말입니다. 그는 자신이 하나님께로부터 이 사람들을 다룰 권위를 받았다고 생각했고, 그들이 어떻게 행동하며 어떻게 처신해야 하는지를 가르칠 권위를 받았다고 생각했습니다.

그의 설교 방법은 아주 비상했습니다. 그는 자기가 어떻게 설교를 시작했는지를 설명했습니다. 처음에 그는 환자를 방문하여 책을 읽어주는 일을 했음을 우리는 이미 알고 있습니다. 한동안 이렇게 하다가 책 내용에 조금 덧붙여 설명을 곁들였습니다. 그는 사실상 그들에게 권면하고 설교했습니다. 그러나 언제나 책을 보았습니다. 그는 그 상황을 이렇게 묘사합니다.

이제 너무나 많은 사람들이 모여서 우리가 모이는 집들로는 그 사람들을 수용할 수 없었습니다. 말씀을 전할 때 큰 능력이 함께 임하여 그곳에 있던 수많은 사람들이 자기들의 죄를 용서해달라고 하나님께 울부짖었습니다. 나는 어떤 특별한 본문을 택한 것도 아니고 주께서 주시는 대로 자유롭게 강론했습니다.
내 강론의 주제에 대해서 말하자면, 미리 말할 것을 준비해서 말한 경우는 한 번도 없었는데 특이한 방법으로 그 모든 것이 내게 주어졌습니다. 그것은 내 기억력의 열매도 아니었습니다. 내 영혼 속에 강력하게 느껴지는 즉각적인 충동의 결과였습니다. 나로 하여금 설교하도록 소명을 불러일으킨 것은 바로 성령의 임재뿐입니다. 나는 강론을 할 때마다 능력이 임하기 전에 본문을 풀어나갔습니다.

그는 자신이 본문을 스스로 풀어나갈 수 있다고 생각했던 것입니다. '능력'이 임하기까지 그는 그렇게 했습니다.
그러나 '능력'이 임하면 그는 자신에게 주어지는 그 말들이 쏟아져 나오도록 허용만 하고 있었습니다. 이와 관련하여 그가 말한 또 다른 진술이 있습니다.

나는 하나님께서 주신 것 없이 말하려고 시도했다가 창피를 당했습니다. … 부르심을 받지 않았을 때 말하지 않는 법을 배웠습니다. 부르심을 받지 않았는데도 말한다면 아무런 유익을 주지 못합니다.

우리는 이런 것을 알고 있습니까? 그는 또 이렇게 말했습니다.

나는 여전히 읽고 있었기 때문에 어느 누구도 내게 있는 말의 은사를 눈여겨본 사람이 없습니다. 그들은 모든 것이 책에 있다고 생각했고 내가 책을 보고 기도한다고 생각했습니다. 나는 언제나 책에서 눈을 떼지 않았고 그것은 아무런 해가 없었습니다.

아무 준비 없이 온전히 하나님만을 의뢰했습니다. 그러한 능력과 복을 받았지만 어디서 그 같은 말씀이 그처럼 분명하고 적절하게, 그러면서 유익하게 나오는지 나도 몰랐습니다. 거의 아홉 시간이 지났고 결국 환한 대낮이 되었습니다. 전혀 피곤하지 않았습니다. 하나님께서 내 안에서 역사하실 동안에는 모든 것이 얼마나 달콤한지 모르겠습니다. 마음속에서 교만이 일어날까 두려웠습니다. 주신 은사가 이처럼 특이했습니다.

다른 말로 해서 그는 이러한 책들을 가지고 다니면서 읽었습니다. 그러나 성령께서 임하시는 순간이 오면 직접 그들에게 그것을 말하기 시작했습니다. 그는 더 이상 읽지 않았습니다. 그러나 여전히 그는 책을 보고 있었습니다. 드디어 그는 읽는 것을 완전히 그만두고 직접 사람들에게 말했습니다. 리처드 베네트는 이렇게 말합니다.

1737년, 그의 사역은 그전보다 더 성경적이었습니다. 그는 다음 여러 달 동안 삭개오와 요한계시록 3장 20절과 누가복음 종반부의 본문을 중심으로 많은 설교를 했습니다.

그는 준비 없이 사람들에게 나왔고, 그의 머리는 고통스럽게 흥분하고 있었으며, 목소리는 쉬어 있었고, 그때에 자기에게 주어지는 것을 쏟아놓을 참이었습니다. 이때는 그가 말할 것을 제목별로 분류한 것이 사실입니다. 그러나 제목이나 다른 어느 것에 자신이 매이는 것을 허락하지 않았습니다.

이 시점에서 한 가지 질문을 하겠습니다. 신약성경에서 예언하는 것이라고 한 것이 바로 이것이 아닙니까? 고린도전서 11장과 14장에서 우리가 읽는 예언이 이것이 아닙니까? 저는 그렇다고 생각합니다. 이것은 자기에게 주어진 것을 전달하는 것입니다. 이것은 즉각적인 영감으로 그 사람을 통해서 쏟아져 나왔습니다. 이것은 계시가 아니라 영감입니다.

이제 이 사람의 생애에서 흥미로운 또 다른 측면을 생각해봅시다. 그의 교리적인 발전 말입니다. 여러분이 좋아하는 표현대로 한다면 그의 교리에 대한 지식의 발전입니다. 이것은 이 연구 모임에 모인 우리 모두에게 있어서 가장 중요한 사항입니다. 다음은 그의 일기에서 발췌한 것입니다.

한동안 나는 논증을 통해 나 자신과 사람들을 회심시키려고 애를 썼습니다. 이것을 성령의 역사라고 여기지 않았던 것입니다. 나는 사람의 능력을 높이는 잘못에 빠져 모든 사람들이 회개할 수 있고 변화될 수 있다고 주장했습니다. 나는 그리스도에 대해서 많은 이야기를 하고 마음속으로 깊이 의식하기는 했지만 그리스도를 별로 알지 못했습니다. 나의 내면적인 가르침은 나로 하여금 나 스스로는 아무것도 할 수 없다고 고백하게 만들었습니다.
그러나 이렇게 앞뒤가 맞지 않는 방법으로 오랫동안 말을 했습니다. 복음이 내 안에 있기는 했지만 율법의 원리를 따라서 나는 움직였습니다. 그 이유는 단순히 내 속의 가르침을 따르지 않고 설교문들이나 책들이나 나 자신의 육신적인 이성을 따랐기 때문입니다. 잠시 동안 그리스도께서 나를 내버려두셨습니다. 옛 사도들에게 하셨던 것처럼 말입니다. 내가 선택의 교리를 마귀의 교리라고 부르고 있을 때, 육신적인 생각을 가진 목사들이 기뻐하는 것을 보고 나는 멈칫했습니다. 내가 선택의 교리를 비난했을 때 전에 나를 미워했던 많은 사람들이 나를 사랑하기 시작했습니다. 그럼에도 나는 계속해서 사람이 자신을 바꿀 수 있다고 선포했습니다. 마치 그렇지 않으면 내 설교가 아무것도 아닌 것처럼 말입니다.

다른 말로 하면 그의 머리와 마음 사이에 갈등이 있었다는 것입니다. 계속해서 이렇게 말합니다.

비록 체험을 통해 나는 내게 주어진 것 외에는 아무것도 할 수 없다는 것을 언제나 배우고 있었지만 나는 강한 알미니안이었습니다. 웨르노스에서 대단한 열심을 갖고 예정론을 주장하는 사람들과 논쟁을 벌였습니다. 나는 한동안 그 교리를 반대했습니다. 모든 사람들과 이 세상에 있는 모든 이성들은 있는 힘을 다해도 나의 거만하게 굳어진 마음을 인도하여 그것을 받아들이게 할 수 없었습니다. 나는 천천히 단계적으로 선택의 교리를 가르침받았습니다. 내가 하나님의 불변성을 확신하게 되었을 때 그것에 대한 믿음의 씨앗이 뿌려졌습니다. 그러고 나서도 한동안 그 교리가 금방 이해되지 않았습니다. 나는 나의 무지함 때문에 그것을 부인했고 그것을 반대했습니다. 결국 하나님께서 나를 더 가르치기를 기뻐하셨기에 조금씩 조금씩 내 눈이 열려져 복음의 비밀을 알기에 이르렀습니다. 주께서는 성경 문자를 단순히 읽는 것으로부터 나를 건져주시고, 단순히 머리로만 아는 데서 건져주셨습니다. 나는 사람이나 책으로부터 복음을 받지 아니하고 하나님께로부터 받았습니다. 나는 생명의 말씀을 체험하고 검토했으며, 느끼고 보고 들은 대로 그것을 선포했습니다.

그는 계속해서 교리에 대한 그의 태도 변화와 이해의 변화가 1736년 말경에 일어났다고 말합니다. 위대한 체험이 1735년 6월에 있었던 것을 기억하십시오.

1736년 크리스마스 무렵쯤에 그리스도를 생각하기 시작했습니다. 그 전에 나는 사람의 행위에 강조점을 두었습니다. 1737년에 머서에서 처음으로 거저 주시는 은혜의 교리를 깨닫게 되었습니다. 비록 내 체험이 나 자신의 힘으로는 아무것도 할 수 없음을 처음부터 보여주었지만 말입니다.

그는 당대의 사람에게 찬사를 돌리면서 "로랜드는 내가 그리스도에 대한 진리를 아는 데 있어 도구가 되었습니다. 내 생각에 바로 그해에 『진실한 회심자』(The Sincere Convert)라는 토머스 쉐퍼드(Thomas Shepard)의 책을 만나게 되었는데, 이것은 어떤 의무들과 체계들에서 벗어나 오로지 그리스도만을 의지하도록 나를 바꾸어놓았습니다"라고 말했습니다. 그는 다시 이렇게 말합니다.

머서 교회에서 거저 주시는 은혜의 교리가 뜨겁고 분명하며 강력하게 표현되는 것을 들었습니다 — 사실 나는 이 시간까지 구름 아래 있었던 것입니다. 나는 울부짖었습니다. 오, 주여 모든 강단에서 이 건전한 교리가 설교되는 것을 듣게 하옵소서. 그 전에는 그처럼 나 자신이 드러난 적이 없었습니다. 훌륭한 목회 사역에 대해서 얼마나 감사한지 모릅니다.

이상이 그의 교리적인 발전을 간단하게 설명한 것입니다. 여기서 저는 한 가지 논평을 하려 합니다. 질문 형식으로 하겠습니다. 만일 우리가 하나님께 사용되기 위해서는 바른 교리와 바른 이해가 필수적이라고 주장하는 경우, 일종의 매우 교활한 알미니안주의에 빠질 위험이 있지 않겠습니까? 참되고 바른 이해가 필수라고 주장하는 것은 순전히 알미니안주의적인 것입니다. 젊은 해리스의 경우가 이 점을 입증합니다. 18개월 동안 그는 매우 능력 있게 사용되었으면서도 혼동을 겪고 있었을 뿐만 아니라 교리에 있어서도 실제로 그릇되어 있었습니다. 물론 존 웨슬리의 경우도 마찬가지입니다.

웨스트민스터 센트럴 홀에서 가진 한 기념 예배에서 제가 말했던 게 기억납니다. 그때 저는 조지 휘트필드를 대변하기 위해서 여기에 온 느낌이라고 말했습니다. 웨슬리와 휘트필드의 신학적인 입장의 차이에 대해서 약간 언급했는데, 거기서도 오늘 말씀드린 것을 언급했습니다. 존 웨슬리는 제가 볼 때 칼빈주의를 가장 위대하게 입증한 사람이라고 말한 바 있습니다. 왜 그렇습니까? 그의 잘못된 생각에도 불구하고 복음을 전하고 영혼을 회심시키는 도구로 하나님께 크게 사용되었기 때문입니다! 이것이 바로 칼빈주의의 궁극적인 증거입니다―예정과 선택, 이것은 틀림없이 젊은 하웰 해리스의 경우에서도 분명히 드러납니다.

제가 언급할 또 다른 문제는 해리스와 다른 사람이 조직한 집회들과 관련된 것입니다. 에이피온 에반스(Eifion Evans)를 통해서 우리가 상기하듯이 그것은 일차적으로 '간증 집회'였습니다. 해리스는 그 집회를 여는 목적을 사람들로 하여금 '자신들의 영혼의 상태에 대해서 함께 말하고, 책을 읽고 자기 검증을 통해서 배운 것의 결과를 보여주며, 신앙의 원리에 대한 무지를 불식시키게 하는 것'이라고 했습니다. 저는 가장 내밀한 모임에는 '마음에 성령의 증거를 가진' 사람들이 많이 있었음을 강조하고 싶습니다. 성령의 증거를 받지 못한 그리스도인들도 있었습니다. 그러나 이 내밀한 집단에 가입하려면 먼저 마음속에 성령의 증거가 있어야 했습니다. 이 점은 모든 사람들에 의해서 자주 강조되는 사항입니다.

이제 그의 협조적 성격을 생각해봅시다. 저는 이것을 '에큐메니컬' 성격으로 말하고 싶지 않습니다. 이 말이 오늘날에는 너무 지나치게 들려 우리가 이 말을 해리스와 관련지어 사용해야 하는지 의문스럽습니다. 그러나 그의 협조적 성격에 대해서는 하등의 의문이 없습니다. 해리스의 일기나 해리스에 대해서 말하는 휘트필드 또는 웨슬리의 일기를 읽어보면 분명 강력한 충격을 받게 될 것입니다.

이 모든 사람들 가운데 해리스는 참된 그리스도인들 사이의 연합에 대해서 가장 관심이 있는 사람입니다. 그러나 뷕 녹스 교수가 주장하듯이, 하웰 해리스를 현대 에큐메니컬 운동의 위대한 선구자라고 주장하는 것은 매우 우스운 일입니다. 그리스도의 신성과 속죄의 보혈, 성령의 인격성 등을 부인하는 자칭 그리스도인들에 대해서 그가 어떻게 생각하고 말했을까를 상상하는 것은 어렵지 않습니다. 그러나 참된 믿음을 가지고 '성령 안에서의 삶'을 함께 체험하면서도 나뉘어 있는 것을 아주 안타까워했습니다. 1742년 런던에서 그는 이렇게 말했습니다.

> 장로교도, 퀘이커교도, 영국 국교도, 침례교도, 메소디스트 등 우리가 각각 명칭을 붙여야 한다는 것은 부끄러운 일입니다. 우리는 다만 성경이 우리에게 붙여준 이름을 붙여야 합니다. '그리스도인'이라고 말입니다. 왜냐하면 하나님을 따르는 모든 사람들은 아버지와 아들이 하나인 것처럼 하나여야 한다는 것이 하나님의 너무도 명백한 뜻이기 때문입니다. 저는 이것을 확신합니다.

이 점을 입증하기 위해서 저는 그의 글에서 많은 인용문을 발췌할 수 있었습니다. 매우 흥미 있는 또 다른 글이 있습니다.

> 그들이 많은 사람들에게 하는 것과 같이 큰 일들에 있어서 나를 방해하지 못하도록, 작은 일들에 대해서는 관심을 두지 않겠습니다.

이것이 그의 일관된 원칙이었습니다. 그는 끊임없이 영국 국교회에 남아 있을지 아니면 영국 국교회를 떠나 비국교도와 연합할지에 대한 질문으로 괴롭힘을 당했습니다. 그는 이 문제 때문에 굉장한 고민을 했고 특히 초기에는 더욱 그러했습니다. 그의 일기에는 이것을 언급하는 내용들이 많이 있습니다.

그러나 그는 영국 국교회에 그대로 남아 있었습니다. 왜 그렇게 했습니까? 제가 볼 때는 여러 가지 이유가 있습니다. 그 하나는 그의 위대한 겸손 때문입니다. 그는 이상할 정도로 겸손–거의 병적일 정도로 자기 성찰을 함

-과 약함과 자기를 포기하는 성품이 조합된 사람이었습니다. 그러면서도 사자처럼 울부짖을 수 있었고, 위대한 사람들을 꾸짖고, 아무도 두려워하지 않는 사람이었습니다.

그러나 그는 본질적으로 겸손한 사람이었습니다. 그는 영국 국교회에서 자라났습니다. 그의 위대한 체험도 그 교회들과 관련되어 있었습니다. 이것이 언제나 그에게 영향을 미쳤으며, 또한 랜도르의 그리피스 존스라는 위대한 사람의 영향도 있었습니다. 그 사람은 순회 학교를 시작한 사람인데 위대한 부흥의 '새벽 별'과 같은 사람이었습니다. 해리스는 그러한 사람의 충고를 거스르는 것을 매우 두려워했습니다. 그는 또한 국교도들의 복음 전도의 필요성과 기회를 보고 큰 영향을 받았습니다.

이것이야말로 그가 가장 크게 생각할 문제였다고 봅니다. 당시의 국가 교회는 국민들의 교회였고, 모든 사람들은 그 교회의 교인들로 여겨졌습니다. 사람들은 무슨 일이 있든지, 특히 세례를 주거나 결혼식이 있거나 장례식 같은 것을 거행할 때에는 언제나 교회로 갔습니다. 해리스는 그곳에서 복음 전도의 필요성과 기회를 보았습니다. 비국교도들은 진리를 갖고 있지만 국교도들을 무식한 사람들이라고 느꼈습니다.

그래서 그는 이 복음 전도의 기회를 막는 일을 하게 될까봐 두려웠습니다. 만일 자기가 영국 국교회를 떠난다면 이 사람들은 더 이상 자기 말을 듣지 않을 것이라고 생각했습니다. 사람들이 "해리스는 이제 비국교도가 되었다"고 말하게 된다면, 그는 자기 스스로 복음 전도의 문을 막는 것이라고 생각했습니다.

제가 볼 때 이것이 바로 그에게 있어 가장 중요한 결정 요인이었음에 틀림없습니다. 그것은 많은 어려움을 만나게 했으나 저는 바로 그 영국 국교회 내의 복음 전도의 필요성과 기회가 그를 언제나 붙들어 맸다고 말하고 싶습니다.

또한 그는 영국 국교회나 비국교도 교회나 다른 분리주의자들이 위대한 복음 전도 사역의 결과로 생겨난 회심자들을 제대로 양육할 수 없음을 매우 분명하게 알 수 있었습니다. 이 교회들 중 어느 교회도 이런 사람들을 양육할 수 없는 상황에서 어째서 국교회에 머물러 단체들을 만들고 그런 방법으로 나아가지 않는 것일까 하고 해리스는 생각했습니다. 그 당시의 비국교도들의 상태는 영적인 것만은 아니었음을 기억합시다.

18세기 초엽의 웨일즈 내 비국교도들의 상태는 잉글랜드에서와 같이 교리적으로 논란을 벌이는 상황이었습니다. 그들은 학식 있고 유능하며 교리에 있어서도 해박한 사람들이었습니다. 그러나 서로 논쟁과 논박을 하는 데 거의 대부분의 시간을 보내고 있었습니다. 더구나 그들 가운데 많은 사람들이 극단적인 칼빈주의자였습니다.

제 생각으로 해리스는, 분리주의자 중 일부가 주장하는 극단적인 칼빈주의의 선택과 예정 교리를 받아들이는 것을 꺼렸던 것이 분명합니다. 그러한 태도는 사람들이 은혜의 교리를 받아들이지 못하도록 방해하는 경우도 많았습니다. 이 여러 가지 요소들을 생각한 결과 하웰 해리스는 영국 국교회에 남아 평생을 보냈습니다.

4. 해리스의 마지막 생애

저는 이제 생애를 마치는 그의 모습에 대해서 몇 가지 언급하고 끝마치겠습니다. 지금부터 200년 전인 1773년 6-7월에 있었던 일입니다. 그 마지막 몇 날 동안 그는 대단히 많은 것을 썼습니다. 이 사람이 지상에서의 마지막 삶을 어떻게 맞이했는지를 보여주는 그의 글을 인용해보겠습니다.

내 영은 불러들이기를 기다리며 문 앞에 서 있는 사람과 같습니다. 나는 본향에 가는 것 외에 어느 것도 구할 마음이 없습니다. 주께서 지체하지 않고 서두르셨으면 좋겠습니다. 피 흘려 죽으신 주님, 살아 계시는 주님, 나를

어서 본향으로 데려가소서. 본향에 들어가는 문제에 대해서는 주님께서 나를 돌봐주시기를 의탁합니다.

나는 여기서 그리고 영원히 주님의 것입니다. 나는 주님의 구속받은 백성이요, 주님의 피와 땀으로 맺은 열매입니다. 내게는 주님의 뜻이 가장 소중합니다. 내 심령은 늘 본향을 떠나 있다는 느낌을 갖고 있습니다. 나는 하나님의 어린양들에 속한 사람이요, 그분에게 속해 있고 그분으로부터 오랫동안 떨어져 있을 수 없는 사람입니다.

내 영이 부르짖습니다. 주여, 주께서 가난하고 회개하고 겸손한 심령을 불쌍히 여기사 약속하신 것을 주셨고 주님의 의와 피를 붙잡는 믿음을 주셨으니, 하나님이신 주님이 나를 불쌍히 여기고 사랑하지 않으실 수 있나이까? 오 주여, 나를 여기 이 지상에 오래 남겨두지 마옵소서. 불쌍히 여기사 본향으로 나를 부르소서. 나는 여기서 나그네이니이다. 내가 영화로운 영들을 사랑하고 그들 가운데 있기를 바라는 것은, 그들이 하나님의 영광을 보고 더 이상 죄나 속임수나 이상한 신들이나 비열한 것을 갖고 있지 않기 때문이며, 부패의 요소를 갖고 있지 않기 때문입니다. 어린양 밖에서는 지혜도 없고 의도 없나이다.

그는 다시 이렇게 쓰고 있습니다.

내 사랑하는 구주께서 오늘 오후 어찌나 달콤하게 빛을 비춰주시는지 모르겠나이다. 오, 썩을 떡을 더 이상 먹지 말게 하시고 이후로 영원토록 주께서 나의 떡과 음식이 되소서. 나는 내 영이 모든 장소와 이 세상에 속한 모든 사람들을 떠나서 하나님 아버지와 내 집으로 가고 있다는 느낌을 갖습니다. 아니, 내 본향으로 말입니다.

비록 여기에 있는 동안도 나는 하나님 나라에 속한 백성이었지만 본향으로의 부르심을 기다리는 동안 정말 갈망과 울부짖음을 그칠 수 없었습니다.

그러나 영광의 주께서 내가 곧 그분께로 가게 될 것이라고 대답해주셨을 때, 내 영은 사랑하는 구주에 대한 사랑으로 너무 불탄 나머지 그분께 달려가 그 어느 것도 나를 붙잡을 수 없었습니다.

나는 여기에 머물 수 없습니다. 나는 작은 먼지에 불과하고 주님 앞에서는 아무것도 아니지만, 오 아버지여, 저는 아무런 거리낌없이 이 특별한 은총을 구하나이다. 오 구세주여, 나는 벌레와 같지만 아무 거침없이 나의 때를 짧게 해달라고 구하는 것을 허락하소서.

오 나의 주님이시여, 나는 주님을 사랑하고 주님의 발 앞에서 울며 주님과 씨름합니다. 주께서 나에게 나타나시기까지 말입니다. 여기 이 집은 주의 낮은 집, 주가 내 앞서 가셨으니 나도 가야 합니다. 나를 여기에 오래 버려두지 마소서. 주는 여기서든 저기서든 나의 하나님이시니이다. 나는 진실로 구세주를 모셔야 합니다. 왜냐하면 구세주는 나의 모든 것이기 때문입니다.

다른 사람들이 이 세상과 종교와 자신 속에서 갖는 것을 나는 주 안에서 누립니다—즐거움, 부요함, 안전함, 영예, 생명, 의, 거룩, 지혜, 복락, 기쁨, 유쾌함, 행복을 다 주님 안에서 누립니다. 주님은 나에게 사랑스런 분이십니다. 어린 자녀가 자기 아버지를 찾고, 순례자가 여정이 끝나기를 바라며, 일꾼이 일을 마치기를 바라고, 죄수가 자유를 누리기를 바라며, 상속자가 자기의 재산을 온전히 다 차지하기를 바라듯이 모든 면에서 저는 본향으로 가는 것을 바랄 수밖에 없나이다.

그의 초기 전기를 보면 "하나님께 영광이 있을지어다. 사망은 더 이상 쏘지 못한다"는 말을 기쁨으로 자주 되풀이했습니다. 다시 말하지만 그는 믿음과 확신으로 충만했습니다.

하나님은 나의 영원한 아버지시며, 나는 곧 아버지께 가게 될 것이 더 분명해졌습니다.

그는 거듭해서 구세주께서 자기에게 얼마나 사랑스럽고 보배로우신지를 표현했습니다.

이것이 바로 예수님을 따르는 것입니다. 우리는 시온산에 나아가야 합니다. 나는 하나님이시며 사람이신 예수님 안에서 큰 영광을 보았습니다. 그러나 내가 지금 그 안에서 보는 것에 비하면 아무것도 아닙니다.

이것이 바로 그가 의기 양양하고 영광스럽게 종말을 맞는 모습입니다. 헌팅던 백작 부인이 쓴 그의 장례식에 대한 간단한 기록을 인용하지 않을 수 없습니다.

해리스 씨의 유해가 장사되는 그날, 회심한 사람들과 회심하지 못한 사람들은 모두 신적 감화를 체험하는 특별한 기회를 얻게 되었습니다. 그날은 결코 잊지 못할 날일 것입니다. 당시 그 자리에 참석했던 모든 사람들은 거룩한 경외심과 감사함으로 그것을 기억해야 마땅하다고 생각합니다.
2만 명 가량 되는 사람들이 이 엄숙한 순간에 모여들었습니다 … 우리는 3개의 무대를 만들었고, 9차례의 설교를 회중에게 했습니다. 그들 중 수백 명의 사람들이 눈물로 뒤범벅이 되었습니다 … 전에도 우리는 모였을 때 하나님의 은혜로운 임재를 많이 누렸지만, 그날처럼 은혜로운 임재를 느껴본 적이 없었던 것 같습니다. 특별히 성찬식이 거행될 때, 하나님께서는 기이한 방법으로 그분의 성령을 부어주셨습니다.
나이 든 많은 그리스도인들이 내게 말하기를, 자신들은 그와 같은 하나님의 영광을 그 전에 본 적이 없고, 그의 은혜의 부요함이나 복음의 영광을 그처럼 느껴본 적이 없다고 했습니다.

해리스의 장례식에서마저 그러한 일이 있었던 것입니다. 같은 방법으로 다니엘 로랜드가 랭게이토에서 죽던 날에도 부흥이 터져 나왔습니다. 이 사람들의 죽음의 소식은 부흥으로 이어질 수 있었습니다. 여기 헌팅던 백작 부인의 마지막 말을 소개합니다.

흐느끼는 긴 행렬이 탈가트의 교구 교회에 이르렀을 때, 영국 국교회의 의식에 따라 예배가 진행되었습니다. 그러나 그 건물을 진동하던 회중의 슬픔과 눈물 때문에 어려움이 있었습니다. 예배를 인도하던 목사는 자기 감정을 억제할 수 없어 더 이상 진행을 못하게 되자 기도서를 다른 사람에게 넘겨주었습니다. 이러한 일은 흔히 있는 일이 아닙니다. 그러나 두 번째로 사회를 맡은 목사도 자제력을 잃고 그 기도서를 세 번째 사람에게 주었습니다. 다시 세 번째 사람도 같은 이유로 진행해나갈 수 없었습니다. 그리하여 침묵 속에서 이 위대한 사람의 유해는 탈가트 교구 교회의 안치소에 내려졌고, 몇 년 전 아내가 묻힌 무덤에 함께 장사 지낸 바 되었습니다.

이제 이 모든 것에 비추어 몇 가지 질문을 던짐으로써 끝을 맺겠습니다. 첫째로, 오늘날 하웰 해리스나 다른 사람이 열었던 간증 집회를 운용하는 교회들을 여러분은 얼마나 알고 있습니까?
둘째로, 이 세상에서 그리스도인 신자들이 얼마나 풍성한 가능성을 누릴 수 있는지를 알고 있습니까? 특히 하나님과 직접 교통하는 문제에 있어서 말입니다. 성령과 그 사역에 대한 우리의 교리가 개인이나 교회의 부흥을 위한 어떤 여지를 남겨놓고 있습니까? 아니면 중생할 때 우리는 성령에 대해서 모든 것을 다 받았으니 이미 가지고 있는 것에 복종하기만 하면 된다는 식으로 말하는 교리는 아닙니까?
우리의 교리는 성령의 부으심을 허락하고 있습니까? 성령의 '질풍'이 우리에게 개인적으로나 전체적으로 임하는 것을 허용하고 있습니까? 하나님의 주권 안에서 알미니안이라도 '성령의 충만함'을 받을 수 있고, 영혼을 구원하고 교회를 세우는 일에 하나님께 크게 사용될 수 있음을 인식하고 인정합니까? 이것은 피할 수 없는 질문입니다.

'성령을 소멸하는' 죄는 오늘날 복음주의자들 속에서 발견되는 가장 큰 죄가 아닙니까? 우리는 사도 바울이 데살로니가전서 5장 19절에서 한 권면이 사도 시대의 교회에만 국한된다고 생각합니까? 이것을 초대교회나 사도시대에만 해당된다고 말함으로써 큰 죄를 범하여, 우리 자신을 만족시키고 우리 마음과 양심을 달래는 잘못을 범하고 있음을 아십니까? 오늘날은 그 어느 때보다 전체적인 의미에서 교회뿐만 아니라 개인에게도 하나님의 성령의 부으심이 가장 필요하지 않습니까?

우리는 다시 18세기 초엽의 그 어둠과 죽어 있는 상태로 돌아와 있습니다. 그러면 무엇이 변화를 가져왔습니까? 하나님의 성령의 부으심입니다! 이것이 우리에게 가장 절실하게 필요한 것이 아닙니까?

우리는 이미 가지고 있는 것에 복종하라고만 사람들을 권면하고 있지 않습니다. 오히려 하나님께서 오순절에 행하신 일이나, 교회사 가운데 위대한 부흥의 시대에 반복적으로 행하셨던 일이나, 적어도 1735년 6월 18일 하웰 해리스에게 행하셨던 것과 같은 그러한 성령의 부으심을 허락해달라고 하나님께 기도하라고 권면하고 있는 것입니다.

열다섯 번째 강연

1974년
그리스도인의 삶[1] _ 18-19세기 교리의 새로운 동향

올해 이 연구 모임에서는 그리스도인의 삶이라는 주제에 대해서 집중적으로 연구해왔습니다. 지금까지 우리는 17세기 말까지 생각했습니다. 우리는 연대적 순서에 따라 살피고 있습니다. 루터와 칼빈으로부터 시작하여 초기 영국 개혁자들에 대해서 생각했고, 그후에는 16세기 말의 윌리엄 퍼킨스에 대해서 그리고 그가 영향을 미친 몇 사람을 생각했습니다. 특히 17세기 초엽의 경우에서 말입니다. 그런 다음 무율법주의(도덕 폐기론)의 문제에 대해서 생각하면서 17세기 말까지 이르렀습니다.

이 시점에서, 저는 우리가 지금까지 들어왔던 것과 관련되지 않은 이야기들을 택했습니다. 사실 18세기에 이 논의에 새로운 요소를 첨가하는 어떤 일이 일어났습니다. 그것은 일반적으로 그리스도인의 완전 개념 또는 현세에서의 그리스도인 삶의 완전 가능성이라 합니다.

---

1) 1974년 연구 모임의 일반적인 주제

저는 불가능한 일을 시도하고 있습니다. 왜냐하면 250년의 역사를 훑어봐야 하기 때문입니다. 제가 할 수 있는 것은, 다만 두드러진 사실들에만 관심을 기울이게 하는 것입니다. 최근에 출판된 저의 로마서 8장 5-17절에 대한 강해서는, 제가 매우 서둘러 재고하려는 것을 상세히 다루고 있습니다.[2)]

완전주의 교리는 세 가지 측면에서 생각할 수 있습니다.

첫 번째는 복음적인 측면에서, 두 번째는 윤리적인 측면에서, 세 번째는 심리학적인 측면에서입니다. 첫째로, 복음적인 완전주의 교리는 존 웨슬리의 교리와 직접 연관됩니다. 웨슬리와 웨슬리의 교리를 어떻게 생각하든지 존 웨슬리는 비범한 사람이었습니다. 그의 교리와 그로부터 나온 교단은 이 나라의 역사에서 인정해야 하는 대단한 사상입니다.

여러분은 1789년에 프랑스에서 일어났던 것과 같은 혁명이 영국에서 일어나지 않게 한 것은 아마 이것일 것이라고 한 할레비(Halevy)의 말을 기억하실 것입니다. 그가 독창적으로 주장한 이것은 19세기 역사의 대부분을 설명해줍니다. 다른 것은 생각지 않더라도 이 나라의 삶에 이 교리가 미친 정치적인 영향은 아주 대단합니다. 그러므로 가볍게 취급할 수 없습니다.

1. 복음적 완전주의_ 웨슬리의 사상

제가 말씀드리려는 것은 거의 잉글랜드에 해당됨을 강조해야겠습니다. 존 웨슬리는 스코틀랜드와 웨일즈에서는 사실상 실패했습니다. 그 이유는 매우 명백합니다. 그것은 민족적인 문제가 아니라 교리적인 문제였습니다. 스코틀랜드와 웨일즈는 칼빈주의적 견해를 가지고 있었습니다. 웨일즈에서는 메소디즘이 칼빈주의 메소디즘의 형태를 띠었습니다 - 웨일즈 메소디즘의 지도자들은 웨슬리보다 휘트필드 편이었습니다.

---

2) *Romans, The Sons of God*, 1974.

웨슬리가 웨일즈를 여러 차례 방문했지만 존 웨슬리의 추종자들은 1800년 경까지는 웨일즈에 한 교회도 세우지 못했습니다. 이처럼 이 교리는 웨일즈에 영향력을 미치지 못했습니다. 웨슬리의 교리에 호감을 가지고 잉글랜드에서 웨일즈로 가서 살았던 사람들이 있었습니다. 그러나 웨일즈에서는 그것이 대단한 것이 되지 못했습니다. 스코틀랜드도 마찬가지입니다. 웨슬리가 스코틀랜드를 여러 차례 방문했지만 거기서도 하등의 영향을 나타내지 못했습니다. 반면에 휘트필드의 방문은 매우 깊은 흔적을 남겼습니다. 그러므로 우리는 잉글랜드의 종교 생활 가운데서 탁월한 위치를 차지하게 되었던 교리를 다루고 있는 것입니다. 이 교리는 그 이후에도 여러 형태로 계속되었습니다.

이 교리는 무엇입니까? 이 주제를 다루려고 시도하는 사람들이 부딪히는 난제는, 자료가 너무 많아 어떤 것을 선별해야 할지 곤란하다는 것입니다. 더구나 존 웨슬리는 자기의 교리를 매우 자주, 그것도 매우 많은 방법으로 진술했고, 여러 차례 자기의 진술을 수정하기도 했기 때문에 혼동하기 쉽습니다. 그러나 다행히도 1765년에 그는 『그리스도인의 완전에 대한 평해』(*A Plain Account of Christian Perfection*)라는 책을 썼습니다.

이 책은 1766년에 출판되었고 1777년에 재판되었는데, 재판될 때는 『1725년부터 1777년까지 존 웨슬리가 가르친 그리스도인의 완전에 대한 평해』(*A Plain Account of Christian Perfection as taught by John Wesley from 1725-1777*)라는 이름으로 출판되었습니다. 그는 자기 교리를 여러 번 요약했고, 이 주제에 대해서 많은 설교를 했습니다.

우선 실제 역사에서부터 시작해봅시다. 존 웨슬리는 1738년 5월 24일에 런던의 알더스게이트 스트리트에서 아주 중요한 체험을 합니다. 그때 그는 자기 죄가 용서받았음을 알았습니다. 이것은 그의 삶의 전환점이었습니다. 그는 복음을 전하기 시작하여 뛰어난 설교자가 되었습니다. 그의 동생 찰스에게도 그 전에 이와 같은 일이 있었습니다. 그들은 함께 협력하여 런던과 브리스톨과 잉글랜드의 여러 지역에서 설교했습니다. 1738년에 그러한 일이 있었습니다.

그러나 1740년경 존 웨슬리는 그가 그리스도인의 완전 또는 완전한 사랑이라고 불렀던 것의 개념을 설교했습니다. 이처럼 이 교리는 일찍이 나왔던 것입니다. 그는 1742년에 『메소디스트의 성격』(The Character of a Methodist)이라 불리는 것을 출판했습니다. 여기서 그는 그리스도인의 완전 또는 완전한 사랑에 대한 그의 교리를 아주 중요하게 다루었습니다. 사실 이 교리는 이전에 그가 출판한 찬송가와 그의 설교에 많이 나타나 있었습니다.

1740년에 그는 그리스도인의 완전에 대한 유명한 설교를 했는데, 그 당시 런던의 감독이었던 깁슨(Gibson) 박사와 나눈 대화의 결과 그 설교를 출판했습니다. 빌립보서 3장 12절에 대한 설교였습니다. 1740년에 벌써 그런 일이 있었습니다.

그 후 그는 1741년에 출판된 두 번째 찬송가 서문에서 이 교리를 아주 명백하게 진술했습니다. 1742년에 나온 또 다른 찬송가에 그는 이것을 다시 게재했습니다. 그는 계속 이런 방법으로 해나갔습니다. 또한 1744년에 자기와 함께 설교하는 사람들과 자기를 돕는 사람들을 모아 첫 번째 집회를 열었습니다. 그 집회의 둘째 날에는 완전에 대한 자기의 가르침을 상세하게 설파했습니다. 그는 매년 열리는 여러 집회에서 계속 이러한 일을 했습니다. 그런 다음 1766년에 출판한 평해서에서 그리스도인의 완전에 대한 전체 교리를 종합하여 정리했던 것입니다.

이 모든 일로 인해 그와 함께 일하던 사람들과 큰 논란이 생기게 되었습니다. 그가 배를 타고 아메리카로 갈 때와 영국으로 돌아온 후에 그를 크게 도와주고 영향을 끼쳤던 모라비아 교도들에게 이러한 일이 일어났습니다. 그는 1738년 8월 독일의 헤른후트에 있는 모라비아 교도들의 '본영'을 방문했습니다. 이들은 웨슬리에게 심대한 영향을 미쳤습니다. 웨슬리는 모라비아 교도들은 런던의 페터 레인에서 여러 차례 집회를 하며 함께 일했습니다.

휘트필드와 다른 사람의 경우도 마찬가지였습니다. 그가 이 교리를 계속 설교하자 논란이 일어나게 되었고 많은 혼동이 야기되었습니다. 이것이 조지 휘트필드와 존 웨슬리가 갈라선 주요 원인 중 하나가 되었고, 메소디즘 내에 분열이 생긴 것도 같은 이유입니다. 선택과 예정의 문제도 이유였으나 그리스도인의 완전에 대한 교리가 문제의 근본 원인이었습니다. 존 웨슬리는 여러 차례, 메소디스트 사람들이 그리스도인의 완전에 관한 이 진리와 교리를 증거하도록 하나님의 세우심을 받았다고 생각하므로 이것을 표명하고 확고한 태도를 취하는 것이라고 말했습니다.

이 교리는 로마서 6장과 베드로전서 4장 1-2절, 요한일서 3장 8절, 5장 18절과 같은 특정 본문을 근거로 삼았습니다. 그가 사도행전 15장 9절, 26장 18절과 같이 '믿음으로 거룩하게 된'이라는 용어가 나오는 구절은 결코 사용하지 않았다는 것을 주목하면 흥미롭습니다. 그의 추종자들 중 일부, 특히 이 20세기의 추종자들도 그렇습니다.

그러면 이 교리는 무엇입니까? 아마 제가 할 수 있는 가장 유익한 일은, 1966년에 발행된 메소디즘 연구서 제1권에 나온 그의 교리 요약을 읽는 것일 것입니다. 이 책은 메소디스트 학자인 루퍼트 데이비스(Rupert Davies)와 고든 럽(Gordon Rupp) 교수가 편집한 것입니다. 루퍼트 데이비스 교수는 이 교리를 탁월하게 요약했습니다.

그러나 그 요약이 너무 길어 잭 포드(Jack Ford)가 루퍼트 데이비스의 요약을 다시 요약한 글을 읽어드리려고 합니다. 잭 포드는 최근까지 맨체스터의 나사렛 교회 대학의 학장을 지낸 사람입니다. 이 글은 포드가 쓴 『존 웨슬리의 자취를 따라: 영국의 나사렛 교회』(*In the Steps of John Wesley: The Church of the Nazarene in Britain*)라는 책에 있는 것입니다. 이 요약문이 더 간단하기 때문에 인용합니다.

(1) 칭의와 성화는 분명히 다른 두 가지로서 혼동해서는 안 됩니다. 그러나

성화는 반드시 칭의 뒤에 옵니다.

(2) 완전한 성화란 '모든 죄를 근절시키는 순간적인 변화'입니다.

(3) 물론 성화는 하나님의 선물이므로 칭의처럼 오직 믿음에 의해서만 받게 됩니다.

(4) 칭의는 하나님께서 그의 아들을 통해서 우리를 위해 하시는 일을 나타내고, 성화는 성령을 통해 우리 안에서 행하시는 일을 나타냅니다. 하나님께서 칭의를 행하셨을 때, 성령께서는 동시에 성화도 하시는 것입니다.

(5) 성화에는 성령의 증거가 수반됩니다. '성화받았다는 것, 타고난 부패로부터 구원받았다는 것'을 어떻게 압니까? 성령의 증거와 열매를 통해서 압니다.

(6) 웨슬리는 완전한 그리스도인에 대해서 … 그 사람은 '마음이 순결한' 사람이라고 말합니다. "사랑이 그의 마음속의 시기와 악의와 분노와 모든 무자비한 기질을 깨끗이 정결케 했다"고 합니다.

(7) 성령의 열매는 성화의 필연적인 표지입니다.

(8) 그리스도인의 완전은 무엇보다도 마음과 뜻과 목숨과 힘을 다하여 하나님을 사랑하는 것이고, 이웃을 내 몸 같이 사랑하는 것입니다 … 그러므로 그리스도인의 완전에 대한 최선의 묘사는 '완전한 사랑'입니다.

(9) 한 가지 관점에서 볼 때 '완전'은 모든 삶을 하나님께 바치는 동기의 순결함입니다. 이것은 모든 마음을 하나님께 드리는 것입니다. 또한 한 가지 계획으로서 우리의 기질을 통제하며, 우리의 혼과 몸과 물질을 일부가 아니라 모두 하나님께 드리는 것입니다.

(10) 웨슬리는 언제나 '상대적' 완전을 가르쳤음이 분명합니다. 그는 완전은 은혜 가운데서 영원토록 자라난다고 했습니다.

(11) '완전한' 사람은 오류로부터 자유롭지 않습니다 … 그는 연약함을 벗어난 것도 아닙니다 … 또 시험을 전혀 받지 않는 것도 아닙니다.

(12) 성화된 사람들도 은혜에서 떨어져 멸망할 수 있습니다.

이상이 바로 존 웨슬리의 가르침의 핵심입니다. 어떻게 그가 이러한 가르침을 전하고 심지어 그것을 주장했는가 하는 의구심이 들 것입니다. 이것이 바로 흥미로운 문제입니다.

존 웨슬리는 잉글랜드의 종교사에 있어서 가장 복잡한 성격을 소유한 사람 중 한 명입니다. 그는 여러 가지 상반되는 요소들을 함께 지니고 있기 때문에 평가하기가 매우 어려운 인물이었습니다—특히 심리학적인 이해의 차원에서는 더욱 그렇습니다. 그는 여러 가지 모순되는 것들을 행하고 또 말했습니다.

어떻게 해서 그가 이러한 교리를 주장하게 되었는지에 대한 대답은 정말 명백합니다. 1777년에 재판된 『평해』(Plain Account)는 1725년부터 1777년까지의 그의 가르침을 묘사했음을 주목할 수 있습니다. 그는 언제나 1725년 이후부터 가르치고 설교했음을 강조했습니다.

그는 1738년까지는 회심하지 않았습니다. 그러나 1725년에 이미 완전에 대한 그의 교리를 제시하기 시작했다고 말합니다. 이것은 의심할 여지도 없이 사실입니다. 이것은 그의 교리의 문제에 대한 해결책을 우리에게 제공해 줍니다.

어떻게 해서 그는 이것을 가르치게 되었습니까? 그의 아버지와 어머니는 청교도의 후예들이었지만 청교도의 관점에서 떨어져 나와 선서 거부자(non-juror)가 되었습니다. 그들은 모두 신비주의 신학에 관심을 가졌고 그것에 대해서 대단히 많은 것을 읽었습니다. 제가 말씀드리는 것은 로마 가톨릭의 신비적 가르침을 뜻합니다. 종교개혁 전의 로마 가톨릭교회 내에는 거룩과 경건과 하나님을 아는 지식에 대해 대단한 관심을 기울였던 사람들이 있었습니다. 이 사람들을 신비론자라고 합니다. 그들 중 일부는 매우 '복음적인' 신비론자였습니다.

예를 들어, 독일의 존 타울러(John Tauler)라는 사람은 많은 회중이 모이는 교회에서 설교하면서 많은 사람들을 회심하게 했습니다. 그의 설교를 읽어본다면 이 사람이 거의 복음적인 사람이라는 결론에 이르지 않을 수 없을 것입니다. 또한 루터의 초기 사역을 대단히 많이 도와주었던 유명한 『독일 신학』(Theologia Germanica)이라는 책이 있었는데, 존 웨슬리는 이러한 책들을 읽어보았습니다. 또한 토마스 아 켐피스(Thomas a Kempis)가 지은 『그리스도를 본받아』(The Imitation of Christ)라는 책도 읽었습니다.

그러나 이 외에 17세기 저자들의 책도 읽었는데 특히 두 사람의 책을 많이 읽었습니다. 그중 한 사람은 유명한 마담 귀용(Madame Guyon)으로, 많은 책을 썼으며 로마 가톨릭 대주교 페늘롱(Fenelon)의 막역한 친구였던 사람입니다.

페늘롱이 쓴 두 권의 서간문, 즉 『남자들에게 쓴 편지』(Letters to Men)와 『여자들에게 쓴 편지』(Letters to Women)는 지금도 헌책방에서 구할 수 있습니다. 이 신비론자들은 하나님을 아는 것에 관심이 있었습니다. '아름다운 환상', "마음이 청결한 자는 복이 있나니 저희가 하나님을 볼 것임이요"라는 말씀은 그들이 무엇을 추구하고 있었는지를 표현해줍니다.

제가 생각하기에 이들 외에도 그가 좋아하는 저자는 마르퀴스(Marquis) 또는 바롱 드 렌티(Baron de Renty)라 불리는 프랑스의 한 평신도였습니다. 이 사람은 특이한 사람으로 하나님을 알고 경건한 삶을 사는 데 깊은 열심을 가진 귀족이었고, 그러기 위해 '신비론자적인 길'을 추구했으며, 매우 열정적이고 절제하는 삶을 살았습니다. 존 웨슬리는 여러 번 이 사람의 생애를 출판하면서 추종자들에게 이 책을 읽어보라고 권했습니다. 이 책은 웨슬리에게 대단한 영향을 미쳤던 것입니다.

후에 그는 헨리 스코갈이 지은 『인간의 영혼 속에 있는 하나님의 생명』이라는 책을 읽게 되었습니다. 이 책은 신비주의적인 신학에 대한 저작은 아니었습니다. 그러나 하나님에 관한 참되고 살아 있는 지식에 대한 보편적 개념을 갖고 있었습니다. 웨슬리는 이 책을 시발점으로 하여 끝까지 밀고 나갔습니다. 스코갈의 책은 웨슬리뿐만 아니라 휘트필드와 '홀리 클럽'의 모든 회원에게도 영향을 끼쳤습니다.

이 모든 책보다 더 큰 영향을 끼친 책은 윌리엄 로(William Law)의 글들이었는데, 그 또한 신비론자이기는 했지만 프로테스탄트적인 신비론자였습니다. 그는 유명한 『경건한 삶으로의 부르심』(The Serious Call)이라는 책뿐 아니라 완전에 대한 책도 썼습니다. 이것도 웨슬리와 휘트필드 및 다른 사람들에게 영향을 미쳤습니다.

이것들은 웨슬리의 회심 이전에 미쳤던 영향들로 존 웨슬리의 동생인 찰스 웨슬리가 옥스퍼드에서 홀리 클럽을 만들도록 영향을 준 것입니다. 이러한 이유 때문에 이 사실들은 중요합니다. 우리는 언제나 거룩에 관심을 가진 사람에 대해서 주목해야 합니다.

이 사람들이 그러했습니다. 그들은 하나님을 아는 것으로 만족하지 않았습니다. 그래서 그들은 홀리 클럽을 만들어서 금식을 하고 죄수들을 방문하는 등의 일들을 행했습니다. 이것이 하나님을 아는 방법-선행-이라고 생각했던 것입니다.

그들은 십일조를 했습니다-사실 그들은 십일조 이상을 했습니다. 그들은 한 푼의 돈도 남지 않을 때까지 자기들의 돈을 구제에 썼습니다. 또 거룩에 도달하려는 시도로 금식에 너무 열심인 나머지 자기들의 건강을 해치기까지 했습니다. 이것이 바로 웨슬리의 교리의 배경입니다.

그러던 중 웨슬리는 1738년 5월에 큰 체험을 하게 됩니다. 그리고 나서 독일에 있는 모라비안 본부를 찾아갑니다. 거기서 그는 두 사람의 간증을 통해 깊은 감화를 받습니다. 한 사람은 아비드 그레이딘이라는 사람이었고 또 한 사람은 크리스첸 데이비드라는 사람이었습니다.

이 사람들은 모두 죄에서 완전히 구원받았고 하나님의 완전한 사랑으로 충만함을 입었다고 간증했습니다. 이 간증이 웨슬리에게 깊은 감명을 주었지만 동시에, 마음속에는 자신의 복음적인 체험과 자기로 회심케 했던 믿음으로 의롭다 함을 받는다는 교리의 이해를 간증과 어떻게 조화시킬 수 있을지에 대한 의문이 생기게 되었습니다.

그는 모라비아 교도들의 가르침, 특히 피터 볼러(Peter Bohler)로 인하여 믿음으로 의롭다 함을 받는다는 교리를 알고 믿게 되었습니다. 그리고 자신이 그동안 행위로 의롭다 함을 받으려고 노력했었음을 알게 되었습니다. 이신칭의(以信稱義) 교리를 깨닫자, 그는 전에 믿었던 것과 이신칭의의 교리가 서로 배치됨을 알고 나서 그후 2년 동안 갈등을 겪었습니다. 2년 동안 그는 옛 신비주의적인 성향들과 싸울 수 있었습니다.

그러나 1740년쯤에 그는 옛 입장으로 되돌아갔습니다. 사실 이 갈등은 그의 생애 내내 계속되었습니다. 신비주의를 좋아하는 일부터 출발한 그는 회심할 때 그것을 반대하는 방향으로 돌아섰습니다. 이신칭의 교리가 주도적인 위치로 그에게 다가왔을 때 다시 신비주의는 물러갔습니다. 그러나 여러 번 그러했듯이 믿음으로 의롭다 함을 받는다는 사실에 관해 혼동을 겪게 되었을 때 신비주의는 다시 고개를 쳐들었습니다.

그러므로 웨슬리 생애의 각 시점마다 신비주의에 대한 자세가 달리 나타나는 것을 발견할 수 있습니다. 이 점을 염두에 두는 것이 중요합니다. 1740년에 그는 이신칭의에 대해 진술했습니다 - 2년 전부터 믿게 되었던 그 교리에 대해서 말입니다.

이 진술은 사실상 이신칭의 교리를 부인하는 것이었습니다. 휘트필드나 진젠도르프나 런던에 있던 모라비아 교도들이 이 진술에 항의했습니다. 이후 그는 1770년 집회에서 사실상 "행위로 의롭다 함을 받는다"는 것으로 돌아가는 진술을 매우 공공연하게 했습니다. 이것이 그 집회에서 나온 소책자에 게재되었습니다. 이로 인해 대단한 논쟁이 일었고, 특히 웨슬리와 아우구스투스 토플래디 사이에 격렬한 논쟁이 벌어졌습니다. 웨슬리는 이전과 당시의 진술 사이에 모순이 있다는 지적을 받게 되었습니다. 이것에 대해서 그는 다시 아주 특이한 일을 했습니다.

그는 사실상 자기가 말한 것을 철회했습니다. 그리고 자기가 너무 극단으로 나갔다고 고백했습니다. 그러나 그를 지지하는 사람 중 한 사람인 메들리의 존 플레처(매우 성자답고 경건한 사람)는 1770년의 집회에서 웨슬리가 말한 것을 옹호하고 나섰습니다. 웨슬리는 자기의 진술을 사실상 철회하기는 했지만 플레처가 자기의 진술을 옹호하는 내용을 책으로 출판하는 일을 말리지는 않았습니다. 이것이 결국 격렬한 논쟁을 불러일으켰습니다.

제가 이것을 여러분에게 상기시켜드리는 것은 웨슬리의 기질 속에는 이상하게 불안정한 점이 있었음을 보여주기 위한 것입니다. 특히 그의 생각에 있어서 그러했습니다.

제가 볼 때 존 웨슬리를 이해하는 유일한 길은, 그가 완전한 사랑을 생각나게 한 신비주의적인 개념들과 이신칭의 교리 사이에서 끊임없이 갈등했다는 것을 아는 일입니다. 그는 둘 사이에서 오락가락 했습니다. 물론 논쟁이 일어나면 그는 더욱더 극단적인 진술로 치우치는 경향이 있었습니다.

이러한 교리를 우리는 어떻게 평가해야 합니까? 어떤 의미에서 우리는 이미 이 연구회에서 해답을 얻은 바 있습니다. 웨슬리의 교리는 루터나 칼빈, 초기 영국의 종교개혁자들, 윌리엄 퍼킨스나 청교도들의 가르침을 정반대로 뒤집은 것입니다. 그가 어떻게 이렇게까지 되었습니까? 제가 볼 때 그가 지나친 이지주의에 빠졌기 때문이라는 결론을 내려야 할 것 같습니다. 존 웨슬리는 전형적인 주지주의(이지주의)였습니다. 그는 자신을 '책벌레'라고 불렀습니다. 실제로 그는 책을 다독하는 사람이었습니다. 더구나 그 자신의 생각이 성경 해석마저 좌지우지하고 채색시킨 것이 분명합니다.

웨슬리의 문제는 그가 너무 논리적이라는 데 있었습니다. 그는 매우 논리적이고 이지적이었지만 성경의 인도를 받아 성경의 저울에 통제되기보다는 같은 성경 내의 다른 진술들과는 상관없이 어떤 진술을 택해 결론을 억지로 이끌어나가기도 했습니다.

예를 들면, 그는 요한일서 3장 9절의 "하나님께로서 난 자마다 죄를 짓지 아니하나니"와 같은 말씀을 보고는 "이것이 옳다"고 했습니다. 그 말씀은, 사람이 하나님께로부터 났다면 죄를 범치 않기 때문에 이 말이 그리스도인에게 해당되어야 함에 틀림없다는 것입니다. 그러므로 거듭난 사람은 어느 누구든지 죄를 짓지도 않고 지을 수도 없다는 것입니다!

이것이 바로 그가 채택한 유의 주장이었습니다. 그 결과 그의 교리 속에는 부단한 모순이 생기게 되었습니다. 그리스도인들이 죄를 짓는다는 것을 알면서 어떻게 그런 말을 할 수 있겠습니까? 그래서 그는 죄에 대한 정의를 내리게 되었습니다.

이것이 아마 웨슬리의 전체 교리 중 '약점'에 해당될 것입니다. 그는 죄에 대한 그릇된 교리를 가졌습니다. 그의 죄에 대한 정의는 이러합니다. 죄란 "아는 법을 자의적으로 범하는 것이다." 그는 죄로 인해 생겨난 오염에 관한 교리를 몰랐던 것 같습니다. 죄를 어떤 아는 법을 자의적으로 범한 것으로만 생각했던 것입니다.

이것은 다른 여러 가지 결함을 가져왔습니다. 그는 성경의 권면을 철저하게 무시했습니다. 그는 요한일서 3장 9절과 같은 적극적인 진술을 억지로 해석하여 자신을 곤경에 처하게 하는 논리적 결론에 이르렀습니다. 거룩의 교훈을 적용하거나 여러 가지 것들을 스스로 하라는 유의 권면이나 호소는 무시되었습니다.

그의 주된 오류는 구원의 확신을 완전과 혼동한 것입니다. 제가 믿기로 그는 성령 세례 교리에 대해서도 혼동했습니다. 때로 그는 사람을 완전히 거룩하게 하는 것이 세례라는 인상을 주다가 또 어떤 때는 사람이 죄로부터 씻김을 받았다는 사실을 증거하는 것은 바로 그것이라고 말하기도 했습니다.

어쨌든 요점은, 사람이 죄로부터 완전히 구원받을 수 있다는 것과 죄가 우리 본성으로부터 근절될 수 있다고 가르쳤다는 것입니다.

그러나 그는 여러 가지 단서를 붙였습니다. 그의 교리에 대해 공정을 기하기 위해서 그가 제시한 단서들을 언급하겠습니다. 그는 다음과 같은 이유로 '죄 없는 완전'이라는 말을 결코 사용하지 않았습니다. 그는 하나님의 사랑으로 충만한 사람도 여전히 '비자발적 범죄'를 할 수 있다고 말했습니다. 그래서 그는 '죄 없는 완전'이라는 말을 하지 않았습니다. 부단히 그를 괴롭힌 또 다른 문제가 있었습니다.

"만일 당신이 완전하게 되거나, 완전한 사랑을 이 세상에서 가질 수 있다는 교리를 가르치고 있다면 그것에 대한 실례를 들어보십시오. 그것이 무엇이오?"라는 것이었습니다. 그는 이것 때문에 대단히 큰 어려움을 겪었습니다. 그는 자기를 따르는 추종자 여러 사람을 시험하면서 여러 해 동안 이 완전주의의 실례를 찾으려고 애썼습니다. 한때 그는 그러한 사람들을 30명 정도 제시할 수 있다고 생각했는데, 30명 중에 1명만이 계속 자기가 원하는 자리를 지키는 것 같았고 다른 사람들은 다 떨어져 나갔습니다.

이에 대해 흥미로운 또 다른 사실은, 그가 결코 자신의 체험을 주장하지 않았다는 점입니다. 그는 매우 정직한 사람이었기에, 완전주의를 가르치면서도 자기가 거기에 해당된다고 말한 적이 없습니다. 그는 메들리의 존 플레처가 그런 사람이라고 말했지만 자신이 그렇다고는 하지 않았습니다.

1762년 런던 지역에서 있었던 그의 집회에 큰 복이 내린 때가 있었습니다. 많은 사람들이 이러한 복을 간증하려고 나왔고 그는 책에 그들의 체험을 기록해놓았습니다. 그러나 그는 언제나 자기 교리의 이 사실적인 측면에 대해서 고통을 겪어야 했습니다. 또다시 그는 언제 그러한 일이 일어나느냐에 대한 문제로 고민했습니다. 그는 이 완전이 중생할 때 얻어지는 경우는 한 사람도 보지 못했다고 하면서 원칙을 다음과 같이 말했습니다.

사람이 거듭났다면 어떤 의미에서 그는 이미 자의적인 범죄를 저지르지 않는다는 문제에 있어서는 완전해진 것입니다. 그러나 그는 여전히 성장해야 하며 옛 성품과 여전히 싸워야 합니다. 계속 싸워서 결국은 죄에서 완전히 구원받게 되기까지 싸워야 합니다. 그는 이것을 열심히 찾아야 하며, 이것을 얻기 위해 오랫동안 투쟁해야 합니다.

그러나 그는 이것이 은사이기 때문에 어느 순간이라도 일어날 수 있다고 가르쳤습니다. 믿음으로 의롭다 함을 받는 것처럼 믿음으로 성화를 받는다는 것입니다. 비록 성화에 상대적인 요소가 있기는 하지만 그렇게 받는 성화는 완전하고 철저한 성화라는 것입니다. 그렇다고 해서 지식과 지혜와 이해의 완전을 의미하는 것은 아닙니다. 아는 죄, 자의적인 죄를 범하지 않는다는 의미에서만 완전합니다.

그를 곤경에 빠뜨린 이 교리의 또 다른 측면이 있었습니다. 그것은 자기를 따르는 사람들에게 '이 축복을 공중 앞에서 고백하고 간증하라고 권면해야 할 것인가?' 하는 문제였습니다. 대체로 그는 그렇게 하는 것을 반대했습니다. 왜냐하면 거기서 오는 위험들을 알 만큼 충분히 지혜로웠기 때문입니다.

만일 어떤 사람이 그렇게 고백해놓고 죄에 빠지게 된다면ー왜냐하면 존 웨슬리는 사람이 죄에 빠질 수도 있고, 은혜에서 완전히 떨어질 수도 있다고 가르쳤기 때문입니다ー덕보다는 해를 끼치게 될 것입니다. 그래서 대체로 그의 성향은 이러한 체험을 공적으로 고백하거나 떠벌리는 일을 삼가도록 했습니다. 이렇게 해서 아쉽기는 하지만 그의 교리를 대충 훑어보았습니다.

그러면 이 교리가 어떻게 전개되었는지 그 역사를 보기로 합시다. 이 교리는 18세기 말엽까지 메소디스트 단체들의 삶을 주도했습니다. 그들은 웨슬리가 죽자 하나의 분리된 교단이 되었습니다. 여기서 다시 그는 모순을 범했습니다. 그 자신은 영국 국교회를 떠나지 않을 참이었으나 그는 자기가 죽은 뒤에 추종자들이 분리되도록 계획을 세웠던 것입니다. 이러한 것들이 이 사람의 이상한 성격입니다. 궁극적으로 그것은 일종의 정직의 소치라고 저는 생각합니다.

그는 한 문제의 양면을 보았고, 이쪽저쪽으로 끌리게 되었습니다. 그래서 그는 아무것도 하지 못했습니다. 그는 영국 국교회를 떠나지도 않을 참이었지만 스스로 일종의 감독이 되었고 사람들을 안수하여 미국으로 보내어, 거기서도 그 사람들이 다른 사람을 안수하도록 했습니다. 그는 영국 국교회의 많은 규율을 어겼습니다. 자기 자신의 단체를 결성했고 자기 나름의 집회와 예배당을 가졌습니다.

그럼에도 불구하고—영국 국교회 교도들이 끊임없이 상기시켜주고 있는 바와 같이—그는 국교도로 죽었습니다. 국교도들은 이것을 자랑하지 말아야 합니다. 왜냐하면 단순히 그의 변덕과 그의 가장 큰 약점들 중 하나가 표출된 것에 불과하기 때문입니다.

그의 교리는 19세기에도 계속되었습니다. 그러나 직접 그에게서 나온 메소디즘은 열기를 잃어가기 시작했고, 그에 대한 반발이 나왔습니다. 19세기 초엽에 주목할 만한 두 인물이 있었는데, 두 사람 모두 노동을 하는 사람들이었습니다. 그 사람은 휴 본(Hugh Bourne)과 윌리엄 클라우즈(William Clowes)라는 사람입니다.

이 두 사람은 큰 체험을 했는데, 그들은 그것을 '성령의 세례'로 해석했습니다. 그들은 그것을 '태우는 영'이라 불렀고 찌꺼기를 태워 버리는 영이라고 불렀습니다. 그들은 그 후에 원시 메소디스트 교회 또는 교단으로 알려진 것을 구성했습니다. 그들이 이 교단을 원시 메소디스트라고 이름 붙인 것은, 다른 사람들이 떠났던 웨슬리 본래의 가르침으로 돌아가는 교단이라고 주장했기 때문입니다.

이 운동은 매우 강력했습니다. 로렌조 다우(Lorenzo Dow)라는 사람이 미국에서 건너왔는데, 그는 '기다리는 집회'라는 개념을 갖고 있었습니다. 이 집회의 이론적 근거는 이러합니다.

만일 마음을 깨끗하게 하는 이것이—우리의 본성에서 죄를 제거하는 것—하나님께로부터 받는 것이라면, 그것을 받기까지 기다려야 하지 않겠습니까? 그래서 그들은 미국에서 대단한 설교와 기다리는 집회를 열었습니다. 사람들은 마차와 수레를 타고 가서 여러 날 동안 계속되는 설교를 끝까지 경청했습니다.

점차 그들은 '기다리는'이라는 개념을 축복에 적용하여, 그것을 받기까지 기다리면서 "나는 복을 받기 전에는 집에 가지 않겠습니다. 만일 한순간에 그것을 받을 수 있다면 나는 그것을 기다리며 얻으려 합니다. 나는 그것을 얻기까지 기다리겠습니다"라는 식으로 말하기까지 했습니다.

로렌조 다우는 이 개념을 휴 본과 윌리엄 클라우즈에게 소개했고, 그들은 마우 콥이라는 곳에서 일련의 특이한 집회를 열었습니다. 거기서 그들은 설교하고 기도하는 집회를 열곤 했습니다. 의심할 여지없이 놀라운 일이 일어났습니다. 1810년대에 이것은 강력한 운동이 되었고 1830년까지, 아니 그 후까지 영향을 끼쳤습니다.

이것은 특이한 사실입니다. 그러므로 이 두 사람의 전기를 읽어볼 것을 권하는 바입니다. 소위 원시 메소디스트들의 역사 중 그 어느 것이라도 읽어보십시오. 저는 이 사람들이 능력의 세례를 성화로 혼동했다고 믿습니다. 그들에게 능력이 임했다는 것은 의심할 여지가 없습니다. 역사의 기록이 그것을 증거합니다.

그러나 그들은 증거하고 설교하는 능력과 성화 사이의 교리를 혼동했던 것이 분명합니다. 그들은 대단한 역사를 했고 수많은 사람들에게 심오한 영향을 미쳤습니다.

메소디즘에서 나온 그 다음의 큰 운동은 구세군 운동이었습니다. 윌리엄 부스(William Booth)는 원래 메소디스트 교회의 한 구성원으로서 메소디스트 설교자였습니다. 그러므로 구세군은, 그리스도인의 완전 또는 완전한 사랑에 관한 이른바 전형적인 웨슬리식의 가르침을 가감 없이 가르쳤습니다. 이러한 일이 아직도 계속되고 있다고 저는 믿습니다. 처음에는, 그리고 구세군의 초대 총사령관인 윌리엄 부스가 죽을 때까지는 이것이 그 가르침의 핵심적인 부분을 차지했었습니다.

동시에 메소디즘이 미국에서도 발전되어 나갔고, 그 나라에서는 가장 큰 교단이 되었습니다. 메소디스트 교도들은 서부로의 대이동을 다른 어느 종교 집단보다 잘 이용했습니다. 메소디스트 순회 목사들은 진취적인 사람들로 복음을 넓은 지역에 전파했습니다. 그 결과 그들의 가르침이 미국의 삶 속에 널리 확산되었습니다. 잠시 후에 이것은 기울기 시작했습니다.

그러나 그 가르침에 기초한 다양한 성결 운동이 일어나게 되었고, 그 결과 성결을 주창하는 교회들이 일어나게 되었습니다. 이러한 교회들 가운데 가장 주목할 만한 교회는, 제가 이미 언급했던 1890년대에 어디에선가 시작했던 나사렛 교회였습니다.

브레지(Bresee)라는 사람이 이 교단을 구성하는 데 크게 사용되었으며, 나사렛 교회는 지금 영국에서도 하나의 강한 교단이 되었습니다. 동시에 이 영국에서 성결교회들이 일어나게 되었습니다. 메이너드 제임스(Maynard James), 잭 포드 등과 같은 사람들이 시작한 갈보리 성결교회라는 교단이 바로 이것입니다. 배터시에 데이비드 토머스(David Thomas)라는 사람이 있었는데 그도 이와 유사한 운동을 이끌었습니다. 결국 이 모든 사람들은 다 합해져 나사렛 교회 교단으로 흡수되었습니다.

언급해야 할 또 다른 운동이 있습니다. 이것은 지난 19세기 말엽에 스코틀랜드에서 일어난 것인데, 신앙 선교회(Faith Mission)로 알려진 것입니다. 이것은 고반(J. G. Govan)이라는 사람이 시작했으며 최근에 작고한 던컨 캠벨(Duncan Campbell)도 바로 여기 소속입니다. 스코틀랜드의 신앙 선교회도 역시 성화에 관한 웨슬리의 가르침을 주장하고 있습니다.

2. 윤리적 완전주의_ 찰스 피니의 사상

이렇게 해서 제가 감히 복음적 완전주의라는 것들을 서둘러 살펴본 셈입니다. 이제는 윤리적 완전주의라고 했던 두 번째 항목을 살펴봅시다. 이것은 사실상 찰스 피니(Charles Finney)의 가르침입니다. 우리는 일차적으로 그를 복음 전도자로 생각합니다. 그러나 사실 피니는 10년 동안만 복음 전도자로 일했을 뿐입니다.

그 후에는 오버린이라는 곳에 있는 한 대학의 교수가 되었습니다. 거기서 그는 완전에 대한 자기의 교리를 가르치고 선전하기 시작했습니다. 그래서 그 가르침은 오버린 완전주의학파로 알려져 있습니다. 이것과 이전의 가르침을 구별하는 이유는 무엇입니까? 본질적인 차이가 있기 때문입니다.

이 사람도 아주 이상한 사람입니다. 피니는 법률가로 훈련을 받았습니다. 그는 결코 법률가로서의 그의 자세를 버린 적이 없습니다. 많은 면에서 그의 가르침은 그런 차원에서 이해할 수 있습니다. 그는 합리론적 방법으로 자기 나름의 논리적 추론을 따르는 법률가로서, 성경의 가르침을 무시하고 그보다 앞서 나왔던 수세기의 사람들의 위대한 가르침을 완전히 망각할 정도였습니다. 그는 웨슬리의 가르침과 메소디스트들의 가르침에도 영향을 받았습니다.

그러나 그는 자기 나름의 체계를 세워 어떤 중대한 면에 있어서는 웨슬리의 가르침과 상충했습니다. 이것은 뉴잉글랜드의 예일대학 교수였던 테일러(N. W. Taylor)라는 사람의 가르침에 영향을 받은 결과이기도 했습니다. 테일러는 사실상 뉴잉글랜드 신학으로 알려진 것을 맨 먼저 제창한 사람들 중의 한 사람이었습니다. 피니는 이 가르침을 그대로 받아들여 테일러 자신보다 더 극단으로 나아갔습니다.

그 가르침은 간단히 이렇게 요약할 수 있습니다. 존 웨슬리는 알미니안이었습니다. 그러나 그는 원죄를 믿었고 은혜를 떠나서는 자기의 구원에 대해서 아무것도 할 수 없음을 믿었습니다. 그러나 그는 이 은혜가 모든 사람들에게 다 주어져 있다고 믿었습니다. 그러므로 은혜를 이용할 것인지 이용하지 않을 것인지를 결정하는 것은 그 사람 자신에게 달린 문제라고 믿었던 것입니다.

그런데 피니는 알미니안이 아니었습니다. 그는 펠라기안(Pelagian, 펠라기우스의 주장을 따르는 사람들을 일컫는 말-역주)이었습니다. 그는 원죄를 믿지 않았습니다. 그는 자연인도 이성적 추론 과정을 따라 진리를 알 수 있고 그것을 적용할 수 있다고 믿었습니다. 그의 자서전이나 또는 그의 신학 체계나 설교들에 분명하게 나타나듯이, 그 결과 그는 언제나 법정 변호사처럼 설교했습니다. 그는 자신이 제기할 소송 사건이 있는데, 자신은 변호사로서 자기의 말을 듣고 있는 사람들의 마음과 생각에 영향을 주어 선고를 내리게 하려고 애쓰고 있다고 말했습니다.

그러므로 원하면 언제라도 '부흥'을 일으킬 수 있다고 가르쳤습니다. 부흥에 대한 그의 가르침을 많은 사람들이 그대로 받아들이고 모방했습니다. 그저 어떤 일들을 하기만 하면 부흥은 온다는 식입니다. 이것은 간단하고 단순하게 말해서 펠라기우스주의입니다. 원죄도 없고 본래의 부패도 없습니다. 사람은 도덕적으로 유능하다고 생각했습니다. 웨슬리는 결코 그렇게 가르친 적이 없습니다.

피니는 더 나아가서 의무는 능력의 제한을 받으며, 사람은 자기가 할 수 있는 것, 즉 자기의 능력 밖의 어떤 일도 강요받지 않는다고 가르쳤습니다. 그래서 그는 비례적 완전 척도를 소개했던 것입니다. '그리스도 안에서 갓난아이'일 때도 그 수준에서 완전할 수 있습니다.

물론 보다 성숙한 사람에 비하면 완전하지 못합니다. 그러나 그 수준에서는 완전합니다. 그 단계에서는 그것이 그 사람의 능력입니다. 그 단계에서는 그 이상을 할 수 없습니다.

이렇게 함으로써 그는 비례적 완전 척도를 도입했던 것입니다. 동시에 그는 자의적인 행동이 아닌 것은 어떤 것도 죄가 아니라고 가르쳤습니다. 의는 변동하는 사람의 능력에 따라 조정됩니다. 율법의 요구마저도 그 죄인의 능력에 따라 등급이 정해져 있다고 그는 말했습니다.

그는 율법은 모든 사람에게 적용된다고 가르쳤습니다. 그 율법은 비그리스도인뿐만 아니라 그리스도인에게도 동등하게 적용된다는 것입니다. 그리스도인들은 여전히 율법 아래 있으며, 다른 모든 사람들처럼 율법의 동일한 요구 아래 있다고 피니는 가르쳤습니다. 그러므로 그리스도인의 완전이란 하나님의 율법에 대한 완전한 순종이라고 했습니다.

더 나아가 피니는 웨슬리의 '육체적' 성화의 개념(피니가 이렇게 불렀음)을 강하게 부인했습니다. 웨슬리는 어떤 일이 우리에게 일어난다는 의미에서 육체적 성화를 가르쳤던 것입니다. 그리고 우리의 본성에서 죄가 제거된다는 것입니다. 피니는 바로 이것을 비난하고 부정했습니다.

우리는 처음부터 끝까지 언제나 똑같은 사람이라고 말했습니다. 비록 수백 년을 산다 할지라도 처음의 모습과 본질적으로 똑같다는 것입니다. 우리 주님께서는 "좋은 나무라야 좋은 과실을 맺느니라"고 말씀하셨습니다. 그러나 피니는 이것을 부인하면서 나무가 좋아질 수는 없다고 했습니다.

그의 교리를 다음과 같이 요약할 수 있습니다. 그리스도께서 우리에게 자신을 나타내주시고, 우리 자신을 우리에게 나타내주십니다. 계시로 인하여 이끌림을 받은 우리는 그를 받고 그를 옷 입습니다. 그리스도께서 우리에게 계시를 주십니다. 우리는 안식합니다. 우리는 우리 자신에 대한 진리, 그리스도에 관한 진리를 계시로 받습니다. 이 진리를 안 우리는 그것을 받아들일 수도 있고 받아들이지 않을 수도 있습니다. 만일 우리가 그것을 받아들이면, 그 다음에는 그것을 실제로 옮겨나갑니다. 동시에 그는 성령 세례에 대해서도 말했습니다.

그러나 정확히 그가 의도하는 바가 무엇인지를 찾기가 매우 어렵습니다. 그의 진술과 정의가 변했습니다. 성경을 왜곡시켜 억지로 자기의 합리적인 체계에 끼워 맞추었습니다. 그는 이전의 모든 교리와 성경의 설명을 철저히 무시했습니다.

그래서 그는 은혜 안에서의 성장 가능성조차도 부인하는 입장에 서게 되었습니다. 존 웨슬리는 은혜와 지식 안에서 자라나는 것을 가르쳤습니다. 비록 그가 설명한 과정을 다 통과함으로써 완전하다 해도 그리스도인의 삶에서 성숙할 수 있다고 가르쳤던 것입니다. 발전이 가능했습니다. 그러나 피니의 경우에서는 어떠한 발전도 불가능했습니다.

3. 심리학적 완전주의

이제 세 번째이자 마지막 부류를 알아보게 되었습니다. 저는 이것을 심리학적 완전주의라 하겠습니다. 먼저 개괄적인 역사부터 살펴봅시다.

1859년 보드맨(W. E. Boardman)이라는 사람이 미국에서 일종의 완전주의를 가르치기 시작했습니다. 그는 성결을 위한 집회들을 열기 시작했습니다. 그는 주로 웨슬리의 교리에 영향을 받았고 어떤 의미에서 수정된 웨슬리 교리를 주장했습니다. 또 아사 마한(Asa Mahan)이라는 사람이 있었는데 어떤 범주에 넣기가 참 어렵습니다. 이 사람은 피니가 신학 교수로 있던 오버린 대학의 학장이었습니다.

그는 오버린에 오래 머물지는 못했습니다. 피니의 가르침에 동의하지 않았기 때문입니다. 개인적으로 저는 마한을 웨슬리의 범주에 넣고 싶습니다. 이 점에 있어서 저는 워필드(Warfield)와 약간의 차이를 갖고 있습니다. 그러나 이것은 단순히 기술적인 문제입니다. 그러나 아사 마한과 보드맨은 웨슬리의 교리를 수정한 일종의 새로운 성결 교리를 가르치기 시작했습니다.

하여튼 이 교리는 미국에서 인기를 얻게 되었는데, 특히 영국에서는 퍼샬 스미스(R. Pearsall Smith) 부부를 통해서 인기를 얻게 되었습니다. 퍼샬 스미스 부부는 퀘이커 가정에서 태어나 퀘이커 교도로 성장했습니다—이것은 아주 의미 있는 사실입니다.

그들은 늘 내적 빛과 복종에 관한 퀘이커의 가르침을 주장했습니다. 그러나 그들은 메소디스트 교리에 영향을 받기 시작했고, 특히 1867년 젊은 침례교도가 가정교사로 그 집에 들어왔을 때 더욱 그랬습니다. 퍼샬 스미스는 아주 부유한 사업가였으므로 자녀들을 위해 가정교사를 둘 수 있었습니다.

이 젊은 교사는 그 자녀들에게, 자기는 큰 체험을 했다고 했습니다. 그 결과 자기는 "단순하게 의뢰했고 예수께서 구원하셨다"고 말했습니다. 이것이 그 가르침입니다—그 젊은 교사는 안팎에 있는 죄와 싸움을 벌이고 있었으나 실패했습니다. 그는 오직 예수님만 의뢰하면 된다는 것을 알게 되었습니다. 그렇게 했더니 구원받게 되었습니다. 또한 자기 삶의 모든 염려를 순간순간 주께 맡겼고, 주께서는 그것을 맡으셔서 순간순간 주께서 원하시는 삶이 되게 하셨습니다.

퍼샬 스미스는 1867년에 이 교리를 인정하고 받아들였습니다. 그리고 1871년에는 성령 세례를 받았다고 주장했습니다. 그 결과 그는 이 새로운 교리를 가르치고 설교하고 전파하기 시작했습니다. 1873년, 그들은 처음으로 영국을 방문하여 런던에서 집회를 가졌습니다. 무디 역시 1873년에 영국을 처음 방문했다는 사실은 흥미롭습니다.

퍼샬 스미스와 그 부인은 1873년 봄에 런던에 와서 집회를 열었습니다. 1874년 7월에는 '강력한 집회'로 묘사되었던 저 유명한 브로드랜즈 집회를 열었습니다. 퍼샬 스미스가 거의 모든 강연을 담당했습니다. 1874년 9월, 그는 그와 유사한 집회를 열었고 옥스퍼드의 아사 마한에게 도움을 받았습니다. 그 집회는 옥스퍼드 집회로 알려지게 되었습니다.

1875년에는 특히 5월 29일부터 6월 7일까지 이런 유의 교리를 크게 전파하기 위한 큰 집회가 브라이턴에서 열렸습니다. 이 집회를 브라이턴 대회라고 부릅니다. 이 대회의 강사도 퍼샬 스미스였습니다. 그런데 아주 특이한 일이 일어났습니다. 그의 잘못된 가르침과 그릇된 행동과 모종의 도덕적 실수 때문에 그는 다소 경원시되었고 이후 음울한 기간을 보내야 했던 것입니다. 그는 무대 뒤로 사라지고 말았습니다. 퍼샬 스미스에 대해서는 그 이상의 것을 듣지 못합니다.

그 후 같은 해에 깊은 영적 생활을 위한 집회가 케직에 있는 한 교구 목사의 요청으로 케직에서 열리게 되었습니다. 이렇게 케직 사경회가 시작되었으며, 이후 그 집회는 매년 열리게 되었습니다. 이 케직 사경회의 100주년 기념식은 1975년 7월에 열렸는데 1973년보다 1975년을 선택한 것은 흥미롭습니다. 제 생각에는 1973년이 진정한 100주년이라고 생각합니다. 이것은 퍼샬 스미스의 퇴장과 모종의 관계가 있지 않겠습니까? 저는 단순히 사실만을 진술할 뿐입니다.

퍼샬 스미스는 무대에서 사라졌지만 그의 부인은 그렇지 않았습니다. 여러 면에서 그녀는 남편보다 나은 교사였습니다. 그녀는 매우 광범하게 영향을 끼쳤던 책, 『행복한 그리스도인의 생활의 비결』(The Christian's Secret of a Happy Life)을 썼습니다.

피지스(J. B. Figgis)는 1913년인가 1914년에 〈안에서 본 케직〉이라는 보고서에서 "퍼샬 스미스 부인의 책은 프란세스 하버갈(Frances Havergal)을 제외한 그 누구보다 큰 영향을 끼쳤습니다. 사실 성화에 대해 이제까지 쓰인 다른 어느 출판물보다 더 많은 영향을 끼쳤습니다"라고 했습니다. 이 책은 이 교리와 관련하여 가장 유명한 책이 되었습니다. 후에 에반 홉킨스(Evan Hopkins)가 나타났는데 그는 '케직 운동의 신학자'로 묘사됩니다. 이 주제에 대한 그의 가장 유명한 책은 『영적 생활에 있어서 자유의 법』(The Law of Liberty in the Spiritual Life)입니다. 이 책은 1975년에 마샬, 몰간, 스코트에 의해서 재출간되었습니다.

케직 운동은 주로 영국 국교회 운동이었습니다. 때로 마이어(F. B. Meyer)나 그레이엄 스크로기(Graham Scroggie)와 같은 자유교회 사람이 탁월한 위치를 차지하는 경우도 있었지만 말입니다. 비록 이 운동이 주로 영국 국교회 운동이었지만 라일 감독은 케직 사경회에 한 번도 강사로 나가 말한 적이 없었는데, 그가 리버풀 감독이었으면서 그렇게 했다는 것은 주목할 만한 일입니다.

저는 성결에 대한 라일 감독의 책을 재판할 때 서문을 썼는데, 거기에 "라일 감독이 20세기 초엽의 복음적인 부류들에게 그처럼 무시되어온 것은 케직 메시지를 그가 동의하지 않았기 때문"이라고 했습니다. 그의 책 『성결』(Holiness)은 사실상 '케직 교리'를 논박하기 위해서 쓴 것입니다.

어느 유명한 복음주의자는 『믿음의 생활』(The Life of Faith)이라는 라일의 책 (재판)을 읽다가 어려움에 봉착하게 되었습니다. 그는 라일 감독이 케직 사경회에서 한 번도 강사로 말한 적이 없음을 인정해야 했지만, 라일이 한번쯤은 그 케직 사경회의 연단에 함께 앉아 있었다는 것도 지적해야만 했습니다! 스펄전도 결코 케직 사경회에서 말한 적이 없었습니다. 그는 이 교리에 찬동하지 않았기 때문입니다.

라일 감독과 스펄전은 청교도로부터 큰 덕을 입었고 그들의 가르침에 큰 영향을 받았으므로, 그들의 초기 가르침으로부터 심각한 이탈을 의미하는 이 교리를 받아들이기가 불가능했을 것입니다.

그러면 소위 '케직 메시지'라는 것은 무엇입니까? 제가 입증하고 싶은 큰 요점은 이 교리는 웨슬리파 교리가 아니라는 것입니다. 이에 대해서는 약간의 혼동이 있어왔습니다. 최근에 어떤 연사들이 케직 사경회의 연단에 모습을 드러냄으로써 그 혼동은 더욱더 야기되었습니다. 어느 시점까지는 이러한 구분이 지켜졌고 케직 임원회가 메소디스트학파 사람들을 사경회 강사로 초청한 적이 없었습니다.

그것은 옳았습니다. 왜냐하면 그들은 웨슬리 교리를 주장하지 않았기 때문입니다. 사실상 케직 교리는 언제나 완전에 대한 가르침을 강하게 반대했습니다. 또한 모든 형태의 완전주의를 배격했습니다.

퍼샬 스미스 부부는 독일에도 갔는데, 그곳에서 영국보다 더 큰 성공을 거두었습니다. 독일에서 그들을 추종하던 주요 인물 중 한 사람인 데오도르 겔링하우스(Theodor Gellinghaus)는, 죄로부터의 완전 구원이라는 '위험한' 웨슬리 교리를 언급했습니다. 케직에서 지도적인 역할을 했던 옛 지도자들은 '죄로부터의 구원' 또는 '죄의 근절'을 위험하고 독성 있는 교리라고 반박했습니다. 그들은 소위 믿음으로 거룩하게 된다는 것을 가르쳤습니다.

이것이 케직 메시지의 핵심입니다. 케직 메시지는 칭의와 성화는 구별된다고 가르칩니다. 둘 사이는 구별될 뿐 아니라 사실상 별개라는 것입니다. 이 둘은 '믿음으로 받습니다.' 어느 하나를 받지 않았어도 다른 하나를 받을 수 있다는 것입니다. 여기에 대해서, 종교개혁자들로부터 전수된 청교도의 가르침이나 옛 복음적인 가르침은 의롭다 함을 받는 순간 중생하게 되고 성화가 시작된다고 했습니다. 그에 반해 케직 메시지는 사실상 이 둘을 분리합니다. 그리고 그 둘을 믿음으로 받는다고 했습니다. 온전히 신뢰함으로 온전한 구원을 받을 수 있다는 것입니다.

이것을 다음과 같은 방법으로 재미있게 가르쳤던 사람이 있었습니다. 그는 자기 오른손에 6펜스 한 닢을 놓고는 "그것을 집어라"고 말합니다. 그래서 그 동전을 집으면 그는 "당신은 칭의를 얻었다"고 말합니다. 그 다음에 왼손에 그 동전을 놓고 "집어라, 이것은 당신의 성화이다"고 말합니다. 처음과 같이 두 번째 동전도 집을 수 있다는 것입니다. 성화도 믿음으로 "받는다"는 것입니다. 그럼으로써 의식적인 죄로부터 즉각적으로 구원받을 수 있다고 말합니다.

이것은 다음과 같은 방법으로 자주 설명되었습니다. 그리스도인은 죄와 싸우다 지치는 위기를 맞게 됩니다. 그때 그는 구원을 받을 수 있다는 가르침을 만나게 되는데, 그것은 믿음으로 그 구원을 받아야 한다는 것입니다. 그러므로 그는 결단을 내려야 하는 위기를 맞게 됩니다. 그래서 자신을 포함한 모든 것을 버리고 자신을 주께 드리기로 결정합니다. 그는 자신과 모든 것을 위대한 복종의 행동을 통해서 주님께 드립니다. 이것은 획기적인 체험입니다. 이 체험이 있은 후 체험과 성장이 따르게 됩니다. 그러나 이것은 1867년 퍼살 스미스의 가정교사로 있던 사람이 강조한 것에 따라 좌우되었던 것입니다. 다시 말하면 '순간순간' 그리스도 안에 거하는 것에 달려 있다는 것입니다.

이것이 바로 이 교리의 핵심입니다. 이것은 '믿음의 안식'입니다. "당신은 손을 떼고 하나님께서 하시게 하라"는 것입니다. 당신은 세상과 육신, 마귀와 싸워 이길 수 없습니다. 당신이 할 것은 자신을 버리고 싸움을 포기하는 것입니다. 싸워서도 안 되고 싸울 필요도 없습니다. 싸우는 것은 그릇된 것입니다. "주님께 맡기십시오. 그러면 당신을 대신해 주가 행하실 것입니다."

몇 년 전, 케직 사경회의 한 강사는 사경회 때 자주 사용되는 예화를 사용했습니다.

"지금 여러분은 방에 있습니다. 방은 어둡습니다. 그러나 밖에는 햇빛이 있습니다. 왜 방이 어둡습니까? 그것은 커튼이 쳐져 있기 때문입니다. 방에 햇빛이 들어오게 하려면 어떻게 해야 합니까? 커튼을 걷기만 하면 됩니다. 아주 간단합니다. 커튼을 걷으면 빛이 안으로 들어옵니다. 그것만 하면 됩니다. 더 이상은 필요 없습니다. 이것이 바로 여러분의 항복입니다."

에반 홉킨스는 '그리스도 안에 거하는 것'이 중요하다고 강조하면서 멋진 예화를 듭니다. 그리스도 안에 거하고 그분께 맡기는 한 모든 죄에서 구원받을 것입니다. 죄가 여전히 본성 안에 있어 제거되지 못했을지라도 그리스도 안에 거하는 한 모든 의식적인 죄에서 구원받을 수 있습니다.

그리고 또 이런 예화를 듭니다. 여기 쇠꼬챙이를 보십시오. 차갑고 검고 딱딱합니다. 그러나 그것을 불 속에 넣어보십시오. 어떤 일이 일어납니까? 그것은 뜨거워지고 붉어지며 말랑말랑해집니다. 그렇습니다. 불 속에 있는 한 그러합니다. 그것을 불 속에서 꺼내면 또다시 차가워지고 검어지며 딱딱해집니다.

또 다른 예화는 헤엄을 칠 수 없는 사람이 일종의 구명대를 착용하고 있으면 뜰 수 있다는 것입니다. 구명대를 착용하고 있는 한 헤엄칠 수 있습니다. 만일 구명대를 벗으면 즉각 바닥으로 가라앉을 것입니다. "손을 떼고 하나님께서 하시도록 하라" 또는 "믿음으로 그것을 취하라"는 것은, 이 교리를 예증하기 위해 사용되는 유추들입니다.

그들이 특히 강조하는 또 하나는 감정에 대해서 전혀 관심을 기울이지 말아야 한다는 것입니다. 감정적이 되는 것은 큰 잘못이라고 그들은 말합니다. 퍼샬 스미스는 "참된 신앙은 의지로만 이루어진다"고 말했습니다. 감정에 대해서 걱정해서는 안 된다고 합니다. 자신들의 결정적인 체험을 이야기하면서 그들은 "나는 전혀 아무것도 느끼지 않았다"고 강조합니다.

그들은 이것이 옳은 것은, 믿음으로 의롭다 함을 얻을 때는 아무런 느낌이 없기 때문이라고 주장합니다. 사실상 감정을 신뢰하는 위험을 인식해야 한다고 합니다. 그것을 순수한 믿음으로 받아들인다는 것입니다. 그들은 성화에도 이 같은 사실이 적용된다고 말합니다. 그러므로 그들의 표어는 "감정에 대해서 신경 쓰지 말라"는 것입니다.

이 가르침 또는 '메시지'를 간단히 평가해보겠습니다. 퍼샬 스미스 부인의 책 제목에 있는 한 단어가 그 본질적인 약점에 대한 열쇠를 우리에게 보여줍니다. 『행복한 그리스도인의 생활의 비결』, 행복! 행복이 처음 나오고 있습니다. 그래서 저는 이것을 심리학적 영역에 넣고 있는 것입니다. 이 사람들은 일차적으로 행복에 관심이 있습니다. 물론 행복은 성결의 산물입니다.

그러나 그들의 일차적인 관심은 행복이었습니다. 그 결과 그들은 성경을 잘못 해석하게 되었고, 이론에서부터 출발했습니다. 그들은 갑자기 이것을 '알게 되었다'는 식이었습니다. 그리하여 이것이 그들의 성경 해석의 주된 요인이 되었습니다.

이 운동의 역사를 보면 드물지 않게 오전의 성경 공부와 저녁의 강연이 서로 모순되곤 했습니다. 저녁 강연을 부탁받지 않은 어떤 사람들이 성경 공부할 때 말씀을 전해달라는 부탁을 받았습니다. 제 선임자인 캠벨 몰간 박사가 언젠가 이 사실을 농담조로 언급한 적이 있었습니다. 그 당시 그는 케직 사경회 의장과 저와 함께 식사를 하고 있었는데 이렇게 말했습니다.

"내가 불평하는 것이 아니라 당신도 알다시피 당신이 내게 성경대로 하라고만 하면 나는 아주 행복할 것입니다!"

캠벨 몰간은 성경 공부를 인도해달라는 요청을 받았던 것입니다.

그들은 이론에 지배당하는 까닭에 자신들의 메시지를 나누어 밤마다 다른 주제를 배당했습니다. 월요일에는 주로 회개를 강조하는 메시지를 다루고 그 다음에는 점차 차원을 높여 '결정적인 체험'을 다루었습니다.

제가 케직 사경회에 대해서 비평하는 또 다른 보편적인 입장은, 그들은 위대한 신약성경 본문을 강해하는 대신 대개 자기들의 이론에서 출발하여 구약의 인물들이나 이야기를 통해 그것을 예증해나갔다는 것입니다. 그래서 그들이 선택하는 본문이 구약성경인 경우가 매우 많다는 것을 발견하게 됩니다.

그들이 가르치는 방법은 성경 강해에 기반을 둔 것이 아니라 예화 사용을 기본으로 합니다. 그 필연적인 결과는 이전 1,800여 년 동안 성화라는 주제에 대해서 가르쳤던 모든 것을 사실상 무시하게 되었다는 것입니다. 이것은 제가 하는 말만은 아닙니다. 그들 중 많은 사람들이 그것을 자랑했습니다. 그들은 이 위대한 진리를 그처럼 오랜 세월 동안 간과하고 있었다고 주장했습니다. 그것이 발견된 것은 19세기 중엽에 그들을 통해서라는 것입니다. 이렇게 주장하는 가르침은 무엇이든지 의심스러운 것입니다.

개혁파의 교리는 비참한 그리스도인들, 즉 아직도 로마서 7장에 살고 있는 사람들을 산출한다고 케직 메시지는 주장했습니다. 그러면서 자기들은 '로마서 7장에서 8장으로 넘어가게 할 수 있는' 메시지를 발견했다고 합니다. 그래서 이제까지 잡을 수 없었던 행복과 승리를 얻게 되었고, 지루한 싸움이 끝나게 되었다는 것입니다.

그들이 사용하는 어휘나 표현 자체, 접근 방법은 성경적이라기보다 심리학적입니다. 그들이 가르치는 교리는 궁극적으로 우리로 하여금 행복하게 하고, 행복과 기쁨에 찬 그리스도인의 삶을 산출하려는 데 목적이 있었습니다. 물론 그리스도인은 기쁨을 체험하게 되어 있습니다. 그러나 이것을 우선순위에 놓아서는 안 됩니다.

"의에 주리고 목마른 자는 복이 있나니 저희가 배부를 것임이요"(마 5:6).

복이라는 것은 의의 결과입니다. 복에서 출발하면 안 됩니다. 행복이나 기쁨에서 시작하는 것은 언제나 잘못입니다.

이 교리에 대한 또 다른 비평은, 어떤 특별한 교리를 주장하며 운동을 벌이는 것은 언제나 그릇된다는 것입니다. 교리들을 따로 떼어 취급해서는 안 됩니다. 그러나 이 케직 사경회는 한 가지 교리를 설교하려는 의도를 갖고 있었습니다. 이렇게 하면 늘 성경 교훈의 특징인 균형을 상실하게 됩니다.

또 다른 심각한 문제는, '메시지'가 교회의 맥락 속에서 제시되지 않았다는 것입니다. 케직 운동은 교회의 문제를 다루지 않는 초교파적인 운동이었으며, 교회의 차원에서 그리스도인의 삶을 생각하지 않는 운동이었습니다. 우리는 현재 그 열매를 거두고 있습니다. 복음적인 사람들이 자기들의 양심을 달래어 이 교리를 받아들임으로써, 또한 초교파적인 기초 위에서 다른 복음주의자들과 집회를 가짐으로써 평안과 행복을 얻었던 것입니다. 여러 교회와 여러 교파들에 속해 있는 사람들이 함께 모여 그런 일을 하게 되었는데, 그들 중 많은 교파들이 배도하는 입장에 서게 되었습니다. 그리스도인의 생활을 교회의 삶의 맥락에서 떼어내버린 것입니다. 교회의 삶에서 분리된 성결을 가르치는 교리는 그 어느 것도 이미 잘못되어 있는 것입니다.

그러나 좀 더 심각한 것은 이 교리가 그리스도를 '나누는' 죄를 지었다는 것입니다. 이 교리는 그리스도를 '성결케 하는 자'로 받아들이지 않고도 그리스도를 '의롭다 하는 자'로 받아들일 수 있다고 가르쳤습니다. 이렇게 그리스도를 나눈 것입니다.

같은 방법으로 구원도 나누었습니다. 성화와 칭의 사이에 구별이 있기는 하지만 분리는 전혀 불가능합니다. 저는 언젠가 『믿음을 통한 성화』(*Sanctification by Faith*)라는 소책자에서 구별과 분리 사이의 차이를 보여주는 예화를 사용한 적이 있습니다.

저는 그것을 이렇게 말했습니다.

알프스산은 여러 산들로 이루어진 하나의 줄기입니다. 즉, 알프스산에는 여러 봉우리들이 있습니다. 그 봉우리들은 평지에 따로 우뚝 서 있는 별개의 산들이 아닙니다. 그것들은 모두 한 산맥에 속해 있습니다. 그러나 각자 구분되게 돌출되어 있는 것입니다. 이런 의미에서 교리들은 서로 나뉘어서는 안 됩니다. 그러나 물론 동시에 구별할 수는 있습니다.

어쨌든 이 가르침에 대한 저의 궁극적인 비평은, 그것은 서신들에 나오는 '그러므로'라는 위대한 말을 완전히 무시했다는 것입니다. 성화에 대한 신약의 가르침은 분명히 '그러므로'라는 접속사를 통해서 진술될 수 있습니다. 서신서들, 특히 사도 바울의 서신들 첫 부분은 교리에 관한 것입니다. 예를 들면, 로마서 1장부터 11장까지는 교리적 가르침에 할애되어 있습니다. 그런 다음 12장부터 사도는 이 교리를 그리스도인의 삶에 적용하기 시작합니다. "그러므로 형제들아 내가 하나님의 모든 자비하심으로 너희를 권하노니."

그는 이제까지 말한 모든 것을 상기시킨 후 그것을 그리스도인의 실제 삶에 적용하라고 호소합니다.

에베소서 4장에서도 똑같은 것을 발견하게 됩니다. 처음 3장에서는 교리를 말합니다. 그런 다음 4장 1절에서 '그러므로'라고 권면을 시작합니다. 그러나 '케직 메시지'는 그것을 완전히 무시합니다.

신약은 성화를 하나의 이론이나 다른 위대한 교리들과 동떨어진 어떤 것으로 가르치지 않습니다. 신약에서 성화는 다른 교리들에서 연역되어 나온 것입니다. 그것은 언제나 교리들을 실행해나가는 것입니다. 그러므로 그것은 언제나 호소와 권면의 차원에서 다루어집니다.

예를 들어 로마서 8장 13절을 봅시다. 바로 앞 12절에서 바울은 "그러므로 형제들아 우리가 빚진 자로되 육신에게 져서 육신대로 살 것이 아니니라"고 말한 다음 13절에서 "너희가 육신대로 살면 반드시 죽을 것이로되 영으로써 몸의 행실을 죽이면 살리니"라고 말합니다.

'손을 떼고 하나님께서 하시게 해서는' 안 된다는 것입니다. 우리 자신을 하나님께 맡겨버리고 주께서 우리를 대신해 그 일을 행하시게 하라는 말이 아닙니다. 오히려 우리는 성령께서 우리에게 주신 도움과 지원을 통해 몸의 행실을 죽이라는 권면을 받고 있습니다.

고린도후서 7장 1절을 봅시다.

"그런즉 사랑하는 자들아 이 약속을 가진 우리가 하나님을 두려워하는 가운데서 거룩함을 온전히 이루어 육과 영의 온갖 더러운 것에서 자신을 깨끗케 하자."

같은 방법으로 빌립보서 2장 12-13절에서도 "너희 구원을 이루라"고 말하고 있습니다. 우리는 이것을 행해야 합니다.

"너희 안에서 행하시는 이는 하나님이시니 자기의 기쁘신 뜻을 위하여 너희로 소원을 두고 행하게 하시나니."

그렇습니다. 실제로 행하는 것은 우리입니다. 그러나 케직 메시지는 이 '그러므로'라는 말을 완전히 무시하고 있습니다. 이 '그러므로'라는 말은 성화의 교리에 대한 신약의 가르침을 이해하는 열쇠인데 말입니다.

같은 방법으로 케직 메시지가 로마서 6-7장의 가르침을 얼마나 철저하게 오해하고 있는지를 보여드릴 수 있습니다. 로마서 6-7장을 케직 사경회에서 얼마나 자주 다루었는지 그 횟수를 보면 아주 흥미롭습니다. 또한 로마서 6장 12절에 나오는 "그러므로 너희는 죄로 너희 죽을 몸에 왕노릇하지 못하게 하여 몸의 사욕을 순종치 말고"라는 말씀과 같은 권면들과 진술들을 무시한다는 의미에서 케직 메시지는 심리학적인 것입니다.

로마서 6장 11절의 "이와 같이 너희도 … 여길지어다"라는 말씀도 흔히 이렇게 다룹니다 – 비록 그것이 자신들에게 사실이 아닌 줄 알지만 계속 자신에게 그렇다고 말한다면 그것이 정말 그렇게 될 것이고 더 행복해질 것이라는 식으로 해석합니다. 어떤 일들은 하고 이러저러한 일들은 하지 말라고 권면하는 케직 메시지는 일종의 쿠에요법(Coueism, 일종의 자기 암시요법)입니다.

저는 케직 메시지의 가르침과 쿠에요법이 원칙상 어떤 차이가 있는지 모르겠습니다. 쿠에요법에서는 여러분이 아플 때 "나는 날마다 모든 면에서 점점 나아가고 있다"고 자신에게 말하라고 권합니다. 그러면 정말 나아진다는 것입니다.

결국 이것은 스스로 모순되는 가르침입니다. 왜냐하면 한편으로는 "애쓰지 말라, 그것을 주께 맡기라"고 가르치면서 한편으로는 그리스도 안에 '거하지' 않으면 그리스도께서 그것을 해주실 수 없다고 말하기 때문입니다. 그러므로 모든 것은 궁극적으로 그리스도 안에 거하는 것에 달려 있습니다. 그리스도 안에 거하는 한에서만 구원을 받습니다. '그 쇠꼬챙이를 불 속에 넣어 두는 한'에서만 그렇다는 것입니다. 그 쇠꼬챙이를 꺼내면 다시 원래의 상태로 돌아갑니다. 그러므로 궁극적으로 그 문제는 자신에게 달려 있는 것입니다. 또한 죄와 직접 대항하여 싸우지 않고 그리스도 안에 거하지 못하도록 방해하는 모든 것과 싸우고 있는 것입니다.

오늘날의 입장을 설명하면서 결론짓겠습니다. 나사렛 교회나 다른 작은 집단이나 작은 종파들을 제외하고는 웨슬리의 가르침이 사실상 사라졌다고 저는 말씀드리겠습니다. 집회가 매년 사우스포트에서 열려 그것을 가르치고 있습니다. 물론 그들은 경건한 사람들입니다. 거룩한 삶과 교회의 상태에 대해서 순전한 관심을 가진 정직한 사람들입니다. 일반적으로 말해서 메소디즘은 여기에서 이탈하고 말았습니다.

그러나 미국의 자유 메소디스트 교회(미국의 감리교회)는 그렇지 않습니다. 저는 일반적으로 말하고 있으며, 특히 영국에 대해서 말하고 있는 것입니다. 제가 말씀드린 바와 같이 스코틀랜드의 신앙 선교회는 여전히 그것을 가르치고 있습니다.

케직 메시지 또는 케직 교리에 대한 입장은 이러합니다. 오늘날 케직 사경회마저 케직 메시지를 가르치고 설파하는 사람들은 극소수에 지나지 않습니다. 지난 10년 동안 케직 사경회에서 설교했던 강사들 대부분이 소위 '케직 메시지'를 믿지 않았습니다. 그들의 강연록을 읽어보십시오. 특히 아침 성경 공부를 보면, 그들이 로마서 6장과 7장 말씀에 대한 전통적인 개혁파의 입장을 가르치고 있음을 발견할 것입니다. 이 점에 있어서 예외인 사람이 세 사람 정도 있다고 생각할 수 있습니다.

케직 메시지는 사실상 사라졌습니다. 우리는 그리스도인의 삶을 살아가는 방법에 대한 옛날의 복음적인 교리로 돌아와 있습니다. 그렇기 때문에 저는 처음에 우리가 매우 재미있는 역사적 시점에 있다고 말씀드렸던 것입니다. 웨슬리에서 시작하여 그 이후 여러 형태를 취했던 이 교리는 많은 면에서 사실상 사라졌습니다. 이제 보다 성경적이고 강해적이며 성경 주석적인 교리로 돌아오고 있는데 아주 좋은 일입니다.

오늘날 우리는 성령의 역사를 성결과 관련지어 생각하는 유의 가르침보다는, 성령의 은사에 강조점을 두는 가르침을 대면하고 있습니다. 성령의 은사를 강조하는 이 교리는 제가 볼 때 성결의 교리에 보다 큰 관심을 두었던 옛 가르침에 대한 최후의 타격이라고 봅니다. 그래서 보다 고차원적인 삶 또는 승리의 생활 교리는 오늘날 활발한 논쟁점이 되지 못하고 있습니다. 그러나 우리는 이 역사를 잘 알아 이러한 구분들을 할 수 있어야 하며 우리가 당면한 문제들이 무엇인지 정확히 알아야 합니다.

우리는 우리에게 맡겨진 사람들에게 그리스도인의 삶을 사는 법을 어떻게 가르쳐야 할지 도전받고 있습니다. 저는 여러 가르침을 비평했습니다. 그러나 다시 한번 저는 그것들을 가르쳤던 사람들의 공로를 인정하고 싶습니다.

그들은 성결에 관심이 있었던 사람들입니다. 우리도 그들만큼 성결에 관심이 있습니까? 우리의 위험은, 교리의 정확성에 관심이 치우쳐, 올바른 생활에 대해서는 충분한 관심을 기울이지 않는다는 것입니다. 제가 지금까지 비평한 것은 하나님의 사람들에 의한 그릇된 가르침이라 생각합니다.

저는 이 문제에 있어서 조지 휘트필드의 입장을 겸손히 따르는 사람입니다. 조지 휘트필드는 웨슬리와 이러한 문제들에 대해 입장을 달리하고 의견을 달리했음에도 불구하고 자기의 장례식 설교를 존 웨슬리에게 부탁했던 사람입니다. 일치를 더 중요하게 여겼던 이 두 사람은 휘트필드 생애 마지막 몇 년 동안 아주 친밀한 교제를 나누었습니다. 우리는 이 사람들을 본받아야 합니다.

잘못된 성결 교리를 비난하기는 쉽습니다. 그러나 여러분의 성결 교리는 무엇입니까? 성결에 대해 여러분도 이들과 같은 열정을 갖고 있습니까? 이들은 성결한 사람이 되기 위해서 많은 고통과 희생을 감수했습니다. 이들은 때로 교리에 대해 혼동을 겪기도 했지만 하나님의 거룩한 사람들이 되는 데 대단히 열정적이었습니다. 이들 중 많은 사람들은 거룩하고 보다 순결한 교회를 갖는 데 관심이 있었습니다.

분명히 우리는 이 문제에 있어서 이들과 같은 입장에 서야 합니다. 이들의 그러한 관심에 찬동합니다. 이들의 가르침을 비평하더라도 우리는 우리가 가진 것을 분명하게 하고 '더 탁월한 방법'으로 설교하며 실천해야 합니다.

열여섯 번째 강연

1975년
혁명 시대의 그리스도인과 국가_ 프랑스 혁명과 그 이후

우리는 매우 실제적인 의도를 갖고 혁명 시대의 그리스도인과 국가라는 주제를 공부하고 있습니다. 우리는 우리가 그러한 입장에 처해 있다는 단순한 이유 때문에 이론적으로 문제를 생각하지 않았습니다. 저는 올해의 연구 모임 기간 동안 여러 차례, 최근 몇 년 동안 이 모임에 여러 번 모습을 보였던 한 친구를 생각했습니다. 그는 루마니아의 한 침례교 목사인 조셉 톤으로 현재 혹독한 시련을 겪고 있는 사람입니다. 그와 아울러 부카레스트의 침례교 신학교 역사학 교수인 발리시 탈로시도 생각납니다. 이 사람들은 이미 이러한 상황에 처해 있습니다.

우리가 지금까지 들어왔던 이전의 시대들은 현재와 똑같은 혁명의 시대였습니다. 그러나 우리가 알아본 바와 같이 각 시대는 나름의 특별한 특징을 갖고 있습니다. 그러므로 이러한 주제를 실제적으로 숙고하고 싶다면 최신 방법으로 고찰해야 합니다. 그 일이 제 몫이 된 것 같습니다. 미국의 독립 전쟁이나 독립 선언에서 멈춰서는 안 됩니다. 우리는 보다 더 나아가야 합니다. 그래서 '프랑스 혁명과 그 이후'라는 제목을 택한 것입니다.

1. 프랑스 혁명을 낳은 사상

저의 전체 명제는, 프랑스 혁명과 함께 전적으로 새로운 어떤 것이 나타났고 생겨났음을 증명하는 것입니다. 프랑스 혁명은 종교개혁과 비교될 수 있는 역사상의 위대한 전환점 중 하나입니다―물론 동일하지는 않지만 프로테스탄트 종교개혁과 같이 하나의 전환점임은 분명합니다. 프랑스 혁명은 17세기 영국에서 있었던 대반란과 혁명 그리고 1775년부터 1776년 사이에 미국에서 일어났던 일과는 근본적으로 다릅니다.

프랑스 혁명을 통해 표출된 새로운 것을 알아보려면, 특히 프랑스에서 그 혁명이 어떠한 영향을 끼쳤는지를 추적해보면 됩니다. 이 시대는 소위 계몽운동 시대였습니다. 이 계몽운동 시대에 탁월한 역할을 했던 사람은 디드로(Diderot)였습니다. 그는 1751년부터 1780년 사이에 35권으로 된 백과사전을 편집했습니다.

이 백과사전을 만든 목적은, 지식 전체를 섭렵해보고 인생에 대한 완벽한 개요를 얻자는 것이었습니다. 그는 이 일을 하면서 많은 사람들의 도움을 받았지만 특히 두 사람에게서 큰 도움을 받았습니다.

한 사람은 루소였습니다. 루소는 어떠한 방법으로 프랑스 혁명을 생각하든지 아주 중대한 인물입니다. 이 사람은 책을 많이 쓴 작가였고 의심할 여지 없는 천재였습니다. 또한 프랑스 사람들의 사상에 심대한 영향을 미친 책을 여러 권 출간했습니다.

1762년 교육에 관한 책에서 그는, 교육은 전적으로 천부적인 본능에 기초해야 하며 사회의 모든 영향에서 완전히 자유로워야 한다고 말했습니다. 특히 교회로부터 자유로워야 한다고 말했습니다. 그는 모든 것에 대해 합리론적 관점을 소개했습니다. 그는 계시와 계시 종교를 모두 무시했습니다. 그는 하나님에 대한 느낌과 체험을 기초로 한 일종의 자연 종교를 신봉했습니다. 초자연적인 계시를 믿는 그 어느 것도 받아들이지 않았습니다. 그런 다음에 그의 유명한 책 『사회 계약론』(The Social Contract)이 나왔습니다. 이 책에서 그는 국가의 법이란, 신이 제시해준 것도 아니고 하나님의 율법에 기초한 것도 아니며 '국민들의 의지'에 기초한 것이라고 주장했습니다. 우리는 존 로크나 다른 사람들의 관점을 알고 있지만 전혀 새로운 것이 루소에게서 나타난 것입니다. 물론 그 사람들은 자연신론자들(deists)이었습니다. 그러나 우리는 이러한 것이 더 이상 문제가 되지 않는 시점에 와 있습니다.

이들 프랑스 사람들은 인간성에 대해 매우 낙관적인 관점을 가졌습니다. 그들은 기독교의 계시를 거부했고, 특히 구원에 관한 계시를 거부하는 심각한 일을 저질렀습니다. 그들은 사회의 기초는 그 사회의 구성원들이 하나님의 통제를 받지 않고 그들 스스로 동의한 사회 계약이어야 한다고 말했습니다. 이제까지는 하나님을 인정했습니다.

그러나 이제 그것이 끝이 나게 되었습니다. 사람들은 자유와 다수의 이익을 위한 정의로운 정부를 위해 뭉쳐야 한다는 것입니다. 이것이 바로 사회 계약론의 주요 가르침입니다.

그 다음에 볼테르라는 사람이 나오게 되는데, 루소보다 훨씬 더 과격한 사람이었고 아주 과격한 반가톨릭 사람으로서 모든 기독교 교의를 '반대'하는 사람이었습니다.

이 두 사람은 프랑스 사람들의 전체 사고방식에 심대한 영향을 미쳤습니다. 이들은 방종한 왕들이 이끄는 정부 아래서 살고 있었습니다. 그 정치는 전제 정치였고 모든 것들이 이것에서 비롯되었습니다. 동시에 장 아스트뤽(Jean Astruc)-고등 비평의 아버지요 부끄럽지만 물리학자였음-는 그의 가르침을 소개했습니다. 그의 가르침은 성경의 권위를 보다 더 직접적으로 공격했습니다. 사람들은 일반적으로 성경과 이 가르침을 받아들였습니다.

그러나 이제 이 모든 것이 의문의 대상이 되었습니다. 이 모든 경향들이

상승 작용을 했습니다. 다른 말로 해서 하나님이 아니라 사람이 중심 위치에 오게 되었습니다. 국가와 관련된 문제뿐 아니라 종교 문제에서도 그러했습니다. 계시가 아니라 이성이 최고의 자리를 차지했습니다. '국민 주권' 사상이 들어오게 되었습니다.

그리하여 이 모든 것들은 1789년 혁명을 불러왔고 '자유, 평등, 박애'라는 표어가 나오게 되었습니다. 이것은 정치적인 문제뿐만 아니라 사회적인 문제, 더 나아가서 삶 전체에 영향을 미쳤습니다. 이러한 것이 프랑스 혁명의 발단이 된 것입니다. 또 다른 요소와 또 다른 지류가 있었습니다. 칸트의 가르침도 역시 같은 방향으로 영향을 미쳤습니다. 영국에서는 톰 페인(Tom Paine)이 그의 유명한 책『인간의 권리』(The Rights of Man)라는 책을 썼습니다.

2. 프랑스 혁명의 영향

이 모든 것이 프랑스 혁명을 가져왔습니다. 어떤 의미에서 이것은 세계를 흔들어놓은 대사건이었습니다. 대번에 가장 지성적인 사람들이 그것을 환영했습니다. 영국에서는 워즈워드(Wordsworth), 콜리지(Coleridge) 등과 같은 사람들이 그것을 열렬히 환영했습니다.

프랑스 혁명을 염두에 두지 않고는 워즈워드의 시를 진정으로 이해할 수 없습니다. 특히 "그 새벽에 살아 있는 것 자체가 행복이어라"는 표현을 이해하기 위해서는 프랑스 혁명을 생각해야 합니다. 이 시의 서론이 그 역사를 말해줍니다. 다른 시에도 혁명을 가리키는 말이 자주 등장합니다. 워즈워드, 콜리지나 그 외 다른 사람들은 진실로 이 시기야말로 새 시대의 여명이라고 믿었습니다—성경적인 의미에서의 천년왕국이 아니라 그들이 생각하는 의미에서의 천년왕국이 도래하는 시대라고 생각했습니다. 사람들은 모든 규제와 속박에서 해방되고, 새롭고 위대한 세계가 전개되고 있었습니다.

그러나 그것은 그리 오래 가지 못했습니다. 이 사람들은 곧 환멸을 느끼기 시작했습니다. '공포 정치'가 프랑스에 출현하게 되었고, 그것은 결국 나폴레옹의 독재를 가져오게 되었습니다. 또한 콜리지와 워즈워드 등의 사람들이 환멸을 느끼기 시작했고, 그들로 하여금 이전의 관점으로 되돌아가게 했습니다.

존 웨슬리는 처음부터 이 혁명을 비난했습니다. 그리고 이 혁명은 '말세'의 시작이 될 것이라고 예언했습니다. 노예제 폐지를 위해 일했던 지도자 윌리엄 윌버포스(William Wilberforce)는 프랑스 혁명을 두려워하며 지켜보았습니다. 영국에서도 이 혁명에 대한 반동이 있었습니다.

19세기에 오면 독일 철학자 헤겔이 새로운 역사관을 가지고 가르쳤는데 인기를 끌었습니다. 이 가르침은, 하나님께서 역사를 주관하신다는 견해를 부정하고 역사를 주관하는 변증법적 과정이 있다고 가르쳤습니다 - 소위 정반합의 명제입니다.

이것은 사람들의 역사관을 완전히 바꾸어놓았습니다. 그들은 이 변증법적 과정이 피할 수 없는 진로를 향한다고 믿었습니다. 분명히 이것은 교회, 국가, 사람, 모든 만물에 대한 전적으로 새로운 태도의 도래를 의미했습니다. 완전히 새로운 인생관이 생겨난 것입니다.

헤겔에 뒤이어 그의 영향을 받은 칼 마르크스가 나오게 되는데, 그의 가르침은 20세기를 이해하는 데 필수적입니다. 칼 마르크스의 견해를 어떻게 생각하든지 그는 이러한 난제들을 정치적, 사회적으로 매우 깊이 생각한 극히 유능한 사람이었습니다. 어떤 의미에서 그의 중심적인 명제는 혁명의 불가피성이었습니다. 그리고 인간 역사의 과정은 어떤 변증법적 과정을 따라 필연적으로 '프롤레타리아의 독재'에 이르게 된다는 것입니다. 이것은 필연적인 것이었습니다. 그래서 이것은 사람들로 하여금 혁명에 대해 생각하도록 자극했습니다.

물론 이 가르침의 상세한 세부 사항에 대해서는 그의 추종자들 사이에 여러 가지 갈래가 있었습니다. 어떤 사람들은 이 과정이 필연적이므로 우리가 어떠한 일을 할 필요가 없다고 말하는 성향을 띠기도 했습니다. 또 어떤 사람들은 이 과정을 서둘러야 하고, 가속화할 수 있다고 가르쳤습니다.

그 결과 19세기는 많은 면에서 혁명의 세기가 되었습니다. 영국도 여러 차례 혁명이 일어날 뻔했습니다. 맨체스터 지역의 소요는 1819년의 '피터루 대학살'(Peterloo Massacre)로 오래 기억되고 있습니다. 1830년 유럽 대륙에서는 수차례의 혁명이 일어났습니다. 영국도 혁명이 일어나기 직전 상황까지 갔습니다. 매콜리(Macaulay) 같은 많은 사람들은 만일 1832년에 선거법 개정법(Reform Bill)이 통과되지 못했다면 영국에서도 분명히 혁명이 일어났을 것이라고 주장했습니다.

그러나 '혁명의 해'라고 할 수 있는 때는 1848년이었는데, 그때는 유럽 대륙 여러 나라가 혁명을 겪게 되었습니다.

이 모든 것은 유행처럼 번진 새로운 사상의 결과였습니다. 이것은 모든 기존 제도인 교회와 국가를 포함한 제도에 대한 공격이었습니다. 또한 이것은 모든 권위를 부정하고 '국민 주권'과 이 모든 일의 판결자인 이성과 이해를 확립하는 것이었습니다.

3. 프랑스 혁명에 대한 반응

우리는 이 모든 것들에 대해서 사람들이 어떻게 반응했는지 살펴봐야 합니다. 앞서 살펴보았듯이 영국은 처음에 이것을 반대하는 반응을 보였습니다. 18세기 메소디스트의 각성 때문에 이 나라가 프랑스에서 일어난 것 같은 혁명을 겪지 않았음에 틀림없다고 말한 할레비의 말은 자주 인용됩니다. 영국은 신중한 태도를 견지했습니다. 할레비의 말에 일리가 있다고 저는 믿습니다.

17세기에 일어났던 일이 역사에 미친 영향도 있었다고 저는 덧붙이고 싶습니다. 결국 17세기에 하나의 혁명을 우리는 경험했습니다. 이 혁명에 대한 반작용이 있었다는 것도 기억할 것입니다. 찰스 2세의 왕정 회복은 공화정 시대에 대한 환멸로서 정치는 어떤 우두머리, 더 좋게 표현하면 왕 같은 것이 없다면 불가능하다는 생각을 떠나서는 이해될 수 없습니다. 그것은 이 나라 사람들의 생각 속에 모든 문제를 조심스럽게 사려 깊게 생각해야 된다는 경각심을 불러일으켰습니다.

1688년의 '명예혁명'(Glorious Revolution)과, 입헌 군주제를 구축한 1689년의 권리장전(The Bill of Rights)의 통과는 하나의 확립된 질서를 만들었습니다. 그래서 19세기의 영국의 성향은 정치적인 개혁에까지 이른 것입니다. 이때의 지배적 신념은 질서 가운데 발전해야 한다는 것입니다.

이 신념은 주요 교회 단체들과 지도자들에게는 해당되었지만 대부분의 추종자들에게는 해당되지 않았습니다. 메소디즘 지도자들 거의 대부분이 사실상 토리당에 속해 있었지만, 대부분의 메소디스트 교도들은 로버트 오웬(Robert Owen) 등의 가르침인 국민헌장운동(Chartism)으로 돌아섰고 노동 조합에 관심을 보였습니다.

사람들은 산업 노동자들뿐만 아니라 농장 노동자들이 고통당하고 있는 폭정과 압제에서 스스로 해방될 권리가 있다고 믿고 생각했습니다. 그래서 그들은 이러한 개혁 운동에 참여했던 것입니다.

때로는 러다이트 운동(기계 파괴 운동)과 탈퍼들 마을의 희생자들(Tolpuddle Martyrs) 같은 이야기에서 보는 것처럼 폭력이 있기는 했지만 그러나 대체로 주류를 이룬 관점은 자유주의와 개혁을 신뢰하는 것이었습니다. 간단히 말해서 이 영국에서 일어났던 일을 공정하고 정확하게 묘사하면 그렇다고 생각합니다.

이제 매우 재미있는 것으로 나아가보겠습니다. 제가 볼 때 프랑스 혁명에 대한 모든 반응 가운데서 가장 흥미로운 것입니다. 그것은 네덜란드에서 일어난 일입니다. 여기서 저는 매혹적이고 아주 중요한 인물인 그룬 프린스테러(Groen Prinsterer)라는 이름을 주목합니다. 이 사람은 모든 것을 감안한다 할지라도 정말 뛰어난 인물이었습니다. 매우 안온한 환경 속에서 태어나 법률과 철학과 역사를 공부한 그는 왕의 비서가 되더니 급기야는 장관이 되었습니다. 그는 명목상 종교적인 분위기 속에서 성장했습니다-그의 부모들의 신앙 가운데서 말입니다-그는 이것에 아주 만족했습니다.

한번은 그가 정부의 일로 왕과 브뤼셀에 갈 기회가 있었습니다. 거기서 그는 대단한 프로테스탄트 종교개혁사가인 메를 도비녜를 만나 그의 영향을 받게 되었습니다. 도비녜는 로버트 홀데인의 주도 아래 스위스에서 시작된 운동(Reveil이라고 함)의 영향을 받아 회심한 사람들 중 하나였는데, 그룬 프린스테러의 삶 역시 도비녜로부터 영향을 받아 완전히 변화되었습니다.

그룬 프린스테러가 브뤼셀에 갔을 때 우연히 그도 거기에 있었습니다. 이 만남으로 인해 1828년에 그는 진정으로 회심했습니다. 물론 이것은 정치와 그 밖의 다른 모든 것에 대한 그의 관점에 심대한 영향을 미쳤습니다. 계속 생각을 깊게 함에 따라 점차 일류 역사가가 되었습니다.

그러나 학문적인 역사가가 되는 것만으로는 만족할 수 없었습니다. 그는 정치에도 관계하지 않으면 안 되겠다고 생각했습니다. 생각을 많이 할수록 프랑스 혁명과 그것이 가져온 모든 것의 위험천만한 성격을 더욱 잘 알게 되었습니다.

그 결과 그는 1847년에 『불신과 혁명』(Unbelief and Revolution)이라는 위대한 책을 출간하게 되었습니다. 이 책은 15장으로 되어 있는데 그중에서 오직 11장 한 장만이 영어로 번역되어 있습니다. 저는 이 연구 모임에 참석한 친구들이 두 장을 영어로 번역하고 있다는 소식을 듣고 기뻤습니다. 언젠가 이 책 전체가 번역되어 출간되었으면 하는 바람을 갖고 있습니다. 이 책이 1847년에 출간되었다는 것을 주목해야 합니다. 이 해는 많은 혁명이 일어난 1848년의 1년 전이었습니다.

그룬 프린스테러의 관점을 제시하기 위해서 저는 영어로 번역된 그의 말을 인용하겠습니다. 프랑스 혁명에 대해서 그는 이렇게 쓰고 있습니다.

이론적 기원과 과정에 있어서 프랑스 혁명은 이전 시대에 일어났던 어떤 사건과도 비교가 될 수 없습니다. 통치자들의 교체, 권력의 재분배, 통치 형태의 변화, 정치적 논란, 많은 종교적 신념의 차이, 이 모든 것은 원칙적으로 사회 혁명과 아무런 공통점이 없습니다. 사회 혁명의 본질은 모든 정부와 모든 종교를 거부하는 방향으로 기울어져 있습니다. 사회적, 아니 어떤 의미에서 반사회적 혁명은 도덕과 사회를 파괴시키고 무너뜨립니다.

이것은 아울러 반기독교적인 혁명을 불러왔는데, 이 혁명의 주요 개념은 하나님의 계시를 조직적으로 반역하는 모습으로 발전해 나갑니다. 그래서 스탈(Stahl)은 이렇게 말합니다.

"나는 프랑스 혁명을 그것이 지닌 세계 역사적 개념 속에서 생각합니다. 1789년 이전에는 혁명이 완벽한 형태로 존재하지 않았습니다. 그러나 그 이후에 이 혁명은 세계적인 힘이 되었고, 혁명을 옹호하는 편과 반대하는 편의 싸움이 역사를 가득 채웠습니다."

프랑스 혁명은 하나의 독특한 사건입니다. 이 혁명은 믿음에 대한 혁명입니다. 이것은 새로운 종파, 새로운 종교의 출현입니다. 무종교요 무신론이요 조직화된 기독교의 대적의 출현이라 할 수 있습니다.

네덜란드 연방의 혁명과 북미의 혁명이 그것과 비교되었습니다. 네덜란드에 대해서는 내가 자주 말했던 것에 비추어 이렇게 주장합니다.

"기독교 신앙의 자유가 이 혁명의 주목적인 것은, 복음을 압제한 것이 전쟁의 주원인이었던 것과 같습니다."

미국에 대해서는 베어드(Baird)의 뛰어난 역작에 호소합니다. 그는 이렇게 말했습니다.

"미국은 대영제국에서 분리하여 독자적인 정부를 재구성하는 데 있어서 기대보다 훨씬 적게 제도를 수정했습니다. 왕과 하원과 영국적 사법부를 대통령과 의회와 대법원으로 대치했습니다. 그러나 근본은 동일한 정치 체계에 독립이라는 것만 첨가했을 뿐입니다. 나는 영국의 혁명 사건들 속에서 프랑스 혁명과 닮은 점을 아주 조금 밖에는 찾을 수 없었습니다."

만일 1688년의 혁명과 1789년의 프랑스 혁명 사이의 공통점을 발견하려면, 외형의 유사성과 본질과 핵심상의 대비성을 다룬 버크(Burke)의 책을 읽어보십시오. 그는 이렇게 말하고 있습니다.

"현재 프랑스의 혁명은 내가 볼 때 전혀 다른 성격과 종류처럼 보입니다. 그리고 원리에 있어서도 유럽 내의 여러 정치적 혁명과 닮은 점이나 유사성이 거의 나타나지 않는 것 같습니다. 프랑스 혁명은 교리와 이론적 교의에 대한 혁명입니다."

이 주된 사상은 1640년의 단, 장기 의회나 민주주의적인 성향 또는 크롬웰의 독재를 감안해도 비교가 될 수 없습니다.

토크빌(Tocqueville)은 이렇게 말합니다.

"이보다 더 다를 수가 없습니다. … 내 견해로는 이 두 사건은 절대로 비교될 수 없는 것입니다."

스탈은 이렇게 논평하고 있습니다.

"영국과 미국의 자유는 청교도들의 호흡과 함께 침투된 반면에, 프랑스의 자유는 백과사전 편집자들과 자코뱅당의 호흡과 함께 침투되었습니다."

이렇게 해서 우리는 그룬 프린스테러의 주요 관점과 가르침을 살펴보았습니다. 그는 이 관점을 전하기 위해서 최선을 다했습니다. 이것은 광야에서 외치는 자의 소리와 같았습니다. 그러나 그는 반혁명당으로 알려진 것을 미비하게나마 조직할 수 있었습니다.

그러나 다행히도 또 다른 사람인 위대한 아브라함 카이퍼(Abraham Kuyper)가 나타났습니다. 프린스테러는 카이퍼가 자기에게는 부족한 공적인 은사들을 갖고 있음을 확인했습니다. 카이퍼는 타고난 웅변가였고 타고난 정치가였으며, 결국 네덜란드의 수상이 되었습니다.

그룬 프린스테러는 카이퍼를 이 운동에 끌어들였고, 이 운동을 그에게 넘겨주었습니다. 그래서 우리는 카이퍼를 반혁명당 지도자로 알고 생각하는 경향이 있습니다.

반혁명당은 기독교 정당이었고, 카이퍼는 정치 현장에서 많이 투쟁했습니다. 카이퍼는 교회의 목회자가 되는 것을 포기했고 급기야는 그가 설립했던 자유대학(Free University)의 교수직도 포기했습니다. 이 정치 활동에 몰두하기 위해서였습니다. 정치 활동을 통해 자신의 기독교 사상을, 특히 교육에 관한 사상을 도입할 수 있었습니다. 이것을 철저하게 살펴볼 시간을 가졌으면 좋겠습니다. 그러나 네덜란드에서 일어났던 프랑스 혁명의 모든 원리에 대한 이 가장 특이하고 두드러진 반대를 언급할 시간만 제게 주어져 있습니다. 이것은 영국에서도 또 미국에서도 일어나지 않았습니다. 그러나 이 작은 나라에서 그런 일이 일어났습니다. 그리하여 이곳에는 프랑스 혁명을 뒷받침하는 전체 개념에 저항하는 실질적이고 유일한 반대를 옹호하는 위대한 기념비가 생기게 되었습니다.

4. 프랑스 혁명의 영향을 받은 20세기의 사건들

20세기에 들어오면 여러 가지 특이한 사건들을 만나게 됩니다. 이 사건들은 우리 시대에 일어나고 있기 때문에 많은 사람들은 무엇이 일어나고 있는지 알지 못하고 있습니다. 그러나 1917년의 러시아 혁명은 대단한 이정표입니다. 이 혁명의 지도자인 레닌과 트로츠키는, 칼 마르크스의 이론과 가르침을 실천하고 있다고 주장했습니다.

그러나 그들은 그렇게 하지 않았습니다. 어떤 의미에서 러시아에서 발생하여 거의 60여 년 동안 존속한 그 폭정보다 마르크스의 가르침에서 더 이탈한 것은 없다는 것이 명백해졌습니다. 사실 마르크스는 궁극적으로 계급이 없는 사회와 모든 정부의 종식을 주장했습니다.

한편으로는 또 다른 극단을 만나게 되는데, 그것은 무솔리니의 파시즘과 히틀러의 나치즘입니다. 이 모든 것들은 프린스테러가 프랑스 혁명을 단순한 정치 이론이 아닌 새로운 종교로 보았던 것 같이 근본적으로 종교적인 것이었습니다.

이것들 속에는 일종의 숭배의 요소와 계시적 요소가 있었습니다. 이것은 단순한 정치적인 프로그램이 아니라 더 깊고 마귀적인 것이 들어 있었습니다. 공산주의뿐만 아니라 파시즘도 역시 마찬가지입니다.

이러한 운동들은 영국에 영향을 끼쳤고 무엇인가를 이루었습니다. 이 운동들은 극좌(極左), 극우(極右)라는 이름으로 일어났습니다. 그러나 최근까지는 이 모든 것이 주로 정치적 형태를 띠고 있었습니다. 그러나 1960년대에 이르게 되면 새로운 현상이 나타나게 됩니다. '혁명 신학', '해방 신학'으로 알려진 것의 출현을 말하고 있는 것입니다.

이 현상은 기이합니다. 왜냐하면 주로 로마 가톨릭이 주도하는 남아메리카에 영향을 미쳤기 때문입니다. 이 운동은 여러 가톨릭교도들에 의해서 주도되었고 그들 중 가장 탁월한 인물은 로마 가톨릭 사제인 카밀로 토레스(Camilo Torres)였습니다. 그는 사실상 게릴라 투사로서 소총전투를 하다 죽음을 당했습니다. 그의 말 가운데 이런 말이 있습니다.

"혁명적이지 못하거나 아니면 혁명가들 편에 서 있지 못한 가톨릭교도는 누구든지 죽을 죄를 지으며 살아가는 것입니다."

브라질의 한 대주교는, 피 흘리지 않은 채 사회주의 기초 위에서 현재의 체제에 대한 완전한 혁명을 요구하고 있습니다. 각 시대의 혁명가들 사이에서 싸우는 것을 신봉하는 사람들과 싸우지 말아야 한다고 주장하는 사람들로 나뉘는 것은 매우 흥미롭습니다. 이런 사람들의 가르침에서는 회심이 '모든 종류의 압박으로부터 인간을 해방시키는 데 헌신하는 것'을 의미합니다. 예수 그리스도의 사랑은 이웃을 위한 사랑이 됩니다. 사람과의 만남 속에서 하나님을 만나게 됩니다. 그래서 교회와 세상의 구분이 사라집니다.

존 로빈슨(John Robinson) 등이 쓴 『하나님께 정직』(Honest to God)이라는 책에

서 이런 요소들을 볼 수 있습니다. 그들이 자주 쓰는 선교라는 말은 현 사회의 불의를 비난하고 대항하는 것이 되어버렸습니다. 다른 말로 해서 진정한 기독교는 사람들을 빈곤이나 정치적인 압박 등에서 해방시키는 것을 의미하며, 기독교회는 이러한 개혁에 있어서 주도적인 역할을 감당해야 한다고 가르칩니다.

특히 흥미로운 것은, 이 운동이 주로 로마 가톨릭 집단들 속에서 일어났다는 것입니다. 이것은 요한 23세 교황과, 해방과 다른 여러 개념에 대한 그의 말과 긴밀한 연관이 있는 것 같습니다.

'해방 신학'은 세계 교회 협의회(W.C.C.)의 많은 지도자들에게 대단한 영향을 미쳤습니다. 이들은 최근 나이로비에서 그것을 토의했습니다. 물론 다시 두 가지 관점으로 나뉘었습니다. 그러나 지도자들이 그것을 무시할 수 없다고 집요하게 강조했습니다. 영국이나 다른 나라들에서도 성경 전체를 그런 식으로 해석하고 있는 사람들이 많습니다.

그러나 이 가르침은 개인적 의미의 기독교 구원 개념을 곡해하고 있습니다. 이 가르침에 따르면 그리스도께서는 정치적으로, 사회적으로 및 그 밖의 다른 영역으로 사람들을 해방시키기 위해서 오셨다는 것입니다. 그들은 이스라엘 자손들을 애굽에서 해방시켜 가나안 땅으로 인도한 이야기를 이에 대한 좋은 예증으로 사용합니다. 이것은 하나님께서 원하시는 것이며 기독교의 대목적이라는 것입니다. 즉 사람들에게 정치적, 사회적 해방을 주는 것이 목적이라는 것입니다.

요컨대 1789년 프랑스에서 시작된 것이 전 세계로 파급되어 여러 모양으로 나타난 것을 우리는 보고 있습니다. 이제 우리는 인간이 최고의 권위를 갖고 있다고 주장하는 세계와 그러한 사회 분위기 속에서 살고 있습니다. 이러한 모습은 영국에서 비록 의회가 법안을 통과시킨다 할지라도 그것에 찬동하지 않으면 지킬 필요가 없다고 말하는 태도에 잘 드러나 있습니다. 그 결과 나타나는 무법 상태는 많은 사람들로 하여금 이런 의문을 제기하게 만듭니다.

영국이 계속 통치 가능한 나라가 될 수 있을까? 사람들이 생각하고 믿는 것 외에 그 어느 권위도 인정하지 않을 때 과연 국민 생활과 정부가 계속 존재할 수 있을까? 오늘날 우리가 처한 세계가 바로 이런 상태입니다.

그러므로 그 다음 제기되는 질문은, 이런 상황에서 우리는 무엇을 해야 하는가입니다. 이 웨스트민스터 청교도 연구회에서 역사에 대해 개괄적으로 고찰해보았습니다. 이 모든 것에서 우리는 어떤 결론을 얻었습니까? 시간제한 때문에 필연적으로 매우 독단적인 형태를 띨 수밖에 없는 일반적인 진술부터 해야겠습니다.

그리스도인은 개인의 구원에만 관심을 두어서는 안 됩니다. 성경이 가르치는 대로 인생에 대한 전체적인 관점을 갖는 것이 그리스도인의 의무입니다. 이것은 제가 언급해왔던 비종교적인 관점들을 제외한 모든 관점에 공통되는 사실입니다. 그리스도인에 관한 한-우리가 지금 관심을 갖는 것이 바로 이것임-우리는 개인의 구원에만 관심을 가져서는 안 됩니다.

우리는 세계관을 가져야 합니다. 카이퍼 등의 책을 읽어본 우리는 모두 다 아주 여러 해 동안 이것을 가르쳐왔습니다. 우리가 연구한 결과를 통해 매우 명백하게 나타난 것은, 우리 모두는 우리 시대의 산물이며 우리 사고의 대부분은 우리가 사는 시대에 영향을 받는다는 것입니다.

저는 서둘러 이것을 덧붙여야겠습니다. 이것은 분명 개혁파 사람들에게도 해당됩니다. 청교도들에게도 그러했습니다. 그러므로 우리는 과거에 가르친 그 어느 것에 대해서도 노예적인 태도로 따라가지 않도록 극히 조심해야 합니다. 개혁자들이나 청교도들이 그랬던 것 같이 우리도 하나님께 대한 책임이 있는 존재들입니다.

성경 해석이 그들의 임무였던 것과 같이 우리도 성경을 해석할 의무가 있습니다. 우리는 과거에 살았던 어떤 사람이 아무리 존엄한 인물이었다 할지라도 그 사람의 것을 축음기처럼 따라 해서는 안 됩니다. 이것이 또 하나의 필연적 결론이 되어야 할 것 같습니다.

아마 가장 분명한 사실은, 여러 세기에 걸쳐서 큰 혼동을 야기한 것은 국가 교회라는 개념이었습니다. 이것은 교회사와 세계 역사에 있어서 가장 큰 저주거리였습니다. 물론 이것은 특히 로마 가톨릭과 동방 정교회의 여러 분파들, 그리고 국교회, 특히 영국 국교회에서 나타납니다. 저는 국가와 교회의 연합이 대부분의 큰 재난들에 대한 직접적인 책임이 있다고 생각합니다. 물론 그것들이 산출한 여러 반작용 때문에도 그러합니다.

우리는 프랑스에서 이것이 얼마나 폭력적인 반작용을 일으켰는지를 보았습니다. 교회에 대한 적대감과 왕에 대한 적대감이 서로 얽혀 있는 것을 풀어버리기란 대단히 어렵습니다. 그것들은 하나이기 때문입니다.

그래서 사람들이 왕을 대적하여 반란을 일으키면 교회를 향해서도 반란을 일으킵니다. 프랑스, 러시아에서 일어난 일이 그것입니다. 러시아인들은 황제들의 폭정에 시달렸을 뿐 아니라 성직자 라스푸틴과 러시아 정교회 전체 권력의 폭정에 시달렸습니다. 그래서 그들이 하나를 제거했을 때 또 다른 하나도 제거했습니다. 왜냐하면 그 둘은 함께 연관되어 있었기 때문입니다. 그것은 스페인이나 포르투갈이 오늘날 겪는 문제와 똑같습니다. 이탈리아나 다른 여러 나라들에서도 똑같은 양상을 보입니다.

5. 혁명적 상황에서 우리가 직면하는 위험들

이상은 우리가 내릴 수 있는 매우 광범위한 보편적 결론들 중 몇 가지입니다. 다음으로는 이러한 혁명적 상황에서 우리가 직면하게 되는 어떤 위험들이 있음을 지적하고 싶습니다. 우리 앞서 살았던 사람들도 그러한 위험에 직면했었습니다. 우리가 매우 세심한 주의를 기울여야 하는 주요한 위험 세 가지가 있습니다.

첫 번째는 우리 그리스도인들이 현 상태를 단순히 옹호하는 자로 나타나서는 결코 안 된다는 점입니다. 제가 이것을 우선순위에 두는 것은, 역사적으로 이것이 가장 큰 위험이었기 때문입니다. 기독교는 기존 체제-왕과 교회, 왕과 주교 등-로 불리는 것과 동등시되어 왔기 때문입니다. 그러므로 우리는 이 위험을 대단히 세심하게 주의해야 합니다. 제가 뜻하는 바를 설명하겠습니다. 왜냐하면 이것이 기독교의 명예에 대단한 해를 끼쳤기 때문입니다. 세실 알렉산더(Cecil Alexander)가 쓴 유명한 한 시구를 예로 들어봅시다. 이 부인은 〈저 멀리 푸른 언덕〉 등의 찬송시를 쓴 사람입니다. 그 시구는 이렇게 이어집니다.

성안의 부자와
성문의 거지,
높고 낮은 그들을 하나님께서 지으시고
그들에게 계급을 주셨다.

우리는 너무나 자주 우리 그리스도인들이 이러한 입장을 고수하고 있는 것 같은 인상을 주어왔습니다. 그러나 루터나 칼빈이 그러한 잘못을 저질렀습니까? 그것은 순전히 그들이 법과 질서를 신봉한 것 때문에 온 위험이었습니다. 웨슬리와 휘트필드도 분명히 이러한 잘못을 저질렀습니다. 그들은 모두 미국에서 일어날 가능성이 있는 반역으로 인해 대단히 두려워했습니다. 휘트필드가 노예 제도에 대해서 써놓은 것을 보면 매우 한심함을 고백하지 않을 수 없습니다. 우리는 얼마나 인간적이고 얼마나 유약합니까?

1773년부터 1776년 그리고 그 이후에 영국이나 영국이 저질러온 압제에 대항하여 자신들의 자유를 강하게 외치고 싸웠던 미국의 많은 사람들도, 거의 100여 년 동안 계속 사고 팔고 부려먹었던 불쌍한 흑인 노예들에게 자유가 필요함은 몰랐던 것 같습니다. 이것은 바로 인간의 이해의 한계를 보여주는 것입니다.

웨일즈의 위대한 종교 지도자들과 설교자들 중 몇 사람들도 마찬가지였습니다. 우리는 1974년에 존 엘리아스의 탄생 200주년 기념식을 가졌습니다. 존 엘리아스는 철저한 토리당이었습니다. 웨일즈 칼빈주의 메소디스트들이 거의 대부분 그러했듯이 그는 보수주의를 옹호했습니다. 그들은 그 당시 있었던 자유당을 반대했습니다.

그러나 이 점은 특히 로마 가톨릭교회에 해당됩니다. 역사를 통해 내내 로마 가톨릭과 왕 사이에 이런 결탁이 있었음을 발견하게 됩니다. 로마교회가 전형적인 방법으로 변화하는 상황에 따라 자기들의 관점을 시시때때로 어떻게 바꾸었는가를 주목하면 흥미롭습니다.

왕들이 권좌에 있을 때, 그들은 왕을 지지했고 혁명을 정죄했습니다. 그러나 혁명이 일어나 다른 정부가 세력을 잡으면, 원래 지원하던 정부를 버리고 반란을 정당화했습니다. '의로운 전쟁'의 원리가 특정 상황의 요구에 맞추어 조작될 수 있었다니 말입니다! 로마 가톨릭의 긴 역사 속에서 이 점은 아주 두드러진 사실입니다.

'해방 신학'이라는 새로운 운동을 이처럼 흥미롭게 만든 것도 바로 로마 가톨릭입니다. 정교회나 국교회에도 이 사실이 적용되었습니다. 19세기의 국교회가 '기도 때는 토리당'(왕당파) 편에 섰다는 인상을 주었을 뿐 아니라, 식민주의 정책을 지원하는 잘못을 범했다는 인상을 준 것이 사실이 아닙니까? 더욱더 비극적인 일은 흔히 선교 사업이 식민주의 및 식민주의 정책과 연관되었다는 것입니다.

최근 W.C.C. 총재의 선언을 여러분이 어떻게 생각하든, 국가 교회 개념에 근거한 이 시각은 오늘날 아프리카 신생 국가들이 직면한 민족주의 문제에 그 어느 것보다 많은 영향을 끼쳤다는 그의 주장은 옳습니다. 그러므로 우리는 언제나 기존 체제나 현존 권위 편이라는 인상을 주지 않도록 매우 조심해야 합니다.

플리머드 형제단 역시 이 면에서 결단코 무죄하지 않습니다. 그들은 어느 형태로든 정치에 참여하는 것을 가장 큰 죄악으로 여김으로써 필연적으로 현 체제의 편에 섰던 것입니다. 그 형제단 출신의 최초의 하원의원은 저와 다른 많은 사람들에게, 자기는 정치 참여라는 엄청난 죄를 지은 까닭에 형제들로부터 일종의 배격을 당했다고 말했습니다. 이 점은 우리의 생각이 얼마나 결함 있고 모순적일 수 있는가를 보여줍니다. 그들은 정치에 진출하는 것은 비난하면서도 군대에 들어가는 것을 비난한 적은 없었습니다. 그들은 형제단 출신의 어떤 사람이 장군이 되었고 매우 높은 지위에 있다는 사실을 자랑합니다. 미국의 복음주의자들이 유색 인종에게 취한 태도는 깨끗합니까? 저는 유색 인종은 함의 후손이라는 사실을 기초로 하는 태도를 가진 복음주의자들을 본 적이 있습니다.

이러한 것들이 혁명 시대에 있어서의 심각한 문제들입니다. 우리는 그렇게 하려는 생각이 없어도 현 상태를 지지, 옹호하는 사람들로 여겨지는 입장에 서게 될 수 있습니다. 분명히 말해서 어떤 유명한 복음 전도자들이 수백만 명의 지원을 받고 있다거나, 그들 중 어떤 사람이 최근에 대통령 후보로 추천되기까지 했다는 것은 간과할 일이 아닙니다! 그들은 자신들의 정치적, 경제적 이해관계 때문에 그런 일을 했습니다. 그래서 그리스도인이 된다는 것, 보다 더 구체적으로 복음주의자가 된다는 것은 전통주의자나 현 상태를 옹호하는 사람이 된다는 인상이 풍미하게 되었습니다.

이것이 바로 우리 영국에서 소위 노동자 계급과 접촉하는 데 실패한 주요 이유라고 저는 믿습니다. 영국의 기독교는 중산층의 운동이 되어버렸습니다. 바로 이것 때문에 영국의 기독교가 이러한 모양이 되었다고 저는 주장하는 바입니다. 비국교도도 이 문제에 대해서 명확한 자세를 나타내지 않고 있습니다.

19세기와 20세기에는, 비국교도들이 출세하고 돈을 많이 벌어 경영자가 되고 소유주가 됨에 따라 자기들의 권리를 주장하는 노동 계급의 대적이 되는 일이 매우 잦았습니다. 국교회나 로마 가톨릭 등과 마찬가지로 영국의 비국교도들도 이러한 현실입니다. 그리스도인의 가장 큰 시험거리 중 하나는 이런 몇 가지 이유 때문에 존경할 만한 인물이 된다는 것입니다. 그리스도인이 될 때 그는 돈을 벌기 쉽습니다. 그가 돈을 벌면 그 돈을 세금을 통해 다른 사람들과 나누어야 한다는 생각을 거부해버립니다. 역사를 통해 볼 때, 그리스도인에게 닥치는 가장 큰 위험 중 하나는 정치적 보수주의자, 합법적인 개혁과 합법적인 사람들의 권리를 반대하는 사람이 되는 것이라고 생각합니다.

이제 두 번째로 직면할 수 있는 위험에 대해 살펴보겠습니다. 이것은 정반대의 경우입니다. 우리는 언제나 이 극단 아니면 저 극단을 택하는 경향이 있습니다. 이 연구 모임은 선택적이어야 했기 때문에 평등주의자들은 다루지 않았습니다. 그러나 17세기에 있어서 그들은 중요한 인물들이었습니다.

평등주의자들은 우연의 산물이 아니었습니다. 그들은 군대의 후원을 받으며 푸트니에서 열린 논쟁에서 중요한 역할을 감당했습니다. 그 후에 화이트홀에서 나라의 통치 방법과 교회에 대한 정책에 관해 이루어졌던 토론회에서도 역시 중요한 역할을 감당했습니다. 여기에는 제5왕정파와 천년왕국파 그리고 17세기의 개간파 등도 있었습니다.

그들은 청교도의 주류에 속한 사람들은 아니었지만 크롬웰(그는 아마 17세기의 가장 정직한 사람이었을 것입니다. 제가 아는 한 그는 정치역사상 어느 누구보다 양심에 진실하려고 노력한 사람이었습니다)은 그들의 말을 들을 자세를 갖추고 있었습니다. 그는 이 여러 가지 사상들 속에서 어쩔 줄을 몰랐으며, 양편에 다 마음이 끌렸습니다.

이 사람들은 인생에 대한 계급 관념을 모두 거부했습니다. 이들은 사실상 현시점에서 요구되는 것을 거의 다 감지했습니다. 또한 하나님께서 모든 것을 다스리시고 왕들이나 감독들까지 다스린다고 말했습니다. 이들에게는 개인의 영혼과 개인적인 체험이 아주 중요했으며, 자신들의 견해를 표현할 권리를 주장했습니다. 18세기 메소디스트의 대각성도 이 점을 강조했고, 개인 체험의 중요성과 구원의 확신을 강조했습니다. 이들은 겸손에 대한 새로운 개념과 보통 사람들에 대한 개념을 가르쳤습니다. 이들은 두뇌를 갖고 있음을 인식했기 때문에, 읽고 쓰는 법을 배우기 원했습니다. 이 모든 일은 불가피한 일이었고, 이것은 참된 기독교에서 자연스럽게 나온 열매였습니다.

그러므로 19세기에 들어오게 되면 이 그리스도인들이 개혁에 관심을 갖고 있었음을 발견할 것입니다. 쉐필드에서 시인 엘리엇은 이렇게 감동적으로 썼습니다.

"긍휼의 하나님, 언제 백성들을 구원하시려나이까! 언제입니까? 주여, 왕의 보좌도 왕관도 아닌, 백성들, 사람들을 언제 구원하시려나이까?"

이것이 바로 그 시대의 정신이었습니다. 오랜 세월 동안 왕좌와 왕관과 왕에 대해서만 말했습니다. 그러나 이제 중요한 것은 사람들이었습니다. 그러므로 이 사람들은 개혁에 관심을 갖게 된 것입니다. 그 결과 19세기의 비국교도들은 개혁에 매우 큰 관심을 갖게 되었습니다.

어쨌든 이들의 관심이 주로 정치적인 개혁이었음을 인식하는 것은 아주 중요합니다. 이들이 고민하고 싸웠던 것은 정치적인 평등이었습니다. 매콜리는 이것을 이해했습니다. 그는 매우 사려 깊은 사상가였습니다. 제가 여러분에게 말씀드렸듯이, 선거법 개정법 결의 때에 그는 혁명이 일어날까봐 매우 걱정했습니다. 그러나 선거법 개정안이 통과되자 그는 위험이 사라졌음을 알았습니다.

그러나 그것은 일시적인 현상에 불과하다는 것도 인식했습니다. 그는 투쟁자들이 투표를 했기 때문에 잠시 동안은 만족했다고 말했습니다. 그들은 보다 더 많은 정치적인 평등을 얻게 되었습니다. 그러나 진정한 난제, 궁극적인 문제는 대중이 경제적인 평등, 완전한 경제적인 자유를 요구할 때 일어날 것임을 알았고 또한 그렇게 말했습니다. 우리는 이미 그 시점에 도달했다고 저는 생각합니다.

그래서 영국의 비국교도들은 19세기 동안은 정치적인 개혁과 정치적인 자유로 대부분 만족했습니다. 오늘날 이러한 관심은 '문화적 지배'(The cultural mandate)를 강조하고, 우리 그리스도인들의 일차적인 의무는 그리스도의 주님 되심이 삶의 모든 영역-연극, 미술, 문학, 정치, 노동 조합 등의 모든 분야-에서 실행되도록 하는 것이라고 가르치는 최근의 운동에서 부분적으로 제기되고 있습니다.

결국 '해방 신학'을 가르치는 운동이 나타나게 된 것입니다. 실제로 이 운동은 영국을 포함한 거의 모든 나라에서 무법적인 자세로 드러나고 있습니다. 대다수의 지지를 받아 통과된 법률조차도 무시하고, 때로는 그들 자신이 뽑은 지도자들이 인도하고 지도하는 것마저도 무시합니다. 합법적인 개혁 욕구는 혁명과 무법성으로 대치되는 성향이 있습니다.

세 번째 위험은, 철저하게 내세를 지향하는 사람이 될 수 있다는 것입니다. 저는 이미 그리스도인은 언제나 이러한 문제들에 관심을 갖고 세계관을 갖는 것이 의무라고 강조하며 그 점을 다룬 바 있습니다.

6. 혁명적 상황을 대처하는 우리의 입장

그러면 이 모든 것에 비춰볼 때 우리는 어떻게 해야 합니까? 올해의 이 연구 모임에서 우리는 무엇을 배웠습니까? 올해의 모임은 우리가 처한 혁명적 상황을 대처하는 데 도움을 얻기 위해서 계획되었습니다.

가장 명백하고 첫째가는 교훈은, 이 문제에 있어서 청사진은 분명 하나도 없다는 것입니다. 우리는 위대한 사람들, 하나님의 사람들, 다른 무엇보다도 성경 강해와 해석과 석의에 관심 있는 사람들도 이런 문제에 대해서는 의견 차이가 많음을 보았습니다. 우리는 여러 가지 관점들과 불일치에 대해서 들어보았습니다.

우리는 그들처럼 우리 자신의 입장을 가져야 합니다. 우리는 그들이 생각하고 말했던 것을 알기 때문에 유리한 위치에 있습니다. 물론 우리의 생각은 옳을 수도 있고 그를 수도 있습니다. 그러나 분명한 것은 이미 만들어진 해결책을 갖고 있지 않다는 것입니다.

그러므로 우리는 성경으로 돌아가 성경의 가르침을 요약하려고 해야 합니다. 첫째로 신약성경은 결코 혁명을 옹호하지 않는다는 것입니다. 오히려 그 반대입니다. 예를 들어, 노예 제도에 대한 신약의 태도를 생각해봅시다. 이 시점에서 그것은 매우 중요합니다. 이러한 문제를 다룰 때 신약성경이 그러한 노예 제도를 비난하거나 노예 제도를 없애려고 애쓰지 않았음을 주목하십시오.

빌레몬서에 노예 제도에 대한 신약의 접근 방법이 예증되어 있습니다. 여기서 사도 바울은 영적인 호소를 하고 있고, 비록 그 사람이 여전히 노예이지만 형제요 사랑받는 형제로 간주되어야 한다고 촉구하고 있습니다. 거기에 보면 노예 제도와 같은 제도들을 적극적으로 공격하는 것이 없습니다. 보다 더 의미 있는 것은 요한계시록의 상징적인 성격입니다.

요한계시록은 그리스도인들이 위안과 도움과 깨우침을 얻도록 하기 위해 아주 조심스럽게 상황을 상징적으로 다루고 있습니다. 그러나 그리스도인들을 반대하고 핍박하던 세상 세력 또는 종교 세력들을 비난하여 사태를 악화시키거나 고통을 더 가중시키지 않고 있습니다.

신약성경을 공정하게 읽어보면, 기독교는 이런 새로운 혁명 신학 또는 해방 신학이 우리에게 믿으라고 하는 의미의 혁명 운동이 아님을 알 수 있습니다. 해방 신학이나 혁명 신학이 주장하는 것은 신약의 가르침과는 정반대되는 것입니다. 신약성경은 오히려 그리스도인을 사회의 '소금' 또는 '누룩'으로 표현하고 있습니다. 이런 비유의 요점은, 분명 그리스도인의 영향력은 조용한 영향력으로 천천히 사회에 영향을 주는 과정이어야 한다는 것입니다.

이러한 원리에 비춰볼 때, 종교개혁 당시 루터와 칼빈이 재세례파들의 태도를 반대한 것이 옳음을 입증할 수 있다고 생각합니다. 당시에 주어진 상황 속에서, 특히 국가의 견해와 그 당시 일반적이던 교회와 국가 사이의 관계를 감안한다면, 루터와 칼빈은 프로테스탄트 종교개혁을 잘 지켰다고 말하는 것이 옳을 것입니다. 아마 이것이 재세례파와 농민 혁명에 대해 칼빈과 루터가 취한 자세의 동기일 것입니다.

17세기는 주로 정치적 혁명의 시대였다고 봅니다. 교역자들과 설교자들은 영적인 이유로 가담했지만 근본적으로 주로 정치적 혁명의 시대였습니다. 정치가들의 생각 속에 여러 개념이 들어온 것은, 설교자들과 그들의 가르침을 통해서라고 논증할 수 있습니다. 저도 이러한 입장을 받아들이지만 혁명 자체는 일차적으로 정치적이었다고 주장하는 바입니다.

미국의 독립 전쟁도 주로 정치적인 것이었다고 감히 말하겠습니다. 우리가 들었던 바 많은 사람들의 유입도 그것과 밀접한 관계가 있습니다. 설교자들의 영향력에도 불구하고 전쟁으로 이끈 그 전체 시각은 본질적으로 정치적인 것이었습니다.

역사를 통해 볼 때, 가장 분명한 것은 자유와 질서 사이에는 항상 긴장이 존재한다는 사실입니다. 이것은 큰 난제입니다. 칼빈주의의 위험은 언제나 질서를 지나치게 강조하는 것이라고 말하면 옳을까요? 질서도 강조되어야 합니다. 위험은 질서를 너무 강조한다는 것입니다.

알미니안주의는 자유를 지나치게 강조합니다. 이것은 방임주의 경제관을 산출했습니다. 그리고 언제나 불평등을 초래합니다. 어떤 사람들은 엄청난 부자가 되고 어떤 사람들은 가난과 궁핍 속에서 고통을 당합니다. 본질적으로 알미니안적인 이 시각은 늘 반작용을 불러옵니다. 처음에는 혼란이요, 그 다음에는 과격한 반작용이 일어나 좌익 또는 우익의 독재를 불러옵니다.

이 시점에서 일반적으로 논할 또 다른 사항은, 그리스도인의 정치적, 사회적 관심의 결여는 분명히 사람들을 복음과 교회에서 멀어지게 만들 수 있다는 것입니다. 반면에 정치, 사회 문제에 큰 관심을 나타내는 것이 사람들을 기독교로 끌어들이는 데 결코 성공한 적이 없음을 서슴없이 부연합니다. 과거 역사는 이 점을 결정적으로 입증합니다.

크리스토퍼 힐(Christopher Hill)은 17세기에 두 혁명이 있었다고 말합니다. 그는 자신이 가장 관심을 가진 정치 사회적인 혁명은 실패했다고 말합니다. 찰스 2세의 왕정복고가 그것을 입증합니다. 동시에 의회의 법령을 통해 사람들을 개혁하려는 시도도 언제나 실패했음이 분명합니다. 오늘날 세계의 상태는 이러한 일이 성공할 수 없음을 입증합니다. 일부 현대 복음주의자들이—전도 활동에 전념하다가 12-13년 전부터 연구를 시작하여 이제 제대로 소화하지도 못한 연구 결과를 책으로 써내면서—우리 모두는 정치, 사회 문제들에 관심을 가져야 한다고 처음 주장하는 사람인 양 말하는 것을 보면 안타깝습니다. 그들은 20세기 초의 '사회 복음'의 열기에 대해 들어본 적이 없는 것 같습니다.

사람들은 사회 복음을 철저하게 시도해보았습니다. 저는 사회, 정치 문제에 관심을 갖고 끊임없이 그 주제를 설교하여, 잠시 동안 자기들의 교회당에 사람들을 끌어모았던 사람들이 있음을 잘 기억합니다. 그들이 정치적인 것을 설교할 수 있는 한 그렇게 했습니다. 그러나 그들이 복음을 진정으로 설교하기 시작하는 순간 군중은 그들을 떠나갔습니다. 정치적인 생각을 가진 사람들은 언제나 교회를 이용할 채비를 하고 있습니다. 그러나 교회가 더 이상 이용 가치가 없다고 판단될 때는 언제든지 교회를 버리고 비웃는 자세를 취합니다.

우리는 언제나 이 두 측면을 기억해야 합니다. 만일 우리가 사회, 정치적인 문제에 관심이 없다는 인상을 보여주면 사람들은 우리에게서 멀어질 것입니다. 우리가 그렇게 했다고 저는 주장하는 바입니다. 그리하여 대중이 교회 밖에 있습니다.

반면에 만일 우리가 정치 문제를 설교하고 사회 문제에 대해 이해관계를 가짐으로써 교회를 가득 채우고 난제들을 해결하려고 생각한다면, 우리는 큰 착각을 하고 있는 것입니다.

그러면 우리의 입장은 무엇입니까? 우리는 기독교 시민이란 자신의 시민권이 하늘에 있다고 말하는 사람이라는 입장에서 출발해야 합니다.

"우리의 시민권은 하늘에 있는지라"(빌 3:20).

그리스도께서는 "내 나라는 이 세상에 속한 것이 아니다"고 말씀하셨습니다. 그리스도인의 일차적인 관심은 언제나 하나님의 나라여야 합니다. 그래서 영혼 구원이 일차적인 관심이어야 하는 것입니다. 그리스도인은 이 세상에서 '나그네요 행인'입니다. 그리스도인은 이 세상을 여행하는 자요 잠시 머무는 자입니다. 이것이 그리스도인의 기본적인 전제입니다.

여기서 한 가지 질문을 던져야겠습니다. 종말론이 여기에 해당됩니까? 그렇다고 믿습니다. 만일 그리스도인이 가르침을 받아야 한다면 역사관을 배워야 합니다. 성경은 역사관을 가지고 있습니다. 기독교의 역사관이 있습니다. 분명히 모든 것은 종말을 향해서 나아가고 있습니다. 역사에는 발전과 진보가 있습니다. 그것은 모두 '모든 피조계가 목표로 삼고 움직여 나가고 있는 신적 사건'을 향하여 나아가고 있습니다. 다시 말하면 우리 주님의 재림입니다.

이것이 신약의 가르침 전체의 기초입니다. 신약성경은 "주 예수여, 어서 오시옵소서"라고 끝납니다. 정부와 문화와 이 모든 기구들의 주된 기능은, 주로 악을 제어하고, 삶을 가능케 하고, 즐거움을 삶 속에 도입하는 것입니다. 이 모든 것은 일반 은총의 영역에 해당됩니다. 그러나 최후의 대사건이 모든 것을 지배합니다. 만일 우리가 우리의 시대를 진정으로 직면하고자 한다면 이 문제를 직면해야 한다고 믿습니다. '때와 기한'에 대해서는 너무 신경을 쓰지 말라는 모든 경고를 기억하며, 거의 50여 년 동안 그 점을 강조해 온 저로서는 우리가 '말세에' 있다는 어떤 조짐이 없는가를 묻고 싶습니다.

우리는 마지막 무대에 도착하지 않았습니까? 우리가 그런 종말의 '때'에 처해 있다는 표증은 인간 숭배입니다. 사람의 숫자 666을 기억하십니까? 우리는 거기에 도달해 있지 않습니까? 민주주의는 필연적으로 그리로 가지 않을까요? 민주주의는 성경의 구속력을 버리는 순간, 사람을 숭배하고 하나님을 거스르며 사람을 최고의 권위로 여기게 됩니다. 우리는 사람이 경배받는 시대에 살고 있습니다. 한두 해 전에 케임브리지대학의 한 교수는 이런 말을 했습니다.

"이제 사람의 시대가 오고 있습니다, … 이제 사람이 스스로 존재하고 있습니다."

사람은 '창조주의 권세'를 행사하는 입장에 있다고까지 주장하고 있습니다. 이것들이 바로 오늘날을 특징짓는 어구들입니다. 우리는 반하나님 운동들과 전 세계적인 반하나님 태도를 목격하고 있습니다.

그뿐 아니라 터키제국이 멸망했고 유대인들이 팔레스타인에 있습니다. 청교도들이 잉글랜드는 선택된 나라라고 생각할 수 있었다는 것을 이해하기가 얼마나 어려운지 모릅니다. 잉글랜드는 선택된 나라가 아닙니다. 하나님의 옛 백성이 선택된 민족입니다. 그 민족이 불순종했기 때문에 제쳐졌고, 그리스도께서는 하나님께서 '그렇게 열매를 맺는 민족'에게 나라를 주실 것이라고 말씀하셨습니다-교회를 뜻하는 것입니다. 그러나 하나님께서는 옛 백성들을 포기하지 않으셨습니다.

그러므로 제가 볼 때 최소한 우리로 하여금 생각나게 하는 어떤 표증들이 있습니다. 우리가 현시대의 혼동과 혼란을 대면하면서 큰 위안을 받는 것이 그것이라고 저는 생각합니다. 우리는 로마 가톨릭교회의 종국적인 멸망을 목격하기 시작한 것 같지 않습니까? 저는 잘 모르겠습니다. 그러나 그리스도인들인 우리가 눈을 열어놓는 것은 마땅한 일입니다. 우리는 그렇게 하라는 권면을 받고 있습니다. 주님은 위대한 마지막 강론에서 어떤 표증들을 기대하라는 권면의 말씀을 하셨습니다.

이제 마지막 결론에 도달했습니다. 우리는 다시 신약시대로 돌아와 있는 것입니다. 전세대가 1789년 프랑스 혁명과 함께 종말을 향하여 나아가기 시작한 것입니다. 우리는 지금 신약성경의 입장에 돌아와 있습니다. 우리는 신약의 그리스도인들과 같습니다.

세상은 결코 개혁될 수 없습니다. 결코 없습니다. 그 점은 절대적으로 확실합니다. 기독교 국가는 불가능합니다. 모든 실험들이 실패했습니다. 실패해야만 합니다. 반드시 실패하고 맙니다.

계시만이 세상의 병을 치료할 수 있습니다. 사람은 아무리 최선을 다한다 할지라도-심지어 그리스도인이라 할지라도-세상의 병을 치료할 수 없습니다. 의회의 법률을 통해 사람들을 그리스도인이 되게 할 수는 없습니다. 또한 사회를 기독교화할 수도 없습니다. 그렇게 하려고 시도하는 것은 어리석은 일입니다. 그렇게 하려고 하는 것은 이단이라고 저는 주장하겠습니다.

사람은 '거듭나야'만 합니다. 그리스도인이 되지도 않은 상태에서 어떻게 그리스도인의 삶을 살 수 있겠습니까? 좋은 열매들은 좋은 나무, 좋은 뿌리에서만 나올 수 있습니다. 비그리스도인들에게 그리스도인의 삶과 문화를 심어줄 수 있다는 사상은 기독교 교리와 모순되는 것입니다. 그럼에도 불구하고 정부와 법과 질서는 필수적인 것입니다. 사람은 죄 가운데 있기 때문입니다.

그리스도인은 이 세상 나라에서 최선의 시민이어야 합니다. 그러나 모두가 악하기 때문에 개혁은 합법적이고 바람직합니다. 그리스도인은 시민으로서 행동해야 하고, 최선의 상태를 이룩하기 위해 정치와 기타 문제들에서 자신의 역할을 감당해야 합니다. 그러나 정치란 '가능성의 예술'이라는 것을 언제나 기억해야 합니다.

그러므로 그리스도인은 처음부터 가능한 것만을 얻을 수 있다는 것을 기억해야 합니다. 그리스도인이므로 가능한 최선을 위해서 일하고, 완전히 기독교적인 수준에 이르지 못했다 할지라도 만족하게 여겨야 합니다. 아브라함 카이퍼가 그렇게 생각했다고 저는 생각합니다. 최근에 아브라함 카이퍼의 생애를 다시 한번 읽어보았는데 수상으로서, 정부 수반으로서 그의 법령 제정 활동은 로이드 조지(Lloyd-George)의 급진주의와 거의 동등한 것이었음이 분명했습니다. 그들은 많은 면에서 서로 매우 다른 인물이었습니다. 그러나 실제적인 법령 제정은 거의 동일했습니다. 그들이 서로 달랐던 주요 부분은 교육관이었습니다.

이제 많은 면에서 가장 중요하다고 생각되는 것에 이르렀습니다. 올해의 연구회가 도달해야 하는 주요한 결론이 이것이라고 생각합니다. 그리스도인은 개혁이나 정치적 행동에 대해서 지나치게 흥분해서는 결코 안 됩니다.

17세기 및 다른 시대 사람들을 생각하면 떠오르는 의문이 바로 그 점입니다. 그 사람들은 이러한 문제들에 대해서 너무 지나치게 흥분했습니다. 그리스도인은 필연적으로 세상에서 비관적인 인생관을 가질 수밖에 없다고 저는 주장합니다. 사람은 '죄 가운데' 있으므로 완전한 사회를 이룩할 수 없습니다. 그리스도의 재림만이 그것을 이룰 수 있습니다. 그리스도인은 흥분해서는 안 될 뿐 아니라, 의회의 법률 조항이나 개혁 또는 개선에 소망을 두어서도 안 됩니다.

그리스도인은 개선을 믿습니다. 그러나 자기의 소망을 온통 거기에 걸지는 않습니다. 너무 열광적이거나 흥분하지도 않습니다. 하물며 이러한 문제들에 대해서 환상적이 되거나 고집불통이 되겠습니까?

이와 같은 시대에 중요한 또 다른 원리는, 한 독재를 다른 독재로 바꾸는 것은 아무런 의미가 없다는 점입니다. 불가능한 것을 대적하여 싸우는 것도 의미가 없습니다. 그러므로 오늘날 많은 나라의 그리스도인은 소극적인 저항 외에 별 도리가 없습니다. 정부가 하나님과 자신과의 관계 또는 하나님을 섬기는 일을 간섭할 때까지는 그렇게 해야 합니다. 간섭이 이 정도에 이를 때는 적극적인 저항을 해야 합니다.

그러나 대다수의 사람들은 개혁과 개선에 동의하고 있고, 또 그것이 가능하게 보이면 가담하여 그들과 함께 연합하는 것이 그리스도인의 의무라고 봅니다. 결코 어리석거나 무모해서는 안 됩니다. 바람직한 모습을 이룰 수 있다고 생각되는 한 소극적인 저항을 해야 합니다.

그러므로 그리스도인은 현실에 대해서 매우 비관적인 생각을 가지고 있지만 동시에 궁극적이고 영원한 내세에 대해서는 영광스러운 낙관론을 갖고 있습니다. 그동안은 어떻게 살아야 합니까? 그리스도인들은 성경의 위대한 권면들에 주의를 해야 합니다. 주님께서는 이렇게 권면하십니다.

> 너희는 스스로 조심하라 그렇지 않으면 방탕함과 술취함과 생활의 염려로 마음이 둔하여지고 뜻밖에 그 날이 덫과 같이 너희에게 임하리라 이 날은 온 지구상에 거하는 모든 사람에게 임하리라 이러므로 너희는 장차 올 이 모든 일을 능히 피하고 인자 앞에 서도록 항상 기도하며 깨어 있으라(눅 21:34-36).

이것이 우리의 가장 큰 의무입니다. 현시대의 설교자로서의 일차적인 기능은 사람들에게 이 같은 권면을 끊임없이 하는 것입니다. 예술이나 정치나 다른 어느 것을 '기독교화'하는 것에 대해서 흥분해서는 안 됩니다. 또한 그렇게 할 수 있다고 상상해서도 안 됩니다.

준비하고 예비하라고 사람들을 깨우치십시오. 그들에게 경고하십시오. 이것이 바로 이와 같은 시대의 설교자들이 가져야 할 일차적인 임무입니다.

사람들에 대해서는 언제나 양심에 따라서 행동해야 합니다. 궁극적으로 우리는 다른 사람이 할 일을 지시할 수 없습니다. 독일의 니묄러는 히틀러에게 대항했다가 감옥에 보내졌습니다. 다른 그리스도인인 에릭 사우어는 그렇게 하지 않았습니다. 그래서 계속 목회를 할 수 있었습니다. 우리는 부단히 이러한 차이를 보게 됩니다. 체코슬로바키아의 흐로모드카 같은 사람은 공산 국가에서 기독교 설교자로서 또 교수로서 자신의 입장을 정당하게 변호할 수 있었습니다. 반면에 다른 사람들은 공산주의를 비난하는 일에 자기들의 생애 대부분을 바쳤습니다.

우리의 주된 관심은 언제나 우리와 하나님의 관계여야 한다고 주장하는 바입니다. 그리고 그리스도께서 오시는 날을 고대하고 갈망하는 일에 큰 관심을 기울여야 합니다. 이것이 유일한 해답입니다. 사람들은 이제 최후의 단계에 도달했기 때문에 더 이상 설득당하지 않습니다. 사람들은 그 선을 넘어 자신을 숭배합니다. 저는 현재의 상황 이상을 볼 수 없습니다. 민주주의는 인간이 생각한 궁극적이고 가장 높은 통치 사상이지만, 인간의 타락한 죄성 때문에 무법과 혼동으로 나아갈 수밖에 없습니다.

이것을 막고 방지할 수 있는 일은 거의 없습니다. 그래서 우리는 '우리의 위대한 하나님과 구주께서 영광스럽게 나타나실 것'을 바라봅니다. 그동안 우리는 최선을 다해 우리 이웃들의 눈을 열어 임박한 때를 보도록 해야 합니다. 그들도 자유와 해방을 얻을 권리가 있습니다. 그러나 더 중요한 것은, 그들이 하나님을 만나고 심판대 앞에 서야 한다는 사실입니다.

그러므로 우리는 초대 그리스도인들처럼 살아야 한다는 말씀을 결론으로 드릴까 합니다. 모든 것을 종합해볼 때, 이 모든 일들이 그리스도인들과 무슨 관련이 있습니까? 여러분의 삶(생명)이 무엇입니까? 우리가 그처럼 흥분하고, 싸우고, 고민하고, 다투고, 분열하는 그 삶(생명)은 무엇입니까?

"너희 생명이 무엇이냐 너희는 잠깐 보이다가 없어지는 안개니라"(약 4:14). "이 장막에 있는 우리가 짐진 것 같이 탄식하는"(고후 5:4) 것을 우리는 왕이 오실 때까지 계속해나가야 할 것입니다.

'이 세상의 나라들이 우리 주와 그리스도의 나라가 될 때'까지 계속해야 할 것입니다.

열일곱 번째 강연

1976년
조나단 에드워즈와 부흥의 중요성

　조나단 에드워즈와 부흥의 중요성을 다루면서 우리는 올해의 주제인 '미국에서의 청교도주의 실험'을 계속 다루어 결론을 내리려고 합니다. 이 주제를 택한 목적은, 영국의 멍에에서 벗어난 지 200주년 되는 해를 기념하는 우리의 미국 친구들에게 찬사를 보내고 그들의 독립을 축하하기 위함입니다.
　그러나 우리는 부수적인 이유와 동기를 갖고 있습니다. 17세기에 새 대륙에서 일어났던 일로부터 무엇인가 배우려는 것입니다. 올해의 이 연구 모임에서는 다시 한번 청교도의 정수를 이루고 있는 것이 무엇인지를 지적하고 강조했습니다.
　실제로 청교도주의가 무엇인가에 대해서는 많은 논란이 있습니다. 미국에서의 청교도주의 실험은, 청교도주의의 본질을 우리에게 상기시키고 보여주었다고 믿습니다. 어떤 사람들은 청교도주의는 본질적으로 목회 신학에 대한 하나의 관심이라고 믿게 하려고도 했습니다. 그러나 이것은 사소한 것에 지나지 않습니다.

청교도주의의 정수는 이미 교리 문제에서 일어났던 개혁을 기독교 교회의 본질과 생활과 정책 속에 반영시켜 실행하려는 바람입니다.

금년도 웨스트민스터 청교도 연구회의 주제가 이 점을 다음과 같이 입증합니다. 사람들은 여러 가지 이유에서-주로 핍박 때문에-대서양을 건너 이 새로운 나라에 왔습니다. 그들은 모두 영국 국교도들이었습니다. 그러나 그들은 자기들이 진정 믿는 바대로 행할 자유를 얻게 되자 즉시 국교도이기를 단념했습니다. 그들은 감독 제도를 버리고 회중교회 개념을 도입했습니다. 이 점은 매우 두드러지게 나타나는 교훈입니다.

이 일은 후에 영국에 있는 거의 모든 청교도들에게도 일어났습니다. 그러나 미국으로 건너간 사람들은 자기들이 원하고 믿는 바를 행할 수 있는 기회와 자유를 가지고 있었으므로 실행에 옮길 수 있었습니다. 이것은 영국에서도 약 30년 후인, 즉 찰스 1세를 대항한 전쟁과 공화정 기간에, 1662년 대추방 때에 비로소 실시되었던 것입니다. 그러므로 미국에서 일어났던 일은 청교도주의의 참된 성격과 본질에 대한 가장 중요한 증거 중 하나라고 주장하는 바입니다.

1. 조나단 에드워즈에 대한 재조명

어쨌든 저는 조나단 에드워즈를 특별히 다루려고 합니다. 저는 그에 대한 몇 가지 주요한 사실들에 대해서는 당연한 것으로 받아들이겠습니다. 그는 1703년에 태어나서 1758년에 죽었습니다. 이상하게도 그는 천연두 예방 접종 후에 죽었습니다.

그는 매우 탐구적이고 활동적인 생각을 갖고 있었으며, 신학뿐만 아니라 과학 문제들에도 관심이 있었습니다. 그런데 그것이 그의 죽음의 직접적인 원인이 되었습니다. 그는 당시 미국에서 제공되는 교육을 받았습니다. 그런 다음에 예일대학에 입학했습니다. 1727년 그는 매사추세츠주 노샘프턴에서 조부 솔로몬 스토다드의 보조 목회자로 안수를 받았습니다. 1년쯤 후, 조부가 돌아가시자 조나단 에드워즈는 혼자 목회를 하게 되었습니다. 거기서 그는 1750년 교회에서 쫓겨날 때까지 머물러 있었습니다. 이것은 정말 기이한 일 중의 하나입니다.

이것은 교역자들과 설교자들에게 격려의 말이 될 것입니다. 그는 정말 빼어난 천재이며 능력 있는 설교자로서 대부흥의 중심에 있는 사람이었습니다. 그런데도 불구하고 그는 1750년 투표 결과 230 대 23으로 교회에서 쫓겨나고 말았습니다. 형제들이여, 여러분의 교회에서 여러분에게 어떠한 일이 일어난다 할지라도 놀라지 마십시오.

이렇게 노샘프턴 교회에서 추방당한 그는 당시 변경 지역으로 인디언들이 사는 곳인 스톡브리지로 갔습니다. 그가 이곳으로 보내심을 받은 것은 하나님의 섭리였다고 저는 믿습니다. 그가 그곳에 있는 동안 가장 위대한 걸작들에 속하는 몇 권의 책을 썼기 때문입니다. 존 번연이 12년 동안 베드포드 감옥에 갇혀 있음으로써 명저를 남기게 된 것과 같습니다. 그곳에 있다가 그는 뉴저지대학의 학장으로 초빙되었는데, 지금의 프린스턴대학입니다. 거기서 얼마 후에 그는 제가 설명드린 바와 같이 죽었습니다.

그러나 이 사람의 생애에서 뛰어난 사실은, 노샘프턴 사역 시 일어난 놀라운 부흥이었습니다. 그것은 1734년 말부터 1735년 사이에 일어났습니다. 그리고 또 하나는 1740년 조지 휫필드 일행의 방문과 함께 일어난 대각성 운동에 참여한 일입니다. 이는 이 사람의 생애에서 널리 알려진 사실입니다.

지금까지 이 연구회에서 언급된 사람들과 이 사람 사이에는 어떤 차이점이 있습니다. 그는 18세기 사람이지 17세기 사람이 아닙니다. 그는 미국에서 태어났습니다. 우리가 생각해왔던 사람들은 거의 다 영국에서 태어나 미국으로 건너갔습니다. 조나단 에드워즈와 함께 청교도주의의 새로운 요소와 새로운 요인이 나타났다고 말해도 틀린 말이 아니라고 저는 믿습니다. 위대한 청교도들은 거의 대부분이 학자적 기풍이라고 할 수 있는 소양이 있었습니다. 이것은 그들이 쓴 저작들의 문체와 제목과 소제목에서 독특한 특징을 만들어냈습니다.

에드워즈는 비교적 이런 것에서 자유롭습니다. 그 결과 그의 방법은 보다 직설적이고 보다 생생합니다. 뿐만 아니라 에드워즈에게는 성령의 요소가 다른 어느 청교도들보다 더 탁월하게 드러나는 것 같습니다.

그럼에도 불구하고 그는 우리가 생각해온 전통에 속하는 사람입니다. 그는 계약 신학(Covenant Theology)을 믿었습니다. 그러나 불충분한 언약(Halfway Covenant) 개념은 완전히 거부했습니다. 어떤 의미에서 이것은 1750년 그가 교회에서 축출당한 직접적인 원인이 되기도 했습니다. 그는 특정인의 자녀들에게 세례를 주지 않으려 했고, 성찬에 참여할 수 있는 사람의 행동 및 행위 기준을 주장했습니다. 덧붙여서 조나단 에드워즈는 학습 준비 교육을 전혀 하지 않으려 했습니다. 이 점에 있어서 그는 토머스 후커보다는 존 코튼에 속합니다.

그는 그의 관점을 이런 식으로 표현했습니다.

기독교 세계의 모든 것을 다음과 같이 주장합니다. 사람이 하늘나라에 갈 수 있는 자격과 권한은 어떤 위대한 신적 감화를, 단번에 엄청난 변화를 받음으로써 얻는 것이지, 사람들이 자신의 노력을 행사함으로써 이루어진다고 생각하는 점진적 변화에 의한 것이 아닙니다. 다른 세계에 속한 사람들의 상태가 지극히 다양하다는 것이 이것을 주장합니다(Works, 2권, 557쪽).

제가 증명하겠습니다만 그는 성령의 직접적이고 즉각적인 영향력과 갑작스럽고 극적인 회심을 믿었습니다. 그러나 다른 사람들 같이 윌리엄 에임즈(William Ames)의 저작들을 읽기 좋아했고, 그 저작들에 큰 영향을 받아 다른 사람들처럼 칼빈주의자요 회중교회주의자였습니다. 그는 다른 사람들처럼 기독교 신앙과 생활의 도덕적, 윤리적 요소들을 크게 강조했습니다.

그러나 제가 감히 주장하고 싶은 바는, 에드워즈를 통해서 청교도주의가 절정에 이르게 되었다는 것입니다. 왜냐하면 그에게는 다른 모든 사람들에게서 발견되는 것이 있고, 더 나아가서 청교도의 정신과 삶과 부가적인 생명력이 있기 때문입니다. 다른 사람들에게는 그러한 것이 전혀 없다는 뜻이 아니라, 그에게 그처럼 뛰어난 특징이 있었기 때문에 청교도주의가 그의 삶과 사역에서 만발했다고 말씀드리는 것뿐입니다.

그는 교회가 생명 없는 상태로 오랫동안 있을 때 나타난 사람입니다. 이 점을 인식하는 것은 대단히 중요합니다. 우리도 이와 매우 유사한 시기에 살고 있으므로 이 점은 우리에게 큰 위로를 줍니다. 이 위대한 부흥이 일어나기 직전의 상태에 대해 묘사한 것이 있는데, 그것은 당시의 목회자였던 쿠퍼(W. Cooper)가 에드워즈의 『하나님의 성령의 역사의 분명한 특징들』(Distinguishing Marks of a Work of the Spirit of God)이라는 책의 서문에서 밝힌 것입니다.

그러나 모든 개혁교회들이 그동안 얼마나 죽어 있었고, 얼마나 메마른 상태에 있었습니까? 황금의 소나기가 멈추어졌습니다. 성령의 감동이 중단되었던 것입니다. 그 결과 복음은 탁월한 성공을 전혀 거두지 못했습니다. 회심도 드물었고 정말 그러한 일이 있는지 의심스러울 정도였습니다. 하나님의 자녀로 태어나는 사람들이 거의 없었고 그리스도인들의 마음도 그 전처럼 깨어 있거나 뜨겁거나 규례들을 통해서 새로워지지도 않았습니다. 이것이 바로 수년 동안 이 나라에 사는 우리의 서글픈 신앙 상태였습니다(때때로 궁휼의 소나기가 내렸던 특이한 한두 장소를 제외하고는 말입니다. 그 밖에 다른 마을들과 교회들은 그러한 비를 받지 못했습니다). 신실한 교역자들과 진지한 그리스도인들이 슬퍼했던 것과 같이 영적 분별력이 있는 모든 사람들은 이 사실을 인정할 것입니다(Works, 2권, 257쪽).

쿠퍼가 말하는 것처럼 산발적인 역사는 있었습니다. 특히 조나단 에드워즈가 목사 안수를 받은 그 교회는, 그의 할아버지 스토다드가 사역할 때 그런 일이 있었습니다. 그러나 그러한 역사는 확산되지 않고 간헐적으로 나타났다가 완전히 끝나버린 듯한 모습을 보였습니다. 이처럼 교회는 생명 없는 상태를 지속해왔습니다. 그러나 이제 새로운 일이 일어났습니다. 가뭄 후에 소나기가 쏟아진 것입니다. 생명이 다시 나타나기 시작한 것입니다. 최소한 100년 동안, 아니 실제로는 오늘날까지 미국인들에게 영향을 준 일이 일어난 것입니다.

최근 40여 년 동안의 조나단 에드워즈에 대한 새로운 관심을 주목하면 매우 놀랍습니다. 제 체험에 비춰서 그 점을 예증할 수 있습니다. 저는 1927년 목회 사역에 들어가기 직전에, 옥스퍼드대학교 신학대학에서 우등을 차지했던 제 친구 중 한 사람에게 읽을 책에 대한 도움을 구했었습니다. 그는 자신의 학위를 위해서 읽었던 매우 많은 책을 추천해주었습니다.

그 가운데는 맥기퍼트(McGiffert)라는 사람이 쓴 『칸트 이전의 프로테스탄트 사상』(Protestant thought before Kant)이라는 책이 있었습니다. 그 책에서 인상 깊었던 것은 조나단 에드워즈라는 사람에 대한 장이었습니다. 물론 거기서 조나단 에드워즈는 주로 철학자로 다루어지고 있었습니다. 그러나 저는 즉시 관심이 생겼습니다.

후에 저는 그 친구를 만나서 조나단 에드워즈에 대해서 더 읽을 만한 것을 어디서 찾을 수 있느냐고 물었습니다. 그러자 그는 그가 어떤 사람이냐고 물었습니다. 그 친구는 그에 대해서 전혀 알지 못했습니다. 저는 많은 의문을 가지고 있었지만, 조나단 에드워즈나 그가 한 일에 관해서 제게 말해줄 수 있는 사람을 찾지 못했습니다.

그러다가 약 2년 후 아주 우연하게 조나단 에드워즈 전집 두 권을 만나게 되어 5실링을 주고 샀습니다. 저는 극히 값진 진주를 발견한 사람의 비유 속에 나오는 자와 같았습니다. 그 두 권이 제게 끼친 영향은 말로 표현할 수 없는 것이었습니다.

그러나 그 이후 1930년대 초반에 에드워즈에 대한 관심이 놀랍게 되살아났습니다. 페리 밀러(Perry Miller)는 이 일에 지대한 공헌을 한 인물입니다. 그러나 그만이 아니었습니다. 매년 조나단 에드워즈에 관한 책이 여러 권씩 나온 것 같습니다. 조나단 에드워즈가 쓴 설교 원고를 훑어보느라 예일대학교 도서관에서 방학을 보낸 두 사람이 있었는데, 이들은 조나단 에드워즈의 전집을 복사하는 중이었습니다.

저는 1967년에 이 두 사람을 만나게 되어 이 위대한 사람의 설교 원고들 중 몇 편을 다루는 특권을 얻게 되었습니다. 최근 배너 오브 트루스사가 발행한 두 권의 책이 흔히 전집으로 여겨지고 있지만 그렇지는 않습니다. 1860년대에 이 두 책에 없는 다른 수많은 자료들이 포함된 한 책을 출간한 사람이 있었는데, 거기에는 더 많은 내용들이 소개되어 있습니다―설교들과 서간문들과 때때로 비망록식으로 적어놓은 글들과 수필들이 소개되었습니다. 이 모든 것들이 완전한 전집으로 출판될 예정입니다.

물론 이 뛰어난 사실을 설명하려면, 다른 여러 가지 사실들 중에도 조나단 에드워즈는 미국의 가장 위대한 철학자라는 것을 염두에 두어야 합니다. 누구나 이 점을 당연한 것으로 인정하는 것 같습니다. 그래서 사람들은 그에게 관심을 갖는 것입니다.

이 점에 있어서 한 가지 경고를 하려고 합니다. 조나단 에드워즈에 대한 새로 출판된 책들을 읽을 때 매우 조심하고 분별해야 합니다. 영문학 교수들이 쓴 책도 있고, 철학자들이 쓴 책도 있습니다. 이 사람들은 위대한 사상가로서 또는 위대한 작가로서 또는 미국 문학에 지대한 영향을 미쳤던 사람으로서 에드워즈에 관심이 있는 것입니다. 또 어떤 의미에서 그는 영문학에 있어서 낭만주의 운동을 일으킨 선구자이기도 합니다.

그러나 이 사람들 중 많은 사람들이 그리스도인들이 아니기 때문에 무의식적으로 또는 부지중에 그를 잘못 해석하고 잘못 나타내는 경향이 있습니다. 그러므로 그런 책을 읽을 때는 분별력을 가지고 읽어야 합니다.

그러나 200여 년 전에 죽은 이 놀라운 사람이 지난 19세기 내내 계속 영향을 끼쳤던 것과 같이, 지금도 여전히 미국의 사상계에 강력한 영향력을 행사하고 있다는 사실을 주목하기 바랍니다. 물론 그에 대한 견해는 여러 갈래입니다. 그는 기준 없이 비난을 받기도 했습니다.

예를 들면, 올리버 홈즈(Oliver Holmes)는 조나단 에드워즈에 대해서 이렇게 쓰고 있습니다.

"에드워즈는 지옥의 가장 깊은 곳에 뿌리박은 신앙을 갖고 있습니다."

그는 에드워즈가 '후대의 지각을 흔들어놓을 언어로' 글을 썼다고 말하면서 다음과 같이 덧붙입니다.

"만일 에드워즈가 더 오래 살았더라면 그의 신조는 온화해지고 인간다워졌을 것입니다."

다른 말로 하면 에드워즈는 '아침 식탁에 앉아 있는 독재자'가 쓴 그런 유의 작품을 썼다는 것입니다. 우리는 에드워즈가 그러한 사람임을 하나님께 감사합니다. 에드워즈를 전혀 이해하지 못했던 올리버 홈즈라는 휴머니스트가 바라는 사람이 아닌 것으로 인해 하나님께 감사드립니다.

1920년대 초반 스코프스(Scopes)가 진화론을 가르치다가 윌리엄 브라이언(William Bryan)과 저 유명한 '원숭이 재판'(일명 스코프스 재판)을 벌이자, 과학 교사인 스코프스를 변호한 클래런스 대로(Clarence Darrow)는 이렇게 썼습니다.

에드워즈가 세상에서 한 일은, 주로 어리석은 아녀자들을 겁주고 자기가 섬긴다고 고백한 하나님을 모독하는 것이었다는 것은 놀라운 일이 아닙니다. … 혼란스럽거나 병든 생각을 가진 사람이 아니고서야 어찌 그와 같이 〈진노의 하나님 손에 있는 죄인들〉이라는 설교를 할 수 있겠습니까?

저는 〈진노의 하나님 손에 있는 죄인들〉이라는 에드워즈의 설교를 지적했기 때문에 이 글을 인용했습니다. 여러분은 TV나 다른 여러 통로를 통해서 이 설교를 적잖이 들어보았을 것입니다. 사실 에드워즈를 아는 사람은 누구든지 그가 그런 제목으로 설교한 적이 있음을 아는 것 같습니다. 그러나 에드워즈에 대해서 아는 것은 그것이 전부입니다. 그들은 아마 그 설교를 읽어보지도 않았을 것입니다. 그들은 그 설교에 대해서 다른 사람들이 한 말을 되풀이하고 있을 뿐입니다.

여러분이 올리버 홈즈의 말을 통해 들었듯이, 그 설교는 지각을 공격하고 습격한 것이요, 이성을 억누른 폭력으로 간주되고 있습니다. 물론 정말 어처구니없는 일입니다.

조나단 에드워즈에 대해서 조금이라도 아는 사람은 누구든지 그는 그런 폭언을 할 사람이 아님을 인정할 것입니다. 그러나 에드워즈는 오해받기 쉬운 이른바 매우 강하고 매우 충격적인 말들을 했습니다. 에드워즈는 이 특별한 비평에 대해서 이렇게 답변했습니다.

일부 사역자들이 크게 비난받고 있는 또 한 가지 사항—나는 이것이 부당하다고 생각합니다—은 그들이 이미 큰 공포 가운데 있는 사람들을 위로하기는커녕 그들에게 공포스러운 것을 말한다는 것입니다.

실제로 사역자들이 사실이 아닌 것을 가지고 사람들을 두렵게 하거나, 사실보다 과장하여 표현하거나, 또는 사실과 다르게 말한다면 그때는 비난받아야 마땅합니다. 그러나 만일 사역자들이 더 많은 빛을 비추고 진상을 보다 더 잘 이해하게 함으로써 사람들을 두렵게 한다면, 그것은 전적으로 정당한 일입니다. 성령에 의해서 양심이 크게 각성을 받는 것은 빛 때문인데, 이 빛으로 인하여 사람들은 어느 정도 자기들의 실상을 알게 됩니다. 만일 더 많은 양의 빛을 비추면 그들은 더 크게 무서워하게 됩니다. 그러나 양심에 더 많은 빛을 비추려 한다든지, 이미 비추고 있는 빛을 가리거나 방해함으로써 그들이 당하고 있는 고통을 경감시키지 않는다고 사역자들을 비난해서는 안 됩니다. 주 예수 그리스도를 전혀 믿지 않는 사람들을 향해 그가 처한 상황이 엄청나게 무섭다는 것을 말하지 않고 다른 것을 말한다면 그것은 하나님의 말씀을 전하는 것이 아닙니다. 왜냐하면 하나님의 말씀은 오직 진리만을 밝히기 때문입니다. 그러한 행위는 그들을 기만하는 것입니다(Works, 1권, 392쪽).

다른 말로 하면 에드워즈는 죄 가운데 죽어가고 있는 사람에 대해 무서운 일을 말하는 성경을 믿었습니다. 이것이 바로 에드워즈가 한 일입니다. 이것은 순전히 성경 말씀을 근거로 추론한 것입니다. 이것은 에드워즈가 말한 것이 아니라 성경이 말한 것입니다. 그는 사람들에게 경고하는 것이 그의 의무라고 느꼈습니다. 그러나 그는 이런 단서를 붙입니다.

양심의 고통을 당하고 있는 죄인에게 진리를 그대로 제시해서는 안 되는 한 경우가 있는데, 그것은 우울증의 경우입니다. 그렇다고 해서 진리가 그들을 상하게 할까봐 진리를 그들에게 전하지 않으면 안 됩니다. 우리가 그들에게 진리를 말한다 해도 때로 그들은 기만을 당하고 오류에 빠지기도 합니다. 그들 속에 있는 이른바 사물들을 잘못 취급하는 이상한 성향 때문에 그러합니다(Works, 1권, 392쪽).

즉, 떠들며 설교하던 순회 전도자들 중 에드워즈만큼 부당하게 힘을 사용하지 않은 사람도 없습니다. 〈진노의 하나님 손에 있는 죄인들〉이라는 설교를 한 사람을 무서운 사람이라고 말하는 것을 들을 때 변호할 것이 바로 이것입니다.

2. 여러 측면에서 본 조나단 에드워즈

이제 그러한 지속적인 영향을 끼쳤고, 미국의 종교 사상계에 주도적인 영향력을 다시 행사하는 것처럼 보이는 이 사람을 살펴봅시다. 저는 솔직히 이 일이야말로 제가 시도해보았던 가장 어려운 일 가운데 하나라고 고백합니다. 이 주제는 거의 불가능합니다. 제가 이미 제시했던 이유 때문에 주로 그러합니다.

특히 에드워즈가 제게 미친 영향 때문입니다. 저는 그 사람을 다니엘 로랜드나 조지 휘트필드보다 앞에 놓아야 한다는 것을 두렵게 생각하고 매우 송구스럽게 생각합니다. 참으로 어리석게도 청교도들을 알프스에 비유하고 루터나 칼빈을 히말라야에 비유한다면, 조나단 에드워즈는 에베레스트산에 비유하고 싶은 시험을 받곤 합니다.

제게 있어서 그는 언제나 사도 바울을 가장 닮은 사람인 것 같습니다. 물론 휘트필드는 다니엘 로랜드처럼 위대하고 능력 있는 설교자입니다. 그러나 에드워즈도 그러합니다. 휘트필드와 다니엘 로랜드 두 사람은 에드워즈가 가졌던 이지나 지성이나 신학에 대한 이해력을 갖고 있지 못했으며, 에드워즈처럼 철학적이지 못했습니다.

제가 볼 때 조나단 에드워즈야말로 사람들 중에서 아주 빼어납니다. 그러므로 에베레스트산에 유추해본 이 사람을 추적해볼 수 있다면, 제가 감당해야 할 임무는 남쪽 계곡을 통해서 에베레스트산과 같은 이 사람에게 접근할 것인지, 아니면 북쪽 계곡을 통해서 에베레스트산과 같은 이 사람에게 접근할 것인지를 정하는 일입니다. 이 위대한 정상에 도달하는 길은 대단히 많습니다.

그러나 영적인 분위기는 대단히 희박했습니다. 그래서 이 사람의 거룩이 더욱 찬란했습니다. 또한 하나님의 거룩과 영광에 대한 그의 강조도 두드러졌습니다. 무엇보다도 하늘로 치솟은 이 큰 봉우리를 바라볼 때 왜소한 등산가의 연약성은 더욱 두드러집니다. 제가 할 수 있는 일이란 이 사람과 이 사람의 생애와 이 사람이 행한 일의 윤곽이나마 그려주는 일일 것입니다. 그리하여 두 권으로 된 그의 전집을 누구나 사서 읽도록 설득하는 것이 궁극적인 목적과 목표입니다.

우선 에드워즈 자신부터 생각해봅시다. 맨 먼저 말해야 할 것은 그가 거성이었다는 것입니다. 그는 미개발된 나라에서 자라났습니다. 물론 그 당시 그곳에는 유능한 사람들도, 대학들도 있었습니다 - 하버드대학과 예일대학이 그때 있었습니다. 그러나 그러한 것들이 그를 설명하지는 못합니다. 그는 비교적 외딴 지역에서 태어났습니다. 그런데도 대단한 재능을 가지고 있어서 진화론 개념도, 후천적 형질 획득 이론도 무색하게 했습니다.

이 연구회에 들어왔던 거의 모든 사람들과는 달리 그는 옥스퍼드나 케임브리지에 가서 공부한 사람도 아니었습니다. 그는 있는 그대로 갑작스럽게 능한 지성을 발산했고, 명석한 상상력과 놀라운 독창성을 보였으며, 무엇보다도 정직했습니다. 그는 제가 읽어본 사람 중에서 가장 정직한 주석가 중의 한 사람이었습니다. 또한 난제를 결코 피해 나가지 않았습니다. 그는 모든 것들을 직면했고 난제를 우회하지 않았습니다. 그는 모든 측면에서 진리에 관심이 있었습니다.

그리고 그 모든 빛나는 재능들과 함께 겸손과 온유 그리고 탁월한 영성이 있었습니다. 그는 체험적인 신앙에 대해서 어느 누구보다도 더 많이 알았습니다. 그는 마음을 크게 강조했습니다. 즉, 에드워즈라는 사람을 볼 때 두드러진 사실은 완벽성과 균형입니다.

그는 유능한 신학자였고 동시에 위대한 복음 전도자였습니다. 사도 바울처럼 이 사람은 신학자이기도 하면서 전도자였습니다. 그는 또한 위대한 목사였으며, 영혼들과 그 영혼들의 문제를 다루었습니다. 그는 어린아이들뿐 아니라 성인들을 다루는 데도 명수였습니다.

그는 어린 시절의 회심에 대한 대단한 옹호자였고, 어린아이들에게 대단한 관심을 가져 심지어 그들이 단독으로 모이는 집회를 허락하기도 했습니다. 그는 진정 모든 것을 갖추고 완벽한 균형을 이룬 사람처럼 보입니다.

유효한 은혜 안에서는 우리가 단순히 수동적으로 되는 것이 아닙니다. 그렇다고 해서 하나님께서 어느 정도는 하시고 나머지는 우리가 하는 그런 것도 아닙니다. 하나님께서 모든 것을 하시고 또한 우리가 모든 것을 합니다. 하나님께서 모든 것을 산출하시고 우리 또한 모든 것을 행합니다. 왜냐하면 하나님께서 산출하신 그것이 바로 우리 자신의 행동이기 때문입니다. 하나님은 유일한 주체시요 근원이십니다. 우리는 다만 합당한 행동자들입니다. 우리는 여러 가지 서로 다른 국면 속에 있습니다. 전적으로 수동적이면서도 전적으로 능동적인 것입니다(Works, 2권, 557쪽).

이것이 바로 에드워즈의 입장이었습니다. 우리는 제가 강조하는 그의 균형을 주목해야 합니다. 거기에는 서로 모순되는 것이 없습니다. 궁극적인 이율 배반이 아주 완벽하게 표현되어 있습니다.

그러면 이 사람의 비밀은 무엇입니까? 저는 다음과 같다고 서슴없이 말씀드립니다 – 이 사람 속에서는 영적인 것이 언제나 지적인 것을 통제했습니다. 그는 자신의 빼어난 지성과 독창적인 사고들과 투쟁했다고 믿습니다. 더구나 그는 책을 굉장히 많이 읽은 사람이었습니다. 그런 사람이 올리버 홈즈나 페리 밀러 등이 그에게 바랐던 것처럼, 순전히 지성적인 사람이 되기란 정말 식은 죽 먹기였을 것입니다.

그러나 그 사람들이 지적하는 바와 같이 신학이 언제나 제동을 걸었습니다. 그러나 바로 그것이 그의 특별한 영광이었습니다 – 이것이 바로 이 사람의 사람됨을 설명해주는 것입니다 – 그는 언제나 자기의 철학과 사변을 성경에 굴복시켰고, 그것들을 단순한 종으로 여겼습니다. 어떤 생각이 일어난다 할지라도 성경이 최고의 권위를 차지했습니다. 모든 것이 다 하나님의 말씀에 복종해야 한다고 믿고 있었습니다.

그의 풍부하고 빛나는 재능들은 부수적인 것으로서 항상 종으로 사용되었습니다. 즉 그 사람은 하나님께서 지배하는 사람이었습니다. 어떤 사람이 그에 대해 "그는 열정적인 경건과 심오하고 통합된 지성을 조화시켰다"고 했습니다.

잠시 설교자로서의 에드워즈를 살펴보기로 합시다. 왜냐하면 그는 극히 뛰어난 설교자였기 때문입니다. 그는 그런 사람이 되기를 원했습니다. 프린스턴에 가 있던 매우 짧은 기간 전까지 계속해서 뛰어난 설교자로서 활동했습니다. 만일 그가 계속 자기의 길을 걸어갈 수 있었다면, 언제나 설교자로서, 복음 전도자로서, 교사로서 지냈을 것입니다.

우선 그의 신앙관부터 봅시다. 무엇이 참 신앙입니까? 우리 자신에게 이 질문을 던져봐야 합니다. 에드워즈에게 있어서는 대답이 아주 명백합니다. 에드워즈에게 있어서 신앙이란 소위 오늘 '하나님과 실존적으로 만나는 것'이었습니다. 하나님과의 살아 있는 만남입니다. 하나님과 나 자신, 이들 '두 실체'만이 만나는 것입니다.

에드워즈에게 있어서 신앙은 본질적으로 마음에 속한 것이었습니다. 이것은 본질적으로 체험적이고 실제적인 것입니다. 이것은 자신이 겪은 체험을 기록해놓은 유명한 글에 명백하게 드러납니다. 우리는 지금 세상에 알려진 사람 중에서 가장 위대한 천재 중 한 사람이요, 지금까지 미국의 모든 철학자들 중에서 가장 위대한 한 사람을 다루고 있음을 잊지 맙시다. 그가 말한 것을 들어봅시다.

1737년 어느 날, 건강을 위해 나는 말을 타고 숲속으로 들어가 호젓한 곳에 내렸습니다. 경건한 묵상과 기도를 하며 걷는 것이 흔히 하는 나의 습관이었습니다. 그날 나는 특이한 한 모습을 보게 되었는데, 그것은 하나님과 인간 사이의 중보자이신 성자의 영광과 그의 놀랍고 크며 충만하고 순결하며 감미로운 은혜와 사랑 그리고 온유하고 부드러운 낮아지심이었습니다. 그토록 고요하고 감미롭게 나타난 이 은혜는 하늘보다 높게 보였습니다. 그리스도의 모습은 형언할 수 없이 탁월하여 모든 사상과 개념을 삼켜버기에 충분했습니다. 이런 광경은 내가 판단하기로는 거의 한 시간 동안 계속되었습니다. 그래서 나는 눈물로 뒤범벅이 된 채 소리쳐 울게 되었습니다. 나는 영혼의 열심이 텅 비어 사라져버리는 느낌을 느꼈습니다-달리 뭐라고 표현해야 될지 모르겠습니다-그리고는 티끌 속에 앉아 오직 그리스도만으로 충만해지고 싶고, 거룩하고 순수한 사랑으로 그리스도를 사랑하고 싶고, 그리스도를 의뢰하고 싶고, 그리스도를 의지하며 살고 싶고, 그리스도를 섬기며 따르고 싶었습니다. 거룩한 하늘의 정결로 완전히 깨끗해지고 정결해지고 싶었습니다. 나는 이 외에도 몇 차례 이와 아주 유사한 모습을 보았습니다. 그것들도 역시 동일한 효과를 내게 미쳤습니다.

나는 여러 차례 성삼위 되시는 성령의 영광을 감지했고 거룩하게 하시는 그의 직무를 느꼈습니다. 그리고 그의 거룩하신 역사를 통해서 영혼에 하나님의 빛과 생명을 전달하시는 것을 의식했습니다. 하나님께서는 성령의 교통하심을 통해서 신적 영광과 상쾌함의 무한한 샘으로 나타나셨고, 충만하시며, 내 영혼을 채우고 만족하게 하시기에 충분하신 분으로 나타나셨습니다. 그리고 은밀한 교통을 통해서 자신을 부어주셨고, 영광의 광채로 빛나는 태양처럼 생명과 빛을 달콤하고 즐겁게 나누어주셨습니다. 그리고 나는 생명의 말씀이며, 생명의 빛이며, 달콤한 하나님 말씀의 탁월함을 감지했습니다. 그때는 말씀을 간절히 갈망하는 마음이 생겼고, 말씀이 내 마음속에서 풍성하게 거할 수 있기를 간절히 바라는 마음도 뒤따랐습니다 (Works, 1권, 47쪽).

이것이 바로 그의 신앙관의 핵심입니다. 그의 다른 글을 보아도 이러한 강조점을 찾아볼 수 있습니다.

진정한 덕이나 거룩은 본질적으로 머리보다는 마음에 좌정하고 있다는 것을 누구나 다 인정할 것입니다. 그러므로 앞서 말한 것에서 볼 때 진정한 덕이나 거룩이 거룩한 감정을 구성합니다. 신앙에 관한 것은 마음의 영향을 받는 것이 아니라 사람의 마음에서 일어납니다. 지식을 심어주는 것은 전혀 소용이 없습니다. 마음에 영향을 주지도 못하고 감정에도 영향을 주지 못합니다. 신앙에 있어서 고양된 감정을 가볍게 여기는 사람들은 마음에 자리하고 있는 진정한 신앙과 거룩이 영혼 속에서 큰 역사를 하도록 허용을 합니다(Works, 1권, 367쪽).

여기서 우리는 그의 신앙관의 핵심을 발견하게 됩니다. 신앙은 주로 마음의 일입니다. 머리에서 어떤 일을 한다 해도 마음에 영향을 미치지 못하면 아무런 소용이 없다는 것입니다. 또 다른 글에 이 강조점이 잘 나타나 있습니다. 이 인용문은 〈하나님의 성령께서 우리 영혼에게 나누어주시며, 성경적 교리와 합리적 교리 양자 모두에 의해 입증되는 신적이고 초자연적인 빛〉이라는 그의 유명한 설교에서 따온 것입니다. 저는 여기서 페리 밀러 교수의 의견에 찬동하고 싶습니다. 그는, 이 설교는 비교적 짧은 것이기는 하지만 이 속에서 에드워즈의 가르침 전체를 조망할 수 있는 개요를 얻게 된다고 했습니다. 에드워즈는 영적이고 신적인 빛이 무엇인가를 적극적으로 규정합니다.

이러한 일들이 나타난 신적이고 초자연적인 영광을 아는 참된 지각은, 다른 것들보다 더 고차원적이며 보다 고상한 성질을 가진 탁월함이며, 지상적이고 일시적인 모든 것으로부터 자신을 크게 구별시키는 영광입니다. 바로 이것이 이 신령하고 신적인 빛입니다. 영적으로 조명을 받은 사람은 진실로 이해하고 알며 자각합니다. 그는 단순히 합리적으로 하나님의 영화로우심을 지각하는 것만이 아닙니다. 마음속에 하나님의 영화로우심에 대한 지각을 갖고 있습니다. 하나님은 거룩하시며 거룩한 것은 좋은 것이라는 합리적 신념만 있는 것이 아니라, 하나님의 거룩이 사랑스럽다는 지각력도 있습니다. 하나님은 은혜롭다는 사변적인 판단도 있지만 그의 신적 속성 때문에 얼마나 친밀하신 분인가를 아는 지각도 있습니다(Works, 2권, 14쪽).

여기서 우리는 에드워즈의 신앙관을 엿볼 수 있습니다. 신앙은 바로 이러한 것입니다. 우리는 이것을 시금석으로 우리 자신을 점검해야 합니다.

이제 에드워즈의 설교 방법으로 시선을 돌립시다. 우리는 즉시 그가 설교를 했지 강의한 것이 아님을 알게 됩니다. 에드워즈는 기독교 진리에 대해서 강의하지 않았습니다. 오늘날 많은 설교자들이 설교자라기보다는 강사처럼 보인다는 말을 자주 듣습니다.

설교는 강의가 아닙니다. 또한 강의는 설교가 아닙니다. 사실 오늘날 많은 사람들은 그것이 설교인 것처럼 생각합니다. 그러나 설교에 대한 에드워즈의 관점은 그런 것이 아니었으며, 설교에 대한 고전적인 관점도 사실 그런 적이 없었습니다.

그는 본문에서 출발했습니다. 또한 언제나 성경적이었습니다. 그는 단순히 어떤 주제를 선택해 그것에 대해서 말하는 사람이 아니었습니다. 물론 교리를 해설할 때는 예외입니다. 하지만 그런 경우에도 본문을 선택했습니다.

그는 언제나 강해식이었으며 한결같이 분석적이었습니다. 또한 분석적 두뇌를 갖고 있어서 본문과 자신의 말을 나누었습니다. 그는 메시지의 핵심을 찾기 원했습니다. 그의 놀라운 지력 속에 있는 비평적이고 분석적인 요소가 활동을 한 것입니다. 그가 그렇게 한 것은 어떤 구절이나 대목에서 가르치는 교리에 도달하기 위한 것이었습니다. 그런 다음 그는 교리에 대해서 체계적으로 설명하고 성경의 다른 곳에서는 그것이 어떻게 나타나는지, 다른 교리들과 어떤 관계에 있는지를 제시하며 진리를 확증했습니다.

그러나 그는 결코 여기서 중단하지 않았습니다. 언제나 적용이 있었습니다. 그는 사람들에게 설교하고 있는 것이지 논문을 발표하거나 자기 생각을 회중 앞에서 표현하고 있는 것이 아니었습니다. 그는 언제나 듣는 사람들에게 진리를 심어주고 그 진리를 적용하게 하는 데 관심이 있었습니다. 그러나 무엇보다도 그는 설교란 언제나 '뜨겁고 진지해야' 한다고 믿었습니다. 다시 한번 여러분에게 말씀드리지만 우리는 여기에서 거대한 지성인과 명석한 철학자를 다루고 있습니다. 그럼에도 불구하고 이 사람은 모든 강조점을 뜨거움과 감정에 두고 있습니다. 그는 이 원리를 이렇게 말합니다.

최근에 유행하는 빈번한 설교는 특이하게도 무익하고 선입견적이라는 비평을 받아왔습니다. 설교를 자주 듣다 보면 한 설교가 다른 설교를 밀어내는 경향이 있다는 반론이 있습니다. 그래서 사람들이 전혀 유익을 얻지 못한다는 것입니다. 그들은 한 주간에 두세 편의 설교를 해야 사람들이 기억하고 소화할 수 있다는 것입니다. 빈번한 설교에 대한 이러한 반론은 신앙에 대한 적대감에서 나온 것은 아닐지라도, 설교가 회중에게 유익을 끼치는 법을 신중하게 숙고하지 않은 데서 온 것입니다. 설교를 통해서 얻는 주요한 유익은, 설교 당시 마음속에 생긴 인상이지 전달받은 것을 후에 기억함으로써 생기는 것이 아닙니다. 설교할 때 들었던 것을 후에 기억하는 일이 때로 매우 유익할 수 있지만, 거의 대부분의 기억이란 설교할 당시의 마음에 인상 깊게 느껴졌던 말로부터 연유되는 것입니다. 기억이 그 인상을 새롭게 하고 증가시킬 때 유익한 것입니다(Works, 1권, 394쪽).

부연하고 싶은 것은, 저는 설교 시에 노트를 사용하는 것을 자주 달갑지 않게 생각했다는 것입니다. 이것은 복음주의 사람들 사이에서 하나의 관례가 되어가고 있습니다. 그러나 노트를 사용하지 않는 것이 영성의 표지는 아닙니다. 많은 사람들이 그렇게 생각하고 있지만 말입니다.

설교의 일차적이고 근원적인 목적은 정보를 제공하는 것만이 아닙니다. 에드워즈가 말하듯이 인상을 남기는 것입니다. 문제는 설교할 때 받는 인상입니다. 그것이 설교한 후에 기억할 수 있는 것보다 더 큰 것입니다. 이러한 면에서 에드워즈는 탁월한 청교도 습관과 실제를 비평한 셈입니다. 청교도 선조들은 설교자가 말했던 것에 대해 문답을 만들어 자녀들에게 묻곤 했습니다.

제가 보기에 에드워즈는 설교에 대한 참다운 개념을 가지고 있었습니다. 설교란 일차적으로 정보 전달이 아닙니다. 여러분이 설교를 쓰고 있는 동안 성령의 영향에 속한 어떤 것을 놓칠 수 있습니다. 우리는 설교자로서 이 점을 잊지 말아야 합니다. 우리는 단순한 정보 전달자가 아닙니다. 우리는 사람들에게 스스로 책을 읽고 거기에서 정보를 얻으라고 해야 합니다.

설교는 그러한 지식을 살아 있게 만드는 것입니다. 동일한 것이 대학의 강의에도 적용됩니다. 많은 강사들이 단순히 노트를 줄줄 불러주고 가련한 학생들은 그것을 받아쓰는데, 바로 이것이 비극입니다. 강사나 교수의 임무는 그런 것이 아닙니다. 학생들은 스스로 책을 읽을 수 있습니다. 교수의 임무는 불을 붙이고, 힘을 내게 하고, 자극을 주고, 살아 생동하게 하는 일입니다. 설교의 일차적인 임무도 바로 이것입니다. 이 점을 마음에 명심합시다. 에드워즈는 이것을 크게 강조했습니다.

오늘날 다른 무엇보다도 우리에게 필요한 것은 감동적이고 열정적이며 능력 있는 설교입니다. 설교는 '뜨겁고 진지해야' 합니다. 때로 에드워즈는 자신의 설교 원고를 완전히 다 쓰기도 했습니다. 그리고 그것을 회중에게 읽어 주었습니다. 그러나 언제나 그렇지는 않았습니다. 때로 그는 설교 요점들만 적어서 설교했습니다.

이제는 신학자로서의 에드워즈를 살펴봅시다. 이 점에 대해서는 간단하게 살펴볼 수밖에 없습니다. 그러나 그의 두 권의 전집에서 신학자로서의 면모를 발견하게 됩니다. 여러분이 더 많은 것을 갖고 있지 않다 할지라도 두 권의 전집 속에서 신학 대요를 얻을 수 있습니다. 그가 이것을 우리와 같은 사람들에게 가르쳤다는 것을 기억하십시오. 오늘날 거의 모든 사람들이 받는 교육을 받지 않았던 사람들에게 가르쳤다는 말입니다. 그는 주요한 주제들은 거의 다루었습니다 - 원죄, 자유의지, 이신칭의, 구속사(救贖史) 등을 말입니다.

그는 설교할 때 복음주의 원리를 언제나 기초로 했으며, 영혼의 영원한 구속에 대한 강론을 다섯 차례 했습니다. 그는 종말론이나 말세에 관한 교리에 많은 관심을 기울였고, 하나님의 자녀들인 우리를 기다리는 궁극적인 영광에 대단한 관심을 보였습니다. 그는 유능한 신학자였습니다. 만일 여러분이 이러한 여러 주제에 대해서 무엇인가 진정으로 알고 싶다면 에드워즈의 글들을 읽어보십시오. 그러면 여러분이 쉽게 이해할 수 있는 형태로 그 교리가 기술되어 있음을 발견할 것입니다. 그렇게 함으로써 여러분은 크게 유익을 얻게 될 것입니다.

이제 그 문제는 접어두고 조나단 에드워즈에게 가장 괄목할 만한 것을 살펴봅시다. 그는 탁월한 부흥 신학자요, 체험 신학자요, 어떤 사람의 말대로 '마음의 신학자'였습니다. 거성, 이 능력 있는 지성인에 관한 가장 놀라운 사실은 조나단 에드워즈만큼 인간 - 중생한 사람과 중생하지 못한 사람 모두 - 의 마음 작용에 대해서 알고 있는 사람이 없다는 것입니다. 종교 심리학, 회심, 부흥에 대해 진정으로 알고 싶으면 에드워즈의 책을 읽어보십시오.

여러분이 그의 글을 읽어보면 윌리엄 제임스(William James)의 『신앙 체험의 다양성』(Varieties of Religious Experience)의 내용이 충실한 책에서 싸구려로 바뀌는 것 같은 생각이 들 것입니다. 스타벅(Starbuck)도 역시 마찬가지입니다. 물론 〈진노의 하나님 손에 있는 죄인들〉이라는 유명한 설교를 언급했던 윌리엄 사잔트(William Sargant)의 나태한 호언 장담도 역시 마찬가지입니다.

여러분이 에드워즈의 전집을 읽어보면 그 모든 것의 답을 알게 될 것입니다. 이 사람들이 단순한 초심자로서 그저 대양의 해변에서 노닥거리는 사람들이라면, 에드워즈는 사람들로 하여금 조물주와 만나도록 깊은 곳으로 이끌어주는 사람입니다.

이 분야에서는 에드워즈와 견줄 만한 사람이 없습니다. 1960년대에 홉스

타터(Hofstadter)라는 미국 사람이 『미국 생활 속의 반지성주의』(Anti-Intellectualism in American Life)라는 책을 출판했습니다. 일부 영국의 복음주의자들은 이것을 최근에 발견한 모양인데, 그들은 이전의 자세를 바꾸어 지성에 큰 강조점을 두라고 우리에게 말하고 있습니다.

다시 한번 말하지만 이러한 주장에 대한 대답은 조나단 에드워즈의 책을 읽어보라는 것입니다. 그것은 반지성주의가 아닙니다. 조나단 에드워즈에 대해서 말하면서 반지성주의라는 어휘를 쓸 수 없습니다. 그 정반대입니다. 우리는 그에게서 성령으로 불타고, 성령으로 충만한 지성을 발견합니다. 우리 모두 그래야 합니다.

제 주장은, 에드워즈가 이와 관련해 쓴 것은 하나의 독특한 문학이라는 것입니다. 더 나아가 제가 알기에, 또한 제가 들었던 바로는 어떤 방법도 그가 썼던 것에 필적할 만한 것이 전혀 없습니다. 그는 여러 방면에서 그러했습니다. 또한 사람들의 체험에 대한 자기 나름대로의 기록을 남기고 있습니다.

저는 이미 에드워즈의 체험에 대한 것을 인용한 바 있습니다. 그의 개인적인 비망록이나 일기를 보면 더 많이 나타나 있습니다. 그는 자기 아내가 겪은 놀라운 체험에 대해 더 상세히 기록하고 있습니다. 조나단 에드워즈의 아내는 그만큼 뛰어난 성도였습니다.

그는 정말 믿기지 않을 만큼 많은 체험을 했으며, 그러한 것들을 기록하고 시험했습니다. 두 권의 전집 속에 나오는 짧은 글들 가운데 〈놀라운 회심에 대한 진술〉이라는 글이 있습니다. 아마 이 글은 여러분이 볼 수 있는 글 중에서 가장 흥미롭고 가장 감격적인 읽을 거리일 것입니다. 읽어보셨습니까? 한번 읽어보십시오. 일단 이 책을 읽기 시작하면 멈출 수가 없을 것입니다.

3. 부흥의 중요성

그의 글 가운데 중요한 또 다른 부류는 부흥에 대한 기록입니다. 그는 부흥에 대해서 기록해달라는 요청을 받았습니다. 그의 논문들 가운데 하나는 뉴잉글랜드(미국)에서 일어난 신앙 부흥에 대한 것입니다. 그 글은 보스턴에 있는 친구들에게 발송되었고, 그 다음에 영국까지 왔습니다. 영국과 스코틀랜드 사람들은 대단히 열심히 그것을 읽었습니다. 그의 편지들 대부분과 설교에는 부흥과 부흥 때 일어난 일에 대한 언급이 있습니다.

그러나 독특하고 가장 훌륭한 것은 그가 체험들을 분석하는 방법입니다 - 개인적인 체험이든 전반적인 부흥 때에 일어났던 것이든 말입니다. 그가 극히 탁월한 사람이라는 점이 여기서 드러납니다. 만일 여러분이 참된 부흥에 대해서 무엇을 알고 싶다면 에드워즈에게 문의해야 할 것입니다. 인간의 마음에 대한 그의 지식, 인간의 본성에 대한 그의 심리학은 정말 비할 수 없을 정도입니다.

그가 그러한 것을 쓴 것은 쓰지 않으면 안 되었기 때문입니다. 그에 대한 비평과 오해 때문이었습니다. 그는 일생 동안 언제나 두 전선에서 싸웠습니다. 성령 운동이 그의 교회에서 일어나 매우 광범하게 다른 교회에까지 파급되었습니다. 그리고 1740년에 대각성이 일어났는데, 이는 에드워즈와 휘트필드와 다른 사람들과 관련하여 일어난 것입니다. 이 모든 것은 사람들과 교회들을 두 부류로 나누어버렸습니다.

전적으로 부흥을 반대하는 부류가 있었습니다. 그들은 에드워즈와 같은 신학을 주장하는 정통적인 사람들이었습니다. 그들은 칼빈주의자였으나 부흥을 싫어했습니다. 또한 감정적인 요소를 싫어했고 색다른 것을 싫어했습니다. 그들은 그 당시 일어나고 있었던 일에 대해서 많은 반론을 제기했습니다. 에드워즈는 이러한 비평에 대해서 부흥을 변호해야만 했습니다. 그러나 이와 정반대의 극단적인 사람들도 있었습니다. 그들은 아주 거칠었습니다. 그런 사람들은 거친 불길과 함께 부흥회 기간 동안에 나타나기 마련입니다. 그들은 광신주의자들이었는데, 극단으로 치우쳐 어리석음의 죄를 범하는 사람들이었습니다.

에드워즈는 역시 그들도 다루어야 했습니다. 그래서 그는 두 전선에서 싸워야 했던 것입니다. 그러나 그의 유일한 관심은 하나님의 영광과 교회의 유익에 있었습니다. 그는 쟁론자가 되고 싶은 생각이 조금도 없었습니다. 그러나 진리를 변호하기 위해서 글을 써야만 했습니다.

이러한 체험 분석과 체험과 부흥의 정당성을 변증하는 글들을 포함하는 주요 저작은 『종교적 감정에 관한 소논문』(Treatise Concerning the Religious Affections)이라는 글입니다. 이 책은 그의 가장 유명한 책 중 하나입니다. 이것은 사실 베드로전서 1장 8절 한 구절에 대한 일련의 설교로 구성되어 있습니다. "예수를 너희가 보지 못하였으나 사랑하는도다 이제도 보지 못하나 믿고 말할 수 없는 영광스러운 즐거움으로 기뻐하니."

이러한 책들에서 그가 한 일은 체험의 영역에서 참된 것과 거짓된 것 사이를 구분해주는 것이었습니다. 이 모든 다양한 논문들의 주제가 바로 그런 것이었습니다. 이 일은 두 가지 측면에서 진행되었습니다. 즉 반대자들과 광신주의자들을 동시에 다루기 위해서였습니다. 그는 『종교적 감정에 관한 소논문』에서 그 주제를 이런 방법으로 나누고 있습니다. 그는 이 글을 세 부분으로 나누고 있습니다.

다음은 그 줄거리입니다.

1부는 감정의 본질과 종교에서 차지하는 중요성에 관한 내용입니다. 그는 감정이 합당한 것임을 입증해야 했습니다. 부흥을 반대하는 사람들은 대단한 교리 설교를 했지만 그 설교들은 차가웠고, 따라서 감정이나 열정이 자동적으로 터부시되었습니다. 그러므로 에드워즈는 그러한 감정들을 정당화하고, 그러한 것들을 위한 자리가 있음을 보여주어야 했습니다. 그 다음 "참된 종교는 감정과 지대한 관계가 있다"는 것을 보여줍니다. 그런 다음 '거기에서 나오는 추론들'을 말합니다.

2부는 종교적 감정이 진정으로 은혜롭다거나 은혜롭지 않다는 것을 보여주는 표증은 존재하지 않음을 밝히는 내용입니다. 이것이 바로 에드워즈의 전형적인 자세입니다. 즉 부정적인 면과 긍정적인 면을 모두 다루는 것입니다. 그는 감정이 "극히 높게 고양되었다는 사실이, 감정이 진리라는 어떠한 표증도 아니다"라는 사실을 보여줍니다.

또한 그 감정이 몸에 '커다란 영향'을 미친다는 사실도 표증이 되지 못하며, "또 유창함이나 열렬함도 그러한 진실성의 표증이 될 수 없고 감정이 우리에 의해서 생긴 것이 아니라 할지라도 표증이 될 수 없으며 성경 본문과 함께 나타났다 할지라도 감정이 진실된 것이라는 증거는 결코 되지 못한다"고 말했습니다.

뿐만 아니라 "사랑이 나타나 있다는 사실이 표증은 아닙니다. 많은 종류의 종교적 감정도 그것이 진실한 것이라는 표증은 될 수 없습니다. 순서상 따라오는 기쁨도, 많은 시간과 열심을 들여 의무를 감당하는 것도, 찬양과 대단한 확신을 표현하고, 대인 관계에 미친 영향을 표현한다 해도 그것이 확실한 표증이 될 수 없습니다. 이런 어느 것도 그것들이 진정한 것인지 아니면 그렇지 않은지를 보여주는 필연적인 참 표증은 되지 못합니다"라고 말합니다.

그런 다음에 3부에서는 진정으로 은혜롭고 거룩한 감정의 특별한 표지를 보여줍니다. "은혜로운 감정은 신적 영향에서 나오는 것입니다. … 감정의 목적은 하나님께 속한 것들의 탁월성을 보여주는 것입니다. … 기독교의 실제는 다른 사람들에게나 우리 자신들에게 주요한 표지입니다."

에드워즈는 바로 이런 사람입니다. 그 사람은 쉽사리 속아 넘어가는 사람도 아니고 극단적인 비평가도 아니었습니다. 언제나 두 가지 측면을 검토했습니다. 그는 1740년대의 부흥기에 있었던 주목할 만하고 비상한 현상들을 변호해야만 했습니다. 즉 몸마저 영향을 받을 수 있다는 사실을 변호해야 했고 변호하기도 했습니다.

한 번은 에드워즈의 부인이 공중에 뜨는 현상을 경험하기도 했습니다. 문자 그대로 그녀 자신의 노력이나 애씀 없이 방 이쪽에서 저쪽으로 옮겨졌습니다. 때로 어떤 사람들은 기절을 하고 집회 때 무의식 상태가 되기도 했습니다. 에드워즈는 이러한 현상들이 마귀에게 속한 것이라고 가르치지 않았습니다.

그는 이것에 대해서 인상적인 말을 할 수 있었습니다. 그는 언제나 양편에 경고했습니다. 성령을 소멸하는 죄를 범하지도 말며, 또한 육체로 이끌림을 받거나 육체를 통해 사탄에게 기만당하지 않도록 하라고 경고했습니다. 그는 모든 사람에게 경고했는데, 한 번은 자기와 함께 머물고 있었던 조지 휫트필드를 경고하기까지 했습니다. 휫트필드는 '충동'에 복종하고 순응하려는 경향을 띠고 있었습니다. 그는 충동에 따라서 행동하기도 했습니다. 에드워즈는 그것 때문에 휫트필드를 감히 비평했고 가능한 위험들을 경고해주었습니다.

에드워즈가 이 놀라운 일을 했던 방법에 대해 몇 가지 예를 보겠습니다. 이 예들은 그가 철학이나 역사의 차원에서 부흥을 전체적으로 거부하는 위험과, 부흥의 특별한 측면들만 보고 부흥의 전체로 생각하거나, 부흥의 주목할 만한 결과들을 고려하지 않는 위험을 얼마나 경고했는지를 보여줄 것입니다.

그러나 그가 경계한 방법 중에서 가장 중요한 것은, 이러한 문제들을 성경의 가르침에 비추어 판단하지 않고 자신들의 개인적 체험에 비추어 판단하는 것이 얼마나 위험한가를 지적한 것입니다. 오늘날 기독교회, 특히 복음적인 교회들이 만나는 큰 위험 중 하나는, 성경의 위대한 진술들 중 일부를 우리 자신의 체험 수준으로 끌어내리는 습관입니다.

예를 들어 에드워즈가 『종교적 감정에 관한 소논문』에서 설교했던 베드로전서 1장 8절의 말씀을 보십시오.

"예수를 너희가 보지 못하였으나 사랑하는도다 이제도 보지 못하나 믿고 말할 수 없는 영광스러운 즐거움으로 기뻐하니."

오늘날 이 말씀을 자신들의 체험의 차원에서 해석하고 '말할 수 없는 영광스러운 즐거움'에 대해서는 아무것도 알지 못하는 사람들이 많습니다. 그들은 그 기쁨을 모든 그리스도인이 다 체험한다고 말합니다. 에드워즈는 이러한 위험에 대해서 다음과 같이 경고합니다.

나는 적지 아니한 사람들이 성경을 이러한 일을 판단하는 유일한 척도로 삼지 않고 대신, 자기들의 체험을 척도로 삼아 현재 고백되거나 체험되고 있는 어떠한 일들을 자기들이 느끼지 못한다는 이유로 거부하지는 않는지 생각해보자고 제안하고 싶습니다. 하나님의 영광스러운 완전과 그리스도의 아름다우심과 사랑에 대한 그 위대하고 갑작스러우며 특이한 체험, 그리고 이로부터 오는 두려움을 주로 이러한 근거 위에서 – 비록 독단적인 정죄는 아닐지라도 – 의심하고 꺼리는 사람이 많지 않습니까? 또한 그러한 격렬한 감정과 사랑과 기쁨과 같은 황홀한 상태나, 다른 사람들의 영혼을 불쌍히 여기고 비통해하는 마음과, 위대한 효력을 가진 마음의 체험들을 체험하지 못했다고 해서 정죄하지 않습니까? 사람들은 자기 스스로 느끼지 못한 것은 쉽게 의심하는 경향이 강합니다. 많은 선한 사람들도 이러한 오류를 범한 적이 있음을 두렵게 생각해야 합니다. 그렇다고 해서 이것이 덜 부당한 것이 되지는 않습니다. 이러한 것을 근거로 일부 사람들은 이런 특별한 것을 거부할 뿐만 아니라, 구원에 필수적인 것이라고 간주되고 하나님의 성령의 직접적인 영향을 통해서 주어지는 죄의 자각, 하나님의 영광의 발견, 그리스도의 탁월성, 복음 진리에 대한 내적 확신 등도 거부합니다. 이처럼 하나님의 지혜에 굴복하여 하나님의 말씀을 무류한 척도로 삼는 대신, 자신의 경험을 판단 척도로 삼는 사람은 지극히 높으신 자의 명철에 대한 고찰을 폐기하는 죄를 짓고 있는 것입니다(Works, 1권, 371쪽).

하나님과 성령의 역사에 대한 특이하고도 경이로운 체험을 옹호하는 그의 이야기를 들어봅시다. 그는 이렇게 쓰고 있습니다.

하나님의 성령의 감동을 받는 어떤 사람들이 일종의 황홀경의 상태에 들어가 자신을 잊어버리고 강하고 유쾌한 상상의 세계로 넘어가 일종의 환상을 보고, 마치 자신이 하늘에까지 올라가 영광스러운 광경을 목격한 것처럼 하는 사람들이 있다고 하는데, 이러한 일이 하나님의 성령께 속해 있지 않다고 하는 것은 어불성설입니다. 나는 그러한 경우를 잘 알고 있습니다. 이러한 일들을 설명하는 데 마귀의 도움을 빌릴 필요가 조금도 없습니다. 또한 선지자들이나 사도 바울이 낙원에 끌려 올라가 받은 환상과 그러한 것들이 같은 성질의 것이라고 상정하는 것도 아닙니다. 이러한 강렬한 활동과 애정 아래 있는 인간 본성이야말로 중요하게 여겨져야 합니다(Works, 2권, 263쪽).

성령께서 우리 영과 더불어 증거하는 것에 대해서 그가 말하는 것을 살펴봅시다. 오늘날 이 점에 대해서 대단한 혼란이 있습니다. 로마서 8장 15-16절을 어떻게 해석합니까? 조나단 에드워즈는 성령의 증거를 이렇게 다루고 있습니다.

전에 뉴잉글랜드에서 하나님이 주신 기쁨으로 황홀경에 빠진 사람들이 울부짖는 경우가 있었습니다. 클랩 대위의 회고록 속에서도 그 한 예를 볼 수 있습니다(프린스 목사가 출판했음). 그는 어리석은 여자나 아이가 아니라 분명한 이해력을 가진 남자였습니다. 그는 영적 기쁨으로 크게 황홀해지자 자기 침대에 누워 큰소리로 울부짖게 되었습니다. 그의 말은 이렇습니다. "하나님의 성령께서 내 영으로 더불어 내가 하나님의 자녀인 것을 함께 증거하셨습니다(내가 그렇게 믿습니다). 또 그리스도는 나의 것이라는 온전한 확신으로 내 마음과 영혼을 충만케 하셔서 내가 황홀해졌고 침대에서 큰 소리로 '주께서 오셨다, 주께서 오셨다'고 외치게 되었습니다"(Works, 1권, 370쪽).

성령의 이러한 증거를 모든 그리스도인들이 느끼고 압니까? 이처럼 영광스러운 진술을 우리의 가련하고 작은 체험의 수준으로 저하시켜서는 결코 안 됩니다. 같은 문단에서 그는 존 플라벨이 여행을 하던 중 겪은 결코 잊을 수 없는 체험을 언급합니다.

다음은 자기 아내의 놀라운 체험들을 그가 변호한 것입니다. 그는 자기 아내의 체험을 상세히 기술한 다음 그 체험들을 분석하고 평가합니다. 아직도 이러한 모든 것을 하나의 환각 상태와 공상과 지나친 상상력의 소치로 일축해버리려는 사람들이 많습니다. 그때도 그러했습니다. 에드워즈가 그것에 대해서 논평하는 것을 들어보십시오.

그러한 것들이 광신이거나 병든 뇌에서 발생한 것이라면, 나는 내 뇌가 그런 병에 오래 걸려 있었으면 좋겠습니다. 만일 그것이 정신착란이라면, 인간 세계가 이러한 자비롭고 온유하고 덕스럽고 아름답고 영광스러운 정신 착란으로 다 사로잡힐 수 있기를 하나님께 기도합니다. 여기서 설명한 것을 거부하는 사람들이 가진 종교에 대한 관념은 어떤 것입니까?
다음의 성경 표현들과 부응하는 것은 무엇이 있습니까?─모든 지각에 뛰어난 하나님의 평강, 말할 수 없는 기쁨으로 즐거워하는 것, 영광 충만(하나님께서 우리 마음을 비추사 예수 그리스도의 얼굴을 통해 하나님의 영광을 알게 하심), 수건을 벗은 얼굴로 거울을 보는 것 같이 주의 영광을 보니 주와 같은 형상으로 변화하여 영광으로 영광에 이르니 곧 주의 영으로 말미암음이라고 한 일, 어두운 데서 불러내어 그의 기이한 빛에 들어가게 하심, 마음에 떠오르는 샛별 등등과 상응하는 것은 무엇입니까? 만일 지금 언급한 이 경우들이 이러한 표현들과 서로 상응하지 않는다면 그것들과 상응하는 것은 무엇입니까?(Works, 1권, 69쪽).

에드워즈는 특별한 시기에 베풀어지고 있었던 비상하고 예외적인 체험을 이런 식으로 변호했습니다. 그러나 부정적인 측면과 긍정적인 측면에서 분석하고 시험해보고 질문을 던지고 의심을 해보지만 결국 우리를 혼란 혹은 낙담 속에 내버려두지 않는 사람이 에드워즈입니다. 토머스 쉐퍼드(Thomas Shepard)가 '열 처녀 비유' 연구에서 했던 것처럼 하지 않습니다. 언제나 에드워즈는 고무시키고 자극하여 우리로 낙담케 하지 않습니다. 그는 우리 속에 이러한 것들에 대해 알고 싶어 하는 간절함을 불러일으킵니다.

이제 적용의 시간을 가짐으로써 끝을 맺겠습니다. 적용하지 않고 끝내는 것은, 이 위대한 하나님의 사람을 기념하는 일을 거짓되게 하는 것입니다. 오늘날 조나단 에드워즈로부터 배워야 할 교훈들은 무엇입니까?

조나단 에드워즈보다 오늘날의 기독교 상태와 관계 있는 사람은 없을 것입니다. 이 사람처럼 필요한 사람은 없을 것입니다. 우리가 생각해온 모든 것을 취하고 그 위에 1748년에 그가 쓴 논문을 첨가해보십시오. 그 논문의 제목은 〈이 땅에서의 신앙 부흥과 그리스도의 나라 확장을 위해서 특이하게 기도하는 일에 하나님의 백성들이 서로 분명한 일치를 이루고 눈에 보이는 연합을 이루도록 촉진해주기 위한 겸비한 시도〉(*An Humble Attempt to Promote Explicit Agreement and Visible Union of God's People in Extraordinary Prayer for the Revival of Religion and for the Advancement of Christ's Kingdom on Earth*)였습니다.

스코틀랜드의 일부 친구들은 이러한 방법으로 기도하기 위해서 함께 모이고 있었습니다. 그들은 편지로 에드워즈에게 이것에 대해서 말해주었습니다. 그들은 에드워즈가 이런 일에 동조하고 있는지, 이것에 대해서 책을 쓸 것인지 물어보았습니다. 그래서 그는 사람들에게 함께 참여하라고 간청하는 이 위대한 논문을 썼던 것이고, 일단 한 달에 한 번씩 그렇게 하되 방법은 다양하게 하기로 했습니다. 그는 자신과 다른 사람들이 그리스도의 재림과 그 영광이 드러날 때가 가까워짐에 따라 귀중히 여기는 것들을 중심으로 매우 특별하게 주장하고 간청했습니다. 그것은 능력 있고 영광스러운 진술이었습니다.

분명히 부흥은 현재의 필요와 교회의 상태에 대한 유일한 해답입니다. 저는 그것을 이렇게 진술하겠습니다. 성령의 사역을 최고로 강조하지 않는 변증학은 철저하게 실패할 수밖에 없습니다. 우리가 이제까지 하고 있었던 일이 바로 그것입니다. 우리는 극히 철학적이고 논증적인 변증학을 소개해왔습니다.

또한 현대의 예술과 현대의 문학과 현대의 드라마, 정치, 사회관에 대하여 논증했습니다. 마치 필요한 것이 그것인 양 말입니다. 필요한 것은 성령의 부어 주심, 기름 부어 주심입니다. 우리로 부어 주심의 필요성을 끝내 인식하지 못하게 하는 어떠한 변증학도 끝내는 소용없는 것이 될 것입니다.

제가 믿기로 우리의 상황은 1730년대의 그러한 일이 일어나기 이전의 상황과 매우 유사하다고 봅니다. 지난 세기에는 보일 강좌가 개설되어 변증학을 발전시켜서 복음과 신앙을 변호해왔습니다. 우리도 그렇게 무모하게 똑같은 일을 해왔습니다.

그뿐만 아니라 버틀러 감독의 유명한 유추도 또 다른 방법으로 복음을 변증하기 위해 나타났습니다. 그러나 이것들은 전체 상황을 바꾸는 요인들이 되지 못했습니다. 전체 상황을 바꾸어놓은 것은 부흥이었습니다. 에드워즈는 우리로 하여금 다시 한번 부흥의 필요성을 깨우쳐줍니다.

그가 이 점에 대해서 어떻게 말했는지를 분명히 알아둡시다. 부흥이 뜻하는 것이 무엇인지 우리는 알아야 합니다. 전도 운동과 부흥 사이의 차이를 알아야 합니다. 그것들은 서로 비교해서는 안 됩니다. 부흥 시에 성령의 능력을 체험하는 것과, 사람들에게 결신을 요청하는 것은 차이가 있음을 알아야 합니다.

몇 년 전에 유명하고 뛰어난 복음주의 지도자가 저에게 어떤 전도 운동에 참석해달라고 한 적이 있었습니다. 그는 아주 대단한 열심을 가지고 "가셔야 합니다. 그것은 놀랍습니다. 정말 놀랍습니다. 사람들이 떼를 지어 앞으로 나옵니다. 아무런 느낌도 아무런 감정도 없는데도 말입니다"라고 했습니다.

그는 조나단 에드워즈의 책을 읽지 않았습니다.

우리는 감정이 하나도 없는지 진지하게 관심을 기울여야 합니다. 만일 사람들이 아무런 감정 없이 그리스도를 향한 결단을 내릴 수 있다면, 실제로 일어나는 것은 무엇입니까? 영원히 지옥에서 보내야 할지도 모르는 위험을 깨닫는 일이나, 하나님의 거룩하심을 알게 되는 일, 하나님의 아들이 세상에 오셔서 십자가에 달려 죽으시고 죽은 자 가운데서 부활하심으로 자기가 구원받게 되었다는 사실을 믿는 일을 어떤 사람이 아무런 느낌 없이 할 수 있겠습니까?

부흥에 대한 에드워즈의 글을 읽어보십시오. 그가 늘 사용하는 어휘는 '성령의 부어 주심'입니다. 오늘날 우리는 '쇄신'(renewal)이라는 말을 많이 들어오고 있습니다. 그들은 부흥이라는 어휘를 싫어합니다. 그들은 오히려 '쇄신'이란 말을 더 좋아합니다.

그들이 이 말을 통해서 나타내려는 의도는 우리 모두 중생 시에 성령으로 세례를 받았으며, 그러므로 우리가 해야 할 일은 우리가 이미 가졌음을 깨닫고 그것에 자신을 복종시키는 일이라는 것입니다. 이것은 부흥이 아닙니다. 그들이 가르치는 대로 해보면 많은 유익을 얻을 수 있을 것입니다. 그러나 그렇다 할지라도 부흥을 얻을 수는 없습니다.

부흥이란 성령의 부어 주심입니다. 그것은 우리에게 임하는 것이요, 우리에게 일어나는 것입니다. 우리는 행위의 주체가 아닙니다. 우리는 그저 어떤 일들이 일어났다는 것을 자각할 따름입니다. 그래서 에드워즈는 부흥의 진정한 뜻을 상기시켜줍니다.

또한 이것은 성령을 소멸하는 사람들에 대한 경고로 이어집니다. 오늘날도 이러한 죄를 짓는 사람들이 많이 있습니다. 최근에 작고한 로널드 녹스(Ronald Knox)는 광신주의에 대해서 책을 썼는데, 일부 복음주의자들에게 매우 인기를 얻었습니다. 그는 이러한 것들에 관해서는 전혀 모르는 로마 가톨릭의 지성인이었습니다. 물론 그는 에드워즈나 그의 유명한 설교를 언급합니다. 신약성경은 우리에게 "성령을 소멸하지 말라"고 경고합니다.

사실 우리는 많은 면에서 그러한 죄를 지을 수 있습니다. 온통 신학에 관심을 기울임으로써 성령을 소멸할 수도 있습니다. 또 기독교를 산업에 적용시키는 것에만 관심을 기울이거나, 교육이나 예술이나 정치에 적용시키는 것만을 염두에 둠으로써 그러한 일을 할 수 있습니다. 동시에 에드워즈는 체험만을 강조하는 사람들에게도 유사한 경고를 합니다. 에드워드의 특징 중 균형만큼 두드러진 것은 없습니다.

여러분은 신학을 해야 합니다. 그러나 그것은 불붙는 신학이어야 합니다. 빛뿐만 아니라 뜨거움과 열도 있어야 합니다. 에드워즈에게는 이런 것들이 이상적으로 결합되어 있습니다—위대한 교리들이 성령의 불로 뜨거워져 있습니다.

두 가지 특별한 적용으로 끝을 맺으려 합니다. 첫째는 설교자들에 대한 것입니다. 에드워즈가 그 당시 설교자들에게 한 말은 오늘날 우리에게도 절박하게 필요한 것입니다.

나는 내 의무를 감당하는 데 있어서 청중이 오직 진리로만 감동받고, 그 감동이 주제의 본질에서 이탈하지만 않는다면 할 수 있는 한 청중의 감동을 최대로 불러일으키고 싶습니다. 나는 매우 진지하고 열정적인 설교 방법이 오랫동안 멸시되어온 것을 알고 있습니다. 그리고 학식의 많음과 논리 정연함, 방법과 언어의 정확성이 설교자의 자질을 높이 평가하는 도구가 되고 있는 풍조를 알고 있습니다. 그런 설교가 설교의 목적에 부합하는 가장 좋은 성향으로 생각되어온 것은 인간의 본성에 대한 이해 부족 또는 합당한 고찰 부족에서 기인한 것이라고 감히 생각합니다. 현재와 과거 시대의 경험은 이것을 충분히 입증해줍니다. 전에도 말했듯이 신앙의 진리에 대한 교리를 다룸에 있어서 명확한 구분, 예증, 논리 정연함, 좋은 방법 등이 많은 면에서 필요하고 유익하며 또 무시되어서도 안 됩니다. 하지만 신학에 관한 사변적 지식 증가가 우리 교인들에게 다른 것만큼 필요한 것은 아닙니다. 이런 유의 빛은 풍부하면서도 열심은 없는 사람이 있습니다. 오늘날 이런 지식의 소유자가 얼마나 많습니까? 논리의 힘과 침투력, 학식의 정도, 명확한 분별력, 바른 문체, 표현의 명확함 등이 이처럼 빼어난 세대가 언제 있었습니까? 그럼에도 불구하고 참 신앙을 고백하는 사람들이 죄를 이처럼 의식하지 못하고 하나님을 사랑하는 일과 천국을 사모하는 일, 그리고 삶의 거룩함이 이처럼 빈약했던 적이 언제 있었습니까? 현재 우리 교인들은 머리에 많은 것을 축적시켜야 하는 필요보다는 마음이 감동받을 필요가 더 급합니다. 그들은 이런 일을 할 훌륭한 성향을 가진 설교를 가장 크게 필요로 하고 있습니다(Works, 1권, 391쪽).

두 번째로 교인들에 대해 한마디 하겠습니다. 제가 말씀드린 모든 것이 여러분에게 절망감을 안겨줍니까? 여러분 자신이 그리스도인인가 하는 의문을 갖게 했습니까? 저는 여러분에게 충고합니다. 조나단 에드워즈의 책을 읽어보십시오. 이제 그 많은 집회에 다니는 것을 중단하시고, 오늘날 복음주의 집단에서 그처럼 유행하는 여러 가지 형태의 오락을 즐기기를 멈추십시오. 집에 머무는 법을 배우십시오. 다시 읽는 법을 배우십시오.

우리는 독서법을 잊지 않았습니까? 그리고 어떤 현대인들의 흥미진진한 이야기만 읽지 마십시오. 견고하고, 깊고 사실적인 것들로 돌아가십시오. 조나단 에드워즈의 전집 두 권과 같은 책을 읽은 결과로 부흥이 시작된 적이 자주 있었습니다. 그러므로 조나단 에드워즈의 책을 읽으십시오. 그렇게 결심하십시오.

그의 설교문을 읽어보십시오. 그의 실천적 연구문들을 읽어보십시오. 그 다음, 신학적 주제에 대한 위대한 강론을 계속 읽어보십시오.

그러나 무엇보다도 설교자이든 청중이든 우리 모두는 이 사람의 글을 읽고 나서 그가 가장 강조하는 것이 무엇인가를 포착하도록 합시다. 그것은 바로 '하나님의 영광'입니다.

우리가 얻어낼 수 있는 어떤 유익을 얻었다고 해서 거기서 머물지 마십시오. 또한 최고의 체험을 누렸다고 해서 거기서 머물지 마십시오. 하나님의 영광을 더욱더 알기 위해 노력하십시오. 이것은 언제나 참된 체험으로 연결되는 것입니다. 우리는 하나님의 위엄과 하나님의 주권을 알 필요가 있습니다. 외경심과 경이감을 느낄 필요도 있습니다.

이런 것들을 알고 있습니까? 우리 교회 내에 기이함과 놀라움이 있습니까? 조나단 에드워즈가 언제나 전달해주고 일으키는 인상이 바로 이것입니다. 그는 이러한 일들이 가장 미천한 그리스도인들에게도 가능하다고 가르치고 있습니다. 그는 아주 평범한 사람들에게 설교했고 사역했습니다. 조나단 에드워즈는 이러한 일들이 그들 모두에게 가능하다고 말합니다.

그리고 모든 것 외에, 지금과 같은 위기와 불확실성의 시대 속에서도 그 사람이 '복된 소망'에 대해 강조한 것보다 더 놀라운 것은 없다고 봅니다. 유명한 데이비드 브레이너드(David Brainerd)의 장례식 때 그가 한 설교문을 읽어보십시오. 그것은 우리 하나님의 자녀들을 기다리고 있는 천국과 그 영광에 대한 묘사입니다.

모든 것이 우리 눈앞에서 와해되는 멸망의 세상 가운데서, 지금이야말로 우리의 머리와 눈을 들어 임박한 영광을 쳐다봐야 할 때가 아닙니까? 영국의 경제 상태가 붕괴되고 모든 것이 다 무너진다 할지라도 하나님의 목적은 분명하고 확실합니다. 그 어느 것도 '하나님의 목적을 포기하게' 할 수 없습니다.

형언할 수 없는 영광이 우리를 기다리고 있습니다. 그것은 우리를 위해서 예비된 것입니다. 영광은 이러한 것을 진실로 고대하는 모든 사람들을 기다리고 있습니다. '우리의 위대하신 하나님과 구주의 복된 나타나심'을 기다리고 있는 모든 사람들을 위해서 말입니다.

조나단 에드워즈가 데이비드 브레이너드에 대해서 말한 것을 인용함으로써 끝을 맺기로 합시다. 데이비드 브레이너드에 대한 내용이지만 사실 에드워즈를 설명하기에는 이보다 좋은 표현이 없다고 생각합니다.

이 탁월한 그리스도의 사역자를 관찰해볼 때, 그와 동일한 복음 사역을 위해 부름을 입은 우리를 자극하여 대단한 열심과 헌신을 갖도록 고무시켜 우리도 충성스럽게 행하도록 하는 것이 얼마나 많습니까? 또한 우리로 하여금 동일한 영으로 충만해지고, 하나님께 대한 사랑이라는 순수하고 열렬한 불꽃으로 활력을 입고, 우리의 주요, 우리의 진정한 상전이신 그분의 나라의 발전과 영광, 그리고 시온의 번영을 위해 갈망하게 하는 것이 얼마나 많습니까?

또한 이러한 원리들이 그리스도의 종의 일생을 얼마나 덕스럽게 했으며, 이 종의 죽음을 얼마나 복되게 했습니까? 때는 곧 옵니다. 우리가 이 땅의 장막을 벗고 우리를 추수하라고 보내셨던 우리 주님께로 가서, 우리가 한 일을 계산할 때가 금방 올 것이라는 말씀입니다. 오! 향방 없이 달리지 않고, 허공을 치는 사람처럼 싸우지 않는 것이 얼마나 중요한 일입니까? 우리가 들었던 것이 우리를 고무하여, 우리의 큰일을 위해 하나님의 도우심과 지원을 의지하게 하며, 성령의 능력을 열심히 구하고, 금식과 기도로 우리의 수고가 성공을 거두도록 해야 하지 않겠습니까? 그래야 마땅합니다. 이 사람은 금식과 기도하는 일에 충만한 사람이었습니다.

그는 임종 시에 곁에 서 있던 목회 후보자들에게 자기가 얻었던 큰 유익을 바탕으로 진지하게 이것을 권고했습니다. 그는 사역자들이 사역할 때 그리스도의 영을 얼마나 많이 필요로 하는가를 자주 말했습니다. 또한 그것 없이 사역자들이 사역을 한다면 얼마나 보잘것없는 결과를 가져올 것인가도 말했습니다.

"사역자들이 하나님의 성령의 특별한 감동 아래 있을 때, 그것이 그들을 지탱해주고 사람들의 양심을 파악하게 하여 말하자면 사람들을 손으로 어루

만지게 합니다. 반면에 하나님의 성령이 아니고서는 아무리 논리 정연하고 웅변적인 방법을 동원한다 해도 우리는 손 대신 발을 사용하는 격입니다." 이것을 그는 얼마나 자주 말했습니까?

이 특이한 인물을 통해서 보았고 들었던 것들, 그의 거룩, 그의 훌륭함, 그의 노력, 그의 일생에 걸친 자기 부인, 마음과 실천으로 하나님의 영광을 위해 자신과 모든 것을 드린 그 뛰어난 헌신, 죽음과 죽음이 가져온 고통과 고뇌 앞에서 그처럼 견고하게 나타난 그의 견고한 심지, 이 모든 것들이 우리 모두-목사와 평신도-를 고무시켜, 우리가 세상에서 해야 할 일의 위대함, 완전한 신앙이 경험으로나 실제로나 탁월하고 고귀하다는 사실, 그러한 삶의 최후는 복되다는 사실, 그리고 육신을 떠나 주와 함께 거하게 될 때 그런 것들이 가져다 줄 영원한 상급의 무한함 등을 깨닫게 하고, 우리도 그렇게 노력하는 가운데 마침내 그런 복된 최후를 마치도록 노력하게 하면 얼마나 좋겠습니까?

1977년
설교

  금년 연구회의 총 주제는 학문적인 것이 아닙니다. 우리는 현재 직면한 난제들과 기독교 교회가 봉착해 있는 가장 긴박한 문제들을 다루고 있습니다. 이 점에 대해서 어떤 의심이 있다면 저는 현대의 교회사 학자인 찰스 스미스(Charlas Smyth)가 『종교개혁, 국교도 그리고 비국교도』(*Reformation, Conformity and Dissent*)라는 책을 논평하면서 한 말을 인용해드리겠습니다.

  "17세기 청교도들의 의식에 강요된 난제들은 오늘날 우리 모두에게도 성가실 정도로 부각되고 있습니다."

  이것은 옳은 말입니다. 그러므로 우리가 함께 모여 이런 방법으로 난제들을 논의할 수 있다는 것을 기뻐해도 됩니다.

  우리의 목적은, 국교도의 사고방식과 청교도의 사고방식 사이의 차이는 피상적인 것이 아님을 보여주는 데 있습니다. 이 두 부류 사이의 차이는 어떤 사소한 문제보다는 근본적인 문제에서 드러납니다. 존 뉴(John New) 박사가 쓴 『국교도와 청교도』(*Anglican and Puritan*)라는 책이 자주 언급되고 있습니다. 사실 이 책은 어떤 제한적인 요소를 갖고 있음에도 불구하고 국교도와 청교도 사이의 차이는 사소하고 지엽적인 것이 아닌, 근본적으로 다른 관점에서 나온 진정으로 근본적인 차이라는 사실을 강조하고 있습니다.

1. 설교에 대한 국교도와 청교도의 관점 차이

이제 설교 문제에 있어서 그 차이를 살펴보겠습니다. 물론 어떤 의미에서 이것은 앞에서 있었던 모든 것에서 오는 필연적인 결론이라 할 수 있습니다. 권위에 대한 모든 문제, 교회관, 교회의 임무와 기능에 대한 관점, 교회 정치에 대한 관점, 양편이 선호하는 건물의 양식과 크기, 예배 모범의 사용 등 이 모든 문제들은 어떤 의미에서 설교라는 이 중대한 문제의 준비 단계입니다.

설교라는 주제는 예배나 기독교회의 활동에 대한 청교도의 관점을 어떤 방법으로 생각하든지 클라이맥스에 해당됩니다. 뉴 박사의 책이 설교에 두 페이지밖에 할애하지 않은 것은 참 애처로운 일입니다. 그렇지 않았으면 참 좋았을 책인데 말입니다. 그가 그렇게 했다는 것은 믿기지 않는 일입니다. 그러나 정말 그렇게 했습니다. 청교도를 다루는 책에서 가장 중요한 설교 문제에 두 페이지만 할애했다니 말입니다.

오늘 현 시점에도 설교는 극히 중요한 문제임을 보여주는 데 저는 관심이 있습니다. 우리는 모든 것을 의심하는 세대에 살고 있습니다. 이 모든 것들 가운데는 설교의 위치와 가치, 목적도 포함됩니다. 갈수록 많은 사람들이 설교의 가치를 낮게 평가하는 것 같습니다. 그들은 여러 종류의 도구들이 수반되는 여러 유형과 여러 타입의 노래에 더욱더 관심을 집중하고 있습니다. 어떤 사람들은 심지어 춤을 추거나 다른 유형의 외적 예배 행위 표현으로 돌아가고 있습니다. 이 모든 것들은 설교의 위치와 가치를 떨어뜨리는 결과를 가져옵니다.

이제 우리는 종교개혁이 그러한 모든 것을 일소해버렸음을 알고 있습니다. 우리는 청교도의 특별한 강조점을 알기 전에 벌써 그러한 것을 알고 있었습니다. 종교개혁은 중세의 '신비로운 연극'이라는 것을 쓸어버렸고 교회 내의 연극 행사를 없애버렸습니다. 종교개혁은 그 모든 것을 제거했습니다.

그런데 이상한 것은 비상한 영성을 갖고 있다고 자랑하는 사람들이, 개혁자들이 복음과 진리를 가리는 것으로 분명히 여겼던 것으로 돌아가려고 애를 쓰고 있다는 사실입니다. 성경을 무언극으로 만들거나 성경을 연극화하여 표현한다면, 사람들의 시선을 성경이 전하는 진리로부터 벗어나게 하는 것입니다.

반면에 설교는 본질적으로 성경의 진리를 밝히는 데 관심이 있습니다. 그러므로 설교의 중요성을 인식하는 것은 필수적인 일입니다. 그것은 이미 주어진 여러 가지 이유에서뿐만 아니라 갈수록 증가하는 참여 개념 때문에 평가 절하되고 있습니다. 산업 경영 면에서 갈수록 증가하는 요구가 기독교회의 영역 내에서도 발견되고 있는 것입니다.

저는 교회의 지체들의 은사는 그 무엇이든 행할 수 있는 여지가 교회 안에는 있어야 한다고 믿습니다. 그러나 모든 그리스도인들이 성경을 강해하는 은사를 받은 것이 아님은 확실합니다. 모두 다 설교하라고 부름받거나 설교하도록 되어 있는 것은 아닙니다. 설교 은사는 특별하고 고유한 것입니다. 설교하는 일을 위해서 부르심을 받은 사람의 설교를 반대하고, 두세 사람이 일종의 토론 형식을 취하여 설교를 대신하게 하거나 소위 '아름다운 생각'을 서로 나누게 하는 것으로 설교를 대신하려는 개념을 제거해야 합니다.

우리는 청교도들처럼 설교를 옹호합니다. 그들의 설교관은 신학의 지배를 받았습니다. 어떤 사람의 설교관은 궁극적으로 취향의 문제가 아니라 신학과 관점의 표현이며, 실로 궁극적으로 복음에 대한 관점을 드러내는 것입니다. 청교도의 종교개혁 이전의 역사 속에서도 이것을 입증할 수 있습니다. 종교개혁 이전에도 로마 가톨릭교회 내에서 어떤 성령 운동이 있었습니다.

독일의 존 타울러는 성령에 의해 새로운 방법으로 각성받았고, 제가 믿기로는 성령 충만을 받았습니다. 이러한 영향을 입은 그는 위대한 설교자로 변했고, 매우 인기 있는 설교자가 되었습니다. 사람들은 그의 설교를 듣기 위해서 몰려들었습니다.

존 위클리프(John Wycliffe)와 14세기의 롤라드파(Lollards)의 경우에도 역시 마찬가지입니다. 위클리프는 위대한 설교자였고, 그의 추종자들인 롤라드파는 영국을 순회하면서 노천 등에서 사람들에게 설교했습니다. 다른 말로 해서 존 위클리프를 종교개혁의 '새벽별'로 여긴다면, 그의 성령에 의한 각성은 설교에 대한 강조로 발전했음을 발견할 것입니다.

개혁과 부흥의 시기에 이 점은 언제나 주된 특징이 되어왔습니다. 종교개혁 자체에 시선을 돌리면 이 교훈은 더 이상 입증이 필요하지 않습니다. 마르틴 루터는 정말 탁월한 설교자였습니다. 존 칼빈도 그러했습니다.

이 점을 잊지 맙시다. 이 사람들은 무엇보다도 정규적인 설교자였고 위대한 설교자였습니다. 스코틀랜드의 존 녹스를 떠올리면, 그는 위대한 설교자였고 그리하여 그의 설교를 들은 스코틀랜드의 메리 여왕이 떨기까지 했습니다. 그녀는 잉글랜드가 그녀를 사로잡기 위해 보낸 군대보다도 그의 설교를 더 무서워했습니다.

스위스의 츠빙글리도 마찬가지였습니다. 영국의 휴 래티머(Hugh Latimer) 역시 위대하고 대중성 있는 설교자였습니다. 성바울 십자가교회에서 행한 그의 설교는 수많은 군중의 마음을 감동시켰습니다. 어떤 의미에서 그는 전형적인 청교도 설교자였습니다. 엄밀한 의미에서 보면 그는 청교도가 아니었지만 그 정신은 청교도적이었습니다.

저는 다만 설교에 대한 우리의 관점의 기초는 언제나 신학적이라는 점을 입증하고 있는 것입니다. 이 모든 사람들—청교도들 그리고 설교의 대가들—이 늘 주장한 것은, 설교는 주님께서 진리를 가르치는 방법이라는 것이었습니다. 우리 주님은 설교자이셨습니다. 주님의 길을 예비하는 자 세례 요한도 역시 일차적으로는 설교자였습니다. 사도행전에서도 같은 것을 발견합니다.

오순절에 베드로는 일어나서 설교했습니다. 그리고 다음에도 계속 그러한 일을 했습니다.

사도 바울도 탁월하고 위대한 설교자였습니다. 우리는 아덴에서 설교하는 그의 모습을 봅니다. 그는 진리를 아덴 사람들에게 '선포'합니다. 이것이 바로 청교도들이 가지고 있었던 설교에 대한 본질적인 관점이었습니다. 이 주제를 고찰해나가면서 저는 국교도와 청교도의 관점이 서로 다르며, 그것이 양편에서 분명하게 드러남을 입증하고 싶습니다.

먼저 국교도를 살펴봅시다. 설교에 대한 국교도의 관점은, 공기도서는 아침과 저녁기도 시 설교를 요구하지 않는다는 사실에서 엿볼 수 있습니다. 이는 정말 의미 있는 사실이며, 우리에게 많은 것을 말해줍니다. 이러한 문제들을 조정하기 위한 책이 공기도서입니다. 그러므로 아침과 저녁 기도회 때 설교를 전혀 강조하지 않는다는 사실 자체가 대단히 의미 있는 것입니다.

둘째로, 엘리자베스 여왕과 당시 감독들도 소위 '예언하는 것'을 매우 강하게 반대했습니다. 예언하는 것은 본질적으로 설교였습니다. 여왕과 감독들은 몇 가지를 제외하고는 그것을 반대했고, 끝내는 1576년에 예언하는 것을 중지시켰습니다. 이것이 바로 전형적인 국교회주의입니다. 여왕은 영국 국교회의 최고 통치자였습니다. 중요한 것은 그녀의 말이었습니다. 그래서 그녀는 임명한 감독들을 통해 예언하는 것을 중지할 권리를 갖고 있었습니다.

마찬가지로 국교회의 정신과 견해를 뛰어나게 대표하고 변호한 리처드 후커는 교회에서나 개인적으로 성경을 읽는 것을 선호했고 또 그렇게 하라고 주장했습니다. 또 여러 주제에 관해 준비된 설교안들을 읽으라고 권장했습니다. 그러나 청교도식의 설교를 싫어하고 공격했습니다. 그는 근본적으로 지적인 차원에서뿐만 아니라 기질적인 차원에서도 그것을 반대했습니다. 17세기에 오면, 로드 대주교와 그 후의 인기 있는 설교자인 로버트 사우스(Robert South)가 끊임없이 청교도의 설교를 조롱하고 비웃으며 풍자합니다. 다시 말해 국교도는 설교에 대한 청교도의 개념을 싫어했던 것입니다.

청교도의 관점으로 시선을 돌리면 그들에게는 설교가 중심적인 위치에 있으며, 가장 중요한 것임을 금방 알게 됩니다. 엘리자베스 여왕 시대의 대주교였던 그린달-연구와 주목의 대상이 될 만한 매우 위대한 사람-은 설교를 크게 신뢰하는 사람이었습니다. 그는 메리 여왕의 박해기에 유럽 대륙에 간 적이 있었습니다. 그는 이렇게 말했습니다.

"권면과 설득과 질책은 훈계를 통해서보다 설교를 통해서 청중에게 전달하면 더 큰 감동적인 효과를 얻게 됩니다."

그를 가리켜 다만 부분적인 청교도에 지나지 않았다고 말하는 사람들이 있습니다. 저는 그 말에 동의합니다. 그는 전심을 다한 청교도였으나 세월이 지나면서 점점 청교도의 기풍에서 멀어졌습니다. 그렇지만 그는 캔터베리의 대주교가 된 후에도 엘리자베스 여왕에게 편지를 썼습니다. 매우 분명하고 직설적인 편지였습니다. 그 편지에서 그는 예언하는 것을 옹호하면서 이렇게 말하였습니다.

설교하는 것에 대해서 말씀드리자면, 성경에서 볼 때 복음이 설교되고 주님의 추수 터에 많은 일꾼들이 보내진 것이 큰 복이라는 증거만큼 명백한 것은 없습니다. 설교는 구원의 보편적인 방편이요, 그것을 통해서 사람들은 하나님과 국가에 대한 의무를 배우게 됩니다. 물론 훈계집들을 읽는 것도 좋지만 설교에 비할 수는 없습니다. 설교는 때와 장소와 듣는 청중의 다양성에 맞출 수가 있고, 따라서 보다 더 효과적이고 감동적으로 전달될 수 있습니다. 훈계집은 설교자들이 부족할 때 그것을 보충하기 위해서 만들어진 것이고, 에드워드 6세의 법령에 따라 설교할 수 있었을 때는 언제나 훈계집 대신 설교할 수 있도록 해놓았습니다. 그러므로 에드워드 6세 왕은, 지금 왕위에 계신 전하께서 그처럼 유용하고 하나님이 지정하신 그 규례를 무시하지 않기를 희망하셨던 것입니다. … 전하께서는 교회 문제와 관련된 이 설교 문제를 간섭해서는 안 됩니다. 왜냐하면 전하께서는 그렇게 할 권한을 받지 않았기 때문입니다.

결국 그는 그 벌로 주교 자리에서 쫓겨났습니다. 그러한 특별한 진술들, 특히 그것이 그린달로부터 나왔다는 사실이 매우 큰 의미를 갖습니다.
 청교도이며 잉글랜드 장로교회의 실질적인 원조였던 토머스 카트라이트의 말을 한 번 알아봅시다.

하나님의 말씀은 위로와 책망의 방법을 통해서 신자들의 마음과 양심에 적용될 때만이 살아 움직입니다. … 불을 휘저으면 더 많은 열이 나듯 말씀도 설교를 통해서 바람을 불어넣으면 그냥 읽는 것보다 듣는 자들 속에서 더 많은 불꽃을 일으키게 됩니다.

제가 볼 때 이것이야말로 아주 뛰어나고 매우 가치 있는 진술입니다. 이것은 정말 우연하게 설교의 목적에 대해 무엇인가를 말하고 있습니다. 설교의 진정한 기능은 정보 제공이 아닙니다. 설교는 카트라이트가 말한 것을 하는 것입니다. 즉 설교는 그 정보에 열기를 더욱 부어주고, 생명을 주며, 능력을 주어 청중이 완전히 이해할 수 있게 하는 것입니다. 그러므로 설교자가 강단에 서 있는 것은 단순히 지식과 정보를 주기 위한 것이 아닙니다. 청중을 고취시키고, 열심을 내게 하며, 소생시키고, 성령 안에서 주님의 영광을 나타내도록 하기 위해 거기 선 것입니다. 17세기 초엽에 청교도에 대해서 처음으로 책을 썼던 사람인 윌리엄 브래드쇼는 이렇게 말했습니다.

"그들(청교도들)은 목회자의 최상 최고의 직무와 권위는, 하나님의 기록된 말씀을 해석하고 권면과 책망을 통해서 그 말씀을 회중에게 적용시킴으로써 복음을 엄숙하고 공적으로 설교하는 것이라고 주장합니다."
 1640년대에 이르면 웨스트민스터 총회가 작성한 웨스트민스터 예배모범을 만나게 되는데, 거기에 보면 "구원에 이르는 하나님의 능력인 말씀을 설교하는 것은, 복음 사역에 속한 가장 위대하고 가장 탁월한 일 중 하나로, 그러한 일을 하는 일꾼은 부끄러워할 필요가 없고 다만 그의 말을 듣는 사람들과 자신을 구원할 수 있도록 해야 합니다"라고 되어 있습니다.

따라서 이 설교 문제를 일반적으로 그리고 보편적인 진술의 차원에서 살펴볼 때, 설교의 위치에 대한 관점이 국교도와 청교도 사이에 근본적으로 다름을 명백하게 발견하게 됩니다.

2. 청교도들이 설교를 강조한 방법과 이유

이번에는 청교도들이 실제에서 이러한 차이를 보여준 방법을 살펴보겠습니다. 이 점 역시 매우 흥미롭습니다. 교회와 교회 본질의 정의에 있어서 청교도들은 언제나 두 가지 사항을 먼저 언급하고 나서 세 번째 사항을 거론합니다. 변함없이 첫 번째 '표지' 또는 '특징'은 설교, 즉 말씀에 대한 참된 설교입니다. 그 다음에는 정규적인 성례 집행이고, 세 번째가 권징의 행사입니다. 말씀을 설교하는 것이 언제나 성례보다 앞서 나옵니다.

둘째로, 제가 이미 언급했던 '예언하는 것'에 대해서 더 말씀드리겠습니다. 이것은 엘리자베스 여왕이 재위 중이던 1563년부터 1576년에 금지되기까지 초기 청교도주의의 독특한 특징이었습니다. 설교는 일단의 설교자들과 그 외의 사람들이 함께하는 매우 흥미로운 절차였습니다. 때로는 설교자들만이 참석했고, 때로는 공중이 듣도록 허락되었습니다. 설교자마다 같은 본문을 가지고 각자 해석해야 했습니다. 젊은 설교자들이 먼저 나섰고, 같은 집회에서 한 본문을 가지고 네다섯 명의 설교자가 설교를 할 수도 있었습니다. 이것은 일종의 선지 학교였습니다. 설교하도록 사람들을 훈련한다는 개념이었습니다.

로마 가톨릭교회 아래서는 설교가 어찌나 경시되었던지 영국에 남아 있는 설교자는 아주 극소수였습니다. 모든 강조는 성례와 사제들과 제가 이미 언급한 다른 여러 가지-연극 등-에 주어져 있었습니다. 그 결과 설교자는 극소수였습니다. 이미 보았듯이 그린달은 엘리자베스 여왕에게 훈계집이 생긴 것은 설교를 해야만 하는 사람들이 설교를 할 수 없기 때문이라고 상기시켜 주었습니다. 그래서 사람들에게 읽을 거리를 제공해야 했다는 것입니다. 그러나 그것은 다만 일시적인 방편이었습니다.

청교도들은 설교자가 필요함을 인식했고, 설교자를 훈련하는 방법은 수많은 사람들로 하여금 토론을 하게 하고 문제를 제기한 다음에 같은 본문으로 설교하는 방법을 채용하는 것이라고 생각했습니다. 그들이 채용한 이 방법은 탁월했으며, 매우 잘 적중했습니다. 그러나 엘리자베스 여왕은 이것을 반대했습니다. 의심할 여지없이 그녀는 그것을 무서워했던 것입니다.

그녀의 감독들은 한편으로는 왕을 즐겁게 하고, 한편으로는 규율을 세우고 자신들의 입장을 지키기 위해 설교자를 훈련하는 것과 이것이 미칠 영향을 두려워했습니다. 그리하여 결국 1576년에 설교가 금지되었습니다. 그러나 청교도들이 '예언하는 것'을 도입했다는 사실 자체는 설교에 대한 그들의 관점을 보여주는 특이한 증거입니다.

설교하는 것이 중단된 후 그들은 크게 사용되던 또 다른 대책을 채용했습니다. 그것은 '강좌'로 알려진 것이었는데 경건한 설교자들이 주관하는 것이었습니다. 한 교구 내에는 교구 목사와 교구 목사를 돕는 보조 목회자들이 한두 명 더 있었습니다. 강사는 교구 일은 맡지 않고 성경을 강해하고 설교하는 일을 맡은 사람들이었습니다. 대개의 경우 강사는 교구에서 생활비를 지원받기보다는 부자나 시의회로부터 생활비를 보조받았습니다. 그 당시 엘리자베스 시대에는 청교도들의 견해에 동조하는 귀족들이 여럿 있었습니다.

엘리자베스 여왕의 대단한 총애를 받고 있던 레스터 백작은 청교도들에게 매우 호감을 가졌고, 그의 권위와 영향력을 발휘하여 그들을 여러 차례 숨겨 주기도 했습니다. 그는 이 강좌에 대단한 관심이 있었습니다. 그 결과 많은 마을에는 교회에 소속된 강사들이 있게 되었습니다. 가령 월터 트래버스는 템플교회의 강사였습니다. 템플교회 책임자는 리처드 후커였으나 월터 트래버스가 강사였습니다. 청교도들은 이러한 방법을 통해서 복음을 설교하는 것을 안전하게 지킬 수 있었습니다. 또한 그러한 일이 허락되었습니다.

청교도들이 설교를 강조했던 또 다른 방법은, 그들이 예배당을 짓기 시작할 때 강단을 중앙에 오게 한 것입니다. 예배자들의 시선을 끌었던 것은 제단이 아니라 성경이 펼쳐져 있는 강단이었습니다. 오늘날 비국교도 교회에서는 갈수록 강단 성경이 없어지고 강단은 한쪽 구석으로 밀려나는 일이 많은데 정말 안타까운 일입니다. 저는 이것이 어떤 의미를 갖는다고 생각합니다. 그러나 청교도들은 강단을 중앙에 놓았습니다. 그리고 그 위에 성경을 놓았습니다.

더구나 이 사람들 중 어떤 이들은 설교를 아주 많이 했습니다. 어떤 사람들은 주중에도 매일 설교하고 주일에는 여러 차례 설교했습니다. 칼빈 자신도 제네바에서 그렇게 했습니다. 우리는 칼빈이 뛰어난 설교자라는 것을 잊기 쉽습니다. 때로 그는 매일 설교했고 주일에는 두 번 설교했습니다. 청교도들은 이러한 생각을 고착시켰습니다. 끊임없고 조직적인 설교가 있었고, 사람들은 멀리서도 설교를 듣기 위해 모여들었습니다. 설교를 믿고 설교를 듣는 것을 좋아했던 것처럼 청교도의 특징이 되는 것도 없을 것입니다. 그리고 그들이 출판한 설교집들도 주목할 만합니다. 이것은 우리가 잊기 쉬운 재미 있는 사실을 보여줍니다.

즉 청교도들의 신학적인 가르침 중 많은 부분이 설교와 설교문의 형태를 취하고 있다는 것입니다. 저는 신학을 가르치는 가장 훌륭한 방법이 설교나 말씀 강해를 통한 것이 아닌지 살펴볼 것을 제안합니다. 만일 여러분이 말씀을 계속 주시한다면, 균형을 유지할 수 있고 말씀을 적용시키는 것이 중요함을 부단히 상기하게 될 것입니다.

청교도들이 설교를 중심적인 위치에 둔 이유를 질문해봅시다. 여러 가지 답변이 있습니다. 첫째, 참된 설교는 하나님의 말씀을 강론하는 것이라는 점입니다. 그것은 단순히 어떤 교리를 강론하거나 교회의 가르침을 강론하는 것이 아닙니다. 이것은 중요한 대조입니다. 로마 가톨릭이 설교를 했다고 할 수도 있는데, 그런 경우에는 교회의 도그마(교의)를 강의하고 설명하는 것에 지나지 않았습니다.

청교도의 설교 개념은 그런 것이 아니었습니다. 그들은 설교는 하나님의 말씀을 강론하는 것이라고 했습니다. 그러므로 설교가 모든 것보다 우선해야 했습니다. 어떤 사람들은 하나님의 말씀을 신실하게 강론할 때는 하나님께서 친히 설교하시며, 만일 어떤 사람이 성경을 참되게 강의한다면 하나님께서 말씀하시는 것이라고까지 했습니다. 왜냐하면 그것은 사람의 말이 아니라 하나님의 말씀이기 때문입니다. 그래서 그들은 설교를 맨 먼저 해야 하며 최상의 위치를 차지해야 한다고 했던 것입니다.

우리는 분명히 이 문제를 숙고할 필요가 있습니다. 만일 종교와 기독교 사이의 주요한 차이를 질문받는다면, 종교는 자기의 신을 예배하고 기쁘게 하며 드러내기 위해서 사람이 행하는 일을 언제나 강조한다고 대답하겠습니다. 이것이 소위 세상의 종교들 속에서 발견되는 것입니다. 모슬렘교나 힌두교나 불교에서는 예식과 의식과 예배를 강조함으로써, 결국 사람이 어떤 일을 하고 사람이 섬기는 것을 강조합니다. 종교는 언제나 그것을 강조합니다.

반면에 기독교는 일차적으로 하나님의 말씀을 듣는 것입니다. 하나님께서 말씀하십니다. 하나님께서 사람을 찾고, 하나님께서 친히 자신을 사람에게 나타내시고, 하나님께서 친히 사람에게 나아오시는 것입니다. 제가 믿기로는 이것이 바로 설교를 통해 말씀을 강론하는 것을 중심적인 위치에 둔 청교도 사상의 배경입니다.

청교도들은 또한 설교가 성례나 어떠한 의식보다도 더 중요하다고 주장했습니다. 성례는 설교된 말씀을 인치는 것이며, 따라서 성례는 설교에 부속되는 것이라고 했습니다. 이것은 매우 중요한 요점입니다. 이것이 바로 청교도들의 성례관이었습니다. 일부 청교도들, 특히 칼빈은 주의 성찬을 매우 귀중히 여겼다는 것을 기억합시다. 그는 성례는 단순히 기념 예식에 지나지 않는다는 츠빙글리의 견해에 동의하지 않았습니다. 그는 주의 성찬 속에 영적으로 그리스도께서 실재하심을 믿었습니다. 그러나 그는 "설교 없는 성찬은 벙어리 쇼에 지나지 않는다"고 말했습니다.

다른 말로 하면 성례는 말씀을 인치는 것이라는 것이 청교도의 관점이었습니다. 성례가 말씀을 전하는 것이 아니라 말씀을 인친다는 것입니다. 말씀을 우리에게 전달해주는 것은 설교이고, 성례는 그 말씀을 인치고 확신시켜주며 확증해줍니다. 그러므로 우리는 설교를 성례보다 위에 두어야 합니다.

마찬가지로, 그들은 기도서와 기도서를 사용하는 긴 예배보다도 설교가 훨씬 더 중요하다고 말했습니다. 설교는 사람들이 스스로 기도하는 법을 가르치기 때문이라는 것이었습니다. 그들은 교회 지체들을 '왕 같은 제사장'으로 여겼고, 그래서 기도서를 사용하는 긴 예배를 드림으로써 말씀 강론이나 설교 시간을 배려하지 않게 되면, 사람들 스스로 기도하는 훈련을 시키지 않는 것이라고 여겼습니다. 성경에서 '만인 제사장설'을 가르치기 때문에 사람들은 기도하게 되어 있습니다. 교회의 지체는 어느 누구든지 왕 같은 제사장의 일원이며, 따라서 각자는 기도해야 합니다.

그러므로 사람들에게 기도하는 법을 가르칠 필요가 있습니다. 또한 기도서를 사용하는 예배보다 설교와 말씀 강론과 가르침에 더 많은 시간을 할애해야 합니다.

더 나아가 청교도들은 설교는 성결을 촉진시키는 성경적 방법이라고 주장했습니다. 그들은 이것에 대한 관심이 매우 대단했습니다. 그들은, 후커나 다른 사람들처럼 그리스도인이라는 사람들이 영위하는 무가치한 삶에 진저리를 쳤습니다. 후커 등은 교회와 국가를 동일 선상의 존재로 여겼기 때문에 그렇게 간주한 것입니다. 국교도의 관점에 따르면, 교구 내의 모든 사람은 그 나라의 국민일 뿐 아니라 교회의 지체이기도 했습니다. 그럼에도 불구하고 많은 사람들이 악한 삶을 살았습니다.

청교도들이 볼 때, 그러한 것은 "내가 거룩하니 너희도 거룩하라"와 교회는 '거룩한 나라'라고 가르치는 신약의 가르침에 정면으로 위배되는 것이었습니다. 성결을 촉진시키는 길은 어떤 성례적 은혜를 믿거나 사제에게 고해성사를 하는 것이 아니라, 하나님의 말씀을 가르쳐 그 가르침의 영향이 사람들의 마음에 강력하게 미치는 것이라고 그들은 말했습니다. 패트릭 콜린슨은 엘리자베스 시대의 청교도에 대한 그의 책에서 어떤 사람이 한 말을 다음과 같이 인용합니다.

"국교도들은 가장 중요한 것, 즉 설교를 단지 하나의 액세서리로 보고 그것 없이도 자기의 직무가 가능하며 또 그렇게 해도 된다고 여겼습니다."

국교도들에게는 예배와 성례가 대단한 것이었고 설교는 '액세서리'에 지나지 않았습니다. 반면 청교도들은 자주 성례나 기도서에 따른 행동을 버리고 말씀 강론에 몰두했습니다. 근본적인 차이가 여기에 있는 것입니다. 청교도들은 사람들의 성결을 촉진시킬 수 있는 유일한 길은 설교를 통해서라고 강조하는 데 관심이 있었습니다. 설교를 통해서 사람들에게 말씀을 전하고, 토머스 카트라이트가 지적한 것과 같이 그 말씀을 사람들에게 적용시켰습니다.

윌리엄 퍼킨스는 설교의 임무를 이렇게 정의합니다.

"설교는 교회를 모으고 선택된 자들을 세우기 위한 것입니다."

이것은 바로 교회의 일차적인 임무입니다. 설교의 또 다른 임무는 '주님의 양무리들 가운데서 이리를 쫓아내는 것'입니다. 설교는 사람들을 지식으로 세워주어, 각색의 영적 이리들이 이단과 오류와 거짓 가르침과 악행을 가지고 들어올 때 말씀으로 그들을 쫓아내게 해야 합니다. 설교는 선택자들을 완성하고 나아가 하나님의 말씀으로 그들을 보호합니다.

3. 국교도와 청교도의 설교 방법과 스타일의 차이

여기에서 설교 방법을 살펴봅시다. 여기서도 똑같은 대조가 드러납니다.

대체로 국교도의 방법은 하나의 주제 – 때로는 신학적인 주제나 윤리적인 주제 또는 일반적인 주제 – 를 택하여 이 특정 주제에 대한 연구 논문을 설교하는 식입니다. 이것은 훈계집 등에서 발견됩니다. 반면에 청교도의 개념은 본문을 정확하게 해석하는 데 관심이 있습니다. 한 단어나 구절 또는 단락으로 시작합니다.

첫 번째 일은 정확한 의미를 찾아내는 것입니다. 본문의 정확한 의미를 찾은 다음에는 그 본문 속에서 교리를 찾아냅니다. 이것은 그들의 설교관의 핵심입니다. 그들은 언제나 교리를 찾아내려고 애를 썼습니다. 교리는 말씀 속에서 찾아져야 합니다. 교리를 말씀에 갖다 붙여서는 안 됩니다. 교리로부터 시작해서 본문을 교리에 끼워 맞추지 않습니다. 먼저 말씀으로 시작한 다음에 본문 말씀 속에서 교리를 찾습니다. 그 다음에 본문 속에서 그러한 교리를 찾아낸 것이 왜 정당한지 그 이유를 밝히고, 같은 교리를 가르치는 다른 성경 본문을 참고하여 그 본문 속에서 발견한 교리를 확증합니다. 이렇게 성경과 성경을 비교하여 증거를 끌어내고 교리를 입증하는 것입니다.

이렇게 교리를 진술하고 입증한 다음에는 '용도' 또는 적용으로 나갑니다. 그들은 반드시 이렇게 했습니다. 그들은 단순한 강해로 멈추지 않았습니다. 언제나 적용이 있었습니다. 때로는 '많은 적용'을 했습니다. 그런 다음에 반론을 생각하고 논의하여 해답을 제시했습니다. 그들은 설교는 이런 특별한 형태를 띠어야 한다고 주장했습니다.

윌리엄 퍼킨스는 설교에 대한 그의 최초의 책인 『설교의 기술』(The Art of Prophesying)에서 설교자를 지도하는 네 가지 큰 원칙이 있다고 했습니다.

(1) 권위 있는 성경의 본문을 분명하게 읽어야 합니다.
(2) 성경 자체를 근거로 본문의 의미와 이해 내용을 제시해야 합니다(즉 강해는 성경적이어야 하고, 성경을 성경에 비교해야 합니다).
(3) 본문의 자연스러운 의미로부터 몇 가지 유익한 교리 사항을 수집해야

합니다.

⑷ (만일 은사가 있다면) 올바르게 수집된 교리들을 단순하고 쉬운 말로 사람들의 삶과 자세에 적용해야 합니다.

이것은 청교도의 설교뿐만 아니라 참되고 진실한 설교를 아주 잘 묘사한 것이라 할 수 있습니다. 우리 설교자들은 하나의 평론이나 어떤 주제에 대한 논문을 발표하는 것이 아닙니다. 본문을 읽은 다음 성경을 한쪽으로 제쳐놓고는 준비된 설교 원고를 전해나가는 것은 나쁜 표증입니다. 처음부터 끝까지 설교자가 말하는 것은 말씀에서 나와야 합니다. 중요한 것은 사람이나 그의 사상이 아닙니다. 언제나 하나님의 말씀만이 중요해야 합니다. 말씀만이 설교자의 권위의 근원이기 때문입니다. 그러므로 설교에 대한 국교도의 개념과 청교도의 개념 사이에는 명백한 차이가 나타나는 것입니다.

그러나 그 차이가 보다 더 분명하게 드러나는 것을 살펴봅시다. 그것은 설교 스타일입니다. 아마 모든 차이 중에서 가장 명백하고 분명한 것이 이 부분일 것입니다. 국교도들을 살펴볼 때 제가 분명히 말하고 싶은 것은, 어떤 입장에서 보면 17세기 초반 국교회 내에는 위대한 설교자들이 있었다는 것입니다.

앤드류 감독은 의심할 여지없이 위대한 설교자였습니다. 존 던(John Donne)이라는 성바울 성당의 감독도 제레미 테일러(Jeremy Taylor) 감독만큼 뛰어난 설교자였습니다. 저는 지금 청교도적 의미에서의 설교자들을 언급하고 있는 것이 아닙니다. 빅토리아 시대의 선조들이 설교자라는 말을 쓸 때 의도했던 그런 의미로 말하고 있는 것입니다. 그들은 '대단한 설교꾼' 또는 '인기 있는 설교자'에 대해 이야기를 했습니다. 존 던은 런던이 배출한 가장 인기 있는 설교자들 중 하나였습니다. 그는 뛰어난 인물이었습니다. 제가 바르게 기억하는지는 몰라도 그가 세상적인 생활에서 회심한 때는 40세 이후였습니다. 그는 또한 대단한 시인이었습니다. 그러나 그는 주목할 만한 회심을 체험했습니다. 그는 천성적으로 말을 잘하는 사람이었고 대단한 웅변가였습니다. 그는 놀라운 설교를 했고 죽음에 대한 주제를 자주 설교했는데, 사람들은 그의 설교를 들으려고 모여들었습니다. 이것은 주로 그의 설교 스타일 때문이었습니다. 내용보다는 스타일 때문이었다는 것입니다.

스타일은 화려했고 웅변적이었으며 구어체였습니다. 설교문은 고전을 들먹거리는 것으로 가득 차 있었고, 라틴 고전 문학이나 헬라 고전 문학에서 길게 인용하는 것도 여기저기 나타났습니다. 이렇게 고전에 대한 학식을 내보이는 것이 설교의 필수적인 부분으로 간주되었던 것입니다. 다른 말로 해서 그것은 일종의 연기였습니다. 보편적으로 설교자들은 써온 설교문을 읽었습니다. 분명히 설교 원고들을 읽거나 그것들을 기억하여 일종의 드라마틱한 연출로 암송하곤 했습니다.

과거 사람들이 정치 연설을 듣기 위해 정치 집회에 갔던 것처럼, 사람들이 설교자들의 말을 듣고 경청하려 했던 것은 웅변과 화려하게 균형 잡힌 문장들과 아름다운 예화들과 운율에 관심이 있었기 때문입니다.

이것이 바로 찰스 1세, 2세 시대의 국교도 성직자들이 전한 설교였습니다. 한 번은 리처드 백스터가 앤드류 감독의 설교를 듣고 이렇게 논평한 적이 있었습니다.

"나는 앤드류 감독의 책이나 설교를 읽거나 아니면 그러한 유의 설교를 들을 때, 그 속에 하등의 생명이 없음을 느낍니다. 내 생각에 그것은 거룩한 것들을 가지고 유희하는 것에 불과합니다."

이것은 그들이 행한 것에 대한 훌륭한 평이었습니다. 그것은 일종의 연기였습니다. 같은 기간에 프랑스에도 뛰어난 설교자들이 있었음을 기억하면 흥미롭습니다. 자크 보쉬에(Jacques Bossuet)는 분명히 세상에 알려진 가장 위대한 웅변가 중 한 사람이었습니다. 그는 로마 가톨릭의 설교자였습니다. 또 다른 사람들로는 메실롱(Massillon)과 대주교 페늘롱이 있는데 이는 대단한 설교자였습니다.

이러한 '웅변가들'의 설교의 가장 큰 특징은, 그 설교가 하나의 연기요 웅변이었다는 것입니다. 진리는 부속물이었습니다. 그들은 진리를 부인하지 않았지만 이러한 외양적인 것들로 가려지고 말았습니다. 사무엘 콜리지는 제레미 테일러의 설교에 대해서 '대리석 위의 유령'이라고 묘사했습니다. 무엇인가 매우 실질적이지 못한 것이 있었고, 대리석 같은 차가움이 있었습니다. 이것은 스타일에 강조점을 둔 결과요, 설교의 웅변적 특징을 강조한 데서 온 것입니다. 진리 자체보다는 언어와 말씨를 더 강조한 결과입니다.

이와 관련하여 위대한 설교자였던 청교도 토머스 굿윈의 자세를 보면 매우 흥미롭고 교훈적일 것입니다—이 사람이야말로 가장 위대한 설교자 중 한 사람입니다. 토머스 굿윈은 젊었을 때 케임브리지의 센하우스 박사라는 사람의 설교에 대단히 감탄했다고 합니다. 그러나 그것은 "복음 진리를 분명하게 진술한 것이라기보다는 수사학적인 장식을 늘어놓은 결과로 뛰어난 설교였다"는 것을 발견하게 되었습니다.

그는 그 설교의 특징을 일차적으로 '문학적 유별남'이라고 했습니다. 그것은 '복음적이고 유용한 설교라기보다는 웅변이요 인기 있는 대중 연설'이었습니다. 토머스 굿윈은 '설교의 엄숙성'을 이 '멋진 설교, 허영에 찬 웅변'과 대조했습니다. 불쌍한 토머스 굿윈이여! 그는 천성적으로 타고난 웅변가였습니다. 초년에 그는 케임브리지에서 웅변적으로 유창한 설교를 하는 사람들의 태도에 몹시 감탄했었습니다. 그래서 그도 그들을 닮아 스스로 그러한 설교자가 되겠다는 야심을 가졌습니다.

그는 그의 생애에서 가장 큰 싸움 중 하나는 이 '큰 욕심'을 이기는 것이었다고 말했습니다. 그의 '큰 욕심'은 육체적이거나 도덕적인 것이 아니라, 웅변적인 설교를 통해 명성을 얻고 싶은 열망이었습니다.

한번은 그가 케임브리지대학교에서 설교 요청을 받았습니다. 그는 정말로 호화로운 문체를 담은 매우 웅변적인 설교를 준비했습니다. 그는 그것 때문에 대단한 칭찬을 받을 줄 알았습니다. 그러나 그의 양심 속에서, 성령을 통하여 그것이 얼마나 나쁜가에 대한 각성을 갑작스럽게 하게 되었습니다. 그 다음에는 일종의 지적인 자살이 따랐습니다. 그는 화려한 문체를 제거해야만 했습니다. 왜냐하면 영적인 생각을 하는 사람으로서 자신의 설교가 회중 속에 있는 가장 비천한 사람들에게도 이해되기를 원했기 때문입니다.

즉 청교도들은 국교도 설교의 주요한 특징들을 비난하고 피했을 뿐 아니라, 그 후에도 틸러트슨(Tillotson)과 스틸링프리트(Stillingfleet), 로버트 사우스 그리고 그들을 모방하는 자들에게서 발견되는 그러한 설교를 싫어했습니다. 그들은 '평이하고 직접적이며 체험적이고 구원하는 설교'를 믿었습니다. 설교는 '단순하고 진지하며 신실해야 한다'고 믿었던 것입니다. 그들은 주 예수 그리스도를 믿음으로 말미암아 은혜로 얻는 구원을 설교하도록 부르심을 받은 사람들이었습니다.

여기서 우리가 주의할 것은, 이들이 이러한 수사학적이고 인위적이며 꾸미는 유의 설교를 반대했으므로 이들의 설교는 따분하고 평범했을 것이라고 추측해서는 안 된다는 것입니다. 종종 이들은 그러한 사람들로 풍자되기도 했습니다. 그러나 이 사람들 중 상당수는 매우 학식 있는 사람들이었습니다.

이들이 강조했던 것은, 설교자는 인간의 메시지가 아닌 하나님의 메시지를 전하고 있으므로 인간의 지혜는 감춰져야 한다는 것이었습니다.

제가 설명하고 있는 이것을 주장했던 윌리엄 퍼킨스는 이 점을 아주 잘 표현했습니다. 퍼킨스는 "설교자는 개인적으로 예술이나 철학을 마음대로 구가할 수 있고, 설교를 준비하는 동안에는 다양하게 독서할 수도 있음을 이해해야 하며, 또 마땅히 그래야 한다"고 했습니다.

설교를 준비하는 동안에 설교자는 학문과 철학과 광범위한 독서를 이용할 수 있고 마땅히 이용해야 합니다. 설교자는 학식이 많은 사람이어야 합니다. 또 광범한 독서를 하는 사람일수록 더 훌륭한 설교자가 될 가능성이 있습니다. 청교도들이 꾸미는 유의 설교를 반대했다는 이유로, 이 사람들을 반지성적인 사람들로 생각하거나 어떠한 유의 학식도 믿지 않았다고 생각하지 마십시오. 퍼킨스는 거기서 멈추지 않았습니다. 그는 이러한 일이 설교 준비에 합당하지만, 공중 앞에서는 이러한 모든 보조 자료들을 숨겨야 하고 조금도 장식으로 이용해서는 안 된다고 했습니다.

이 탁월한 진술은 광범한 독서는 유익하며 설교자의 지식을 풍성하게 해 준다는 것을 깨우쳐줍니다. 또 책 읽은 것을 이용할 수는 있지만 그것을 뽐내거나 과시해서는 안 됨을 가르쳐 줍니다. 인용문이 많은 설교를 하는 설교자는 단순히 자기의 학식을 과시하고, 어떤 때는 사이비 학식을 뽐내는 것입니다. 퍼킨스는 학식을 믿었습니다. 그러나 설교자는 그것을 감추어야 한다고 믿었습니다. 기술의 진수는 기술을 감추는 데 있습니다. 여러분의 지식을 풍성하게 하십시오. 그러나 학식을 과시하지는 마십시오.

17세기의 교회사가요, 매력 있는 작가였던 토머스 풀러는 제가 방금 인용했던 윌리엄 퍼킨스에 대해서 이와 관련하여 이렇게 썼습니다.

이것은 대가인 퍼킨스에게만 해당되는 말일지 모릅니다. 주사약을 만들기 위해 어떤 물질을 용액에 담갔다가 다시 꺼낼 때 그 효능과 성분은 용액 속에 남아 있지만 그 덩어리와 형체는 보이지 않습니다. 마찬가지로 설교자(퍼킨스를 지칭함)도 많은 학문을 자기 설교에 담갔다가 끌어내지만 익숙한 표현 외에는 드러나지 않습니다. 한마디로, 대학교와 마을을 포함하고 있는 그의 교회(케임브리지)에 속해 있는 학자들은 이보다 해박한 설교를 들을 수 없었고, 평민들은 이보다 쉬운 설교를 들을 수 없었습니다.

이 사람은 지식과 학문과 학식으로 뛰어난 사람이었습니다. 그는 마치 약제사처럼 모든 것을 용액 속에 녹여 설교의 기본으로 삼았습니다. 그는 그것의 모든 가치를 다 우러나게 했고, 용액 속에 용해되게 했습니다. 그러나 약재를 꺼내면 사람들이 얻는 것은 용액 속에 녹아 있는 그 약재의 진액이듯이, 설교자는 자기 학식의 진수만을 나타내야 합니다.

우리의 설교는 언제나 이러한 기준으로 판단받아야 합니다. 우리의 설교를 듣는 사람이 아무리 학식이 많다 해도 자기가 무엇인가를 얻고 있음을 발견해야 하며, 자기 수준으로 말하고 있는 사람의 말을 듣고 있다는 느낌을 가져야 합니다. 그러나 가장 무식한 사람도 동등하게 자기 수준에서 복을 받아야 합니다. 한 부류의 사람에게만 호소력을 갖는 설교자는 강단에 적합하지 않은 사람입니다.

청교도들이 이것을 강조했지만 따분하거나 굼뜬 설교자는 아니었음을 강조할 필요가 있습니다. 그들은 활달한 설교자들이었습니다. 특히 그들 가운데 어떤 사람들은 설교를 장식하기 위해서만이 아니라 설교를 예증하기 위해서 예화들을 사용하기도 했습니다. 단순히 사람들의 시선을 끌기 위해서 예화를 사용하는 것처럼 매춘적인 설교는 없습니다. 우리는 그것을 혐오해야 합니다.

청교도들은 설교를 하면서 친밀하고 직설적으로 분명하고 긴박한 모습을 취했습니다. 그들 가운데 어떤 사람들은 고함을 치는 잘못을 범하기도 했습니다. 우리는 그들의 설교가 따분하고 딱딱하며 엄숙하고 지루한 설교라고만 생각하는 개념을 제거해야 합니다. 결코 그렇지 않습니다. 후커와 사우스 등의 사람들이 청교도의 설교를 비평하는 말을 들어보면, 그들이 그 점에 집중하여 강단에 있는 설교자들의 몸짓을 조롱하고 있음을 발견할 것입니다.

보편적으로 그들은 설교 원고를 읽지 않았습니다. 몇 가지 요지를 적은 노트도 구비하지 않았습니다. 칼빈이 노트를 보고 설교했거나, 아니면 즉흥적으로 설교했다는 것을 주목하면 재미있습니다. 그는 설교문을 읽어내리지 않았습니다. 그 결과 그의 설교는 살아 있었습니다.

최근 저는 전에 알지 못했던 것을 알게 되었습니다. 제가 이것을 언급하는 것은, 이것에 대해서 더 자세히 탐구해볼 마음을 여러분에게 주기 위함입니다. 영국의 초기 침례파 설교자들 가운데 어떤 사람은 설교 내용을 읽거나 암송하여 말하는 것을 믿지 않았습니다. 뿐만 아니라 성경을 읽고 설교를 시작하면서 성경을 덮어놓기까지 했습니다. 이들의 설교관은, 설교란 일종의 권면이요 고린도전서 14장에 있는 '예언'이라는 말이 전달하는 개념과 유사한 또는 거기에 비유될 수 있는 것이라는 식이었습니다.

토머스 헬위스(Thomas Helwys)라는 영국의 초기 침례교도는 자기가 믿는 예배와, 침례파가 아닌 독립교회 소속의 존슨이 믿는 예배를 대조하면서 이렇게 말했습니다.

"그들은 예배의 일부로나 한 수단으로 번역된 성경 몇 장이나 설교 본문 또는 시편을 읽습니다. 우리는 이미 기도할 때나 예언할 때, 시편을 노래할 때 번역문을 사용하지 않고 있습니다. 그것은 영적 예배 시에는 모든 책들 ─심지어 원서라 해도─이 사용되지 않아야 함을 입증한다고 보기 때문입니다. 그렇지만 교회에서 성경을 읽고 해석하는 것을 계속하는 것은 예배를 준비하고 교리를 판단하며, 믿음과 기타 모든 신앙고백들의 모순점들을 발견하기 위해서입니다."

저는 이 말을 공예배 시에 성경을 읽을 때는 한 구절 한 구절 간단하게 강론한다는 말로 이해합니다. 그러나 설교할 때는 성경을 한쪽으로 밀어 제쳐놓고 일종의 예언하는 것으로 돌아갔습니다. 메소디스트의 아버지라 할 수 있는 트레베카의 하웰 해리스의 경우에서도 그러한 모습을 발견하게 됩니다. 그가 설교할 때 어떤 본문을 택하는 경우가 거의 드물었다는 사실은 잘 알려진 일입니다. 그는 그가 '권면'이라고 불렀던 것을 통하여 사람들에게 직접 말했던 것입니다. 우리는 그것을 설교라고 부릅니다. 그는 성경 속에서 살았고 성경을 묵상하고 기도했습니다. 그래서 그는 성경에서 메시지를 얻었습니다.

그러나 그가 성경에서 얻은 이러한 메시지를 사람들에게 전할 때는 강해 방법이 아니라 직접적으로 전했습니다. 이렇게 함으로써 그는 청교도들의 보편적인 관습에서 벗어나 있었던 것입니다. 일부 침례교도들도 분명히 이렇게 했습니다. 분리주의자들 가운데도 침례파보다 먼저 그러한 일을 한 예가 있습니다. 다른 말로 하면, 그들은 우리 중 일부가 의문을 제기할 정도로 설교할 때 예언적인 요소를 도입했습니다. 어쨌든 이것은 우리의 설교에 예언적 요소를 더 포함시켜야 하지 않는가를 생각하게 만듭니다.

여러분은 초대교회 그리스도인들이 어떻게 설교했는가를 생각해보신 적이 있습니까? 사도들과 초기의 설교자들은 어떻게 설교했습니까? 분명 우리의 전통적인 방법으로 설교하지 않았을 것입니다. 사도행전에 기록된 사도 바울의 설교는, 바울이 구약의 전체 메시지를 마음에 둔 채 그것이 주 예수 그리스도께 일어난 일과 어떤 연관이 있는가를 사람들에게 보여주었음을 시사합니다.

아덴의 아레오바고에서 행한 설교나 비시디아 안디옥에서 행한 설교 속에 그 점이 분명히 드러납니다. 우리는 이 점을 잊어버리고 오로지 성경 석의와 해석에 매달려서, 어떤 한 구절이나 한 대목을 파헤치면 진실로 설교했다고 생각하는 경향이 많습니다.

그러나 참된 설교는 언제나 메시지를 강조합니다. 그러한 메시지는 어떤 한 부분의 해석에만 국한되지 않기 마련입니다. 청교도의 설교가 자유와 열기와 열정이라는 특징을 갖고 있다는 사실과 관련하여 이 점을 언급하는 것입니다. 리처드 백스터는 그것을 유명한 말로 요약했습니다.

나는 다시 설교할 수 없을 것처럼 설교하고, 죽어가는 사람이 죽어가는 사람에게 말하는 것처럼 설교합니다.

이것은 청교도의 설교의 정수를 요약하고 있습니다. 그의 전기 작가의 말에 의하면, 토머스 굿윈은 진정으로 회심한 후 '자기 마음의 충만함 속에서' 설교했다고 합니다.

그는 진지하게 설교했습니다. 자기 영혼의 생명과 기쁨이었던, 충만하고 거저 주시는 구원을 설교했기 때문입니다. 그는 체험적으로 설교했습니다. 생명의 선한 말씀을 느끼고 맛보고 만진 그대로 설교했기 때문입니다. 그의 가장 큰 바람은 죄인들을 그리스도께로 회심시키는 것이었습니다. 그는 다른 사람들에게 갈채나 칭찬이나 명예를 얻는 것을 더 이상 생각하지 않게 되었습니다. 그는 예수 그리스도와 못 박히신 그의 십자가 외에는 알지 않기를 소원했습니다. 하나님께서 자신의 은혜의 말씀을 증거하셨습니다.

이제 17세기 말엽과 18세기 초엽을 살면서 청교도 전통을 이어받았던 아이작 왓츠의 말을 인용함으로써 모든 것을 요약하겠습니다. 그는 설교자들에게 이렇게 말했습니다.

여러분에게 권고합니다. 자기 본분을 다 하십시오. 평이한 실제적인 설교가 우리 가운데서 상실되지 않도록 하십시오. 이 설교는 우리의 선한 옛 청교도들이 시작한 것이요, 현대의 비국교도들은 멸시를 당할 정도로 그것을 지킴으로써 유용하게 했습니다.

분명히 이 말은 우리에게도 해당됩니다. 선한 옛 청교도들이 시작했던 '평이한 실제적 설교'를 잃지 맙시다. 백스터는 우리에게 권면합니다.

내 설교를 통해서 영혼들이 구원을 받거나, 아니면 나의 나태함으로 인해 멸망하여 지옥에 간다는 무섭고 중대한 생각을 해보십시오. 나는 이 무섭고 엄청난 생각이 항상 여러분의 심령 속에 머물러 있기를 바랍니다.

이제 모든 설교자들의 스승이요, 모든 설교자들 중에서 가장 위대한 설교자요, 가장 위대한 복음 전도자요, 가장 위대한 교회 설립자요, 가장 위대한 교사였던 사도 바울의 말을 인용함으로써 끝을 맺읍시다.

항상 우리를 그리스도 안에서 이기게 하시고 우리로 말미암아 각처에서 그리스도를 아는 냄새를 나타내시는 하나님께 감사하노라 우리는 구원받는 자들에게나 망하는 자들에게나 하나님 앞에서 그리스도의 향기니 이 사람에게는 사망으로부터 사망에 이르는 냄새요 저 사람에게는 생명으로부터 생명에 이르는 냄새라 누가 이 일을 감당하리요 우리는 수많은 사람들처럼 하나님의 말씀을 혼잡하게 하지 아니하고 곧 순전함으로 하나님께 받은 것 같이 하나님 앞에서와 그리스도 안에서 말하노라(고후 2:14-17).

이것이 청교도의 설교 개념입니다.

청교도들은 하나님을 의식하는 사람들이며, 하나님의 임재 의식에 사로잡힌 사람들이었습니다. 그들은 사람을 기쁘게 하는 사람들이 아니었습니다. 그들은 존 밀턴의 말대로 '나의 큰 감독의 눈으로 볼 때', 자신의 사역을 직고해야 함을 알고 모든 일을 했습니다. 우리에게 있어서 그것은 하나님과 사람 사이에 서서 '생명에 이르는 생명의 냄새'가 되거나 '사망에 이르는 사망의 냄새'가 되기 위해서 주어진 것입니다.

얼마나 엄청난 임무입니까! 우리의 생각이 그러하도록 하소서. 우리가 강단에 올라갈 때마다 우리는 하나님 앞에 있으며, '그리스도 안에서 그리스도를 위해' 말하고 있음을 깨닫게 하소서! 아이작 왓츠의 말대로 '선한 옛 청교도들로부터' 배우며, 오늘날 우리 시대의 가장 긴급한 필요는 성령의 권능으로 하나님의 말씀을 선포하는 것임을 깨닫게 하소서!

열아홉 번째 강연

1978년
존 번연의 교회 연합

올해의 이 연구회 프로그램을 준비하면서 존 번연의 사역과 그의 노력 그리고 그가 기독교회에 공헌한 것 중 가장 중요한 측면을 발췌해야겠다고 생각했습니다. 두 가지 측면은 모든 사람에게 매우 명백히 잘 알려져 있습니다. 그래서 제가 보여주고 싶은 것은 세 번째 측면, 즉 교회 연합인데 이는 존 번연의 삶과 사상에서 큰 역할을 했기 때문입니다.

저는 교회의 본질과 서로 다른 교회들 사이의 관계 그리고 상호간 관점의 문제에 대한 존 번연의 태도를 주목하기 원합니다. 이 문제를 다루려는 것은 이것이 번연의 생애와 사상에 큰 역할을 했기 때문입니다. 이 문제 때문에 그는 큰 고통을 당하고 심각한 논쟁에 빠져들게 되었습니다.

그는 왜 이 문제에 관심을 가졌을까요? 일차적으로 그는 설교자였기 때문입니다. 우리는 주로 그를 작가로 생각해왔습니다. 그러나 존 번연은 본질적으로 자신을 설교자요, 목회자라고 생각했습니다. 그가 책을 쓴 이유는 목회자로서 베드포드의 자기 교회에 소속된 불쌍한 사람을 돕고 싶었기 때문입니다. 바로 이것이 그리스도인의 상호간 관계에 큰 관심을 기울이게 된 원인이었습니다.

이것은 또한 우리의 관심 사항이기도 합니다. 이미 여러 차례 상기한 바와 같이 우리가 17세기 사람들에게 관심을 기울이는 중요한 이유 중 하나는, 현 세계가 이상하게도 그들의 세계와 유사하기 때문입니다. 제가 그들에게 관심을 갖는 이유도 주로 이 때문입니다. 그들은 우리와 동일한 난관과 문제를 직면하며 싸웠기 때문에 우리는 그들을 주목함으로써 그들에게서 배울 수 있습니다.

1. 존 번연이 교회 연합에 관심을 갖게 된 배경

이 주제에 대해 존 번연이 자신의 관점을 확고하게 정한 첫 번째 이유는 그의 인격 때문입니다. 그의 됨됨이 말입니다. 존 번연은 학문적인 사람이 아니었습니다. 그는 교육을 거의 받지 못했습니다. 아주 못 받은 건 아니지만 당대 많은 사람들이 받았던 대학 교육을 전혀 받지 않았습니다. 비교적 교육을 받지 못한 사람 측에 속한 것이지요. 그는 이 점을 잘 인식했고 자신의 지적인 한계를 의식했습니다.

이 외에도 그는 자신의 표현대로 '성도들 사이에서 논쟁거리가 되는 일에 쓸데없이 참견하기를 싫어하는' 사람이었습니다. 그는 본성적으로 논쟁을 좋아하는 사람이 아니었습니다. 또한 '파당적인 사람'도 아니었습니다. 존 번연은 대범하고 관대하며 사랑이 많은 사람이었습니다. 학문적 의미에서 진리에 관심을 기울이는 그런 사람은 아니었으나 영혼에 대한 관심이 매우 커서 이러한 관심이 그의 행동 대부분의 동기가 되었습니다. 그는 여러 차례 이야기한 바대로 논쟁을 매우 싫어했습니다.

그럼에도 불구하고 논쟁이 불가피한 상황에 처해 마음이 격동하면 과격하다 싶을 만큼 단호하게 논박하고 효과적으로 주장을 펼칠 수 있었습니다. 훗날 자신의 이런 모습이 부끄러웠다고 하는 그의 고백은 매우 흥미롭습니다. 그는 자신이 사용했던 강한 어투와 반대자에 대한 비난을 아주 부끄럽게 생각했습니다. 그가 설교자이자 목회자요, 자신이 겪은 끔찍한 체험 때문에 보통 사람의 영혼에 대해, 특히 그리스도인들에게 큰 관심을 기울인 사람이었습니다.

교회 연합이라는 주제에 관심을 기울이게 된 두 번째 이유는, 믿음과 신조에 대한 그의 관점 때문이었습니다. 『천로역정』(Pilgrim's Progress)에서 '충성'이 '수다쟁이'에게 한 말을 주목해보면 번연의 관점이 선명하게 보입니다.

"그러므로 지식에는 여러 종류가 있습니다. 그저 무엇을 상상해서 얻는 지식이 있는가 하면 믿음과 사랑의 은혜를 동반한 지식이 있습니다."

번연에게는 그저 이지적인 지식인지, 아니면 믿음과 사랑을 수반한 지식인지를 구분하는 것이 매우 중요했습니다. "믿음은 머릿속에서 역사적으로 관념적으로 동의하는 것이 아니다. 믿음은 삶의 원리요, 힘의 원리다!" 이것이 바로 문제에 대한 그의 태도를 결정짓는 그의 관점이었습니다.

교회 연합에 대한 그의 태도를 결정지은 세 번째 요인은, 다른 사람들에게서 받은 영향이었습니다. 이 점에 대해서는 의심의 여지가 없습니다.

첫째, 17세기는 논란과 논쟁의 역사였습니다. 여러 문제에 대해 상당한 쟁론이 있었습니다. 의견을 달리하는 여러 그룹들과 파당들이 있었습니다. 그리고 국교도, 청교도, 독립교회파, 침례교파 등 각 파에서 갈라져 나온 작은 분파들과 종파주의자들이 있었습니다. 엄청난 소동과 끝없는 분쟁의 시대였고 이로 인해서 많은 회의와 토론이 있었습니다. 앞으로 자세히 언급하겠지만 번연의 생애 중 주요 논쟁거리가 되었던 이 문제에 관해서는 더욱 그러했습니다.

이 문제란 신자의 삶에 있어서 침수 세례의 위치와 교회의 본질에 대한 것이었습니다. 이 문제는 1641년쯤에는 실제로 시끄러운 문제가 되었습니다. 침례교회가 출연하고 다른 교회들도 생겨난 것은 1612년경이었습니다. 당시 교회들의 세력은 아주 약했고 침수 예식이 따로 없었습니다. 침수 세례 문제가 관심과 논의의 대상이 된 것은 1641년경이었습니다. 1640년 이전에는 침례교도들의 이론대로 침수세례를 다시 받지 않았고 점수(點水) 세례를 다시 받았습니다. 그러다 1641년 이후부터는 그들의 표현대로 '물에 잠겨야 한다'고 확신했습니다. 물속에 몸을 잠그는 것이야말로 그리스도와 함께 장사되고 다시 살아나는 것을 상징한다는 것입니다. 이것은 많은 논란을 불러 일으켰습니다.

주된 논쟁은 이곳 런던의 한 교회에서 일어났습니다. 1966년에 저는 이 연구 모임에서 헨리 제이콥과 그의 교회에 대해서 강연한 적이 있습니다. 그 교회는 제일 회중교회 또는 제일 독립교회로 1616년 런던에 처음 설립되었습니다. 제이콥이 죽은 후 다른 사람이 그 뒤를 이었다가 결국 헨리 제시라는 사람이 그 교회를 담임하게 되었습니다. 제시는 의심할 여지없이 대단한 사람이었습니다. 앞으로 보겠지만 그는 번연의 사상에 대단한 영향을 끼친 사람이었습니다.

제시가 담임하던 교회에서는 다시 세례를 받아야 한다고 생각하는 사람들이 있는 등 세례 문제에 대한 많은 논란이 있었습니다. 이는 영국 국교회에 대한 그들의 관점 때문에 격화되었습니다. 영국 국교회에 대한 전반적인 입장에 대해 의문을 갖게 되자 '영국 국교회의 세례가 타당한가?'라는 문제로 번진 것입니다. 그래서 이는 자주 논의가 되었습니다.

1644년 한 회의가 열렸습니다. 여기에는 토머스 굿윈, 필립 나이, 헨리 제시 그리고 독립교회 지도자들과 분리주의 지도자들 일부가 이 문제에 대한 입장을 논의하기 위해 함께 모였습니다. 특히 재세례를 받은 교인들을 어떻게 할 것인가도 논의의 대상이었습니다.

그들은 키핀(Kiffin)이라는 침례파 지도자와 그의 동료들에 대해 "완고함 때문이라기보다는 예민한 양심과 거룩함 때문에 그렇게 했다"는 결정을 내리고 "그들을 출교하거나 경고해서는 안 된다"는 결론을 내렸습니다.

여러분도 기억하시겠지만, 미국에서는 종교의 자유를 찾아 영국에서 미국으로 건너간 존 코튼이 침례교도를 핍박했을 뿐 아니라 침례교 신앙을 확신한 로저 윌리엄스 등의 지도자들을 출교 처분했습니다. 그러나 굿윈, 나이, 제시 등은 그러한 입장을 취하지 않았습니다. 그들은 침례 신앙을 가리켜 예민한 양심과 거룩의 문제이며 따라서 침례 신앙인들을 출교 혹은 경고 처분해서는 안 된다고 말했습니다.

또한 제시의 교회에서는 의견을 달리하는 사람들을 그 교회의 지체로 인정하고 '경박하게 문제를 일으키지 않는 한' 함께 교제해야 한다고 했습니다. '경박해지거나 문제를 일으키지' 않는 한 특별한 제재를 가하지 않겠다는 것이었습니다.

그러나 얼마 되지 않아 문제는 더 커지게 되었습니다. 제시 자신이 침례교도가 되어야겠다고 확신하게 된 것입니다. 그는 얼마 뒤 재세례를 받았습니다. 물론 회중교회의 목회자로 있으면서 그랬습니다. 급기야 회중교회 안에 있던 열성적인 침례교도 몇 사람은 나가서 자기 나름의 교회를 세웠습니다. 소위 분리된 침례 독립교회였습니다.

제시가 담임하던 교회에서는 여전히 자유가 주어졌습니다. 유아 세례를 믿든 물에 잠그는 성인 세례를 믿든 그대로 허락되었고 교제에 하등의 제재를 받지 않았습니다. 이러한 것은 1663년 제시가 죽기까지 제시 교회의 관점과 규칙이 되었습니다. 흥미롭게도 영국에서 가장 오래 되고 가장 유명한 침례교회 가운데 하나인 브리스톨의 브로드미드 침례교회도 교인들이 어떠한 관점을 취하든지 오랫동안 완전한 자유를 허락했습니다.

1646년 토머스 굿윈은 재세례파(Anabaptism)로 전향한 교인들을 비난하거나 거부할 수 없다고 생각했습니다. 독립파교회 목회자들은 유아 세례를 반대하는 교인의 자녀들에게 세례 주는 것을 삼갔습니다. 그리고 그들은 교회에 남아 있는 사람들을 제외하고는 어느 사람에게든지 세례를 베풀지 않았습니다. 특별한 침례교도들은 교회 지체라기보다는 개인 자격으로 신자들에게 세례를 줌으로써 상호 협조했습니다.

이상이 개괄적인 역사입니다. 존 번연에게 큰 영향을 미친 또 다른 인물은 존 기포드(John Gifford)입니다. 그는 특이한 사람으로 놀라운 회심을 체험한 사람입니다. 그는 왕당파 군대의 소령이었으며 돌팔이 의사였습니다. 그러나 회심 후에는 베드포드에 있는 작은 교회의 목회자가 되었습니다.

존 번연이 기포드와 그 교회를 접하게 된 것은 이렇습니다. 어느 날 오후, 번연은 서너 명의 여인들이 햇볕을 쬐며 앉아서 자기들이 겪은 '중생'과 놀라운 체험을 서로 나누는 것을 듣게 되었습니다. 그는 이들이 그 작은 교회의 교인임을 알게 되었고 그 교회에 참석하기 시작했습니다. 그리고 기포드로부터 대단히 큰 영향을 받게 되었습니다.

번연의 사상에 많은 영향을 미친 또 다른 사람은 옐돈 근처 마을에 있던 교구 보조 목사 윌리엄 델(William Dell)이었습니다. 이 사람은 매우 유능한 사람으로 결국은 국교회 교회에서 아주 높은 지위를 얻게 됩니다. 그는 매우 명료한 글을 썼고 그의 글은 존 번연의 관점에 대단한 영향을 미쳤습니다.

번연이 관점을 형성하는 데 결정적인 영향을 끼쳤던 또 다른 요인은 크롬웰 통치하의 공화정 기간에 일어난 일입니다. 크롬웰이 호민관으로 있던 1649-1660년은 영국 역사에서 놀라운 분기점이 된 시대 중 하나였습니다. 당시 사람들은 잘 인식하지 못했겠지만 제가 볼 때 가장 영광스러운 시대였습니다.

그 당시는 어떤 존경할 만한 인물의 보증을 받으면 누구나 설교할 수 있었습니다. 또한 신앙 조항이 규정되거나 언급된 적이 없었습니다. 대단한 종교 자유의 시대였습니다. 올리버 크롬웰은 마땅히 존경받아야 하는데도 존경받지 못하는 인물입니다. 베드포드의 존 브라운(John Brown, 존 번연의 전기 작가)이 지적하듯이, 크롬웰의 정부는 어떤 형태의 교회 조직도 용납하지 않았습니다. 교회 법정도, 교회 총회도, 교회법도, 교회 규례들도 없었습니다. 의식과 예식, 성례에 대해서 아무런 언급이 없었습니다.

또한 성찬식과 세례를 집행하는 문제도 각 교회 스스로 정하도록 일임했습니다. 수임자들(이러한 문제들을 취급하도록 지명받은 사람들)이 하는 일은, 다만 개인적인 경건과 그 사람의 지성이 삶을 통해서 드러나도록 하는 일뿐이었습니다. 만일 이러한 면들에서 그의 가치가 드러나면 즉시 세움을 받았습니다. 교회 건물들도 교구의 재산으로 여겨졌고, 어떤 교구에서는 장로교 공동체가, 어떤 교구에서는 독립교회 공동체가, 어떤 교구에서는 침례교회 공동체가 생겨나기도 했습니다. 거의 완벽한 자유가 함께 주어졌던 것입니다.

그러나 이러한 위대한 자유는 로마 교회와 감독 제도에까지 미치지 않았습니다. 감독들에게 이러한 자유가 주어지지 않았다! 이것이 한계였습니다. '그리스도를 믿는다고 고백하면서 방종을 행하는 그러한 데까지' 주어지지 않았던 것입니다. 존 번연의 사상적 배경 일부가 바로 이것이었음을 염두에 두는 것은 매우 중요합니다. 이러한 일은 번연이 옥에 갇히기까지 11년 동안 계속되었습니다.

교회 질서와 세례에 대한 번연의 관점을 결정지은 네 번째 요인은 그가 옥에 갇힌 일이었습니다. 그는 이를 매우 담담하고 평이하게 표현했습니다. 그는 자신의 신앙고백과 실천 법칙들을 쓰면서 이렇게 말했습니다.

"나는 오로지 '내게 고통을 가져온 그 원리들의 바탕과 기초'를 거듭거듭 신중하게 생각하고 있습니다."

12년 동안 옥에 갇혀 있으면서 그는 부수적인 모든 것으로부터 초연하게 되었습니다. 중간에 중단되는 일도 여러 번 있었으나 대략 12년 동안의 투옥 기간에 그는 제2차적인 모든 것으로부터 초연해야겠다는 생각과 제1차적이고 본질적인 것들을 강조하고 주장해야겠다는 생각을 갖게 되었습니다.

사무엘 존슨 박사가 그의 친구 보스웰(Boswell)에게 한 말이 생각납니다(그것은 분명히 번연의 경우에 해당됩니다).

"경이시여, 사람이 자기가 2주일간 공중에 매달려 있어야 한다는 것을 알게 되면, 그것이 그 사람의 마음을 놀랍게 조일 것이 틀림없지 않습니까?"

현재 매우 집중적으로 관심을 두는 주제를, 죽어가는 자리에서도 똑같이 가질 것인가를 다시 한번쯤 생각해보는 것도 좋을 것입니다. 에드먼드 버크 (Edmund Burke)가 하원의원 선거전에 나섰을 때, 브리스톨의 어느 유명한 집회에서 말한 것을 상기하는 것이 좋을 것입니다.

수많은 사람들이 중요한 정치적 발언을 하러 온 그 대단한 웅변가의 말을 들으려고 모여들었습니다. 그는 연설대로 나가면서 어떤 사람에게 쪽지 하나를 건네주었는데, 그 쪽지에는 선거전에서 그와 적수이던 사람이 갑자기 죽었다는 내용이 적혀 있었습니다. 그 대단한 웅변가 버크는 자기가 준비한 연설문을 읽는 대신 그 내용을 사람들에게 읽어주었습니다. 그러고는 군중을 바라보며 "우리는 얼마나 그림자 같은 존재입니까? 우리는 그림자 쫓는 일을 얼마나 많이 합니까?"라고 말했습니다. 토론에 참여할 때마다 하나님이 우리에게 그러한 정신을 불어넣어주시길 바랍니다.

2. 교회 연합을 추구한 존 번연의 입장

이상과 같은 것들이 번연의 관점을 결정지었습니다. 그는 여러 번 그러한 견해를 진술했습니다. 1684년 〈거룩한 생활: 기독교의 아름다움〉(*A Holy Life:the Beauty of Christianity*)이라는 글에 진술된 그의 보편적인 입장을 생각해봅시다. 그리고 기독교의 아름다움이란 어떠한 '의견'이 아니라 '거룩한 생활'이라고 제목에 표현한 것을 주목하십시오. 그는 이렇게 썼습니다.

오늘날 하나님의 모든 위협적인 경고에도 불구하고(당시 제임스 2세가 왕위에 있었음을 기억하십시오) 사람들은 이상하게도 자신들의 의견과 한 짝이 되어 은혜나 사랑의 법이 허락하는 한도를 넘어갑니다. 장로교회 교도, 독립교회 교도, 침례교도 등 자기 나름의 견해에 집착하면서 어떻게 주 예수 그리스도의 언약을 통해 명령받은 그 교제를 나눌 수 있겠습니까?

왜 그렇습니까? 그것이 진리입니까? 아닙니다. 하나님께서는 하나님의 교회에서 일어나는 모든 혼동을 조장하신 분이 아닙니다(고전 14:33 참조). 사람들은 각자 자신의 의견을 지나치게 내세우고 자기 생각에 너무 몰입되어 있어서 자기 의견에 있는 잘못을 가려내는 데 관심을 기울이지 않습니다. 그리스도의 교회 내에서 나는 바울에게, 나는 아볼로에게, 나는 게바에게, 나는 그리스도에게 속해 있다고 하면서 혼란을 겪고 있습니다.

그러나 같은 아버지의 자녀들이요, 같은 몸의 지체들이요, 같은 영광을 물려받은 후사들이 그런 일에 빠져 있는 것은 언어도단입니다. 그것이 교만이든, 외식이든, 무지든, 자아든, 마귀든, 책략이든, 이 모든 것이 결합된 그 무엇이든 이러한 차별적인 이름을 만들고 있습니다. 이러한 거리감과 사랑의 결여, 서로를 향한 경멸, 형제의 생각에 대한 멸시와 평가 절하 등은 부끄럽고 창피하지만 심판 시에 잘 드러날 것입니다.

이것이 존 번연의 일반적인 입장이었습니다.

이 말이 의미하는 바는 번연이 분리주의자였다는 것입니다. 그는 교회가 눈에 보이는 성도들로 구성된다고 믿었습니다. 이러한 관점을 취하고 있었기 때문에 로마 가톨릭이나 국교회나 장로교에 대해서 조금도 관심을 가지지 않았습니다. 이 점에 있어서는 옐돈의 국교도 책임자였던 윌리엄 델의 의견에 많은 영향을 받았습니다. 옐돈은 베드포드에서 16킬로미터 가량 북쪽으로 떨어져 있었습니다. 이 문제에 대해서 델이 매우 명백하게 썼던 것은 인용할 만한 가치가 있습니다.

하나님께서는 어떤 부류의 사람들이나 공회를 세상에 세우고 온 나라를 비추게 하여, 모든 사람들이 그들의 판단을 따르고 그들의 빛 가운데서 행하도록 하시지 않았습니다. 만일 이 나라의 그리스도인 두세 명이 그리스도의 이름으로 모였고 그들이 그리스도와 그분의 말씀과 성령을 모시고 있다면, 어떻게 행할 것인가를 알기 위해 말을 타고 먼 런던까지 갈 필요가 없습니다. 사람들이 이러이러한 하나님의 교회를 가지려 하고, 통치자의 권력을 힘입어 마치 주께서 거하실 새 하늘을 그들 자신이 만든 것처럼 한다거나 새 예루살렘이 반드시 웨스트민스터의 성직자 회의에서 나와야 하는 것처럼 말하는 것은 얼마나 무모하고 악한 일입니까?

하나님의 일을 하기 위해서 하나님의 말씀을 의뢰하기보다 세상 세력을 끌어오는 것은 하나님과 그분의 말씀에 대한 대단한 모독입니다. 그러나 말씀의 능력이 사람들을 개혁하지 못하면, 세상의 모든 힘을 합해도 그러한 일을 해내지 못할 것입니다. '나는 설교하고 가르치고 글을 쓰지만 어느 사람도 강제로 구속하지 않을 것입니다'라고 한 루터의 말은 옳습니다.

델은 더 나아가 단지 장로교 제도를 세우기 위해서 감독 제도를 무너뜨리는 것은 무익하다고 썼습니다. 델은 이렇게 물었습니다.

"전국 의회는 대주교들이 모인 것이고 관구 의회는 감독들이 모인 것이 아니고 무엇입니까? 그리고 교구 의회는 주교와 사제들이 모인 것 아니고 무엇입니까? 그리하여 이전의 주인들은 물러가고 교회가 새로운 주인들로 가득 찬 것 아닙니까? 그리스도의 나라는 그리스도 그분의 주권과 지배 아래로 들어오려고 하지 않습니다."

이것이 윌리엄 델의 입장이었습니다. 그는 "택하신 족속이요 왕 같은 제사장들"(벧전 2:9)이라는 사도 베드로의 말을 계속 인용합니다.

"교회의 다른 지체라는 차원에서 본다면 장로들과 감독들은 그 직무에 있어서는 다르지만 성격에 있어서는 다르지 않습니다. 평의회원이나 시의회원 같은 직무처럼 그들이 교회로부터 받은 직무는 다른 시민들과 다르나 그들 스스로 그런 것이 아니라 시의 선출에 의한 것입니다. 모든 교회는 모든 그리스도인이 동등하듯이 동등합니다. 모두 한 어머니의 자매요, 한 태양에서 나온 광선이요, 한 포도나무의 가지요, 한 샘에서 나온 물줄기요, 한 몸의 지체요, 한 촛대의 가지입니다. 따라서 모든 것에 있어서 동일합니다."

번연은 델을 자주 찾아가 그의 말을 주의 깊게 경청했습니다. 델의 가르침이 번연의 관점을 결정짓는 데 도움을 주었다는 것은 의심할 여지가 없는 것 같습니다.

공기도서 사용에 대한 번연의 견해는 결코 불확실한 어조로 표현된 적이 없습니다. 그는 공기도서 사용을 철저히 반대했습니다. 『기도에 관한 강론』(A Discourse concerning Prayer)이라는 책에서 그는 자신의 입장을 이렇게 표명했습니다.

> 그러나 현재 우리 시대의 지혜로운 사람들은 어찌나 솜씨가 좋은지 자신들이 기도의 내용과 방법에 정통하다고 생각하면서 어떤 날은 어떤 기도를 드리는 게 좋을지 20년 후의 기도까지 다 정해놓고 있습니다. 이 기도는 크리스마스에, 저 기도는 부활절에, 다음 6일 동안에는 어떤 기도를 드려야 한다는 식으로 말입니다. 또한 공예배시에 사람들이 각자 어느 정도의 음절을 발음해야 하는지도 정해놓았습니다. 또 각 성자 기념일에 대해서도, 아직 태어나지도 않은 세대를 위해서도 기도를 준비해놓았습니다. 그들은 언제 무릎을 꿇고, 언제 일어서며, 언제 좌석에 안착하고, 언제 거룩한 단에 올라가야 하는지, 그 단에 올라가면 어떻게 해야 하는지 등도 다 말해놓았습니다. 이는 사도들도 이처럼 상세한 면까지 태도를 규정할 수 없어서 더 이상 나아가지 않은 부분들입니다.

그러므로 분명히 그는 국교도로 계속 있을 수 없었습니다. 그는, 영국 국교회에서 세례를 받았지만 거기를 떠나서 베드포드에 있는 독립교회에 등록했습니다.

번연은 청교도들 중에서 일종의 급진파에 속하는 퀘이커 교도들에 대해 깊은 반감을 갖고 있었습니다(어떤 사람들은 퀘이커 교도들을 청교도로 결코 인정하지도 않았습니다). 번연은 그들을 아주 싫어했습니다. 소위 그들 속에 계신 그리스도라든가 '내적 빛' 등의 교훈을 싫어했습니다. 그는 그것이 하나님의 나라 전체를 위협하고 개인의 신앙에도 위협을 준다고 생각했습니다.

다른 말로 하면 번연은 신비주의자가 아니었습니다. 신비주의도 싫어했습니다. 그는 '역사적인 확실성'이 믿음의 절대적인 요건이라고 가르쳤습니다. 퀘이커 교도들은 역사적 요소가 크게 문제 되지 않는다고 말하는 경향이 있었습니다. 중요한 것은 '내적 빛'이라는 것입니다. 그러나 번연은 만일 믿음이 어떤 핵심적인 확실성에 근거하지 않는다면 참된 믿음은 있을 수 없다고 주장했습니다.

또한 번연은 성경이 믿음에 필수적인 것이라고 했습니다.

반면에 퀘이커 교도들은 성경을 과소평가하는 경향이 있었습니다. 번연은 '하나님 안에서 몽롱해지고' 싶지 않았습니다. 그는 '성부와 성자, 인격 대 인격의 대화'를 갖고 싶었던 것입니다. 그는 객관적인 진리를 추구했고 '자기 자신 밖의 인격'에게 말하고 싶었습니다. 그는 금욕주의(또는 고행주의)도 싫어했습니다. 번연은 먹는 것과 노래 부르기를 즐겼고 거짓된 금욕을 혐오했던 것입니다. 또한 랜터파(Ranters)의 과격함도 싫어했습니다. 이것이 그의 일반적인 입장이었습니다. 그는 분리주의자였지만 퀘이커 교도는 아니었습니다.

그러나 우리가 특별히 관심을 갖는 것은 세례 문제에 대한 그의 태도입니다. 이로 인해 그는 엄격한 특수 침례파들과 대단한 논쟁을 벌이게 되었습니다. 당시 침례파에는 주로 네 분파가 있었습니다.

첫째, 칼빈주의자들이면서 자기들 교회 지체가 아닌 어느 누구와도 교제하지 않는 엄격한 특수 침례파가 있었습니다. 그들은 침수 세례를 받지 않은 사람과는 어느 누구와도 교제하지 않았습니다.

둘째, 개방적인 특수 침례파도 있었는데 이들 역시 칼빈주의자들이었습니다. 존 번연이 바로 이 사람들에 속했습니다. 그들은 세례의 절대적인 필연성을 부인했고, 다른 사람들과 교제하는 데 있어서 보다 자유로웠습니다.

셋째, 제7일 특수 침례파라는 파도 있었습니다. 그리고 네 번째로, 칼빈주의자들이 아닌 보편 침례파가 있었습니다.

번연은 '엄격한 특수 침례파'와 논쟁을 벌였습니다. 세례에 대한 번연의 보편적인 입장은 조지 오포(George Offor)라는 사람이 매우 잘 진술했는데, 이 사람은 1859년에 존 번연의 전집을 세 권으로 편집하여 출판했습니다. 번연의 가르침의 배경을 알아보려면 이 전집을 참고하는 것이 좋습니다. 오포는 이렇게 쓰고 있습니다.

번연은 이 문제의 모든 난제들을 알았고, 세례는 개인적인 의무라는 데 만족했습니다. 각 개인이 자기 마음에 만족한 방법이면 되고, 어느 교회도 그것에 대해서 통제하지 못한다고 생각했습니다. 그리고 교회에 가입하려는 사람의 적합성을 알아보는 단 하나의 방법은, 중생케 하는 성령의 능력이 그 사람의 심령에 세례를 주어 새로운 생명으로 들어가게 했는지를 알아보는 것이라 했습니다. 바로 이 예복을 입고 있으면 그가 그리스도인인 줄 알 수 있다는 것입니다. 번연은 물세례를 가리켜 그리스도의 예복을 입는다거나 그리스도와 혼인하는 것으로 생각하는 것을 매우 정죄했습니다.

오포는 계속해서 말합니다.

번연은 이 주제에 대해서 하등의 의심을 갖지 않았습니다. 그는 물세례는 마땅히 개인마다 받아야 하는 의무임을 인정했습니다. 죄에 대해서 죽고 새 생명에 대해서 다시 살아나는 것이 물에 잠기는 세례를 통해 가장 잘 상징화됨을 인정했습니다. 그러나 눈에 보이지 않는 은혜의 외면적인 표증으로 만족하는 것에 대해서는 각자의 마음에 맡겨두어야 한다고 생각했습니다. 번연은 이렇게 말했습니다. '모든 것에 대해서는 동일하나 이 점에 대해서만 다른 두 그리스도인들이 있습니다. 아니, 은혜와 성결에 대해서 이 사람이 저 사람을 훨씬 앞지를 수 있습니다. 그럼에도 불구하고 이 물세례에 관한 입장 차이가 그의 모든 탁월성을 상쇄해버립니다.'

이것이 바로 존 번연이 일반적으로 주장했던 보편적인 견해들입니다. 그러나 앞에서 말씀드렸듯이 그는 존 기포드라는 자기 교회 목사의 의견에 영향을 받았습니다. 이 선한 사람은 세례 문제에 대한 자신의 의견을 매우 명백하게 제시했습니다. 베드포드에서 열렸던 번연 집회의 책자에 이것이 잘 나타나 있습니다. 기포드는 그 책자에서 다음과 같이 썼습니다.

그리스도를 믿는 믿음과 생활의 성결이 문제이지, 이러저러한 외적 환경에 대한 견해는 중요한 것이 아닙니다. 믿음과 성결한 삶을 통해 상호 교제가 유지되고 은혜와 믿음, 사랑이 격려됩니다. 쓸데없는 일로 마음을 빼앗기거나 무익한 질문에 관심을 기울이며 논쟁하는 일은 피해야 합니다. 그리고 믿음이 연약한 많은 사람들을 영생의 복으로 견고하게 세워줘야 합니다. 분열을 초래하는 모든 다툼을 피하십시오. 모든 의심스러운 논쟁에 대한 질문들도 피하십시오.

그는 또 죽음을 앞두고 병상에서 이렇게 썼습니다.

세례를 베풀거나 안수하는 것, 기름 붓는 것, 찬송가 또는 다른 외적인 문제 때문에 교회에서 분리되는 일에 관하여 여러분 각자를 정중하게 책망하렵니다. 산 자와 죽은 자를 심판하러 다시 오실 우리 주 예수 그리스도께 이것을 직고하게 될 것입니다. 여러분 중 어느 누구도 일부 몇몇 사람들처럼 큰 악을 저지른 자로 발견되지 않기를 바랍니다—그들은 하나님께 열심은 있으나 지식을 따르지 않음으로써 그리스도의 사랑의 법에서 볼 때 오류를 범하여 하나밖에 없는 참 교회에서 떨어져나가는 죄를 짓는 사람들입니다.

경건한 존 기포드는 실제로 죽어가면서 자기 교회 지체들에게 이렇게 썼던 것입니다. 이것이 교회에 보낸 그의 마지막 편지였습니다. 이 모든 것은 번연이 논쟁에 임할 때 아주 분명한 영향을 미쳤습니다. 그는 내키지 않는 마음으로 많은 슬픔을 갖고 논쟁에 참여했습니다.

그 논쟁이 일어난 사연은 다음과 같습니다. 존 번연은 1660년부터 줄곧 감옥에 있다가 1672년에 옥에서 나왔습니다. 그리고 출감 후 『나의 신앙고백과 예배 실천의 이유』(*A Confession of my Faith and a Reason of my Practice in Worship*)라는 책을 썼습니다. 감옥에 있는 동안 묵상했던 내용으로, 다시 목회를 하게 된다면 교인들에게 자기 입장을 분명하게 제시하고 싶어서 기록해놓은 믿음의 진술서였습니다. 문제는 그의 '예배 실천의 이유'에서 일어났습니다. 그는 그 주제를 두 대목으로 나누었습니다.

첫 번째 부분인 '내가 감히 교제를 나눌 수 없는 사람들'에서는 그런 유의 사람들을 정의했습니다. 그는 이 점에 대해서 매우 분명하고 노골적이었습니다. 그는 특정 사람들, 즉 믿음과 성결을 고백하지 않는 사람들, 눈에 보일 정도의 성도도 되지 못한 사람들과 교제하지 않으려 했습니다. 그 이유는 '적은 누룩이 온 덩이에 퍼지기 때문'이라는 것이었습니다. 그는 원칙상 그러한 입장을 취하면서 더 구체적으로 입증해나갑니다.

두 번째 부분에서는 '내가 감히 교제를 나눌 수 있는 사람들'을 다룹니다. 이 부분으로 인해 그는 고통을 당하게 되었습니다. 그는 이렇게 썼습니다.

이제까지는 교제를 나눌 수 없는 사람들이 누구인지를 보여주었습니다. 지금부터는 교제를 나눌 수 있는 사람들을 보여주겠습니다. 그러나 순서상 먼저 주목해야 할 것이 있습니다. 그림자처럼 모형적인 규례에 관한 것입니다. 저는 그리스도께서 교회에 두 가지를 제정해주셨다고 믿습니다. 그것은 물세례와 성찬입니다. 이것은 모두 이 세상 교회에 탁월한 효용을 갖고 있습니다. 이것은 그리스도의 죽으심과 부활을 우리에게 상징적으로 나타내줍니다. 또한 하나님께서는 이것을 이용하여 그리스도의 죽으심과 부활에 대한 우리의 믿음을 도우십니다. 그러나 이것은 우리 기독교의 근본 혹은 성도들 사이에서 이뤄지는 교통의 근거나 규칙이 되지는 못합니다. 이것은 종입니다.

하나님 나라의 가장 중요한 문제들을 우리에게 가르치고 교훈하는 신비로운 사역자입니다. 그러므로 나는 그러한 것들을 경외하고 존중하지만, 하나님이 세우고 지정하신 위치와 목적에서 벗어나서는 안 된다고 생각합니다. 하나님이 처음 제정하면서 의도하셨던 것 이상으로 이것을 높여서는 안 됩니다. 만약 그리한다면 우상숭배의 죄를 저지를 수 있습니다.

그의 또 다른 진술은 다음과 같은 질문과 답변 형식으로 되어 있습니다.

"물세례는 최초의 입교 의식이므로 그들을 마땅히 교제 안으로 받아들여야 하지 않습니까?"

그는 이렇게 대답했습니다.

"아닙니다. 잠깐 기다리십시오. 제 말의 뜻을 알려드리겠습니다. 말씀이 전혀 확증하지 않는데도, 과거에는 세례를 회심 때 베풀었다는 이유로 세례를 교회의 교제로 들어가는 입교 의식이라 생각하는 것은 잘못입니다. 우리가 그 의식의 성질과 능력을 고려한다 해도 그것이 그렇게 명백하지 못할 것입니다."

분명히 말해서 번연은 두 성례를 믿는 입장이었습니다. 그는 침수 세례를 믿었습니다. 그러나 그것을 최우선의 자리에 놓지 않았습니다. 그것은 필수적인 것도, 중요한 것도 아닙니다. 그래서 그는 다음과 같은 말을 합니다.

"다시 말하지만 옛날 교회를 괴롭힌 물세례가 교회의 평화를 깨고 경건한 자의 양심에 상처를 주고 분열을 야기하여 교제를 깨뜨린다면, 그것이 비록 규례라 해도 당분간은 신중히 피해야 합니다. 잠시 후 설명하겠지만 교회의 덕을 세우는 일을 이것보다 우선해야 하기 때문입니다." 그러면서 그는 에베소서 4장 4-6절을 인용합니다. "몸이 하나요 성령도 한 분이시니 이와 같이 너희가 부르심의 한 소망 안에서 부르심을 받았느니라 주도 한 분이시요 믿음도 하나요 세례도 하나요 하나님도 한 분이시니 곧 만유의 아버지시라 만유 위에 계시고 만유를 통일하시고 만유 가운데 계시도다"(여기서 세례는 물세례가 아니라 한 성령으로 우리가 세례를 받아 한 몸이 되었다는 것임).

번연은 계속 이렇게 말합니다.

이것은 우리가 교제를 나누고 유지하는 데 충분한 원리가 됩니다. 그리고 평안의 매는 줄로 연합하며 교제를 지키는 데 충분한 원리가 됩니다. 그러므로 나는 그러한 사람들과 담대하게 교제를 나눕니다. 그들도 역시 세례 교리를 갖고 있기 때문입니다. 나는 세례 교리라고 했습니다. 왜냐하면 여기서 물세례의 교리와 실제 사이를 구분해야 하기 때문입니다. 교리는 우리에게 외적인 표시로 나타나거나, 아니면 외적인 의식을 통해 신자에게 설교되는 것입니다. 곧 그 교리란 그리스도의 죽으심, 나는 그리스도와 함께 죽음, 그리스도가 죽은 자 가운데서 부활하심, 나는 그리스도와 함께 새 생명 가운데로 들어감 등입니다. 이것이 바로 세례가 전하는 교리입니다. 외적인 행동을 통해 신자에게 나타나는 교리입니다.

이제 나는 말하겠습니다. 그리스도 예수를 믿는 사람은 물세례의 교리보다 더 풍성하고 나은 교리를 갖고 있습니다. 곧 그 사람은 죄에 대해서 죽고, 그리스도로 인해 하나님께 대하여 살고, 세례의 정신과 능력과 교리를 갖고 있는 것입니다. 그러므로 이 사람에게 부족한 것이라면 표나 그림자 같은 외적인 의식에 불과합니다. 그럼에도 불구하고 지식이 부족하다는 이유로 그것을 무시해서는 안 됩니다. 용인해야 합니다. 그는 가장 좋은 세례를 갖고 있습니다.

번연은 거듭난 사람을 말하고 있는 것입니다. 그가 지적한 대로 '성령으로 세례를 받은' 사람, 중생했으나 물세례를 받지 않은 사람을 가리키는 것입니다. 그런 사람에 대해 그는 이렇게 말합니다.

그는 가장 좋은 세례를 갖고 있습니다. 그는 한 성령으로 세례를 받았으며 물세례의 정신을 갖고 있습니다. 다만 외적인 표증이 부족할 뿐입니다. 외적인 표증만으로는 참 성도임을 증명하지 못합니다. 또한 그 마음에 은혜를 받았다는 것을 말해주지도 못합니다. 하나님의 아들 되었음을 특별히 보여주지도 못합니다. 세례는 세례 받은 사람에게 주는 표증이요, 그 사람 자신의 믿음에 도움을 주는 것입니다(이것이 바로 세례의 목적에 대한 번연의 견해의 정수입니다. 세례는 그 사람 자신이 받는 표증이요, 그의 믿음을 돕는 것입니다).

그는 의식을 통해서 자기가 죄 사함 받았다는 것을 알아야 합니다. 만일 그의 믿음이 진실하다면 자기가 세례 받았음을 스스로 느낄 것입니다. 그러나 만일 지식이 모자라서 그러한 외적인 표증에 참여하지 못했다면, 그의 믿음은 다른 것들, 즉 지극히 원대하고 보배로운 약속들 속에서 표증을 볼 수 있습니다.

앞서 암시한 바와 같이 만약 누군가가 형제로 보이지 않았다면 세례를 받았다 해도 그가 형제처럼 보이지 않을 것입니다. 이러한 세례의 외적인 표증을 가시적 교회의 지체의 표지로 이용하는 일에 만족하는 사람들은 자신들이 하나님의 아들이라는 사실을 잘 활용하지 못하는 자들이 아닌가 하는 생각이 듭니다.

여기서 우리는 번연의 입장이 매우 명백하게 나타나 있음을 봅니다. 그러나 그가 하는 말을 계속 들어봅시다.

불쌍한 인간이여! 외적이고 그림자 같은 부수적인 일을 외적이고 육체적인 복종으로 철저히 따른다 해서 그것이 하나님과 당신 사이의 평화를 지켜줄 것이라고 생각하지 마십시오. 평화는 십자가의 보혈을 믿는 믿음에서 오기 때문입니다. 그리스도는 우리가 받아야 할 치욕을 받으셨습니다. 그러므로 그리스도 때문에 하나님과 교제하는 사람은 당신만큼 선하고 당신만큼 성도의 교제에 참여할 자격이 있습니다. 그는 부수적인 일에 있어서 실수를 하고, 당신은 실체에 있어서 실수를 하는 것입니다. 이러한 실수들을 누가 책임져야 합니까? 누구를 비난해야 합니까? 하나님께 속한 탁월한 어떤 것들은 일부 성도들에게 인정을 받지 못했습니다.

그러면 어떻게 되는 것입니까? 받아들여지지 않는다고 해서 그것들을 교회 밖으로 추방해야 합니까? 아닙니다. 하늘의 지혜가 비난을 받음으로써 생기는 비난은 내가 지겠다고 그리스도께서 말씀하십니다. 돌려서 말한다면 하나님께서는 그리스도를 받으셨고 그리스도께서는 그 사람을 받아들이셨습니다. 그러므로 당신도 그를 받아들이십시오. 이렇게 받아들이는 것은 교회에 대한 표본으로 정해져 있고, 분명히 보일 필요가 있으며, 말씀으로 잘 설명되어 있습니다.

그러므로 그대가 누구관데 하나님과 동행하는 확실한 성도를 판단할 수 있으며, 하나님이 그를 받아들이신 동일한 말씀으로 그 사람을 판단할 수 있습니까? 이제 하나님이 받으시고 교제하시는 그 사람을 당신도 받아들이고 그와 교제해야 합니다. (물로) 세례를 받지 않은 사람을 하나님 받아들이지 않는다고 누가 말할 수 있겠습니까? 그처럼 어리석은 형제는 없으리라고 생각합니다. 그러므로 그 질문에 대해서 나는 답하지 않겠습니다.

이처럼 번연은 길게 계속합니다. 그의 이 특이한 진술 가운데 어디를 생략해야 할지 매우 어렵습니다. '나의 예배 실천의 이유'를 밝히고 있는 이 특별한 책의 끝 부분에서 또 인용해보겠습니다.

이제 부르심을 통해 분명한 증거를 가진 성도들이면서도 앞에서 지적했던 이유들 때문에 서로 먼 관계를 유지하는 사람들을 생각해보기로 합시다. 형제들이여, 가까이, 가까이하십시오. 그리스도 안에서 아버지가 하나인 것처럼 하나가 되십시오. 이 길만이 우리가 그리스도의 사람들이요, 한 주를 따르는 자들임을 세상에 알리는 길입니다(그 반대로 나가면 사람들이 의심하게 됩니다).

그토록 원하면서도 누리기 어려운 그 사랑을 증가시키는 길입니다. 서로의 체험 속에서 하나님의 성령을 맛보고 성령의 냄새를 풍기는 길입니다. 만일 그대들이 진리 안에서 이 길을 발견한다면 성도인 우리는 주 예수 그리스도의 이름을 찬양하지 않을 수 없을 것입니다. 이 길이 바로 하나님의 말씀 속에서 더 많은 지식을 발견하게 되는 길입니다. 한 사람이 보지 못하는 것을 두 사람은 알 수 있기 때문입니다.

이 길만이 서로를 향한 은밀한 질투와 불평을 제거하는 길입니다. 많은 죄악을 막고 크게는 지옥의 계획을 무산시키는 길입니다. 우리의 헛된 다툼 때문에 복음의 특권들을 떠난 사람들을 세상에서 빼내어 우리의 교제로 끌어들이는 길입니다. 적그리스도를 흔들며 겁주는 길이기도 합니다. 또한 바벨론을 마귀의 거처로만 삼게 하는 것도 이것이요, 바벨론을 악한 영들의 소굴이자 부정하고 가증스러운 새들의 둥지로 고립시키는 길도 이것입니다.

이것은 세상에서 그리스도 나라의 일을 진척시키고 영원한 심판을 위한 재림을 앞당기는 길이기도 합니다. 그대가 그리스도 앞에 섰을 때 '잘하였도다 착하고 충성된 종아'라는 말을 듣게 되는 것도 이 길입니다.

3. 물세례에 대한 존 번연의 견해

이 책이 출판되자 즉각적인 반응이 일어났습니다. 특히 런던에는 윌리엄 키핀 등 세 사람이 있었는데, 이들은 번연보다 훨씬 더 학식 있는 사람들이었습니다. 엄격한 특수 침례파 소속이었던 이들은 책을 읽자마자 즉각적으로 존 번연을 격렬하게 공격했습니다. 여러 방법으로 공격했습니다. 번연의 주장을 반박하는 책을 출판하고, 번연에게 런던으로 올라와 그 문제에 대해서 공개 토론을 벌이자고 요청하기도 했습니다.

그러나 번연은 거절했습니다. 그러한 논쟁은 무익한 것이며, 결국 교회 안에 더 많은 혼동을 야기할 뿐이라고 생각했기 때문입니다. 그래서 그는 그들에 대한 하나의 답변서를 출판하기로 결심하고 『물세례에 대한 판단상의 차이가 교제의 장애가 될 수 없음』(Differences in Judgment about water baptism no bar to communion)이라는 책을 썼습니다.

제목이 보여주는 바와 같이 그는 이러한 차이가 교제에 장애가 되지 않는다는 관점을 취했습니다. 그러나 윌리엄 키핀 편의 사람들은 정반대의 관점을 취하고 있었습니다. 그들은 침수 세례를 받지 않은 사람을 그 누구도 자기들의 교회 지체로 받아들이지 않았습니다. 그래서 번연은 그들에 대한 답변서로 이 책을 썼던 것입니다. 먼저 이 책의 서론을 인용해봅시다.

존경하는 독자들이여, 제 말을 믿어줄 것을 간절히 부탁합니다. 우리 그리스도인의 교제가 잠잠했다면 이런 논쟁에 대해서 펜을 들지 않았을 것입니다. 그러나 16여 년 동안 세례 방법에 관심이 있는 형제들은 기회 있을 때마다 우리가 자기들의 방법대로 세례를 받지 않았다는 단순한 이유 때문에 우리를 분열시키려고 애써왔습니다. 그렇기 때문에 형제들을 안심시키기 위해, 또한 최근 들어 다시 살아나는 그 시도로부터 형제들을 지키기 위해 입을 열게 되었습니다.

제가 세례를 부인하거나 반대하는 주장을 펼친 것처럼 그들이 이야기하지만 그것은 터무니없는 것입니다(그들은 번연을 오도하고 중상모략하면서 불신한다고 했습니다. 그래서 번연은 이 점을 완강하게 부인하고 있습니다).

제가 말씀드리고자 하는 바는, 그리스도의 교회는, 말씀을 통해서 분명한 성도로 인정된 그리스도인을, 하나님의 빛을 따라 하나님과 동행하는 그리스도인을 교제 밖으로 몰아낼 하등의 권한을 갖고 있지 않다는 것입니다. 형제들이 이것 때문에 저에게 덮어씌운 불명예스러운 낙인에 대해서, 즉 저를 가리켜 마귀적인 사람, 마키아벨리 같은 사람, 거만하고 주제 넘는 사람 등의 말에 대해서 저는 비난하지는 않을 것입니다. 저는 그들이 말한 대로 말하지 않겠습니다. 그들은 '주께서 너를 책망하시리라'는 식으로 제게 말했습니다. 그러나 이런 말은 형제보다 마귀에게 합당한 말입니다.

독자들이여, 읽고 비교해보십시오. 선입견과 편견을 버리십시오. 저는 이 문제에 대해서 키핀이 행한 일을 용서합니다. 또한 그를 여전히 사랑하겠습니다. 그러나 제 원리를 고수하겠습니다. 왜냐하면 그 원리들은 평화롭고 경건하고 유익한 것이며, 형제들의 덕을 세우는 것이기 때문입니다. 제가 믿기로 심판 날이 이르면 그 원리들의 정당성이 입증될 것입니다.

또한 여기서 저는 독자 여러분에게 헨리 제시의 견해를 제시합니다. 저는 출판을 위해 런던에 갔다가 하나님의 섭리로 그분을 만났습니다. 그의 견해서는 키핀 측에 보내졌지만 아직 회답이 없습니다. 때가 되면 평가를 받을 것입니다. 자신의 지식과 능력을 다해 그리스도를 섬기는 모든 자에게.

번연은 서론에 이어서 상세하게 답변해나갑니다. 대부분 문제를 야기한 책의 내용과 비슷합니다. 그러나 반드시 인용해야 할 한두 가지 진술이 있습니다. 다음은 그의 입장을 보다 더 분명하게 밝혀주는 진술입니다.

그러나 당신들은 '자신의 규례의 고유 권한이나 교회의 특권들을 경멸하는 사람은 하나님 앞에서 에서와 같이 불경한 자로 판단될 것이다'라고 말합니다. 세례는 그러한 교회의 특권이 아닙니다. 그러면 무엇입니까? 물세례를 믿지 않는다고 지옥에 가고 정죄를 받아야 합니까? 주목하십시오. 세례를 멸시하라고 말하는 게 아닙니다. 지식이 모자라서 그것을 할 수 없는 우리의 형제를 용납하라고 간청하는 것입니다.

번연은 이 문제를 약한 형제의 차원에서 매우 광범위하게 다룹니다. 약한 형제란 참된 그리스도인이기는 하지만 침수 세례 문제를 아직 이해하지 못하는 사람을 의미합니다. 번연 자신도 이 점에 대해서 분명했습니다. 그는 이것을 믿었습니다. 그러나 더 약한 형제들이 있었습니다. 그는 논증을 위해서 그들을 그렇게 불렀습니다. 그의 논증은, 비록 그들이 이 점에 있어서 연약하지만 그들은 형제들이므로 교회로 받아들여야 한다는 것입니다. 그는 세례를 멸시하라고 간청한 것이 아니라 지식이 없어서 세례에 복종할 수 없는 형제들을 관용하라는 것입니다. 그는 말합니다.

그는 최고의 세례를 받았습니다. 곧 그 표지를 갖고 있습니다. 다만 외적으로 나타난 것이 없을 따름입니다. 외적인 표지는 그것을 가지고 있다 해도 그가 진정으로 분명한 성도라는 증거가 되지 못합니다. 또한 그의 마음에 하나님의 은혜가 있다는 것을 말해주지 못합니다. 내가 하나님의 자녀라는 것을 다른 사람에게 보여주는 특징이 되지도 못합니다.
그런데 어째서 그대들은 내 논증의 이러한 부분에 대해서는 답변하지 않습니까? 어째서 그대들은 말꼬리만 잡습니까? 그대들이 말꼬리로 잡는 그런 말을 없앤다 해도 이 주장은 여전히 정당합니다. 곧 '(물)세례를 받지 않았다 해도 참된 신자라면 세례의 교리를 갖고 있는 것입니다.
그는 확신하기 전에 그러한 교리를 가져야 합니다. 세례 받는 것은 그의 의무입니다. 그렇지 않다면 그는 외식하는 자입니다. 물속으로 내려간다는 것은 이미 갖고 있는 교리의 내용을 외적인 의식을 통해서 이루는 것입니다. 그러나 이는 교회의 지체가 되는 것과 관련해 명령받은 것이 아닙니다. 다만 그 의식을 통해 얻게 되는 것은, 분명한 그리스도인으로서 전에 이미 시인한 그리스도로 인해 얻은 자신의 특권을 더욱 이해하는 것입니다.

번연의 주장을 보여주는 또 다른 이야기가 있습니다.

그러나 바울이 하례를 행하고 머리를 깎았던 것과 동일한 이유로, 내가 제정된 예배를 실천한 것은 여러분이 상상조차 할 수 없을 만큼 너무도 대담한 일일 것입니다. 내가 무엇 때문에 그랬을까요? 물 때문에 그리스도인들로부터 서신서들을 빼앗아가는 일을 못하게 하려고 그렇게 했습니다. 또한 물세례가 의인과 의인 사이를 갈라놓지 못하게 하려는 것입니다. 그렇게 했다고 해서 내가 예수 그리스도께 예배할 양심이 없는 사람으로 판단을 받아야겠습니까? 그리스도와 하나님께서 세우신 어떠한 규례에 대해서도 미신적인 생각이나 우상숭배적인 사상을 갖지 못하도록 주님께서 나를 지켜주신 것입니다.

더 나아가 번연은 보다 적절한 주장을 펼칩니다.

어째서 그대들은 이 주장을 분해하여 이 주장의 힘의 근원이 되는 성경에 대해 답변하지 않습니까? 만일 물세례에 대해서만 다투고 싸우는 것이 하나님의 집을 세우는 것보다 낫다면 그런 본문을 제시해보십시오.

번연은 사실 논쟁을 좋아하지 않았지만 어쩔 수 없이 논쟁해야 하는 상황에서는 매우 명석한 쟁론가였습니다. 여기에 그의 논쟁 기술을 보여주는 또 다른 실례가 있습니다. 그는 이런 질문을 받았습니다.

"당신의 원리나 실제는 우리뿐 아니라 다른 사람들, 즉 영국 국교도나 장로교도나 독립파도 동시에 반대하는 것이 아닙니까? 그 사람들은 실제로 우리 편입니다. 물론 세례의 대상에 대해서는 의견이 다르지만 말입니다. 당신은 다른 사람과 반대되는 것이 좋습니까?"

그러자 번연은 이렇게 대답합니다.

"나도 물세례를 하나님께서 정하신 규례라고 믿습니다. 그러나 나는 그것을 결코 우상화하지는 않습니다. 당신들은 지금 영국 국교도가, 장로교도가 당신들 편이라고 말했습니다. 그러나 당신들은 그들이 당신들처럼 나를 완강하게 반대하도록 설득하지 못할 것입니다. 그들은 물세례를 받는 대상뿐만 아니라 물에 잠그는 방법까지도 의견을 달리합니다. 또한 당신들도 세례의 대상 외의 다른 문제에 대해 의견이 갈리지 않습니까?

당신들은 그들이 말하는 점수 세례(물 뿌리는 세례)를 허용합니까? 세례 시 그들이 십자가 표시하는 것을 허용합니까? 어째서 당신들은 이러한 것들을 가리켜 적그리스도적인 일이라고 그토록 완강하게 정죄했습니까? 나는 모든 사람을 대적하지 않습니다. 다만 당신들의 악한 말이 모든 사람들로 하여금 나를 대적하게 했을 따름입니다. 오히려 나는 연합하고 화합하며 성도들과 교제하는 것을 원하는 사람입니다. 바로 그런 이유로 나는 이 책을 쓰는 것입니다.

결론적으로 내가 말하고자 하는 것은 오로지 세례 방법에 있어서 형제마다 차이가 있다는 것입니다. 사람마다 더 온전한 사람도 있고 약한 사람도 있습니다. 세례 받지 않은 사람들을 변호할 때 내가 주로 염두에 두는 이들은, 내 형제들이 옳다 여기는 방식으로 세례를 받지 않은 사람들입니다.

거듭 말하지만 나는 이기기 위해서 투쟁하는 사람도 아니고 나 자신을 돋보이기 위해서 투쟁하는 사람도 아닙니다. 다만 경건한 자들 사이에 연합과 교제가 있기를 바랄 뿐입니다. 진리를 말한다고 해서 나를 적으로 삼지 마십시오. 서로 분쟁하는 형제들이여, 하나님께서 당신들의 죄를 용서하시고, 더 많은 은혜를 내리시며, 예수 그리스도를 믿는 믿음으로 말미암아 거룩하게 된 무리 가운데 기업을 내려주시길 구하겠습니다."

그는 1616년 헨리 제이콥이 런던에 세운 독립파 교회의 목회자 헨리 제시의 모든 진술을 부록으로 실었습니다. 번연의 입장을 지지하는 내용이었기 때문입니다. 헨리 제시의 진술은 특히 로마서 14장 1-6절 해석에 기초하고 있습니다. 그러나 사실은 로마서 14장 전체를 기초로 삼고 있습니다. 거기서 발췌한 것을 잠깐 소개하겠습니다.

"세례의 상징적인 의미는 베드로전서 3장 21절에서 찾아볼 수 있습니다. '예수 그리스도께서 부활하심으로 말미암아 이제 너희를 구원하는 표니 곧 세례라 이는 육체의 더러운 것을 제하여 버림이 아니요 하나님을 향한 선한 양심의 간구니라.' 예수 그리스도의 부활로 말미암아 선한 양심이 하나님께 응답하는 것입니다.

물세례를 배격하는 것이 아니라 영적인 부분을 주목하자는 것입니다. 바리새인과 율법교사들처럼 하나님의 뜻을 저버리고 세례를 받지 말자(눅 7:30)는 것이 아닙니다. 성령의 자리에 물세례를 놓는 것은 성령의 신성과 존귀를 거스르고 의무를 높이는 것이요, 영원히 찬송 받으실 하나님인 성령께 마땅히 드려야 하는 영광을 의무에 드리는 것입니다.

또한 성령의 자리에 물세례를 놓고 결코 지시받은 적 없는 역할을 부여하는 실수를 범하는 것입니다. 고린도전서 12장 13절과 에베소서 4장 5절에 나오는 것처럼 일반적으로 그리스도의 몸을 형성하거나, 아니면 그리스도의 특정 교회에 나타나는 열매를 볼 수 있어야 하는데, 성령께서 행하시는 것처럼 연합을 이루기보다는 통으로 된 옷을 찢을 뿐만 아니라 그리스도의 피로 사신 교회를 분열시키는 것입니다. 그리고 성부, 성자, 성령의 크신 뜻을 거스른 채 성령께서 하나 되게 하신 것을 조각내는 것입니다."

4. 화평과 연합을 위한 존 번연의 권면

존 번연의 입장을 잘 요약한 증언들을 소개해드렸습니다. 그가 논쟁을 싫어했다는 사실을 확인하려면, (제가 인용한) 답변 이후에 동일한 주제로 또 다른 언급을 하지 않았다는 단순한 역사적 사실을 보면 됩니다.

그는 자기의 견해를 전하고선 거기에 더 이상 무언가를 덧붙이지 않았습니다. 거부와 분열이 생겼다면 이에 대한 책임은 상대편에게 있는 것입니다. 그는 자유를 믿었습니다. 비록 그는 성인의 침수 세례를 믿었지만 재미있게도 자신의 세 자녀는 각각 1650년, 1654년, 1672년에 엘스토우의 교회에서 유아 세례를 받게 했습니다. 그 자신은 1653년 베드포드에 있는 교회에 등록했습니다. 이것은 그에게 사활을 좌우하는 중요한 일이 아니었습니다.

또 다른 흥미로운 사실은 베드포드 교회에서 존 번연의 사역을 이어간 두 후계자들이 모두 유아 세례를 받은 사람들이었다는 점입니다. 다른 말로 해서 그는 이 문제에 관해서 자기 사람들에게 확신을 주었던 것입니다. 그리고 그들 역시 이런 사람들을 선택했습니다. 영적 상태와 믿음이 보편적으로 건전했기 때문입니다.

염두에 두어야 할 또 다른 사실은, 이 주제에 대한 논박은 많은 사람들로 하여금 분리주의자들을 떠나 성례를 전혀 믿지 않았던 퀘이커 교도가 되게 했다는 것입니다. 그들은 이러한 논쟁과 다툼에 염증을 느끼고 충격을 받아 퀘이커의 입장을 취했습니다. 저도 직접 읽어 확인했고 또 사람들이 자주 지적하는 흥미로운 사실이 있습니다. 그것은 존 번연의 경력을 알지 못한 채 『천로역정』을 읽는 사람은 누구든지 번연이 어느 교단에 속해 있는지 전혀 짐작하지 못한다는 것입니다. 이는 분명히 의미 있는 일입니다.

우리가 여러 인용문을 통해서 보았듯이 존 번연의 입장은 매우 분명했습니다. 그는 성인의 침수 세례를 믿었습니다. 한번은 "나는 소위 재세례파다"라고 했습니다. 대륙에 있는 재세례파들의 과격한 행동들은 사실상 반대했습니다만 그것은 사소한 문제였습니다. 그는 자기 견해에 동의하지 않는 신자라 해도 자기 교회에 받아들였습니다.

즉 유아 세례를 받은 사람이나 혹은 신앙고백을 하며 점수 세례를 받았을지 모르는 사람도 교회로 받아들였습니다. 그는 이 문제에 대해 완전한 자유를 허락했습니다. 앞서 살펴보았듯이 그가 다닌 교회의 역사를 살펴보면 교회 회중이 그로 인해 확신을 얻었던 게 분명합니다.

이제 『화평과 연합을 위한 권면』(An Exhortation to Peace and Unity)이라는 그의 책을 인용하면서 마치겠습니다. 존 번연은 '화평'과 '연합'에 관심이 많았습니다. 그는 세상의 불신자들에게 깊은 관심을 기울였습니다. 그리고 교회 내 분쟁이 밖에 있는 사람들의 믿음 형성에 방해가 됨을 강조했습니다. 실제로 이러한 분쟁은 교회 안에 있는 약한 신자들에게도 혼란을 야기합니다. 그래서 번연은 이 책을 썼고 다음과 같은 말로 끝을 맺은 것입니다.

교황주의자들은 자신들의 이익을 위해 예배 순서, 계층 등 수많은 차이점에도 불구하고 서로 마음을 합해 연합하는데, 스스로 개혁교회라 부르는 자들이라면 더더욱 사소한 차이를 넘어서서 그리스도의 영광을 위해 연합해야 하지 않겠습니까?

이제 그의 주장을 알겠습니까? 로마 가톨릭 교도들은 내부에서 끊임없이 분열하고 있습니다만 모든 프로테스탄트에 대항하기 위해 공동 전선을 취합니다. 개혁교회에 속한 우리는 세상에서 그리스도의 공동 이익을 위해 더욱 연합해야 하지 않겠습니까?

그는 모든 사람들이 같은 교단에 속하기를 원치 않았습니다. 오히려 모든 사람들이 자유를 갖기 원했습니다. '문제는 전적으로 개교회의 자유에 맡겨야 한다!' 이것이 그의 입장이었습니다. 그러므로 그는 다음과 같은 위대한 호소를 합니다.

누구나 보듯이 신앙에 대해 서로 다투는 것은 이방인들 사이에서는 거론도 되지 않는 죄입니다. 그리스도인들이 거기에 매달린다는 것은, 특히 기독교의 본질을 생각할 때 얼마나 부끄러운 일입니까? 또한 기독교의 창시자인 그리스도께서 그 신앙을 고백하는 사람들을 화목케 하기 위해 제시하신 큰 조처들이 있음에도 불구하고 그렇게 한다는 것은 얼마나 부끄러운 일입니까? 누구나 보듯이 기독교 신앙을 고백하는 사람이 신앙에 대해서 다투는 것은 정말 기적이라고 할 만합니다.

이제 그의 최종적인 주장과 호소가 다시 한번 강조되고 있습니다.

재판장께서 문 앞에 계심을 생각하고 기억하십시오. 주께서 바로 가까이 계시니 우리의 심령을 부드럽게 합시다. 주께서 오셨을 때, 동료 종들을 때리거나 주의 나라에 이르는 길을 주께서 만들어놓으신 것보다 훨씬 더 좁게 만들고 있다면 얼마나 서글픈 일입니까? 고린도후서 13장 11절에서 위대한 사도가 한 말을 소개하며 모든 것을 마치려 합니다. '마지막으로 말하노니 형제들아 기뻐하라 온전하게 되며 위로를 받으며 마음을 같이하며 평안할지어다 또 사랑과 평강의 하나님이 너희와 함께 계시리라 거룩하게 입맞춤으로 서로 문안하라.'

교회의 본질과 교회 연합에 대한 번연의 견해가 그러했습니다. 그는 『화평의 원리와 진실함』(Peaceable Principles and True)이라는 글에서 다시 한번 분명히 표현했습니다.

당신들은 내가 다른 사람과 구별되기를 바라는 이름이 무엇인지 알고 있습니다. 나는 그리스도인이고 싶고 또 그렇게 되기를 바랍니다. 사도행전 11장 26절에 나온 것처럼 하나님이 나를 '그리스도인 또는 신자로 일컬음 받기에 합당하다'고 여겨주셨으면 좋겠습니다. 재세례파, 독립파, 장로교도 등의 파당적 명칭에 대해 나는 결론적으로 말하겠습니다. 이것들은 예루살렘에서 온 것도 아니고 안디옥에서 온 것도 아닙니다. 지옥과 바벨론에서 나온 것입니다. 왜냐하면 이 칭호들은 자연히 분쟁을 조장하기 때문입니다. 열매로 그들을 아는 것입니다.

저는 다시 묻겠습니다. 우리에게 들을 귀가 있습니까? 번연은 우리 각자가 자신의 청지기직에 대해 작고해야 할 것이라고 상기시킵니다. 터는 단 하나입니다. "이 닦아 둔 것 외에 능히 다른 터를 닦아 둘 자가 없으니 이 터는 곧 예수 그리스도라"(고전 3:11). "그 위에 세우나 그러나 각각 어떻게 그 위에 세울까를 조심할지니라"(고전 3:10), "각 사람의 공적이 나타날 터인데 그 날이 공적을 밝히리니 … 각 사람의 공적이 어떠한 것을 시험할 것임이라"(고전 3:13).

존 번연은 이것을 말하고 또 말합니다. 감옥에 있을 때부터 '그 날이 공적을 밝히리니… 재판장이 문 앞에 서 계십니다'라는 무서운 생각이 분명 그를 사로잡았던 것입니다. 각 사람의 공적이 나타날 것입니다. 하나님의 교회가 성령으로 거듭난 게 분명한 성도를 받아들이지 않는다면 매우 심각한 문제일 것입니다. 그러나 모든 사람은 각각 자기 짐을 져야 합니다. 번연은 세례 문제를 모든 신자의 자유에 맡겼습니다. 그 자신도 개방적이었습니다. 그는 어떤 사람이든지 진정한 성도는 교제(성찬)에 참여하도록 허락했습니다.

"각각 자기를 시험할지니." 진실로 거듭난 우리는 궁극적으로 같은 천국에 모이게 될 것입니다. 그리고 영광스러운 그분의 얼굴에서 뿜어나오는 빛 가운데 거할 것입니다. 이 사실을 깨달으며 각자 자신을 시험합시다. 형제들이여, 우리는 다시 불확실성의 시대에 살고 있습니다. 모든 것이 혼동 상태입니다. 교회 내에서 재정립이 일어나고 있습니다. 진리를 가볍게 붙잡는 사람들, 진리를 부인하는 사람들이 함께 모이고 있습니다. 그들은 소위 '큰 세계 교회'라는 것을 형성할 것입니다.

그러나 그것은 결코 교회가 아닙니다. 우리에게 다급한 문제는 '어떻게 하면 그들을 대처할 것인가? 그들에 대해서 우리는 무엇을 제시할 것인가?'입니다. 저는 획일화를 간청하는 것이 아닙니다. 또 이 문제에 대한 논의와 숙고를 그만하자는 탄원도 아닙니다. 흔히 표현하듯이 '그냥 덮어두자'는 게 전혀 아닙니다. 우리는 형제로서 마땅히 이를 논의해야 합니다. 그러나 우리가 결코 해서는 안 되는 일이 있습니다. 그것은 분쟁과 분열입니다. 존 번연이 이차적인 것이라고 여기던 일들을 일차적인 것으로 여겨 교제를 거부하거나 단절해버리는 일입니다. 존 번연은 '죽었으나 오히려 말합니다.'

하나님, 그가 그처럼 진지하고 당당하게 말했던 것을 우리가 숙고할 수 있도록 은혜를 베풀어주소서!

사명선언문

너희가 흠이 없고 순전하여……세상에서 그들 가운데 빛들로
나타내며 생명의 말씀을 밝혀 _ 빌 2:15-16

1. 생명을 담겠습니다
만드는 책에 주님 주신 생명을 담겠습니다.
그 책으로 복음을 선포하겠습니다.

2. 말씀을 밝히겠습니다
생명의 근본은 말씀입니다.
말씀을 밝혀 성도와 교회의 성장을 돕겠습니다.

3. 빛이 되겠습니다
시대와 영혼의 어두움을 밝혀 주님 앞으로 이끄는
빛이 되는 책을 만들겠습니다.

4. 순전히 행하겠습니다
책을 만들고 전하는 일과 경영하는 일에 부끄러움이 없는
정직함으로 행하겠습니다.

5. 끝까지 전파하겠습니다
모든 사람에게, 땅 끝까지, 주님 오시는 그날까지
복음을 전하는 사명을 다하겠습니다.

서점 안내

광화문점	서울시 종로구 새문안로 69 구세군회관 1층 02)737-2288 / 02)737-4623(F)
강남점	서울시 서초구 신반포로 177 반포쇼핑타운 3동 2층 02)595-1211 / 02)595-3549(F)
구로점	서울시 동작구 시흥대로 602, 3층 302호 02)858-8744 / 02)838-0653(F)
노원점	서울시 노원구 동일로 1366 삼봉빌딩 지하 1층 02)938-7979 / 02)3391-6169(F)
분당점	경기도 성남시 분당구 황새울로 315 대현빌딩 3층 031)707-5566 / 031)707-4999(F)
일산점	경기도 고양시 일산서구 중앙로 1391 레이크타운 지하 1층 031)916-8787 / 031)916-8788(F)
의정부점	경기도 의정부시 청사로47번길 12 성산타워 3층 031)845-0600 / 031)852-6930(F)
인터넷서점	www.lifebook.co.kr